JN334301

神社と古代王権祭祀

大和岩雄

白水社

目次

第三章　大社の神々と王権祭祀

第四章　藤原氏・物部氏の神々と王権祭祀

第五章　王権祭祀の原像

第一章　天照御魂神と王権祭祀

他田坐天照御《おさだにますあまてるみ》魂《たま》神社——「日祀り」と「日読み」と「日知り」

天照御魂神と日祀部

　天照御魂神の「御魂」は一般に「ミタマ」と訓まれているが、『延喜式』の「神祇九、神名」（いわゆる『延喜式』神名帳）に載る天照御魂神社四社のうち、先頭の木島坐天照魂神社の「御魂」には「ミムスヒ（ビ）」の訓があり、他田坐天照御魂神社・鏡作坐天照御魂神社・新屋坐天照御魂神社の「御魂」には訓がない（国史体系『延喜式』）。また、同じ『延喜式』の「神祇八、祝詞」には、「神魂《カムムスヒ》・高御魂《タカミムスヒ》・生魂《イクムスヒ》・足魂《タルムスヒ》・玉留魂《タマルムスヒ》……」という訓がある。だから、「御魂」は本来「ミムスヒ」と訓まれたのであろう。

　ムスヒは、『古事記』では「産巣日《むすひ》」、『日本書紀』では「産霊《むすひ》」、『延喜式』では「魂《むすひ》」「産日《むすひ》」と書かれており、「産《むす》」は「生成する」「繁殖する」という意の自動詞で、「産子《むすこ》」「産女《むすめ》」の「ムス」である。『古事記』が「巣」の字を加えているのは、生み（産）・育てる（巣）の意であることを示すためであろう。また、「ヒ」は、「日」「霊」と書くように、生命力・霊力の意である。

　なお、「高御魂」と「天照御魂」は、ムスヒの神としての日神であり、「高」と「天照」のちがいはあっても両神は同性格であるが、記紀神話で高御魂が日神として公認されていないのは、天照大神を皇祖神とする神統譜にもとづいて記紀が書かれたからであろう。

　「神名帳」の大和国城上郡の「他田坐天照御魂神社大。月次相嘗新嘗」の比定社は、桜井市太田堂久保《どうのくぼ》の他田坐天照御魂神社と、桜井市戒重《かいじゅう》城ノ内の春日神社の二つがあり、『日本の神々4・大和』所収の拙稿「他田坐天照御魂神社」で検証したように、「神名帳」の同社は太田堂久保にあったと考えられる。だが、戒重説があるのは、その地が敏達《びたつ》天皇の他田幸玉宮の推定地だからである。

太田堂久保の人々が明治二十四年に県庁に届けでた神社明細書には、「敏達天皇十一年創立。天照御魂神社ト称シ爾後廃合移転ナク、明治十二年有志ノ寄付金ヲ以テ再建ス」とある。敏達天皇のとき日祀部《ひまつりべ》が設置されているから、他田坐天照御魂神社の創祀は、敏達朝と無関係とはいえないであろう。

筑紫申真は、日祀部が祀っていた日神は「三輪山に天降って他田で日祭りをうけていた他田坐天照御魂の系統のアマテル」の神で、この日神を天武朝に「伊勢に移転したのが皇大神宮」とみる。[1] また今谷文雄も、敏達紀の日祀部の設置が意味するのは日神そのものを祀ったということで、伊勢の皇祖神としての天照大神が祀られたということではなく、用明天皇即位前紀の「酢香手《すかて》姫皇子を以て、伊勢神宮に拝して、日神の祀《まつり》に奉《つかへまつ》らしむ」とある記事の「日神」も、日祀部の祀った太陽神であって、皇祖神としての天照大神ではないとみる。[2]

太田堂久保の祭神が火明命《ほあかり》になっているのは、記・紀の神統譜に天照御魂神が載らないからである。しかし、「天照国照彦火明命」(『日本書紀』)、「天照国照日子火明命」(『旧事本紀』)とも書かれているように、火明命もまた日神である。

上代特殊仮名遣では、「日《ひ》」「霊《ひ》」は甲類、「火《ひ》」は乙類であり、この使い分けは、「日」と「火」の混同を避けたためだが、「日」と「火」は、燃えるもの、照り輝くものとして、同じようにみられていた。そのことは、太陽を火とみて陰陽五行の火にあてる中国思想はもちろん、日本の民俗行事が「日」と「火」を同じものとみなしていることにもうかがえる。各地の火祭は冬至のときに行なわれるが、それは火を盛大に燃やすことにより、劣えた日の再生を祈願するものである。火と日は、発音のうえでは区別されているが、観念としては同じものとみられていた(「火」はまた「霊」であった)。すなわち火明命は日明命でもあり、だから「天照国照」が冠されたのであろう。

日祀部を設置した敏達天皇は、この火明命を祖とする尾張連の血統に属している。

次頁の系譜をみればわかるように、皇統譜の母系は尾張氏系と蘇我氏系の二流があり、敏達天皇は尾張氏系である。皇子も尾張氏系で養育している。竹田皇子の「竹田」は、竹田の地(現在の橿原市東竹田町)で竹田神社を奉斎する竹

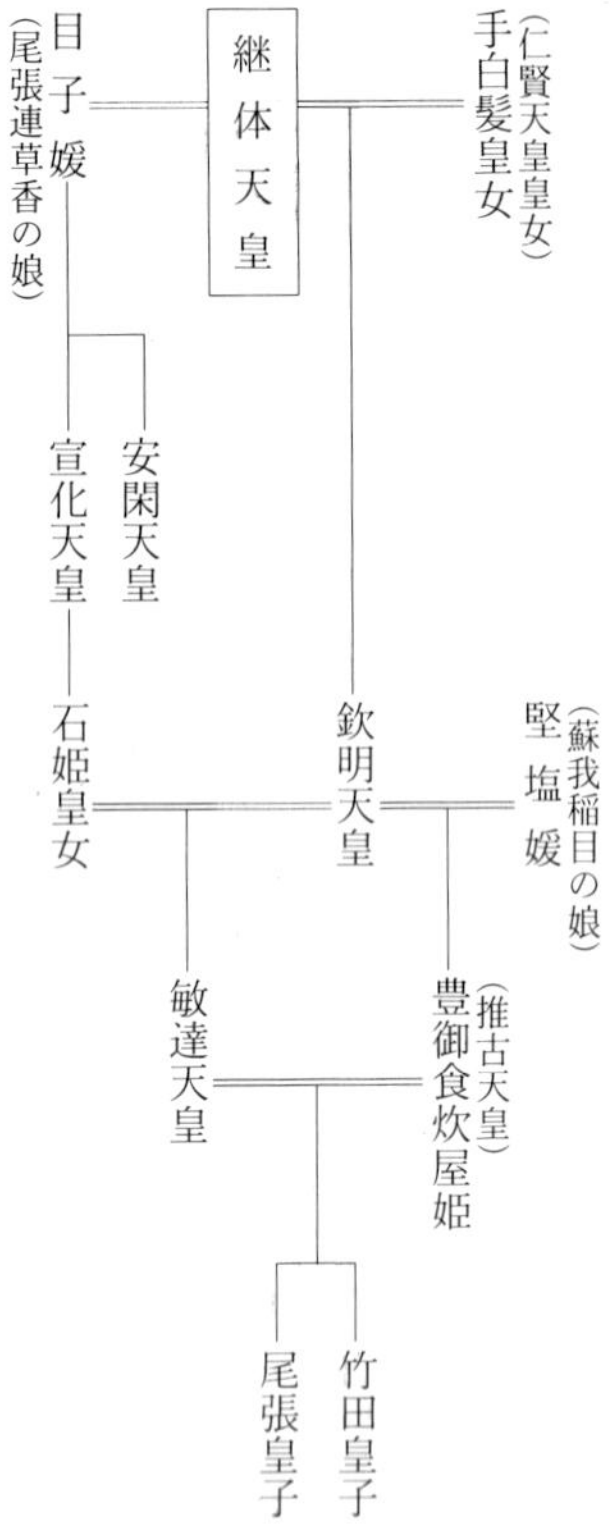

(菌)田連に養育されたことによるものだが、竹田連も火明命を祖とする尾張氏系氏族である。弟の尾張皇子は、尾張連が養育したから「尾張」がつく。

ともあれ、日祀部を設置したのが尾張氏系の敏達天皇で、その宮が「他田宮」であることからみて、他田坐天照御魂神社は尾張氏系氏族が祭祀した神社の一つであろう。しかし、天照御魂神社は、畿内にあって「日読み」のマツリゴトにかかわるという点で、他のアマテル系の神社とは異なっている。

「日読み」と「日知り」

拙稿「天照御魂神社の位置」にも書いたが[3]、次頁の図のように、太田の地から見る日の出の位置は、立春・立冬は三輪山々頂付近、春分・秋分は巻向山々頂付近、立秋・立夏は一本松付近（「一本松」と二万五千分の一の地図に記されているが、今は松はなく地名だけである。人の住まない峰の地名は、標識としての松があったことによるものであろう）、冬至は三輪山の南傾斜の隆起点（二万五千分の一の地図に標高点三二六メートルとある）付近、夏至は龍王山々頂付近である。

このように、太田堂久保の他田坐天照御魂神社の地は、山と太陽の位置関係を巨大な自然のカレンダーとして観測できる「日読み」の地である。

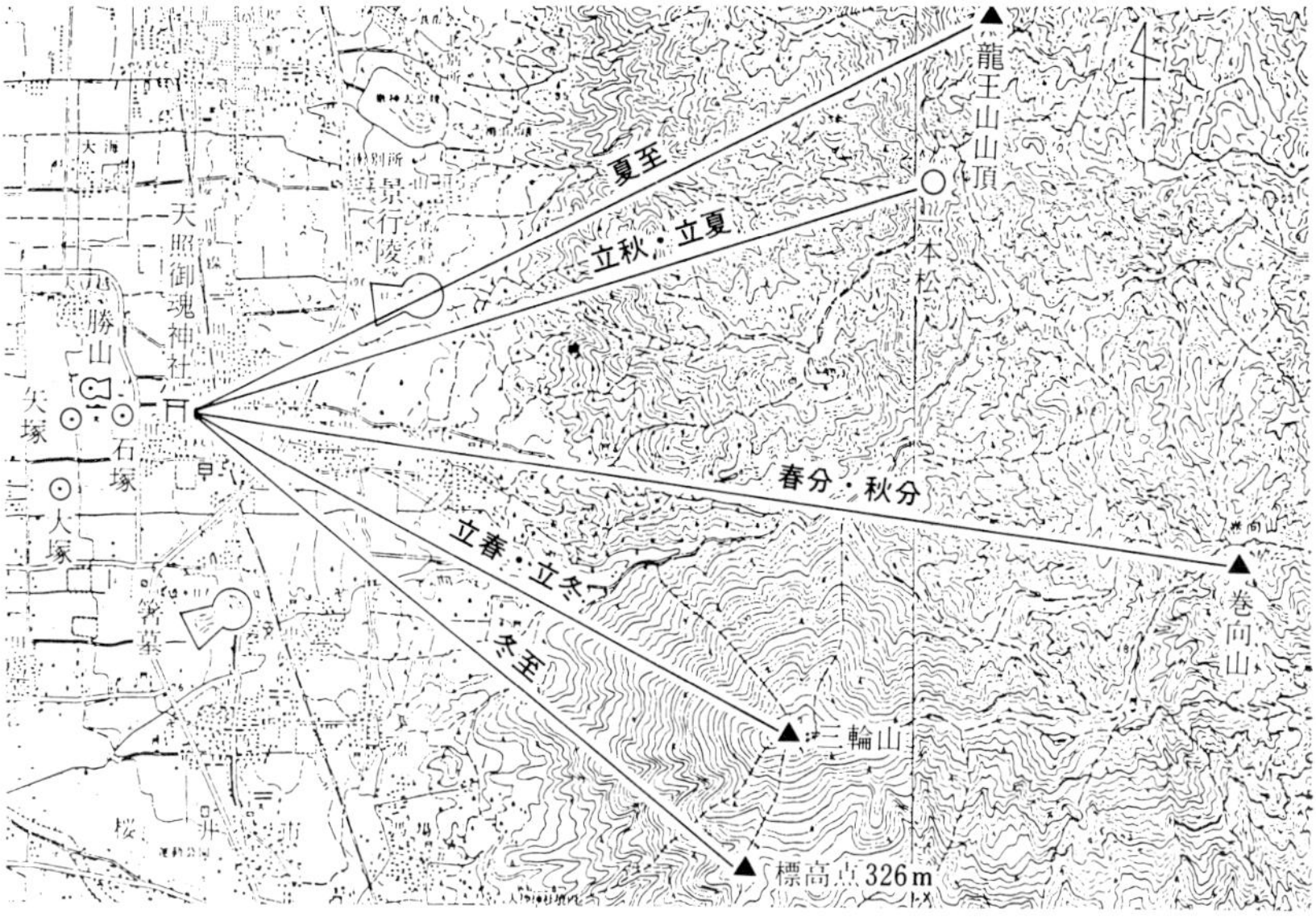

播磨の粒坐《いいぼにます》天照神社の社伝には、天照の神が、一粒を万物にする稲種を授けたとあるが、種を播くためには「日読み」が必要である。

「日読み」は、冬至・夏至、春分・秋分、立春・立冬、立夏・立秋を太陽の動きで読むことである。もちろん、これらは、中国の暦法による用語だが、倭人にとっても、日照が一番短い時と長い時、その中間にある時を知ることは、「春耕秋収」のためにも必要であった。

三世紀に陳寿が編集した『魏志』の「倭人伝」に、倭人は「正歳四節を知らず、ただ春耕秋収を記して年紀とす」という注があるが、この注は、陳寿よりすこし前に没した魚豢の著『魏略』からの引用だから、二世紀から三世紀の頃の日本の風俗を記したものとみてよい。

倭人は、観念的な「正歳四節」など必要ではなかった。そのような暦は、権力者の統治のために必要なのであって、一般民衆は、種をまく日と収穫する日をきめるための「日読み」を行なえばよかったのである。

本居宣長は、「真暦考」(『本居宣長全集』第八巻所収)で、暦を「来経数《ケヨミ》」の意とし、「一日《ヒトヒ》〳〵トツギ〳〵ニ来経《キフ》ヲ、数《カソ》ヘユク由《ヨシ》ノ名ナリ」と書き、「来て」「経て」ゆく日を数えることを

「コヨミ」とする。折口信夫は、暦の語源を「日数《ひよ》み」とみる。(4)

本居宣長のいう「コヨミ」は、中国の暦法にもとづく「コヨミ」ではない。だから、宣長も「天地ノオノヅカラノ暦ニシテ、モロコシノ国ナドノゴト、人ノ巧《タク》ミテ作レルニアラズ」といい、この「コヨミ」を、中国の暦に対して「真暦」といっている。真暦の年の始めは、「空ノケシキモ、ホノカニノドケサノキザシテ、霞モ立《タチ》、柳モモエ、鶯モナキ、クサグ〵ノ物ノ新《アラタ》マリハジマル比ヲ、ハジメトハ定《サダ》メタリ」なのである。

この「真暦考」は、「モロコシノ国」の暦を研究する天文学者川辺信一から批判を受けた。川辺信一は、所よって、霞が立つのも柳が芽ぶくのも、鶯が鳴くのもちがうのに、「オシナベテカク云フ」とはおかしいと批判した。川辺信一の頭には、一月一日は日本中どこでも同じ日でなければならないという前提がある。

こういう「科学的頭脳」の批判に対し、宣長は「真暦不審考弁」(『本居宣長全集』第八巻所収)を書き、早く起きて遅く寝る者も、遅く起きて早く寝る者も、それぞれの人にとって、一日は一日。それと同じで、年の始めも所よってちがいがあっていいではないか、と反論している。そして、今の暦法は、「上ヨリ掟アリテ、世間ノ人、朝ハ卯ノ何刻ニ一同ニ同時ニ皆起クベシ、夜ハ亥ノ何刻ニ一同ニ同時ニ寝ベシトアルトキハ、起ルモ寝ルモ少シモ遅速ノタガヒハアリテハ済マズ、暦日ヲ用ル世ノ年ノ始メ終リノ定マリカクノ如シ」と書いている。

本居宣長のいう「暦日ヲ用ル世」とは、「正歳四節」の「モロコシノ国」の暦法を用いる世であって、「真暦」とは、「正歳四節を知らず、ただ春耕秋収を記して年紀」とする倭人たちの「コヨミ」である。この宣長の説明について、小林秀雄は、「もし、から国の暦法に制圧される事がなかったなら、わが国に固有な暦法――恐らく純粋な太陽暦――を育ててゐたかも知れない。宣長はさう考へてゐたと見ていいと思ふ」と述べている。(5)

小林秀雄のいう「純粋な太陽暦」とは、「ただ春耕秋収を記して年紀とす」と「倭人伝」に書かれている「真暦」である。この「真暦」は、太陽の運行によって一年と一日をきめ、月の満ち欠けで一月をきめる。宣長は、日本人が一ヵ月を「朔《ツイタチ》」「望《モチ》」「晦《ツゴモリ》」に分けているのは、「月立《ツキタチ》」「望月《モチツキ》」「月隠《ツキコモリ》」からきており、月半ば頃が「望《モチ》のきはみ」、三十日《ミソカ》頃の夜が「月隠《ツキコモ》りのきはみ」だと書いている。

つまり、一年と一日は「日読み」、一ヵ月は「月読み」なのである。このような「コヨミ」を、川辺信一流のいわゆる暦学者たちは「自然暦」として、学問の対象からはずしているが、本宣宣長のいう「真暦」は、われわれの先祖たちの信仰と重なっている。

小林秀雄は、「宣長の筆致は、古人が信じてゐた伝説中で演じられる日神月神の役割に、読者を誘はうと動いてゐるのが、明らかに感じとれる」とも書いているが、(6) 月読神社があるのだから、日読みの神社もあったはずである。

『万葉集』に載る柿本人麻呂の長歌に、「橿原の日知りの御代ゆ」(二九番)とある「日知り」は、神武天皇をいう。「聖《ヒジリ》」が「日知り」の意であることは、多くの古語辞典に書かれている。「日知り」は「日領り」とも書かれるが、中国の暦法が入ってくる前の統治者にとって、日を知ることは即「マツリゴト」であった。だから、「マツリゴト」には祭事と政事(治)の二面性がある。

「マツリゴト」を行なう人は、「一日ニ同時ニ皆起クベシ」と命じる人で、「上ヨリノ掟」を作った人だが、「正歳四節」の暦法を使って巨大な統一国家を統治する権力者と、「春耕秋収を記して年紀」とする倭人の「日知(領)り」とでは、同じ「マツリゴト」を行なう人でも性格が異なる。「天地ノオノヅカラノ暦ニシテ、モロコシノ国ナドノゴト、人ノ巧ミテ作レルニアラズ」の「コヨミ」では、各地で新年がちがう。だから、「日知(領)り」も各地にいたはずである。

「天照」の「御魂」の神が、伊勢で天皇家によって「天照大神」として祀られた頃から、統一国家としてのイメージが成立する。この時期は、もっとも古くみても五世紀後半であろう(伊勢神宮の項参照)。太田の地は、その母胎となった初期ヤマト王権の「マツリゴト」としての「日読み」の地であった。

「日読み」と石塚

そのことを示すのは、太田の他田坐天照御魂神社のすぐ近くにある石塚古墳である。これを「古墳」といわず「墳丘墓」という考古学者がいるのは、弥生時代の終末期の遺物を出土しているからだが、「古墳」とみれば、もっとも古い時代の古墳である。しかし、発掘した結果、埋葬施設が出てこないので、森浩一は、古墳でなく、わりあい低い大きな

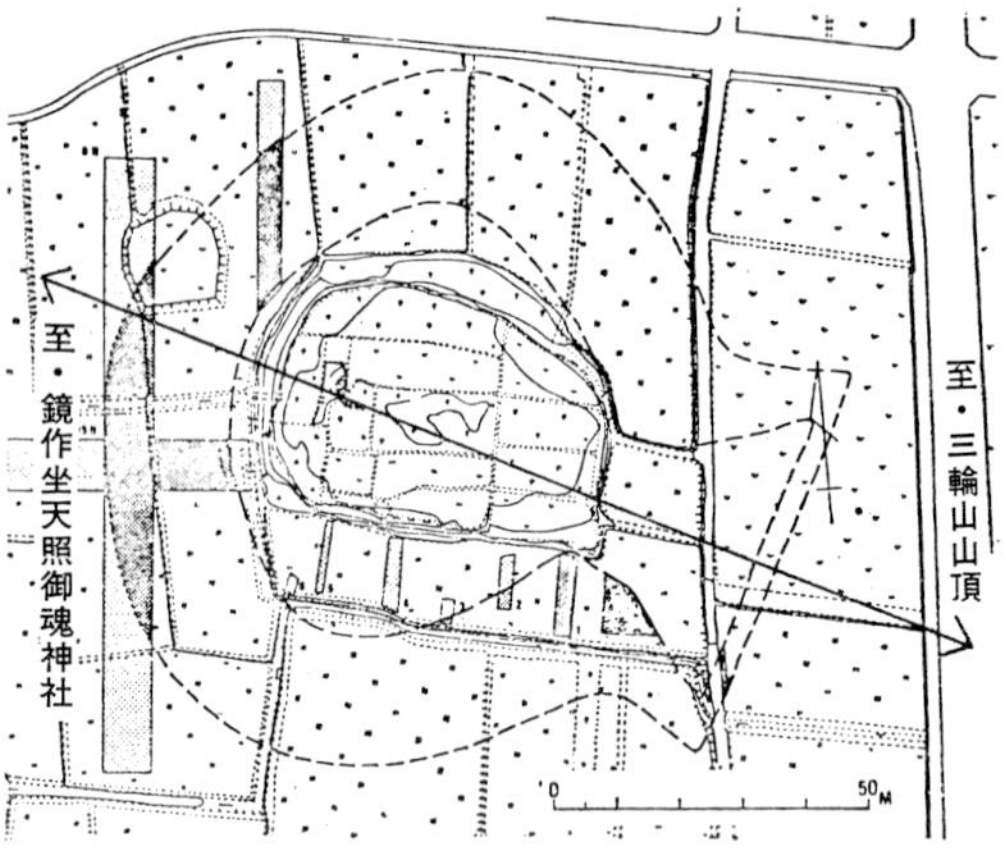

円丘に短い祭壇のようなものがついた構築物とみて、中国で二至（冬至・夏至）の祭祀を行なった、円丘・方丘の円丘にあたるのではないかと推測している。[7] 置田雅昭も、石塚は祭壇ではないかとみている。[8]

石塚の発掘調査責任者の石野博信は、「纒向遺跡の検討」の座談会で、「南側のくびれ部の調査で、径が二〇センチぐらいの、きれいな面取りをした柱が立ってるんです。濠の中に、それからころがって出てきているのもあって、何かそういう構築物がくびれの部分にあったわけです。そうすると古墳としては非常に異常なんで、祭の場の可能性があるんだろうかと思いました」と発言している。[9]

濠の中、つまり水中に建造物を建てるはずはないから、南側のくびれ部に建てられた柱が倒れ落ちたか、解体のうえ投げこまれたのであろうが、円丘の中心部からくびれ部の南端の柱の位置を通して見た冬至の朝日が三輪山の三二六メートルの標高点から出ることは、冬至の日、現地に立ってみれば観測できる。この標高点は、三輪山の秀麗な稜線がふくらみをもつ地点で、山頂とともに一つの目標点である。

一方、石塚から見た立春の朝日は三輪山の山頂から昇るが、石塚の中軸線は、図のように山頂に向いている。これらの事実からみて、石塚は「日読み」の構築物であることが推測できる。ちなみに、石塚の中軸線を延長すれば、八尾の鏡作坐天照御魂神社に至る。

石塚が箸墓《はしはか》古墳と関連した構築物であることは、多くの考古学者によって指摘されている。箸墓も含めて、当社の位置は広義の纒向遺跡の地といえるが、発生期の巨大前方後円墳を築造した権力者たちが、中国文明に無縁であったとは考えられない。そのことは、古墳の出土品からも証される。

権力が巨大化することは、統治地域が拡大することである。権力者にとって、統一した「マツリゴト」のためには、その支配地区の「コヨミ」を統一する必要があった。大和盆地において、いち早く中国の暦法をとり入れたのは、石塚や箸塚を築いた初期ヤマト王権の権力者であろう。

中国の暦法では、冬至は暦元といって暦法上の重要な基点であり、秦の時代までは冬至正月であったが、前漢の武帝の元封七年（紀元前一〇四）に太初元年と改め、立春正月にした。立春を正月とする思想が、いまわれわれの使っている二十四節気である。その後、中国では、前漢を倒した王莽の治政十六年間、曹魏の明帝の二年間、唐の則天武后の十年間を除いて、清朝まで二千年間が立春正月であった。この立春正月の暦法にもとづいて、石塚の中軸線は三輪山々頂に向けられたと推測されるが、くびれ部にわざわざ柱を立てたのは、やはり冬至が日祀りの原点として強く意識されていたからであろう。

「日読み」での一年は、観測点から見て、朝日が向かって右端から昇り、毎日左へ移動し、左端まで動いたのを一年とみたか（古代は「半年暦」だったとする説は、現在使用の「コヨミ」の一年を前提にして、この「一年」を「半年」といっているのである）、右端から左端まで動き、再び右端まで戻るのを一年とみたかの、どちらかであろう。

「冬至」「夏至」は、右端と左端の位置から朝日が昇る日をいう。「半年暦」では冬至と夏至が新年となる。中国でも古くは冬至が暦元であったのは、観念的な暦法以前の自然暦が冬至を基点としていたからである。もっとも短い日照時間から毎日日照時間がふえていくのだから、この日を新しい年の基点とみるのは当然である。冬至の日は、朝日が右の極限から昇る日であった。とすれば、その日に三輪山々頂から昇る朝日を拝する地は、重要な観測点、つまり「マツリゴト」の場であった。それが、次の項で述べる石見の鏡作坐天照御魂神社の位置である。

この天照御魂神社の位置に対して、他田の天照御魂神社は、立春とその前後に三輪山々頂から昇る朝日を拝する位置にある。当社はおそらく、日祀部の設置に伴って、立春の「マツリゴト」の場として創建されたのであろう。

注

(1) 筑紫申真『アマテラスの誕生』五一頁、昭和四十六年。
(2) 今谷文雄「古代太陽神崇拝に関して」「日本歴史」一三一号。
(3) 大和岩雄「天照御魂神社の位置」「東アジアの古代文化」二九号。
(4) 折口信夫「古代生活の研究」『折口信夫全集』第二巻所収。
(5) 小林秀雄『本居宣長補記』四五頁、昭和五十七年。
(6) 小林秀雄、注5前掲書、四四頁。
(7) 森浩一『日本古代史』一二四頁、昭和五十五年。
(8) 置田雅昭「座談会・纏向遺跡の検討」「古代を考える」二一号。
(9) 石野博信「座談会・纏向遺跡の検討」「古代を考える」二一号。

鏡作《かがみつくり》坐《にます》天照御《あまてるみ》魂《たま》神社——鏡と「日読み」と尾張氏系氏族

鏡作坐天照御魂神社は、奈良県磯城《しき》郡田原本町八尾と、磯城郡三宅町石見にある。両地は、いずれも古代の城下《しきのしも》郡に属していた。『延喜式』神名帳では一座（大。月次新嘗）であり、この一座は八尾の鏡作神社の主祭神天照国照彦火照命に比定されているが、所在地の特殊性からみて、石見の鏡作神社の存在を無視することはできない。

「日読み」の地としての鏡作神社

この両社も、太田の他田坐天照御魂神社と同じく「日読み」の地にある。次頁の図のように、八尾の社地から見て、ほぼ立春・立冬の日に、朝日は三輪山々頂から昇り、夕日は二上山の雄岳・雌岳の間の鞍部に落ちる。同様に、春分・秋分の朝日は龍王山々頂、夕日は標高点二一四メートルの山頂、立夏・立秋の朝日は標高点四三四・六メートルの山頂、夕日は信貴《しぎ》山々頂という関係になる。山名のわからない山は、国土地理院の地図の標高点で示したが、山名のはっきりしている三輪山・龍王山・二上山・信貴山は、いずれも大和国の人々が霊山と仰ぐ山々である。

これに対して、石見の地は、冬至・夏至の「日読み」の地であろう。そこから見ると、朝日は冬至に三輪山々頂、夏至に高峯山々頂から昇り、夕日は冬至に二上山鞍部、春分・秋分に明神山々頂、夏至に十三峠へ沈む（「山頂」と書いたが、現代人の「科学」的視点から厳密にいえば「山頂付近」である。だが、ここでは古代人の「祭祀」的視点から述べる）。

石見の鏡作神社の南方、石見地域に入る場所に石見遺跡がある。昭和五年に寺川が決壊し、翌年の復旧工事で多数の埴輪と木製品が出土した。調査の結果、人物・家・盾などの形象埴輪や円筒埴輪があり、加工された木板・木片・須恵器などが伴出した。また昭和四十一年、付近の宅地化に際して発掘調査したところ、以前の発見地のすぐ南西方で、再

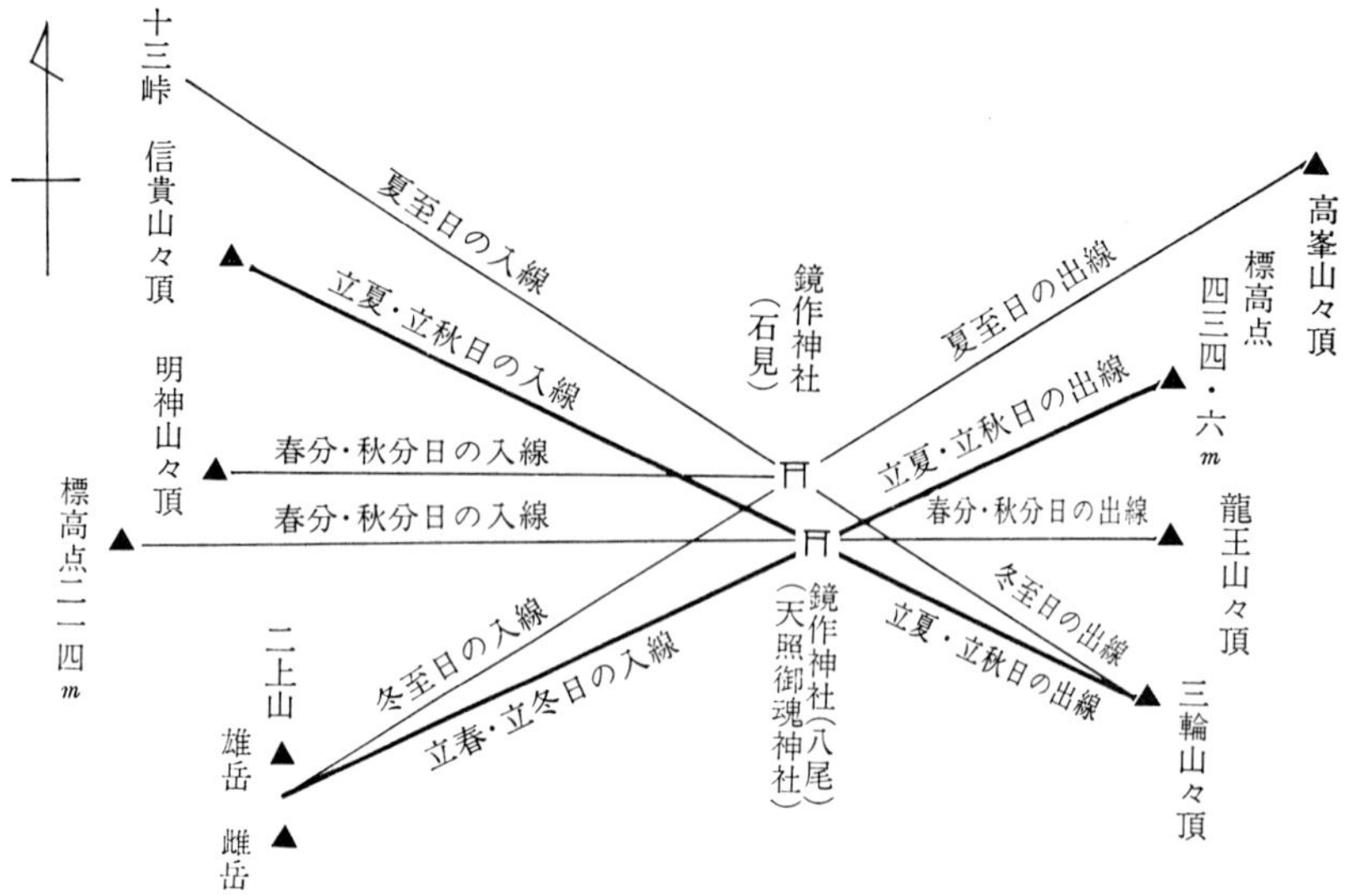

び盾・馬・鹿・水鳥・家・人物・円筒埴輪などが出土した。埴輪群の外側には幅六メートル、深さ八〇センチの溝状遺構があり、そのなかからも埴輪片・方孔円板状木製品・人形状木製品・柱状木片などが出土した。これらの遺構・遺物から、直径三〇メートル程度の不整円形の周囲に、人物・動物・器財・家・円筒埴輪の完成品を並べ、さらに木製品を樹立し、その周囲に幅六メートルの堀をめぐらしていたと推定され、埴輪列の内側は封土の痕跡もなく、平坦地であった可能性が強い。つまり、古墳や埴輪製作所跡といったものではなく、きわめて特異な祭祀遺跡と推定される。遺跡が古墳でない点から、埴輪樹立に関しても問題を提起する遺跡である。

埴輪の大半は須恵質で、伴出する須恵器の形から、五世紀末から六世紀初頭の遺跡と推定されているが、[1] 特異な祭祀遺跡であることからみて、石見の鏡作神社と無関係ではなかろう。石野博信は、石見遺跡の祭祀は「祭天の儀を背景とする天的宗儀の色彩をもつ」と書いている。[2] 石見遺跡から見た冬至の朝日が三輪山々頂から昇る（鏡作神社から見た場合はやや左にずれる）ことからも、この地は「日読み」の地として最適であり、遺物が祭祀用としても特殊なもので、かつ埴輪が使われたという点からも、単なる治水・農耕祭祀の跡とは考えられない。

この石見遺跡と鏡作神社の関係には誰もふれていないが、それは太田の他田坐天照御魂神社と、石塚をふくむ纒向遺跡との関係と同じであろう。石見遺跡も単なる治水・農耕祭祀遺跡でなく、「日読み」の祭祀遺跡と考えられる。

石見遺跡は五世紀後半のものであり、伊勢の王権祭祀の始まりも五世紀後半とみられている。おそらくこの時期に、中国の「天」の思想にもとづく「日知り」による「日読み」の祭祀が始まったのであろう。

しかし、中国の暦や天の思想を「日知り」としての古代王権の権力者が利用する以前から、倭人の「春耕秋収」のための「日読み」は行なわれていた。そのことは、石見の鏡作神社と三輪山々頂を結ぶ線上にある、弥生時代の代表的遺跡、唐古・鍵遺跡の出土物からもいえる。

鍵遺跡の弥生時代後期の祭祀用円形土壙（径約一メートル）から、土製の鶏の頭部が、他の祭祀用土器と一緒に出土している。鶏は日の出を予告する鳥だが、私は、この祭祀土壙の近くから三輪山々頂の冬至の日の出が拝せることを、昭和五十七年の冬至の日に確認した（当日は雨だったが、その前日と翌日に、三輪山々頂から昇る朝日を見た）。三輪山々頂を冬至の日の出方位とする祭祀遺跡から、鶏の頭部が出土しているのは、弥生人の農耕祭祀の一面を語っている。「日読み」は祭祀であり、「日知り（聖）」にとっては「マツリゴト」であった。

石見遺跡では、鍵遺跡の祭祀と同じ冬至の祭を寺川の川辺で行なったのであろう。もちろん、石見遺跡のほうが三世紀以上も後だから、弥生人の「ムラ」の祭の「日読み」が「クニ」の祭になっている点はちがう。だが、祭祀の方法が旧習を伝えていることは、石見遺跡から出土した長さ約一メートルの鳥形木製品（四点）からもいえる。ちなみに、太田の石塚の周濠からも、他の祭祀用土器と共に、鶏形木製品が出土している。

「日読み」といっても、八尾と石見の鏡作神社については、三輪山々頂から昇る立春と冬至の朝日を拝する地にあることが重要である。

「日読み」とは農耕儀礼であり、農政であり、マツリゴトそのものである。太陽祭祀、つまり鏡作や他田の日祀りは、種まきなどの時期を知り、一粒を万倍にするマツリゴトなのである。播磨国の粒《いいぼ》坐《にます》天照神社には、祭神火明命が童子の形で稲種を授け、一粒を万倍にする霊力をもつという社伝が残っている。八尾と石見からの、三輪山々頂に昇る立春・冬至の朝日への祈願は、単なる太陽祭祀ではなく、新しい年の豊作祈願だったにちがいない。

八尾の鏡作神社では、毎年二月二十一日に近い日曜日に、特殊神事の「御田植祭」が行なわれる。午前中に祈年祭典があり、午後、御田植舞、豊年舞の奉納がある。御田植祭の多くは、田植時期に行なう田植行事だが、ここでは二月の行事となっており、舞の奉納を行なっている。また、霧島神宮（鹿島県姶良郡霧島町）の御田植祭も旧暦二月四日（立春）に行なわれていた（今は三月八日）。祭神瓊々杵尊《ににぎ》が天照大神から稲の穂をいただいて高千穂峰に降り、稲の作り方を住民に教えたという伝承にもとづく祭儀で、尉・姥による田植の所作や田の神舞がある。この御田植祭は、祈年祭（古代から中世まで神祇官では二月四日に行なった）をその前に行なっていることからみて、本来は立春正月の予祝神事であったろう。

たぶん、八尾の鏡作神社の御田植祭のもとは、立春に三輪山々頂から昇る朝日と二上山の雄岳・雌岳に落ちる夕日を拝して五穀豊穣を祈った日祀り、いいかえれば、立春に天照御魂神を招き、日の御子としての穀霊の誕生をうながす祭儀であったと考えられる。

銅鐸から鏡へ

この神社の大きな問題点は、社名の「鏡作」である。

鍵遺跡の弥生時代後期前半の自然流路からは、流水文の刻線を残す石の銅鐸鋳型の破片、大小二種の土製銅鐸鋳型片、銅鐸型土製品、各種フイゴ羽口、コークス状土塊などが出土している。この地の銅鐸製作技術は鏡作に受け継がれたのであろうと、森浩一(3)と和田萃(4)は述べている。銅鐸祭祀をやめさせた権力が、銅鐸製作工人に鏡を作らせたのであろう。

この権力は、従来の「日読み」の「マツリゴト」に中国の暦法をとり入れた。そのために構築された「マツリゴト」の場所が、石塚であろう。石塚の構築は箸墓のような巨大前方後円墳の築造へとつながるが、一方では鏡が権力のシンボルとして重視される。その結果、鏡は被葬者の副葬品として埋納され、古墳から大量に出土するのである。

そうした鏡の多くは外来品だが、それを模造してわが国でも造るために、青銅器製作工人たちの銅鐸製作をやめさせ、鏡作にあたらせたのであろう。しかし、従来の冬至正月と、外来の暦法による立春正月の、二つの「日読み」の「マツリゴト」を石塚で行なっているように、鏡の祭祀は従来の「マツリゴト」の否定ではない。銅鐸と同じ意味で弥生時代から用いられていた鏡に、呪具として一層のウェイトを置いた結果、銅鐸が消えたのである。

鳴らす呪具としての銅鐸は、巨大化するにつれて、照り輝く呪具となった。橿原考古学研究所の久野邦雄は、唐古・鍵遺跡から出土した銅鐸の鋳張り（鋳造時に鋳型の合わせ目からはみ出したもの）の一部を、化学分析するために切断してみると、現在の五円玉のように黄金色に輝いたので、成分にもとづいた復原を行なった。その結果、「全体的に黄金色に近いものになることがわかった」として、「銅鐸を鋳造するにあたって原料を配合する時には、熔製された銅鐸の色が黄金色になるように配慮されていたのではないかと推測できる。このことから考えられることは、弥生時代、農耕の祭祀の場に、黄金に光り輝く銅鐸が太陽の光をあびて反射し、それによって地霊を鎮める効果を期待したのではなかろうかと私は考える」と書いている(5)（復原された黄金色に輝く銅鐸は、橿原考古学研究所付属博物館に常設展示されている）。

久野邦雄の銅鏡の組成分析によれば、仿製鏡（銅鐸などを鋳造した工人たちが中国鏡に似せてつくった倭鏡）は黄金色、舶載鏡（中国鏡）は白銅色になるという(5)。鏡に顔を映す場合には白銅の鏡がはるかに鮮明なのに、黄金色の鏡を倭人があえて作ったのも、銅鐸の黄金色からの影響であろう。聞く銅鐸（音としての祭具）が、見る銅鐸（光としての祭具）に変わり、銅鐸は巨大化したが、これは銅鏡の仿製鏡が舶載鏡よりも大きくなるのと共通している。

鏡は弥生時代中期に入ってきて、弥生時代後期には北九州を中心に、すでに普及している。『魏志倭人伝』には、魏王が卑弥呼に銅鏡百枚を贈ったときのこととして、「汝の好物を贈る」と記されている。その頃の鏡には凹面鏡はないが、弥生時代に最初に入った鏡は、多鈕細文鏡《たちゆうさいもん》といわれる凹面鏡である。凹面鏡で顔を映せばさかさまに映ってしまうし、中国の凹面の陽燧のように日光を焦点に集めて火を採ろうとしても、曲率が大きいから、火を採ることがむずかしい。小林行雄は、巫女が太陽の光を反射させ、霊威を示すために用いたとみる(6)。

「光の祭具」としては、銅鐸も銅鏡も同じである。奈良県御所市名柄からは、一緒に埋められた銅鐸と多鈕細文鏡が発見されている。このように、鏡と銅鐸は「光の祭具」として最初は同じに扱われていたが、巨大古墳を築造するほど「日知り」の権力が巨大化するにつれて、権力のシンボルは鏡に移行し、銅鐸は急速に消えていったのであろう。その点では、銅鐸—弥生時代、鏡—古墳時代とみるのは一概に否定できない。

銅鐸から鏡への転換は、「日読み」の視点の転換、つまり、従来の自然暦の冬至正月に中国暦法の立春正月をとり入れたための転換であり、立春を起点とする二十四節気の「マツリゴト」への導入は、巨大古墳の築造と共に、初期古代王権の画期的事業であったと考えられる。

前述のように、八尾の鏡作神社は「日読み」の神社で、立春・冬至の三輪山々頂から昇る朝日と、二上山の雄岳・雌岳の間（鞍部）に沈む夕日を拝する位置にある。二つの鏡作神社のうち、八尾が本社になっているのは、立春正月の導入が鏡の祭祀の開始と重なったことと関係があろう。

神宝の三角縁神獣鏡

和田萃は、八尾の「鏡作神社に御神体として伝えられている鏡は、中国製説のある三角縁神獣鏡で、型式は単像式の唐草文帯三神二獣鏡である」とし、この鏡については「外区の欠失していることが注意される。こうした例は、他にほとんどなく、人為的になされたと考えざるをえない。完型でないこの舶載鏡を、鏡作り工人らが奉祀した理由が判然とせず、さらに本鏡が古来御神体であったことにも疑念が持たれてくる」として、「鏡作神社近傍の古墳から出土した鏡に手が加えられ、ある時期からそれを御神体として奉祀したとの想像も、あながち無稽のことではないだろう」と書いている。(4)

和田説の「手を加えた」というのは、外区を欠いたということであろうが、はたして、古墳出土の完成品をわざわざ欠陥品にして御神体とするだろうか。また、和田萃は御神体にしていたという前提で論じているが、神社では「神体」でなく「神宝」として扱っている。

一方、森浩一は、「八尾の鏡作神社には、三角縁神獣鏡の内区だけの遺品があって、鏡制作の原型と推定することができる」と書くが、(7)私はこの「鏡制作の原型」説を採る。和田萃は『古鏡聚英』所収の鏡をみると、外区の欠失した例は本鏡のみである」ことを論拠の一つにあげているが、(4)私は、鏡作の工人が鏡制作の原型として使っているうちに外区が欠けてしまい、鋳型の原型としては使用不能になったため、神社に奉納し、それが神宝として伝えられたものと推測する。

尾張氏と鏡作部

この鏡の同笵鏡が、愛知県犬山市白山平にある東《とう》の宮《みや》古墳から出土していることに注目したい。

この古墳は、愛知県では最古に属する古墳（前方後方墳、全長七三メートル）で、四世紀後半の築造であるが、所在地は古代の丹羽郡であり、その首長は、文献のうえでは丹羽（邇波）県君、丹羽県主である。丹羽県君については、『先代旧事本紀』天孫本紀の尾張氏系の系譜に、天照国照彦天火明櫛玉饒速日尊の十二世孫建稲種命が、邇波県君の祖大荒田の娘玉姫を妻とし、二男四女を生んだとある。そして、建稲種命と玉姫の間に生まれた尻綱根命が、尾治（張）連を賜わったと記されている。

建稲種命について、『古事記』は「尾張連の祖、建伊那陀爾」と書くが、「伊那陀」は「稲種」のことである。粒坐天照神社の祭神火明命の伝承の「稲種」の例からみても、火明命と建稲種命は同じイメージであるが、丹羽郡は、火明命を祖とする海部氏、石作部氏の居住地でもある。鏡作神社の神宝の三角縁神獣鏡は、当社と尾張氏との関係を示唆している。

鏡作坐天照御魂神社の神職について、『大同類聚方《だいどうるいじゅうほう》』（大同三年〔八〇七〕に撰録された医書）巻十五には、次のように書かれている。

阿可理《あかり》薬　山外《やまと》国城上郡鏡作《ニ》鎮坐天照御魂神社之宮人水主直《みやひとみぬしのあたい》国平之家伝留所之《ニつたふるところの》能里《のり》元者天香山命《もとはあめのかぐやまのみことの》神方《かみののり》

つまり、鏡作座天照御魂神社の神職は水主直で、水主直に伝わる「阿可理薬」の元祖は天香山命であるという。

水主直については『新撰姓氏録』山城国神別に「水主直、火明命之後也」とあり、『旧事本紀』天孫本紀は、火明命の九世孫玉勝山代根古命を「山代水主」の祖とする。太田亮は「山代水主直」の「直」が落ちたとみるが、(8)『和名抄』

の山城国久世郡水主郷（京都府城陽市水主）に式内社の水主神社があり、この神社では、『延喜式』神名帳によれば、天照御魂神を祀っている。

このように、当社の祭祀氏族は尾張氏系であるが、尾張氏は、銅鐸や銅鏡などを製作する工人氏族と関係がある。尾張氏の本貫については尾張と葛城の二説があり、葛城を本拠地とする尾張氏は、「高尾張邑に、赤銅《あかがね》の八十《やそ》梟師《たける》あり」と書かれるように、「赤銅」にかかわる。「天孫本紀」は尾張氏の祖を「天香語《あまのかご》山《やま》命」とし、天香語山命が天上から降臨するときの名を「手栗彦《たぐりひこ》命」「亦《また》高倉下命と云ふ」と書く。高崎正秀は「上代鍛冶族覚書」で、「たぐりと云ふからには、伊弉冉神の嘔吐《タグリ》になりませる神、金山毘古神、金山毘売神を想起せずには居られない。鉱山の偶生神を嘔吐云々と云ったのは、即ち冶金の際の金滓の見立てなのだ」と書き、天香語山命を「鍛冶神」とみている。[9] また、日本古典大系『日本書紀・上』の頭注も、「たぐり」について、「へどが鉱石を火で熔かした有様に似ている所からの連想」とみている。

「カゴ山」は「カグ（香具・香）山」とも書かれるが、『古事記』に火之迦久土《ほのかぐつち》神の亦の名が火之炫毘古《かがびこ》神とあることから、西田長男は「炫」は「火の燃えかがやく意で、溶鉱炉において鉄分を分析するさいのすさまじい火炎を神格化したものであろうと思われる。そうして『火之迦久土神』の『土』は、その原鉱たる砂鉄を、また、『天香語山命』の『山』は、この原鉱たる砂鉄を出だす鉱山をさしていったものと考えてよかろう」と述べている。[10] イシコリドメ（鏡作伊多神社の主祭神）は、「天金山の鉄《かね》」（『古事記』）、「天香山の金《かね》」（『日本書紀』）、「天香山の銅《かね》」（『古語拾遺』『旧事本紀』）をとって鏡を作ったという。この天香山の神名化が天香語山命であり、だから『大同類聚方』は、当社のヤケド薬について、元祖を天香（語）山命と書くのである。

このように鏡作神社は尾張氏系の神と結びついているが、物部氏とも無関係ではない。イシコリドメを祖とする鏡作連が物部氏系であることと、鏡作と物部氏系の穂積氏との関連については、『日本の神々・4』の鏡作伊多神社・鏡作麻気神社の項で詳述したが、高崎正秀は、尾張・物部の両氏を倭鍛冶部《やまとかぬち》にかかわる氏族とみている。[9]

このように、鏡作部・倭鍛冶には物部・尾張の両氏がかかわっている。また、天照御魂神の祭祀も、主に両氏系の氏族が掌っている。それは、『旧事本紀』において両氏の始祖が合体し、「天照国照彦天火明櫛玉饒速日尊」という神名が生まれた一因であろう。伊勢神宮の祭祀に両氏が関係している理由も、このあたりに求められよう。

注

(1) 末永雅雄監修『日本古代遺跡便覧』一九四頁、昭和四十八年。『奈良県の地名』三七一頁、昭和五十六年。
(2) 石野博信「四・五世紀の祭祀形態と王権の伸張」『古墳文化出現期の研究』所収、昭和六十年。
(3) 森浩一「対談・鏡のもつ意味と機能」『鏡』所収、昭和五十三年。
(4) 和田萃「古代日本における鏡と神仙思想」『鏡』所収、昭和五十三年。
(5) 久野邦雄「復元した銅鐸」「朝日新聞」文化欄夕刊、昭和五十八年二月七日。
(6) 小林行雄『古鏡』九頁、昭和四十年。
(7) 森浩一「古墳出土の小型内行花文鏡の再吟味」『日本古文化論攷』所収、昭和四十五年。
(8) 太田亮『姓氏家系大辞典』第三巻、五八一四頁、昭和十一年。
(9) 高崎正秀「上代鍛冶氏族覚書」『神剣考』所収、昭和四十六年。
(10) 西田長男「平野祭神新説」『日本神道史研究』第九巻所収、昭和五十三年。

木島坐天照御魂神社《このしまにますあまてるみむすび》——「日の御子」生誕伝承と秦氏

三柱鳥居と「日読み」

国宝指定第一号の弥勒菩薩半跏思惟像のある広隆寺に隣接して（かつての広隆寺境内の最東端に）鎮座し、現在は、一般に「蚕《かいこ》の社《やしろ》」（境内社として養蚕《こかい》神社があることによる）、または「木島神社」（鎮座地の旧称による）と呼ばれているが、『延喜式』神名帳では、葛野郡の項に「木島坐天照御魂神社名神大。月次相嘗新嘗」と記されている。境内の西北隅に、四季水が湧き出る「元糺《もとただす》の池」があり、『木島坐天照御魂神社由緒書』によれば、下鴨神社（賀茂御祖神社）の鎮座地「糺《ただす》」の名は、ここより移したものという。この池は、かつて禊の行場であり、夏の土用の丑の日にこの池に手足を浸すと、諸病にかからないといわれている。

この池には、日本唯一のものという「三柱《みはしら》鳥居」または「三つ鳥居」「三面鳥居」「三角鳥居」と呼ばれる鳥居がある。現在のものは、社伝によれば、享保年間（一七一六—三六）に修復されたものだが、この鳥居について、明治四十一年、当時の東京高等師範学校の教授佐伯好郎は、「太秦（禹豆麻佐）を論ず」という論文を「地理歴史」に発表し、景教（七世紀前半に中国に入ったキリスト教の異端ネストリウス派）の遺跡とした。すなわち、唐の建中二年（七八二）に建てられた「大秦景教流行中国碑」

という景教碑が、かつての景教の寺、大秦寺にあり、三柱鳥居が太秦の地にあること、三角を二つ重ねた✡印がユダヤのシンボルマーク、ダビデの星であること、太秦にある大酒神社は元は「大辟神社」だが、「辟」は「闢」で、ダビデは「大闢」と書かれることなどをあげ、当社や大酒神社を祭祀する秦氏（太秦忌寸《うずまさのいみき》）は、遠くユダヤの地から東海の島国に流れ来たイスラエルの遺民だというのである。そして、秦氏に関する雄略紀の記事から、景教がわが国に入った時期を五世紀後半としているが、景教が中国に入ったのは六三五年、正式に認められたのが六三八年だから、佐伯説は成り立たない。また、「太秦」表記は、『続日本紀』の天平十四年（七四二）八月五日条の、秦下島麻呂が「太秦公」姓を賜わったというのが初見であり、したがって、「太秦」表記を根拠に景教説を立てるのも無理である。

佐伯説は無理だが、三柱鳥居についてこうした説が出るのは、他に類例のない鳥居だからである。『式内社調査報告・第一巻』は、この鳥居の中心点に組石の神座があり、三方から遙拝できるようになっていると書くが、たとえ三方から遙拝したとしても、現在の神殿を遙拝することにはならない。では、三方から何を遙拝するために、この鳥居はあるのだろうか。

たぶんこの地は、古くは鳥居だけの「日読み」の聖地で、この鳥居から拝される朝日・夕日が、天照御魂神であったにちがいない。「日読み」の山々を遙拝するためには、普通の鳥居より、このような鳥居の方が好都合だったのであろう。

「日読み」のためだけなら二面あればいいが、造形上あるいは力学上、三面になるのは自然であろう。ただし、もう一面は、北方の双ヶ《ならび》丘遙拝のためとも考えられる。双ヶ丘の古墳群のうち、一ノ丘頂上古墳は、太秦の蛇塚古墳の石室に次ぐ大規模な石室をもち、「他の古墳に比べて、墳丘や石室の規模が圧倒的に大きくしかも丘頂部に築造されているところからみて、嵯峨野一帯に点在する首長墓の系譜に連なるものであろう。築造の年代は、蛇塚古墳に続いて七世紀前半頃と推定される。（中略）双ヶ丘古墳群は、その所在地からみて、秦氏との関連が考えられる」（日本歴史地名大系27『京都市の地名』）。このように、双ヶ丘は嵯峨野一帯を支配する秦氏の祖霊のねむる聖地である。

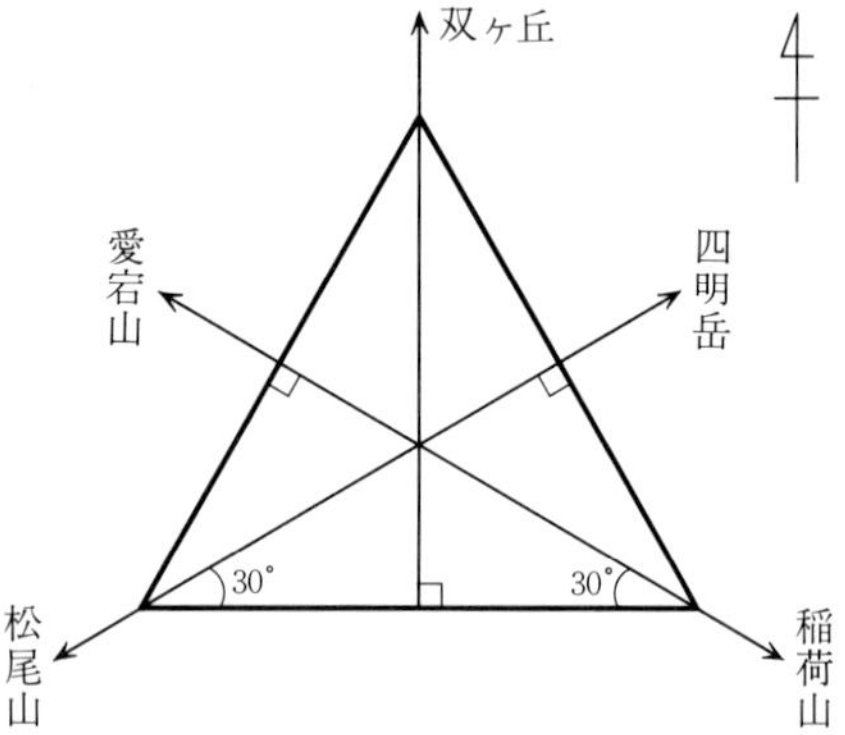

それぞれの遙拝方向、すなわち正三角形の頂点は、図のように双ヶ丘と稲荷山と松尾山に向いている。稲荷山には伏見稲荷大社、松尾山には松尾大社が鎮座するが、いずれも秦氏が奉斎する神社である。秦氏は、この「日読み」の地から拝する二つの山を神体山とし、神社を創建したのであろう。

糺の池と三柱鳥居

三柱鳥居は、元糺の池の中にある。『都名所図会』（次頁の絵）でみると、江戸時代には川の中に立っていた。この立地条件は重要である。

『古事記』に載る新羅の王子天之《あめの》日《ひ》矛《ぼこ》の伝承では、沼のほとりで日光に感精した女性が赤玉を生み、この玉が姫となり、天之日矛の妻になっている。新羅の初代王（赫居世）は、蘿井のほとりへ雷光と共に降りた大卵から出誕した。この羅井（na-ŏr）について、三品彰英は、「ŏr は井・泉・池の古語、na は『生れる』と『太陽』との両義に通ずるから、羅井すなわち『みあれの泉』、あるいは『日の泉』と直訳することができる」と書いている。

三柱鳥居の真中には、写真のように、水の中に石が積まれて御幣が立ち神籬《ひもろぎ》の中の磐座になっている。つまり、冬至と夏至の朝日（神）の依り来る「日の泉」（蘿井）の依代なのである。天之日矛は新羅国王子だが、秦氏も加羅・新羅系であり、この三柱鳥居についても、天之日矛伝承とのかかわりを考えるべきであろう（秦氏が加羅・新羅系であることは、拙稿「秦氏と波多氏」（『日本古代試論』所収）に詳述した）。

次に、この鳥居のある地を、なぜ「タダス」というかが問題である。一般に「タダス」は下鴨社の森の呼称として有名だが、「糺の神」（『枕草子』）、「ただすのみや」（『新古今集』）と呼ばれたのは、下鴨社でなく河合神社（式内社「鴨川合坐小社宅神社」）である。『太平記』には「河合森《ただす》」（巻一五）、「河合《ただす》」（巻一七）とあり、『拾芥抄』『色葉字類抄』にも

「只洲《ただす》社」とある。『京都市の地名』は、「『八雲御抄』の社《やしろ》の項に『ただすのみや』と『かものやしろ』を別々にあげているのをみると、糺の宮は河合社のほうをさすと考えられる」と書き、「タダス」とは、賀茂川と高野川の合流する河合の「只洲《ただす》」の意とみる。元糺といわれる木島社も、河合の地にある。

しかし、河合を「タダス」というなら、全国各地に「タダス」という地があってもいいはずである。また「只洲」は「タダス」の宛字であって、「只」に河合の意味はない。「タダ」は「洲」にかかる言葉ではあるまい。

『古事記』は、天孫ニニギが日向の高千穂峯に降臨するとき、「朝日の直刺《たださ》す国、夕日の日照《ほで》る国、故、此地は甚吉《いとよ》き地《くに》」といったと書く。元糺社（木島社）と糺社（河合社）を結ぶ線は比叡山と松尾山に至る。比叡山は日枝山と書くが、西郷信綱は、「ヒエ山とは、朝日ただす山の意」とみる。[1] 糺と元糺の地は、ヒエ山から昇る朝日が「タダサス」（一直線にさす地）であり、この「タダサス」が「タダス」になったと、私は推測する。

『古事記』は、「大山咋神《おほやまくひ》、亦《また》の名は山末之大主神、此の神は近淡海国の日枝の山に坐し、亦葛野の松尾に坐して、鳴鏑《なりかぶら》を用《も》つ神ぞ」と書くが、日枝山（四明岳）―糺社―元糺社の直線上を鏑矢が飛べば、松尾山の日埼峯に至る。日埼峯という呼称も、日枝山の朝日が「直刺《たださ》す」からであろう。この朝日の光を鳴鏑の矢に例えたのである。しかし、朝日の昇る位置は移動するから、朝日の「直刺す」日は特定されている。その日は夏至である。つまり、当社や河合社の地は、夏至とその前後に日枝山からの朝日の直刺す、冬至とその前後に松尾の日埼峯から夕日の日照る、甚吉《いとよ》き地なのである（次頁の図参照）。

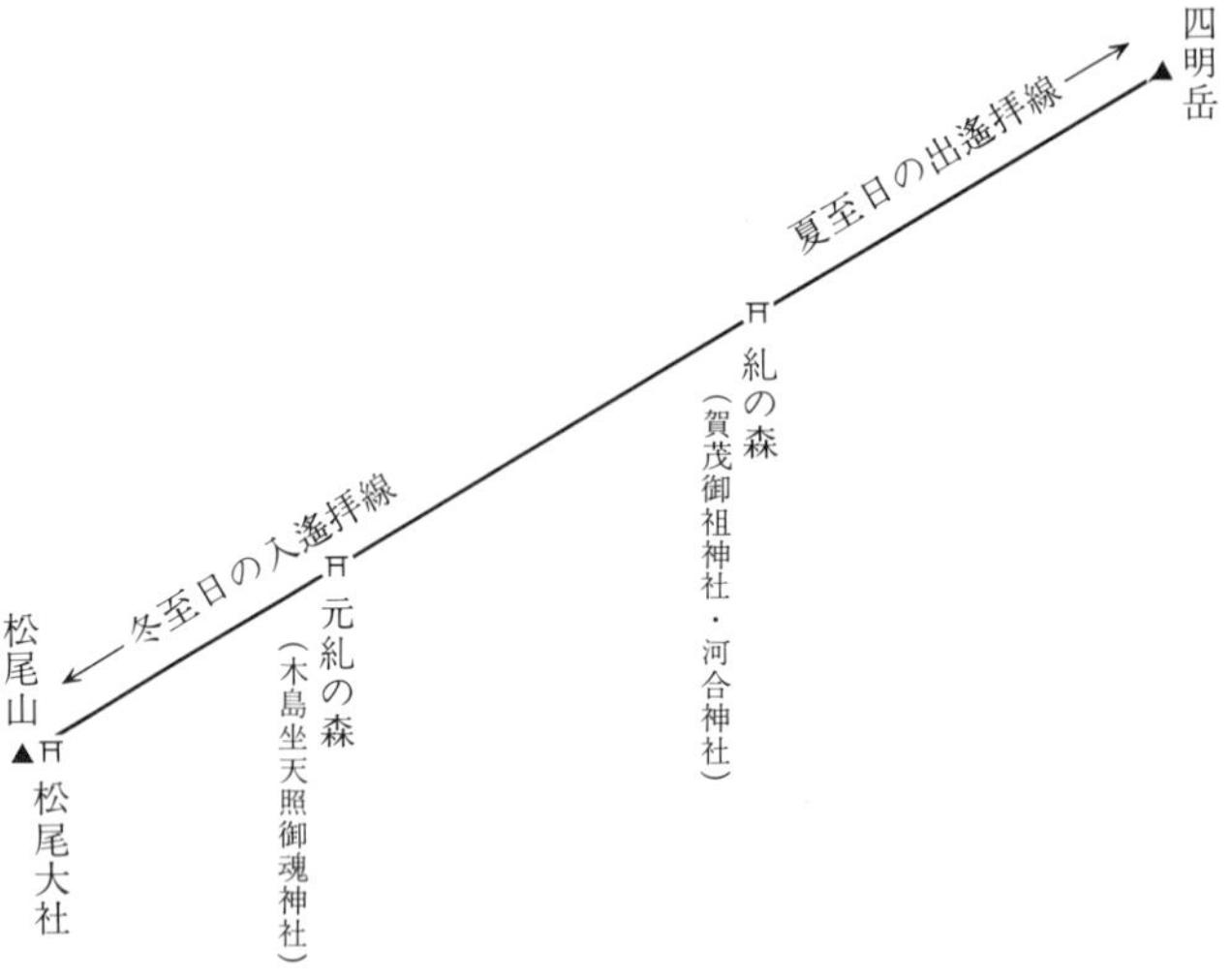

現在、河合社は下鴨社の摂社で、糺の森は下鴨神社の森のことになっているが、『賀茂御祖神社注進状』によれば、下鴨社の祭神は「多《た》多《た》須《す》玉依日売《たまよりひめ》」である。『古事記』の天之日矛伝承では、アグ沼のほとりで日光が女陰を射したとある。『出雲国風土記』の佐太の神誕生に関する伝承では、金の矢が日光の象徴であり、大山咋神の鳴鏑矢も同じである。「多多須玉依日売」とは、日枝山から昇る夏至の朝日が「直刺す」姫の意であろう。

賀茂の神は、玉依姫が丹塗矢によって懐妊し、生まれている。『山城国風土記』逸文はその丹塗矢を火雷神とするが、日光も雷光も、古代人にとっては同じイメージであった。玉依日売も、アグ沼のほとりで日光に女陰を「直刺《たださ》」された女も、日女《ひるめ》である。「日女」については伊勢神宮の項で述べるが、天照大神は、「天照日女之尊」（『万葉集』第一巻、一六七）、「大日孁貴《ひるめむち》」「天照大日孁尊」（『日本書紀』）と書かれるように、日女が日神に成り上がったものである。

折口信夫は、日女（日妻）を「水の女」とみるが、(2)三柱鳥居の神籬《ひもろぎ》は、まさしく日女のいる場所である。だから、ここを「タダス（直刺す）」の池というのであろう。また、特に「元」タダスというのは、ここが日枝山の夏至の朝日にかかわる最初の聖地（河合社に対して）だったからであろう。

このように、「日読み」の地とは、神婚の地でもある。天照御魂の「魂《むすひ》」を、『古事記』は「産巣日《むすひ》」、『日本書紀』は「産霊《むすひ》」と書いているが、「ムス」は生産・生育をいい、「ヒ」は生命力・霊力である。そして、すべてのものの生育には「水」が必要である。天照御魂神が依り来る場所としての三柱鳥居が水の中に立っているのは、そのためであろう。特に、それが渡来系の秦氏の奉斎する神社にあることは、天之日矛伝承のアグ沼（「アグ」は朝鮮語の小児を意味する「アギ」の転といわれている）や、新羅の初代王赫居世伝承の羅井とのつながりを推測させる。

秦氏と天照御魂神

他の天照御魂神社とちがって、当社の祭祀氏族が渡来氏族の秦氏なのは、なぜだろうか。

昭和三十八年に、京都市右京区梅ヶ畑向地町の山中で、宅地造成工事中に四個の銅鐸が発見された。これらの銅鐸は外縁付鈕式に属し、弥生中期初頭にまでさかのぼるといわれ、まだ、鳴らす祭器としての機能をもっている。発見地は大室川の上流で、その四キロほど下流に当社がある。当社も銅鐸発見地も、川に近い。当社のある葛野地方が本格的に耕作されるのは、秦氏が入った五世紀からだが、この地とその周辺は、大室川と合流するいくつかの川の合流点で、「日読み」の地として最適の地である。おそらく、秦氏が入る以前から「日読み」の地であったろう。

神武紀によれば、葛城で神武軍と戦うことなく服従した剣根命は、葛城国造から葛城直になっている。山代国造から山代直になった山城の氏族も、秦氏が入る前からの土着氏族であろう。

記・紀は、山代国造（直）を天津彦根《あまつひこね》命の後と書くが、『新撰姓氏録』山城国神別や『旧事本紀』国造本紀は、天津比彦命の子の天麻比止都禰《あまひとつね》（天一目）命の後と書く。この天一目（一箇目）命は、倭鍛冶の祖である。倭鍛冶系の鏡作氏は、火明命を祖とする尾張氏系と共に鏡作坐天照御魂神社を奉斎しているが、『新撰姓氏録』（山城国未定雑姓）は、山代直（国造）を「火明命の後なり」と書く。

このような山代氏の出自伝承からみて、古くは、天一目命系か火明命系のどちらかの山代国造・山代直が、この地で天照御魂神を奉斎していたのであろう。その祭祀氏族が秦氏になったのは、葛野郡が秦氏支配に入った五世紀後半以降のことと推測される。

注

（1）　西郷信綱『古事記注釈』第二巻、一四二頁、昭和五十一年。
（2）　折口信夫「水の女」『折口信夫全集』第二巻所収。

新屋坐天照御《にいやにますあまてるみ》魂《たま》神社――銅鐸と「日読み」と物部氏

『延喜式』神名帳の摂津国島下郡に「新屋坐天照御魂神社三座並名神大。月次新嘗。就中天照御魂一座預二相嘗祭一」とあり、現在、新屋坐天照御魂神社は、茨木市福井と西河原、箕面市宿久庄の三社がある。

社伝によれば、崇神天皇七年、伊《い》香色雄《かがしこを》命が新屋《にいや》郷福井の丘に天照御魂神を祀り、さらに、神功皇后が三韓遠征に際して三島県《みしまあがた》新屋川原で潔祓を行ない、帰国後、西の川上と東の川上に社を作って祭神の幸魂・荒魂を祀ったのが、上河原（箕面市宿久庄）と西河原（茨木市西河原）の神社だという。

この三社は『和名抄』の摂津国島下郡新野郷にあるが、この地にいた新屋連は、『旧事本紀』『新撰姓氏録』によれば、物部連と同祖氏族である。だから社伝でも、物部連の祖の伊《い》香色雄《かがしこを》命による創祀と伝えている。

伊香色雄命は、『旧事本紀』（天孫本紀）では、「天照国照彦天火明櫛玉饒速日尊《あまてるくにてるひこあめのほあかりくしたまにぎはやひ》」の六世の孫とある。この始祖は、天照国照彦天火明命と櫛玉饒速日命を合体した名である。

『旧事本紀』（天孫本紀）によれば、饒速日尊は天磐船に乗って「河内国河上哮峯《いかるがのたけ》」に天降りしたというが、吉田東伍は天孫本紀の文章を引いて、「哮峰は生駒山とも、獅子窟寺とも、龍王山とも擬定一ならず、共に天之川の川上なり」と、書いている。[1] この獅子窟寺・龍王山は、福井から見て冬至の日の出方位にある。やはり同じ方位の天の川上流に磐船神社があるが、これは饒速日命が乗った磐船を祀る神社である。

饒速日命と「日読み」

当社も「日読み」にかかわる神社であり、丘の上の福井社を中心として河原に二社が配されているところに特徴がある。三社の位置関係は次頁の図のようになるが、上河原社から見た立春の日の出方位には龍王山があり、福井社・西河原社から見た立春日の出方位には交野《かたの》山がある。交野山の「交野」は「肩野」とも書くが、『新撰姓氏録』（右京神別）は、肩野連を饒速日命の六世孫、伊香我色雄命の後裔と書く。

尾張氏の始祖、火明命が「日明命」であることについては、他田坐天照御魂神社の項で述べたが、饒速日命にも日神的性格がある。肥後和男は、「速日」の「ハヤ」は日の霊威を意味し、「ニギ」はたぶん「豊かな」という形容詞であろうとみて、ニギハヤヒは霊物としての太陽の意味で、天照大神・天照御魂の「アマテラス」「アマテル」という神名と内容が一致すると考え、饒速日命という神名は日の崇拝よりおこったと推論している。(2) 森田康之助も、饒速日命という名は日の神の人格化とみる。(3) 谷川健一は、物部氏が日神信仰をもっていたことを『白鳥伝説』で詳述している。『日本書紀』の神武天皇三十一年条に、神武天皇ではなく饒速日命が「虚空《そら》見つ日本《やまと》の国」と名づけたとあり、特に「日本」という表記を用いていることからみても、物部氏の始祖ニギハヤヒの日神的性格は否定できない。ニギハヤヒが火明命と一体化し、物部氏が天照御魂神の祭祀氏族になっているのも、そのためであろう。

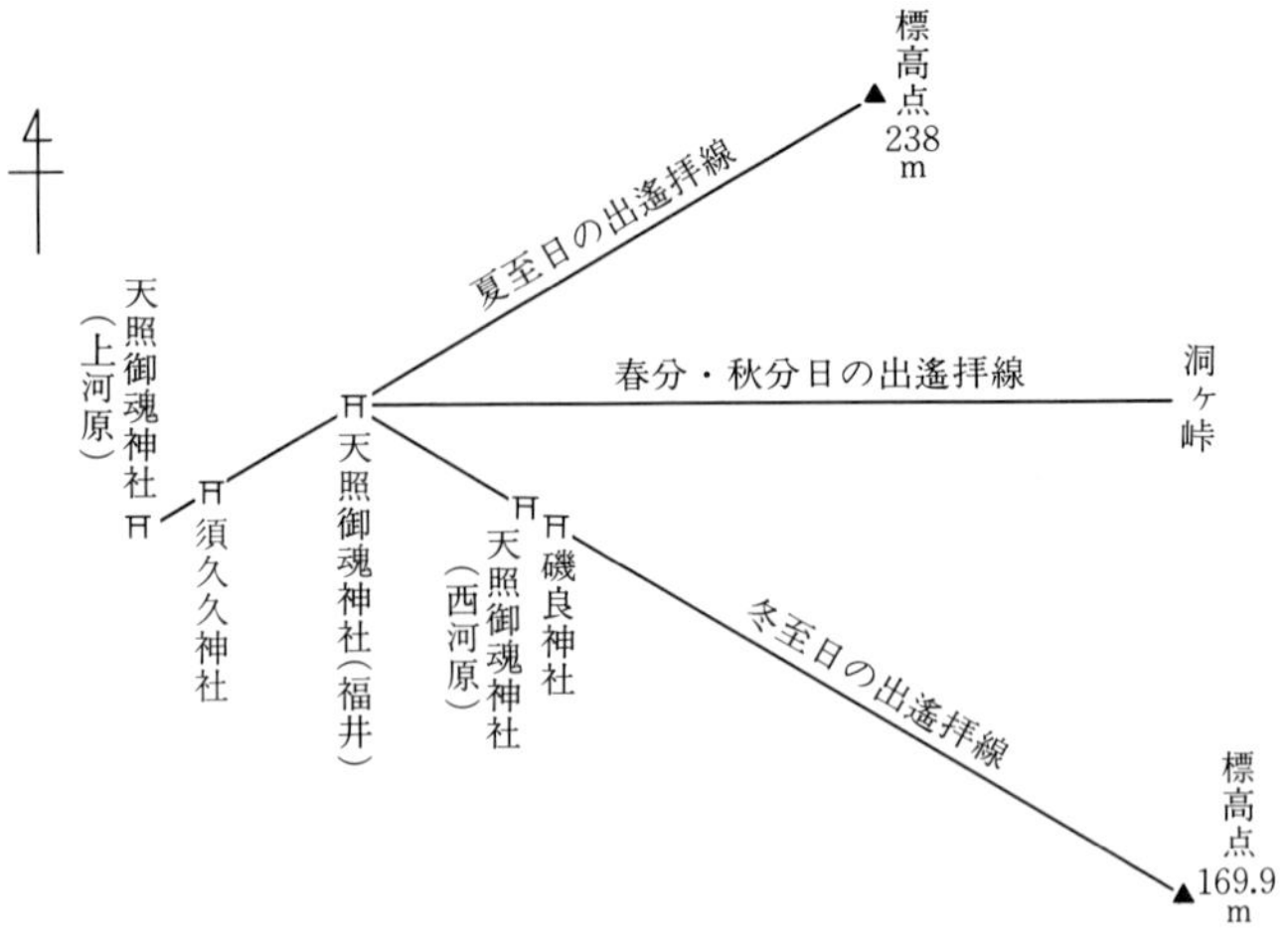

伊香色雄命と鏡

当社の最初の祭祀者と社伝にある伊香色雄命（『古事記』では伊迦賀色許男《いかがしこを》命）の「香」は「カガ」と訓み、「天香山」の「香」は、『万葉集』に「天之香具山」（二番）、「天之香来山」（二五七番）と書かれているように、「カグ」である。一方、火明命の子の天香山命は「天香語山命」（『旧事本紀』）、「天香吾山命」（『新撰姓氏録』）と書かれており、『新撰姓氏録』左京神別の尾張連は、天香吾山命を祖にしている。

この「カガ」「カグ」「カゴ」について、畑井弘は、朝鮮語で鉱山をいう광산（Kwa:ŋ-san）の「鉱」は、鼻音「ŋ」につく母音がAなら「カガ」、Uなら「カグ」、Oなら「カゴ」と、正確に写したものであり、「本来は、『香』の一字で表音表記されるべき朝鮮語系の『광』（Kwa:ŋ）の音声をもつ語であった、と解釈できそうである」と述べている。(4)『日本書紀』（一書の一）には、「天香山の金《かね》を採りて、以て日矛を作らしむ」とあり、『古事記』は天香山を「天金山」と書き、「鉄《かね》」を採って「鏡」を作ったと記している。つまり、天香山は鉱山であり、畑井説は無視できない。西田長男は、「天香語山命」という名は「鉱山をさしていったもの」とみている。(5)

いずれにしても、伊香色雄の「カガ」は照り輝くの意で、鏡の「カガ」、天香山の「カグ」も同じであろう。『日本書紀』には、崇神天皇七年に伊香色雄命が「祭神之物《かみまつりのもの》」として八十瓮《やそひらか》（厳瓮）を作ったとあるが、『旧事本紀』の天孫本紀は、「物部八十手の作る所の神を祭る物を以て、八十万の群神を祭る」と書き、瓮に限定していない。物部系氏族は鏡などの「祭神之物」をも作っている。『古事記』は、天香（金）山の鉄で鏡を作った工人を「鍛人《かぬち》天津麻羅」と書いており、『旧事本紀』の天神本紀は、天津麻羅（麻良・真浦）について、倭鍛師《やまとかぬち》（鍛冶師）の祖で「物部造らの祖」と書いている。また天孫本紀は、新屋連は饒速日命の十一世の孫、物部竺志《つくし》連公を祖とすると書き、物部竺志連公の兄弟の物部鍛冶師連公について、「鏡作小軽女連らの祖」と書く。

このように、鏡作関係の氏族と新屋連がかかわることからみても、当社が「日読み」の神社として天照御魂神を祀るのは、「祭神之物」としての鏡にかかわる神社だからであろう。

さらに、『続日本紀』に物部鏡連がみえ、筑後の高良大社の大祝鏡山氏が物部氏系であることからも、鏡と物部氏の結びつきは否定できない。また、鏡作とかかわる新屋連は、鏡作坐天照御魂神社を祀る尾張氏系氏族と無縁ではない。尾張国には、『和名抄』によれば、海部郡新屋郷があり、『尾張国神名帳』に新屋天神社が載る。

尾張の海部郡新屋郷については、新屋天神社のある甚目寺町新居屋が郷名の遺称とされ（『大日本地名辞書』）、甚目寺町の西部から美和町の東部にかけての一帯が郷域に比定されている（『日本地理志科』）。『三代実録』貞観六年（八六四）

八月八日条には、尾張国海部郡の人、甚目連公宗ら十六人が、火明命の後であるが故に「高尾張宿禰」の姓を賜わったとある。「甚目」は「ハタメ」と訓み、のちに「ジモク」と訓まれているが、白鳳時代創建の甚目寺がある。このように、尾張の海部郡新屋郷には尾張氏系の人々もいたことがわかるが、注目されるのは、甚目連が「高尾張宿禰」の姓を賜わったことである。

『日本書紀』の神武天皇即位前紀に、

高尾張邑《たかをはりのむら》 或本に云はく、葛城邑といふ に、赤銅《あかがね》の八十梟師《やそたける》有り。此の類《ともがら》皆天皇と距《ふせ》き戦はむとす。

とある。甚目連が、赤銅のヤソタケルにかかわる「高尾張」を姓にしていることは、いろいろな問題を含んでいる。

石見の鏡作坐天照御魂神社の近くの唐古・鍵遺跡から銅鐸の鋳型が出土しているが、西河原の新屋坐天照御魂神社から三キロ余り南の東奈良遺跡（茨木市奈良・奈良町・沢良宜《さらぎ》西）からも、

銅鐸と「日知り」

銅鐸・銅戈などの鋳型が、弥生時代中期より古墳時代前半の遺物包含層から出土している。銅鐸鋳型のうち一個は、豊中市桜塚出土鐸および善通寺市我拝師出土の銅鐸、また別の一個は、豊岡市気比遺跡出土の気比三号鐸の鋳型であることが判明している。

当社のある三島地方を代表する三島溝杭耳神《みぞくいみみ》の娘は、『古事記』によれば、美和（三輪）の大物主神（『紀』は事代主神）の妻となって比売多多良伊須気余理比売《ひめたたらいすけよりひめ》（『紀』は媛蹈鞴五十鈴媛《ひめたたらいすずひめ》）を生み、神武天皇の正妃になったという。三島溝杭耳命と大物主神または事代主神の血を引くタタラ姫を、新しい権力者に妻としてさし出したという伝承は、東奈良遺跡や唐古・鍵遺跡の地で銅鐸を作らなくなったこと、つまり、銅鐸の鋳型を埋めて新しい権力者の要望の鏡を作るようになったことの反映ではないだろうか。

東奈良遺跡の北東二キロに、タタラ姫や三島溝咋耳神を祀る式内社、溝咋神社があり、西河原の当社は溝咋神社の北西二キロ余の位置にある。西河原と福井の神社の間には、現在も、三島、耳原など、三島溝杭耳にかかわる地名がある。

物部氏の始祖饒速日命も神武天皇に国譲りしているが、物部氏にかかわる倭鍛冶師は、たぶん、神武軍に抵抗した葛

城の高尾張の赤銅のヤソタケルと同じく銅鐸などを作っていた工人たちの子孫であろう。そのことは、伊香色雄命を祭神とする、愛媛県今治市五十嵐《いかなし》の式内社、伊加奈志神社が示唆するところでもある。この神社は伊予の新屋連が祀ったもので、『和名抄』の伊予国越智郡新屋郷（現在の新谷《にや》・五十嵐の地域）にあるが、新谷からは銅矛・細形銅剣が出土している。

天香山の「カネ」について、『古語拾遺』『旧事本紀』は「銅《かね》」と書く。葛城の尾張の地の「赤銅《あかがね》のヤソタケル」は、神武軍に抵抗して戦っている。「アカガネ」に対して、鉄を「クロガネ」という。「クロガネ」は輝かないが、「アカガネ」が輝くことは、奈良県橿原市の橿原考古学研究所付属博物館に展示されている模造銅鐸を見ればわかる。とすれば、輝くを意味する「カガ・カグ・カゴ」には「銅（青銅）」の意味もあると考えられる。

「アカガネ」のヤソタケルたちは神武軍に討たれるが、これは、銅鐸を作って祭祀していた集団が滅ぼされたことを暗示する伝承ではないだろうか。高尾張に推定されている地域は御所市だが、同市の名柄遺跡から銅鐸が出土しており、近くに朝町銅山がある。谷川健一は、「赤銅の八十梟師とは、彼らが鋳銅に関連した工人だったことを暗示する名称である」と述べているが、(6) 田中巽は、「筆者の調査では全国の銅鐸の出土地は約二三〇ヶ所であるが、それ等の出土地付近に上古尾張氏の居住の跡のみられるものは約一九〇ヶ所で八〇パーセント余の一致をみるのである。（中略）この高度の一致は銅鐸の使用者は尾張氏族ではあるまいかという問題の提起を可能にするものではあるまいか」と述べている。(7)

ところで、鳥取県淀江町出土の弥生式土器に描かれた絵を見ると、高倉や民家の左の端に、横に枝をはった樹があり、一番下の枝に、樹幹をはさんで左右に一個ずつ吊り下げられたものがある。これを国分直一(8)や金関恕(9)は銅鐸とみている。国分直一は、佐賀県神崎郡千代区町の弥生中期の詫田遺跡から、銅鐸の鋳型が鳥型の木製器と共に出土していることに注目して、「『魏書』東夷伝の韓伝の記事に見える蘇塗《そと》のように、大木を立てるか、竿を立て、その上に鳥形をおき、銅鐸を下げたものではなかろうか」と書いている。(8)

「蘇塗」について、「韓伝」に、「大木を立てて鈴鼓を懸ける」とあるところから、国分直一は、鈴鼓の代わりに銅鐸を下げたのであろうと推測するが、天岩屋神話（『古事記』『日本書紀』『古語拾遺』）には、天香具山の賢樹《さかき》を根のついたまま掘りとって、真中に鏡、上に玉、下に幣を懸けたとある。この鏡も、銅鐸に代わるものだったのではなかろうか。銅鐸が巨大化するにつれて、樹につるさなくなったのであろう。巨大化したのは、太陽の光をあびて、黄金色がより以上に光り輝くからであった。この「カガ」の強調が銅鐸を巨大化したのであり、それは広形の銅剣・銅鉾などと共に、「日読み」の呪具であったにちがいない。

このように巨大化した青銅器を伴う弥生時代の「日読み」は、まだ巨大な権力が生まれていなかった段階の「マツリゴト」である。『日本書紀』によれば、神武軍に抵抗して戦ったヤソタケルとしては、葛城の高尾張の赤銅のヤソタケルのほかに菟田《うだ》（宇陀）と磯城《しき》のヤソタケルがいた。「八十《やそ》」とは多数の意だが、新しい権力者に抵抗した多くのタケルは、のちに「ヤマトタケル」という一皇子に象徴化されていく。

「日読み」としての「マツリゴト」が一人の権力者に集中していく過程で、「ムラ」ごとのマツリは「クニ」のマツリとなり、銅鐸に代わって鏡が「日知り」のシンボルとなった。柿本人麻呂が神武天皇を「橿原の日知り」とうたうのは、「日知り」の権力が一人に集中したことを示している。

『古事記』のヤマトタケルは、皇子といっても天皇から疎外された皇子であり、このヤマトタケルの原点になるタケルたちは、「橿原の日知り」に敗れた人々だが、ヤマトタケルもヤソタケルも尾張氏とかかわりがある。また、物部氏の祖はヤマトの「日知り」であったが、神武天皇に「日知り」の権力を譲っている。

このような伝承からみて、天照御魂神を祀る氏族は、もともと銅鐸祭祀にかかわる「日知り」であり、のちに新しい権力に服従し、ヤマト王権の「日知り」としての天皇の協力者になったと考えられる。

伊香色雄命の伝承と大嘗

『日本書紀』は、伊香色雄命に「祭神之物」を作ることを命じた日を、崇神天皇七年の「十一月丁卯《ひのとう》の朔《ついたち》　己卯《つちのとう》」としている。十一月の卯日は大嘗祭の儀礼を行なう日であることから、志田諄一は、「書紀の編者が、大物主神や倭大国魂神を祭る話を、『十一月丁卯朔己卯』の条に記した背景には、大嘗祭というものが考えられていたと思われる」と書いている。(11)

『続日本紀』の文武天皇二年（六九八）十一月己卯（二十三日）条に「大嘗」とある。この「乙卯」の日は冬至の頃である。「日読み」にとって、冬至は起点である。大嘗祭は天皇の即位の祭儀であり、冬至の日に即位儀礼が行なわれるのは、天皇にとって、「日読み」の基点としての冬至こそ、「日知り」として行なう祭祀の原点だったからであろう。

この冬至の日に、大物主神と大国魂神、いわゆる「国つ神」を祀るため、物部氏の祖伊香色雄命が「祭神之物《かみまつりのもの》」をつくったという記事は（「物部」の「物」には、「祭神之物」を作る意味の「物」も含まれているだろう）、「日読み」としての「マツリゴト」の本来の姿を示している。大嘗祭の前日に物部氏が鎮魂祭を行なうのも、伊香色雄命の伝承を想起させる（鎮魂祭については石上神宮の項参照）。

『皇太神宮儀式帳』によれば、孝徳朝に度会の山田原に屯倉《みやけ》を立てて神郡にしたとき、新家（屋）連阿久を「督領」、磯連牟良を「助督」にしたという。伊勢神宮の項で述べる、新屋連と伊勢神宮の関係からみても、新屋坐天照御魂神社は重要な意味をもっている。新嘗の日に新屋（室）を建てて新築を祝う記事が『日本書紀』（景行紀・雄略紀）に載っていることからみて、新屋（家）連の「ニイヤ」は、新嘗の儀礼にかかわる名称であろう。

注

（1）吉田東伍『大日本地名辞書』第二巻、四三二頁、明治三十三年。
（2）肥後和男「神武天皇」『日本神話研究』所収、昭和二十四年。
（3）森田康之助「神道史研究」第七巻一号。
（4）畑井弘『物部氏の伝承』一五二頁、昭和五十二年。
（5）西田長男「平野祭神新説」『日本神道史研究』第九巻所収、昭和五十三年。
（6）谷川健一『白鳥伝説』一七一頁、昭和六十年。

（7）田中巽『銅鐸関係資料集成』九八六頁、昭和六十一年。
（8）国分直一「弥生社会と蘇塗系信仰——古代日韓関係の一面を窺う」『海上の道』所収、昭和六十一年。
（9）金関恕「弥生時代の年中行事」『弥生時代の四季』所収、昭和六十二年。
（10）志田諄一「物部連」『古代氏族の性格と伝承』所収、昭和四十六年。

第二章　日神・月神と王権祭祀

伊勢《いせ》神宮——「アマテル」の神と皇祖神

伊勢神宮の創祀について、『日本書紀』は、宮廷内に祀っていた天照大神を、崇神天皇六年、宮廷から大和の笠縫邑《かさぬいむら》に遷し、垂仁天皇二十五年、皇女倭姫《やまとひめ》が良き鎮座地を求めて、笠縫から宇陀、さらに近江・美濃を経て、伊勢に至ったと書く。しかし、この記事を史実とするわけにはいかない。

上田正昭は、「宮廷祭祀組織の上で注目すべき画期」を雄略朝とみる。(1) 私は、雄略朝に伊勢神宮は創祀されたと推測するが、岡田精司も、伊勢に関する『日本書紀』の伝承が雄略朝に集中していることに注目して、次のように述べている。

伊勢神宮の創祀と忌部氏・中臣氏・物部氏

記載の順に述べると、斎宮タクハタ皇女の自殺（三年）、木工ツゲノミタが伊勢采女を奸した疑いをうけた話（十二年）、伊勢衣縫のこと（十四年）、贄土師部を伊勢国藤形村に設置したこと（十七年）、伊勢朝日郎の叛乱（十八年）などで、『古事記』にも三重采女が天語歌によって雄略天皇の怒りを解いた話が載っている。『皇太神宮儀式帳』等に伝える外宮鎮座の伝承も雄略朝に移したこととしている。もちろんこれらのすべてが雄略朝に起った史実とは考えられないが、伊勢に関する伝承の多くが雄略朝にかけて伝えられていることは、おそらくこの時期が大和朝廷と伊勢との関係において、非常に重要な時期であったという記憶に基づいて編者が集中したものであろう。(2)」（ただし、文中の外宮の鎮座に関する記事が載っているのは『止由気宮儀式帳』であって、『皇太神宮儀式帳』ではない。）

だが、五世紀後半の雄略朝を伊勢神宮の官祭の上限とみたとしても、斎王の派遣記事に継続性がないから、中央政権による本格的な祭祀は六世紀初頭の継体朝以降と考えられる。継体朝の斎王荳角《ささげ》皇女につづいて、磐隈《いわくま》皇女（欽明朝）、菟道《うぢ》皇女（敏達朝）、酢香手《すかて》皇女（用明・崇峻・推古朝）が斎王になっており、斎王派遣が継続している。

『豊受大神宮禰宜補任次第』や『二所太神宮例文』には、度会氏が継体天皇のときに「神主職」を賜わったとあり、雄略朝に次いで継体朝を重視している。度会氏の「神主職」は、斎王が「二所太神宮」（「二所」とは内・外宮）の斎王であったように、外宮だけの神主職ではなかった。伊勢神宮に対する中央祭官の指導権が忌部氏から中臣氏に移り、中臣氏が大宮司として伊勢神宮祭祀の実権を握ったあと、外宮だけの神主にさせられたのである。理由は、度会氏が忌部系だからである。

上田正昭は、「宮廷祭祀組織の上で注目すべき画期」を五世紀後半の雄略朝とし、「中央中臣氏が、確実に宮廷祭祀の分掌者として、忌部首よりも大きな役割をもつようになるのは、六世紀後半から」とみて、五世紀後半から六世紀前半までは中臣氏より忌部氏が宮廷祭祀を主導していたと、推論している[1]。

雄略朝から継体朝のころの、伊勢神宮に対するヤマト王権の祭祀の主導権は、忌部氏が握っていた。だから、政治についても忌部氏の影響が強く、『旧事本紀』の「国造本紀」によれば、伊勢国造は阿波忌部氏と同じく天日鷲命《あめのひわし》を祖にしている。

中臣氏の台頭は、敏達朝の日祀部の設置の頃であろう。

日祀部については、今谷文雄が、伊勢斎宮（斎王の宮）との関係を考察しているが[3]、岡田精司は、日祀部を「天皇の行う太陽神の祭祀」にかかわるものとし、斎宮との直接の関係を否定している[2]。しかし、関晃[4]、泉谷康夫[5]は、斎王のために置かれたとみる。この関・泉谷説を岡田精司は批判しているが[2]、阿部武彦は、以上の諸説を下敷にして「日祀部考」を書き、「日祀部」は「斎宮のための名代」であると結論している[6]。私も阿部説を採る。

日祀部について岡田精司は、「中臣氏を長官とする祭官の品部」とし[2]、阿部武彦も、「中臣氏が欽明・敏達朝に政界に於いてかなり高い政治的地位を獲得し、その指導の下に日奉部が設置された」とみる[6]。さらに上田正昭も、日祀部は中臣氏とかかわるものとみている(1)。要するに、敏達朝の頃、日祀部設置を機会に、従来の忌部氏に代わって中臣氏が、伊勢神宮の祭祀に強い影響を及ぼすようになったのであろう。日祀部設置までは、斎王の派遣について、「伊勢の祠」「伊勢の大神」に「侍《つか》へ祀る」と書かれていたのが、日祀部設置後の斎王派遣（用明紀の酢香手皇女の派遣）については、「日神の祀《まつり》に奉らしむ」とあり、日神祭祀が明記されている。このことからみても、敏達朝の日祀部の創設が、伊勢神宮の祭祀に新しい画期をもたらしたと考えられる。

物部氏は、蘇我氏が権力拡大をはかって仏教をもち出したのに対抗し、神祇信仰の強化という政策の具体的行動として、日祀部の設置をはかった。だから、日祀部の設置に関与している中臣氏は、当然、蘇我氏の仏教政策にも反対している。

中臣氏のなかで実在したと認められる最初の人々は、欽明朝に物部大連尾輿《おこし》と組んで崇仏に反対した中臣連鎌子、敏達朝に蘇我氏の崇仏に反対して物部大連守屋と組み、寺塔を焼き仏像を棄却した中臣連勝海・磐余である。このように、中臣氏は物部氏と組んで登場しているが、実態は、大連の物部氏にひきたてられての登場といえよう。中央祭官の中臣氏がひきたてられたため、相対的に、祭官の忌部氏の力は落ちていったが、伊勢における日神祭祀は、物部氏の主導により、祭官の中臣・忌部氏が行なっていたのである。

だから、継体朝から継続していた斎王派遣は、物部氏が滅んで（崇峻即位直前）蘇我氏が実権をにぎると、たちまち中断されてしまった。斎王は天皇の代がわりごとに派遣されるのが原則であったにもかかわらず、用明天皇のときに派遣された酢香手姫皇女が崇峻・推古の時代まで三十七年間も斎王だったのは、物部氏が権力を握っていたからである。聖徳太子が死ぬと「自《みづか》ら葛城に退《しりぞ》きぬ」と書かれているのは、たぶん、異母兄の聖徳太子の生存中は、交替の斎王の派遣がなくとも、太子の顔を立てて我慢していたが、太子の死を機会に「自ら」やめてしまったのであろう。その後、天武朝に至るまで斎王の派遣はない。

天照大神の誕生

天武天皇が即位すると、斎王の派遣が復活した(『日本書紀』)。そして、宮司・禰宜職が置かれ、二所太神宮の宮司は中臣氏、禰宜は度会氏が任命された(『二所太神宮例文』『豊受太神宮禰宜補任次第』)。

皇大神宮・豊受大神宮の二所は一体で伊勢神宮と呼ばれ、宮司・禰宜も同じであった。『二所太神宮例文』によれば、天武朝にはじめて禰宜職が置かれ、皇大神宮の初代禰宜は、度会神主の志己夫が任命されたとある。ところが、持統朝になると、度会神主は豊受大神宮の禰宜で、皇大神宮の禰宜には荒木田神主が任命されている。

田中卓は、荒木田氏には「ほとんど古伝として見るべきものはない」が、皇大神宮禰宜として最初に登場する「首磨」が禰宜に登用されたのは天武天皇以後のことであり、度会氏が志己夫を最後として皇大神宮禰宜の地位を奪われたのと平行してのことであろうと、述べている[7]。荒木田神主の遠祖は中臣氏と同じ天児屋根命だが、荒木田首磨が皇大神宮禰宜に登用されたのは、中臣氏によってであろう(中臣氏と同族だから登用されたというより、度会氏に対抗する在地豪族として中臣氏側についたからこそ重用され、天児屋根命を祖とする系譜を許されたのであろう)。

天武天皇の斎王派遣復活とともに、中臣氏の主導は明確になったが(敏達朝から中臣氏は活躍しているが、孝徳朝の頃は忌部氏が伊勢神宮の「神官頭」であったと『古語拾遺』は書いている)、まだ天武朝には、二所太神宮の実質的な祭祀者は、天日別(鷲)命を祖とする氏族(度会氏と忌部氏)であった。ところが、荒木田神主が登場する持統朝になって度会氏が皇大神宮の祭祀からはずされたのは、この時期に皇大神宮の祭神の変更があったためであろう。

いままで祭祀していた度会神主に代わり、まったく新しい氏族が禰宜職を世襲することになったのは、持統朝の皇大神宮が新しい神を祀ったからであろう。

新しい神とは、「天照大神」というヒメ神で、この変革を推進したのは、神祇伯の中臣大島と伊勢神宮の祭主の中臣意美麻呂であろう。大島は、即位した持統女帝をバックアップする意味で、皇大神宮の祭神(日神)を男神から女神に変え、この女神と女帝を重ねたのである。

このように皇大神宮（内宮）の祭神を女神に変えたため、内宮・外宮は共にヒメ神となり、日神を女神とする類稀な神統譜が成立した。しかし、日神というものは本来、男神であり、その神妻としの日女《ひるめ》が斎王である。持統天皇も、即位以前は現人神天武天皇（「神」として『万葉集』にうたわれている）の妻として「日女《ひるめ》」であった。この「ひるめ」が天皇（現人神）になったため、「ひるめ」を神にしたのである。だから、柿本人麻呂は「天照日女《ひるめ》命」とうたい、『日本書紀』は「天照大神」を「大日孁《ひるめ》貴《むち》」の亦《また》の名としているのであろう。

持統朝に斎王の派遣がないかわりに、持統女帝は、六年（六九二）三月、伊勢に行幸している。伊勢に行幸したのは持統女帝だけであることからみても、持統朝に新しいヒメ神が祀られたと考えられる。

『太神宮諸雑事記』には、

持統女帝皇即位四年庚寅大神宮御遷宮、同六年壬辰豊受大神宮遷宮

とあり、『二所太神宮例文』も、大神宮の遷宮を持統四年と記している。遷宮のはじまりを持統四年とみるのは通説だが、なぜ、このとき遷宮を行なったのだろうか。私は、祭神を変えたためと考える。世襲禰宜も、古くからの度会氏から新しい荒木田氏に変え、神殿も新しく別の地に建てた。このような御膳立をしたあとで、持統天皇の行幸は行なわれたのであろう。

文武天皇が即位すると、『続日本紀』の二年（六九八）の条に、伊勢に関して次のような記事がみえ、この時期に大きな変革があったことを推測させる。

八月――藤原不比等の直系以外を、「神事に供する」ために「中臣」の旧姓に戻した。

九月――伊勢の麻績《をみ》連豊足と服部連佐射が氏上となった（麻績連は神麻績機殿、服部連は神服織機殿で神衣を織る氏族）。

当耆（多気）皇女を伊勢斎宮へ派遣した（大来〔伯〕皇女が朱鳥元年〔六八六〕に帰京してから十二年間絶えていた斎王の復活である）。

十二月――多気大神宮を度会郡に遷した（この記事を筑紫申真は伊勢大神宮の創始記事とみる〔『アマテラスの誕生』〕）。その

是非はともかく、「大神宮」の表記は、これが公式記録としては最初である。また「伊勢大神宮」という表記も、翌三年八月八日条の「南島の献物を伊勢大神宮及び諸社に奉る」という記事が初見である。）

藤原朝臣から中臣朝臣に戻った人として、『続日本紀』は「意美麻呂等」を挙げるが、意美麻呂は『二所太神宮例文』によれば、「祭官」が「祭主」に改められた最初の「祭主」で、天武天皇のときに任命されて「在任三十七年」に達したという。祭主とは、朝廷から伊勢神宮の祭祀のために派遣される臨時の役職だが、意美麻呂は和銅四年（七一一）六月に神祇伯として亡くなっているから、三十七年というと、天武三年（六七四）から伊勢神宮の祭祀にかかわっていたことになる。ただ、伊勢神宮の日常祭祀や事務は、伊勢の氏族たち（度会氏ら）にまかされていた。

文武二年の記事は、従来の伊勢祭祀をいっそう強力に推進するために、朝廷が直接関与したことを示す記事といえる。「意美麻呂等」を旧姓の中臣に戻した理由となった「神事」とは、主に伊勢大神宮の祭祀をいう。藤原と中臣に姓を別けたという記事に、不比等と意美麻呂の名が特にあげられていることからも、文武二年の記事には、政治の中心人物不比等と神祇の中心人物意美麻呂の、相呼応した意図がうかがえる。

この文武二年は、伊勢皇大神宮の祭神が、天照大神という皇祖神として神統譜・皇統譜の中心にすえられた、注目すべき年といえる。まだ持統太上天皇は健在だったから（大宝元年〔七〇二〕に崩じている）、太上天皇と天照大神（その頃の名は天照日女命）をダブルイメージとして、万世一系の皇統譜に母性重視をうたったのであろう。

天武天皇の数多い皇子のなかでも、持統が生んだ皇子と皇孫こそ皇位継承の権利があり、天武という父系よりも持統という母系を重視する主張が、皇祖神天照大神の創作にこめられているように思われる。その点で、天照大神の誕生は、現実的・政治的要請によるものといえよう。

アマテル神と物部氏・尾張氏

天照大神の前に祀られていた男神とは、三輪山のアマテル神である。おそらく、このアマテル神を中央王権の伊勢進出と共に伊勢へ持ち込んだのは雄略天皇であり、敏達紀が伊勢で祀ったと書く「日神」もこの神であろう。

雄略朝における伊勢進出を示唆する伝承としては、伊勢朝日郎《あさひいらっこ》を討った物部連目《め》の伝承や、伊勢采女の伝承が、雄略紀に記されている。この伝承は、『伊勢国風土記』逸文では、伊勢朝日郎が伊勢津彦、物部連目が度会神主の始祖天日別命、雄略天皇が神武天皇になっているが、伊勢の地に中央王権の支配が及んだことを示す伝承として、前者と後者は重なっている。

伊勢津彦について、天平三年（七三一）撰と奥書にある『住吉大社神代記』は、伊勢の「船木に坐す」と書くが、天平二十年（七四六）の『正倉院文書』に「伊勢国朝明郡葦田郷戸主、船木臣東君」の名がみえるから、伊勢津彦のいた船木は朝明《あさけ》郡の地である。そのことは、朝明郡の式内社耳常《みみつね》神社を船木明神ということからもいえるが、伊勢朝日郎について、日本古典文学大系『日本書紀』の頭注は、「朝日は、地名で、伊勢朝明郡か。日は、万葉などでケと訓む例が少なくない」と書いている。とすれば、伊勢津彦と伊勢朝日郎はダブルイメージである。

また、伊勢の土着勢力を討ったのを、『風土記』は、物部連目でなく度会氏の祖天日別命としているが、度会氏は、神郡の度会郡司に、新家連と並んで選任されている（督領は新家連、助督は磯連〔度会氏〕であった）。新家氏は新屋坐天照御魂神社を祀る物部系氏族だが、たぶん、神郡の「マツリゴト」のうち、政事は外来の新家氏、神事は土着の度会氏が行なったと考えられる。このような事実を背景として、中央史観に立つ『日本書紀』は征服者を雄略朝の物部氏とし、地方史観による『風土記』は度会氏の祖を征服者として時代を神武天皇までさかのぼらせたのであろう。

伊勢に中央政権の勢力が支配が及んだ話を、『日本書紀』は伊勢朝日郎伝承や伊勢采女《うねめ》の伝承で示し、『伊勢国風土記』は伊勢津彦伝承で示しているのであり、その時期は五世紀後半とみられる。それは、伊勢の海人たちが祀る「海照」神の上に、中央政権の「天照」神が重ねられた時期である。神郡の郡司の新家（屋）連が、摂津の天照御魂神の祭祀氏族であることも、その徴証になる。

天照御魂神の「天照」は、高御魂神、神御魂神の「高」「神」「御」と同じ敬称で、本体は「魂《むすひ》」である。「ムスヒ」は「産巣日《むすひ》」「産霊《むすひ》」とも書くが、「ヒ」の生育が「ムス」である。

『日本書紀』は高御魂神を、天照大神と同じく「皇祖神」と書くが（神武紀）、中央政権が伊勢にもちこんだアマテル神は、大和国中《くんなか》の人々が祀る高御魂神的な日神であったろう。伊勢の場合は、その日神的性格が皇大神宮、御魂的性格が豊受大神宮に分離されたと考えられる。

天照御魂神も、伊勢神宮で祀られたアマテル神と似ているが、『延喜式』の天照御魂神社四社は尾張氏・物部氏系氏族がかかわっており、同じアマテル神でも、皇室御用の神と氏族の神のちがいがある。しかし、両神は本質において同じ性格の神々だったであろう。

最初の斎宮といわれる倭姫は、尾張氏が熱田神宮で奉斎する草薙剣を、ヤマトタケルに授けている。草薙剣は、伊勢斎宮から尾張熱田社へ、ヤマトタケルを経由して移っている。この伝承に伊勢神宮と尾張氏の関係がうかがえるが、尾張氏は、忌部氏・度会神主とつながりをもっている。

『延喜式』神名帳では、阿波忌部の本拠、阿波国麻殖《おえ》郡の条に、

忌部神社（名神大、月次新嘗。或号二麻殖神一。或号二天日鷲神一。）一座

天村雲神伊自波夜比売神社二座

と、天日鷲・天村雲の二神が並んで記されているが、天村雲神《あめのむらくも》は、『古事記』『日本書紀』や『旧事本紀』の天神本紀、『新撰姓氏録』では尾張氏の祖になっており、『旧事本紀』の天孫本紀では火明命の孫とある。この天孫本紀と、度会神主や阿波忌部の系譜を関連させると、次のような系譜となり、阿波忌部と度会神主が尾張氏系の系譜に入ってしまう。

天村（牟羅）雲神
- □—瀛津世襲（尾張連の祖）
- □—天日別（度会神主の祖）
- □—天日鷲（阿波忌部の祖）

このことからも、皇祖神になる天照神と天照御魂神は、伊勢神宮の祭祀においてかかわりをもっていたと考えてよかろう。

『伊勢二所皇太神宮御鎮座伝記』と『倭姫命世記』も、皇大神宮の神は崇神天皇のときに丹波の与《よ》（吉）佐《さ》宮から宮廷へ遷幸したと書く。そして、この神を「天照大神」と書くが、実体はヒコ神のアマテル神である。そのことは、丹波に天照玉命神社があることからも証される。与佐宮は籠《この》神社のことだが、この神社と天照玉命神社（「玉」＝「魂」）は、丹波国造が祀っていた（天照玉命神社の項参照）。『倭姫命世記』は、丹波国造が祀っていた天照大神が宮廷に入り、その神が各地を遷幸して伊勢に入ったと記している。丹波国造は尾張氏と同じく、火明命を祖とする。

丹波と皇妃出自氏族

『日本書紀』は、垂仁天皇が後宮に丹波道主王の娘を五人も入れ、一人を皇后、三人を妃にしたと書く（『古事記』は四人とし、うち二人を妃にしたと書く）。後宮に入ったこの女性たちを、折口信夫は、神妻としての「水の女」とみて、丹波の真奈井の沼のほとりの天女八人（『丹後国風土記』逸文記載。丹後は和銅六年〔七一三〕に丹波国の五郡を割いて創設された）と重ねている。[8]

外宮に関する最古の史料である『止由気宮儀式帳』（延暦二十三年〔八〇四〕）には、「丹波国比治の真奈井《まなゐ》」に坐す「御《み》饌《けつ》神、等由気《とゆけ》太神」を、雄略天皇のとき外宮の地に遷したと書く。また、『神宮雑例集』引用の大同元年（八〇六）の『太神宮本記』（略して『大同本記』）には、「今、丹波国与佐の比治の真魚井《まなゐ》に坐す、道主王の子八乎止女《やをとめ》の斎き奉る御饌《みけ》都《つ》神、止由気《とゆけ》の神」を、雄略天皇のとき「度会神主の先祖の大佐々命」を遣わして、遷座したと書く。

記・紀の丹波道主王の娘たちが「八乎止女」だとすれば、この遷幸伝承は、後宮の丹波系の女たち（折口信夫のいう「水の女」たち）にかかわるものと考えられる。

倭姫の系譜を、『古事記』は次頁のように記している。

系譜の丹波比古多多須美知宇斯王は、『日本書紀』の丹波道主王のことである。氷羽州比売命《ひばすひめ》は、垂仁天皇の後宮に入った丹波の「八乎止女」の一人だが、その娘が倭比売命なのだから、内宮の遷幸伝承も後宮の丹波系の女たちにかかわるものとみるのが自然であろう。このことが、丹波からの遷幸という伝承を生んだと考えられる。

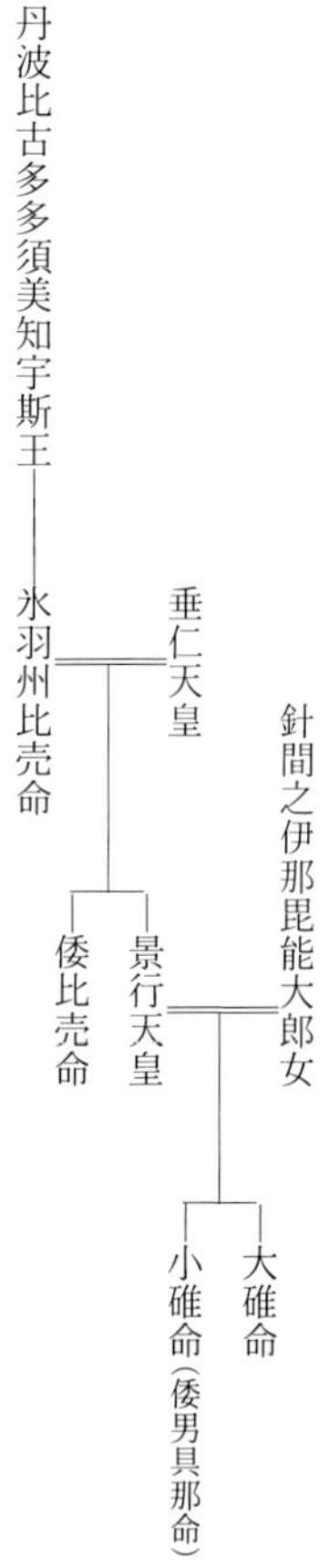

もちろん、これらの遷幸（遷座）の伝承は史実ではないが、伊勢へ移ったとされる二座の神々の原像は、丹波の与佐宮（籠神社）のヒコ神（天照玉命神社の項参照）と「与佐の比治の真奈井」のヒメ神であろう。しかし、ヒコ神が天照大神というヒメ神になったため、内・外宮ともに、ヒメ神になってしまったのである。丹波道主王（丹波比古多多須美知能宇斯王）の系譜は、息長《おきなが》氏ともかかわっている。

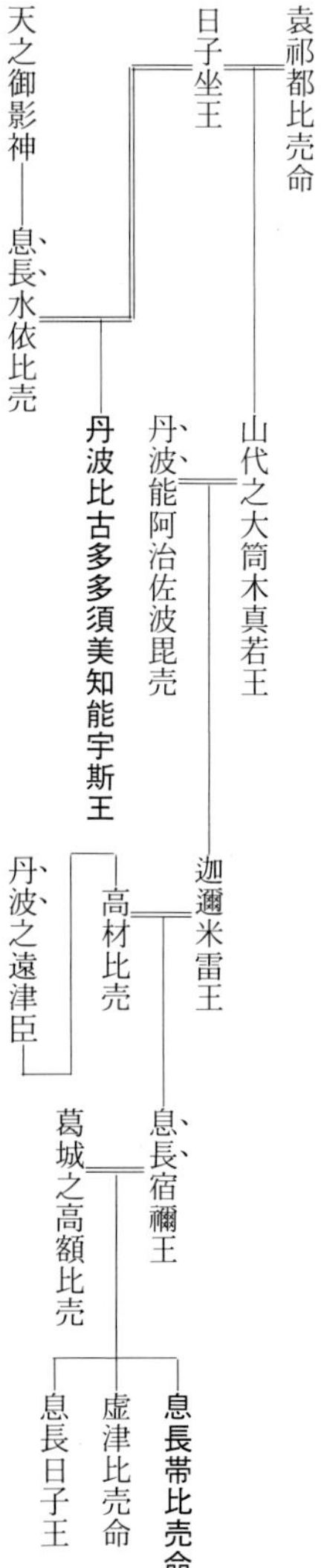

息長氏を代表する人物は、仲哀天皇の皇后で応神天皇の母、息長帯比売《おきながたらしひめ》命（神功皇后）である。神功皇后紀に、仲哀天皇九年三月、皇后がみずから神主となって斎宮に七日七夜こもったところ、伊勢国度会郡の五十鈴宮の神と、伊雑宮（内宮の遙宮）の神が現れたとあり、摂政元年二月条には、天照大神と稚日女尊が現れて、天照大神の荒魂と稚日女尊を祀れと託宣したとある。

このような伝承は、伊勢の斎王が息長氏系の皇女であったことの反映であろう。斎王が継続的に派遣されるようになった継体朝の最初の斎王は、息長真手《まで》王の娘麻績郎女《おみのいらつめ》と継体天皇の間に生まれた荳角《ささげ》皇女であり、日祀《ひまつり》部を設置した敏達朝の斎王は、息長真手王の娘広姫と敏達天皇の間に生まれた菟道《うぢ》皇女である。

『日本書紀』は、天照大神を奉じた倭姫が菟田→近江→美濃を経て伊勢に至ったと書くが、大和から伊勢に入る順路として、近江→美濃が登場するのは不可解である。といっても、美濃は近江から伊勢へ行くには必ず通らねばならない道筋だから、問題は、なぜ近江が登場するかである。

『皇太神宮儀式帳』は、近江での遷幸地を「淡海坂田宮」とする。坂田宮は滋賀県坂田郡近江町宇賀野に比定されているが、坂田の地は息長《おきなが》氏の本拠地である。『倭姫命世記』には坂田君らが土地を提供したとあるが、坂田君は、のちの坂田酒人真人、坂田真人、坂田朝臣などの祖であり、これらの氏族はいずれも息長系である。つまり、息長氏にかかわる土地へ巡幸するために、倭姫は遠まわりをして伊勢に入ったことになる。このような伝承からも、伊勢神宮の祭祀に息長氏がかかわっていたことが推測できる。

息長氏と尾張氏が皇妃出自氏族であることは、『日本書紀』が記す次の系譜から明らかである。

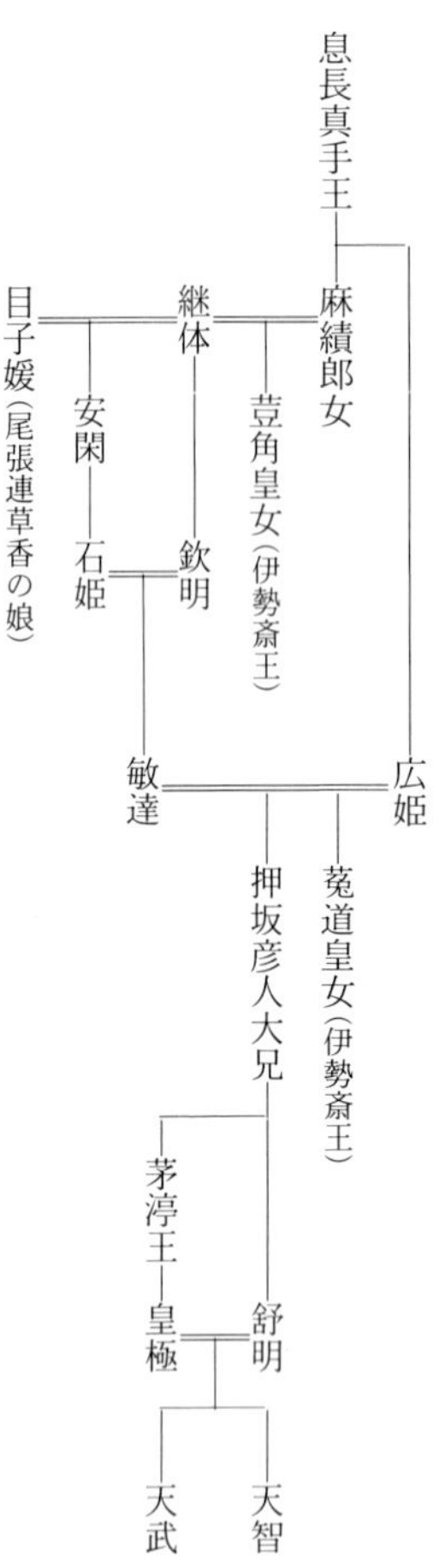

母を尾張系、妃を息長系とする敏達天皇が日祀部を設置したことと伊勢神宮の祭祀は、無関係とはいえない。息長氏は系譜上丹波とつながり、尾張氏も同系の丹波国造をとおして丹波とつながる。そして、斎王には息長系の皇女が任命

されている。

このように、伊勢神宮に関する伝承を検証してみると、系譜において丹波とかかわる皇妃出自氏族が、その創祀に重要な役割を果たしていることがわかる。そしてこのことは、前述の丹波からの遷幸伝承と無関係ではありえない。

オナリ神とオナリ

西田長男は、天照大神と伊勢神宮の成立にはオ(ヲ)ナリ信仰が影響しているとみて、斎王をオナリと解している。(9) オナリは各地の田植祭に登場し、早苗を植えながら出産の所作をしたり、弁当を運んできて田の端で分娩の所作をしたりする。オナリとは、オナリ神の妻で、神の子を出産・養育する母である。

オナリについて、『名義抄』には「養ヲナリス」とあり、『和訓栞』にも、「をなり、漢書に養の字をよめり」とある。玉依姫はウガヤフキアエズを「治養《ひた》し」たと『古事記』は書くが、「養《をなり》」は「養《ひたし》」であり、「日足《ひたし》」である。

伊勢の内宮の神は皇祖神であり、その子孫は日の御子(天皇)である。日の御子を養育することを「日足《ひたし》」という。垂仁記には、稲城《いなき》を焼く火のなかで皇后沙本毘売《さほびめ》が産んだ本牟智和気王《ほむちわけ》を「日足し奉《まつ》らむ」ために、丹波から道主王(美知能宇斯王)の五人の娘たちを迎えて妃にしたとあるが、この娘たちは「日足姫」である。

オナリの「養」について、『日本国語大辞典』(第二巻)は、「やしなう」の意のほかに「まかないをする」の意があると書く。鳥取県日野郡大宮村の田植歌には、「をなり小母が、茜の襷で飯をとる。サンバイさまに膳をすえ」とうたわれており、この「をなり小母」は、記・紀の玉依姫や倭姫など日の御子の叔母と重なるが、「膳をすえ」という御饌の奉仕は、御饌神としての豊受大神とも重なっている。

一方、岡山県阿哲郡神代村の田植歌には、

今日のヲナリさまはどこからたのむ、これより奥の峠を越えて、出雲の国の大東の町のまん中の在家の娘オリ姫さまをヲナリにたのむ。年十六でさてよい器量、十二単衣にわが身を飾り、白い笠で白い顔、東の書院に腰かけて、朝日のさすのを待つばかり。

とあるが、「朝日のさすのを待つ」という一句からみて、オナリとは神妻としての「日女《ひるめ》」でもある。田植歌でオナリを「オリ姫さま」というが、天照大神（日女）も、神衣を織ると記・紀が書くように、「オリ姫さま」である。
大隅正八幡宮の縁起の「大比留女《ひるめ》」は朝日の光によって「日の御子」を懐妊しているが（天照玉命神社の項参照）、「比留女」はもちろん「日霎（日女）」の宛て字であり、一般に「日子《ひこ》」「日女《ひめ》」も「比古」「比子」「比売」「比女」と書かれることが多い。丹波の真奈井の天女のいる「比沼」は「日沼」であり、「日沼」の天女（八乎止女）も日女《ひるめ》である。応神記の天之日矛《あめのひぼこ》伝承では、沼のほとりで日光を女陰に受けた女が妊娠し、赤玉（阿加留《あかる》比売）を生んでいるが、この沼と女も「日沼」「日女《ひるめ》」である。こうした日女を『丹後国風土記』は「豊宇加能売命《とようかのめ》」とし、伊勢の古文献は外宮の神とするが、それは、オナリのもつ「日足姫」としての側面を強調した結果であろう。

このように、オナリは日女と日足姫（御饌神）の性格を兼備しているのであり、それを切り離して祀ったのが伊勢の内宮・外宮であるともいえよう。

「ヒ」は「霊」や「日」の意味だが、「ヒル」は「ヨル」の場合と同じく、「日《ひ》」に接尾語の「ル」がついた言葉である。しかし、「ヒル」には「昼」という漢字以外に、「曙」「晶」「映暎」などがあてられており、平安末期に編纂された『類聚名義抄』には、「曙　アカツキ　ヒル」「晶　ヒカル　アキラカ　ヒル」「映暎　テル　カ、ヤク　ヒル」とある。つまり、「ヒル」は「ヒ」よりも、「照る」の意味が強い。「日女《ひるめ》」は、この「ヒル」の「メ」であり、日神としてのアマテル神の「日女」であったが、成り上って日神なったため、「天照日女命」「大日女売」などと呼ばれるようになったのである。

なお、「オナリ」を「ヒルマモチ」というのは、照り輝く太陽の光（ヒル）を受けて「ヒル」を保持しつづける女性がヒルマモチだからである。日神の依《よ》り憑《つ》いた巫女がオナリ（ヒルマモチ）であり、伊波普猷は、この巫女の「髪の毛を乞うて守り袋に入れ、或は其手拭をもらって旅立つ風習が、つい近頃まで首里那覇にさへ行はれていた」と、書いている[10]。ヤマトタケルがヤマトヒメから旅立ちにもらった「御衣御裳《みそみも》」や、火打石の入った「御袋《みふくろ》」は、「オナリ」からもらう「守り袋」や「手拭」と重なるが、オナリ神がオバ神といわれることについては、宮良当荘、馬淵東一が論証している。(11) ヤマトタケルにとって、オバのヤマトヒメは「オナリ」である。ヤマトヒメが奉仕する神は「オナリ神」であるが、このオナリ神にとって、ヤマトヒメは斎王としての日女《ひるめ》である。

持統天皇のとき、天照（オナリ神）から天照日女に皇大神宮の祭神が変わったのは、彼女がオナリ（天皇＝現人神の妻としての日女）からオナリ神（天皇）になったからであろう。

以上、ヤマト王権による伊勢神宮祭祀の歴史的変遷を概観したが、ヤマト王権が中央祭官による祭祀を伊勢の地で行なう前から、伊勢の人々による日神祭祀は行なわれていた。それは、雄略紀の物部連目に討たれた伊勢朝日郎の名からも推測できる。伊勢においては、日神は海原を照らしつつ水平線の彼方より来臨する。すなわち「アマテル」は「海照」でもある。この「海《あま》」の神を「天《あま》」の神に変えたのが、ヤマト王権による天照神の伊勢における祭祀であり、男神「天照」が女神「天照大神」になったのは、持統朝から文武朝のころであろう。

日本古代国家が律令制度によって確立する時代に、皇祖神を祀る神社もマツリゴトのシンボルとして確立したのである。

注

（1）上田正昭「忌部の職能」『日本古代国家論究』所収、昭和四十三年。
（2）岡田精司「伊勢神宮の起源」『古代王権の祭祀と神話』所収、昭和四十五年。
（3）今谷文雄「古代太陽神崇拝に関して」「日本歴史」一三一号。
（4）関晃「大化前代における皇室私有民」『日本経済史大系』第一巻所収。
（5）泉谷康夫「記紀神話形成の一考察」『日本書紀研究』第一四、昭和三十九年。
（6）阿部武彦「日祀部考」『続日本古代史論集』上巻所収、昭和四十七年。
（7）田中卓「神宮の創祀と発展」『伊勢神宮の創祀と発展』所収、昭和六十年。
（8）折口信夫「水の女」『折口信夫全集』第二巻所収。

(9) 西田長男「伊勢の神宮」『日本と世界の歴史・古代』所収、昭和四十四年。
(10) 伊波普猷「をなり神」『をなり神の島・1』所収、昭和十三年。
(11) 宮良当荘『南島論叢』昭和十一年。馬淵東一「沖縄先島のオナリ神」「日本民俗学」第二巻四号三巻一号、昭和三十年。

神坐日向神社《みわにますひむかい》・大和日向神社《やまとひむかい》——三輪山と春日山の山頂に「日向神社」がある理由

かねてから、私は三輪山が古代王権の太陽（日神）祭祀の聖山であったことを述べてきた[1][2]。だが、日神は天照大神だから、国つ神の代表神大物主神を祀る大神《おおみわ》神社が日神祭祀を行なうはずはない、というのが従来の一般的見解である。

三輪上社としての高宮日向神社

この一般的見解を私は認めない。私だけでなく、山尾幸久も、日神祭祀が三輪の地で行なわれていたことを述べている[3]。和田萃も、神坐日向神社の例をあげて、三輪山が「日神祭祀の祭場であった」ことを述べている[4]。前川明久も、「三輪神の本来の神格は日神であった」と書いている[5]。

従来の一般的見解は、天照大神と大物主神を、天つ神と国つ神の代表神として、机上で図式化したものであり、この図式では、三輪山の神は日神であってはならなかった。

この発想は、明治政府が神道を天皇制国家の統治思想の中核に置いたとき、神社統制の基準となった。その結果、国つ神を祀る三輪山々頂に日神祭祀の日向神社があるはずはないし、あってはならないとして、『延喜式』の神名帳に載る「神坐日向神社（大。月次新嘗）」が、三輪山々頂にあることを認めなかった。だから、現在の本宮の南の高宮垣内（通称「御子《みこの》森《もり》」）の神社を日向神社、山頂の日向神社を高宮神社にしてしまったのである。これは、日神祭祀は伊勢皇大神宮を氏神とする天皇家のものと規定しようとする、神社行政にかかわる神道家たちの考え方であって、三輪山を祭祀してきた人々の考え方ではない。

だから、明治十八年九月、大神神社宮司松原貴遠は、内務卿山県有朋に対して、「摂社神坐日向神社ト摂社高宮神社ト名称互ニ誤謬ニ付訂正御届」を提出している。その文書には、次のように書かれている。

摂社神坐日向神社之義ハ延喜式内ニシテ大神神社ニ格別御由緒玉有之。古来本社神体山絶頂ニ坐シテ、其地名ヲ神《カウ》ノ峯《ミネ》ト云、又神《カウ》ノ宮《ミヤ》トモ称セシヨリ、維新後設テ高宮《カウノミヤ》社ヲ是ニ宛。而シテ日向神社ヲ高宮《タカノミヤ》ニ宛タルハ甚シキ非ナリ。謹テ検スルニ、神ノ峯殿内鎮坐神坐日向神社幸魂奇魂神霊ト書セル標札アリ。裏ニ弘化三年歳閏十一月十五日祭主大神（高宮）朝臣和房前神主民部勝房ト書セリ。是維新前神坐日向神社タリシ確書ナリ。又高宮神社ハ地名ナリ。今モ高宮垣内ニ接続シテ社地ノミ現在ス。是字ヲ俗御子森《ミコノモリ》ト称ス。祭神櫛御方命、飯肩巣見命、建甕槌命ノ三座ヲ祭ル。是又格別御由緒有之、大神神社御子神ニシテ大田田禰子命ノ始祖ナリ。是ヲ高宮と認ムルハ地名ヨリ出タリト思考ス。如此両社互ニ誤リ来候テハ、信者等疑惑ヲ生シ、神慮ニ対シ、恐懼ニ堪ヘス。今般当社図書進達ニ付、社号訂正更ニ御届申上候也。

この文書に対して、社寺局長丸岡莞爾は、明治十九年一月十四日の局第二三九号の文書で、

其社摂社神坐日向神社ト高宮神社ト名称誤謬ニ付訂正之義。十八年十二月七日付ヲ以テ被二伺出一候処、右者旧記確書等無之ニ付、従前之通被二心得一可然レ存候。此段申入候也。

と答え、反対の理由をなんら述べず、「旧記確書等無之ニ付」と書いて、却下している。だが、三輪山々頂に日向神社があったことは、中世から江戸時代までの「旧記確書」に載っている。だから、こうした「旧記確書」を示して、「誤謬ニ付訂正御届」をすべきであった。ところが、そのことを示さず、標札の例だけをあげたから、説得力をもたず、却下されたのである。

梅田義彦が、この二つの文書を例示して、「これは当局の見解が正しく、弘化年次の『標札』では、信憑度すこぶる疑はしい」[6]と書いているのも、標札だけの例証だったからである。だが、弘化年間（一八四四—四八）の標札のみを例示したのは、日々に神祀りを行なっている大神神社宮司としては、机上で書かれた「旧記確書」より、三輪山々頂の神社を日向神社とする例証として、現存の標札ほど確かなものはないと思ったからであろう。

信仰の問題を行政の次元で統制・整理しようとしたのが、神仏分離を強行した明治新政府の方針であった。その方針にもとづく内務省社寺局長の見解と、大神神社の宮司の主張は、かみ合わないのが当然で、「当局の見解が正しい」のではない。人々は三輪山々頂の神社を、日向神社として祀っていたのである。

ただし、高宮神社は高宮という地名による神社で、日向神社ではないという宮司の見解には、多少問題がある。社号訂正が認められなかったため、高宮の地にある高宮神社は、現在、日向神社と呼ばれているが、高宮神主の屋敷の隣にあり、行止りの小高い場所に社殿がある。現地を見れば、この鎮座地はかつて高宮神主の邸内であったことがわかるから、高宮氏の屋敷神であったことは、はっきりしている。この神社が高宮神主の氏神といわれていたことは、志賀剛も述べている(7)。

元永二年(一一七九)に山田首積善が書いた『大神崇秘書』には、

高宮亦曰二上宮ト一在リ二三輪山峯青垣山ニ一無二神殿一有リ二大杉一称二神杉ト一是也。神名帳二云大神坐日向神社一座、一所日本大国生命也、孝昭天皇御宇御鎮座也、天皇元年四月何日卯上前夜半、峯ノ古大杉上ニ有リ下如キ二日輪ノ一之火気上放テレ光照スレ山ヲ、其暁神天降リ宮女ニ託シ宣フレ謂我ハ日本大国主命也、今遷リ二来レリ此国ニ一也令二山田吉川比古ヲ一奉レ崇二秘我広前カヲ一云々、天皇依リ二御託宣ニ一勅シ二吉川比古命ニ一(久延彦命八世孫、川辺足尼之子也)定ム二高宮神主ト一

とあり、日向神社のことを、「高宮」「上宮」と書いている。つづいて、

と書く。高宮神主は、高宮(日向神社)にかかわっていたから、邸内に屋敷神・氏神として別に日向神社を祀り、高宮神社と称したのであろう。

また、『大神神社史料』(第一巻史料編)に載る明治六年の「大神神社摂末社御由緒調査書」は、高宮神社について、「社伝」を引用して、次のように書く。

祭神ハ日向御子神ナリ、本社境内神峰ニ鎮座ス。旧平等寺所蔵ノ古絵図ニ神《ミワニマス》在日向神社ト見エ、又当社所蔵ノ古絵図ニハ神《ミワ》上ノ宮ト見ヱタリ。(後略)

要するに、神体山を山麓で拝するのが大神神社、神体山の山頂で朝日を拝するのが日向神社（現高宮神社）であり、この二つの神社の性格が一体化していたのが、三輪山本来の信仰である。だから、文永二年（一二六五）に大神家次が書いた『大神分身類社鈔』には、

三輪下神社三座　城上郡、神名帳云、大神大物主神社三座、名神大、月次、相嘗、新嘗

中座　大己貴命之幸魂奇魂　神体磐石

左座　大物主命幸魂　神体円鏡

右座　櫛甕玉命奇魂　奇魂神体甕玉

別座　少彦名命　神体磐石

三輪上神社一座　神名帳云、神座日向神社一座、大、月次、新嘗

日本大国主命　神体杉木

とある。「三輪下神社三座」と書かれているが、『延喜式』神名帳では「一座」であり、大己貴命も大物主命も櫛甕玉命も同体異名で、別神ではない。

ともすれば下社のみが注目されるが、上社・下社が一体化したのが三輪山信仰である点に留意すれば、神坐日向神社（上社）の重要性は、おのずから明らかになる。

「三輪高宮家系図」を伝える高宮家は、大田田根子命を祖とする三輪君の直系で、高宮神主という。

山宮と里宮

この名称からみても、高宮としての日向神社祭祀のもつ意味が推測できるが、前述したような行政的発想から、高宮（高峯）神社と日向神社を分けてしまったのである。

だから、明治初年に奈良県が編纂した『大和志料（下）』は、山頂にある高峯（高宮）神社について、「当社ヲ式内日向社ナリトスルハ恐クハ非ナリ」として、『延喜式』に祭神が「日向王子」と書かれていることをあげ、「若シ高峯ノ大国主命果シテ日向社ナランニハ之ヲ王子ト称スヘキ理ナカルヘシ」と書いている。

しかし、この説を、柳田国男は「山宮考」で、次のように批判する。

日向社は王子といひ又大国主命をまつるといふから、高峯神社では無いといふ論法はちっとも透徹しない。是は全く我々が家をもつと同じく、常に神々をも一処に定住したまふものと、きめてかかる人の言ひ分である。二つ二段の祭場であったと見れば何でも無い。つまり一社毎に必ず祭る神をきめるといふ、吉田家式行政の余弊である。神を平地の里宮で御祭り申す以前に、先づ山頂の清浄なる地に於て、御迎へする形は多くの社に伝はり、又民間の春秋の行事にも残って居る。正月には松迎へ、盆には盆花採り、いつでも高い処に行って植物によって神を迎へるのが常の習ひである。それを三輪の御社ではもう罷めて居るだけなのでは無いか。いいや大昔以来何一つ、変へたり止めたりしたものは無いと、断言しかねない人は数多いが、この御社ほどさう言へない神社も少ないと私は思って居る。(8)

また柳田は、山梨県東八代郡二之宮の美和明神が、山宮を「古宮地」として大祭の前に祭祀を行なうことについて、「美和は大和の三輪山の神と、同じ信仰の分れのやうに言はれて居るが、或はかの地にも斯ういふ祭りがあったのではないか、さう思ふ心あたりは、幽かながらなほ存する」と書いて、次のような例をあげる。

中巨摩郡大井村大字下宮地の三輪明神に山宮があって、爰《ここ》では純然たる二所祭場の様式を保存して居た。大祭の日は四月と十一月の初又は中の卯の日で、冬の遷幸の日から翌年四月のそれまで、神は山宮に御駐なされて、其間にも幾つかの祭が爰で行はれた。しかも四月から十一月まで御出でになる三輪明神の方を本社として居たのである。(8)

「三輪明神」とは式内社神部神社で、下宮地に本社があり、上宮地に山宮がある。また山宮を「神山」「子神」と称していたことは、日向神社の地を「上社」「上宮」「高宮」「神峯」「高峯」といい、日向王子を祭神とするのと似ている。『延喜式』(中宮職・内蔵寮・春宮坊)にも、この神社について「凡四月上卯日十二月准レ此奉二大神祭一弊帛」とある。

日向神社の「四月上卯日」と「十二月上卯日」の弊帛は、山梨県の美和明神の祭日と、十一月が十二月になっていることを除けば同じである。「大神《おおみわ》祭に奉る帛」と記しているように、四月と十二月の上卯日は大神神社の大祭日でもある。

四月の上卯日に山の神が里におりて田の神となり、十一月または十二月の上卯日に山へ戻るという信仰は、民俗信仰として各地にある。この場合の山は山頂を意味し、神は山頂から降りて山頂へ帰る。だから、本来の三輪山の神は山頂に坐《ま》す神である。

前述した『大神崇秘書』は、三輪の神の降臨について、「三輪山峯青垣山」にある「高宮（上宮）」の大杉に、日輪のような火気を放ち、山を照らして、暁に天降ったと書く。この高宮を、『大神崇秘書』は「神名帳云大神坐日向神社一座」と記すが、四月上卯日の大神神社の大祭は、山頂の神が里へ下る祭である（四月上卯日の大祭の意味については大神神社の項で詳述する）。

大神祭は四月上卯日に行なうが、四月は卯月であり、卯の方位は東、色は青である。

日向《ひむか》と日本《ひのもと》

『古事記』は、三輪山の神の登場について、国作りの途中で、少名毘古那《すくなびこな》神が常世国へ行ってしまったので、自分一人で国作りはできないと、大国主神が「愁《うれ》ひて」いると、「海を光《てら》して依り来る神」が、「吾《あれ》をば倭《やまと》の青垣の東の山の上に拝《いつ》き奉《まつ》れ」ば国作りはできるといったと書き、「此は御諸《みもろ》山の上《へ》に坐す神なり」と書く。

『日本書紀』（一書の六）も、同じ話を載せている。スクナヒコナが去ったあと、

> 時に、神《あや》しき光海《うな》を照して、忽然《たちまち》に浮び来る者あり、曰《い》はく、「如《も》し吾在《あ》らずは、汝何《いましいかに》ぞ能《よ》く此の国を平《む》けましや。吾が在るに由《よ》りての故に、汝其の大きに造る績《いたはり》を建つこと得たり」といふ。是の時に、大己貴神問ひて曰はく、「然らば汝は是誰ぞ」とのたまふ。対《こた》へて曰《い》はく、「吾は是汝が幸魂奇魂《さきみたまくしみたま》なり」といふ。大己貴神の曰はく、「唯《し》然《か》なり。廼《すなは》ち知りぬ、汝は是吾が幸魂奇魂なり。今何処《いづこ》にか住まむと欲《おも》ふ」とのたまふ。対《こた》へて曰はく、「吾は日《やま》本《と》国の三諸《みもろ》山に住まむと欲ふ」といふ。故、即ち宮を彼処《かしこ》に営《つく》りて、就《ゆ》きて居《ま》しまさしむ。此、大三輪の神なり。

と書く。ここに「青」「東」「山の上」という表現がないことからみても、「吾をば倭の青垣の東の山の上に拝き奉れ」という『古事記』の表現には深い意味があるのだろう。私は、卯月卯日の祭を意識した表現と推測している。

本居宣長は、この『古事記』の表現について、

御諸山《ミモロヤマ》は、倭の国中《クニナカ》の東方《ノ》に在て、其《ノ》山次《ヤマナミ》まことに垣如《カキナセ》り、但し東山《ノ》と詔へるは、ただ泛《ヒロ》く東方《ノ》と云ことなるべきを、其《ノ》東方《ノ》山の中に就《ツキ》て、御諸山《ミモロヤマ》をば択《エラヒ》て祀《マツ》りしなるべし、又思ふに、東方の山と云ことならば、東之青垣山とあるべきに、青垣を上に置て、東山《ノ》とあるは、一《ツ》の山《ノ》名を指《セ》るが如くも聞ゆ、故考《レ》るに、神名帳大神《オホミワノ》社の次に、神坐《ミワニマス》日向《ヒムカノ》神社《ノ》〔大月次新嘗、貞観元年に、従五位上を授奉らる、三代実録に見ゆ〕あり、此《ノ》社三輪山の巓《ミネ》に在て、今高宮と称すと或書に云り、然れば御諸山《ミモロヤマ》の旧名日向山《モトノナヒムカシヤマ》と云しか、〔若然らば、此記に東山とあるに似て、彼《ノ》神社の日向をも、比牟《ヒム》加志《カシ》と読べし、旧名《モトノナ》のたまく此《ノ》神社にのこれるなり、○日の出る方を東《ヒムカシ》といふも、即《チ》日向の意なり〕

と、『古事記伝』で述べている。

卯は方位で東だが、本居宣長は、東は「ヒ（日）・ムカ（向）・シ」だと書く。「ひがし」について『古語大辞典』は、「『ひむかし』→『ひんがし』→『ひがし』と転じた語で、中古までの資料ではまだ『ひがし』の確例は認められない」と書いている。したがって、記・紀の「東」は「ヒムカシ」と訓まれていたのであろう。なお、『日本国語大辞典』（九巻）は語源説として、「(1)ヒムカシ（日向風）の義〔古事記伝・大言海〕。(2)ヒムカヒシ（日向処）の義〔冠辞考・名言通〕。ヒムカシ（日向）の義〔東雅・蒼悟随筆・俚言集覧・菊地俗言考・和訓栞〕。ヒンカシキ（日向敷）の約〔和訓集説〕。(3)ヒムカヘサキ（日迎先）の義。またヒムカヘスヂ（日迎線）の義〔日本語原学＝林甕臣〕」などを載せている。

大野晋は、シは息とか風の意から、方向をいうようになった語で、「ヒ―ムカ―シ」は「日に向く方向」つまり東の意であるとし、西《ニシ》についても、「『去方《イニシ》』の約であろう。イニは去《イ》ヌという動詞の名詞形で、シは方向を示すので『日没の方向』の意」とする[9]。

このように、諸説とも、「東」が「日」にかかわるという点では、ほぼ一致している。問題は、「ヒムカシ」と「ヒムカ」を同義とみるか否かにある。

「シ」を「風」と解すか「方向」とみるかはともかくとして（私は方向→風とみたいが）、少なくとも西の対語である以上、「ヒムカシ」は日の出の方向を意味する。ちなみにいえば、日の出方向を「日縦《ひのたつし》」、日没の方向を「日横《ひのよこし》」ともいうが（『日本書紀』（成務紀）、『万葉集』（巻一、藤原宮御井の歌）、『高橋氏文』）、これは日を人と同じにみて、日が立って歩き出す方向と、日が横になって寝る方向を、「ヒノタツシ」「ヒノヨコシ」といったのである。沖縄で東を「アガリ」、西を「イリ」というのと同じく、日を主体とした方位観である。

神武天皇は、『古事記』によれば、

高千穂宮に坐《いま》して議《はか》りて云《の》らさく。「何地《いずれのところ》に坐《いま》さば、天下之政《あめのしたのまつりごと》平《たひら》けく聞《きこ》し看《め》さむ。猶東《なほひむかし》に行かむと思ふ」とのらして、即ち日向《ひむか》より発《た》たして、筑紫に幸行《いでま》しき。

とあるが、この場合、大和の地が「ヒムカシ」の地で、高千穂宮は、その大和（日＝朝日）に向く「ヒムカ」の地である。九州の日向へ遠征した景行天皇について、『日本書紀』は、「東」を遠望して、「この国は直《なほ》く日の出づる方に向けり」といって、「日向」と名づけたと書く。

『古事記』が「倭の青垣の東の山の上」と書き、『日本書紀』が「日本国の三諸山」と書くのは、三諸山（三輪山）が、朝日の昇る「日本《ひのもと》」の「ヒムカシ」の山だったからであろう。この「ヒムカシ」から昇る朝日を迎える地が「ヒムカ」である。

日向国からみた倭は「日本《ひのもと》」であり「東《ひむかし》」であるが、その倭にあって、三輪山は日本《ひのもと》と日向《ひむか》を両有している。三輪山について、『古事記』は「東の山の上」を強調するが、『日本書紀』は「日本」を強調する。

『日本書紀』は一般に、わが国全体という意味で「日本国」を用いており、奈良県という小地域の意味で「日本国」と書いているのは、「日本国の三諸山」の一例のみである。単に「日本」と書く例としては崇神紀六年の「日本大国魂神」（倭大国魂）があるが、明らかにこれは小地域のほうを意味する。また神武紀三十一年四月条には、「日本《やまと》は浦安の国、細戈《くはしほこ》の千足《ちだ》る国、磯輪上《しわかみ》の秀真国《ほつまくに》」と伊奘諾《いざなぎ》尊が名づけ、饒速日《にぎはやひ》命が「虚空見《そらみ》つ日本《やまと》の国」といったとあるが、この「日本」は、わが国全体という意味も含んでおり、「日本国の三諸山」の「日本」とは若干意味が異なる。たとえば、同じ神武紀（即位前紀戊午年九月条）に「倭国の磯城邑《しきむら》」とあるように、奈良県という小地域をあらわす語は通常「日本国」ではなく「倭国」であるから、先の一例のみが「日本国」と書くのは、三輪山が「日本《ひのもと》」の国の象徴だからであろう。

とすれば、三諸（輪）山々頂の神社は、いわば「日本神社《ひのもとじんじゃ》」である。これを日向《ひむか》神社と呼ぶのは、天照大神（日神）を三輪山々頂から移したため（『倭姫命世記』に「倭弥和乃御室嶺上宮《やまとみわのみむろみねうえのみや》」から伊勢へ天照大神を移したとある）、日本《ひのもと》が伊勢になり、伊勢に対して三輪山が日向《ひむか》になったからであろう。

三輪山の神を日神とする日吉社伝承と三輪流神道

三輪山の神が日神であったことは、延暦寺の古記録『山家要略記』に、

大宮、大比叡大明神、俗神ノ形老翁体、欽明天皇元年、大和大三輪神天降リ、天智元年、大比叡山ノ顕ニレタマヘリ御、此国ノ地主也、天照大神ノ分身、亦名二日神ノ一

とあることからもいえる。大比叡山に示現した「大和大三輪神」が、「天照大神ノ分身」で、日神だというのである。

この「日神」を「此国ノ地主也」と書くのは、『大神分身類社鈔』が、「三輪上神社」（日向神社）の祭神を「日本大国主命」と書くことによるのであろう。

日吉大社の『祝部広継記』には、「当社大明神三輪影向之時為二天神一云々……則天神虚空之儀也ニ一……神勅曰、垂二我跡一之処、結二ニレノキ枌楡一宜レ為二其験一云々……大如二日輪一現二虚空……」とある。三輪山の「神杉」に日輪が降臨したように、日吉でも「枌楡」に関連して日輪が現れているのは、伝承の根に三輪山があったからだろう。

この「影向《ようごう》」伝承が日向神社の伝承であることは、神杉が日向神社の神体であることからも証される。なお、『古事記』は日枝山（比叡山）の神を「大山咋神《おおやまくひ》、亦名《またのな》山末之大主神」と書くが、山末とは、山麓を山本というのに対して山頂のことであり、御室《みむろ》嶺上宮の神も、いわば「山末之大主神」である。

日吉の神の神使は猿である。日光二荒山も猿だが、猿が日の出を迎える話が世界各地にあることは、拙著『天照大神と前方後円墳の謎』で書いた。このような伝承は、日の出前に騒ぐという猿の習性によるものであり、鶏もその意味で神使とされている。猿田彦神に松前健は太陽神格をみるが、(10)皇極紀三年六月条には、蘇我入鹿による山背大兄王殺害を三輪山の猿が予兆したとの話が、歌謡とともに載っていることからみて、三輪山と猿も無縁ではない。諸国の猿牽頭が三輪明神を保護神にしているのは、本来は三輪山の猿が原点だったからであろう。

『厳神鈔』は、山王権現鎮座御事で、「大宮権現ト申スハ、大和国三輪ノ社ヨリ御影向。三輪ノ明神ハ素盞嗚尊御子大物主神、又奉レ号二大己貴命一」と書きながら、「又大宮権現ハ本地天照大神ニテ御座也」とも書く。これは、天照大神と三輪明神を一体別名とみていた三輪流神道の影響によるものと考えられるが、三輪流神道が天照大神と三輪明神を一体別名としたのは、本来の三輪の神が日向神社であったためと考えられる。

文保二年（一三一八）に抄録したと奥付にある、三輪流神道の視点で書かれた『三輪大明神縁起』を、西田長男は、叡尊が弘安八年（一二八五）から正応三年（一二九〇）に書いたものと推測しているが、(11)久保田収も同じ見解である。(12)この縁起には、

於二天上御名一天照也。御降臨之後二所別御。於二大和国三輪山一者大神《オオミワ》大明神申、於二伊勢国神道山一者申二皇太神一。日本紀神代巻之、大己貴命白二天照皇太神一言、今欲二何処住一乎。答曰、吾欲レ住二於日本国三輪山一、云々、故知二三輪太神御降臨神代事也一。天照太神之御鎮座垂仁天王代也。前後顕然也。依レ之以レ前而為レ本、以レ後而為レ迹。（後略）

とある。この三輪の神と天照大神の同体説について、西田長男は、「古紀」「古説」「古老口伝」「古老秘伝」「大御輪寺別当重代相伝秘決」などによるとあるところから、叡尊が『三輪大明神縁起』を書く前に成立していたとみるが、(11)日輪が神杉に憑《かか》ったと記す『大神崇秘書』は、この縁起よりも約二〇〇年前の平安時代後期に書かれている。だから、これも「古記」「古老秘伝」の一つであろう。近世の初期に成立したといわれる『三輪流神道深秘鈔』も、

誠ハ伊勢ト三輪一体分身ノ神明也。問云、奇魂幸魂トハ如何。答、アヤシキ光リウナハラヲ照シ三ノ輪ノ金光ト顕ハレ、奇魂幸魂ト示サセ玉フ御事コレハ三輪流神道ノ大事ナルヲ、云々

と書いている。

久保田収は『三輪大明神縁起』について、「天照大神と三輪明神の同体説を中心としてゐるが、これはかの笠縫邑との関連においてこの思想が発達する萠芽がなかったとはいへないが、むしろ伊勢から伝へられた点に重要な意味があらう」と書く。(13) 叡尊は伊勢神宮の大神宮寺である弘正寺を、伊勢の度会郡楠部村に創立し、また大御輪寺を再興したが、『三輪大明神縁起』は、伊勢の弘正寺の関係者によって書き写され、伝わったものである。だから久保田収は、三輪流神道は「伊勢神道の刺激をうけて、伊勢両宮の周辺において形成せられたが、それがこの地へも伝へられて、三輪大明神縁起の成立となったのであろう」とみる。(13)

私は、天照大神と三輪の神の一体説を伊勢神道が受け入れている点に注目したい。このような素地は、久保田収もいうように、崇神天皇のとき豊鍬入姫命《とよすきいりひめ》によって倭の笠縫邑《かさぬいむら》に祭られた天照大神が、垂仁天皇の二十五年に倭姫命によって伊勢へ遷座したという『日本書紀』の記事にみられる。しかし、この記事では、笠縫邑の天照大神と三輪の神は、直接の関係がないように書かれている。

にもかかわらず、延暦二十三年(八〇四)に伊勢神宮の宮司大中臣真継が神祇官に提出した『皇太神宮儀式帳』は、天照大神は垂仁天皇のとき「美和乃御諸宮」で奉斎され、この宮から宇太《うだ》・伊賀・淡海《おうみ》・美濃をめぐって伊勢に入ったと記している。つまり、天照大神はいったん三輪山に鎮座してから伊勢へ移ったというのである。だからこそ、『倭姫命世記』(鎌倉中期、一二八〇年代に伊勢神道の経典として書かれた神道五部書の一つ)も、「倭弥和《ミワ》乃御室嶺上宮」で倭姫が天照大神を二年奉斎し、この御室嶺上宮から奉戴して各地をまわり、伊勢に遷座したと記すのであろう。

『倭姫命世記』の書かれた頃は『三輪大明神縁起』の成立期だから、天照大神は三輪山が「本」、伊勢が「迹」で、三輪と伊勢の神は「一体別名」だとする主張(『三輪大明神縁起』)は、三輪流神道の我田引水ではない。

日吉社の伝承には三輪流神道の影響があるが、伴信友は、「日吉山（日枝山）は東南湖の方いと広くうちはれたれば、朝日たゞさしていとめでたく見ゆ、日吉《ヒエ》の山と称ふもその義なるべし、かかるおもむきによりて、山王といふ事をおもひよせたるなるべし」と『瀬見小河』（四之巻）で書いている。伝教大師（最澄）は「三光日輪」を拝して、山王という文字の深い仔細を教えられたという。依り来る神が神人となって近江の湖上にあらわれたと『大比叡明神垂跡縁起文』にあり、『厳神鈔』『祝部広継記』『日吉社神道秘密記』は、その場所を大津の八柳浜と書く。また『大宮縁起』は、神が大和国三輪山から滋賀の山を越えて来たと書く。神の依りくる本《もと》の東（日本《ひのもと》）に対して日吉が「日向」である点は、三輪山と同様である。三輪山に対する伊勢・志摩の海が、ここでは近江の海（琵琶湖）なのである。

海を照らして依り来る神とは日神である。記・紀では、海を照らして依り来る三諸の山の神の出現譚が、大国主神（大己貴神）の国作り説話に登場するため、大国主神＝出雲という想定から、神は出雲の海に現れたように考えられがちだが、本来は伊勢の海であったろう。

海を照らして依り来る神

三輪山の日向神社にとっての日本《ひのもと》は伊勢である。大和国中《くんなか》の人々にとって、三輪山から昇る朝日のはるかな原郷は、伊勢・志摩の海の彼方であったにちがいない。だからこそ『日本書紀』（垂仁天皇二十五年三月条）は、天照大神が、「この神風の伊勢国は、常世の浪の重浪帰《しきなみよ》する国なり、傍《かた》国の可怜《うま》し国なり。この国に居らむと欲ふ」と、倭姫にいったと書くのである。東の海上から昇る朝日が、常世の浪のよせる伊勢の磯辺に海を照らして来臨し、三諸山に祀られるというのが、本来の形であったろう。しかし記・紀は、三諸山の神を国つ神としたため、その来臨を出雲の海であるかのように書き、天照大神と切り離した。そして「常世国」を伊勢、「根の国」を出雲としたのであるが、常世国も根の国も本来は同じであり、海のかなたの祖霊のいます「妣《はは》の国」、沖縄でいう「ニライ・カナイ」である。

「ニライ」について柳田国男は「ニルヤ」「ネルヤ」ともいわれ、「根屋と書いてニーヤと呼ぶものさへあり、多くの昔話の中では竜宮といふ言葉が、その根屋と交互にさし替えられて居る」と書くが[14]、伊勢は常世国、根の国の入口であり、その意味での「傍国《かたくに》」であった。すなわち、常世の浪の寄せる「うまし傍国」であるとともに、亡き祖《おや》（「妣」という字は亡くなった母をいう）のいる死者の国の入口でもあった。

この両面性を完全に分離して、根の国・妣の国の入口を出雲とし、伊勢をうまし傍国・常世国の入口としたのが、記紀神話である。そのため、天地の諸神が共に鎮まる三輪山も、天神を伊勢に連れ去られ、地祇の代表神の山となった。しかし、三輪山を真東に望む多の地の多（太）氏が、天皇家の最高の祭祀者であるという伝承を記・紀に残していることは、古代ヤマト王権にとって三輪山こそ日本《ひのもと》であったことを証している。

沖縄の「ニライ・カナイ」と奄美の「ナルコ・テルコ」が同じ系列の語であることを、柳田国男（「海神宮考」『定本柳田国男集』第一巻）、折口信夫（「琉球の宗教」『折口信夫全集』第二巻）、伊波普猷（『をなり神の島』）は述べているが、ナルコ神は海、テルコ神は山からの来訪神である。大和国中の人々にとって、常世のまれびと（日の神・田の神）は直接には「倭の青垣の東の山」から来た。その「倭の青垣の東の山」の代表的な山が、「日本国の三諸山」なのである（『享保中大神社覚書』（享保年間）に、「三輪山異名」として、「青垣三諸山、三室山、玉山、光明山、下樋山、神道山」とある）。

この三諸山は、山そのものが神体山とみられて信仰の対象になっているが、そのシンボル、つまり中心は、山頂の奥津磐座のある所、高宮・上宮といわれている日向神社であり、この山頂を拝するのに最もよい場所が多神社の位置である。

弥生時代から五世紀後半までの、里宮としての三輪山祭祀の場所は多の地であった。そのことは大神神社と多神社の項で詳述するが、三輪山から昇る朝日を拝する大和国中《くんなか》の人々は、この朝日の原郷を東（伊勢）の海とみていたであろう。

この東の海を照らして依り来る「海照《あまてる》」のイメージのアマテル神が「天照《あまてる》」と観念されて、皇祖神としての日神が形成され、アマテル神は古代王権祭祀のなかへ組み込まれていった。だが、アマテル神は、古くからムスビの神として大和平野で祀られていた。この神は、天照大神が登場したため、記・紀にはまったく登場しないが、他田と鏡作の天照御魂神社が三輪山々頂を基点とした位置に祀られていることからも、この神の本来の性格がうかがえる。

なお、『延喜式』は四時祭の項に、神坐日向神社の祭神を日向王子と書くが、大神神社の若宮の本地仏十一面観音は日向王子とされており、両部神道は天照大神の本地を十一面観音とする。

御蓋山の日向神社と春日大社

春日大社の神体山、御蓋《みかさ》山（春日山）の山頂にも、日向神社がある。『延喜式』神名帳の添上《そうのかみ》郡に載る「大和日向神社鍬靫」で、「本宮社」と呼ばれている。この呼称は、神坐日向神社を大神神社に対して上宮または三輪上神社というのと同じで、春日大社に対してのものである。里宮としての春日大社に対して、山宮が本宮なのである。また、山頂を浮雲峰というところから、浮雲宮ともいう。これも、三輪山々頂を高峰、神坐日向神社を高峰宮というのと同じである。

『玉英記抄』の暦応四年（一三四一）一月十日条には、後深草天皇勅願による「春日本宮」と銘のある鳥居が山頂にあったと記されている。昭和十五年前後、現社殿のすぐそばから経塚遺跡とみられるものが発掘され（昭和二十四年、奈良県史蹟名勝天然記念物調査委員会刊『同調査抄報』第三輯）、昭和五十四年刊の春日顕彰会刊『春日大社古代祭祀遺跡調査報告』によれば、社殿の東約五〇メートルほど下ったところを中心に、南北の山麓に向かって人頭大の石を敷いた痕跡が発見された。

森郁夫は、この遺跡について、「列石が御蓋山の東半部にめぐらされていることから、山頂を区画したもののように見受けられる。区画施設としては幅が広すぎる感がないでもないが、列石という状況からすれば、やはり神域区画の施設としての性格を読みとらねばなるまい。したがって、これを広い意味での磐境《いわさか》と解釈できるのではないかとの見解が、中村春寿氏によって示されている」と書き、「藤原氏がこの地を神地と定める以前、春日山麓沿いに勢力を張っていたある時期の豪族が、祀りの場として築いたものに違いない」とみる。そして、「御蓋山の列石のような壮大な規模の構築物の存在は、かなり大きな勢力をもっていた豪族が春日の地を祀りの場としていたと考えねばならない」と書き、その豪族を「和珥氏およびその系列に連なる氏族」とみている(15)。

この「壮大な規模の構築物」が、日向神社のある山頂を中心に、東側にあることが重要である。東は日の出の方向である。一方、天平勝宝八年（七五六）六月九日の日付のある「東大寺山堺四至図」には、御蓋山の西麓に樹林で囲まれた方形の神地が描かれている。この神地を囲む樹林はコの字形で、西が開いており、御蓋山の「壮大な規模の構築物」も西が開いている。したがって、前者は後者を春日野に作ったものと考えられるが、前者の位置に春日大社（『延喜式』には「春日祭神四座」とある）が作られたことは、最近の発掘調査によって確かめられている。しかし、社殿が西面でなく、南面していることからみて、春日大社は北の神座の祭神四座の祭祀であって、コの字形の神地のような、東の御蓋山の祭祀ではない。

しかし、新しい祭神四座を祀る春日大社が創建されたため、「春日」を名乗る神社が、御蓋山祭祀を行なう春日神社（『延喜式』でも「春日神社」で、通称「榎本社」と呼ばれる）と、二社併立する形になったのである。

山頂の日向神社を「春日本宮」というのは、春日四座の本宮の意味だが、厳密にいえば、それは境内社としてとりこんだ春日神社の本宮である。春日大社の祭神の本宮は、鹿島神宮・香取神宮・枚岡神社であり、もともと御蓋山とは関係がない。しかし現在では、春日大社の祭神四座、タケミカヅチ、フツヌシ、アメノコヤネが日向神社の祭神になっており、このような祭神観が、日向神社が山頂にある意味を見誤らせてきた。御蓋山の「壮大な規模の構築物」は、森郁夫が書くように、春日大社創祀以前のものだから、日向神社の山宮としての性格に対応するのは、里宮として地主神を祀る春日神社なのである。

大和国中の人々にとって、三輪山は日本《ひのもと》の山であると同時に、日向《ひむか》の山でもあった。この両面性は御蓋山にもあてはまる。このような関係から、かつて私は、三輪山の日向神社を遷したのが御蓋山の日向神社だと書いたが、(2) 三輪山信仰と同じ御諸山信仰が御蓋山にある以上、むしろ、社名の共通性は祭祀の共通性によるものとみるべきであろう。

三輪と春日の日向神社の共通性

『百練抄』の寛治七年（一〇九三）八月二十六日条に、春日大社の神木が観学院に動座するとき「本宮御蓋山」が光り輝いたとあるが、春日大社の鎌倉期以降の社記類は、武甕槌神《たけみかづち》が鹿島から上洛して御蓋山々頂へ降臨したと記している。これは、元永二年（一一一九）に書かれた

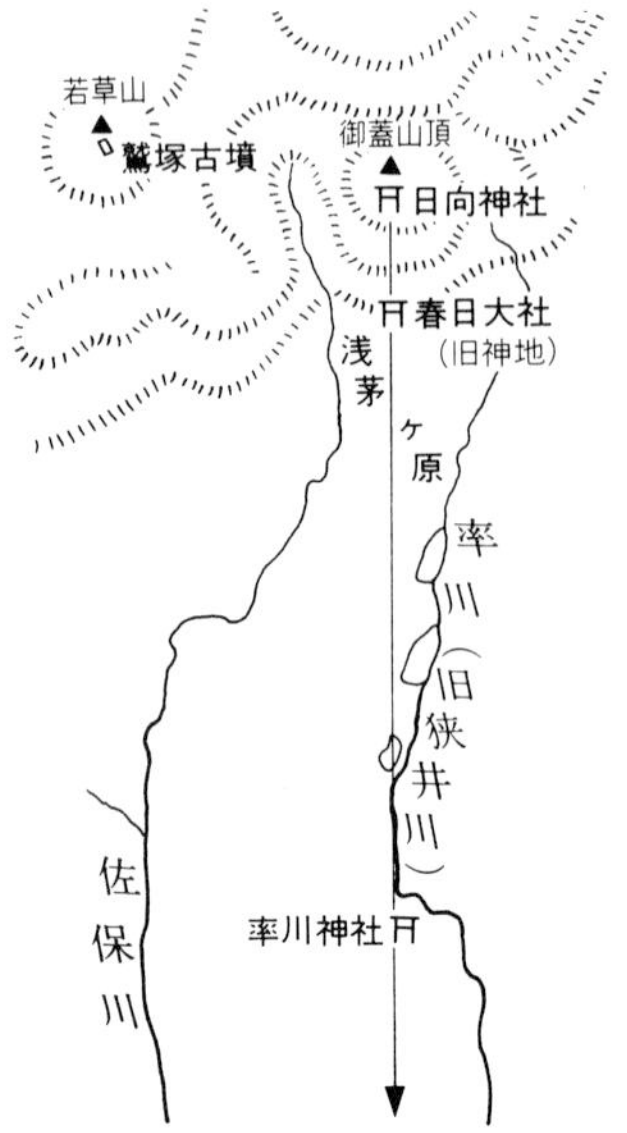

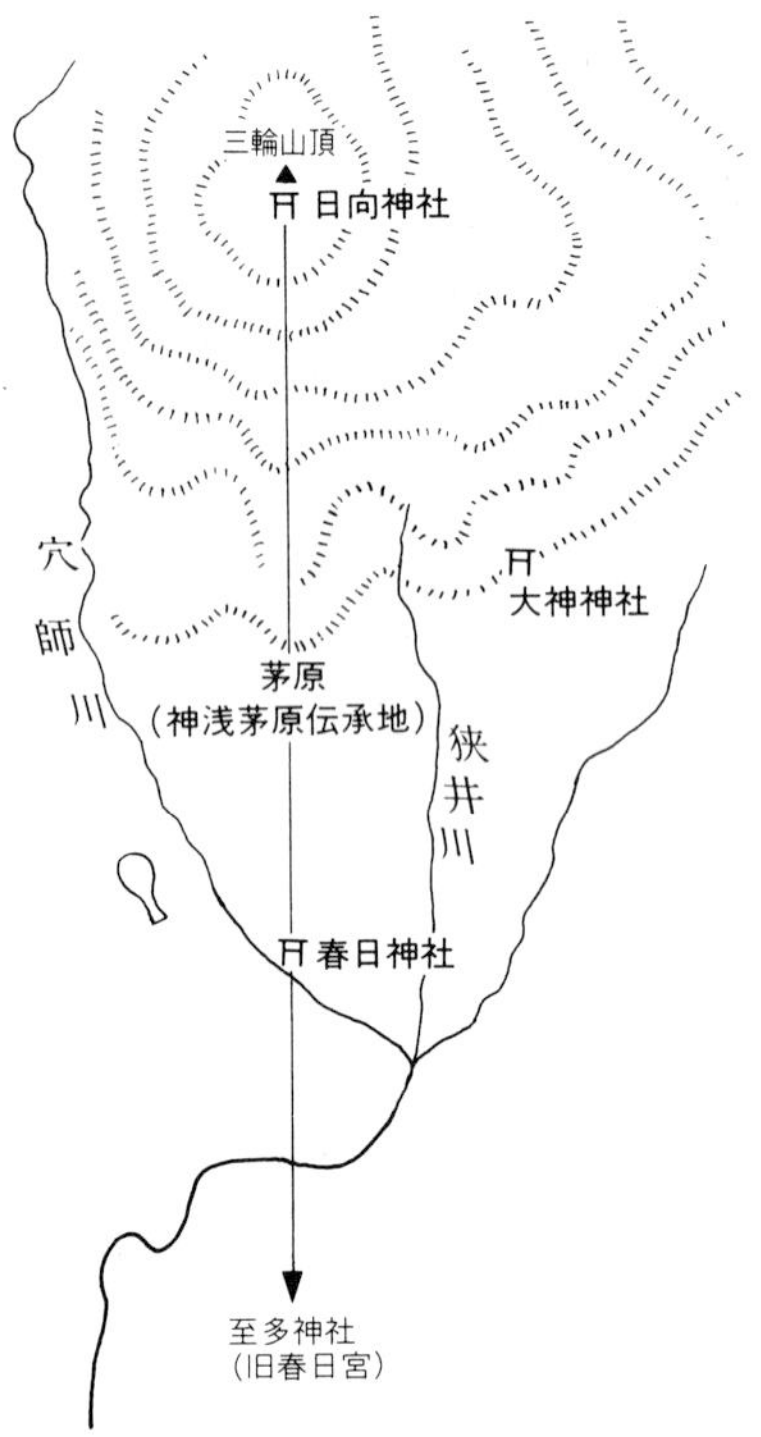

『大神崇秘書』の、日輪の如き火が光を放って山を照らし、神木（大杉）に日本大国主命が降臨したという話と共通する。

こうした文献に書かれる以前から、日向神社は御蓋山々頂に祀られていたが、『大和の原像』で小川光三は、三輪山山頂の真西に春日神社、多神社があり、これに対応するように御蓋山々頂の真西に率川神社、天神社があるとして、上のような図（一部省略・一部付加）を載せ、「奈良春日大社の社伝によると、この社の遷宮は神護景雲二年（七六八）とされている。しかし続日本紀や万葉集、正倉院に遺る東大寺四至図等によってその以前より御蓋山の祭祀が行われていたことは広く知られているが、この山もまた三輪山と同様日の出の信仰につながるものであることは、春日曼荼羅に多く描かれている御蓋山頂にかかる日輪の図によって明らかである」と書いている。[16] 山の頂上にそれぞれ日向神社があることからみても、三輪山と御蓋山の関係は無視できない。

鹿島神が白鹿に乗って遷幸し、浮雲峰に天降りしたという伝承があるところから、日向神社（本宮・浮雲社）は鹿島神宮遙祀のための社といわれているが、日向神社の神殿は西北西に面し、その前面には、ほぼ正方形の、周囲を石積みで囲った祭祀場がある。この祭場から神殿を拝せば、その方位は、ほぼ東南東の冬至日の出方向（伊勢の方向）で、鹿島の方向（東北東）とは逆である。

三輪山々頂の冬至の朝日を拝することができるのは石見の鏡作神社の地だが、御蓋山の場合、それに相当する場所に東大寺がある。御蓋山が東大寺造営に際して意識されたことは、東大寺の大門（東門）を通して見た御蓋山々頂が冬至日の出方位にあることからうかがえる。東大寺の創建者良弁は「金鷲」といい、東大寺の前身金鷲寺は東大寺の東の山（御蓋山）にあったという（『日本霊異記』中巻・第二十一）。なお村山修一は、東大寺の大仏造立について、『東大寺要録』の「大神宮禰宜平日記」にもとづき、「（本地）盧舎那仏＝大日如来＝日輪＝天照大神の思想が発現し、これが大仏造立の根本理念とされたことを知るであろう」と、『三輪流神道の研究』の序説で書いている。

『延喜式』神名帳には、近江国犬上郡と山城国宇治郡にも日向神社が載る。近江国犬上郡の日向神社について、平田篤胤は『古史伝七』に、「大和国城上郡にも、大三輪神社に並て、神坐日向神社あり、三代実録仁和元年の処に、近江国犬上郡少初位下神人氏岳と云人ありて、姓氏録に、神人、大国主命五世孫、大田々根子命之後也と有は由ありげなり」と書く。度会延経も『神名帳考証』で、平田篤胤と同じく神人《みわひと》氏岳にふれ、「古今集云、犬上乃鳥籠乃山在流率川、按日向神者、天日方奇日方命、大和国率川阿波神社同」と書いている。また、山城国宇治郡の日向神社は、八坂神社の真東の日向宮に比定されているが（『式内社調査報告』第一巻）、そこは御所（紫宸殿）と音羽山（五九三メートル）を結ぶ冬至日の出遙拝線上にある。

なお、三輪山と御蓋山の日向神社は、中世より今日まで祈雨の神として信仰されてきたが、これは、善無畏三蔵が雨を祈ると観音が日輪のなかから出て瓶で水を注いだという故事によるもので、神仏習合思想の所産である。

注

(1) 大和岩雄「三輪山祭祀と纒向遺跡——古代王権と太陽祭祀」「東アジアの古代文化」二八号、昭和五十六年。
(2) 大和岩雄「アマテルの神としての三輪の神」「大美和」六三号、昭和五十七年。「神坐日向神社」『日本の神々・4』昭和六十年。
(3) 山尾幸久「三輪山の神について」「日本史論叢」九号、昭和五十六年。
(4) 和田萃「三輪山祭祀の再検討」「国立民俗博物館研究報告」七号、昭和六十年。
(5) 前川明久「天皇家の神話伝説」『古代天皇のすべて』所収、昭和六十三年。
(6) 梅田義彦「神坐日向神社」『式内社調査報告』第三巻所収、昭和五十七年。
(7) 志賀剛『式内社の研究』第二巻、七五頁、昭和五十二年。
(8) 柳田国男「山宮考」『柳田国男集』第一一巻所収。
(9) 大野晋『日本語をさかのぼる』一六〇頁—一六三頁、昭和四十九年。
(10) 松前健『日本神話の新研究』四四頁—四五頁、昭和四十四年。
(11) 西田長男「三輪神道成立の一齣」「神道史研究」第九巻六号、昭和三十六年。
(12) 久保田収「中世の大神神社」『大神神社史』所収、昭和五十年。
(13) 久保田収「大神神社における神仏関係」「神道史研究」第九巻六号、昭和三十六年。
(14) 柳田国男「根の国の話」『柳田国男集』第一巻所収。
(15) 森郁夫「春日の祭祀遺跡」『春日明神』所収、昭和六十一年。
(16) 小川光三『大和の原像』三二頁、昭和四十七年。

天照《あまてらす》大神《おおかみ》高座《たかくら》神社――「天照大神」を社名につけた理由

「天照大神高座神社」の社名を称した時期

『延喜式』神名帳の河内国高安郡に「天照大神高座神社二座並大。月次新嘗。元号二春日戸神一」とあり、『新抄格勅符抄』の大同元年（八〇六）の牒に「春日《かすか》部《べ》神」、『三代実録』の貞観元年（八五九）の条にも「春日《かすか》戸《べ》神」とある。

現在地は高安山の中腹にある（八尾市教興寺字弁天山）。一般に岩戸神社と呼ばれているが、江戸時代までは岩窟弁財天社と称していた。岡田精司は、「この神社の社地は、高安山の麓の八尾市教興寺の地に比定されており、応神陵の北方六粁である。生駒山系の西麓に沿って、このあたりには北から枚岡（中臣氏氏神）、恩智（御食津神）と、式内の大社で朝廷からの手厚い祭祀を受けた神社が並び、玉作連の氏神の玉祖神社もある。玉祖神社は天照大神高座神社の北々東約二粁余、恩智神社は南一粁足らずにある。旧大和川に沿ったこのあたりは河内大王家の古い地盤であった。現在の社地の比定の当否は別としても、少なくともこの付近に大王家の古い太陽神祭場があったものとみられる。その旧址が神社の形で聖地として保存されたもの」が、天照大神高座神社であろうと推測して、「天照大神」という社名は、この神社が「大王家の古い太陽神祭場」であったことからきたものとみる[1]。

しかし、「天照大神」という神名は、「河内大王家」のころからあったものではない。柿本人麻呂は、「天照日女之命」（巻二・一六七）と詠み、『日本書紀』本文は「大日孁尊」、またの名として「天照日孁尊」「天照大神」と書く。このように、持統朝から元正朝の間には、「天照大神」の神名は定着していない。八世紀に入っても一般化しない神名が、五世紀に使われていたとみるのは無理である。

また岡田精司は、この地が太陽祭紀の聖地であった理由として、第一に、古市・誉田古墳群に近く、大王家の本拠の中心地であったこと。第二に、枚岡神社・玉祖《たまおや》神社が周囲にあり、中臣・忌部という祭祀担当伴造の本拠に近く、祭祀を行なうのに便利であったこと。第三に、大和川流域から大阪湾まで眺望ができる高所にあって、国見儀礼などに適した地であり、山の向こう側から朝日の昇ることなど、聖地としての条件を具えていたことをあげている。

しかし、河内の大古墳に近く、枚岡・玉祖神社が近くにあって、大阪湾が眺望できるところは、当社の所在地だけではない。しかも、当社は山腹にあって、社地から朝日を拝することは、ほとんど不可能である。

また、「天照大神」という社名が新しいことは、まだ貞観元年（八五九）には「春日戸神社」と呼ばれていたことからもわかる。『延喜式』の完成した延長五年（九二七）までの約七十年間に、「天照大神高座神社」になったのである。

「天照大神高座神社」という社名を称する理由

棚橋利光は、「春日戸神が春日戸の氏神であるとすると、天照大神高座神社の社名は春日戸といふ一氏族の斎く神としては不適当のやうに思へる。天照大神は伊勢大神宮で祀る皇室の祖神である。それにしても天照大神高座神社といふ名前は大胆な社名と思ふ。天照大神の名をそのまま社名に使ふ神社は、延喜式神名帳ではここが唯一の例である」と書き、「一氏族の斎く春日戸神」が天照大神高座神社になるのは「不適当」だから、春日戸神と天照高座神の神社がそれぞれ別にあって、「何等かの理由で天照大神高座神を記載し、春日戸神を元名として入れたかもしれない」として、名称変更でないとみている。[2]

この棚橋説は、春日戸神が天照大神になるはずがないという前提に立っている。棚橋利光だけではなく、吉田東伍[3]、岡田精司[1]も、そのような前提に立ち、春日戸神が高座神に名称変更したのであって、天照大神は別とする。

だが、棚橋説に立てば、『新抄格勅符抄』や『三代実録』に春日戸（部）神社のみ登場して、天照大神高座神社の記載がないのを、どう説明するのか。「天照大神」を名乗る神社がまったく記載されず、「一氏族の斎く神社」のみ正史に登場するのは、棚橋説の前提からすれば矛盾している。それは吉田・岡田説についてもいえる。「天照大神」が名称変更でなかったというのなら、『新抄格勅符抄』や『三代実録』は「天照大神春日戸神」と書かねばならないはずである。「天照大神」を重視する前提からすれば、「春日戸(部)神」だけの記載はおかしい。だから、このような前提を捨てて、『延喜式』神名帳の記載どおりに解すべきであろう。

記載どおりに解した場合、「なぜ天照大神か」の解明が必要である。

この点について『大日本史神祇志』と『神社覈録』は、伊勢神宮の『鎮座本縁』や『雑事記』などの文を引用して、春日戸高座神社は伊勢津彦神の石窟で、伊勢から高安へ遷座した(『神社覈録』)、もしくは、伊勢度会郡にある高倉巌屋《いわや》に春日戸高座神がいたが、のちに河内へ遷った(『大日本史神祇志』)とし、『特選神名牒』も、以上の諸書を参照して、伊勢の高倉山の岩窟から高安郡へ遷ったとする。当社の社記に、伊勢から雄略天皇のとき当地へ遷座したとあるのも、前述の諸説に影響を受けたものであろう。しかし、この遷座説は、高座神と外宮の高倉山との語呂合せ的要素が強く、裏づけの史料がないのだから、認めるわけにはいかない。

遷座でないとすれば、春日戸神に、天照大神高座神社になる性格があったと、考えざるをえない。

秋田籬里の『河内名所図会』(享保元年〔一八〇一〕刊)は、天照大神高座神社について、「元、春日戸神社と号す。教興寺村東の山窟にありしが、今、弁財天と称して、教興寺の境内に安す。神像あり。弘法大師の作といふ。長《みたけ》七寸。例祭、六月七日。此所の生土神《うぶすな》とす。旧跡は山腹にして、巨巌巍々たり。一箇の岩窟を神殿として、前に扉鳥居あり。頗《すこぶる》、天岩戸ともいふべき岩窟なり。まことに、神代よりのすがたなるべし」と書き、前頁のような絵を載せている。この旧跡に当社はある。

『河内名所図会』は「岩窟を神殿とし」と書くが、「天岩戸ともいうべき岩窟」は、「神殿」でなく、「神体」である。この「神体」の前に拝殿がある。この祭祀の形は、現在も変わっていない。天照大神高座神社と称した理由の一つは、このような祭祀にあったのだろう。

岩壁の谷を「クラタニ」というが、当社周辺の地形は、まさに「クラタニ」である。「クラ」は、『綜合日本民俗語彙』や『全国方言辞典』では、「岩石の山地」「高くそびえた岩石」「断崖」の意味とされているが、「神座《かみくら》」「磐座《いわくら》」「幣《みてくら》」などの語があることから、柳田国男は、「クラ」とは「本来はすべて神の降りたまふべき処」とみている。[4]「高御《たかみ》座《くら》」は天皇の玉座をいう。「高座」も、神の坐《いま》す所の意であろう。

天照大神高座神社は、クラ（岩壁）にあるアナ、つまりアナグラ（岩窟）を神体にしているが、クラといわれる谷や岩窟が女陰と関係あることは、『古事記』が、火神加《か》具《ぐ》土《つち》の「陰《ほと》」に成れる神を闇山津《くらやまつ》見《み》神と書いていることからもいえる。クラには谷の意味があるから、本居宣長をはじめ古事記学者は、「クラヤマツミ」を、女陰からの連想による谷山の神と解釈している。岩窟や穴は、凝似女陰・凝似母胎（子宮）なのである。

女陰を梭《ひ》で突いて天岩窟にこもり（死）、日神として再生する天照大神（日女・織女と書かれる）にとって、天岩窟隠《あまのいわやこも》りが死と再生の呪儀であることは、「天照大神と女陰」[5]に詳述したが、当社の周囲には、岩戸神社古墳群と呼ばれる三〇基ほどの古墳が確認されている。このように、この場所は死と再生の「こもりく」なのである。そのことは現地に行ってみればよくわかる。

「こもりくの」という枕詞は、奈良県桜井市の初瀬（長谷）の枕詞であるが、藪田嘉一郎は、長谷寺発行の『長谷寺』のなかで、「コモリクは幽谷密林の中、こもりかくれたところということで、此の地の風致をよく言いあらわしている。古代人はこのような母胎にも似た地形の水源地帯を生命の根源の在る処と観じ、その神秘性を畏敬し、大地母神の信仰を持った」と書いている。「大地母神」と長谷の信仰をストレートに結びつけるのは問題があるが、「こもりく」を「母胎にも似た地形」から出たとみている点に注目したい。西郷信綱も、「こもりく」に母胎のイメージをもち、一方、初瀬をうたった歌に葬歌が多いことから、「古代の葬場の一つ」とみている。[6]このように、死と再生の場所が「こもりく」であるからこそ、伊勢神宮の斎宮になる皇女にとって、まず初瀬で「こもり」を行なうことが重要な儀礼になっていたのであろう。当社の場所も、そのような聖地であった。この聖地に天岩窟隠の伝承を重ねて、天照大神高座神社という社名が生まれたのであろう。

このように推論しても、「なぜ天照大神か」の疑問はまだ解けない。「天照大神」になったのは春日戸(部)神なのだから、そのような要因が春日戸(部)にあったかどうかを検討しなくては、説得力がない。

春日部(戸)について

『日本書紀』安閑紀に、廬城部《いほきべ》連枳莒喩《きこゆ》(後述の雄略紀三年条は、息子の武彦を「湯人《ゆえ》」と記している。湯人は皇子・皇女を養育する職掌)が、安閑天皇の皇后春日山田皇女のために采女丁《うぬめのよぼろ》として娘を献じたので、これを「春日部采女」と称したとある。平野邦雄は、この記事について、「これは伊勢の湯坐から春日山田皇女のための采女の従女・従丁を献じ、その資養をも負担したので、これを春日部と称したのであろう。律令制の采女貢進の規定とも類似する。この限りでは春日部は春日山田皇女の御子代といえるが、大和の豪族春日臣が五、六世紀に相ついで后妃を後宮に納れているのをみれば、この子代は天皇の母系氏族である春日臣のもとに代々設けられ、この氏が領有、管理した可能性がつよく、春日臣の部曲であるともいえる」と書いている。[7]だが、はたしてそれだけだろうか。

南禅寺蔵の『大智度論』巻五四の奥書に、天平十四年六月丁亥に、河内国高安郡春日《かすか》戸村主《べのすぐり》広田が、父母のため大智度論一部百巻を書写したとある(『寧楽遺文』下の六一八)。また、他の文献にある春日部比良・春日戸村主大田・春日戸村主人足・春日戸刀自売なども高安郡とかかわることを、岸俊男は「日本における『戸』の源流」で書いている。そして、春日部・飛鳥戸・橘戸・八戸・史戸などの「戸」について、「大和朝廷が朝鮮から渡来した人たちの集団を『——

戸』と称して」河内の高安・飛鳥の「地域に多く定着せしめ、従来の部民制と異なる編戸制を施行したらしい」とみている。[8]

当社は高安郡の春日戸村主にかかわるが、尾張国の春部（春日部）郡も春日戸村主の「春日部」のようである。というのは、延暦二十年十一月の「多度神宮寺伽藍縁起資財帳」に、延暦五年（七八六）の「尾張国少目」として、「春戸村主広江」が載るからである（春戸は春日部の略）。また、『新撰姓氏録』（未定雑姓）の山城国に「春日部主寸」が載るが、神亀三年（七二六）の「山背国愛宕郡出雲郷雲下里計帳」には「春日部主村麻夜売」が載っている。春日部村主↓主村↓主寸となったのである（春日部主寸が村主の転であることは、岸俊男[8]、佐伯有清[9]も認めている）。また、『続日本紀』の天平神護二年（七六七）十二月条には、因幡国人の「春日戸村主人足」が載る。

尾張と丹波の春日部は、のちに春日井に変わるが、『新撰姓氏録』によれば、河内には前述の春日戸村主のほかに春井（春日井）連がおり、下村主と同祖で、「後漢光武帝七世孫慎近王」を祖とする。たぶん、春日戸村主と同系の渡来氏族であろう。太田亮は、この春日井連の「春日」は「河内国石川郡春日邑」の「春日」によるとみるが[10]、佐伯有清は、「左京諸蕃」に載る下村主の本貫地を、河内国安宿（飛鳥）郡資母《しも》郷とみている[11]。下村主も春日井連も、居住地の名称をとったものと考えてよかろう。

一方、安閑天皇の皇后、春日山田皇女の名の由来について、岸俊男は、石川郡の山田村春日によるとみている[8]。とすれば、この皇女にかかわる安閑紀の春日部も、春日井連の春日戸村主にかかわる春日部である可能性が強い。

雄略紀三年条によれば、湯人《ゆえ》の廬城部連武彦は、斎宮の栲幡《たくはた》皇女を奸《おか》したとの讒言《ざんげん》がもとで、父の枳莒喩《きこゆ》に殺されたという。話の舞台が伊勢で、息子が湯人なのだから、枳莒喩も伊勢の湯人だったと推察される。安閑紀の記事からみて、この伝承は安閑・宣化朝まで下げる必要があるが、要するに、廬城（伊福・五百木）部が斎宮に深くかかわっていたことを示す伝承であろう。

「天照」のつく神社の多くは尾張氏系氏族が祭祀するが、廬城部も尾張氏系であり、播磨国の粒坐天照神社は伊福部連が祀っている。また、大和日向神社の項で示唆しように、「春日」は日神祭祀と結びつく。このような事実と、廬城部にかかわる雄略紀と安閑紀の伝承を重ねてみれば、当社が春日部（戸）神社から「天照」を名乗る神社に変わったこともうなづけよう。なお、尾張氏系氏族と春日部との深い関係は、尾張国の春日部（春部）のみが郡になっていることからもうかがえるが、前述したように、この春日部は春日戸村主の春日部である。

藤原・中臣氏と春日戸村主と秦氏

春日戸（部）に伊勢神宮とかかわる要素があったとしても、他社のように「天照御魂」「天照」でなく、「天照大神」と称しているのは特例であり、それには明確な理由がなければならない。特例となる第一の条件は、政権を握っていた藤原氏と、神祇政策の指導氏族の中臣氏（神祇伯は大中臣朝臣が世襲していた）の認可、または黙認であろう。そのためには、春日戸村主と藤原氏・中臣氏の間に、なんらかのつながりがなければ無理である。それも、互いの親密さを証するものでなければならない。

『新撰姓氏録』左京神別には、藤原朝臣は「津速魂命の三世孫、天児屋命自《よ》り出づ」とあるが、山城国の未定雑姓には、「春日部主寸《すぐり》（村主）、津速魂命の三世孫、大田諸命の後なり」とある。春日部（戸）村主は、渡来系氏族でありながら、藤原氏と同じ始祖をあげている。

対馬の阿麻氐留《あまてる》神社を祀る対馬県直（津島朝臣）も、藤原氏と始祖を同じにする系譜を『新撰姓氏録』に載せている（阿麻氐留神社の項参照）。また、山城国未定雑姓には、「大辟、津速魂命の後なり」とある。佐伯有清は、大辟《おおさけ》（大酒）神社の名と関係があるとみるが[12]、大辟神社は秦氏の神社であり、大辟神社に隣接した木島坐天照御魂神社も、秦氏の祀るところであった。このように、対馬出身でアマテル社を祀る氏族と、アマテル社を祀る渡来系氏族が、藤原氏と同じ津速魂神を祖とする系譜をもつことは無視できない。しかも、津島朝臣は、養老から天平勝宝年間（七一七—七五六）に伊勢神宮の大宮司を勤めている（阿麻氐留神社の項参照）、これは、藤原・中臣氏の意図なしにはありえないことである。当社が伊勢神宮の祭神と同じ名を社名に用いたのも、「アマテル」を称する他の神社とちがって、藤原氏と同祖の系譜もつ春日部（戸）が祭祀していたことと、深くかかわっているのであろう。

当社が「天照大神高座神社」と称しても、祭祀や神体が変更されたわけではなく、岩窟や、女陰形の割目をもつ岩壁が、祭祀の対象であった。弁財天信仰と習合していったのも、そのためである。

明治維新以降の神仏分離と、天皇制思想の徹底化によって、皇祖神はことさら過大視され、特別視されるようになった。吉田東伍[3]、岡田精司[1]、棚橋利光[2]も、そうした皇国史観の影響をまぬがれず、春日戸神が天照大神になったとはみていない。しかし、そのような見解が誤りであることは、天照大神が弁財天になっていることからも証される。

当社は、中世以降、教興寺の鎮守として、弁財天社を境内に祀り、現在地は奥の院となっていた。近世にも弁財天社として有名で、商売繁昌の神として大阪商人の信仰を集めた。延宝七年（一六七九）の『河内鑑名所記』には、正月六日と六月七日が縁日で、この日は参詣者が群れをなすと書かれている。明治の神仏分離で、弁財天の像は教興寺に残り、神社は「天照大神社」と称して分離した。今は岩窟弁財天の岩戸神社といわれ、弁財天信仰は相変わらず盛んである。

弁財天はインドの河の女神で、水の信仰とかかわる（当社境内の渓谷と白飯の滝は、いかなる旱天でも流れが変わることはないといわれて、修験の行場になっていた）が、弁財天を祀るところには、多く岩窟と女陰信仰がある。藤沢市江の島の岩窟は弁財天窟・秘門窟と呼ばれ、そのなかに祀られる弁財天には、女陰がはっきり彫られている。愛知県渥美郡田原町城宝寺の本堂前に、石垣に積んだ小山があって、昔は弁財天を祀った小堂があったが、この堂の下に穴があって女陰の形をしたものを祀っていたという。また、熊本県鹿本郡植木町の菱形八幡社の拝殿の裏の岩穴は、安全祈願の穴弁財天といわれる。菱形が女陰に結びつくことは、吉野裕子の「菱形考」にくわしい[13]。岩窟弁財天の岩戸神社も、女陰の形をした岩を神体としているが、女陰を梭《ひ》で突いて天岩窟にこもり、日神として再生する天照大神と、女陰・岩窟・母神（弁財天）は、一連のつながりをもつ。

当社は教興寺の鎮守で、教興寺が当社の神宮寺になっていたが、この寺は秦氏の寺である。教興寺について『河内名所図会』は、「教興寺村にあり。一名、高安寺。（中略）当寺、いにしへは大厦にして、伽藍巍然と連れり。初は秦川勝の建立にして、秦寺ともいふ」と書いている。

秦氏の祀る山城の大辟神社にかかわる大辟氏と、山城の春日部（戸）村主が祖を同じにすることと、河内の春日戸神社の神宮寺が秦氏の寺であることからみて、藤原・中臣氏と春日戸村主の回路には、秦氏も含める必要がある。秦氏は木島坐天照御魂神社の祭祀氏族であり、秦氏の祭祀する松尾大社・稲荷大社や、秦氏が関与する宇佐八幡宮が神祇信仰のなかで大きな影響力をもっているのは、神祇伯の中臣氏と秦氏の関係が親密だったためであろう。藤原・中臣氏のバックアップが、秦氏系の神社が大社になった一因とも考えられる。当社が春日戸神社から天照大神高座神社になった背景には、秦氏の関与が推測できる。

「アナクラ」としての天照大神高座神社

私は、大和の「こもりく」の聖地が三輪山々麓の長谷なのに対し、河内の「こもりく」の聖地は当地だと書いたが、大和の三輪山に対するのは高安山である。

スサノヲの暴虐によって天照大神が梭《ひ》で身を傷つけたと『日本書紀』の本文は書き、天服織女が梭で女陰を突いて死んだと『古事記』は書くが、天照大神も織女である以上（『古事記』）、根は同じ伝承とみてよかろう。その日を、『古事記』は大嘗、『日本書紀』は新嘗と書くが、どちらも冬至の日の行事である。冬至は日照がいちばん短い、太陽の死の時であるとともに、その日から日照が長くなっていく、太陽の再生の日でもある。日の御子として高座《たかみくら》につく天皇の即位式大嘗祭は、この冬至の日に行なわれる。

沖縄の『おもろさうし』には「太陽《てだ》が洞窟《がま》」という表現がひんぱんに登場する。太陽は東の洞窟から昇って西の洞窟に沈むと考えられている。西の洞窟に沈んだ太陽は、地下を通って翌日復活し、東の洞窟から昇る。天照大神高座神社を東の基点として真西に直線を引くと住吉大社があり、さらに淡路の式内社石屋《いわや》神社に至る（正確には直線上に並ばず、ややずれるが、方位観としては東西線上にあるといっていい）。石屋神社の本来の神体は、明神窟という岩窟である。住吉大社の位置から見れば、春分・秋分の頃の太陽は、東の「太陽の洞窟」である岩戸神社の洞窟から出て、西の石屋神社の洞窟に入る。また、難波宮から見て、冬至の朝日は高安山から昇る。これは、冬至の朝日が高安山の岩窟から出ることと同義であった。

このように、難波宮・住吉大社の位置から見れば、当社の神体は、冬至または春分・秋分の日の朝日が昇る「太陽の洞窟」であったと考えられる。今は、岩窟を天照大神高座神社、女陰の形をした岩壁の割目を岩戸神社といい、後者は市杵《いちき》島《しま》姫を祀っている。

この岩窟は「アナクラ」である。「太陽の洞窟」は、朝日を生む子宮であり、女陰なのだから、当社の神体は、日の御子を生む日女《ひるめ》を象徴している。

『延喜式』神名帳によれば、当社の祭神は二座である。この二座は、おそらく天照大神と高座神の二座であろうが、本来は、「アナクラ」と「タカクラ」であったろう。『大日本史神祇志』『神祇志料』は、『延喜式』神名帳の尾張国愛知郡に高座結御子《たかくらむすびみこ》神社があることから、高座神を高御魂神に比定する。「クラ」は神の坐するところであると同時に、収穫物の貯蔵庫でもある。粒坐天照神社の社伝には、天照の神が一粒を万粒にする稲種をもたらしたとあるが、「クラ」は稲種など生命の貯蔵庫であり、その生命を「ムスビの神」と称していた。「高座」にそのような意味がある以上、高御魂神に比定してもおかしくはない。

伊勢神宮の祭神も、本来は、アナとタカの「クラ」の神であったろう。外宮の神体山は「タカクラ山」で（この「タカクラ」と当社の「タカクラ」を結びつける説もある）、この山にも天岩屋といわれる岩窟がある。

注

（1）岡田精司「古代王権と太陽――天照大神の成立」『古代王権の祭祀と神話』所収、昭和四十五年。
（2）棚橋利光「天照大神高座神社」『式内社調査報告』第四巻、昭和五十四年。
（3）吉田東伍『大日本地名辞書』第二巻、四四四頁、明治三十三年。
（4）柳田国男「祭場の標示」『柳田国男集』第十巻所収。
（5）大和岩雄『天照大神と前方後円墳の謎』所収、昭和五十八年。

(6) 西郷信綱「長谷寺の夢」『古代人と夢』所収、昭和四十七年。
(7) 平野邦雄「春日部」『国史大辞典・3』所収、昭和五十七年。
(8) 岸俊男「日本における『戸』の源流」『日本古代籍帳の研究』所収、昭和四十八年。
(9) 佐伯有清『新撰姓氏録の研究・考証篇第六』六三頁、昭和五十八年。
(10) 太田亮『姓氏家系大辞典』第一巻、一四八九頁、昭和十一年。
(11) 佐伯有清『新撰姓氏録の研究・考証篇第四』四二九頁、昭和五十七年。
(12) 佐伯有清、注8前掲書、六五頁。
(13) 吉野裕子「菱形考」『増補・日本古代呪術』所収、昭和五十三年。

粒坐天照《いいぼにますあまてらす》神社——火明命と穀霊と鍛冶

『延喜式』神名帳の播磨国揖保《いいぼ》郡に「粒坐天照神社名神大」とあり、現在は、竜野市竜野町日山に鎮座する。

火明命と穀霊

社伝によれば、推古天皇二年（五九四）正月一日、関村（現在の兵庫県竜野市小神）の長者、伊福部《いふくべ》連駁田彦《ふじたひこ》邸の裏にある杉杜の上に、異様に輝くものが出現した。それは容姿端麗な童子と化し、天照国照彦火明命の使いだといい、駁田彦に稲種を授けた。その種を水田に播くと、一粒が万倍になって、以後、この地は播磨の穀倉地帯になったという。

伊福部連駁田彦の邸の裏にある杉杜の上とは、的場山を指すが、当社はその的場山の山頂付近に奉斎されていた。現在、そこには奥宮（天津津祀《あまつつみ》神社）がある。「童子」が火明命の使いとして現れたとあるが、『播磨国風土記』の火明命は、大汝《おおなもち》（大己貴命・大国主命）命の子で、「チイサコ」的性格である。

『日本書紀』は、大己貴命（大国主命・大汝命）と共に国造りをする少彦名命を、「最悪《いとさか》しき子」と書くが、『風土記』は火明命を「悪《さが》しき子」と書く。少彦名命の伝承は、『播磨国風土記』揖保《いいぼ》郡稲種山や、『出雲国風土記』飯石郡多禰《たね》郷の条では、「稲種」や「種」の地名起源説話として記されているが、当社の社記では、火明命が童子を使者として稲種を与えたとあり、火明命と少彦名命は、穀霊（種）として重なっている。「粒坐天照神社」の「粒」も「飯粒」である。

「悪しき子」という表現の「悪」は、「荒」や「新」の意味をもつ。中世の悪源太義平の「悪」や悪党の「悪」は、現在の「悪い」の意味で使われているのではない。無邪気な様子、育ち盛りの荒々しさの表現であり、火明命や少彦名命の「悪」も同じである。荒魂の荒がそれにあたる。だから、この場合の「悪しき子」は「種」を意味している。

彦火火出見尊（『日本書紀』）を日子穂穂手見尊（『古事記』）とも書くように、「火」は「穂」でもある。種が発芽して成長した実が穂だが、穂は種の集成である。『日本書紀』や『伯耆国風土記』逸文が、少名彦命は国作りを終えると粟の穂にはじかれて常世の国へ去ったと書くのも、少名彦命が種だからである。粟の穂にはじかれたとあるのは、少彦名命の話が、焼畑農耕の穀霊の延長上にあることを示している。

穀霊とは、出生と成育の生命力そのものであり、荒々しい「悪しき子」である。星神や月神は、死と再生の霊力をもつ「天照神」の荒魂であるが（葛野坐月読神社の項参照）、荒魂だからこそ、「悪しき神」と表現されているのである。「悪しき神」と「悪しき子」のちがいは、同じ荒魂でも「悪しき子」は、チイサコとしての穀霊的性格をもっていることにあろう。この穀霊の生命力を活動させるのが太陽であり、その面を強調したのが、「天照国照彦火明命」という神名であろう。

なお、当社の祭祀氏族の伊福部連は火明命を祖とするが、当社の所在地は『播磨国風土記』の揖保郡日下《くさか》部《べ》里に比定されている。日下部も日神信仰にかかわる名称だが（日部神社の項参照）、伊福部連は伊勢神宮の祭祀にもかかわっているようである（雄略紀の斎宮の栲幡皇女と廬城《いほき》（伊福）部《べ》連武彦の話や、『皇太神宮儀式帳』の度会郡城田郡矢野村の五百木《いほき》（伊福）部浄人などの記事）。

伊福部氏と倭鍛冶と秦氏

ところで、『三代実録』の貞観四年（八六二）六月十五日条に、播磨国揖保郡人で雅楽寮の合笙生、伊福貞が、本姓の「五百木部連」に復したとある。この人物は、当社の祭祀氏族の関係者であろう

イフク（キ）部を吹部とみる説は、この記事の「合笙生」をよりどころにしている。伊福部氏が祀る大和国の葛木坐《かつらぎにます》火雷《ほのいかづち》神社は、のちに笛吹神社と呼ばれる。『新撰姓氏録』の河内国神別には、「笛吹連」「吹田連」は「火明命」または「火明命の児天香山命」の後とある（大和国神別では、伊福部宿禰・伊福部連を「天火明命の子天香山命の後なり」としている）。当社の伊福貞が合笙生になったのは、笛吹・吹田連との関係によるとみられるが、本来の伊福部の職掌は、笙や

笛を吹くことではない。

「イフク」「イフキ」は、息を吹く、もしくは風を吹く意味の「息吹《いぶ》き」で、伊福（五百木・気吹・廬城）部は、金属精錬のために踏鞴《ふいご》を使う氏族といわれている。伊福部氏が金属精錬にかかわる氏族であることは、田中巽（『銅鐸関係資料集成』）、谷川健一（『青銅の神の足跡』）も述べている。

稲種の一粒を万粒にするための、治水・開田・農耕の道具は、鍛冶師らによって作られる。現代の先端技術者が畏敬の目で見られるように、彼らも農耕民から畏敬の目でみられたろう。だが、現代では「科学」とみられる技術も、当時は「神威」または「霊力」とみられていた。だから「イフク」は、たとえそれがタタラの風であろうとも、生命の風である。タタラの風は、石（鉱石）をまったく別のものに変える再生・化身の霊力であった。

ボッティチェリの「ヴィーナスの誕生」で天使が生命の風を吹くように、東洋の天女も笛を吹く。笛を吹くのは、単に音楽を奏でることではなく、「イフク」（生命の風を与える）の意であろう。また、当社の祭祀にかかわる伊福部氏が、平安時代に笛や笙を吹く職についているのも、「吹」が「イフク」であることの名残りであろう。また、エリアーデがいうように（『鍛冶師と錬金術師』）、鍛冶屋が洋の東西を問わずシャーマンとみられたのも、「イフク」の霊力をもつ人とみられていたからであろう。

伊福部氏が属する尾張氏系は倭鍛冶の系統だが、倭鍛冶の系統には天之《あめの》日矛《ひぼこ》系の秦氏がかかわっていることを、平野邦雄は「秦氏の研究」で述べている。[1] また、「倭鍛冶の天日矛伝承が、秦一族によって荷なわれていたのではないかという推定は現実性あるもの」として、当社のある播磨西部諸郡に秦氏がいることを例証にあげ、『播磨国風土記』によれば、天日矛の説話を有する地域は、秦氏の居住区とほぼ完全に重複する」と書く。[2]

『播磨国風土記』は、「粒丘《いいぼのおか》」は天日槍（天之日矛）と葦原志挙乎《あしはらのしこを》（色雄）が占有争いをした場所だと書いているが、その比定地は当社の近くにある。山城の向日《むこうび》神社の祭祀氏族は、伊福部氏と同じく火明命を祖とする六人部《むとべ》氏だが、この神社には秦氏（物集《もずめ》氏）がかかわっていた。同じく当社にも、揖保（粒）郡に居住する秦氏（巨智《こち》氏）が関与していたとみられる。『播磨国風土記』が土着神葦原志挙乎の子を火明命としていることからすれば、伊福部氏の鍛冶技術は、占有争いに勝って当地に入りこんだ天之日矛系の渡来氏族から伝授されたとも考えられる。

天之日矛は新羅国の王子だが、新羅の王権神話には鍛冶屋がかかわっている。

新羅の脱解伝承と鍛冶

『三国遺事』によれば、新羅の四代目の王脱解は、倭国の東北千里にある竜城国の王妃が生んだ卵である。卵から童子になった脱解は、箱に入れられて海に流され、新羅の東海岸に漂着し、新羅の首都慶州の東にある東岳山（吐含山）にこもり、その後、山から降りて、新羅の宰相瓠《ひょうこう》公の家を計略で奪った。そのことを『三国遺事』は次のように書く。

童子は相手を欺そうと計略をたて、人の知らぬまに砥石と炭とをその邸の側に埋めておき、翌朝、その門を叩いて、「此の邸は、ほかならぬ自分の先祖代々の家屋だった」といった。おぼえのない瓠公は、「そんなはずはない」と主張し、言い争いとなった。結局、争いは役所に申し立てられた。役人は童子に、「なにを証拠に自分の家だというのか」と問いただしたところ、童子は、「自分の家は代々鍛冶を職としていたが、しばらく隣村に行っていたその間に他人が入りこんで住んでいるのです。その証拠に、土を掘って調べていただきたい」といった。役人が掘ってみると、童子のいうとおり、鍛冶が使う砥石と炭が見つかったので、童子は瓠公の邸を手に入れ、居すわってしまった。

この伝承では、この脱解は当社の社伝の火明命の使いと同じく童子であり、当社の祭祀氏族と同じく鍛冶にかかわっている。

三品彰英は、この脱解伝説を引いて、「シャーマンと鍛冶は全く不可分な関係にあり、司霊と鍛冶は同一の職業であった」と書き、さらに次のように書く(3)。

鉄が呪的儀礼に用いられるのは、特にシベリアや蒙古系のシャーマンに多く見られるところであり、タイラーは「東洋の精霊は鉄に対して致命的な恐怖を持ち、鉄という称呼さえ彼に対する魔除けとなる」とまで論述している。

もちろん鉄に呪力を認める民俗は、東洋に限らずギリシャ・ローマの古俗にも見られるところであるが、やはりその顕著なものはシベリア方面のシャーマンであって、シエロスゼウスキーに従えば、コリーマ地方の諺には「鍛冶とシャーマンは一つの巣である」といっており、鍛冶はまた病気の平癒治療や助言をなし、かつ未来を予言する。御霊《みたま》は一般に、鍛冶の鞴《ふいご》から吹かれて造られた鉄環と其の音響を頗る恐れているのである。シャーマンと鍛冶職のいずれが、その発生過程において先行するかについては専門家の間に未だ定説は見られないとするも、ある時期において両者が同一人の職業であったことだけは問題なしに認められよう。『魏志』東夷伝に辰韓の地に鉄を産することを記しているが、当時はなお金石併用の時代であり、ここにタイラーがいっているように、石器時代の創造にかかわる精霊に対し、この新しい金属は有効な駆除力ある呪具となったのである。少なくとも呪師君長である脱解王が冶匠であったという古伝説は、上記のごとき民俗的見方において理解さるべきである。

鍛冶とシャーマンの関係は、当社の祭祀氏族が鍛冶氏族であることからみても無視できない。

ヨーロッパとアジアには、鍛冶の神を地下にいる小人とする伝説が広く分布する。脱解が童子であること、鍛冶に使うものを地下に埋めたことは、この鍛冶の神の伝説を想起させる。卵生伝承と箱舟（うつぼ舟）漂着譚の主人公もまさにチイサコであり、脱解が童子なのは、そのこととかかわるであろう。

卵生伝承とうつぼ舟漂着伝承には、日光感精伝承が付随している例があるが（天照玉命神社と阿麻氏留神社の項参照）、天之日矛の妻の出生譚は、日光感精伝承と卵生伝承の結合である（『古事記』）。「天照」の神の実体は、わが国固有の神祇信仰の枠のなかだけではつかみきれないものがある。

注

（1）平野邦雄「秦氏の研究」「史学雑誌」七〇巻三・四号。
（2）平野邦雄『大化前代社会組織の研究』一六七頁、昭和四十四年。
（3）三品彰英「脱解伝説――東海竜神の信仰」『増補・日鮮神話伝説の研究』所収、昭和四十七年。

天照玉命《あまてるたまのみこと》神社——依り来る神と「海照《あまてる》」と「天照《あまてる》」

当社は丹波国天田《あまた》郡の式内小社だが、「天照玉」は「天照魂」で、「天照玉命」は日神の人格化である（現在は福知山市今市に鎮座）。大同二年（八〇六）撰の『大同類聚方』は当社の宮司を丹波直人足と書くが、『続日本紀』延暦四年（七八五）正月二十八日条の「丹波国天田郡大領外従六位下丹波直広麻呂」も、当社の祭祀にかかわる人物であろう。大領は郡の長官だから、天田郡の祭政は丹波直が握っていたといえる。

「アマテル」の神とうつぼ舟

『丹波国造海部直等氏之本記』によれば、

丹波国造海部直愛志祝
- 海部直千嶋祝（従養老三年至于天平勝宝元年合卅一年奉仕）——海部直綿麿祝（従天平勝宝二年至于天平宝字八年合十四年奉仕）
- 海部直千足——丹波直足嶋
- 海部直千成——海部直橋本麿祝

という系譜になるが、この海部直の一族は火明命を祖としている。

海部直は、宮津市にある籠《この》神社の祭祀氏族だが、籠神社は『倭姫命世記』の吉佐《よさ》宮に比定されており、同記によれば、吉佐宮の神（天照大神）が大和へ遷座し、十二年たって紀国・吉備国へ七年ほど遷幸し、再び大和へ戻り、崇神天皇六十年に大和国から各地を遷幸して、垂仁天皇二十六年に伊勢国の五十鈴川のほとりに遷座したという。

伊勢神宮の項で述べたように、このような伝承は、後宮の丹波の女たちと斎王との系譜上のかかわりから生まれたものだが、丹波の祭祀の原点が吉佐宮である。

籠神社の奥宮の鳥居の額には「匏宮」とある（現在は「真奈井神社」という）。「匏」（漢音では「ホウ」、呉音では「ビョウ」）は、「ひさご」「ひょうたん」のことだが、なぜ、この奥宮を「匏宮」というのだろうか。

わが国の海岸には、「うつぼ舟漂着譚」と呼ばれる漂流伝承がある。柳田国男は、『「うつぼ」と云ふ語の本義は、内空虚と云ふことである」と書き[1]、人工の内《うち》が虚ろなものは「天然の空洞木と、ひさごより他は有り得なかった」と書いている[2]。また「魂筥《たまばこ》」は、古くは「天然の瓠であったらうと思ふ」とも書いている[2]。折口信夫は、「うつぼ」の「うつ」は、「中が空っぽであるその中に、魂が充ちてゐる（略）状態をうつと言ひ、又、此と同じ言ひ方だが、物が中に籠ってゐるといふ状態がうつであり、更に籠ってゐるものよりも、その容れ物だけの空洞を考へたときがうつ」だと書き、「ほ」については、「神の心を示すものとして現れて来るしるし」とみて、「うつぼは、神霊の宿る所をいふ事になります」と述べている[3]。

粒坐天照神社の項で述べた脱解の箱舟も、うつぼ舟である。このうつぼ舟にのせられて漂着するチイサコを、女が日光に感精して産んだとつたえた伝承がある。

『性賢比丘筆記』の大隅正八幡宮本縁事の条に、

震旦国陳大王娘大比留女、七歳御懐妊、父王怖畏ヲナシ、汝等未幼少也、誰人子有慥申ベシト仰ケレバ、我夢朝日光胸覆所娠也ト申給ヘバ、弥驚テ、御誕生皇子共、空船乗、流レ着所ヲ領トシ給ヘトテ大海浮奉、日本大隅磯岸着給、其太子ヲハ幡ト号奉。

とある。

日光に感精した「大比留女《ひるめ》」は、『日本書紀』本文が「大日孁貴」「天照大日孁尊」の別名を「天照大神」と書くように、「日妻《ひるめ》（日女）」としての天照大神に重なる。その子、つまり「日の御子」は、「空船《うつぼぶね》」に乗って「大隅磯」に漂着したとあるが、たぶん、匏宮の神（おそらく籠神社の本来の祭神）も、空船に乗って漂着した日の御子であり、同じ海部直の一族が祀る当社の「天照玉命」も、本来は同じ性格の神だったと推測される。

「天照」と「海照」

当社は、四社の天照御魂神社と同様に、海辺にはない。近世には豊富(住)郷と呼ばれ、良質米の産地として有名だった地の山辺に鎮座する。天照玉命は、当社を祀る海部直が丹波直を称したように、籠神社の「海照《あまてる》」神が「天照《あまてる》」神に変わることによって、田の神としてのオナリ神になったものであろう。田の神としてのオナリ神は山から降りてくるが、三輪山の神は海を照らして依り来たった神だと、『古事記』も『日本書紀』も書いている。海から山へという発想は、山から里へという発想の前提にある。

新羅の首都慶州にとって、三輪山と同じ意味をもつ山は吐含山(東岳)であるが、うつぼ舟漂着伝承をもつ新羅の脱解王は、箱舟にのせられて新羅の東海岸に漂着し、吐含山に昇り、この山にこもったうえで慶州へ降り、王女と結婚して四代目の新羅王になり、死後、吐含山に葬られ、「東岳神」と呼ばれた。このように、海から依り来る異《まれ》(客)人《びと》としての童子は、海から山、山から里へと巡り、山の神になっている。この伝承は、三輪山の神だけでなく当社の天照玉命にもあてはまる。

『三国遺事』は、脱解が瓠公の邸を奪ったと書くが、瓠公について『三国史記』は、もとは倭人で、瓢を腰にさげ、海を渡って新羅に来たので、瓠公といったと書く。「ひさご」を腰にさげて海を渡ったというのは、うつぼ舟漂着伝承の変型であり、脱解が特に瓠公の邸を奪ったのは、海から依り来たった異人の瓠公が、新しい異人脱解の漂着によって去っていくということであろう。

一方、「匏宮」を現在「真奈井神社」というのは、匏が真奈井の天女伝説とかかわるからであろう。天女を育てた、わなさ翁とわなさ媼の子孫をもって任じている、峰山町大呂の安達家の人から聞いた話として、谷川健一は、「天女は干瓢の蔓をたよりにして天空にのぼっていく」と書き、「『続後記』の嘉祥二年には、『瓠葛《ひさかた》の天の梯建《はしたて》』という用語がある。これは、ひさご(ひょうたん)のつるが天にのぼるのを想像させる。いずれにしても、『ひさご』が『天』と密接なつながりをもつ語であることは否定できない」とも書いている。(4)

天へ昇るためならば他の植物のつるでもよさそうだが、特にひさごのつるが登場するのは、神霊が天から降臨するという観念の前に、海から依り来るという考えがあったためではなかろうか。

新羅の始祖王赫居世は、ひさごに似た卵から生まれた。ひさごを「朴」というので赫居世の姓を「朴」にしたと、『三国史記』『三国遺事』に書かれている。『三国遺事』には、新羅に最初にできた六村のうち、第一の村の首長は天から瓢嵓峯に降りて来たとある。

脱解が卵で生まれ、箱に入れられて流された話では、卵と瓢（箱）がミックスされている。卵は、瓢のように海に浮くものではない。その卵を海に流すためには、箱に入れざるをえなかったのである。卵が鳥の生むものである点からみても、卵生説話は「天」にかかわる。だが、海部（丹波）直の依り来る神は、「アマ」といっても、「天」よりは「海」とかかわりが深かった。

わが国にも卵生伝承がまったくないわけではないが、朝鮮ほどはっきりと残っておらず、うつぼ舟漂流譚が多いのは、四方を海に囲まれた列島に住む人々が、天からの降臨伝承よりも、海から依り来る伝承に愛着をもっていたからであろう。太陽、月、星といっても、海から昇る朝日やオリオン星座の三つ星、潮の干満にかかわる月に対して関心が高いことが、そのことを示している。火明命を祖とする尾張氏系氏族が海部を名乗るように、この地の「天照」神の本質は「海照」だったのであろう。

注

（1）柳田国男『うつぼ』と水の神」『柳田国男集』第五巻所収。
（2）柳田国男「うつぼ舟の話」『柳田国男集』第九巻所収。
（3）折口信夫「石に出で入るもの」『折口信夫全集』第十五巻所収。
（4）谷川健一「ひさごとたまご」『古代史ノオト』所収。

伊勢《いせ》天照御祖《あまてらすみおや》神社——天照大神の「御祖」を祀る理由

久留米市大石町速水に、鳥居の石額に「伊勢御祖神社」と書かれた神社がある。この神社について、渡辺正気は、「その文字の横に小さく『香椎宮宮司船曳鉄門謹書』ときざんでゐる。（中略）しかし本殿の縁下に『大石太神宮』ときざんだ石の額が保存されてゐる。これが本来の鳥居の額と思はれる。恐らく家代々この神社の祠官であった船曳鉄門が明治になって自論から額の社名をかへたのではないか。（中略）この大石町は、同じ久留米市でも、御井郡に隣接するが、旧三瀦《みつま》郡に入る。そして、『筑後国神名帳』の同郡正六位上に『大石兵男神』と『大石男神』がある。むしろこれが該当するか」と書いている[1]。

所在地について

幕末の久留米藩の国学者矢野一貞は、『諸社拾実抄』で、この神社は三瀦《みつま》郡に属すが、郡界にあるから、筑後国三井郡の式内社「伊勢天照御祖神社」かとみて、「天慶の神名帳に三瀦郡に正六位上大石兵男神とある当社なるべければ、昔より大石にましける故神号にも村名にも負せたる也。又御井郡に正五位下伊勢天照名神と云も見えたり、若《もし》くは是なるか。古社石を神実とせる甚多し」と書いている。

渡辺正気は、矢野一貞と船曳鉄門は親しかったから、『諸社拾実鈔』の見解は、大石神社を式内社の伊勢天照御祖神社とする鉄門著『大石神社官社考証』によったとみているが[1]、矢野一貞は断定しているのでなく、「大石兵男神」であることも否定していない。私は、大石町にあるこの神社は、三瀦郡の大石兵男神社であって、式内社の伊勢天照御祖神社ではないと思う。では、伊勢天照御祖神社はどこか。

久留米市御井町字中尾に御祖神社がある。高良山下の町並から山上の高良大社に昇る参道の途中にあり、高良大社の末社になっている。

宝暦二年（一七五二）の序のある緒方元斎の『筑後誌略』には、「伊勢天照御祖神社ハ〔祭ル所ノ神天照大神也〕今其社詳ナラズ。御井郡府中町ニ、昔ヨリ其跡ナリトテ表ヲ立置ケル所アリ。然レトモ其ノ証ヲ不レ得。近年高良山中、玉垂社ヘ行ク道辺ニ小社ヲ建、伊勢宮ト号シ、古昔ノ式社也ト記セリ。何人ノ所業ナルヲ知ラス。尤モ其拠ナシ、式社ノ跡ニアラス」とある。

「近年高良山中、玉垂社ヘ行ク道辺」の「伊勢宮」が、現在の御祖神社である。「御井郡府中町」の「昔ヨリ其跡ナリトテ表ヲ立置ケル所」については、文久二年（一八六二）に矢野一貞が書いた『筑後国郡志』に、「府中御茶屋門側に鎮守森と云あり。御祖神社の旧蹟也。古井あり伊勢ノ井と云」とある。この旧跡から元禄年中（一六八八―一七〇三）または明和四年（一七六七）に現在地へ移転したと、矢野一貞は書くが、すでに『筑後誌略』には、現在地に「伊勢宮」があったことが書かれているから、『筑後誌略』のいう「近年」とは元禄年中であろう。

また、天和二年（一六八二）の序のある西以三の『筑後地鑑』には、「愚按此神有二何処一也、頃尋二高良神職家一云、右山麓石華表北際」とある。この「石華表北際」とは、高良大社の大鳥居の北際で、御井小学校の校庭になっているが、今も「伊勢の井」という古井戸がある。元禄元年より六年前には、この地にあったのだから、元禄年間に移転したことは確かである。高良大社蔵の『高良社書縁起』に載る「高良山山内図」に、「伊勢」と書き、坂垣に囲まれた方半間ほどの小祠が描かれているが、この伊勢宮は「伊勢の井」の所在地である。

さらに、中世末に書かれたという『高良玉垂宮神秘書』には、「中島ノ伊勢ハ、大菩薩、天照大神ヲ、クハンシヤウ（勧請）申タル所ナリ」とあるが、この「中島」は「伊勢の井」のある地といわれているから[1]、「伊勢の井」の地こそ、式内社「伊勢天照御祖神社」の本来の鎮座地だったといえよう。

伊勢の「天照御祖」

『高良玉垂宮神秘書』は、当社について、大菩薩（高良大社の祭神高良《こうら》玉垂《たまたれ》命）が天照大神を勧請したと書くが、これは後世の付会であろう。『延喜式』神名帳に載る皇祖神は伊勢内宮だけで、他はすべて地方神と考えられるからである。

問題は、なぜ当社が「伊勢天照御祖」と名づけられたかである。「アマテル」を称する他の式内社の例からすれば、当社も所在地名をとって「高良坐天照神社」などと呼ばれてしかるべきであろう。当社は、「天照」の上に「伊勢」(「伊勢坐」ではない)、下に「御祖」がつく点で特異である。

『神秘書』は、神仏習合の高良山で勢力をもつにいたった高隆寺の座主(丹波氏と称し、その一族が高良大社の大宮司になっていた)に対し、高良大社の大祝《おおはうり》の物部氏(水沼君《みぬま》)が自家の血脈の神秘性を主張した書だが、同書は、高良大菩薩(高良玉垂命)を月神とし、大祝の祖を日神として、この日神が神功皇后の姪の豊姫と夫婦になって大祝日往子《ひゆきこ》を生んだと書く。また、大祝は高良玉垂命の乳母の子孫だとも述べている。

高良山の本来の祭祀氏族は水沼君(大祝)である。本来の祭祀氏族の祖が日神だということは、他のアマテル系式内社の例からみて、高良山の本来の祭神は日神だったことを推測させる。『神秘書』も、高良玉垂命を月神と書く一方、この神の高良山鎮座について、ウツロ船漂流譚を想わせる伝承を載せている。すなわち、高良大菩薩は大唐のアレナレ河から船出して大善寺の玉垂神社の地に着き、同社の前を流れる川を、出航地にちなんでアレナレ河と名づけたという。「アレナレ」は、天之日矛伝承のアグ沼と同じく、日の御子誕生の聖地を意味している(高良大社の項参照)。

たぶん、伊勢天照御祖神社の祭祀の対象は「伊勢の井」で、その原点には『神秘書』の「アレナレ」河がある。高良玉垂命の本来の性格は日の御子で、「天照御祖」とは、その祖神《おやがみ》(母神)の意であろう。「伊勢」を冠したのは、この祖神が天照大神(天照日孁《ひるめ》)や斎王と同じ性格のヒルメであることを、強調するためではなかろうか。大祝を高良玉垂命の乳母の子孫とする『神秘書』の伝承も、そのことを示唆しているように思われる。

以上、高良山の本来の神は日神、高良大社の祭神高良玉垂命はその御子神、伊勢天照御祖神社の祭神はその母神であると推定した。しかし、大祝家の自己主張であるはずの『神秘書』は、自家の祖に合わせて高良玉垂命を日の御子とせず、月神としている。これは後世の信仰形態と思われるが、大祝の水沼君も小祝の安曇連も共に海人族で、海人族が日神・月神にかかわることは、古代祭祀全体との関連で検討すべき問題を残している。

なお、原社地（伊勢の井）の近くの味水御井《うましみずみい》神社（朝妻社）は高良大社の頓宮で、「朝妻の泉」があり、この井泉が御井郡の名の起源になったといわれている。『筑後国神名帳』には正六位味永（「水」の誤記）御井神とあり、『高良玉垂宮神秘書』は、「アサツマハ、大菩薩チンユミ（弓）ノハス（筈）ニテ、山キハ（際）ヒトナカレホリタマイタルアトヨリイツルミツ（水）ナレ」と書いているが、「いまも神幸の日、目隠しの若者が、御神体を抱いてこの朝妻の泉を浸すという」[2]。

この朝妻の泉、伊勢の井を結んだ線の延長上に高良大社があり、さらにのばすと高良山々頂に到る。しかも、このラインは地図上の冬至朝日遙拝線である。これは、はたして偶然なのだろうか。

注

（1）渡辺正気「伊勢天照御祖神社」『式内社調査報告』第二十四巻所収、昭和五十三年。
（2）山中耕作「高良神社の研究（一）」「西南学院大学文理論集」第十巻二号。

阿麻氏留《あまてる》神社——祭神と祭祀氏族と伊勢

『延喜式』神名帳の対馬島下県郡の阿麻氏留神社は、長崎県下県郡美津島町小船越の阿麻氏留神社に比定されている。同社は、天明年間（一七一八―一七八九）藤仲郷《とうなかさと》が書いた『対馬州神社大帳』に「照日権現神社」とあり、

祭神、対馬下県主日神命、又名天照魂神。
……載延喜式阿麻氏留神社是也。

とある。伴信友も、文化四年（一八〇七）に書いた『神名帳考証』で同じ見解を述べ、祭神を天日神命としている。『旧事本紀』によれば、対馬県直（対馬下県直）の祖は天日神命もしくは高御魂尊である。

また、『日本書紀』顕宗天皇三年四月五日の条には、

日神、人に著《かか》りて、阿閉臣事代《あへのおみことしろ》に謂《かた》りて曰《のりたま》はく。「磐余《いはれ》の田を以て、我が祖《おや》高皇《たかみ》産霊《むすひ》に献《たてまつ》れ」とのたまふ。事代、便《すなは》ち奏《まう》す。神の乞《こはし》の依《まま》に田十四町を献る。対馬下県直、祠《まつり》に侍《つか》ふ。

とあるが、この「日神」は阿麻氏留神社の祭神とみられており、「高皇産霊」が祀られたのは大和国十市郡の目原坐高御魂神社（式内大社）と考えられている。対馬の下県郡豆酘《つつ》にも高御魂神社（式内名神大社）があり、顕宗紀の記事は、阿麻氏留神の託宣によって高御魂神が大和の地へ分祀されたことを物語るものであろう。また、顕宗紀と『旧事本紀』の記事を併せ考えるなら、高御魂神と阿麻氏留神は共に対馬県直の祖神であり、両者の関係は日神とその御子神であろう。

ところで、大同年間（八〇六―八一〇）に書かれたといわれる『大同類聚方』に、

太計多《たけた》薬、対馬国下県郡阿麻氏留神社之宮人箘田《たけた》連重宗之家伝流所方《のり》、元者少彦名命神方

とある。箘(竹)田連は、『新撰姓氏録』(左京神別)によれば、火明命を祖とする尾張氏系氏族である。竹田連は、湯母竹田連と竹田川辺運に分かれているが、『大同類聚方』には、

太計太《たけた》薬、大和国十市郡竹田神社之祝、竹田川辺連秀雄之家之方也

とある。

すなわち、竹田神社(祭神火明命)と目原坐高御魂神社は阿麻氏留神社と高御魂神社に対応し、それは山城国の水度《みと》神社の天照高弥牟須比《あまてるたかみむすび》神と水主《みぬし》神社の天照御魂神を想起させる。また、水度神社の和多都弥《わたつみ》豊玉姫命は、対馬の和多都美神社の祭神豊玉比売命と同じく安曇氏が祀る神であろう。月読神社・樺井月神社の項で述べるように、水度神社と水主神社の祭祀氏族は尾張氏系であり、その祭祀には安曇氏も関与していた形跡がある。また、目原坐高御魂神社の祭祀氏族は多氏系の島田臣だが、この一族は尾張氏と関係が深い(目原坐高御魂神社の項参照)。このように、尾張氏系氏族を中心として対馬と畿内が結びつくことは、日神祭祀の回路を考えるうえで重要な問題を提起している。

対馬の阿麻氏留神の原像は、尾張氏系のアマテル神と同じく「海照《あまてる》」神であろう。阿麻氏留神社は小船越の海岸に東面して鎮座し、その「祖神」を祀る高御魂神社も、かつては豆酘《つつ》の浜辺にあった。その豆酘には天童伝説がある。

貞享三年(一六八六)に書かれた『対州神社誌』によれば、対州豆酘郡内院村の「照日の菜《さい》の女《むすめ》」が日輪の光に感じて懐妊し、天道童子(略して「天童」)を生んだという。また、三品彰英が豆酘村で採集した伝承によれば、「昔、宮中の女院が不義のためウツボ舟に入れて流され、豆酘内院の浜に漂着した。その時すでに懐妊、かくて生れたのが天道菩薩で、その出誕の地は内院の㴱《さい》山の川の傍である」という(1)。この二つを合わせれば、日光感精によって日の御子をはらんだ「大比留女《おおひるめ》」が母子共に「空船」にのせて流され、大隅の浜に漂着したという、天照玉命神社の項で述べた大隅正八幡縁起の伝承と同じになる。阿麻氏留神も、対馬の海人が祀る日の御子神として、このような信仰風土と無関係だったはずはない。(「照日の菜」を「照日の某」と書く例もあるが、明治以前の文献では、不明の名を「某」と書く例はなく、三品彰

英[1]と同じく「照日の菜」をとりたい。この「菜」は、たぶん「⿰阝采山」の「サイ」とかかわりがあろう。なお、天童伝説・ウツボ〔ウツロ〕船伝説とその源流については永留久恵の詳細な論考があり、白水社刊の『海神と天神』[2]に集成されている。）

『続日本紀』『二所太神宮例文』『太神宮諸雑事記』『神宮雑例集』によれば、養老—天平勝宝年間（七一七—七五六）、津島朝臣が伊勢神宮の大宮司に任命され、伊勢の度会郡城田郷石鴨村に邸宅をもっていた。『続日本紀』の慶雲三年（七〇六）十一月癸卯条にみえる対馬堅石が、和銅元年（七〇八）正月乙巳条では津島朝臣堅石になっているから、津島朝臣は和銅以前は対馬連である。この氏族は、中央で日神祭祀（顕宗三年条）を行なっていた対馬下県直（対馬県主）の後裔である。

対馬県主が中央の日神祭祀にかかわっていたのは、対馬の卜部《うらべ》が亀卜《きぼく》をもって中央政権に出仕していたからだが、もとは中臣氏も卜部であり、卜部を統轄していた中央祭官である。この中臣氏と対馬連が結びついた結果、天日神命または高御魂神を祖にしていた対馬連は、中臣・藤原氏と同じく天児屋根命を祖とするようになり（『新撰姓氏録』摂津国神別）、姓も「津島」に改め、中臣・藤原氏のバックアップによって伊勢神宮の大宮司となったのである。

「対馬」を「津島」に変え、祖を天児屋根命に変えたのは、皇祖神の祭祀に奉仕する氏族になったからである。しかし皇祖神天照大神は、もともと「照日の菜の女」や「大比留女」と同じく日女《ひるめ》であり、伊勢神宮大宮司の津島朝臣の原点は阿麻氏留神社にある。

注

（1）　三品彰英「対馬の天童伝説」『増補日鮮神話伝説の研究』所収、昭和四十七年。

（2）　永留久恵『海神と天神——対馬の風土と神々』昭和六十三年。

葛野坐《かどのにます》月読《つきよみ》神社——死と再生の月信仰と海人

『延喜式』神名帳に「葛野坐月読神社（名神大。月次新嘗）」とあり、桂川の右岸、松尾大社の南約五〇〇メートルの山麓に鎮座し、現在は松尾大社の摂社となっている。

『日本書紀』の月神祭祀記事と当社の創祀

当社の創祀については、『日本書紀』顕宗天皇三年二月一日条に、

阿閉臣事代《あへのおみことしろ》、命を銜《う》けて、出でて任那《みまな》に使す。是《ここ》に、月神《つきのかみ》、人に著《かか》りて謂《かた》りて曰《のたま》はく、「我が祖高皇産霊《たかみむすび》、預《そ》ひて天地を鎔《あ》ひ造《いた》せる功有《ま》します。民所《かきところ》を以て、我が月神に奉《つかまつ》れ。若《も》し請《こひ》の依《まま》に我に献らば、福慶《さいはひよろこび》あらむ」とのたまふ。事代、是《これ》に由りて、京に還りて具《つぶさ》に奏《まう》す。奉るに歌荒樔田《うたあらすだ》を以てす。歌荒樔田は、山背国の葛野郡に在り。壱伎県主の先祖押見宿禰《おしみのすくね》、祠《まつり》に侍《つか》ふ。

とある。

月神を「歌荒樔田」に祀ったとあるが、日本古典文学大系の『日本書紀』頭注は、「歌は葛野郡宇太村（後平安京の造られた地）、荒樔は産《あ》るの他動詞、神の誕生の意」とする。

この地について、『葛野坐月読大神宮伝記』は、

旧記曰。顕宗帝三年依㆓神託㆒献㆓山背国葛野郡歌荒樔田十五町㆒、以為㆓月読神地㆒。按歌荒樔田在㆓大堰河之西南㆒、郎松尾之東南地是也。今上野村之西有㆓月読塚㆒、是旧跡也上野村古名神野村、即月読神社神田代也。神役家今猶存。南有㆓桂里㆒。旧説云。往昔月読尊天降山背国葛野郡歌荒田桂木杪以上係風土記於是㆓神席㆒。而後桂木長茂、而在㆓河浜㆒、依以為㆓河名㆒。亦

為二里村之号一。桂里東有二桂川一、水源出二大堰川一、南流至二鳥羽一、而会二淀川一也。故於レ今以二桂木一為二神樹一。

と記すが、このように、荒樔田については上野と桂の両説がある。『文徳実録』斉衡三年（八五六）三月三日条には、

移二山城国葛野郡月読社一、置二松尾之南山社近河浜一、為レ水所レ嚙、故移レ之。

と書かれている。「河浜」の近くに月読社があったというのだから、「河浜」の上野（神野とも書かれる）が当社本来の鎮座地であろう。しかし、月と桂の関係からみれば、上桂の里も無視できない。

顕宗紀によれば、この地で壱岐県主の祖が月神を祀ったというが（『旧事本紀』天神本紀は、壱岐県主の祖を「天月神命」とする）、壱岐県主とは、壱岐島の県主である。朝鮮半島と日本列島の間にある島の氏族が、なぜ山城国に来て月神を祀ったのだろうか。

祭祀の中央集権化は、上田正昭が「祭官の成立」で説くように欽明・敏達朝の頃だが[1]、この時期は、いわゆる任那が滅亡する時期であり、朝鮮半島に対する対馬・壱岐の重要度が増したときである。

壱岐県主の祖が月神を祭祀するようになったのは、「任那に使い」するときに「月神が人に著《かか》った」ことによる。六世紀中頃か後半の頃、中央に出仕した壱岐県主が、壱岐で祀っていた月神（式内名神大社の月読神社が壱岐にある）を当地に移したのが、葛野坐月読神社であろう。

『山城国風土記』逸文（『本朝月令』所引の『秦氏本系帳』の記事）に、賀茂社の四月の大祭に馬に乗るのは、欽明天皇のときの卜部伊吉《いき》若日子による卜占の結果であると書かれているが、この伊吉若日子は当社にかかわる人物と考えられる。欽明朝となっているのが暗示的である。

月読社の壱岐県主は壱岐直になるが、『新撰姓氏録』右京神別には、「壱伎直。天児屋命の九世孫雷大臣の後なり」とある。天児屋命は中臣氏の祖である。

『尊卑分脈』所載の中臣氏系図の「常盤大連」の右注に、「本系図に曰《い》ふ。始めて中臣連の姓を賜ふ。本は卜部なり」とあり、『続群書類従』所収の大中臣氏系図にも、「常盤大連公」の左注に、「天児屋根命十九代、始めて中臣連の姓を

賜う。本は卜部なり。中臣は主に神事の宗源なり」とある。

この注記の信用性について、横田健一は、「中臣氏と卜部諸氏との関係は非常に密接であり、職務的にも中臣と卜部とは統属関係にあり、中臣氏が卜部をひきい、支配していたことがわかるので、ほぼ信用してよいと思われる」と述べている[2]。

たぶん、卜部の壱岐氏は（奈良時代に入っても壱岐から卜部が出仕している）、中臣氏とつながりが深かったから、中臣氏の同族を称したのであろう。

荒魂としての月神のイメージ

当社の祭祀氏族は、現在も、壱岐県主の先祖押見宿禰を祖とする松室氏だが、壱岐島の人々は海の民である。当社の祭神は、その壱岐の海人たちが祀った月神だから、海や船に関係が深い。

『日本書紀』一書の六に、「月読尊は以て、滄海原《あをうなはら》の潮《しほ》の八百重《やほへ》を治《しら》すべし」という記事があるが、月神が海にかかわるのは、潮の干満を支配する神を人々が月神とみていたからである。

筑後の高良大社の祭神を、『高良玉垂宮神秘書』（鎌倉末期の一三二〇年代の成立といわれる）が、「月神ノ垂迹」で、住吉神とともに三韓への神功皇后の船を先導し、「干珠《ひるたま》・満珠《みちたま》」を使ったと記すのも、月神と海・船のかかわりを証している。

高良社の月神（高良玉垂命）について、「応作天大将軍ノ再誕、天上ノ大力士」で、神功皇后と「夫妻トナリ玉フ」と『高良玉垂宮神秘書』は書くが、この月神は男神である。『万葉集』にも、「天にます月読壮子《をとこ》」（巻六、九八五）、「み空ゆく月読壮子」（巻七、一三七二）、「月人壮子」（巻十、二〇四三・二〇五一・二二二三）、「月人壮《をとこ》」（巻十、二〇一〇）、「月人乎止祜《をとこ》」（巻十五、三六一一）とある。

また、『万葉集』には、「舟こぎ渡る月人壮子」（巻十、二〇四三）、「月の船浮け桂梶《かつらかぢ》かけてこぐ見ゆ月人壮子」（巻十、二二二三）、「大船にまかぢしじぬき海原をこぎ出て渡る月人をとこ」（巻十五、三六一一）などとも、うたわれている。これは新月が船の形に見えることの短歌的表現だが、それだけの意味ではない。月は海や船にもかかわっている。

『三代実録』貞観七年（八六五）十月十九日条に、出雲国の「女月《ひめつき》神」が従五位下を受けたとあるように、九世紀に月神は女神とみられていたが、『皇太神宮儀式帳』（延暦二十三年〔八〇四〕八月二十八日に神祇官に提出した解文）には、別宮の「月読宮」について、

称二月読命一、御形馬乗男形。著二紫御衣一、金作大刀佩之

とあり、鎌倉時代の中期に書かれたといわれる『倭姫命世記』にも「御形馬乗男形也」とある。このように、月神が女性とみられるようになった時代にも、伊勢神宮では月読命を男神と考えていた。

この男神のイメージは、高良大社の月神の大将軍のイメージと重なる。

『日本書紀』一書の十一には、月読神が保食《うけもち》を「剣を抜きて撃《う》ち殺しつ」とあり、『古事記』には、スサノヲが「大宜《おほげ》津比売《つひめ》神を殺しき」とある。

どちらも死体から五穀や蚕が化生する説話だが、一書の十一によれば、保食神を殺したことを月読神が天照大神に報告したところ、天照大神は「怒りますこと甚しくして曰《のたま》はく、『汝《いまし》は是《これ》悪しき神なり。相見じ』とのたまひ」「隔《へだ》て離れて住みたまふ」ようになったという。

また、『日本書紀』本文には、スサノヲについて、「天照大神、素《もと》より其の神の暴《あら》く悪《あ》しきことを知《しろ》しめして」その悪しき行為のため「天石窟《あまのいはや》に入りまして、磐戸《いはと》を閉《さ》して幽《こも》り居《ま》しぬ」とあり、『日本書紀』の一書の二は、「天に悪しき神有り。名を天津《あまつ》甕星《みかほし》と曰《い》ふ。亦《また》の名は天香々《あまのかか》背《せ》男《を》」と書く。

月神も星神もスサノヲも「悪しき神」なのは、なぜだろうか。

ツキヨミ（月読・月夜見）の神は、イザナギの「ミソギ」のときにアマテラス・スサノヲとともに生まれた、いわゆる「三貴子」である。この三貴子が統治する国は、『古事記』および『日本書紀』本文・一書によって、それぞれちがいがあり、それを表にすると次のようになる。

神名	記	紀本文	一書の一	一書の二	一書の六	一書の十一
アマテラス	高天原	天上	天地		高天原	高天原
ツキヨミ	夜の食国	日に配ぶ	日に配ぶ		滄海原	日に配ぶ
スサノヲ	海原	根の国	根の国	根の国	天の下	滄海原

この三貴子の統治国として最も多いのは、

アマテラス――高天原

ツキヨミ――日に配《なら》ぶ

スサノヲ――根の国

という形であり、この形をとらないのは、『古事記』と、『日本書紀』の一書の六だけである。この二つの記事は、「日に配ぶ」として月神を皇祖神（日神）に吸収してしまわず、「夜の食国《をすくに》」「滄海原《あをうなはら》」の統治神とする。「食国」とは「治めるべき国」の意だから、「昼」の食国を統治する日神に対し、月神を「夜」の国の統治者とみた発想であり、日神を皇祖神とする人文神話的発想とは異なって、自然神話的発想である。だから私は、『紀』一書の六の、海原の「潮の八百重」を支配するツキヨミを、月神の原像とみる。顕宗紀の記事に載る当社の祭神は、そのような月神であって、「日に配ぶ」月神ではない。

この月神が悪しき神なのは、星神が悪しき神であるように、「夜の食国」の神だからであろう。荒ぶる悪しき神の登場は夜であり、海もまた荒ぶる神の活躍する舞台である。

日・月・星という関係からすれば、スサノヲは星神といえる。高天原でのスサノヲの行為は、まさに「天に悪しき神有り」と書かれる天津甕星の行状であり、そのため、スサノヲは高天原から追放されている。根の国とは、永遠の夜の国である。夜見《よみ》・黄泉《よみ》とも書く。

日・月・星はすべて天を照らすが、日神はその「天照」の和魂で、月神・星神は荒魂といえる。伊勢神宮や高良大社の月神のイメージは、荒魂のイメージである。

月と不死

顕宗紀によれば、日神・月神の祖《おや》は、ともにタカミムスビである。タカミムスビの名義は、西宮一民が「神名の釈義」で説くように、(3)「高く神聖な生成の霊力」である。「ムス」は「苔《こけ》が生《む》す」などと同じ「生成」の自動詞であり、「ヒ」は『日本書紀』が「霊」をあてるように、「霊的なはたらき」をいう。『古事記』が「産《むす》日《ひ》」と表記するのは、「産日《むすひ》」(太陽神)としての霊能を『古事記』の編者が主張したかったからであろう。

月神が日神と同じくタカミムスビを祖とするのも、生成の霊力と無縁ではない。そのことは、月の信仰のなかで最も古いといわれる「月と不死」の信仰からもうかがえる。この信仰については、ニコライ・ネフスキイの『月の不死』(東洋文庫)、石田英一郎の「月と不死」(『石田英一郎全集』6)、松前健の「死の由来話と月の信仰」(『日本神話の新研究』)、「月と水」(日本民俗大系2『太陽と月』)などに詳述されている。また『万葉集』(巻十三、三二四五)には、

天橋も　長くもがも　高山も　高くもがも　月よみの　持たる変若水《をちみず》　い取り来て　君にまつりて　変若《をち》えしむもの

とある。ツキヨミが持つこの「変若水」について、折口信夫は、「変若」は「若返る」という意味をもつ前に「よみがえる」の意味をもっていたことを、「若水の話」で詳述している。(4)

松前健は、「『竹取物語』に、かぐや姫が、月を見て物思いをするのを、ある人が、『月の顔を見るのは忌むべきことだ』といったという。古代の日本人は、月面をながめるのを、不吉だと考えたものらしい。月神は死をもたらした存在なのであろう」と書くが、(5)その月が「よみがえり」の「変若水」を持つことは、月のもたらす死が再生のための死であることを示している。そして、月読命が殺した保食神の死体から五穀や蚕が生まれたのも、月神が死と再生の霊力をもつことを物語っている。

荒魂と生魂が同義なのは、誕生の「阿礼」という言葉からもいえるが、「天照」の荒魂である月は、死からよみがえ

る生魂でもあるから、不死のイメージをもつのは当然であろう。

桂と月と海人

松前健は、「中国では、またガマガエルや桂と、月の不死が結びついている。『酉陽雑俎《ゆうようざつそ》』に、月の中に桂の木とガマガエルがいるといい、また一書の説として、五百丈《じよう》もの桂の木を、仙人の呉剛《ごこう》という男が、いつも伐《き》るが、伐っても伐っても直ちに樹の切り口にふさがるという、永遠の呵責《かしやく》が課せられているという説話があげられている。いずれにせよ、不死と桂とが結びついている」と述べている。(5)

『山城国風土記』逸文の「桂里」(この記事は賀茂社の記事のような古風土記によるものとはいえないようだが)には、

月読尊、天照大神の勅を受けて、豊葦原《とよあしはら》の中国《なかつくに》に降りて、保食《うけもち》の神の許に到りましき。時に、一つの湯津桂《ゆつかつら》の樹あり。月読尊、乃ち其の樹に倚《よ》りて立たしましき。其の樹の有る所、今、桂の里と号《なづ》く。

とある。松村武雄は、神が桂の木に降りる伝承が他にもあるので(記・紀の彦火火出見尊や天若日子の伝承)、降臨の木が桂に限定されているのは「香木であるが故に神の降りつくにふさはしいと考へられたのか、はた天界なる月中に生じ、その実を下界に落すといふ支那の伝承から、神の高きより降るに類比されたのか」と書くが、(6)桂の木が「月中に生じ」るように、桂の里の地名の由来は、当社との関係をぬきには論じられない。

桂の木は、『酉陽雑俎』に書かれているように、伐っても伐り倒せない不死の木だから、聖木として、月にかかわらない神話にも登場するのだろうが、月中に桂の木が生えるのは、月と桂に不死の生命力・霊力があるとみられていたためと考えられる。

しかし、月の不死とは、死んで「よみがえる」ことであり、月の満ち欠けと、死と復活のイメージが重なって生じた観念である。ネフスキイが沖縄の宮古島で採集した民話でも、月の満ち欠けが「変若水《シヂミヅ》」と「死水《シニミヅ》」との関連で語られている。(7)折口信夫も、この「シヂ」「シチ」「シジュン」は日本語では「シデル」で、死んだように静止をつづけた物のなかから再び新しい生命が生まれることをいい、単なる誕生とは区別して用いられた言葉であったと、「若水の話」で書いている。(4)

月読神社のある桂の里は、そのような再生の聖地ではなかろうか。

海幸彦・山幸彦神話は、山幸彦が海底の海神の宮殿に行く話であるが、山幸彦（『古事記』は「火遠理《ほをり》命。亦の名は天津日高《ひこ》日子《ひこ》穂々手見《ほほでみ》命」と書き、『日本書紀』は「彦火火出見《ひこほほでみ》尊」と書く）は、井戸の側の桂の木（「湯津《ゆつ》香木《かつら》」または「湯津桂」）に登っていて、水を汲みに来た海神の娘に発見される。山幸彦は天孫だから、桂の木は降臨の依代としての神木といえるが、この神話に特に桂が登場するのは、山幸彦に月神的要素があるからだろう。

桂の木の上の山幸彦を「甚麗《いとうるは》しき壮夫《をとこ》」（『古事記』）というのは、『万葉集』にうたわれる「月人壮夫」や、『山城国風土記』逸文の桂里の、「湯津桂の樹に倚《よ》りて立たましき」月読尊を連想させる。

中国では、桂の木は月から落ちた種によって生育する聖木とされており、『万葉集』にも、「天の海に月の船浮け桂梶《かつらかじ》かけてこぐ見ゆ月人壮子《つきひとをとこ》」（巻十、二二二三）とうたわれている。桂と月は密接である。天孫ヒコホホデミは、日の御子であると同時に「月人壮子」でもある。

日の御子が「月人壮子」になるのは、海神の娘を娶《めと》るために海神の国へ赴いたときである。この例からみても、月は海とのかかわりが深い。月の満ち欠けと潮の干満との関係が、「月と不死」のイメージをつくったのであろう。

月読社の祭礼について『月読大神宮伝記』は三月卯日を大祭とするが、現在は十月三日が例祭日となっている。松尾大社の神幸祭の前日、神幸祭の神輿渡御の安全祈願の御舟社祭が、境内社の御舟社で行なわれる。松尾大社の大祭に参加する七社のうち、当社のみ神輿でなく唐櫃を出すが、この唐櫃は、当社に御舟社があることからみて、おそらく船の意で、月神が船に乗って渡御することを示すものであり、当社の月神が、もともと海人に信仰されていたことの名残りと考えられる。

境内には「月延石《つきのべいし》」と称する石があり、『雍州府志』（黒川道祐著。貞享元年〔一六八四〕成立）は、

舒明帝二年八月、遣伊吉公乙等於筑紫伊都県、令求神石。納一巻石於歌荒巣田神宮。此石昔神功皇后随月神誨。依延産月。後名、月延石。

と記している。

前述したように、月には生成の霊力があるが、神功皇后の鎮懐石の伝承を「月延石」と結びつけたのは、月の満ち欠けに、出産を早めたり延ばしたりする霊力があるとみられていたからだろう。現在もこの石は、安産に霊験があるとして信仰されている。

月には満ち欠けがあり、その満ち欠けによって時間を読むことを「月読み」という。

「月読み」と「日読み」

『万葉集』（巻六、九八五）に、湯原王の詠んだ月の歌として、

天にます　月読壮子《つくよみをとこ》　幣《まひ》はせむ　今夜《こよひ》の長さ　五百夜《いほよ》継ぎこそ

が載り、これを松前健は、「月神を暦法の管理者と見た観想」と解している。[5]

金沢庄三郎は、『言語の研究と古代の文化』[8]で、アテネ人は一日の初まりを月の出る夕方にしていたこと、梵語や朝鮮語でも夜昼といい、夜を先にしていることから、月が「時の計量」の基準だと書いている。また、日数を数えるのも、十日を梵語では十夜の意味のdaça-râtraといい、英語で七日間をsen-night、十四日間をfort-nightというのも、月が基準になっているとみる。さらに、英語のmonth（一ヵ月）はmoon（月）、ドイツ語のmonat（一ヵ月）はmond（月）がもとであるとし、ドイツ語のmondやラテン語mensis、ギリシア語mēnē、梵語mâsaの「月」は、mê（測量の意）という語幹から出ているから、「月」は「時の測量者」の意味をもつと、述べている。

そして、わが国の月に対する認識も、

（Ⅰ）国語でも、昼と夜とを併せ呼ぶときには、夜を先にして「ヨルヒル」という。

（Ⅱ）日の或る集りを数えるとき、月を基にしてヒトツキ、フタツキという。

（Ⅲ）時（トキ）の語原も常（トコ）などと共に月（ツキ）から出ているから、時の考えも月を基にしている。

と書く。金沢庄三郎は言語学者だから、言語の面から述べているが、『万葉集』にも、

ぬばたまの　夜渡る月を　幾夜経《ふ》と　数《よ》みつつ妹は　我待つらむそ（巻十八、四〇七二）

月数《よ》めば　いまだ冬なり　しかすがに　霞たなびく　春立ちぬとか（巻二〇、四四九二）

とあるように、人々は月を数《よ》んでいた。だが、

白妙の　袖解き更《か》へて　還り来む　月日を数《よ》みて　往きて来ましを（巻四、五一〇）

春花の　うつろふまでに　相見ねば　月日数《よ》みつつ　妹待つらむぞ（巻十七、三九八二）

……朝寝髪、かきも梳《けづ》らず　出でて来し　月日数《よ》みつつ　歎くらむ……（巻十八、四一〇一）

……若草の　妻をも纏《ま》かず　あらたまの　月日数《よ》みつつ　芦が散る……（巻二〇、四三三一）

とあるように、月日もまた数《よ》まれていた。

「日読み」については第一章で詳述したが、「星読み」という言葉は古文献にはない。時を読む尺度は日と月である。しかし、星の輝きは、位置を知るのが主で、月のように、時を読むものではない。時を読むものではない。「月読み」は月の満ち欠けによるが、「日読み」は、一日における太陽の移動と、一年における朝日・夕日の位置の移動による。その点で、星と似たところはあるが、星は空間の位置を知るのが主であるのに対し、日は時間と空間の両方にかかわっている。もちろん、月によって位置を知り、星によって時を知る場合もあろうが、主に月は時間、星は空間にかかわり、日は時間と空間の両方にかかわっている。

「月読み」と「日読み」は非農耕民・農耕民を問わず行なわれていたが、「月読み」は、特に海人・山人などの非農耕民や焼畑農耕民などに深くかかわっていたようである。そのことは、次項に記す樺井月神社・月読神社を隼人が祀っていたこととかかわるが、耕地の少ない壱岐島の月神が壱岐県主によって葛野の地に祀られたのは、「月読み」が「日読み」と共に、古代王権にとって重要な「マツリゴト」だったからであろう。

注

（1）　上田正昭「祭官の成立」『日本古代国家論究』所収、昭和四十三年。

(2) 横田健一「中臣氏と卜部」『日本古代神話と氏族伝承』所収、昭和五十六年。
(3) 西宮一民「神名の釈義」『新潮日本古典集成・古事記』所収、昭和五十四年。
(4) 折口信夫「若水の話」『折口信夫全集』第三巻。
(5) 松前健「月と水」『日本民俗大系・太陽と月』所収、昭和五十八年。
(6) 松村武雄『日本神話の研究』第二巻、五八八―五八九頁、昭和三十年。
(7) N・ネフスキイ『月と不死』一一―一七頁、昭和四十六年。
(8) 金沢庄三郎『言語の研究と古代の文化』一〇三―一〇六頁。

樺井《かばい》月《つき》神社・月読《つきよみ》神社――隼人の月信仰と王権神話

樺井月神社は山城国綴喜郡の式内大社だが、現在は京都府城陽市水主の式内社水主神社の境内に鎮座する。もと綴喜郡樺井（田辺町大住）にあったが、木津川の氾濫によって、寛文十二年（一六七二）十一月、対岸（右岸）の水主神社境内に遷座したという。旧地のあたりには樺井姓の人々が住み、現在も当社を管理している。

また月読神社は、樺井月神社の旧地のように川辺ではなく、一キロほど西方の高台にある（京都府綴喜郡田辺町大住）。月読神社の後方（東）の山は、標高わずか二一七メートルであるが、周辺の生駒山系の山が低いため、そびえ立ってみえ、富士山に似た秀麗な山容であることから神《かん》（甘）南備《なび》山と呼ばれている。山頂に式内社の甘南備神社（現、神南備神社）があり、中腹には甘南備寺があった。甘南備寺文書によれば、甘南備神社も月読神を祀るという（『式内社調査報告』第一巻は祭神不明とする）。志賀剛は、「薪村の甘南備山は大住郷の各村から仰がれる神体山で各村の神社はみなこの山の月読神を祭った社である」(1)と書く。

月神信仰と隼人

樺井月神社・月読神社は、隼人が祀る神社である。

森浩一は、大住にある「五世紀ごろ、年代を下げても六世紀前半」の前方後円墳を「隼人集団の統率者級の古墳」とみているが(2)、天平年間の「山背国隼人計帳」（『正倉院文書』）には大住忌寸らの記事が載り、『続日本後紀』には山城国人の阿多忌寸の記事が載る。その大住忌寸・阿多忌寸らは当地の居住者であり、当地を開発した大隅隼人・阿多隼人の子孫である。

安康記に「市辺の王子等《みこたち》、意祁《おけ》王、袁計《をけ》王二柱、この乱れ（雄略天皇による市辺忍歯王謀殺のこと）を聞きて逃げ去りたまひき。故《かれ》、山代の苅羽井《かりはゐ》に到りて、御粮食《みかれひを》す時、面黥《まさ》ける（顔に入墨をした）老人《おきな》来て、その粮を奪ひき」とある「苅羽井」は「樺井」である。『魏志』倭人伝に、倭人は顔に入墨をしていると書かれているが、今も奄美・沖縄の老人は入墨（顔でなく手だが）をしている。隼人にも当然入墨の風習はあったろうから、「面黥ける老人」は隼人と考えられる。

月読神を祀る神奈備山の北東麓の薪村の薪《まき》神社の境内には、幅三〇センチ、高さ一メートルほどの神石がある。神奈備山々頂の月読神の影向石《ようごう》といわれているが、所々に穴があき、穴にお金を入れて拝んでいたという。(1) この神石は、山城の隼人たちの故郷、鹿児島県大隅地方の「オツッドン」に相当するものであろう。

小野重朗は、「民俗にみる隼人像」で、田に自然石・立木・笹竹を立てて神体とし、オツッドン（「御月殿」の意）を門《かど》（藩制時代の同族的農民の小集団）ごとに祀る月神信仰を紹介している。

祭の多くは旧十月に行なわれ、子供たちが餅を口で引き合って牛の鳴き声を真似たり、四つん這いになって神体のまわりを回ったりして豊作を祈る。鹿児島県の全域では、石像の田の神を月の神と同じく農耕神として祀るが、田の神と月の神のちがいについて小野重朗は、「共に農耕神でありながら、その名称、神体、祭行事を較べてみれば、田の神の方が合理的で近代的なのに対して、オツッドンは渾沌とした未知のものを含んでいて古層の文化を思わせる」と書く。(3) この月神信仰は、現在は薩摩半島西部にみられるが、大住郷の大隅・阿多隼人の故地である大隅半島から薩摩半島にかけての地域には、八月十五日の綱引行事に際して特に月神を祀る例が広くみられる。

大隅半島の大根占町城元では、綱引の大綱以外に「オ月サンノ綱」をつくるという。この綱について小野重朗は、「よいカヤを選んだ長さ五メートル、太さ一〇センチほどの小綱で、これに近くの畑から七種の作物をとってきてないこむ。七種とは粟、野稲、キビ、ソバ、ゴマ、里芋、サツマイモだという。それらの穂やイモのついた茎をないこんだオ月サンの綱は傍の高い木の枝に蛇が巻きついた形に巻きつけておく。これは月に供える綱、お月様の綱で、綱引には使わない。この綱は山上に残して、大綱は里に担ぎ下して部落で綱引をする。部落によってはこの小綱を丸く輪状に作って高い月のよくさす木の枝にのせておいて、これをオ月サア（お月様）と呼ぶ例もみられる」と書き、「薩摩半島には牛―稲作と関連した月神があり、大隅半島には蛇―粟や芋と関連した月神がある。月読神社の母胎になったと思われる古い月神信仰をここに見ることができるのである」と書いている。(3)

「オッッドン」は、石や立木を月神の依代とする。「オッキサア」「オッキドン」といって祠《ほこら》に祀る例も大隅半島にあるが、鹿児島県の桜島と大隅の串良町有里には月読神社がある。

海幸山幸神話の海幸彦が隼人の祖と書かれているのは、この神話に、隼人らが祀る月神信仰の影響があるからであろう。

海幸山幸神話と日神・月神と海人

鹿児島県川辺郡川辺町古殿のオッッドンは、「田の畔に近く植えられたイボタノキ（ネズミモチ）のだいぶ年へた二メートルほどのものを神体としている」(4)が、このイボタノキは、『山城国風土記』逸文の月読神の桂の木の原型であり、記・紀の海幸彦・山幸彦神話の湯津桂の原型ともいえる。しかも、「オッッドンは田の神に比べてやかましい（威の強い）神といい、そのイボタノキの枝を切り払ったりすると気分が悪くなるなどの祟りがあると言う」(4)。このような性格は、葛野坐月読神社の項で書いた「月読壮子」と同じ、荒ぶる男神の月読尊の性格を示している。

また、この神話には、「塩盈珠《みつたま》・塩乾珠《ふるたま》」（『古事記』）、「潮満瓊《みちたま》・潮涸瓊《ひのたま》」（『日本書紀』本文）が登場する。鹿児島県川辺郡川辺町古殿のオッッドンの祭では、子供たちが長餅を口にくわえて引き合い、引き切った分だけを食べ、大根占町城元では、旧暦八月十五日に綱引をし、「オ月サアノ綱」をつくるが(4)、こうした餅や綱を引き合いは、潮の干満を意味するのではなかろうか。

海幸山幸神話に月神は登場しないが、桂の木や潮満瓊・潮涸瓊の登場は、それが月神伝承を原型とした説話であることを示唆している。

シオミツ珠・シオヒル珠について、三品彰英は、「この珠の観念は仏教系の海宮龍神の如意宝珠などから得られた要素らしく思われる」(5)と書くが、この三品説について、西郷信綱は、「何でも意の如くなる珠ではなく、あくまで潮の干

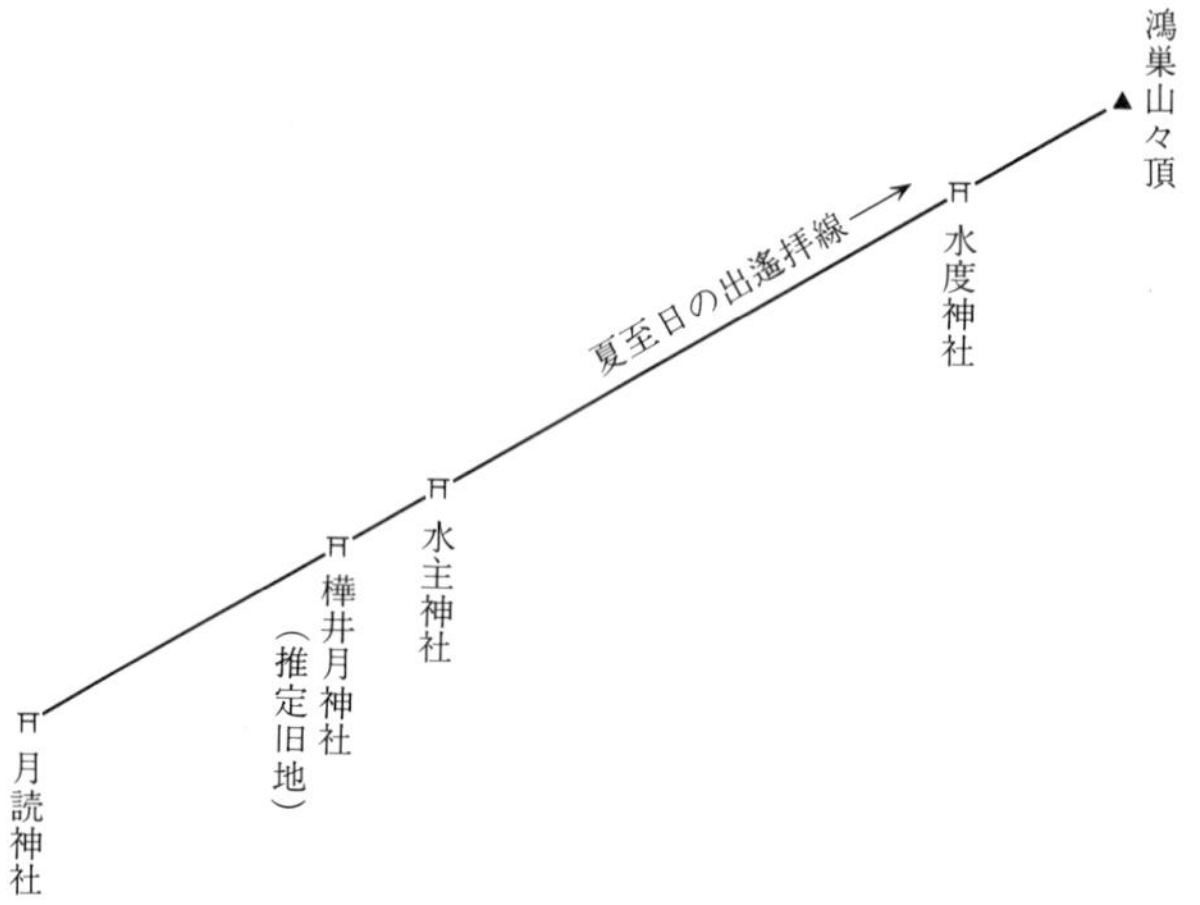

満を左右する珠であって、ワタツミの属性にふさわしい贈りものである」とみて、批判的である。(6) 大林太良も、『シンポジウム・日向神話』で、如意宝珠の影響というより、中国の南部にいろいろな形でみられる水支配の玉の系統に結びつける方がいいのではないかと述べ、このシンポジウムに同席した吉井巌と松前健も、この説に賛成している。(7) また松前健は、「インドから東南アジア、あるいは中国あたりまで広がった、むしろ土俗的な信仰としての干満珠の信仰が海人《あま》を通じて日本に入ってきたのではないかという気がするのです」と述べている。(8)

この珠は水の支配という機能をもつが、基本的には潮の干満の支配である。

月神信仰が海人にかかわることは葛野坐月読神社の項で書いたが、『高良玉垂宮神秘書』では、潮満珠・潮干珠を持って月神が神功皇后の船を先導したとあり、『神秘書』と同じ鎌倉時代の末期に成立したといわれる『高良玉垂宮縁起』には、潮満珠・潮干珠を海神から借り受け、船の梶取りに安曇海人の祖、安曇磯良を招いたとある。

記紀神話によれば、日の御子である山幸彦は、海神の宮に行き、豊玉姫を娶《めと》っている。この海神の宮について、『古事記』は「綿津見神之宮《わたつみのかみのみや》」、『日本書紀』は「海神之宮《わたつみのかみのみや》」と書く。

海神の女綿積豊玉姫は、山城国久世郡の式内社水度《みと》神社（城陽市寺田水度坂）の祭神である（『山城国風土記』逸文に、水度神社の祭神について、天照高弥牟須比命・和多都弥豊玉姫命とある）。水度神社の旧鎮座地は鴻巣《こうのす》山々頂であり、この鴻巣山々頂と、現在の樺井月神社を境内社とする水主神社（『延喜式』神名帳によれば祭神は天照御魂神）と、樺井月神社の旧地である樺井と、大住の月読神社は、図のように同一線上（夏至の朝日遙拝線上）にある。

『日本書紀』本文によれば、海幸彦（隼人の祖火闌降命）と山幸彦（彦火火出見尊）は三人兄弟で、末弟に火明命がいるが、水主《みぬし》神社の祭祀氏族水主直も、水度神社の祭祀氏族の水度（三富・六人《むと》）部も、火明命を祖とする（『新撰姓氏録』山城国神別）。

海幸彦・山幸彦神話は海人系の神話だが、火明命を祖とする代表的氏族の尾張連は、『熱田縁起』に「海部是尾張氏別姓也」とあり、尾張国には『和名抄』の海部《あまべ》郡海部郷がある。また『旧事本紀』によれば、大海部直、海部直も火明命を祖とし、『新撰姓氏録』では、但馬海直や凡海連も同族である。丹後国与謝郡の丹後一の宮の籠《この》神社に伝わる「海部系図」でも、火明命が祖とされている。『古事記』は崇神天皇の妃として、「尾張連の祖、意富阿麻比売《おほあまひめ》」をあげるが、『日本書紀』は「尾張大海媛」、『旧事本紀』は「大海姫命」と書く。一方、住吉三神を祀る津守連も尾張連と同族だが、住吉大社境内の式内社大海神社は、本来は摂津の安曇氏が祀っていた綿津見《わたつみ》神である。『山城国風土記』逸文が水度神社の祭神を「和多都弥豊玉姫命」と書くところから、中村明蔵は、ワタツミ神を祖とする安曇氏のなかの安曇山背連は久世郡のこの地にいたと、『熊襲・隼人の社会史研究』で推論している。日向神話にかかわる氏族が木津川をはさんで対峙し、しかも関連式内社が前記のような位置関係にあることは無視できない。

日神・月神と「変若水《をちみづ》」伝承

火明命が尾張氏系の天照御魂神社の祭神になっていることと、高弥牟須比命（高御魂命）と天照御魂神とが同性格であることは、他田坐天照御魂神社の項で述べたが、要するに、木津川をはさんで、尾張・安曇系の氏族は東の山（水度神社）で日神を祀り、隼人系氏族は西の山（月読神社）で月神を祀っていたことになる。この場合の日神・月神は水度神社と月読神社だが、もう一つの対は、木津川の東西の川畔に鎮座していた水主神社と樺井月神社である。

水主神社の祭祀氏族は、「主水《もひとり》」にかかわる氏族である（立春の日に主水司《もひとりつかさ》が、その年の生気の方（吉方）にあたる井戸から若水を汲み、天皇にさしあげた）。佐伯有清は、水主直《みぬしのあたい》について、「水取と同じで『モヒトリ』と訓み、清水の供御にあたる水部の伴造氏族であったことによるものかもしれない」と書いている。(9) 宮廷の水取《もひとり》は「主水」と書くが、天智紀七年二月条に「主水《もひとり》皇女」の例があるから、私も、水主氏は「モヒトリ」にかかわる氏族とみる。

「若水」については葛野坐月読神社の項で述べたが、変若水（若水）は、月だけでなく日にもかかわる。ニコライ・ネフスキイは、沖縄の宮古島で採集した話として、節祭《シツ》の第一日の「黎明に、井戸より水を汲み、若水と呼び、全家族が水浴する習慣が存してゐる」が、この若水は「お月様とお天道様」のおくりものだと書いている。(10) 若水は、「節祭《シツ》の祭日に向ふ夜」の新夜《アラユー》におくられ、黎明に汲まれる。この夜と朝の象徴が「お月様とお天道様」なのである。このように、若水は月と日にかかわるのだから、「モヒトリ」の水主氏も、日神と月神にかかわるはずである。

月読神と天照神がセットで祀られているのは、木津川の東・西だけではない。桂川沿岸とその支流沿岸にある葛野坐月読神社と木島坐天照御魂神社も、セットの関係にある。葛野坐月読神社は壱岐氏、木島坐天照御魂神社は秦氏が祀るが、両氏とも、山城の鴨（賀茂）県主とかかわりをもつ。鴨県主が、水主氏と同じく主水司にかかわることは、佐伯有清が述べている。(11) 山城で日神・月神がセットになっているのは、「モヒトリ」とのかかわりからであろう。

日神・月神は、夜と昼のちがいはあっても、「天照」の神としては同じである。天照神の和魂は日神、荒魂は月神・星神であるから（葛野坐月読神社の項参照）、記紀神話では、月神・星神は「悪しき神」と書かれている。しかし、和魂・荒魂を対で表現する場合、日神・月神ということになるだろう。その和魂を祀る神社が木津川の東岸、荒魂を祀る神社が西岸に配置されているのだが、その祭祀氏族は、日向神話にかかわる氏族と重なっている。このような事実は、従来まったくとりあげられていないが、そこには、日本神話や日本古代史にとって無視できない問題が秘められているように思われる。

皇統譜と記紀神話

『日本書紀』の本文と一書は、天孫火瓊《ほのに》々杵《にぎ》尊と大山祇神の娘鹿葦津姫《かしつひめ》（亦《また》の名、神吾田津姫、木花之開耶姫）の間に生まれた火中出生の子三人について、次のように記している。

本文	火闌降命	彦火火出見尊	火明命	
一書の二	火酢芹命	火明命	彦火火出見尊（火折尊）	
一書の三	火明命	火進命（火酢芹命）	火折彦火火出見尊	
一書の五	火明命	火進命	火折命	彦火火出見尊
一書の六	火酢芹命	火折命（彦火火出見尊）		
一書の七	火明命	火夜織命	彦火火出見尊	
一書の八	火酢芹命	彦火火出見尊		

また、山幸海幸神話についても、本文と一書にはちがいがある。

本文	海幸彦・火闌降命	山幸彦・彦火火出見尊
一書の一	海幸彦・火酢芹命	山幸彦・彦火火出見尊
一書の二	火酢芹命	彦火火出見尊
一書の三	海幸彦・火酢芹命	山幸彦・彦火火出見尊
一書の四	山幸彦・火酢芹命	海幸彦・火折尊

火酢芹命が海幸彦・山幸彦のどちらにも比定されていることからみて、本来この話は海幸彦・山幸彦の海人伝承で、特定の神名はなかったであろう。それを天孫降臨神話へ組み込んで、火中出生譚の神名を海幸彦・山幸彦に比定したため、多様な異説が生まれ、本来の火中出生譚の火明《ほあかり》命・火進《ほすすみ》命・火折《ほおり》命のうち、火進命は火酢芹《ほすせり》命・火蘭降《ほすそり》命という別

名がついて隼人の祖となり、火折命は火夜織《ほより》尊・火折彦火火出見《ほほでみ》尊・彦火火出見尊となり、神武天皇の父となったのであろう。

こうした異説のなかでも、火明命を「尾張連等の祖」と書くのは本文と一書の六と八であるが、本文は火明命を末弟とし、六と八は火明命を瓊々杵《ににぎ》尊の兄としている。特に一書の八は「天照国照火明命」と書いている。このように、「尾張連の祖」とする伝承だけが、火明命を三兄弟の末弟あるいは瓊々杵尊の兄としているが、これは、海幸山幸神話の火闌降（酢芹）命と彦火火出見尊を、合理的に説明するためであろう（先の二つの表をよく見較べていただきたい）。ということは、尾張氏系氏族が『日本書紀』の海幸山幸神話の成立過程にかかわっていることを示している。

『古事記』も、一書の六と八と同じく、ニニギの兄を「天火明命」と書く。そして、火中出生譚では火照《ほでり》命・火須勢《ほすせ》理《り》命・火遠理《ほをり》命（亦の名、天津日高日子《ひこひこ》穂々手見《ほほでみ》命）とし、海幸山幸神話では、兄の海幸彦を火照命、山幸彦を火遠理命とし、火照命を「隼人阿多君の祖」とする。「照」と「明」は似たイメージだから、火照命は火明命をヒントにつくられた神名であろうが、このような『古事記』の書き方からみても、本来の海幸山幸神話には特定の神名がなかったことがわかる。

皇統譜作製の過程で山幸彦に天孫の子をあてたため、主役でない海幸彦には、火酢芹命・火闌降命・火照命などという神名があてられたのであるが、これらがいずれも隼人の祖とされたのは、この神話に隼人の服属伝承の性格をもたせるためであった。そして、記紀神話への海幸山幸神話の組み入れには、この地の隼人系と尾張系の氏族がかかわったと考えられる。それは、次のようなつながりからもいえる。

樺井月神社・月読神社―隼人系氏族―火酢芹命―月神
水主神社・水度神社―尾張氏系氏族―火明命――日神

前述のように、これら式内社四社は、鴻巣山々頂を通る夏至の朝日遙拝線上に祀られている（樺井月神社の旧社地も、おそらくこの線上にあったと推測される）。それは当地における隼人系氏族と尾張・安曇系氏族の密接な関係を示すと同時に、日向神話の成立過程を物語っているように思われる。

注

(1) 志賀剛『日本芸能の主流』一三六頁、昭和四十六年。
(2) 森宏一『シンポジウム・日向神話』一二八頁、昭和四十九年。
(3) 小野重朗「民俗にみる隼人像」『隼人』所収、昭和五十年。
(4) 小野重朗「月神(オッドン)」『民俗神の系譜——南九州を中心に』所収、昭和五十五年。
(5) 三品彰英『日本神話論』一三五頁、昭和四十五年。
(6) 西郷信綱『古事記注釈』第二巻、三三九頁、昭和五十一年。
(7) 大林太良、注2前掲書、一四三—一四七頁。
(8) 松前健、注2前掲書、一四五頁。
(9) 佐伯有清『新撰姓氏録の研究・考証篇』第三巻、四六三頁、昭和五十七年。
(10) N・ネフスキイ『月と不死』一一—一七頁、昭和四十六年。
(11) 佐伯有清「ヤタガラス伝説と鴨氏」『新撰姓氏録の研究・研究篇』所収、昭和三十八年。

第三章　大社の神々と王権祭祀

大神《おおみわ》神社——三輪山と祭祀氏族

『延喜式』神名帳の大和国城上郡に「大神大物主神社名神大。月次相嘗新嘗」と記されている。三輪山の西麓に西面する拝殿があり、その背後に「三つ鳥居」があって、本殿（神殿）はない。つまり、当社は神体山の遙拝所としての性格を今日に伝えている。

三輪山祭祀の始まりと須恵器と子持勾玉

三輪山々麓の遺跡について、樋口清之は、三輪・金屋遺跡や芝遺跡の弥生時代集落や、当社の禁足地および山ノ神遺跡から、弥生土器が出土しているとして、三輪山の山麓祭祀の開始を弥生時代からとみている(1)。

だが、三輪・金屋遺跡の弥生時代の出土遺物は、同じ弥生時代の多遺跡とはちがって、祭祀遺物はほとんどなく、三輪山祭祀にかかわる遺物が出土するのは、古墳時代からである。だから、寺沢薫は、弥生時代から「三輪山に対する信仰や崇拝が存在したとしても」、「弥生時代集落は三輪山祭祀に伴なう祭祀遺跡とは無関係であるし、祭祀遺構に弥生土器が伴なった事実もない」ので、樋口説は成り立たないとみる。そして、三輪山々麓の祭祀は最大限さかのぼって四世紀中頃の開始と考え、その理由として、禁足地や拝殿前の中州の砂中から布留式土器が出土していること、神社蔵の採集奉納品に碧玉製の管玉、硬玉製の勾玉、布留式土器の破片が含まれていることをあげている。ただし、「山ノ神遺跡や奥垣内遺跡のように、磐座という神の拠り所を設け、滑石製模造品や須恵器、そして、子持勾玉のような特徴的な祭器を用い、あるいは芝遺跡で検出された神饌田のように醸酒や奉斎のための米を特定個所で作るといった行為から考えて、五世紀の後半には、明確な形で三輪山祭祀が始まっていたことは誤りない」と書いている(2)。

寺沢薫のいう「三輪山祭祀」とは、「三輪山西麓の巻向川と初瀬川に挟まれた聖なるトライアングル、つまり三輪の

地域全体を祭場と指定した神マツリ」である。(2)

崇神紀七年八月条には、三輪君の祖の大田田根子が茅渟《ちぬ》県の陶邑《すえむら》でみつけだされ、三輪山祭祀を行なうようになったとあるが、陶邑の須恵器生産の始まりは五世紀前半とみられる（森浩一は「和泉河内窯の須恵器編年」〔「世界陶磁全集・1」所収〕で、四世紀末としているが、田辺昭三は「須恵器」〔「日本美術工芸」三九八号〜三九九号〕で、五世紀中頃とみる。だから、私は五世紀前半を生産開始の時期とみておく）。

佐々木幹雄は、三輪山々麓出土の六五点の須恵器の時期はⅠ期二一％、Ⅱ期三五％、Ⅲ期二四％、Ⅳ期〇％、Ⅴ期三％、不明一七％だが、この数値は、陶邑須恵器生産の発展・衰退の過程と一致し、さらに陶邑古窯址出土須恵器と器形が類似すること、陶邑だけが須恵器を生産していた時代のものが二一％もあること、大和国では須恵器窯址が未発見であること、記・紀の伝承から三輪と陶邑の交渉が指摘できることをあげ、三輪山々麓出土の須恵器が陶邑産のものであることを論証している。(3)

なお、三輪山々麓の須恵器の用途について、佐々木幹雄は、「これらの中に、二次焼成をうけたことが明らかに認められるものは一つもない。このことは、これら須恵器が炊事用として日常の煮炊きにではなく、祭祀・儀礼用として使用されたらしいことを示している。それは、これら須恵器の器種のほとんどが献供、供膳用であること、しかも、祭祀遺跡らしい遺構からの出土であること等によっても理解しえよう」と書き、祭祀用に陶邑の須恵器が用いられたことを指摘している。(3)

寺沢薫は、この佐々木論文や子持勾玉の出土から、「明確な形での三輪山祭祀が始まった」のは五世紀後半とみて「誤りない」と書く(2)が、子持勾玉は、奈良県の三三例のうち半分余の一七例が三輪山西麓から出土している。大阪府全体で一五例だから、いかに三輪山々麓に集中して子持勾玉が出土しているかがわかる。この子持勾玉について、寺沢薫は、「五世紀になって出現し、七世紀後半まで使われた祭祀品だが、その盛期は五世紀中頃から六世紀代である」と書く。(2)「五世紀中頃から六世紀代」は、三輪山々麓の須恵器使用の盛期と重なる。

須恵器や子持勾玉などの新しい祭祀土器や祭具をもちこんだ三輪山祭祀の変化は、陶邑の大田田根子伝承に反映していると推測される。五世紀後半を文献にあてはめれば、雄略天皇の時代である。

『日本書紀』は、大田田根子を三輪君の祖とするが、和田萃は、「三輪高宮家系図」の三輪君特牛に関して、「金刺宮御宇元年四月辛卯令祭二大神一、是四月祭レ之始也」とあることから、三輪君は六世紀以降に台頭して「金刺宮御宇（欽明朝）」に三輪山祭祀を行なった新興氏族とみる。(4) 佐々木幹夫も、三輪君は六世紀中頃に台頭した氏族とみている。(5)

三輪君台頭の時期

山尾幸久は、この両氏の見解を「傾聴に値する」としたうえで、三輪君は「五世紀中葉ごろに始まる伽耶系統の生産集団の渡来の一部分として渡来し、陶邑において三輪山祭祀に用いる醸造用須恵器などを製作していたのであろうが、六世紀前半に王権によって三輪山祭祀集団としてこの山麓に移住せしめられたのであろう」と書く。(6) そして、五世紀後半から六世紀前半に王権祭祀に画期があったとし、雄略朝のころ三輪山のヤマト王権の「最高守護神日の神」を伊勢に移したとみて、雄略紀の小子部《ちいさこべ》伝承で三輪の大物主神が大蛇になっているのは、「三輪山が最高守護神日の神が来臨する神山でなくなったことを暗示するものと解せられよう」と書いている。(6)

このように、三輪君を六世紀以降の新興氏族とみる説が有力だが、欽明朝説は、「三輪高宮家系図」を論拠とする和田説以外に、佐々木幹夫の説がある。同氏は大田田根子について、三輪山祭祀が断絶して大物主神が祟ったため、陶邑から呼び出された人物であるとし、その断絶を、皇統を異にする継体朝の成立とその後の皇統争いなどの王権の動揺に求め、欽明朝から三輪君が台頭したと推論する。(5)

この欽明朝説について、寺沢薫は、三輪山西麓に四世紀中頃からの祭祀遺物が出土することから、「四世紀にまでさかのぼる可能性も考えるべきなのである」と書き、「三輪山麓の祭祀遺物や須恵器をみる限り、少なくとも須恵器出現以降に祭祀の断絶を認めることはできないと思う」から、欽明朝説には従えないと書く。そして考古学上の理由を詳述し、大田田根子説話にみる三輪山祭祀の画期は、五世紀後半の「おそらくは雄略朝のことと考えるべきだろう」とみる。(2)

私も、三輪君の台頭を欽明朝からとする説には同調できない。
寺沢薫は大田田根子伝承を、四世紀中頃からの第一段階の三輪山々麓祭祀が第二次段階（須恵器や子持勾玉の登場）に移行したことを示す伝承とみているが(2)、私も、大田田根子を祖とする三輪君は、五世紀後半の雄略朝のころから三輪山々麓祭祀にかかわったとみる。

雄略朝が三輪山祭祀の一つの画期である一例として、寺沢薫は、雄略紀七年七月条の小子部蜾蠃《すがる》の説話をあげるが、前述した山尾幸久も、雄略朝が王権祭祀の画期であった例証として小子部伝承をあげている(6)。

小子部連の伝承と多遺跡

この伝承によれば、雄略天皇は、大物主神の形を見たいと思い、小子部連蜾蠃に、「朕《われ》、三諸岳の神の形を見んと欲す。汝、膂力《ちから》人に過ぎたり、自から行きて捉えて来《こ》よ」と命じている。この記述は、王権の権力が神の権威を超えようとした意欲を示しているが、結局は神威に勝てなかったことを後半の記述が伝えている。蜾蠃が捉えてきた神は大蛇の形で示現し、その眼光の輝きに、天皇は「目を蔽《おほ》ひて見たまわずして、殿中に却《かく》れたまひき」とある。雄略天皇と三輪の神の関係はこのようだが、蜾蠃が神を禦《ぎょ》する力をもっていたことを明示している。

小子部連蜾蠃を祀る蜾蠃神社は、三輪山の真西の多（田原本町多）の地に鎮座している。この地には、『延喜式』神名帳の名神大社の多神社と大社の子部神社も鎮座するが、子部神社は小子部連が祀った神社である。多の地に小子部連の氏神や祖を祀る神社があるのは、この氏族がオホ（意富・多・太）臣と同族だからである（『古事記』『新撰姓氏録』）。

多の地からは、三輪山々麓よりも古い祭祀遺物が出土している。くわしくは多神社の項で述べるが、弥生時代から古墳時代中期末にいたる多遺跡からの出土品が祭祀的色彩のきわめて濃厚な遺物であることは、数次にわたる多遺跡の発掘のたびに書かれた、どの調査報告も強調するところである。

多遺跡から祭祀的色彩のきわめて濃厚な遺物が出土することは、オホ臣らの祖の神八井耳命（神武天皇皇子）が、「汝を扶《たす》けて、忌人《いはひびと》となりて仕へ奉らむ」（『古事記』）、「汝の輔《たすけ》となり、神祇を奉典せむ」（『日本書紀』）といって、皇位を弟

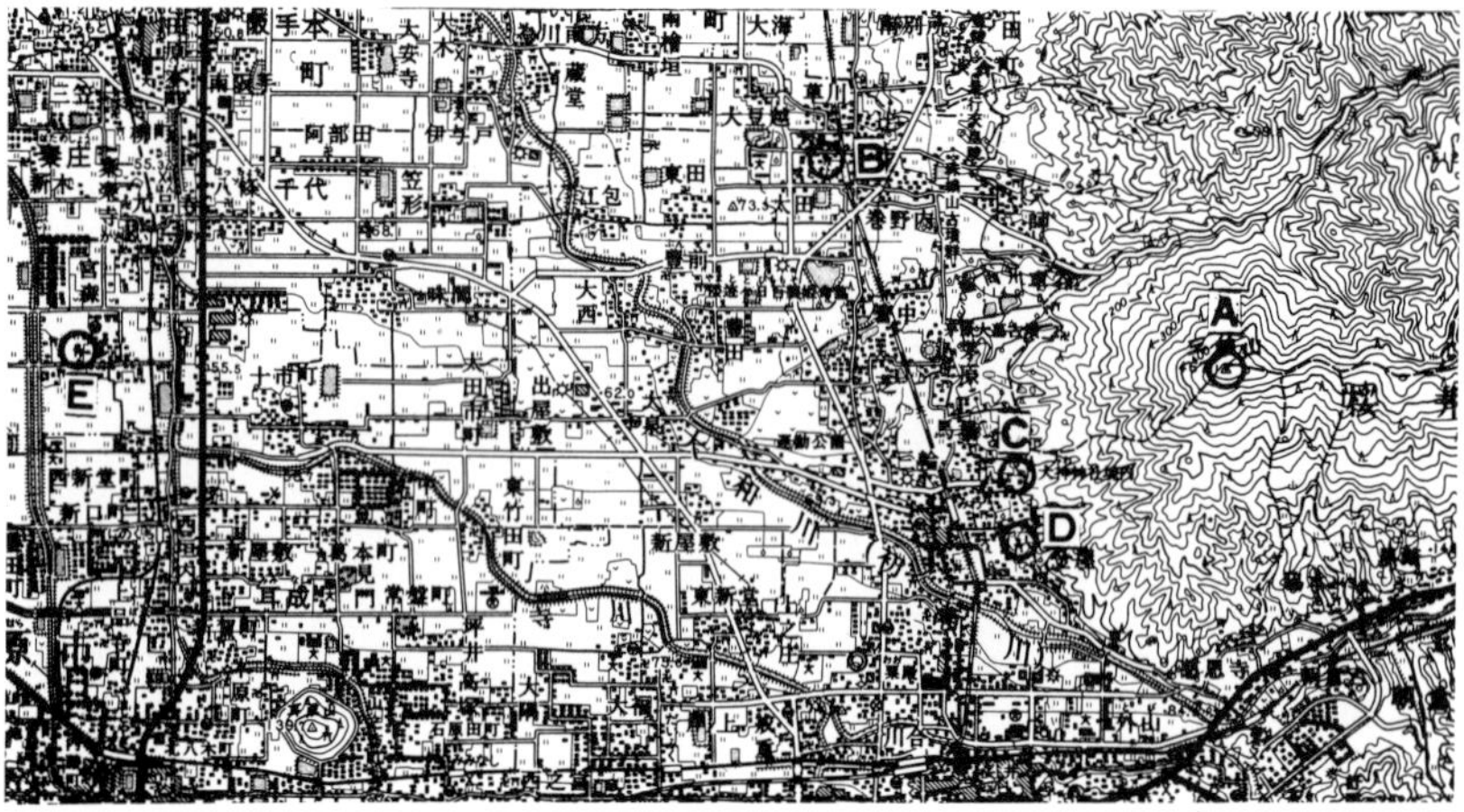

A＝三輪山，B＝他田坐天照御魂神社，C＝大神神社，D＝志貴御県坐神社，E＝多神社
(国土地理院 1:50000 地形図「桜井」×0. 6)

に譲ったという伝承と重なる。

オホの地は大和国中《くんなか》にあって、春分・秋分の朝日の昇が三輪山々頂と、夕日の落ちる二上山の雄岳と雌岳の間を結ぶ線上に位置し、多神社に隣接して飛鳥川が流れている。この地を本貫とする氏族が、「オホ」という特殊な姓をもち、右のような祭祀伝承を始祖伝承としてもつこと、祭祀的性格の濃い遺物が出土することは、深いかかわりをもっている。

和田萃は、「奈良盆地の中・南部、いわゆる国中に住んでいた者の実感として、明け方の三輪山の山容と夕日を浴びた二上山の姿は実に印象的である。現代人である我々ですら、何かしらこの二つの山に神々しさを感じる。こうした実感は、私のみならず国中に住む多くの人々に共通したものであろう。（中略）古代においても、三輪山西麓一帯に居住する人々が、三輪山から差し登る太陽に対して敬虔な気持ちを抱き、素朴な日神信仰を育んで、麓に斎場を設けて祭祀するに至ったと推測できよう」と述べ、「崇神紀六年条に、天照大神を豊鍬入姫命に託して倭の笠縫邑に祭り、磯堅城の神籬を立てたとの記事がある。この記事も、かつて、三輪山が日神祭祀の祭場であったことを、微かに伝えているのではなかろうか」とも書く。[7]

しかし、和田萃のいう「素朴な日神信仰」の斎場としての三輪山西麓は、山麓の遺物出土地のことであろうから、春分・秋分に三輪山々頂から昇る朝日を拝するのには近すぎる。最適なのは、多の地である。神八井耳命伝承や小子部連蜾蠃伝承からみて、この地の祭祀は三輪山祭祀である。事実、多神社の大鳥居は東面し（本殿は南面）、真西から見た鳥居の中に三輪山がすっぽり入る。

多遺跡と三輪山麓遺跡の祭祀遺物をみると、まず多の地が先行し、次に両地から出土し、さらに多の地での減少に比例して山麓では増大する。五世紀後半の三輪山祭祀の画期とは、三輪君が祭祀に参加したことによるものであろう。

三輪山祭祀は、四世紀中頃には多の地だけでなく山麓でも行なわれるようになり、五世紀後半の雄略朝の頃には王権祭祀の中にとりこまれた。しかし、今までの祭祀氏族と無関係に祭祀を行なうわけにはいかなかった。その例として小子部連蜾蠃の伝承はあるのだろう。

前述した小子部連蜾蠃伝承の前に、蜾蠃は日本国中の蚕《かいこ》を集めるように雄略天皇に命じられたが、蚕《こ》を児《こ》とまちがえて嬰児を集めてきたので、小子部連という姓を天皇から賜わったという話が載っている。雄略天皇のときに小子部連という伴造が生まれ、蜾蠃が祖であるという伝承をもつことからみても、この氏族は、それまで三輪山祭祀にかかわっていた多の地の氏族の一部が（『古事記』は、オホ氏系氏族十九氏のうち、意富臣の次に小子部連を載せている）、伴造にくりこまれたものであろう。

オホ臣や小子部連が始祖とする神八井耳命の母は、三輪の神（大物主神）の娘であり、大物主神とつながっている。このことからみても、オホ氏系氏族と三輪の神との関係は否定できない。

三輪君は渡来氏族か

三輪君の祖の大田田根子は河内の陶邑にいたと、『日本書紀』は書く。だから山尾幸久は、前述したように、三輪君は陶邑で須恵器を製作していた渡来人系氏族とみる(6)。

佐々木幹夫も、三輪君は陶邑から出た集団で、「どんなに古くみても六世紀代前半頃に擡頭した氏族」であって、「三輪君氏の母体、すなわち始祖大田田根子を出したとする陶邑集団は、朝鮮半島から渡来した人々と考えてよいと思われるのだが」と述べている(8)。

和田萃は、この佐々木説を批判し、三輪君は君姓だから、陶邑にいた朝鮮からの渡来集団ではないとみて、在地の「三輪君が、陶邑の須恵器製作集団を支配下においたことから、三輪君の祖オホモノヌシ神の後裔として、須恵器製作集団の祖オホタタネコを組みいれたのであろう」と書く。[7]私も、寺沢薫と同じく、三輪君は三輪山西麓の在地氏族だと思っているから、和田説を支持するが、大田田根子を「須恵器製作集団の祖」とみる見解にまでは同調できない。なぜなら、支配下の氏族が支配氏族の祖を自家の祖にする例は多いが、逆の例はないし、まして、渡来・帰化氏族は、一族の祖を在地氏族の祖に結びつけ、渡来・帰化系であることを消そうとする傾向が強く、君姓氏族があえて渡来系の「須恵器製作集団の祖」を始祖とする系譜をつくったとは、考えられないからである。

大田田根子（『古事記』は意富多多泥古）という名は、渡来系要素をもつ名でなく、在地性の濃い名である。記・紀の大田田根子伝承も、大田田根子が神の子である理由として、大物主神の子または曽孫であることを強調している。『古事記』では、鴨君も大田田根子を祖とし、『新撰姓氏録』の賀茂朝臣（大和国神別）の条には、大田田禰《ね》古《こ》の孫の大賀茂都美命が賀茂神社を祀ったとある。三輪君だけでなく鴨君の祖になっていること、大神神社と賀茂神社の祭神が在地性の強い国つ神であることからみても、大田田根子が渡来系であるとは考えられない。

松前健も、三輪君について、「河内方面から陶器製作に関係した集団――多分朝鮮半島からの渡来人集団――の族長が、新王朝の河内大主家の大和侵攻の後に、大和のシキ地方に侵入し、己れの家系を、三輪の神の神裔と称し、かつての母郷の韓土に広く語られた『おだまき式』の神婚譚を唱え、その祭祀権の独占を図ったのであろう」と述べている。[9]「おだまき式」神婚譚については、伊野部重一郎が前述の佐々木幹夫の三輪君渡来人説を批判すると、[10]佐々木幹夫もそれに応えて、「おだまき型」の神婚譚が朝鮮にもあることを述べ、自説を補強している。[8]

渡来人説は、朝鮮からの渡来者が伝えた須恵器の製作地の陶邑に大田田根子がいたこと、朝鮮にもある「おだまき型」の神婚譚が三輪山伝説にあることを、主な論拠とする。しかし、陶邑にいたからといって、渡来人であるとはいえない。それは、『日本書紀』に倭人系の百済官僚が記されていることからもいえる。大田田根子を大物主神の子とする祟神紀の記事からみても、三輪山周辺の人々が、須恵器製作技術の修得と、須恵器による新しい祭祀の方法の修得のために陶邑にいたという推測は、十分に可能である。

三輪山々麓の初期（第一段階）の須恵器について、寺沢薫は、「朝鮮半島からの舶載品をのぞけば、陶邑（阪南古窯跡群）産にほぼ限定できる」と書く(2)が、この舶載品は多遺跡からも出土する。従来の土器より貴重なものとして、忌人の神八井耳命を祖とするオホ氏系氏族により、祭器として用いられていたのであろう。

王権の権力を誇示するため、三輪山祭祀を積極的に利用しようと考えた大王は、この貴重な祭器（須恵器）を多量に三輪山祭祀に使うことによって、従来の三輪山祭祀とちがうことを示そうとした。だが、その祭具を使って行なう祭祀は、従来の祭祀氏族と縁がある人でなければならなかった。そういう人を探した結果が、陶邑の大田田根子だったと考えられる。

陶邑には須恵器製作集団がいたのだから、従来の祭祀土器を新しい祭祀土器に変えることで三輪山祭祀に画期を与えたと考えるなら、単に陶邑から大田田根子をつれてきたと書けばいい。だが、大田田根子という人物が託宣で特定され、探し求められたということは、条件に合う人物を求めたのであって、単なる陶邑の須恵器製作者をつれてきたのではなかったことを証している。条件に合った人とは、新しい祭具を用いて祭祀を行なうことのできる人で、しかも古くからの三輪山祭祀の祝(忌)人となんらかのつながりをもつ人だったはずである。この条件に合った大田田根子が、陶邑の渡来人らを連れて三輪山々麓に移り、固有の祭祀に新しい祭祀を加えたのであろう（須恵器や子持勾玉の大量使用も、その一例であろう）。

「おだまき型」の神婚譚が三輪山伝説にあるのも、三輪君が、新しい祭祀方法を通じて渡来信仰の影響を強くうけたからであろう。外来の知識をとりこんで自家のものにするのは、島国のわが民族の共通した傾向だから、外来の伝承が三輪山伝説にあるからといって、三輪君をただちに渡来氏族と断定することはできない。この神婚譚の主役の大物主神が渡来の神と書かれていない以上、大物主神伝承のなかに渡来系の伝承がとりこまれたとみるべきであろう。記・紀には、陶邑から大物主神の子の大田田根子を迎えて祀らせ、この神の祟りを鎮めたとある。このように、新しい祭祀者は三輪山の神の子孫でなければならなかったのである。

雄略紀の小子部連蜾蠃伝承では、天皇は三諸岳の神を捕えてくるように命令しているが、三諸岳の神は大物主神または墨坂の神とも呼ばれると、『日本書紀』の編者は注している。墨坂の神とも書かれるのは、大物主神が坂神・境界神としての性格をもつからである。坂神は荒ぶる祟神《たたりがみ》であり、猿田彦はもとより、八岐大蛇も境界神の性格をもつ。「八《や》岐《また》」は道がいくつかに分かれた「八衢《やちまた》」のことで、その神の示現が八岐大蛇であるが、蜾蠃が捕えた三諸岳の神も大蛇である。大物主神の祟りは、祭祀の断絶の結果ではなく、大物主神の本来の性格によるものであり、大田田根子の登場は、この神を祀るための新しい祝人の登場なのである。須恵器や子持勾玉が五世紀後半から三輪山々麓の祭祀に登場するのも、従来の祭祀氏族と祭祀方法の上に、新しい祝人と祭具による祭祀方法が重なったことを示すものであろう。

卯月上卯日に行なわれる大祭の意味

大神神社の大祭は、古来、「卯月上卯日」に行なわれていた。明治六年の新暦採用の際、四月上卯が九日だったので、四月九日に固定し、いまは八日・九日・十日が春の大神祭になっている。

四月八日は、仏教では釈迦誕生の日といわれ、灌仏会《かんぶつえ》の行なわれる日だが、また山開きの行なわれる日でもある。吉野の大峰山では、中世以来四月八日を大峰の戸明けといって山開きがあり、修験の山として有名な湯殿山、男体山の山開きも四月八日である。立山を神体山とする富山県の雄山神社の古式祭も、四月八日に行なわれた。徳島県剣山の山麓地方では、この日を山イサミといって、海の見えるような高山に登るのを行事とし、長野県北安曇郡にも、卯月八日を山神の祭日とする習慣があった。福島県いわき市では、四月八日を「お山始め」といって奥の三山に参詣に行くが、磐城地方の神社では、この日に浜下りなどの祭祀を行なう例が多い。

柳田国男は「年中行事覚書」で、「卯月八日を山登りの日とする習慣は至って弘く行はれるらしいが、その外にも山に斎かるる有名な社にこの日を祭日とする例は多い。近くは武州秩父の三峯神社、上州横室の赤城神社、駿河の愛鷹明神、越中の立山権現、大和では纏向《まきむく》の穴師坐兵主《あなしにますひやうす》神社、東北では羽後飽海郡の国幣中社大物忌神社、同雄勝郡大沢の荒《あら》羽波岐《はばき》神社、北秋田の七座《ななくら》神社、森吉神社等、陸中石巻の白山神社、磐城倉石山の水分神社、九州では薩摩串木野の冠嶽(西)神社など、何れも旧来卯月八口を以て祭日として居るのである。(中略) 四月八日は五月田植の季節の祭の為にする斎忌の始めの日では無かったかと思ふ。農民に取って最も大切なる米作安全の祈禱と予言とが、五月の上旬所謂端午の節供を期として行はれたとすれば、四月の八日はほぼ散斎致斎の日数に合ふので、元は必ずしも八日では無かったかも知れぬのは、上に列記した祭日の外に卯月上卯日と定めた社もあるので察せられる」と書いている。(11)

「卯月上卯日と定めた社」とは、大神神社のことである。

鹿児島県の喜界島では、四月八日を「ソーリ」という。「ソーリ」について、鈴木棠三は「サオリ、すなわち田の神が降臨する日という意味で(田の神の昇天をサノボリという)、この日初めて田の神を迎えて祭を行う、その忌の日がサオリである」と書く。(12) 小倉学によれば、能登地方では、田の神は「四月八日まで山にござらっしゃる。また山では九月に、山の神様が寄り合って酒盛りをしてござるから、その日は山へ行ってはならん」といわれているという。(13)

三輪の神は日神的性格をもつ山神である。『大神崇秘書』は、三輪の神の降臨について、「三輪山峯青垣山」にある「高宮(上宮)」の大杉に、日輪のような火気を放ちつつ山を照らして、暁に天降ったと書く。この高宮を、『大神崇秘書』は「神名帳ニ云大神坐日向神社一座」と記すが、『延喜式』(中宮職・内蔵寮・春宮坊)は、この日向神社について、「凡四月上卯日十二月准レ此奉二大神祭一幣帛」と記している。

大神祭も四月上卯日に行なうが、四月は卯月であり、卯の方位は東、色は青である。

『古事記』は、三輪山の神の登場について、国作りの途中で少名毘古那《すくなびこな》神が常世国へ行ってしまったので、自分一人で国作りはできないと、大国主神が「愁《うれ》ひて」いると、「海を光《てら》して依り来る神」が、「吾をば倭の青垣の東の山の上に拝《いつ》き奉《まつ》れ」ば国作りはできるといったと書き、この神を「此《こ》は御諸《みもろ》山の上に坐す神なり」と書く。『古事記』は多神社を祭祀するオホ氏が編纂した書だが、『古事記』のみが三輪山を「青垣の東の山」と書いていること、しかも単に「東の山」でなく「東の山の上」と、「山上」を強調していることに注目したい。
『日本書紀』（一書の六）も同じ話を載せている。スクナヒコナが去ったあと、

時に、神《あや》しき光海《うな》を照して、忽然《たちまち》に浮び来る者あり。曰《い》はく、「如《も》し吾在《あ》らずは、汝何《いましいかに》ぞ能《よ》く此の国を平《む》けましや。吾が在るに由《よ》りての故に、汝其の大きに造る績《いたはり》を建つこと得たり」といふ。是の時に、大己貴神問ひて曰はく、「然らば汝は是誰ぞ」とのたまふ。対《こた》へて曰《い》はく、「吾は是汝が幸魂奇魂なり」といふ。大己貴神の曰はく、「唯然《しか》なり。迺《すなは》ち知りぬ、汝は是吾が幸魂奇魂なり。今何処《いづこ》にか住まむと欲《おも》ふ」とのたまふ。対《こた》へて曰はく、「吾は日本《やまと》国の三諸《みもろ》山に住まむと欲ふ」といふ。故、即ち宮を彼処《かしこ》に営《つく》りて、就《つ》きて居《ま》しまさしむ。此、大三輪の神なり。

と書く。ここでは「青」「東」「山の上」という表現は使われていない。『古事記』の表現は、卯月卯日の祭を意識した表現と推測される。

暁に日輪のように照り輝いて示現したという『大神崇秘書』の記事は、海を照らして依り来るという記・紀の記事を山頂降臨に変えた話だが、時刻は「暁」であり、神の示現に朝日のイメージを重ねていることがわかる。日向・東・青垣・卯月卯日は、この朝日のイメージに由来するものと考えられる。

大神祭が卯月上卯日なのは、倭の青垣の東の山の上から昇る朝日を里に迎える祭だからであろう。それは山の神が田の神になるという、古い信仰にもとづく祭祀の一例でもあるが、大和国中《くんなか》の人々は弥生時代から、この祭祀を春祭として行なっていたはずであり、その場所は多の地であったろう。

雄略朝の頃から、ヤマト王権は三輪君をして、三輪山々麓で王権の「マツリゴト」を行なわしめるようになったが、春祭は、里宮としての多の地で行なわれたと考えられる。しかし欽明朝になって、春祭の主催も三輪君が行なうようになった。そのことを示すのが、「三輪高宮家系図」の「金刺宮御宇元年四月辛卯令祭二大神一、是四月祭レ之始也」であろう。

「金刺宮御宇」とは、欽明朝のことである。祭祀遺物からみた多遺跡と三輪山西麓の状況が、五世紀後半を画期に一

方は衰微、一方は盛んになるのも、六世紀前半に、里宮としての祭祀場が移行していったことを裏づけている。しかし、この移行はヤマト王権の「マツリゴト」のための移行であり、多の地での祭祀は、そのまま民衆の祭りとしてつづけられたはずである。

多神社の春祭は「大連座《おおれんぞ》」という。「連座」とは祭のことで、大連座とは大祭の意だが、昭和三十年までは、あばれ神輿が出て有名だった。神輿の巡幸を「オナリ」というが、三輪山の神が大和国中《くんなか》の田の神として「オナリ」するための魂招《たまふ》りが、あばれ神輿である。大連座は、多神社が大和国中《くんなか》の唯一の名神大社であることからみて、大和国中《くんなか》の大祭の意であったろう。この祭を多の地でオホ氏らが古くから行なっていたことは、出土遺物だけでなく、オホ氏の祖の神八井耳命が大物主神の孫で、皇位を譲って忌人になったという、記・紀の伝承からも裏づけられる。

春の大祭の四月八日に、高い竿の先に花を結びつけて屋外に立てる風習が近畿以西にみられ、「天道花」「高花」「立花」「八日花」などと呼ばれている。特に「天道花」という例が一番多いのは、お天道様・日天様（日神・太陽のこと）が竿を依代に花として示現する行事だからであろう。このように、山の神が田の神になる四月八日の行事には太陽祭祀的な面がうかがえる。花は天降りした神の象徴であり、『大神崇秘書』でいえば、光り輝いて示現した日輪が花である。そして、竿は神が依代とした大杉である。

この大杉の神木がそびえる山頂に、神坐日向神社が鎮座する。この神社を上社・高宮というが、『大神崇秘書』がその示現した神を「日本《ひのもと》大国主神」と書くように、三輪の神は、本来は日神のイメージをもつ神であった。山麓に神殿がなく、拝殿だけなのも、そのことを証している。

三輪と伊勢

三輪山々頂は、大和国中《くんなか》の人々にとっては、朝日の昇る日本《ひのもと》であり、日向《ひむかし》（東）の地である。その日《ひ》向《むかし》の方向に伊勢がある。三輪山々頂から見て伊勢は日本《ひのもと》であり、この場合、三輪山々頂は日向《ひむか》（日を迎える地）である（ヒノモト・ヒムカ・ヒムカシの関係については神坐日向神社・大和日向神社の項参照）。

伊勢神宮の創祀について、『日本書紀』は、宮廷内に祀っていた天照大神を崇神天皇六年に大和の笠縫《かさぬい》邑に遷し、垂仁天皇二十五年、皇女倭姫が、良き鎮座地を求めて笠縫から宇陀、さらに近江・美濃を経て、伊勢に至ったと書く。しかし、この記事を史実とするわけにはいかない。

上田正昭は、「宮廷祭祀組織の上で注目すべき画期」を雄略朝とみる。[14] 岡田精司も、伊勢に関する『日本書紀』の伝承が雄略朝に集中していることに注目し、「おそらくこの時期が大和朝廷と伊勢との関係において、非常に重要な時期であったという記憶に基づいて編者が集中したものであろう」と書き、他の文献史料も参照し、伊勢神宮の起源を雄略朝とみて、この頃、王権の守護神である太陽神の祭場が、伊勢の太陽信仰の聖地に移されたと推論する。[15]

山尾幸久は、岡田説を採って「五世紀後半に、倭王権の最高守護神が三輪山から伊勢に遷祀された」とみる。そして、この「最高守護神」について、「今日の研究水準を踏まえていえば、もちろん天照大神でなく、斎王の異性神であり、のちに皇祖神となるような太陽の霊力が象徴化された至高神でなければならず、多言を費すまでもなく、のちには高皇産霊尊（高御産巣日神・天照高弥牟須比命）とされるような日の神であって、天照大神はこの神に仕える妻（オホヒルメ）または歴代女性最高司祭者の神格化であろう」と書いている。[16]

雄略紀十四年正月十三日条に、衣縫《きぬぬひ》の兄媛・弟媛が呉《くれ》国から漢織《あやはとり》・呉織《くれはとり》と共に来たとあり、「衣縫《きぬぬひ》の兄《え》媛《ひめ》を以て、大三輪神に奉《たてまつ》る。弟媛《おとひめ》を以て漢《あや》衣縫部とす。漢織《あやはとり》・呉織《くれはとり》の衣縫は、是《これ》飛鳥衣縫部・伊勢衣縫部が先《おや》なり」とある。記・紀は、天照大神は大嘗もしくは新嘗の祭のために、斎服《いみはた》殿で神衣を織っていたと書く。また天照大神は、天照日女《ひるめ》命、大日孁《ひるめ》貴《むち》尊というように、日女《ひるめ》である。神に仕える織女・縫女・日女は、神妻・日妻である。この神妻・日妻として、「衣縫の兄媛」は大三輪神に奉《たてまつ》られたのであろう。

この異国の神女（日女）が三輪の神に奉仕するようになったのが雄略朝であることと、この時期から須恵器・子持勾玉などが三輪山々麓祭祀から豊富に登場するのは、同じ意味をもっていると考えてよかろう。須恵器の源流は朝鮮である。子持勾玉は須恵器のように断定はできないが、源流を朝鮮に求める推論を森浩一[17]、寺沢薫[2]が述べている。三輪の神祀りに新しさを加えたのが、須恵器・子持勾玉のような祭具であり、異国の神女の奉仕なのである。

一方、同じ雄略紀の記事にある、伊勢衣縫部の呉織は、伊勢の機殿（神服織《かむはとり》機殿・神麻績《かむおみ》機殿）とかかわっている。両織殿は、最初は黒部（松阪市東黒部町大垣戸）にあったが、承暦三年（一〇八〇）に、神麻績機殿は南に十八町ほど離れた井手郷井口（松阪市機殿）に移ったと、『延暦儀式帳』『神宮雑例集』『神都誌』などは記している。吉田東伍は、黒部は雄略紀の伊勢衣縫部の呉部が黒部に転化したとみる（『大日本地名辞書・上方』）。だが、『黒部史』は、黒部にある式内社の意非多《おひた》神社（松阪市西黒部町）を、大和の多の地から移住した太田祝が祀る神社と書く。意非多神社の若宮は、太田祝を祭神にしているが、今も、黒部の太田を名乗る人々は、自分たちは多氏の一族だと伝えている。「オヒタ」は「オホタ」の転であろう。

この意非多神社の近くに機殿はあるが、このような事例からみて、三輪山の日神祭祀にかかわっていたオホの地の人々が伊勢に移ったことと、呉織の織女で呉部（伊勢衣縫部）になった人々の伝承が重なったのが、現在、黒部の人々が伝える伝承であろう。

伊勢と三輪の関係は多岐にわたるが、雄略紀に載る織女渡来伝承からも、雄略朝の頃の王権祭祀と伊勢・三輪との関係が推測できる。『倭姫命世記』には、天照大神を「倭弥和《やまとみわ》乃《の》御《み》室嶺《むろみね》上宮《うえのみや》」から遷座したとあるが、「上宮」と書くことからみても、上宮・高宮・上社と呼ばれる神坐日向神社からの遷座と考えられる。

この上宮の遷座によって、三輪の神は御室嶺の神に限定され、国つ神となったのである。この神の信仰には、山頂から昇る朝日と山そのものとの二面性があったのを、王権祭祀では前者の信仰を伊勢に移し、三輪山信仰を後者に限定した。しかし、大和国中《くんなか》の人々は、古くからの信仰をもちつづけ、その信仰が、卯月上卯日の大祭や、神坐日向神社を上社として祀る信仰として残ったのであろう。

欽明天皇のときから、三輪君は卯月上卯日の祭祀も行なうようになったが、欽明天皇の皇子の敏達天皇のとき（『日本書紀』は十年二月条に記す）、捕えられた蝦夷の綾糟らが、天皇家への服従を三輪山の「天地の諸《もろもろ》の神及び天皇霊《すめらみことのみたま》」に誓っている。天皇は日の御子であり、三輪山に天皇霊が宿るという信仰は、この山に日神信仰があったことを示している。王権の日神信仰が伊勢に移ってからも、三輪山は天皇霊（日の御子の霊）の宿る山だったのである。

天神としての三輪の神と斎女《いつきめ》

三輪の神の二面性は、敏達紀の「天地諸神」の二面性（天と地）であり、それは上社の祭神を「日本《ひのもと》大国主神」と書くことにも示されている。大国主神は、大己貴神、大物主神、大国魂神などとも呼ばれ、「天地諸神」の地の神の代表神である（「国」は「地」の意）。この神が光り輝いて依り来ることは、記・紀にも書かれている。

崇神紀に、大物主神を大田田根子が、倭大国魂神を市磯《いちし》長尾《ながお》市《いち》が、祭主として祀ったとあるが、大物主も大国魂も大国主の別名なのだから、同じ神を祀ったことになる。だから、吉井巌は、どちらの神も「実体は等しく三輪山の神であった」と書き、「三輪山の神の祭祀としては、倭大国魂神の祭祀として語られる伝承が、大物主神のそれに先行していたと考えざるをえないのである」と推論している(18)。

山尾幸久も、大物主と倭大国魂は三輪山の神で、和魂・荒魂の対の関係とみる。ただし、本来の和魂・荒魂は大己貴神と大国魂神で、大物主は後から大己貴に代わったとみる(16)。私も「大物主」という神名は新しいと思っている。

問題なのは、倭大国魂を倭直《やまとのあたい》の祖の市磯長尾市が祀っていることである。吉井巌は、倭大国魂の祭祀が大物主の祭祀より先行していたとみるから、当然の帰結として、三輪君以前の三輪山祭祀氏族を倭直とみる。山尾幸久は、倭直は三輪君と前後して三輪山の祭祀集団として設定されたと推論し、その時期を五世紀後半ないし六世紀前半とみる(16)。

『日本書紀』の記事は、両氏の祖に同時に祀らせたように書かれているから、私は山尾説を採る。

三輪君の台頭以前はオホ臣系氏族が三輪山祭祀にかかわっていたであろうと、私は推測するが、もし倭直が三輪君と共にかかわったとすれば、オホ臣は倭直とも回路がなければならない。

大神神社の別社の狭井《さい》神社が大国魂神を祀ることから、吉井巌や山尾幸久は、狭井神社のある三輪山の北西麓を倭直による倭大国魂の祭祀場とみる。

伊須気余理比売《いすけよりひめ》は、狭井河のほとりで神武天皇と一夜《ひとよ》寝て、のちに皇后となっている。この比売が神八井耳命らを生むが、庶兄の当芸志美々《たぎしみみ》命が彼らを殺そうとしたので、母の伊須気余理比売は、「狭井河よ　雲立ち渡り　畝火山　木の葉騒ぎぬ　風吹かむとす」と歌って、神八井耳命らに陰謀を知らせている。狭井は、このように、オホ臣らの始祖の母子にとっては縁の深い聖地である。

山尾幸久は、「神武記に大物主の娘の伊須気余理比売の家が狭井河のほとりにあったとあるのは、狭井神社付近の一郭の地が、巫女がかかわる聖地であった記憶をうかがわせるであろう」と書き[16]、土橋寛は、「狭井河よ　雲立ち渡り」を、『古事記』に載るヤマトタケルの「我家の方よ雲居立ち来も」の「我家の方」と同義と解し、狭井（我家）の霊が陰謀を知らせたと解している[19]。

注目すべきは、この説話がオホ臣編纂の『古事記』にのみ記されていることである。しかも、伊須気余理比売が危難を息子に知らせた歌には、狭井と共に畝傍《うねび》山が登場するが、神八井耳命は、狭井の伊須気余理比売から生まれ、死ぬと畝傍山の北に葬られている（綏靖紀）。このように神八井耳命に深くかかわることからみても、この『古事記』独自説話は、オホ臣らの視点から特に掲載されたものであろう。

一方、『新撰姓氏録』（大和国神別）は、倭大国魂神を祀る倭直の始祖の椎根津彦を、大和宿禰条で「神知津彦《かみしりつひこ》命」と書く。ところが『延喜式』神名帳は、多神社を「多坐弥志理津比古《みしりつひこ》神社」と書く。「弥」は「御」で「神」と同じ敬称だから、多神社の「シリツヒコ」と倭直の始祖は同名である。これも、偶然の一致といえないであろう。

本来の神祀りの「マツリゴト」は女性の任務であった。そのことは卑弥呼や壱(台)与の例からいえる。伊須気余理比売もそうした女性であったことは、彼女について『古事記』が、大物主神が丹塗矢に化して美人《をとめ》の富登《ほと》を突いて生まれた御子だと書いていることからもいえよう。その亦《また》の名として、『古事記』は富登多多良伊須須岐比売命・比売多多良伊須気余理比売命を載せているが、この「富登」「比売」という尊称は、女を強調するためのものである。

この伊須気余理比売の子で、皇位を弟に譲って神祀りの「マツリゴト」に専念した神八井耳命は、女性的性格に書かれている。母から庶兄の陰謀を知らされて武器をもって討ちに行ったが、「手足わななき」（『日本書紀』では「手足ふるへおののき」)、討つことができなかった。そこで弟が兄の武器を奪って庶兄を殺したので、弟に皇位を譲り、神祀りに専念したとある。この「手足わななき」については、巫女の神がかりの状態とみる説もあるが、神武即位前紀に、道臣命が斎主《いはひぬし》になったときに「厳媛《いつひめ》」と名乗ったとあることから推して、神八井耳命は伊須気余理比売と同性格とみてよかろう。

『日本書紀』によれば、大物主や大国魂の斎主は皇女がつとめていたが、三輪君や倭直の祖と交替したという。皇女は卑弥呼や壱与、伊須気余理比売と同性格であるから、彼女らが斎主としてふさわしくないはずはない。伊勢神宮の斎王も皇女である。右の伝承は、天地諸神のうち、本来の斎主である神女の祀る神を天神に限定したため、地祇の神を皇女が祀るのはふさわしくないとして創作されたものであろう。そのことは、天照大神を祀る斎王の皇女が、大国魂神の斎主の渟名城入姫《ぬなきいりひめ》のように「髪落ち体痩せる」ような状態にならないことから証される。日女《ひるめ》という語も、天(日)神に対する用語である。

三輪山祭祀は、古くは日女的斎主による祭祀であったろう。だが、天神はもっと東の伊勢の地に坐すとする王権祭祀観によって、三輪山の神については地祇の神の面だけが重視されるようになり、その結果、オホ臣系の日女に代わって、三輪君の祖の大田田根子や倭直の祖市磯長尾市が登場したのであろう。三輪山の神を捉えることのできる小子部連が、幼児を養育する伴造の小子部であることからも、祭祀の女性的母性的性格がうかがえる。

「陶」と「美努」とオホ氏

伊勢の黒部の太田祝の子孫らは、大和のオホの地から移ってきたという伝承をもつが、『古事記』は、伊勢の船木直を神八井耳命の後裔と書く。ところが、天平三年（七三一）撰と奥書にある『住吉大社神代記』には、「大八島国の天の下に、日神を出し奉るは、船木の遠祖、大田田神なり」「船木の遠祖、大田田命の児神田田命は、日神を出し奉る」とあり、さらに、神田田命の孫伊瀬川比古《いせつひこ》命は伊瀬玉移比《いせたまゐひ》古《こ》命の娘を妻として「伊西《いせ》国船木に坐す」とある。

『皇太神宮儀式帳』によれば、内宮の大内人宇治土公《うじとこ》の祖を大田命という。田中卓は、日神祭祀という共通性から、船木氏の祖大田田命と大田命は関連があるとみる（『伊勢神宮の創祀と発展』）。内宮の神体の鏡を納める御船代の船木を伐り出すのは宇治土公の役目である。つまり、「大田田」「大（太）田」はオホ氏系の船木氏を通じて日神祭祀に結びつくが、「大田田根子」という名称も、三輪山の日神祭祀が多氏から三輪君へ移行する過程で（おそらく前述の欽明朝の頃）成立したのではなかろうか。鹿島神宮の項で書くように、『古事記』で大田田根子の父とされる建甕槌命も多氏系の神と目される。

『古事記』は、大田田根子は河内の陶邑でなく、河内の美努《みの》村にいたと書く。美努は、若江郡御野（八尾市上之島南町の御野県主神社付近）が比定地になっているが、中村浩は、式内社の陶荒田《すえあらた》神社（堺市上之二六六）の近くの見野とし[20]、森浩一は、見野山に須恵器窯跡（初期後半）があることから、中村浩のいう見野を須恵器生産の本拠地とみる[17]。たぶん、美努は見野とみてよいだろうが、御野も無関係とはいえない。

三輪山の神を捉えてきた蜾蠃を祖とする小子部連が祀る子部神社二座について、久安五年（一一四九）の奥付のある『多神宮注進状』は、御野県主神社二座と「同体異名」と書き、同じ神を祀ると書く。天武紀十三年正月条に、三野（御野）県主が「県主」から「連」になったとあるが、この三野連を『新撰姓氏録』（河内神別）は美努連と書く。三輪の神との関係伝承をもつ小子部連と美努連が同じ神を祀るところから、『古事記』の編者は、「陶」でなく「美努」と書いたのであろう。ちなみに、陶・見野は、河内国から分かれた和泉国にあるが、『新撰姓氏録』の和泉国神別には小子部連が載る。

神武即位前紀には、倭直の祖、椎根津彦（シリツヒコ）は、蓑笠を着て天香具山の土をとってきて、瓮《ひらか》を作り、「祈《うけ》ひ」をしたとある。蓑は美努、瓮は陶に通ずるが、このような姿で神祀りをしたのが、大田田根子であろう。

なお、『日本書紀』は、大田田根子命を大物主神の子、神八井耳命を孫とする。『古事記』は、神八井耳命については『日本書紀』と同じだが、大物主神と大田田根子（「意富多多泥古」）の間に三代を入れ、大田田根子を四代目の子孫とする。しかも、大田田根子の父が建甕槌命となっている（次頁の系譜参照）。

勢夜陀多良比売
‖—伊須気余理比売（オホ臣らの祖）
大物主神
‖—櫛御方命—飯肩巣見命—建甕槌命—意富多多泥古（ミワ君らの祖）
活玉依毗売

これは、自分たちの祖が三輪君の祖より由緒が古く、三輪山の日神祭祀に関しても先輩だという、オホ臣の自己主張であろう。

なぜ大三輪高市麻呂は持統天皇の伊勢行幸に反対したか

アマテル神としての日神を、天照大神として最終的に皇祖神化したのは、天武・持統朝である。この神祇政策は、天つ神・国つ神の分類化の徹底と、三輪の神の地祇化をもたらしたが、こうした日神の皇祖神化は、とりわけ持統天皇によって推進された。ところが、『日本書紀』持統天皇六年（六九二）二月十九日条には、

是《こ》の日、中納言直大弐三輪朝臣高市麻呂《たけちまろ》、表《ふみ》を上《たてまつ》りて敢直《ただに》言《もう》して、天皇の、伊勢に幸《いでま》さむとして、農時《なりはひのとき》を妨げたまふことを諫《あは》め争《いさ》めまつる。

とあり、三月三日の条には、

中納言大三輪朝臣高市麻呂、其の冠位《かうぶり》を脱きて、朝《みかど》に擎《ささ》上げて、重ねて諫めて曰《まう》さく、「農作《なりはひ》の節《とき》、車駕《きみ》、未だ以て動きたまふべからず」とまうす。

とある。そして、大三輪高市麻呂の諫言《かんげん》に説得力があったのか、出発は三日おくれ、三月六日の条に、

天皇、諫《あはめ》に従ひたまはず、遂に伊勢に幸す。

とある。

「諫《あはめ》に従ひたまはず」とわざわざ書くところをみると、『日本書紀』の編者も、高市麻呂の諫言の正当性を暗に認めて

いるようである。
熱心な仏教徒や、左右大臣・大納言など政府首脳による諫言なら、「農作の節」が理由と素直にとれるが、神宮への参拝を大神神社の祭祀氏族の長が阻止しようとしているのだから、個人的意図もからんでの反対と解される。にもかかわらず、諫言として評価されるところに、当時の三輪信仰と伊勢信仰のあり方が推測できる。高市麻呂の諫言には、伊勢までわざわざ行くのなら三輪山へ行幸すべきだという意味が、こめられていたのだろう。その諫言に説得力があったのは、天照大神という皇祖神への信仰が、時の権力者の単なる意志にもとづくものであったのに対し、三輪信仰には、「天地の諸の神及び天皇の霊」への信仰として、客観性があったためであろう。『日本霊異記』（上巻二十五）は、大神高市麻呂が「忠臣」であった理由として、『日本書紀』の記事を引き、旱災のとき自分の田の水を他の田に分けたことをあげて、「欲小《すく》なし」と書いているが、ここには、伊勢神宮行幸に大三輪氏のみが反対しているという観点が欠落している。なお、『懐風藻』でも、藤原麻呂が高市麻呂を賞讃している。

高市麻呂は、諫言して職を辞して十年ほどたった大宝二年（この年、持統天皇は亡くなっている）、長門守（当時、畿内・陸奥・長門の国守は従四位以上の高位者が任命された）に任ぜられたが、そのとき「三輪川の辺に集ひて宴する歌」として、「三諸の神の帯《お》ばせる泊瀬川水脈《みを》し絶えずば我忘れめや」が、『万葉集』（巻九、一七七〇）に載っている（作者は高市麻呂自身か見送る人か不明）。

伊勢行幸の日「冠位《かうぶり》を脱きて」（人間として天皇と同等の位置に立って）諫言した高市麻呂の断固たる行動は、高市麻呂に至るまでの三輪山祭祀氏族の矜持《きょうじ》と伝統と、三諸の神の神威を支えとしたものであったろう。そうでなければ、高市麻呂一人の諫言で、強固な意志をもつ持統天皇が、三日も出発を延ばすはずがないし、彼の行動が賞讃されるはずはない。しかし、持統天皇の伊勢行幸は実現し、高市麻呂が祭祀する山は、伊勢の天つ神を拝む山として規定されていく。その結果、三輪山は「日本国の三輪山」から「日向の三諸山」になり、両面性のうちの「日向」だけが残ったのである。

もともと、三諸山は反権力的性格をもっていた。雄略紀には、天皇の専制的権力のために葛城円《つぶら》大臣が滅び、さらに履中天皇皇子御馬《みま》皇子が、三輪君身狭《むさ》とともに殺されようとしたとき、三輪の井を指して「此の水は、百姓《おほみたから》のみ唯飲むことを得む。王者《ひとのきみたるひと》は独り飲むこと能《あた》はじ」と呪詛したとある。この説話は、高市麻呂が百姓のため王者の伊勢行幸に一人反対した話と、一脈通じるものがある。

神功皇后紀には、皇后が新羅遠征のため国々に令して兵を集めたが、少しも集まらず、それが大三輪神の御心によるものとわかったため、筑紫に大三輪神の神社を建てて刀矛を奉納したところ、「軍衆自づから聚る」とある。『筑前国風土記』逸文にも、兵士が道中逃亡するので占ったところ、大三輪神の祟りであることがわかったので、神功皇后は三輪の神を祀ったとある。

記・紀の崇神天皇の条には、三輪の神を天皇や皇族が祀っても効力がなく、神裔大田田根子が祀らねばならないことが明記されている。それは、大物主神が国つ神だからではなく、古い時代から、「国のまほらま」日本《やまと》の「たたなづく青垣」の東の聖なる山に坐す神として、王者ではなく民衆の「天地の諸《もろもろ》の神」だったからであろう。

注

(1) 樋口清之「大神神社の考古学的研究」「神道史研究」第九巻第六号、昭和三十六年。
(2) 寺沢薫「三輪山の祭祀遺跡とそのマツリ」『大神と石上』所収、昭和六十三年。
(3) 佐々木幹雄「三輪と陶邑」『大神神社史』所収、昭和五十年。
(4) 和田萃「ヤマトと桜井」『桜井市史』所収、昭和五十四年。
(5) 佐々木幹夫、前掲論文。「続・三輪と陶邑」「民衆史研究」一四号、昭和五十一年。「三輪山祭祀の歴史的背景」『古代採叢』所収、昭和五十四年。
(6) 山尾幸久『日本古代王権形成史論』八三頁、昭和五十八年。
(7) 和田萃「三輪山祭祀の再検討」「国立歴史民俗博物館研究報告」七号、昭和六十年。
(8) 佐々木幹夫「三輪君氏と三輪山祭祀」「日本歴史」四二九号、昭和五十九年。
(9) 松前健「三輪山伝説と大神氏」「山辺道」一九号、昭和五十年。
(10) 伊野部重一郎「大田田根子と三輪君」「日本歴史」四一八号、昭和五十八年。

(11) 柳田国男「年中行事覚書」『柳田国男集』一二巻。
(12) 鈴木棠三『日本年中行事辞典』三九六頁、昭和五十二年。
(13) 小倉学『祭りと民俗』一七二頁、昭和六十年。
(14) 上田正昭「忌部の職能」『日本古代国家論究』所収、昭和四十三年。
(15) 岡田精司「伊勢神宮の起源」『古代王権の祭祀と神話』所収、昭和四十五年。
(16) 山尾幸久「初期ヤマト政権の史的性質」注6前掲書所収。
(17) 森浩一「須恵器の研究メモ」「日本のなかの朝鮮文化」三一号。
(18) 吉井巌「崇神王朝の始祖伝承とその変遷」『天皇の系譜と神話』所収、昭和四十二年。
(19) 土橋寛『古代歌謡全注釈・古事記編』九九―一〇二頁、昭和四十七年。
(20) 中村浩「和泉陶邑窯の成立」『日本書紀研究』第七巻、昭和四十八年。

賀茂《かも》神社――上社・下社の祭祀氏族と祭事

鎮座の時期

『延喜式』神名帳の山城国愛宕《おたぎ》郡の項に、「賀茂別雷《かもわけいかづち》神社亦若雷。名神大。月次相嘗新嘗」「賀茂御祖《かもみおや》神社二座並名神大。月次相嘗新嘗」とあり、前者は通称「上賀茂神社」、後者は「下鴨神社」と呼ばれている。賀茂川（鴨川）と高野川の合流点の北方約一キロの所に下鴨神社、合流点から四キロほど賀茂川を遡った東岸山麓に上賀茂神社が鎮座する。この両社は合わせて山城国一の宮とされ、現在の祭神は、上賀茂社が賀茂別雷神、下鴨社が玉依姫《たまよりひめ》（媛）命（東殿）・賀茂建《かもたけ》角身《つのみ》命（西殿）となっている。（以下、両社を「上社」「下社」あるいは「上・下社」などと略記する場合がある。カモ氏とその関連地名は、便宜上、主に「賀茂」と表記する。）

賀茂神社の鎮座について、伴信友は『瀬見小河』（三之巻）の「賀茂大神等の鎮座」の項で、

本朝月令に、右官史記ニ云、天武天皇六年二月丙申、令二山背国一営二賀茂ノ神宮一とみえたるは、両社を総て云へるなるべし。（後略）

〔注〕群書類従本月令に、神武天皇六十年二月丙丁とあるは誤なり、年中行事秘抄にも、天武天皇六年令二山城国一営二賀茂ノ神宮一と見え、二十二社註式にも天武天皇白鳳六年丁丑二月丙申、令二山背国一営二賀茂ノ神宮一と記せり。（中略）さて此事国史には見えざれども正しき伝なるべし。

と書き、鴨長明（鎌倉時代前期の歌人、父は下鴨社の正禰宜鴨長継）も『四季物語』で、天武天皇六年に大和国高鴨から都に遷されたと書いている。

伴信友は、天武天皇六年二月という記事は、「始て神宮を造られたるにはあらず、公家より其国に会《オホ》せて、更に経営《ツクラ》

しめて奉られたるなり」と述べ、天武朝以前から「両社」は賀茂県主によって祀られていたとみる。しかし「上・下社」という表記の初見は、延暦四年（七八五）十一月庚子条の「賀茂上下神社充二愛宕郡封戸各十戸一」であり、両社が天武朝以前から祀られていたという確証はない。

『続日本後紀』承和十五年（八四八）二月辛亥条に、

正一位勲一等賀茂御祖大社禰宜外従五位下鴨県主広雄等欵云。去天平勝宝二年十二月十四日、奉レ充二御戸代田一町一、自レ余以降、未レ被二奉加一。因レ茲年中用途乏少。請准二別雷社一、加二増御戸代田一町一。勅許レ之

とあることから、井上光貞は、天平勝宝二年（七五〇）には御祖社（下社）は存在していたと述べ、「カモ社は古の昔から、いまの上賀茂の地にあって、奈良時代のはじめまで、カモ社といえばこの社、一つだけであった」のが、「おそらく天平の末年から天平勝宝二年にいたる間に、カモ社の分社がとりたてられてもう一つのカモ社、下鴨社が出来上った」と推測し、「分社の理由は不明だが、上カモ社の祭の盛大に手を焼いた国家の、宗教政策の結果とみられるだろう」と書いている[1]。

座田司氏は、『下社は和銅六年以後、平城時代天平勝宝頃までの間に、賀茂県主族の土地開墾の進捗につれて、中賀茂の南に、而かも中賀茂三井社の境内地に続いた場所を撰定して、御祖神等の神霊の降臨を希ひ、鎮祭したのであらうと思惟する」と書くが、「和銅六年以後」とみる理由については、「平城時代元明天皇の和銅年間国家の命によって撰進した山城国風土記に、（中略）下社の鎮座を物語らないのは、下社がその当時未だ鎮座せられてゐなかった為めでなければならぬ」と述べている[2]。

いずれにしても、奈良朝中期に下社（御祖社）は創始されたと考えられる。

伴信友のとりあげる天武天皇六年二月の記事は、上社（別雷社）に関する記事であろう。『秦氏本系帳』（『本朝月令』所引）には、欽明天皇のとき「卜部伊吉若日子」の卜によって賀茂祭を始めたとあり、座田司氏は、この祭祀伝説などから、「朧気ながら賀茂別雷神の鎮座の年代も自ら想定出来るのではなからうか[2]」と書く。

後述するように、賀茂氏は雄略朝の初期に、大和国の葛城から山城国岡田へ秦氏とともに移住し、その後乙訓《おとくに》を経て賀茂川を北上し、五世紀後半頃に現在地へ進出したと考えられる。したがって、賀茂（鴨）県主による賀茂の神の祭祀も、その頃に始まったと推定される。

『秦氏本系帳』の卜部伊吉《いき》（壱岐）若日子の伝承は、欽明朝のとき、気候不順のため伊吉若日子が占ったところ、賀茂神の祟りとわかったので、四月吉日を撰んで馬に鈴をかけ、人には猪頭を被せて馳けさせる祭を行なった。すると五穀は成熟し、豊年になったので、祭の日の乗馬が始まったと書かれている。おそらくこの伝承も、欽明朝以前から賀茂の神が祀られていたことを裏づけるものであろう。

卜部伊吉氏は、顕宗紀三年条に「壱伎県主の先祖押見宿禰」が月神を祀ったと記される葛野坐月読神社の祭祀氏族、壱伎卜部氏である。このように壱伎卜部氏が顕宗紀に登場することも、雄略—清寧—顕宗とつづく皇統譜と合わせて、賀茂社の創祀時期を推測させる。

葛城の賀茂から山城の岡田へ

『山城国風土記』逸文の賀茂社の条に、

可茂《かも》建角身命《たけつのみのみこと》、神倭石余比古《かむやまといはれひこ》の御前《みさき》に立ちまして、大倭《やまと》の葛木山《かつらぎ》の峯に宿りまし、彼《そこ》より漸《やうやく》に遷《うつ》りて、山代の国の岡田の賀茂に至りたまひ、山代河の随《まにま》に下りまして、「狭《さ》小くあれども、石川の清川《すみかは》なり」とのりたまひき。仍《よ》りて、名づけて石川の瀬見の小川と曰《い》ふ。彼の川より上りまして、久我の国の北の山基《やまもと》に定《しづ》まりましき。爾《そ》の時より、名づけて賀茂と曰《い》ふ。

とあり、賀茂建角身命が葛木→岡田→賀茂と移動したことを伝えている。

岡田については、『続日本紀』和銅元年（七〇八）九月二十二日条に、「行㆓幸山背国相楽郡岡田離宮㆒。（中略）特給㆓賀茂・久仁二里戸稲三十束㆒」とあるが、この地に鎮座する式内大社（月次新嘗）の岡田鴨神社・岡田国神社の「鴨」「国」は、鴨（賀茂）里・国（久仁）里に由来する名であるから、岡田は賀茂・久仁を含めた地域と考えられる（『和名抄』には岡田郷はなく、賀茂郷になっている）。

この地域の木津川は、かつては「鴨川」と呼ばれていた。『続日本紀』が天平十五年（七四三）八月一日条に「幸二鴨川一、改レ名為二宮川一也」と記すのは、天平十二年（七四〇）十二月から天平十六年二月まで、この地に恭仁《くに》宮があったからである。

奈良から鹿背山東側の地を通って岡田より北東の道を行けば、信楽《しがらき》を経て近江路から北陸に至り、木津川を東へ遡れば伊賀から東海地方に出る。また、木津川を下れば淀川への諸川（木津川・宇治川・桂川）の合流点に達し、さらに下れば難波、上れば、葛野を経て丹波の亀山（桂川・保津川）に至り、また賀茂（賀茂川）に至る。『続日本紀』和銅四年（七一一）正月二日条にも、「始置二都亭駅・山城国相楽郡岡田駅一」とあるように、岡田は交通の要衝である。このような地に、葛城の賀茂から賀茂氏の祖神が移ってきたことは、一氏族の単なる恣意的移動を意味するものではない。

京大考古学研究会編の『嵯峨野の古墳』(3)は、「山背盆地において秦氏が特に集中して居住する地域は、紀伊郡深草と葛野郡全域である。この地域を考えてみると、（中略）ともに近江・丹波に至る交通路の喉元ともいうべき要衝の地である。一般に、帰化人や服属した隼人・蝦夷などは軍事・経済的に重要な交通の要衝に置かれた例が多い。これはかれらが国家権力によって、一般人民に比して、より強く把握されていたがために生じた現象だと考えられる。とすれば、秦氏もその例にもれないのであって、帰化氏族秦氏が山背盆地において深草と葛野に集中して居住している理由も、単なる偶然ではなく、国家権力によって強制的にその地に定住せしめられたためとせねばならない。（中略）『新撰姓氏録』山城国諸蕃の秦忌寸の条には、秦氏が応神朝にわが国に帰化し、大和の朝津間掖上の地を賜ったことがみえる。この応神朝という年代は、あるいは雄略朝まで下げた方がよいかもしれないが、ともかく五世紀代に、大和に秦氏の本貫地が存在したことは確実であろう。そして、この秦氏が山背・近江をはじめとして各地に分散せしめられたと考えられる」と述べている。

深草の地は巨視的にみて賀茂川の流域、葛野は桂川の流域に位置するが、賀茂氏の山城国における最初の拠点岡田の地も、深草・葛野とともに秦氏の居住地であった。

承和三年（八三六）一月五日付の山城国葛野郡高田郷長解案（平松文書）には、高田郷内の土地の売人として相楽郡賀茂郷在住の「大初位上秦忌寸広野」の名がみえ（賀茂郷には他にも秦姓の戸主がいる）、その土地の買人も秦姓であり、保証人もすべて秦姓である。

広隆寺や木島神社・大酒神社のある太秦の付近が高田郷だが、この秦氏の本拠地に住む人々と岡田の秦氏が密接に結びついている事実は、賀茂氏の移住を示す『山城国風土記』逸文の記事と関連づけて考えなければならない。

『秦氏本系帳』は、賀茂氏（鴨県主）と秦氏が姻戚関係にあったことを記している。

また、稲荷神社（伏見稲荷大社）の祠官の「大西家系図」によれば、稲荷神社を創祀した秦伊侶具《いろぐ》は鴨県主久治良の子で、松尾大社を創祀した秦都理は鴨禰宜板持と兄弟であるという。このような伝承について、上田正昭は、「秦氏が京都盆地に勢力を築いてしまってのちにその権威づけをするために付加された部分があって、その史料に示されたすべてを信用することはできない」としながらも、「秦氏と鴨県主の間には深いつながりがあった」ことは否定できないと述べている。(4)

賀茂氏と秦氏の山城葛野の開発

この上田説は、京都盆地への賀茂氏の居住は古く、秦氏は新来の氏族であるという前提に立っているが、山城賀茂氏は、大和の葛城から岡田賀茂を経て京都盆地の北部へ入っており、原郷は葛城である。一方、秦氏は応神天皇十四年に渡来し、「大和朝津間腋上《わきがみ》」に居住したという（『新撰姓氏録』山城国諸蕃、秦忌寸条）。朝津間（朝妻）腋上は、現在の御所市の御所・本馬・玉井・池之内・三室の総称で、これも葛城の地である。『風土記』逸文や『姓氏録』によれば、両氏とも葛城を原点とする氏族だから、山城国の両氏については、上田説のようにみるか、葛城からの縁で山城でも密接な関係を結んでいたとみるかの、二つの解釈が成り立つ。私は後の解釈をとる。

日本歴史地名大系27『京都市の地名』は「松尾大社」の項で、「伝説では、丹波国が太古湖であった時、大山咋神が保津峡を用いて大堰《おおい》川を通じ、その土を分けて亀山・荒子《あらこ》山を作り、丹波の亀岡盆地を沃土とし、松尾山に鎮座して山城・丹波の開発につとめたという。四世紀前後に渡来系氏族の秦氏が朝廷の招きで葛野郡に移住、土地を開発したこと

を物語る伝承とみられる」と書いている。(5)

秦氏が大堰川（嵐山付近の桂川をいう）の築堤工事や開発を行なったことは『秦氏本系帳』にも見えている。用水取入のため、水をせき止めたり水路の流水を調節したりする「堰」が作られたので、大堰川と呼ばれるようになったのだが、この堰は葛野開発のためのものであった。しかし、秦氏が「四世紀前後」に葛野へ移住したとみるのは、応神紀の伝承をそのまま葛野にあてはめたもので、認めがたい。

葛野の開発については、六世紀中期とみる説（京大考古学研究会編『嵯峨野の古墳』）と、五世紀後半とみる説（京都市編『京都の歴史・1』）がある。また、右京区太秦松本町の天塚古墳について、『京都の歴史』や『京都市の地名』は、その外形や内部構造・副葬品から六世紀前期のものとみるが、天塚古墳の近くにあった清水山古墳（昭和四十八年に消滅）は、天塚古墳に先行するといわれている。したがって、六世紀前後には、すでに葛野の開発はすすめられていたと考えられる。

賀茂氏進出の最初の拠点岡田賀茂

賀茂氏は岡田から木津川を下って淀川への合流点に至り、さらに桂川と賀茂川が合流する羽束師《はつかし》・久我の地に至って、そこを第二の拠点とし、賀茂川を遡って賀茂の地に入ったのであろう。

『山城国風土記』逸文の「久我の国の北の山基《やまもと》に定《しづ》まりましき」とある「久我」は、上賀茂社のあたりをいい、そこには上賀茂社の摂社の式内社久我神社が鎮座するが、その久我に対し、桂川・賀茂川合流点の久我は「原久我」ともいうべき所であろう。この地には、乙訓《おとくに》郡の式内社久何《くが》神社があり（伏見区久我森ノ宮町）、賀茂別雷神・建角身神・玉依姫を祀っている。

この久何社の真西四キロ強のところにある角宮《すみのみや》神社（長岡京市井ノ内南内畑）は、『延喜式』の「乙訓巫大（火）雷神社」、『山城国風土記』逸文の「乙訓社」に比定されているが、同逸文によれば、乙訓社は賀茂別雷社（上社）の父の火雷神（丹塗矢）を祀るという。賀茂氏は秦氏とともに岡田から北上したとみられるが、秦氏が桂川・賀茂川の合流点から深草と葛野へ入ったのに対し、賀茂氏は合流点北方の右岸一帯（乙訓）に居住し、さらに賀茂川を溯ったのであろう。賀茂上社の神が乙訓社の神の子とされ、乙訓丘陵の首長墓が五世紀後半に二つの系譜に分裂した原因は、そこに求められるべきではなかろうか。

ところで、応神紀によれば、秦の民は葛城臣の祖葛城襲津彦《そつひこ》が連れてきた人々であるという。雄略紀十五年の「ウヅマサ」賜姓の記事は、秦氏が雄略朝に、調として絹を得ようとする王権の直接統率下に入ったことを示している。そのことは、王権の命により彼らを再び「散《あか》ち遷《うつ》した」という、雄略紀十六年の記事から裏づけられる。

葛城襲津彦を祖とする葛城氏が天皇に匹敵する権力をもっていたことは、井上光貞[6]、直木孝次郎[7]が指摘するところだが、記・紀によれば、葛城氏は雄略天皇によって滅亡した。葛城の賀茂氏・秦氏は、葛城臣滅亡後の雄略王権強化のため、政治的使命をもって移住させられたのであろう。そうでなければ、山城における最初の移住地が、交通の要衝の岡田であった理由がうまく説明できない。たぶんそれは、南山城の葛城臣の権益を王権の支配下に置くための移住であったと考えられる。

賀茂氏は、葛城臣と系譜上のかかわりはない。葛城臣と系譜上つながる蘇我臣は、その全盛期に、葛城臣の権益は自分が継ぐべきだと主張しているが、その蘇我臣の長を「わが君」と呼んで親衛隊となっていたのが東漢《やまとのあや》氏で、この渡来系氏族と対抗していたのが秦氏である。雄略天皇は秦酒公を「愛《うつくし》び寵《めぐ》みたもうた」とあるが（雄略紀十五年条）、このことからも、賀茂・秦両氏の山城移住の意味が推察できる。

秦氏が山城国へ進出したのは、賀茂氏が大和国の葛城から山城へ進出したあとではなく、両氏は葛城からいっしょに山城へ進出したと考えられる。「葛野」は、「葛城」の「葛」と無関係ではないだろう。

山代国造と鴨山守

葛野と鴨県主を論じる場合、山代国造（山代直）の存在が無視できない。

「ヤマシロ」について上田正昭は、「山代・山背の用字は、古く山代で、天武朝のころから山背が書かれはじめる。しかしなお流動的で、文武天皇二年十二月の条では、依然として『山代小田』のように、『やましろ』には山代の字があてられていた。山背という字に固定化をみるようになるのは、大宝令以後であって、大宝令による国郡制の確立が、こうした用字にも反映しているといってよい。山そのものを意味する『代』より、奈羅山の背を意味する『背』への変化には、天武朝を画期とする畿内国制、さらに大宝令における四畿内制の確定があった。王都を中心とする地域区分が、『代』より『背』への国名用字の移りかわりを用意したのであろう」と述べている。(4) このように、「山代」という国名には「山」の意がある。

「賀茂御祖皇太神宮禰宜河合神職鴨県主系図」には、

(伊幣命)―子―伊奈世命―〃〃氏―大山下久治良
　　　　　　　―〃〃〃―大止知乃命　苗裔鴨山守腹中
　　　　　　　　　　　―小止知乃命　鴨禰宜白髪部腹中

とあるが、この個所に、『鴨県主家伝』の「禰宜職次第」の記事を重ねてみると、

大伊乃伎命（崇神天皇七年―垂仁天皇三十年奉仕）―伊奈世命（垂仁天皇三十一年―景行天皇二十年禰宜奉仕）―大止知命（成務天皇三年―同五十三年禰宜　成務天皇五年任賜可茂山守葛野県主）―（七代略）―久治良
　　　　　　　　　　　　　　　　　　　　　　　―小屋奈世命―小止知命（別雷宮斎官遠祖白髪部氏祖）

となる。伊奈世命―大止知命の系譜が、天智天皇八年から文武天皇の大宝三年まで禰宜だった久治良（「大山下」は位階）につながっていることからみて（「鴨県主系図」はその間、七代欠落している）、「鴨山守」の大止知命が鴨県主の正系であったと考えられる。

『新撰姓氏録』は山城国神別の鴨県主の条に八《や》咫烏《たがらす》伝説を載せて、「鴨山守」の腹の鴨県主と、「白髪部」の腹の賀茂県主を区別している。賀茂県主が白髪部姓を名のっていたことは、『続日本紀』宝亀十一年（七八〇）四月庚申条に、

「山背国愛宕郡正六位上鴨禰宜真髪部津守十人賜二姓賀茂県主一」とあることから証される。「白髪部」は延暦四年（七八五）五月に「真髪部」に改姓しているので（『続日本紀』）、津守の姓は宝亀十一年の賜姓のときには白髪部だったはずだが、「真髪部」とあるのは、『続日本紀』の成立が延暦十六年（七九七）だからであろう。いずれにしても、

鴨県主——大止知命（鴨山守、葛野県主）

賀茂県主——小止知命（白髪部）

という関係になるが、ここで無視できないのは、鴨県主が『鴨県主系図』では「鴨山守」、『鴨県主家伝』では「可茂山守葛野県主」と、どちらにも「山守」と書かれている点である。

応神紀五年八月条に、「諸国に令して、海人《あま》及び山守部を定む」とあり、応神記には、「海部・山部・山守部・伊勢部を定め賜ひき」とある。本居宣長は『古事記伝』で、山部と山守部を併記するのは誤りで、両者は同一だと書くが、清寧紀・顕宗紀には山部連がみえ、とくに顕宗紀元年四月条には、前播磨国司《さきのはりまのくにのみこともち》来目部小楯《くめべのおだて》を「山官《やまのつかさ》」として山部連の姓を賜い、「山守部を以て民とす」とあり、山守部を管掌するのが山部であったことがわかる。『播磨国風土記』宍禾《しさは》郡穴師里の条にも、「山守の里と号《なづ》く。然《しか》る所以《ゆえ》は、山部の三馬《みうま》、任《よ》されて里長《さとをさ》となりき。故、山守といふ」とある。『新撰姓氏録』の「山守」は、摂津国皇別の「山守。垂仁天皇の皇子五十《い》日《か》足彦《たらしひこ》命の後なり」の一例だけだが、五十日足彦命は、記・紀によれば、山代の苅幡戸辺《かりはたとべ》（苅羽田戸弁）を母とし、『新撰姓氏録』によれば、「山守」を管掌する和泉国の「山公」の祖である。また、摂津国の「山直」は山代直（国造）と同祖である。

このように、「山代」は山守、山部、山直などに関係ある国名であり、山代直（国造）の本拠地（山代直が愛宕郡に居住していたことは、天平五年頃の『愛宕郡計帳』に「山背忌寸」の名がみえることから証される。直→連→忌寸と姓《かばね》は上がっている）に進出した鴨氏は、従来の山守（山代直）と区別して、「鴨山守」と呼ばれたのであろう。

奈良時代までの賀茂祭

『本朝月令』が引く『秦氏本系帳』の賀茂祭の記事によれば、天候不順のため卜部の伊吉氏が卜占を行なったところ、賀茂の神の祟りであることがわかったので、馬に鈴をかけ、

猪の頭をかぶって駈ける祭を行なった。すると、祟りがおさまって天候もよくなり、豊作になったという。だが、祭事の内容から推して、本来この祭は狩猟にかかわるものであり、山部・山守の祭であったと思われる。おそらく、先住の山代直（国造）らの狩猟儀礼が賀茂氏の進出で絶えていたのを、復活したものであろう。賀茂の神の祟りとあるが、祟ったのは鴨県主の神ではなく、山代直の山の神であったにちがいない。

山部と馬について、西田長男は、億計《おけ》・弘計《をけ》皇子の貴種流離譚をあげ、のちに顕宗・仁賢天皇となるこの両皇子の擁立には山部がかかわっていたとみる。(8) また、両皇子が播磨国に身を隠して「馬甘《うまかひ》・牛甘《うしかひ》に使はれたまひき」（安康記）、「人に困《たしな》み事《つか》へ、牛馬を飼牧《か》ふ」（顕宗紀）という記事について、西田長男は、「馬飼・牛飼は、必ずしも山部のみの専業ではなからうが、その顕著な職業の一つであったと思はれる。『賀毛郡山直始祖息長命』の子孫である上道臣息長牟射志が、能く馬を養ふの故を以て、聖徳太子に仕へて馬司に任ぜられ、仍って天智朝の庚午の造籍に当り、誤って馬養造に編せられたといふ、続紀、天平神護元年五月二十日の条の記事を想起すべきである」と書いている。(8)

右の文中の「賀毛郡山直始祖息長命」は、『播磨国風土記』の冒頭に登場するが、同風土記の賀毛郡山田里の条には、「猪養野《ゐかひの》」の地名と、その由来譚が記されており、同じ賀毛郡に山直（山部の管掌者）と猪飼がいたことがわかる。また『山背国愛宕郡計帳』（天平五年〈七三三〉頃の計帳）にも、「大猪甘人面宇麻後売」「大猪甘人面阿治売」の名が見える。なお、右の由来譚の猪飼を、風土記は「日向《ひむか》の肥人《くまひと》、朝戸君《あさべのきみ》」と記しているが、小野重朗は、南九州の猪を狩る儀礼として、大隅半島山地の柴祭、宮崎県米良山地のシシトギリ神楽、薩摩・大隅・日向に点在する山ン神講の「講狩」などをあげ、これは山村部落の部落民全員による儀礼であり、かつての隼人の焼畑狩猟生活に根ざすものであると説く。(9) おそらく、このような猪狩儀礼が賀茂祭の原型であろう。

『続日本紀』文武二年（六九八）三月二十一日条に、「山背国賀茂の祭の日、衆を会《あつ》め騎射するを禁ず」とある。四月の祭礼前に、このような禁令を出したのは、この祭がもともと山人の狩猟儀礼で、荒々しい祭だったためであろう。しかし、四年後の大宝二年（七〇二）の祭の直前（四月三日）には、「賀茂の神の祭日に、徒衆会集《つど》い、仗を執り騎射するを禁ず。唯当国の人は禁限に在らず」という勅令が出ている。これはおそらく、文武二年の禁令に対して「当国」の人たちの不満が出たため、他国人にのみ騎射を禁じたものと考えられるが、この禁令からみても、奈良朝初期の賀茂祭は、山城国の住人以外の人々も参加する盛大な祭だったのであろう。

丹後（丹波から分かれて丹後となる）の一ノ宮籠《この》神社の四月二十四日の大祭は、賀茂祭にならった古式の祭といわれ、葵《あおい》大祭という。この祭には暴れるだけの獅子舞が登場するが、鈴木棠三は、この獅子舞について、「賀茂の猪頭《ししがしら》に学んだものという」と書く。(10) 賀茂祭では参加禁止となった猪頭行事を、この地の人々が籠神社で行なうようになり、それがしだいに変化して暴れ獅子になったのであろう。この獅子は神社に暴れこむだけで、舞の芸能は行なわない。これについて鈴木棠三は「芸能の部分は失われた」とみるが、猪突猛進の猪頭行事を継承したのであれば、「芸能の部分」は最初からなかったはずである。

当国人に限って禁令を解いたが、賀茂祭の騒乱は相変わらずだったのか、和銅四年（七〇八）四月二十日には、「賀茂祭の日、今より以後、国司が年ごとに親しく臨みて検察せよ」との詔があった。たぶん和銅四年の賀茂祭が大荒れに荒れたので、以後は国司の指揮による役人の臨検によって祭の騒乱を防ごうとしたのであろう。なお、『万葉集』（巻六、一〇一七）には、大伴坂上郎女が天平九年（七三七）四月、賀茂社に参拝したとき逢坂山でうたった歌が載っているが、この参拝とは賀茂祭への参加を意味するものである。

しかし、賀茂祭の山人的荒っぽさは祭のたびに暴発するので、『類聚三代格』所載の天平十年（七三八）四月二十二日の官符は、「勅す。この年以来、賀茂の神の祭の日に、人馬を集め会すことを悉《ことごと》く皆禁断す。今より以後、意に任《まか》せて祭を聴く。但し、祭礼の庭で闘乱をおこす勿《なか》れ」と、令している。国司の陣頭指揮による管理も効果がないので、山人的狩猟儀礼を全面禁止し、祭の開催は国司の認可によるというのである。たぶん、それ以後の賀茂祭は、会衆が直接に参加する自由な祭でなく、会衆が国司管理の祭に見学者として参加する祭となったのであろう。

平安時代以降の賀茂祭

賀茂祭は、四月の中酉《なかのとり》の日（二の酉の年は下の酉の日）に行なわれていたが（『延喜式』太政官式）、応仁の乱後の文亀二年（一五〇二）に中絶、元禄七年（一六九四）に再興、明治三年に再び中絶、明治十七年に復興し、祭日を五月十五日に改めて今日に至っている。

現在の神事は、早朝、勅使らの行列が、京都御所を出発、建礼門前を通って高野川の葵橋を渡り、下社で祭典ののち、宮廷の儀式舞東遊《あずまあそび》や走馬などを行なう。次に、上社で再び祭典・東遊・走馬の祭儀を行ない、午後、賀茂堤を南下して、御所に帰る。

東遊は、もとは東国の神遊びで、のち宮廷芸能になったものだが、現在、武官舞として「駿河」「求子《もとめご》」の二曲が残っている。とくに東国の神遊びが選ばれていることにも、山人的狩猟儀礼の残映がうかがえる。走馬は、禁止された会衆参加の騎射行事の名残りであろう。

行列には、勅使以下が平安時代の装束を着けて参加するが、『源氏物語』葵の巻の葵上と六条御息所が物見車の置き場所をめぐって争ったことからも、盛大な祭であったことがうかがえる。また『十訓抄』には、

小松内府（平重盛）、賀茂祭見んとて、車四五輛ばかりにて、一条の大路に出給へり。物見車はみなたてならべて、すきまもなし。いかなる車かのけられんずらんと、人々目をすましたるに、ある便宜の所なる車どもを引出しけるを見れば、みな人ものらぬ車なりけり。かねて見所をとりて、人を煩はさじのために、むな車を五輛たておかれたりけるなり。そのころの内府のきらにては、いかなる車なりともあらそひがたくこそ有けめども、六条の御息所のふるき例もよしなくやおぼえ給ひけん。さやうの心ばせ情ふかし。

と書かれている。「六条の御息所のふるき例」とは、『源氏物語』をいっているのだが、平安時代の賀茂祭の盛大さが、この記事からもうかがえる。

賀茂祭を「葵祭《あおいまつり》」というのは、当日、祭祀にかかわる人々が挿頭《かざし》に葵を用い、家々の軒にも葵をかけるためだが、これについては、別雷神が生まれた御形山《みあれ》（御蔭山）に二葉の葵が生じた故事によるという伝えがある。また雷と地震

の厄除けになるという俗信もあるが、挿頭の葵は「(賀茂祭には) 葵楓《あおいかづら》の蘰《かづら》を造りて、厳《いつく》しく餝《かざ》りて待《はべり》たまへ」(『本朝月令』)とある頭髪の飾りである。「葵楓」は一般に「葵桂」と書くが、松尾の大祭も、葵桂を挿頭に使うので葵祭という。

神楽歌の「葛《かづら》」の歌に、「わぎもこが穴師の山の山人と人も知るべく山蘰せよ」とある。『古今集』巻二十の神遊の歌にも、「吾妹子《わぎもこ》」が穴師の地名「まきもくの」となってはいるが、同じ歌が載る。穴師が山人とかかわるのは、『播磨国風土記』の穴師の里を山守の里といい、里長が山部であることからも証されるが、賀茂社の祭の葵桂は、穴師の山人の山蘰と同じ意味であろう。賀茂祭で葵桂を重視する点にも、この祭の山人的性格が推察できる。

五月五日に上社では競馬《くらべうま》の行事がある。『賀茂皇太神宮記』には、「五月五日くらべ馬の神事は、堀川の院の御宇に勅願成就ましましければ天下の御祈としてはじめ寛治七年に敬神のためにくらべ馬をよせ奉らせ給ふよし所見也、かの武徳殿のおもかげをうつして、勝負につけて楽を奏し、神宝等先以前にわたる也」と書かれている。宮廷では、奈良朝以前から、例年五月五日の行事として競馬《くらべうま》が行なわれていた。平安時代には、親王以下諸官が走馬を献じ、武徳殿の庭に馬二頭を走らせて勝負を競った。寛治七年(一〇九三)、この「武徳殿のおもかげをうつして」賀茂競馬は行なわれたという。たぶん、古来の賀茂祭の騎射・走馬の伝統を、宮廷の端午の節供の行事としての競馬に仮託して、五月五日に賀茂競馬が行なわれたのであろう。

奈良時代の賀茂祭は、乱暴すぎて禁止されたが、平安時代の賀茂祭は、風流を尽くす車や供人装束が派手になったため、建久二年(一一九一)三月二十八日の御鳥羽天皇の宣旨で、華美を禁止された。その後も華美を避けて大祭は行なわれたが、『宣胤郷記』文亀二年(一五〇二)四月十九日条に、「賀茂の祭礼、乱るるによって沙汰に及ばず」とあり、以後中絶した。しかし、元禄七年(一六九四)から賀茂祭料として幕府から下行米を得て復興され、現在も葵祭と呼ばれ、京都御所―下社―上社の間に、華麗な王朝絵巻の行列をくりひろげている。

御阿礼神事について

賀茂社では、五月十五日の大祭を前にした十二日に、御禊神事と神御衣《かんみそ》奉献祭が行なわれ、その夜御阿礼《みあれ》神事が行なわれる。上社の北西約八町の丸山の山中、御生野の地に一定の地を画し、「御生《みあれ》(阿礼)所《どころ》」という神籬《ひもろぎ》(四間四方)を作る。この御生所の中央に、榊に四手《しで》(紙垂)を付した「阿礼木《あれぎ》」を立て、その根元から前面に、尖端に榊の枝を結びつけた「休間木《おやまぎ》」という長さ四間余の松丸太を二本、斜上に向けて扇形に出す。この休間木について、座田司氏は、「これは朝鮮でいう『ソトウ』と同様これを目標として神が降臨されるとの観念から造られているものであろう。恰も盂蘭盆会の魂祭に高き棒の尖端に燈籠を吊して点火するのと同様の思想から出発した形式のものである」と述べている(11)。

御阿礼神事は、午後八時頃から執行される。まず、御生所《みあれじょ》に向いて宮司以下祭員が奉幣を行ない、葵桂を烏帽子の左穴に挿す。そして献(饗饌)の儀、次に「摑みの御料」を行なう。これは、干物の魚の肉をほぐしたものとワカメを粉にしたものとを御飯に交ぜ合わせた御料を、宮司・祭員が神酒を飲みつつ摑み取って食するものである。そのあと手水《ちょうず》の儀があり、灯火が消されると、暗闇のなかで矢刀禰《やとね》五人が、宮司を含めた祭員五人の前に進み、ひざをついてそれぞれ一本ずつ阿礼木の榊をさし出す。その榊に宮司以下、順次祭員が手をかけ、秘歌を黙奏し、次いで榊の枝の三か所に割幣(四手)を結び懸ける。終わると矢刀禰五人は、この榊を持って正面神籬前の二基の立砂を左回りに三周する(上賀茂社の本殿前に二基の立砂があるのも、この御生所の立砂を模したものである。立砂は依代である)。こうして榊への神移しの儀が終了すると、宮司以下祭員らは、神館跡の仮屋の南庭に西面し、阿礼木となった榊の神幸を待つ。

この「榊御幸《さかきみゆき》」という神幸では、雅楽役が、笏《しゃく》を打ち、秘歌を黙奏して、矢刀禰五人に供奉する。阿礼木(榊)が神館跡の前を通過するときは、宮司らが平伏して秘歌を黙奏する。やがて上社に到ると、阿礼木(榊)は北門を経て楠橋を渡り、桜門の前を横切り、新宮門を入り、新宮神社の拝殿を三周する。この間、雅楽役が秘歌を黙奏。再び新宮門を出ると、矢刀禰二人が第一・第二の榊二本を棚尾社の大床に立て、他の三本は東切芝内の遙拝所(頓所)に立てる。この二か所での行事を「榊挿し」という。

この間、宮司以下祭員も神館の仮屋から出、松明《たいまつ》をともして北門に至り、「神幸了《おわ》る」の報告を別当代から受けて北門を入り、本社の本座に着く。そして、遙拝所の榊挿しの終了（「頓所仮駐」という）と同時に灯をともし、神座の扉を開いて葵桂を献じ、片山御子神社（片岡神社）にも葵桂を献じる。次いで祝詞を奏し、終わると神座の扉を閉める。

以上が、古文献の御阿礼神事の儀式を参考にした現行の祭儀次第である。この神事について、鈴木棠三は、「葵祭に先立って行う神秘の式で、神霊が神籠に降臨し、本社に神幸して鎮座する過程を再現する式である」と述べているが、(12)本社へは阿礼木（榊）の神幸はない。宮司らは、御生所から本社へ戻って祭儀終了の儀を行ない、葵桂を献じるだけである。しかも、この行事さえ、古い文献には記されていない。

このように、本社への神幸はなく、神の依代である阿礼木（榊）のうち、二本を棚倉社、三本を遙拝所（預所）に立てることからみて、榊御幸は、この二か所への神幸神事である。『台記』久寿二年（一一五五）四月二十日丙申（御阿礼神事の下の申日）条、左大臣藤原頼長の賀茂詣（上社）の記事には、

馬場立レ榊付ニ鈴木綿一、庶人或鳴レ之

とある。馬場とは遙拝所の切芝のことである。社伝によれば、中門前の門神を祀る棚尾社の前に立てられる阿礼木（榊）は、貴人のためのものであるという。したがって、古くは庶人のために馬場（切芝）、貴人のために中門前に、「鈴木綿」のついた阿礼木（榊）が立てられたのであろう。

伴信友は、「貫之《ノ》家集に、延長六年中宮の御屏風の歌『あれひきにひきつれてこそちはやふる賀茂の川浪うちわたりけれ』、順家集に賀茂の祭の申の日みあれひく、『わかひかむみあれにつけていのることなるく〱鈴もまつきこゆなり』、（中略）為忠家百首に為業朝臣、『はふりこかもろかつらして神山のみあれの鈴をひきならすかな』、西行が山家集に、月の夜賀茂にまゐりてよみ侍りける、『ねかふことみあれのしめにひく鈴のかなはすはよもならしとそ思ふ』（中略）など見えたる歌どもを、とりあつめて推考《オシカンガ》ふるに、あれひきとは祭日に詣《マヰデ》て、かの阿礼の賢木に延《ハヘ》たる綱に、注連《シメ》着《ツ》けたるを曳《ヒク》を、御阿礼曳《ヒク》くと云ひ体言にあれひきとも云、さて其の阿礼を曳《ヒキ》て、鈴の鳴《ナル》をもて、祈事の成就る表《シルシ》と卜《サダメ》たりときこえたり、其鈴はかの賢木に着

たるなるべし」と記している（『瀬見小河』二之巻）。

伴信友のいう「綱」は、『延喜式』内蔵寮式諸祭幣帛の賀茂祭の条にみえる、阿礼料の「布綱」のことで、阿礼の榊が倒れぬように用いた布綱に鈴と注連を着け、その注連を引いたのを、信友は歌にうたわれた「あれひき」とみたのである。

神幸の起源について、座田司氏は、「恐らく天武天皇が現在の地に社殿を造営せしめられて以来のことであろう」と書いているが、(11) 本社へは神幸がないのだから、社殿造営と神幸とは無関係であろう。奈良時代には、貴人・庶人の区別はなく、衆は会して騎射などをしている。たぶん、平安京ができて以後、神山（後述）の麓まで行くのを難儀に思う貴人や大宮人のため、便宜をはかって遙拝所への神幸となったのであろう（御生所も古くは神山にあったが、やがて本社に近い丸山に移ったと考えられている）。

かつて御生所《みあれどころ》には「神館《こうたち》」があった。『新古今集』巻三の式子親王（後白河天皇皇女）の「斎院に侍ける時、神館にて」と題する歌に、「忘れめやあふひを草にひき結びかりねののべのつゆの曙」がある。

斎院について

賀茂社の斎院（「イツキノミヤ」または「サイイン」と訓む）は、嵯峨天皇の皇女有智内親王を弘仁元年（八一〇）に卜定したことに始まる（『本朝月令』『一代要記』『賀茂斎院記』）。斎王《いつきのみこ》、阿礼乎止女《あれをとめ》ともいう。斎王には二、三歳から二十七、八歳までの未婚の皇女が選ばれ、たとえ幼女でも、成人の衣服を着て御阿礼神事に奉仕した。

式子内親王の歌について、『東野州抄』は「賀茂祭の時のかり屋をつくり、葵にてかざりて置奉る也」と述べ、『兼載雑談』は、「賀茂の祭の時は、斎院斎王のことを斯くもいふ神館にて庭に筵を敷て、二葉の葵を枕にして寝給ふなり」と、解説している。

現在は、神霊の降臨の儀礼と、依代となった阿礼木（榊）神幸の儀礼のみだが、賀茂別（若）雷命は御子（別・若）神なのだから、父神（火雷《ほのいかづち》神）の降臨儀礼の次に、神婚の儀礼があったはずである。斎王（阿礼乎止女）とは、『山城国風土記』逸文（後述）の、丹塗矢（火雷神）と神婚した玉依日売《たまよりひめ》である。神婚によって、神の子である賀茂の神（別雷命）が誕生（御阿礼）する。神館は、この神婚と御阿礼の秘儀が行なわれた所で、式子内親王の歌に「かりねののべのつゆの曙」とあるから、斎王は神館で一夜をすごしたのである。この神婚と御阿礼の神事は、賀茂祭の前日の中申日に行なわれ、「つゆの曙」とともに生まれた神（別雷命）の誕生を祝う祭が、中酉日の賀茂祭なのである。なお、酉日の三日前の午日には、斎王の賀茂川での禊事が行なわれた。

斎院は元久元年（一二〇四）後鳥羽天皇の皇女礼子内親王の卜定以降、廃絶している。それまでの四百年間ほど、阿礼乎止女は斎王だったわけだが、弘仁元年に斎王が卜定される前にも、賀茂社では、阿礼乎止女による御阿礼神事が行なわれていたはずである。

伴信友は「按に斎王を進《タテマツ》らざりつる以前は、旧より斎女の在りて、主とかの阿礼奉る神事の重き由緒をもて、阿礼乎止売と称《イ》ひけむを（本朝文集に、松《ノ》尾神社の古実を、始建二立神殿一立二阿礼一居二斎子《イツキコ》一、とあるをも思ひ合すべし、今賀茂の社役人の中に忌子《イムコ》とてあるは、賀茂の氏人の女子を撰ひて居《ス》うる例なりとぞ、これ上代の斎子《イツキコ》なるべし、かくて斎王を進らるる事となりぬる時より、斎《イツキ》と称《イ》ふ言を避て、忌子《イムコ》と称へるなるべし）、其《レ》に換へて斎王を進られ、主と御阿礼《ノ》祭に侍奉《ツカヘ》らしめ給へる由にて申す称《ミナ》なるべし」（『瀬見小河』二之巻）と書いている。皇女が阿礼乎止女になる前は、賀茂氏の子女が阿礼乎止女（『賀茂御祖神社注進状』の多多須玉依日売）になっていたのであろう。

貴船の神と賀茂社

『山城国風土記』逸文の「賀茂社」の記事には、賀茂《かも》建角身《たけつのみ》命の子玉依日売《たまよりひめ》が「石川の瀬見の小川に川遊びせし時、丹塗矢《にぬりや》、川上より流れ下りき。乃《すなは》ち取りて、床の辺に挿し置き、遂に孕《はら》みて男子《をのこ》を生みき」とある。この男子が上社の祭神、賀茂別雷《わけいかづち》命である。

「石川の瀬見の小川」とは賀茂川のことだが、賀茂川の川上は貴船である。貴布禰《きふね》神社の祭神は高龗《たかおかみ》神・罔象女《みずはのめ》・闇《くら》龗《おかみ》神などで、これらは大和の吉野の丹生川上神社の祭神と同じである。『延喜式』の祈雨神八十五座のなかに、「丹生川上社、貴布禰社各加二黒毛馬一匹一（中略）其霖雨不レ止祭料亦同、但馬用二白毛一」とあり、両社は祈雨神としても特別扱いだが、このような処遇から、やがて貴布禰社の祭神も、丹生川上社の神と同じになったのであろう。

貴布禰の神がはじめて文献にあらわれるのは、『日本紀略』弘仁九年（八一八）五月の条で、このとき大社に預り、六月に従五位下の神階をうけた。次いで七月には貴布禰神社と大和国室生山上龍穴に使を派遣して雨を祈らせ、十月には祈雨の験により報賽があったと記されている。このように、貴布禰神は弘仁九年に集中的に登場するが、室生の龍穴（室生龍穴神社）とともに祈雨の対象とされていることから推して、当時は龍神とみなされていたにちがいない。龗神も龍蛇神信仰の神である。

神武記の丹塗矢伝承では、丹塗矢が三輪山の大物主神の化身とされているが、雄略紀によれば、この神は蛇神・雷神である。貴布禰の奥社は貴船川の右岸の吹井の上に鎮座しているが、この吹井から湧く水が貴船川に注ぎ、やがて賀茂川の流れとなる。このことと、賀茂の神官たちがかつて貴布禰神社を川上社と称していたことからすれば、丹塗矢は貴布禰の奥社から流れてきたといえよう。

座田司氏は、貴布禰奥社と賀茂上社を奥宮と里宮の関係としてとらえ、いずれの祭神も別雷神とみて、御阿礼神事の「御阿礼所に於いて奉遷した神霊も貴布禰新宮の神霊も同一神霊である為といはなければならぬ」と書く[13]。しかし貴布禰の神は丹塗矢であり、この神（火雷神《ほのいかづち》）と賀茂県主の女（阿礼乎止女）との神婚によって、賀茂別雷命が誕生する。その神事が本来の御阿礼神事である（現在の御阿礼神事は、阿礼乎止女が神館で神の一夜妻になる神婚神事が略されている）。したがって、平安朝中期から後期頃に創建された貴布禰新宮（上社の現摂社）の祭神は、別雷命ではなく火雷神（丹塗矢）の神霊と考えられる。

御阿礼神事について、座田司氏は、「最初は上社の北北西、十数町の距離に吃立する神山《こうやま》の山頂、石座の前庭並びにその南麓、神原の地で行なわれたのであろう」と書いている[11]。神山は現在、禁足地だが、『名所都鳥』にも、「ある説に賀茂の明神はじめて、此所にあらはれ給う。さるによって御生《みあれ》所の山とも、御影《みかげ》山とも、いふなりと、又賀茂山ともいふ也」とある。

上社の本殿は、社伝によれば天武天皇六年に造営されたというが、この本殿はもともと神殿ではない。かつては本殿の背後にも扉があり、祭事の場合、後方の扉を開いて祭祀を行なっていた。本来は「遙拝殿」だったのである。その扉が廃されたあとは、扉形の板が取り付けられていたが、扉形の板も天正の造営のとき除去され、普通の神殿になったという（このことについては座田司氏の『賀茂社祭神考』および「御阿礼神事」に詳細に記されている）。

この遙拝殿（現本殿）は、真北よりやや西寄りの方角を背にしており、その方位に神山々頂（標高三〇一・五メートル。上社との距離は約二キロ）が位置している。また神山の北方五キロには貴船山があり、その西麓に貴布禰奥社の鎮座する貴布禰谷がある。しかも、神山々頂とその南麓の神原（ここには阿礼ヶ池という池がある）の貴布禰新宮と、現在の御生（阿礼）所（神山と上社本殿の中間の丸山（標高一五三・五メートル）の山頂）と、上社本殿は、一直線上にある。これらの事実から推して、最初は座田説のように神山々頂の磐座、次は神原、最後は丸山という順に、賀茂上社に近い場所へ貴布禰の神の降臨地を移し、その場所で御阿礼神事を行なったと考えられる。上社本殿は本来、神山を通して貴船山もしくは貴布禰奥社を拝するためのものであろう。

座田司氏は、この貴布禰の神を別雷命とみて、貴布禰と賀茂の両社の関係を、同じ賀茂別雷命を祭神とする奥宮・里宮の関係とみる[13]。一般に奥宮・里宮は、春になって山の神が里に降りて田の神となる関係をいうが、賀茂の神は、単に山の神が里へ降臨したものでなく、山の神と里の女（この場合は鴨県主の女）との神婚（丹塗矢と多多須玉依日売）によって生まれた賀茂別雷命なのだから、貴布禰社は火雷《ほのいかづち》神、上賀茂社は火雷神の子別雷《わけいかづち》命であり、単なる奥宮・里宮の関係ではない。

『山城国風土記』逸文の賀茂社の記事は、丹塗矢（火雷神）は賀茂川（瀬見の小川）の川上から流れて来たとするが、川上の貴布禰の神については触れていない。理由は、貴布禰神が、賀茂氏進出以前から居住していた山背（代）国造の祀る土地神だったためであろう。

『山城国風土記』逸文では、丹塗矢は「乙訓《をとくに》の郡《こほり》の社《やしろ》に坐《いま》す火雷《ほのいかづち》神」とある。川上から流れてきた別雷神の父神火雷神が、賀茂社より下流の、賀茂川と桂川の合流点の西岸、乙訓の地に祀られた理由は、前述したように、賀茂氏の進出経路として、そこが「上」に当たっていたからであろう。座田司氏によれば、上賀茂社には、貴布禰の神を賀茂別雷神の「元つ神」とする伝承があるという。[2] 祖神を元つ神と解して、乙訓と区別しているが、川上から流れてきた丹塗矢(火雷神)は、貴布禰から流れてきたとみるのが自然であろう。賀茂氏としては乙訓→賀茂だが、これは観念上の問題で、現実の祭祀では、川上は貴布禰であった。だから、賀茂神の父神は乙訓に坐すとしながら、貴布禰神を「元つ神」といったのであろう。

いずれにせよ、賀茂社と貴布禰社の関係の密接さは、賀茂の神が貴布禰の山の神の御子神であることによるものと思われる。賀茂社の正禰宜を「鴨山守」というのも、そのためであろう。賀茂祭が盛大なのも、古くから先住の山背(代)国造らが祀っていた山の神を、この地に進出した鴨県主らが受け継いだからであろう。

奈良朝の頃までは、貴布禰の神は山城国造の神、川上の賀茂の神は鴨県主の神と、はっきり区別がなされていた。ところが、平安時代に入って貴布禰社は、賀茂社の勢威拡大の結果、一方的に賀茂社の摂社となった。この摂社化に対して貴布禰社は独自性を主張し、平安時代から江戸時代まで係争がつづいた。それは単なる土地争いや奥宮・里宮の関係によるものではなく、もっと根の深い問題(山背国造と鴨県主の関係)があったためと考えられる。

『延喜式』神名帳に、下社は賀茂御祖神社二座とある。「御祖神社」というのは、東殿に別(若)雷命の母玉依姫命(多多須玉依日売命)を、西殿に祖父賀茂建角身命を祀るからである。

下社の創祀と秦氏

『山城国風土記』逸文の賀茂社の記事には、

可茂建角身命《かもたけつのみのみこと》、丹波の伊可古夜日売《いかこやひめ》、玉依日売《たまよりひめ》、三柱の神は、蓼倉《たでくら》の里の三井《みゐ》の社《やしろ》に坐《いま》す。

とある。伊可古夜比売は建角身命の妻だが、下社のことは記されていないから、『風土記』撰進の和銅年間に下社はまだ存在せず、前述したように、奈良朝中期の天平年間に創建されたと考えられる。下社は賀茂川・高野川の合流地に創建されたため、河床の変化によって平安後期ごろ現在地へ遷ったとみられているが、[14] 創建時の場所とあまり離れてはいないようである。

下社のある「糺《ただす》の森」には、河合神社が鎮座する（現在の下社の南方、賀茂川と高野川の合流点の北岸）。下社にとって最も重要な第一摂社である。賀茂社の摂社で名神大社は貴布禰・三井・河合社であり、河合社は、寛元二年（一〇一七）には、貴布禰・片岡社とともに正二位に叙せられている（『百錬抄』『小右記』）。下社にとって、上社の貴布禰にあたるのが三井社なら、上社の片岡社（片山御子神社）にあたるのが河合社である。『山城名勝志』の河合の条にも、「社家説云、河合《タダス》玉依姫也、上社片岡同体」云々とある。

私は、河合社こそ下社の原点で、下社の創建には秦氏がかかわっていたとみるが、その理由を次に述べる。

第一に、下社のある糺の森は、本来は河合社の森であった。「河合社」と書いて「タダスノヤシロ」と訓むのが慣例である。『太平記』巻十五に「河合森《タダス》」とある。『新古今集』の慈円の歌の「ただすの宮」も河合社をいう（『京都市の地名』河合神社の項）。ところが、この「ただすの宮」に対する「元ただすの宮」は、秦氏が祭祀する木島社である（木島坐天照御魂神社の項参照）。

第二に、河合社が「只洲社《ただす》」（『拾芥抄』『色葉字類抄』）とも書かれることから、「タダス」は河合の洲の意味と解されているが（『京都市の地名』糺森の項）、この解釈では「只」の意味が不問になっている。「只《ただ》」は「直《ただ》」と同源であり、木島坐天照御魂神社の項で述べたように、「タダス」は朝日の「直射《たださ》す」の意であろう。神山山頂—現御生所《みあれどころ》—上社本殿が直線で結ばれるように、四明岳（比叡山の最高峰）山頂—糺の森（下社・河合社）—元糺の森（天照御魂社・蚕の社）—日埼峯（松尾大社旧跡）も直線上に並んでいる。しかもこの直線は、四明岳に昇る夏至の朝日の遙拝線である（木島坐天照御魂神社の項の図を参照）。前述の上社を通る線が丹塗矢の線なら、下社のそれは『古事記』のいう鳴鏑矢の線である。この線上に秦氏の神社（天照御魂社・養蚕社と松尾大社）が位置していることからみても、下社がこの地に創始された理由が推察できる。

第三に、『鴨県主家伝』には、大宝三年から養老元年まで賀茂社の禰宜だった黒彦の弟の松尾祠官都理、その弟の稲荷祠官伊呂具は、本姓は「葛野県主」だが、秦姓を賜わったとある。この家伝は、成務天皇の五年に大止知命が「可茂山守葛野県主」になったと記しており、松尾・稲荷社の祠官が賀茂氏系とされたのも、それと関連してのことであろう。一方、『秦氏本系帳』には、「鴨氏人《うじびと》を秦氏の聟《むこ》と為し、秦氏、愛聟に鴨祭を譲り与う。故に今、鴨氏、禰宜と為《し》て祭り奉るは、此の縁なり」と書かれている。秦氏が賀茂社にかかわっていたため、賀茂・秦の両氏とも、その関係をそれぞれ都合のいいように解しているが、『延喜式』内蔵寮式や、『本朝月令』の賀茂祭条も、松尾社の社司らの賀茂祭参加を記している。こうした秦氏と賀茂氏の関係は、両氏が葛城から山城へ進出したときからのものであろうが、下社創建ののちには、さらに深まったと考えられる。

第四に、河合神社は『延喜式』神名帳では「鴨川合坐小社宅神社」というが、この「小《を》社宅《こそべ》」という社名にも、秦氏とのかかわりが窺われる。「コソベ」には「社戸《こそべ》」（天武紀元年七月条）、「社部《こそべ》」（『出雲国風土記』島根郡）と書かれた例があるが、「宅」は「戸」の意である。「コソ」は、新羅の赫居世の「居世《こせ》」と同じで、聖なる人はまた土地、「マツリゴト」を行なう人または場所の意で、それが転じて神社を「コソ」というようになったのである。新羅王子天之日矛《あめのひぼこ》の妻を祀る神社を姫社《ひめこそ》（比許売曽）という。また、天之日矛の子孫がまつる筑前国怡土《いと》郡託社《たくこそ》（杜）郷にある高祖《たかす》神社は、「託《たく》社《こそ》」が「高祖《たかそ》」になり、「タカス」と呼ばれるようになったものである。他方、伊勢国三重郡の小社《おこそ》（許曽）神社は、員《いな》弁《べ》郡北大社（現在は「オオヤシロ」と訓む）にある猪名部《いなべ》神社の大社《おおこそ》に対する小社であるが、猪名部も新羅からの渡来集団である（応神紀三十一年条）。このように新羅系の神社の多くに「コソ」がつくが、秦氏もまた新羅系である。岸俊男は「日本における『戸』の源流」[16]で、春日戸（部）・飛鳥戸について、「大和朝廷が朝鮮から渡来した人たちの集団を『――戸』と称し」たとみる。つまり「社戸《こそべ》」とは、神社に奉仕する渡来人の集団をいう。下社の第一摂社が「小社戸（宅）」なのは、下社が本来「賀茂大社御祖神社」ともいうべき存在だったからであろう。

祭神について

上社の祭神が賀茂別雷神であることは、『山城国風土記』逸文にも明記されており、別雷神社という名称からも明らかだが、問題は下社の祭神である。『延喜式』には二座とあるが、別雷神の母である玉依日売については問題がない。問題はもう一座の御祖神である。現在は建角身命とされているが、この祭神については異論がある。

宝永二年（一七〇五）の序のある『山城名勝志』は、『延喜式』神名帳の頭注に「一社ハ大己貴子大山咋ノ神、一社ハ玉依日女也」とあることと、『二十二社次第』に「御祖社ノ別雷神御父大山咋ノ神也、松尾日吉同体也」とある例をあげ、大山咋神とする。本居宣長も、「（鴨長明四季物語）ト云フ物ニ、下鴨ト申奉ルモ大山咋御神ニテ坐シテ是モアリガタク松尾日吉ナド旨々同ジ神スガタナルベシト云リ、四季物語ハ長明ガ作レルニハ非ルカ、下鴨ヲ大山咋神ト云事ハ他書ニ見エヌ事ナリ、然レドモ下鴨ハ式ニ賀茂御祖神社二座トアレバ彼丹塗矢ノ霊ト玉依比売ト二座ナランカ、コレ別雷神ノ御父母ナル故ニ御祖トハ申ナルベシ、サテ御父ナレドモ丹塗矢ハ松尾乙訓ニ主トシテ祀ル故ニ下鴨ニテハ玉依日売ヲ表ニ祀ルナルベシ」と書いている（『古事記伝』）。『神社覈録』も、『山城名勝志』『古事記伝』の諸説をあげ、大山咋神とする。私もこの説をとる。

鴨長明（一一五五—一二一六）は、平安末から鎌倉前期の人物で、『方丈記』の著者として名高い。父は下社の正禰宜であった。その長明が祭神を大山咋神《おおやまくい》としていること、前述のように、下社の創始に秦氏がかかわっていること、賀茂祭に松尾社がかかわっていること、松尾社の祭神が大山咋命であることからみても、大山咋説は無視できない。しかも、大山咋神を祀る日吉大社には、伴信友が『瀬見小河』で『賀茂県主系図』や『日吉社神道秘密記』などいくつかの文献を引いて考証しているように、賀茂氏がかかわっている。

『一宮記』や『二十二社註式』が下社の祭神を大己貴《おおなむち》神とするのは、『神社覈録』が書くように、大己貴神と大山咋神を同神とみているからだが、神武記によれば、大己貴神の亦の名の大物主神も丹塗矢になっており、本居宣長が大山咋説をとるのも、丹塗矢（火雷神）を鳴鏑矢（大山咋神）とみてのことである。

『山城国風土記』が書かれたころに下社はまだなかったが、三井社（『延喜式』の三井神社）はすでにあり、建角身命と伊可古夜日女《いかこやひめ》の夫婦（ヒコ・ヒメ）と子の玉依日女《たまよりひめ》（比売）を祀っていたと考えられる。この祭神の関係は、『肥前国風土記』逸文に、杵島山《きしま》には三つの峰があり、ヒコ・ヒメ神と御子神を祀ると記された関係と同じである。建角身命は伊可古夜日女と対（ヒコ・ヒメ）であって、玉依日女と対ではない。玉依日女に対するヒコは丹塗矢（火雷神）である。

しかし下社のヒコ神は鳴鏑矢（大山咋神）であろう。それは、日吉—松尾という鳴鏑矢ライン上に下社が鎮座すること、近江の日吉大社の本源とみられる東本宮系四社の祭神が、大山咋命と鴨玉依比売であることから裏づけられる。しかも、上社には摂社として貴布禰新宮はあるが日吉神社がなく、下社には摂社として日吉神社と貴布禰神社はあるが、順位は第六が日吉社、第七が貴布禰社で、貴布禰より日吉が上位に位置づけられていることをみても、大山咋神（物《もの》実《さね》・形代《かたしろ》が鳴鏑矢）を重視する下社の態度がわかる。それは、日吉—松尾の関係からも推測されるように、下社の創祀に秦氏がかかわっていたためであろう。

注

（1）井上光貞「カモ県主の研究」『日本古代国家の研究』所収、昭和四十年。
（2）座田司氏『賀茂社祭神考』六二頁、昭和四十七年。
（3）京大考古学研究会『嵯峨野の古墳』一三九—一四〇頁、昭和四十年。
（4）上田正昭「神々の世界」『京都の歴史・1』所収、昭和四十五年。
（5）日本歴史地名大系27『京都市の地名』一一〇八頁、昭和五十四年。
（6）井上光貞「帝紀からみた葛城氏」注1前掲書所収。
（7）直木孝次郎「大王家と葛城氏」「東アジアの古代文化」四一号。
（8）西田長男「古事記・日本書紀・風土記の原資料——『山部』の伝承を通路として」『日本古典の史的研究』所収、昭和三十一年。
（9）小野重朗『農耕儀礼の研究』一〇三頁、昭和四十五年。
（10）鈴木棠三『日本年中行事辞典』四〇七頁、昭和五十二年。
（11）座田司氏「御阿礼神事」「神道史研究」八巻二号。
（12）鈴木棠三、注10前掲書、四〇六—四〇七頁。

(13) 座田司氏、注2前掲書、九九頁。
(14) 泉谷康夫「賀茂御祖神社」『式内社調査報告』第一巻所収、昭和五十四年。
(15) 岸俊男「日本における戸の源流」『日本古代籍帳の研究』所収、昭和四十八年。

熱田《あつた》神宮——草薙剣と尾張氏と八岐大蛇神話

熱田神宮について、『尾張国風土記』逸文は次のように書く。

熱田の社《やしろ》は、昔、日本武《やまとたける》命、東《あづま》の国を巡歴《へめぐ》りて、還《かへ》りたまひし時、尾張連等が遠祖、宮酢《みやず》媛《ひめ》命に娶《あ》ひて、其の家に宿りましき。夜頭《よるのほど》に厠《かはや》に向《い》でまして、随身《おば》せる剣を桑の木に掛け、遺《わす》れて殿に入りましき。乃《すなは》ち驚きて、更往《またゆ》きて取りたまふに、剣、光《かがや》きて神の如し、把《と》り得たまはず。即ち宮酢姫に謂《の》りたまひしく、「此の剣は神の気あり。斎《いつ》き奉《まつ》りて吾が形影《みかげ》と為《せ》よ」とのりたまひき。因《よ》りて社を立てき。郷《さと》に由《よ》りて名と為《な》しき。

草薙剣の伝承

『日本書紀』も、景行天皇五十一年八月四日条で、次のように書く。

日本武尊《やまとたける》の佩《はか》せる草薙横刀《くさなぎのつるぎ》は、是今《これいま》、尾張国の年魚市《あゆち》郡の熱田社に在り。

この草薙剣について、『日本書紀』は、景行天皇四十七年十月七日条に、次のように書く。

日本武尊、道を枉《よぎ》りて伊勢神宮を拝《をが》む。仍《よ》りて倭姫命に辞《まかりまう》して曰《のたま》はく、「今天皇が命《おほみこと》を被《うけたまは》りて、東に征《ゆ》きて諸《もろもろ》の叛《そむ》く者どもを誅《つみな》へむとす。故《かれ》、辞《いとままうし》す」とのたまふ。是《ここ》に、倭姫命、草薙剣を取りて、日本武尊に授けて曰く、「慎《つつし》め。な怠《おこた》りそ」とのまたふ。

この記述によれば、草薙剣は伊勢神宮にあった宝剣である。

また『古語拾遺』によれば、この草薙剣は、崇神天皇のとき、八咫《やた》鏡と共に宮中から倭の笠縫邑《かさぬいむら》に遷したもので、笠縫邑から、倭姫に奉じられ、鏡と共に伊勢へ運ばれたという。

『古事記』と『日本書紀』本文によれば、宮中にあった草薙剣は八《や》岐大蛇《またのおろち》の尾の中にあった剣で、素《す》戔嗚《さのを》尊から天神

(天照大神)に献上されており、『古事記』と『日本書紀』一書の一よれば、献上された草薙剣は天孫降臨のとき、天照大神が瓊々杵《ににぎ》尊に与えている。これらの伝承によれば、草薙剣の所持者は、

八岐大蛇→素戔嗚尊→天神(天照大神)→瓊々杵尊→倭姫→日本武尊→宮簀(酢)姫

となり、場所でいえば、

出雲→高天原→皇居→笠縫邑→伊勢神宮→尾張連家→熱田神宮

となるが、「皇居→笠縫邑→伊勢神宮」と記しているのは『古語拾遺』のみであり、『古語拾遺』は、笠縫邑に移したあと、皇居に置く神宝を新しく作ったとして、次のように書く。

更に鏡を鋳、剣を造らしめて、以て護《まもり》の御璽《みしるし》とす。是れ今、践祚《せんそ》の日、献《たてまつ》る所の神璽の鏡・剣なり

このような『古語拾遺』の書き方に対して、『古事記』と『日本書紀』では、八岐大蛇の尾の中から出てきた剣と日本武尊の草薙剣との間に一貫性がなく、『古語拾遺』のような、二つの剣をつなげるような記事もない。

『日本書紀』(一書の二)は、素戔嗚尊が八岐大蛇を斬ったとき、尾の中にあった剣について、次のように書く。

是を草薙剣と号《なづ》く。此《こ》は今、尾張国の吾湯市《あゆち》村に在す。即ち熱田の祝部《はふりべ》の掌《つかさど》りまつる神是なり。

本文は「熱田社に在り」と書き、一書の二が、「熱田の祝部の掌りまつる神」と書くのは、両者が別々の剣であることを暗示している。

津田左右吉は、この相違に注目し、草薙剣について、「ヤマトタケルの命の物語に於いては、記紀ともに、それが神宝であったといふやうなことは全く述べてない。さうしてヤマトタケルの命についての此の剣の話と、神宝の起源を説いた物語に見える神宝の観念との間にも、また調和し難い点がある。ヤマトタケルの命の話では、剣を比較的軽く取扱っているのである」と書き、草薙剣に関するヤマトタケルの話は、「神宝といふ観念とは関係なく、存在してゐたのではあるまいか。さうして本来独立した説話に見えてゐた草薙剣が、何等かの事情から、神宝物語の中に地位を占めるやうになったのではあるまいか。古語拾遺に見える話には、斯ういふ歴史があるのではあるまいか」と書いている。また、

「草薙剣がスサノヲの命から日の神に献上せられたものであるといふ話は、神宝物語にそれが現はれてから後に生じた思想であらう」とも書いている。(1)

津田左右吉は、八岐大蛇の尾から出た剣の天神(日の神)献上は後世の付加とみるから、当然、天孫降臨のときの下賜も付加とみる。特に「三種」とあるのは、「三の数を重んずるやうになった特殊の思想の影響もあるらしい」と書き、「三種の神器」を天孫に下賜した記事は、「最後に世に現はれたものであることは、おのづから推知せられよう」と書いている。(1)

以上述べたように、八岐大蛇の尾の中から出てきた剣と、日本武尊が置いていった剣は、別のものと考えられる。熱田神宮にあった日本武尊の草薙剣は、盗難にあっている。

本宮と別宮と神体の剣

『日本書紀』の天智天皇七年条に、

是歳《このとし》、法門《ほうし》道行、草薙剣を盗みて、新羅に逃げ向《ゆ》く。而して中路《なかみち》に雨風にあひて、荒迷《まど》ひて帰る。

とあり、また、天武天皇朱鳥元年六月十日条には、

天皇の病を卜《うらな》ふに、草薙剣に祟れり。即日、尾張国の熱田社に送り置く。

とある。道行の盗んだ熱田神宮の草薙剣が祟ったのは、熱田へ返さず、宮中へ置いておいたからだというのである。

『熱田宮旧記』の「別宮、八剣宮」条には、

天智天皇七戊辰年、本宮神剣、依㆓外賊之難㆒、出㆓辺境㆒。奉㆑移㆓帝都㆒、至㆓天武天皇朱鳥元丙戌年㆒遷座、造㆓建別殿㆒、比㆓草薙剣徳㆒、祝㆓八州安国㆒、称㆓八剣宮㆒祭㆑之

とある。盗まれた「本宮神剣」は戻ってきたが、本宮に祀られず、別宮八剣宮を建てて祀られたというのである。他の熱田関係文書は、本宮に戻ったと書くのに、なぜ『旧記』は、このような異伝を載せているのだろうか。

吉田研司は、「祈年祭と新嘗祭以外は熱田社に先んじて八剣神社でまず祭祀が行なわれているということは、あるいは古代にまでさかのぼることかもしれない」と書いて、『旧記』の伝承を無視し、「尾張の地方神の剣神を祀る神社が八

剣神社」で、「日本武尊の東征物語に登場する草薙剣とは、この尾張の地方神の剣神の性格を反映したものではなかろうか」と述べ、その剣神を「皇位のシンボルとしての草薙剣と結びつけ、草薙剣は熱田社に祀られていると主張した」と書く[2]。つまり、「地方神の剣神（日本武尊伝説の草薙剣）」を八剣神社で祀り、その後、皇位のシンボルの剣に結びつけ、新しく熱田神宮を創祀して草薙剣（八岐大蛇の尾から出た剣）を祀ったとみるのである。

この吉田説をとれば、八剣神社は熱田神宮より古いことになるが、この前提には問題がある。

第一に、新年祭と新嘗祭を除いて別宮の八剣神社が先に祭祀を行なうのは、格の高い方が後で行なう慣例にもとづいたもので、このことをもって別宮の方が古いということはできない。第二に、『熱田宮旧記』の伝承を無視している点で説得力がない。

『旧記』は、天武天皇朱鳥元年（六八六）に八剣神社が創祀されたと書く。また『尾張志』は、元明天皇の和銅元年（七〇八）九月九日に多治比池守と安倍宿奈麻呂等を勅使として遣わし、草薙剣にちなんだ新造の宝剣を祀らせたのが、八剣神社の創祀であると書く。このような伝承からみても、八剣神社が熱田神宮より古いとはいいがたい。

垂加神道の学者玉木正英が書いた『玉籤集』の裏書に、熱田神宮の神官杉岡正直らが元禄時代に見た神体の実見談が次のように記されている。

> 熱田大宮司社四五人、志を合せ、密に御神体を窺奉る。土用殿の内陣に入るに、雲霧立塞りて物の文も見えず、故各扇にて雲霧を払ひ出し、隠し火にて窺奉るに、御璽は長五尺許の木の御箱なり。其の内に石の御箱あり、箱と箱との間を赤土によくつつめり。石の御箱内に樟木の丸木を箱の如く、内をくりて、内に黄金を延べ敷き、その上に御神体御鎮座あり、石の御箱と樟木との間赤土にてつつめり、御箱毎に御錠あり皆一つ鎰にて、開様は大宮司の秘伝といふ。御神体は長さ二尺七八寸許り、刃先は菖蒲の葉なりにして、中程はむくりと厚みあり、本の方六寸許りは節立て、魚などの背骨の如し、色は全体に白しと云々

この記事を紹介した考古学者の後藤守一は、「刃先は菖蒲の葉なりにして」とあるところから、「大刀身でなく、剣

身」とし、「剣身であるの故を以て、弥生時代か又は古墳時代前期の頃のもの」とみる。そして、「色は全体白し」とあるから鋳造された白銅製の剣で、「本の方六寸許りは節立て、魚などの背骨の如し」とあるから、福岡市の聖福寺蔵銅剣の柄部の形に似ていると書く。また、長さが「二尺七八寸許り」は、銅剣が一般に「一尺にも満たないものばかり」だから、「古代日本のものとしては稀有のもので」、それゆえ「神器の一つとなったのだろう」と推測し、結論として、「この柄に節状の隆起があるというのは、鉄剣には絶対ない形式であることからいっても、そして全体が白いという記事からいっても、これが銅剣であることは確かである。そして、これが銅剣である以上弥生時代のものであることも確実であり、古墳時代のものではない」と書いている。(3)

また窪田蔵郎は、「これは明らかに有柄形式の青銅剣である」と書き、福岡県前原町三雲出土の細形銅剣をあげている。(4)この銅剣は、後藤守一が例示する銅剣と同じものである。

天智紀・天武紀と『熱田宮旧記』『尾張志』の伝承を合わせれば、神体の青銅剣とは別に神宝としてあった日本武尊伝承の草薙剣が盗まれて戻ってきたあと、再び盗まれないように、別宮(八剣神社)をつくってそれを納め、神として祀ったということになる。垂仁紀に、神宝として石上神宮に剣が奉献され、神庫に保管されたとあるように、草薙剣も熱田神宮の神庫に神宝として保管されていたのであろう。おそらく本宮(熱田神宮)の銅剣こそ、八岐大蛇の尾から出た剣の伝承にかかわるもので、別宮(八剣神社)は、盗まれて戻ってきた草薙剣を祀る神社と推測される。

景行紀は、日本武尊の草薙剣について、「熱田社に在り」と書き、「まつる」とも「神」とも書いていないが、八岐大蛇の尾から出てきた剣については、「熱田の祝部の掌《つかさど》りまつる神」と書いている。このような違いも、私の仮説の裏づけになる。

吉井巌は、皇位のシンボルの剣と日本武尊の剣を別の物とする津田説に立って、日本武尊の草薙剣は伊勢神宮の剣になっているが、本来は熱田神宮の剣であったと書く。(5)松前建は、八岐大蛇の尾から出た剣、天孫降臨のときのレガリヤとしての剣、日本武尊の東征の剣は、「もともと別物であった」と書く。(6)また吉田研司も、三つの剣は別の伝承によるものでのちに「同一の皇位のシンボルの剣として統合され、『草那芸剣』、『草薙剣』という一つの名称で呼ばれたのであろう」と書いている。(2) つまり、「熱田の祝部の掌りまつる神」としての剣（八岐大蛇の尾の中から出てきた剣）と、「熱田社に在る」と書かれている日本武尊の草薙剣を「天孫降臨の際の剣」の伝承で結びつけて、一つの剣のように仕立てたというのである。

天孫降臨の三種の神宝の記事（『日本書紀』一書の一と『古事記』）が、『日本書紀』本文と他の一書の天孫降臨記事に比べてもっとも新しいことは、津田左右吉以降、多くの研究家が指摘している。三種の神宝の記事の成立過程のなかで、「八岐大蛇の尾から出た剣」には天神（天照大神）奉献の伝承が付加され、「日本武尊の東征の剣」には、伊勢神宮の神宝の剣とする伝承が付加されたのであろう。

熱田神宮の神体の銅剣と尾張氏

八岐大蛇伝説は、鉄の十握剣が銅の十握剣に勝った話であろう。

八岐大蛇を斬った十握剣が鉄剣であることは、『日本書紀』が一書の三で、この剣を「韓鋤《からさひ》之剣」と書いていることからもいえる。「サヒ」は朝鮮語の鉄、「쇠 sö」の転訛と考えられる。そのことは畑井弘や窪田蔵郎も述べているが、窪田蔵郎は、鋤を東北地方では、「쇠」と同じ発音で「ソ」といっているから、「サヒは鉄そのもの」であると書き、(7) 畑井弘は私説と同じく、八岐大蛇伝承について、「鉄が銅を征服したという寓意をそこに発見できる」と書く。(8)

この伝承については、朝鮮から渡来したオロチョンとか高志《こし》族と呼ばれる製鉄民族に、砂鉄の鉱区を奪われそうになった出雲人たちを、スサノヲが助け、ヲロチ（渡来者）の持っていた剣をとりあげ、アマテラスに献上したという解釈がある。しかし、『日本書紀』（一書の二）は、スサノヲの剣を「韓鋤之剣」と書き、一書の四は、スサノヲは子のイタケル神を連れて新羅から出雲へ来たと書く。このような伝承からみれば、スサノヲは、鉄剣をもった渡来の製鉄氏族の象徴と解釈した方がよいだろう。あるいは、ヤマト政権が、新しい製鉄技術をもった渡来氏族を出雲へ派遣したことの反映とも解しうる。

『日本書紀』は、神武天皇即位前紀に、

高尾張邑 或本に云はく、葛城邑といふ。に、赤銅《あかがね》の八十梟帥《やそたける》有り。此の類《ともがら》皆天皇と距《ふせ》き戦はむとす。

と書く。この話も、アカガネタケル（銅剣）をクロガネタケル（鉄剣）が討った話であろう。神武天皇を「日本磐余彦《やまといわれひこ》」というが、日本武尊が西国・東国のヤソタケルを討ったのに対し、日本磐余彦はヤマトのヤソタケルを討ったことになる。赤銅のヤソタケルのいた場所が高尾張邑であることからみても、尾張と赤銅の結びつきが推測できるが、剣という観点からすれば、八岐大蛇の伝承は、新しい技術（製鉄）が古い技術（製銅）に勝った話といえよう。

允恭記によれば、木梨之軽太子《ひつぎのみこ》と穴穂御子《みこ》が皇位を争ったとき、軽太子は大前小前宿禰（『紀』では「物部大前宿禰」）の家に逃げこんで兵器を作った。「その時、作れる矢は、その箭《や》の内を銅《あかがね》にせり。故、その矢を号《なづ》けて軽箭《かるや》と謂《い》ふ」とあり、穴穂御子の「作れる矢は、今時《いま》の矢なり。是は穴穂箭《あなほや》と謂ふ」とある。本居宣長は『古事記伝』で、「箭の内」は「箭の前」の誤記とし、軽箭は銅鏃、穴穂箭は鉄鏃と解すが、私も宣長説を採る。

日本思想大系『古事記』の補注（青木和夫執筆）は、「考古学的には、縄文・弥生時代の石鏃・骨鏃に次いで、銅鏃が用いられていたのはせいぜい古墳時代中期までで、後期以後は鉄鏃が一般であったといわれる。そこで『軽箭』は古い型の銅鏃の矢、『穴穂箭』は新しい型の鉄鏃の矢という意になる。なお、『穴穂箭』の『穴』は鉄、『穂』はその秀でた物といい（西宮一民）、『軽箭《かるや》』の「軽」には粗末という意味もある」と書くが、軽矢の「軽」は朝鮮語「カリ」の転で、銅のことであろう。

銅鐸や銅剣は三世紀には消え、銅鏡や銅鏃は五世紀ころまでは残っていたが、銅鏃も結局は消えた。この銅器製作にかかわっていたのが倭鍛部《やまとかぬち》（倭鍛冶部）である。「鍛部」とあるからといって、鍛造だけにかかわっていたとみるべきではない。

古い金属精錬の工人集団が倭鍛部で、渡来の新しい工人集団が韓鍛部《からかぬち》だが、倭鍛部には、尾張氏や物部氏に系譜をつなげる工人氏族が入っており、高崎正秀は、尾張・物部の両氏を倭鍛部にかかわる氏族とみている。(9)『日本書紀』綏清天皇即位前記に「倭鍛部天津真浦をして真麛鏃《まかごやさき》を造らしむ」とあるが、この「倭鍛部天津真浦」（麻羅・麻良とも書く）は、『旧事本紀』によれば、物部造らの祖である。

「軽箭」を物部大前宿禰の家で作ったという記事と、「真麛鏃」を物部造の祖天津真浦が作ったという記事は、倭鍛部らが銅鏃を作ったことを示しているのではないだろうか。「カゴ」を銅とみる富来隆[9]・畑井弘[10]の見解もある。平野邦雄は、鉄を鍛造する錬鉄技術を伝えた百済系工人集団、いわゆる韓鍛部の渡来を、五世紀末ごろに推定するが[12]、銅鏃が作られなくなるのも、その前後である。

このように、銅鐸・銅剣・銅鏃などを作っていた倭鍛部系が鉄文化に吸収されていく過程を、記・紀の伝承は反映していると考えられる。熱田神宮の神体が銅剣なのは、尾張氏が古い工人集団にかかわる氏族だからであろう。

一般に土着氏族の姓は、国造→直→忌寸か、国造→君→宿禰または朝臣か、臣→朝臣と変わっているが、尾張氏は、連→宿禰である。尾張氏は、尾張国の土着氏族というよりは、葛城（高尾張）を中心とした氏族で、のちに尾張国に定着したのではないかと思われる。国名を名乗る氏族のなかで尾張氏のみが「連」なのは、そう解釈しないと説明がつかない。

「尾羽張」の剣と「尾張」

『日本書紀』は、高尾張邑を葛城邑ともいうと書き、「剣根といふ者を以て、葛城国造とす」と書く。たぶん、この「剣根」の「剣」はアカガネの剣であろう。

『旧事本紀』天孫本紀は、「葛木土神剣根命」と書き、この剣根命の女加奈良知姫と天忍男命の間に生まれた瀛津世襲《おきつよそ》命を「亦《また》、葛木彦命と云う。尾張連等の祖」と書く。尾張連の祖を葛木彦命といい、高尾張邑を葛城邑といい、この尾張＝葛城にかかわる人物を剣根ということからみても、尾張（葛城）が剣と銅にかかわることは明らかである。

『古事記』は、伊邪那岐《いざなき》命が迦具土《かぐつち》神の頸《くび》を斬った十握剣を「天之尾羽張と謂ふ。亦の名は伊都《いつ》之尾羽張と謂ふ」と書く。本居宣長は、『古事記伝』で、

或人の説に、剣の惣名を尾張と云、剣は諸刃《モロハ》にて、鋒《サキ》の方の張《ハリ》たる物なる故なり。尾《ヲ》は鋒《サキ》を云り、天《ノ》尾羽張と云

も是なり、又国《ノ》名の尾張も、熱田の神剣より出て、此《ノ》意なりと云り、此説さも有べし、〔鋒《サキ》を尾と云こと、いまだ例を見ざれども、然云まじきに非ず、但し剣の惣名と云るはわろし、〕鋒《サキ》の張たる剣を云なるべし、又尾《ヲ》は雄《ヲ》にて、雄々《ヲヲシ》きを云にも有べし、〔伊都《イツ》之《ノ》男建《ヲタケビ》など云る言の連《ツヅ》きをもおもふべし、〕羽《ハ》は刃《ハ》の意なるべし、〔今《ノ》世に波婆理《ハハリ》と云針は、刃《ハ》のつきたる針と云意にや、もし又刃張《ハバリ》の針と云意ならば、此《ココ》と同じ、又物の満《ミチ》はびこることを、はゞるといふも意近し、〕書紀には稜威《イツ》雄走《ヲハシリ》神《ノ》とあり、〔此《ノ》名《ノ》義は、走《ハシリ》は剣の利《トキ》を云、利《トキ》は疾《トキ》と同言にて、走《ハシル》と意同じ、俗に口利物言《クチトクモノイフ》を、口の走《ハシル》と云も同じ、師は此《ノ》神《ノ》名を、大葉刈小葉刈などある名に同じと云れつれど、いかゞ、〕

と書く。私は、本居宣長のいう「或人の説」に注目したい。本居宣長も、「此説さも有べし」と書いている。

この「尾羽張」の剣と「尾張」が無関係でないことは、尾張氏が祀る熱田神宮の剣の伝承、尾張氏—剣根の伝承、後述する天香語山命にかかわる剣の伝承からもいえる。

「尾羽張」は、『古事記』の国譲りのところにも「伊都之尾羽張神」として登場する。すなわち、天照大神が国譲りの使者に「どの神を遣わしたらよいか」と問うたところ、思金神や諸神が、

「天安河《あめのやすかは》の河上の天岩屋に坐す、名は伊都之尾羽張神、是遣はすべし。若し亦比《この》の神に非《あら》ずは、其の神の子、建御《たけみ》雷之男《かづちのお》神、此れ遣はすべし。且《また》其の天尾羽張神は、逆《さかしま》に天安河の水を塞《せ》き上げて、道を塞《せ》きて居る故に、他神《あだしかみ》は得行かじ。故《かれ》、別《こと》に天迦《か》久神《くのかみ》を遣はして問ふべし」。故、爾《しかし》て天迦久神を使はして、天尾羽張神に問はしし時に、答へ白《まう》ししく、「恐《かしこ》し、仕《つか》へ奉《まつ》らむ。然《しか》れども此の道には、僕《わ》が子建御雷《たけみかづち》神を遣はすべし」とまをして、乃ち貢進《たてまつ》りき。

と書くが、この「天迦久神」は、後述するように、尾張氏の祖「天香語山命」と考えられる。

八岐大蛇から出た都牟羽剣（本居宣長は「羽」を「苅」の誤記とする）は草薙剣といい、伊邪那岐神が加具土神を斬った天(伊都)尾羽張は十握剣というが、両者は次のように対応する。

都牟羽剣（草薙剣）素戔嗚尊——天照大神—倭姫命——日本武尊

天尾羽張（十握剣）伊邪那岐尊—建御雷神—高倉下命—神武天皇

どちらも尾張氏にかかわっており、このことからも、尾張は剣の名の「尾羽張」の転訛ということができよう。

本居宣長は、『古事記伝』で、「尾」を「雄」、「羽」を「刃」と解すが、「尾羽」は字義とおりに解してもいいだろう。

其の蛇を斬る。尾に至りて剣の刃少《すこ》し缺《か》けぬ。故、其の尾を割裂《さ》きて視《みそなは》せば、中に一《ひとつ》の剣あり

と、『日本書紀』本文は八岐大蛇について書く。しかし、一書も『古事記』も、八岐大蛇の記事で、剣は尾から出たとし、単に大蛇から出たと書かないのは、剣と尾のイメージが似ているからであろう。また、鳥の羽根も剣と似ているが、尾や羽根は、張らなくては剣のイメージと重ならない。「尾羽張」とは、両刃の十握剣のイメージを表わしたものであろう。

天香語山命・天村雲命・天迦久神

高天原から高倉下のところへ十握剣（尾羽張神の子建御雷神の依代）が降下したという神武記の記事の「高倉下《たかくらじ》」は、『旧事本紀』天孫本紀に天香語山命の亦《また》の名として載る「手栗《たぐり》彦命・高倉下命」である。高崎正秀は「手栗彦命」の「タグリ」について、「たぐりと云ふからには、伊弉冉神の嘔吐《たぐり》になりませる神、金山毗古神、金山毗売神を想起せずには居られない。鉱山の偶生神を嘔吐云々と云ったのは、即ち冶金の際の金滓の見立てなのだ」として、天香語山命を「鍛冶神」と考えている。[11]

記・紀が、「嘔吐《たぐり》」から生まれた神を金山彦・金山姫とするのは、「嘔吐」が鉱石を火で熔かした状態と似ているからである。だから、天香語山命は「鍛冶神」というよりも、「鉱山神」であろう。

天香（具・語）山の「金《かね》」（『日本書紀』）、「鉄《かね》」（『古事記』）、「銅《かね》」（『古語拾遺』『旧事本紀』）を採って鏡（『古事記』『日本書紀』『古語拾遺』『旧事本紀』は鏡と書くが、紀一書の一のみが日矛とする）を作ったとあるが、「カネ」は鉄・銅を含めた金属の意である。『日本書紀』の「金」も金山彦命の「金」も金属の意だから、「カネ」を産する天香（具・語）山を名とする尾張連の祖神は、金山彦神と同性格といえよう。

朝鮮語では、鉱山のことを「광산 kwaːŋ san」という。「鉱」は、鼻音「ŋ」につく母音がAなら「カガ」、Oなら「カゴ」、Uなら「カグ」になる。つまり、天香山、天香語山、天香具山は「鉱山」と対応する。[13] 別名の「手栗彦命」は

金属精錬を示し、「高倉下命」は、完成した剣などを蔵す高倉（武器庫）を示す名といえよう。そして、富来隆・畑井弘のいうように「カゴ」が銅の意だとすれば、天香語山命は銅山《かなやま》命である。

天香語山命について、『日本書紀』（一書の六）は、「天火明命の児天香山命は、是《これ》尾張連等が遠祖なり」と書き、『姓氏録』は左京神別の尾張連の条で、「火明命之男《こ》、天香吾山命之後也」と書き、山城・大和の尾張連についても「天香山命之後也」と書く。

この天香語山命の子を、『旧事本紀』天孫本紀は天村雲命と書く。『日本書紀』の本文は、八岐大蛇の尾の中にあった「草薙剣」に注して、「本の名は天叢雲《むらくも》剣。蓋《けだ》し大蛇居る上に、常に雲気有り」と書いている。この「アメノムラクモ」という剣名を尾張氏の祖が名乗っていることからみて、熱田神宮の神体の銅剣は天香語山命であり、天村（叢）雲命であるといえよう。

『古事記』は、「天（伊都）之尾羽張神」のところへ使いに行った神を「天迦久神」と書く。倉野憲司は、「『迦久《カク》』は『香《カク》』と解せられるが、それではここの意に適しない。それで宣長ではないけれども、試みに言へば、迦久《カク》はカコの転で、鹿児《カコ》の意、つまり天迦久神は鹿神ではあるまいか。鹿はすばらしい跳躍力を持ってゐるので、塞湛《せきたた》へた水をも一飛びに飛び越えるといふところから、特に選ばれたと見るのはどうであらうか。（又鍛冶屋が使ふ鞴《ふいご》は鹿の皮をなめして作られるので、さうした点からも鹿神と縁があるかも知れない。ともかくこの条は、鍛冶によって刀剣が作られることと密接な関係があるやうに思はれる。）」と書いている[14]。

西宮一民は「迦久」を「輝く意」とし、尾羽張神や建御雷神のような、「刀剣神の類の中にあるので、天の迦久の神も刀剣ゆえの輝きとみるべきである」と書く[15]。

倉野・西宮の両氏とも、天迦久神を刀剣にかかわる神とみているが、この神は、手栗彦神や高倉下神を別名にもつ、天香（語・具）山命のこととみた方がよいだろう。

なお天迦久（香）神のみが岩屋にいる尾羽張神のところへ行けるのは、この神と尾羽張神が同性格だからであろう。岩屋とは、おそらく銅抗のことであり、誰でも入っていい所ではない。「他神は得行かじ」と書かれているのは、そのためであろう。

八岐大蛇を斬った剣と石上神宮

『日本書紀』（一書の二）は、八岐大蛇の尾から出てきた剣（草薙剣）を「熱田の祝部の掌《つかさど》りまつる神是也」と書き、つづいて、

其の蛇を断《き》りし剣をば、号《なづ》けて蛇の麁正《あらまさ》と曰《い》ふ。此は今石上《いそのかみ》に在り。

と書く。二つの剣を、熱田と石上にあると書いているのは、この一書の二のみである。

また一書の三は、尾張国と吉備の神部に在るとし、『日本書紀』本文や『古事記』のように、「天神」「天照大神」に献上したとは書いていない。たぶん、一書の二と三の記事が本来の伝承で、天神献上の記事は、日本武尊の草薙剣と結びつけるために、あとで作られたのであろう。

そのことは、八岐大蛇を斬った剣を『日本書紀』の一書の二が「蛇《おろち》の麁正《あらまさ》」、一書の三が「蛇《おろち》の韓鋤《からさひ》」と書くのに、『日本書紀』本文は「十《と》握《つか》剣」、『古事記』は「十《と》拳《つか》剣」と、普通名詞化して書いていることからもいえる。

一方、韓鋤剣は朝鮮渡来の神宝であって、現在、石上神宮の神宝になっている、百済渡来の七枝刀と同じような扱いであったろう。「吉備の神部」とは、『延喜式』神名帳の備前国赤坂郡の石上布都之魂神社のことだから（この神社については石上神宮の項参照）、八岐大蛇を斬った韓鋤剣は、石上神宮の神宝（武器）管理氏族の物部氏にかかわっている。

また、尾張氏の祖高倉下（天香語山命の別名）のところへ降下した剣を、『日本書紀』は「韴霊《ふつのみたま》」と書くが、『古事記』は、「比《こ》の刀《たち》の名は、佐士布都神と云ふ。亦《また》の名は甕布都神と云ふ。亦の名は布都御魂《ふつのみたま》といふ。比の刀は、石上神宮に坐す」と注している。

八岐大蛇伝承では、八岐大蛇の尾の中の剣は熱田神宮、斬った剣は石上神宮にあるといい、神剣降下の伝承では、尾張氏の祖のところへ降下した剣が石上神宮に坐すという。この関係は、記・紀において、尾張連の始祖は天照国照彦火明命（または天火明命）、物部連の始祖は饒速日命となっているのに、『旧事本紀』がこれを一体化して「天照国照天火明

櫛玉饒速日尊」と書くのと似ている。『旧事本紀』のような系譜が書かれたことと、『日本書紀』（一書の二・三）の剣の伝承と、記・紀の神剣降下伝承は、無関係ではなかろう。

出雲の八岐大蛇の剣は、なぜ熱田神宮の神体の剣と結びつけられたのだろうか。大蛇を斬った剣が石上神宮にあるという『日本書紀』（一書の二）の例からも、この伝承は明らかに中央で作られたものであり、「出雲」は討たれる側を代表するために設定された地名とみられる（八岐大蛇伝承は『出雲国風土記』には載っていない）。

出雲と尾張氏の結びつき

このように解せば、現実の地理上の出雲と尾張が離れすぎていることを、問題にする必要はないだろう。しかし、出雲の荒神谷の三五八本という銅剣の出土からみて、地理上の出雲をまったく無視することはできない。地理上の出雲と尾張氏を結びつけるのは、葛城鴨の神、アヂスキタカヒコネであろう。尾張イコール葛城であることは前述したが、アジスキタカヒコネは『出雲国風土記』の意宇郡、楯縫郡、神門郡（二ヵ所）、仁多郡に登場する。

意宇郡の賀茂神戸の条には、「阿遅須枳高《あぢすきた》日子《ひこ》命、葛城の賀茂社に坐せり、此の神の神戸なり。故、鴨と云ふ」とあり、『延喜式』神名帳の大和国葛上郡の名神大社「高鴨阿治須岐託彦根命神社《たかかもあぢすきたかひこね》」（現称「高鴨神社」）の神戸が出雲にあったことがわかる。

仁多郡の三沢郷の条に載る阿遅須岐高日子命は、「御須髪八握《みひげやつか》に生《お》ふるまで、夜昼哭《な》き坐《ま》して、辞通《みことかよ》はざりき。その時、祖命《みおやのみこと》、御子を船に乗せて、八十島《やそじま》を率巡《ゐめぐ》りて……」とあるが（「祖命」とは、アヂスキタカヒコネの父大穴持命のこと）、『古事記』は垂仁天皇の条で、皇子本牟智和気《ほむちわけ》命について、「八拳鬚《やつかひげ》、心前《むなさき》に至るまでに、真事《まこと》とはず」と書き、この皇子を「尾張の相津になる二俣椙《ふたまたすぎ》」で作った「二俣小舟」に乗せたと書く。啞の子を舟に乗せた話として共通しているが、『古事記』の同条には、皇子は出雲の大神を祀ることによって、ものを言うようになったとも書かれている。

また『古事記』は、「阿遅志貴高日子根神《あぢしきたかひこね》」が斬った、天若日子の喪屋が、「美濃国の藍見河の河上」に落ちたと書くが（『日本書紀』も同じ話を載せている）、美濃には尾張氏系氏族が多い。なお、アジスキタカヒコネが斬った剣を、『古事記』は「大量《おほはかり》」、『日本書紀』は「大葉《おほは》刈《かり》」と書くが、大きな銅剣の意であろう（「カリ」は銅、「ハ（羽・葉）」は両刃の剣の形をいう）。

アヂスキタカヒコネを接点に尾張と出雲が結びついていることは、アヂスキタカヒコネを祀る摂津国東成郡の式内社、阿《あ》遅《ぢ》速雄《はやお》神社と熱田神宮との関係からもいえる。

阿遅速雄神社の例祭日（十月二十二日）には、熱田神宮の宮司あるいは神職の参拝があり、熱田神宮の大祭（六月五日）には阿遅速雄神社の宮司・氏子総代らが参列する。この慣習は現在も行なわれている。

熱田神宮の大祭の熱田祭は「菖蒲祭」とも呼ばれ、かつては陰暦の五月五日に行なわれた。一方阿遅速雄神社には神池として菖蒲池があり、五月五日に菖蒲刈神事が行なわれている。

しかも阿遅速雄神社には、草薙剣を盗んだ新羅僧道行が新羅に向かう途中、暴風にあって難波に漂着したとき、神罰を恐れて海中に神剣を投げ捨て、それを里人が拾って当社に奉納したという伝承がある。

このように、尾張氏と出雲の接点に葛城鴨の神アヂスキタカヒコネがいること、熱田神宮とかかわりの深い阿遅速雄神社の所在地が摂津であること、尾張氏が海人と深い関係にあることは、古代伝承の回路を推測するうえで無視できない視点となろう。

注

（1）津田左右吉『津田左右吉全集』第一巻、五二八―五二九頁。
（2）吉田研司「熱田社成立の基礎的考察」『古代天皇制と社会構造』所収、昭和五十五年。
（3）後藤守一「古事記に見えた生活文化」『古事記大成・歴史考古篇』所収、昭和三十一年。
（4）窪田蔵郎『鉄の民俗史』一五頁、昭和六十一年。
（5）吉井巖「ヤマトタケル物語形成に関する一試案」『天皇の系譜と神話』所収、昭和四十二年。
（6）松前健「尾張氏の系譜と天照御魂神」『古代伝承と宮廷祭祀』所収、昭和四十九年。

（7）窪田蔵郎、注4前掲書、二四頁。
（8）畑井弘『物部氏の伝承』一五九頁、昭和五十二年。
（9）富来隆『卑弥呼』一一四頁、昭和四十五年。
（10）畑井弘、注8前掲書、一五五—一五九頁。
（11）高崎正秀「上代鍛冶氏族覚書」『神剣考』所収、昭和四十六年。
（12）平野邦雄「帰化系技術の二系統」『大化前代社会組織の研究』昭和四十四年。
（13）畑井弘、注8前掲書、一五二頁。
（14）倉野憲司『古事記全註釈』第四巻、七三頁、昭和五十二年。
（15）西宮一民「神名の釈義」『新潮日本古典集成・古事記』所収、昭和五十四年。

諏訪《すわ》大社——建御名方命と古代王権

建御名方命《たけみなかた》という神名の新しさについて、宮地直一は、「古事記成立の奈良朝を余り遠ざからぬ前代の事であろう」とし、[1] 藤森栄一は、「須波神から南方刀美神（建御名方神）に、古墳末期の八世紀を境にして神格が交代したもののようである」と書いている。[2]

建御名方命の二面性

建御名方命以前の諏訪の神とは、土俗的な「ミシャグチ」の神である。

信濃国の祭政にかかわる信濃国造が、諏訪の古くからのミシャグチ信仰をヤマト王権の神統譜に組み入れた結果、建御名方命という神名が生まれたのである。この神は『古事記』にのみ記されて、『日本書紀』にはまったく登場しない。だから、本居宣長は、「書紀に此建御名方神の故事をば、略《ハブ》き棄《ステ》て記《シル》されざるは、いかにぞや」（『古事記伝』十四之巻）と疑問を発し、津田左右吉は、「古事記にのみ見えるタケミナカタの神は、オホナムチの命の子孫の名の多く列挙してある此の書のイヅモ系統の神の系譜には出てゐないものであるから、これははるか後世の人の附加したものらしい」と推測し、タケミナカタを「シナノのスハに結びつけたのは、此の地に古くから附近の住民の呪術祭祀を行ふ場所があって、それが有名であったためであろう」と書いている。[3]

また西郷信綱は、「系譜では物語と関係ない子の名まで続々くり出しているのに、かく国譲りで活躍するタケミナカタの名が落ちるというのは、ちょっとありそうもないことのように思われる」ので、「本文が系譜を出し抜き、タケミナカタなる人物がいわば飛び入りで登場してきて興を添えたのであろうか。そのへんのことはどうもよく分からぬ」と書いている。[4]

このように、『古事記』のみに書かれ、その『古事記』でも、大国主命の子でありながら大国主命の神統譜に入っていない異常性、さらに諏訪に結びつけられている特殊性から、このような疑問が出てくるのである。

『古事記』のみに載り、『古事記』の大国主命の神統譜にも入っていないのに、強引に大国主命の子として「飛び入り」で登場するのは、『古事記』編者の主観的意図によってのことと考えられる。ただし、諏訪と結びつけられているのだから、「なぜ諏訪か」の理由を探らなくては、「飛び入りで登場してきて興を添えた」理由も解けない。

津田左右吉のいう、古くから「呪術祭祀を行ふ場所」で「有名」な地は、他にもある。特に諏訪の地が選ばれたのは、『古事記』の編者が、信濃国造や諏訪大社下社大祝《おおはふり》の金刺《かなさし》氏と始祖（神武天皇皇子の神八井耳命）を同じくする太（多）氏だったからであろう。

『古事記』の編者は、同族の意向を受けて、大国主命の神統譜に入っていない建御名方命を、強引に大国主命の子として国譲り神話に組み込み、諏訪の神としたのであろう。建御名方命が国譲りに反対して諏訪に逃げ、この地にとどまったという話は、諏訪のミシャグチ神を祀る守矢（屋）氏が信濃国造の勢力に破れ、その祭祀権が上社地域に限定されたことと重なっている。諏訪の国譲り神話を拡大したのが、『古事記』の建御名方神話であろう。

室町時代初期に書かれた『諏訪大明神画詞』には、明神（建御名方命）と洩矢《もれや》（ミシャグチ）神とが争い、洩矢神が国譲りしたとあるが、同じ伝承は他の文献にも記されている。守矢氏は神長官として上社大祝に従っているが、守矢氏の祀る神はミシャグチ神である。諏訪の伝承による建御名方命と洩矢神の関係は、出雲の国譲り伝承の建御雷命と建御名方命の関係であり、建御名方命は、出雲では被征服者、諏訪では征服者という、二面性をもっている。

建御名方命という神名

本居宣長は、『古事記伝』で、建御名方神の名義について、「建または御は例の称号なり。（中略）阿波国に『和名抄』によれば、名方郡名方郷あり、神名帳に、其郡に多祁御奈刀《タケミナト》弥《ミ》神社あり〔こは奈の下に方字脱《オチ》たるにあらねや〕」と書く。

多祁御奈刀弥神社は現在、徳島県名西郡石井町大字浦庄字諏訪にあり「タケミナカタトミ」の神を祀っている。地元の人々は「お諏訪さん」と呼び、「元諏訪」の神社とも称している。

太田亮は、「建御名方命」について、「建と富とは尊称として御名に附加へたる敬語なるを知るべし。（中略）御名方の名義は詳かならざれど、恐らく御は敬語にして名方は地名ならんか。名方なる地名は全国に二三あれど、こは阿波の国名方郡か。何となれば延喜式同郡に多祁御奈刀弥神社を載せ、健御名方の命を祀れりと伝ふればなり」と書き、「阿波国は南海に偏り此命の御縁故地と甚だ隔絶すれば此説如何あらんと思はれざるにあらざるも、名方郡名は筑前灘県（ナアガタ）より来りたるものにして、此地は安曇氏族（海神族）の有力なる一根拠なる事種々の方面より窺はるゝを以って、命が此地名を負ひ給へる事は其妃八坂刀売命が安曇氏の女なるが故ならんと考察さるゝ也。思ふに命は妃の命との縁故より安曇族の奉ずる処となり、嘗て此地に駐りその地名を御名に負ひ給ひしならんか」と書いている。(5)

本居宣長や太田亮が記す、阿波国名方郡と式内社「多祁御奈刀弥神社」と諏訪大社の関係は、無視するわけにはいかない。

安曇氏が阿波国名方郡にいたことは、「阿波国名方郡人正六位上安曇粟麿、部の字を去りて宿禰を賜ふ。自ら言ふ、安曇百足の苗裔なり」と、『三代実録』の貞観六年（八六四）の条にあることからも証される。名方郡の和多津美豊玉姫神社と天石戸別豊玉姫神社も、安曇氏にかかわる式内社である。阿波の名方郡の南に接する勝浦郡・那賀郡・海部郡を総称して「南方」というが、諏訪大社は『延喜式』神名帳に「南方刀美神社二座名神大」と記されている。『延喜式』は延長五年（九二七）に完成しているが、すでに『続日本後紀』承和九年（八四二）五月の条にも、「信濃国諏訪郡無位勲八等南方刀美神従五位下」とある。この神名「南方」は、阿波の「南方」と関係があるだろう。

『延喜式』神名帳では、豊玉姫の神社は阿波だけにあるが、玉依姫の神社（玉依比売命神社）も信濃だけにある。記・紀によれば、豊玉姫と玉依姫は海神綿津見命の娘だが、綿津見命は安曇連の祖神である。このように、安曇連にかかわる「名方」を神名にする神社と、豊玉姫と玉依姫を祀る神社が阿波と信濃のみにあることを、偶然の一致とみるわけにはいかない。

信濃の式内社には、安曇連の祖、穂高見命《ほたかみ》を祀る穂高神社、宇都志日金柝命《うつしひかなさく》と姫神を祀る氷鉋斗売神社《ひかなとめ》がある。阿波と信濃の共通性は、安曇氏によるものであろう。

下社の祭神八坂刀売命《やさかとめ》（建御名方神の妃神）をも安曇《あずみ》系海神の女とする説は、栗田寛（『新撰姓氏録考証・上』）、吉田東伍（『大日本地名辞書』第五巻）、飯田好太郎（『諏訪氏系図補記』）、宮地直一（『諏訪史』第二巻前編）なども述べている。信濃国安曇郡の式内社川会神社の社伝にも、「海神綿津見神を祀る。建御名方命の妃は海神の女なり。太古海水国中に氾濫、建御名方とその妃は治水のために水内山を破って水を流し越海へ注ぎ、始めて平地を得た。神胤蕃殖し因ってここに祀る」とある。

建御名方命という神名は阿波の名方郡の神とかかわる名だが、上社の祭神は、神名では外来性、性格では在来性という二面性をもっている。この二面性は、『古事記』の建御名方命と共通する。

八坂刀売命を安曇系海神の女とする説が有力だといっても、「八坂」という名を安曇氏に限定することはできない。豊玉姫・玉依姫的要素があっても、「八坂」という名は、

八坂刀売命と伊勢と信濃

安曇氏系には見あたらない。

だから、『上宮御鎮座秘伝記』『諏方上宮神名秘書巻』は、八坂刀売命を、『旧事本紀』天神本紀に載る天孫降臨供奉三十二神のなかの八坂彦命の後裔とする。天神本紀には「八坂彦命、伊勢神麻績連等祖」とある。宮地直一は、『和名抄』に伊勢国多気郡と信濃国伊那郡・更級郡に麻績郷《おみ》があることから、八坂刀売命を八坂彦命の後裔とする説は「単なる神名の共通による学者の臆説たるに止まらないで、相当合理的根拠を有するといひ得る」と述べている。[6]

宮坂直一は、それ以上のことは述べていないが、伊勢と信濃を結びつける八坂―麻績は、阿波とも結びつく。

名方郡の隣の麻殖郡《おえ》の「天村雲神伊自波夜比売神社《いじはやひめ》二座」について、吉田東伍は、「信濃諏訪神系に建御名方命の御子出速雄命の女に出速姫命あるは、伊自波夜比売神に由あり」と書いている。[7]一方、麻殖郡の郡名の由来について『古語拾遺』は、神武天皇の命で天富命（忌部の祖）が「天日鷲命（阿波忌部の祖――引用者）の孫を率て、肥饒地《よきところ》を求めて阿

波国」に赴き、「穀《かぢ》・麻の種を殖えしむ。其の裔《はつこ》、今彼の国に在り（中略）所故《このゆえ》に郡の名を麻殖と為る縁也」と書く。『和名抄』には麻殖郡に忌部郷があり、『続日本紀』神護景雲二年（七六八）七月十四日条には、阿波国麻殖郡の忌部連方麻呂らが宿禰性を賜わったとある。また『延喜式』神名帳の麻殖郡の条には、名神大社の忌部神社が載り、注に「或号二麻殖神一、或号二天日鷲神一」とあるが、この天日鷲神は伊勢国造の祖である（『旧事本紀』国造本紀）。伊勢の麻績連は伊勢神宮の神衣《かんみそ》を織る職掌だが、このように、阿波の麻殖と伊勢の麻績は、天日鷲命を介して関連性をもつ。鳴門市の大麻比古神社（名神大社）の「大麻比古」は麻の神格化であり、忌部氏系図では、大麻比古は天日鷲神の子となっている。

太田亮は、阿波の名方と信濃の名方を結びつけるには、この二つの地が「甚だ隔絶すれば、比説如何あらんと思はれざる」と書くが[5]、この「隔絶」を埋めるのは、氏族では、「八坂」にかかわる麻績連であり、地域では伊勢である。八坂刀売命をとおして、阿波―伊勢―信濃という回路が想定される。

麻殖神は伊勢国造の祖天日鷲命だというが、伊勢の国譲り伝承（『伊勢国風土記』逸文）の天日別命（鷲《わし》が別《わけ》になったとみる同一神説が有力だが、別神説もある。だが、伊勢神宮の項で述べたように、どちらの神を祖とする氏族も尾張氏系譜に入っているから、別神であっても同性格の神とみてよいだろう）は、建御雷《たけみかづち》命の役割をもち、一方、建御名方命にあたるのが伊勢津彦命である。この伊勢津彦命は信濃へ逃げたと、『伊勢国風土記』逸文は注している。出雲であれ、伊勢であれ、その地に入ってきたヤマト王権の勢力に押されて信濃へ逃げこんだという伝承は、信濃の側からみれば侵入伝承である。この逃亡と侵入の二面性を、建御名方命はもっている。

麻績郷が伊勢と信濃にあることは前述したが、伊勢の員弁《いなべ》郡と同じ地名が信濃の伊那郡であり、伊那部の地名も残っている（現在の伊那市）。伊那郡の大領は下社大祝と同じ金刺氏だが、金刺《かなさし》氏は信濃国造である。信濃国造が太（多）氏と同族であることも前述したが、伊勢の船木氏も、太氏や信濃国造と同族である（『古事記』）。この伊勢船木氏の本拠地は員弁郡の隣の朝明郡だが、『住吉大社神代記』は、伊勢船木氏の祖として伊勢津彦命をあげている。

『伊勢国風土記』逸文によれば、伊勢津彦神（出雲建子）は伊賀で大和からの侵入軍と戦っているが、『日本書紀』雄略天皇十八年八月十日条には、大和から侵入した物部氏の軍に伊勢朝日郎が抵抗したことが記されている。その場所も伊賀である。伊勢朝日郎は「伊勢朝明《あさけ》（朝日）の男」の意だが、朝明郡の代表氏族は、伊勢津彦を祖とする船木氏である。『住吉大社神代記』には、伊勢津彦命は船木氏の祖神田田命の孫で、神田田命は、「日神を出し奉る」とあるから朝日郎の祖としてもふさわしい。このように、伊勢朝日郎と伊勢津彦神は、伊勢船木氏の祖としてダブルイメージである。伊勢朝日郎が討たれたため、猪名部は物部連目の管掌下に入ったと『日本書紀』は記すが、応神紀によれば、猪名部は船大工であり、船木氏とのかかわりが推測される（朝日郡に隣接する員弁《いなべ》（猪名部）郡には、式内社の猪名部神社がある）。

伊勢津彦命と伊勢朝日郎の伝承は、雄略天皇の東国への勢力拡大（伊勢朝日郎が物部氏に討たれたのは雄略朝）政策のために伊勢を追われた船木氏・猪名部の、信濃移住の反映伝承ではなかろうか。

伊勢津彦神は「波に乗りて東にゆきき」と書かれているが、船木氏と猪名部は三河湾に入って豊川の河口付近（愛知県宝飯郡小坂井町伊奈）に上陸し（明治二年にこの付近に伊奈県が設置されている）、一部はさらに東の伊豆半島の松崎湾に入り、那賀川の河口（静岡県加茂郡松崎町江奈の近くに式内社の伊那上・下神社がある）に上陸したのであろう。一方、豊川（上流は宇連川）を溯り、現在の佐久間ダム付近から天竜川（諏訪湖が水源）を溯れば、現在の上・下伊那郡を経て諏訪に至る（国鉄飯田線はこのルートにあたり、古くから信濃と三河の交通路である）。

考古学者によれば、諏訪の古墳時代の遺跡・遺物は、三河・遠江から天竜川を遡上して（信濃の天竜川沿岸が上・下伊那郡）諏訪に至った文化伝播のルートを示しているという。建御名方神が「科野《しなの》国の州羽《すは》の海」に至ったのも、このルートを辿ってのことと思われる。五世紀後半の伊勢から信濃への人々の移動を裏づけるように、信濃の下伊那郡の大型古墳の築造は六世紀初頭から開始され、最古の古墳も五世紀末のものである。

だが、伊勢津彦伝承から、土着の伊勢人が追われて信濃へ入ったと限定して考えるのは問題がある。むしろ、伊勢にいた人々の信濃移住の反映とみるべきであろう。特に、伊勢の多気郡と信濃の伊那郡・更級郡の麻績郷の場合は、後の方であろう。

八坂刀売を祭神とする下社の御船祭の船は、諏訪湖用の刳舟《くりふね》でなく、海上運航用の大型竜骨船であり、拙著『日本古代試論』でも書いたように、この御船祭は、諏訪湖に舟を出していた諏訪人の祭事というよりも、雄大な海を知っていた人々による祭事と考えられる。そのことからみても、下社の祭神八坂刀売は土着の諏訪の神とはいいがたい。しかし、土着の諏訪神（ミシャグチ神）の伊勢への波及からみて、山と海の神は互いに交流していたのであろう。

なお、八坂刀売命という神名は、麻績連の祖の八坂彦命をヒントにして、建御名方命と同じく八世紀に作られたものであろう。

信濃の神と竜田風神の祭祀

当社が『日本書紀』に登場するのは、持統天皇五年（六九一）八月二十三日条の、「使者を遣して、竜田風神、信濃の須波、水内等の神を祭らしむ」という記事である。この記事について、宮地直一は、竜田風神は広瀬大忌神と共に、この年も例年のように四月と七月に祭られているにもかかわらず、さらに八月、信濃の神と共に三回目の祭祀が行なわれているところから、「此歳は四月から六月にわたり陰雨止まず、頗る天候の調節を失したゝめ畿内の諸寺をして誦経せしめ、又天下に大赦する等非常の御沙汰を見たので、是等の事情を綜合」すれば、この年の天候不順によるものであろうと推測している。[8]吉野裕子も宮地説を採る。[9]

問題は、なぜ信濃の神が竜田の神と共に祀られたかである。

吉野裕子は、諏訪の地が国土の中央とみられていたことをあげるが、[9]諏訪を国土の中央とする認識は、現在の日本地図を拡げてのものであって、当時、諏訪を中央とみた文献はまったくない。養老五年（七二一）六月、信濃国を分けて諏訪国がつくられたが（天平三年〈七三一〉に廃止されている）、諏訪国は「諸流配処」の辺境であった（『続日本紀』神亀元年〈七二四〉三月庚申条）。

宮地直一は、「近畿の諸大社を擱いて、遥々と遠国の信濃」の辺境の神が祀られた理由について、「行宮の所在国たる事由が重きをなしたのではあるまいか」と推測する。[8]「行宮の所在国」とは、『日本書紀』天武天皇十四年（六八五）十月十日条の、次のような記事を受けたものである。

軽部朝臣足瀬・高田首新家・荒田尾連麻呂を信濃に遣して、行宮を造らしむ。蓋《けだ》し、束間温湯に幸《いでま》さむと擬《おも》ほすか。

しかし、行宮造営の前には都城造営計画があった。天武天皇十三年（六八四）二月二十八日条に、

三野王・小錦下采女臣筑羅等を信濃に遣して地形を看しめたまふ。是の地に都つくらむとするか。

とあり、同年閏四月十一日条には、

三野王、信濃国の図《かた》を進《たてまつ》れり

とある。行宮は都城造営計画の延長上にある。

このような天武天皇の信濃の地への執着が、持統五年の信濃の神の祭祀になったことについては、拙稿「天武天皇と信濃――なぜ信濃に都城・行宮を造営しようとしたか」（「信濃」昭和六十一年九月号）に詳述した。信濃の神の祭祀は、信濃の都城・行宮計画の延長上にある以上、単なる思いつきではなく、持統朝の神祇政策によるものであろう。だから、信濃の神と共に祀られた竜田風神の性格を検討する必要がある。

『日本書紀』の天武天皇四年（六七五）四月十日条に、

小紫美濃王・小錦下佐伯連広足を遣して、風神を竜田の立野に祠《まつ》らしむ。

とある。

この記事は、前述の諏訪や水内の神を祀ったという記事とは性格を異にする、前述の記事では、いままで祀られていた諏訪と水内の神に持統天皇が使者を派遣したのだが、この記事では、使者を派遣して「竜田立野」の地（奈良県生駒郡三郷町大字立野竜田）に「風神」を新しく祀ったのであり、こうした書き方は、「風神」が中国の「風伯」の性格をもつ新しい神であったことを示している。

『風俗通儀』の「風伯」の項によれば、古代中国で風伯（風神）を丙戌《ひのえいぬ》の日に西北に祀ったのは、火は金に勝ち、木と為す相だからである。竜田立野は飛鳥の西北の位置にある。陰陽五行では、干支の「丙戌」は五行の「火」、方位の

西北（戌亥《いぬい》）は「金」である。相剋の理では「火剋金《かこくきん》」（火は金に剋《か》つ）、「金剋木《きんこくもく》」だから、「火は金に勝ち、木と為す相」である。「風」は九星の象意で「四緑木星」だが、四緑木星の方位は辰巳（東南）で、易の「巽宮《そんきゅう》」にあたる。巽宮に対する「乾宮《けんきゅう》」は、九星では「六白金星」、五行では「金」、方位は「戌亥」である。つまり、木気の風を鎮めるのが乾宮である（「金剋木」）。竜田風神祭の祝詞に「荒しき風」とある風神を鎮めるため、飛鳥の西北の竜田立野に風伯が祀られたと考えられる。

風神を竜田立野に祀る記事につづいて、

小錦中間人《はしひとのむらじ》連大蓋《おおふた》・大山中曾禰《そね》連韓犬《からいぬ》を遣して、大忌神を広瀬の河曲《かはわ》に祭らしむ

とあるが、「広瀬の河曲」は、大和川と飛鳥川・曽我川・高田川の合流地（奈良県北葛城郡河合町川合）で、飛鳥からの方位は北（丑・子・亥の方位）にあたり、気は水気だから、「大忌神」は風伯に対して水(河)伯である。易の八卦図では、竜田の神は風《ふう》・巽《そん》、広瀬の神は水(雨)・坎《かん》であり、風（☴）と水（☵）は、

という卦で、対になる。だから、風伯（竜田）・水伯（広瀬）がセットで祀られたのであろう

『延喜式』の広瀬大忌祭の祝詞や、『令義解』の神祇令大忌祭によれば、広瀬の大忌祭は、山谷の水が「甘水《あまきみず》」となって水田をうるおし五穀を稔らせることを祈る祭であり、広瀬の神は水神・河神である。

三谷栄一も、竜田・広瀬の神の祭祀は「四年正月の占星台建設の思潮とは何らかの関係があるのではあるまいか」と書いているが(10)、前述した竜田立野や広瀬河曲の位置からして、占星台の建設と無関係ではなかろう。

以上述べたように、竜田・広瀬の祭祀は他の神社祭祀とやや発想を異にするが、この竜田風神の祭祀と共に行なわれた「須波」や「水内」の神の祭祀は、単に古くから信仰されていた信濃の神々を祀っただけではなく、新しい神祇政策や風伯信仰にもとづく祭祀であったと考えられる。

諏訪大社の風祝・薙鎌・風伯

持統五年に竜田の風神と共に祀られた信濃の神について、本居宣長は、須波の神を『延喜式』神名帳の諏訪郡「南方刀美神社二座名神大」、水内の神を水内郡「健御名方富命彦神別神社名神大」とみる（『古事記伝』）。この比定は通説化しているが、どちらも祭神は『古事記』の建御名方神だから、宣長は建御名方神を風神とみる。金井典美は、持統五年の記事の「水内等神」を写本の誤記とし、「信濃の須波の蛟《みづち》の神等を祭らしむ」と訓み、諏訪の蛟神（水神・蛇神）を祀ったとみる。(11)

誤記説には賛成できないが、諏訪と水内の二か所に勅使を派遣しているのだから、風神だけを祀ったとはいえない。栗岩英治は、諏訪の神を風神、水内の神を蛟神とみて、風雨神を祀ったと推測する（『諏訪神社考』）。たしかに、諏訪と水内の神は竜田と広瀬の神に対応するから、この場合も風神と水神がセットで祀られたのであろう。

諏訪の地の建御名方神が風神とみられた例としては、文永・弘安の役（元寇）に際し、大風によって敵船を沈めるため、伊勢神宮の風宮と諏訪大社に勅使がたったことがあげられるが（『太平記』巻三九）、伊勢の場合は内・外宮境内の風宮（内宮は「風日祈宮《かざひのみのみや》」という）であるのに対し、諏訪大社の場合は本社そのものに祈願がなされている。

本居宣長は『古事記伝』で、諏訪神が風神である例として、源俊頼の「信濃なる岐蘇路《きそぢ》の桜咲にけり、風の祝《はふり》にすきまあらすな」という歌をあげ、この歌について、平安末期の藤原清輔の『袋冊(草)子』に書かれた、次の解説を載せている。

是は信濃国はきはめて風早き所なれば、諏訪明神の社に、風祝と云物を置て、春の始に深く物に籠居《コモリヰ》て祝して、百日の間尊重するなり、さて其年凡そ風静にて、農業のため吉なり。それにおのづからすきまもあり、日光も見せふれば、風をさまらずと云《イフ》、其意なり。

御射山祭の古絵図（『諏訪史・第二巻後編』付録の第5図、神官寺区蔵）では、諏訪上社の神官、いわゆる五官祝（神長官・禰宜大夫・権祝・擬祝・副祝）の穂屋より四倍ほど大きい穂屋が中央に描かれていて、「風祝御庵」と記されている。この絵図には大祝の庵がないから、大祝＝風祝と解すことができる。金井典美は「御射山祭のさいは、大祝が風祝の性格をおびて神事を行なっていた」とみているが[12]、御射山祭の神木の近くで薙鎌が発見されていることからも、御射山祭には風神祭の性格がある。

御射山祭は鎌倉幕府主催の祭であった。大祝を風祝としてこの祭が行なわれたのは、持統朝以来の官祭としての性格によるが、元寇のとき伊勢の風宮と共に勅使が派遣されたのも、風神＝諏訪神、風祝＝大祝とみてのことであろう。平安末期の風祝の歌や解説も、そのことを示している。

藤原清輔は、諏訪に「風祝」のいる理由として、「信濃国はきはめて風早き所」と書く。だが、宮地直一は、気象学者の藤原咲平の調査を引用し、前橋付近は平均風速が五・二メートルであるのに対し、松本付近は三・四メートルで、諏訪はもっと弱いから、風早き地ではないとする。にもかかわらず「風祝」がいることについて、上州などの風早き地の信仰が関東一円に拡がり、諏訪に入ったためとみるが[13]、諏訪の信仰は、他へ普及することはあっても、他の地方の信仰を簡単に受け入れない頑固さがあった。したがって宮地説には賛成できないが、諏訪の人々も、中央政権によるものなら受け入れざるをえなかっただろう。諏訪の神を竜田の風神と共に中央政権が祀るようになって、はじめて諏訪に風伯信仰が入ったと考えられる。

諏訪大社では、春秋の遷座祭の行列の先頭に薙鎌《なぎかま》を持つ者が二人立ち、六年に一度の御柱祭のときには、御柱用材（神木）に薙鎌を打込む儀式をする（『綜合日本民俗語彙』）。古くは御柱祭の前年に、信濃国中の末社に鉄製の薙鎌を贈る神事があった（今は近隣の上・下伊那郡の各神社が御柱祭の当年に薙鎌を譲り受けるだけとなっている）。『諏訪大明神絵詞』にも、薙鎌は御神宝の一つとして記されている[14]。長野県には、諏訪大社の神宝の薙鎌を擬し、各自、家の鎌を竿の先に結びつけて屋根棟に立て、風を鎮める習俗があった[15]。この薙鎌は風を薙ぐ（和《な》ぐ）ものと解されているが、なぜ、鎌でなければならないのだろうか。

薙鎌は木に打ち込まれる。『綜合日本民俗語彙』（巻三）は、薙鎌について、「信州諏訪の信仰に併う古くからの式で、木に鎌を打込むものである。時として老木の幹から異形の刃物が現れることがあるのはこのためである」と書く。金井典美も「風を和《な》ぐ鎌」で、霧ヶ峯の旧御射山遺跡の薙鎌出土地点は、古くから神木として保護されてきた小梨の老木や、石祠に近いあたりであったとし、こうした祭祀を忠実に残している例として、能登半島のつけ根にある羽咋市の近くの鎌宮諏訪神社をあげ、「神社といっても、御射山とおなじように、神域のなかに社殿らしいものは何もなく、ただ中央に空を覆いかくすように枝葉のうっそうと茂ったタブの老木が一本、標縄をめぐらせて祀られている。しかもこのご神木の幹には、鉄鎌が切先を外にして、到るところに打ちこまれ、古いものは樹皮がすっぽりと鎌の身を包んで、単なる突起に化しているものもあれば、尖端のみわずかにのぞかせているものもある」と書いている。[16]

長野県北安曇郡小谷村は新潟県との県境にあるが、今でも諏訪大社の神職が薙鎌二振りを持って、小谷旧七ヶ村の末社を総括する大宮諏訪神社に奉納し、翌日、県境の末社の樹齢数百年を越える神木に薙鎌を打ち込む神事を行なっている。

なぜ、このような神事が行なわれるのだろうか。

鎌については、風を切るという発想がある。「風切鎌」について『綜合日本民俗語彙』(巻一)は、「強風が吹いてくると、草刈鎌を屋根の上とか竿の先に縛りつける習俗。東北から中国地方にかけてひろく分布するが、こうすると風は弱まると伝え、鎌に血がついていたという故老談もある。強風を何者かのしわざと考えていたのである」と書くが、井本英一は、「スコットランド高地人は風に向かってナイフを投げ、エストニア人は風を鎌で切りつける。ドイツ・スラヴ・エストニア人は風にナイフを投げかけると、ナイフは風の血で赤くなるという」と書く。[17] 特に最後の話は、鎌に血がつくという故老談と共通している。

だが、薙鎌を木に打ちこむのは、風を切るという世界共通の発想と異なっている。理由は、この神事が、風伯に対する陰陽五行の思想にもとづくものだからであろう。相剋の理では「金剋木」である。金気は金属、刃物であり、木は金気(斧・鋸)によって倒される。刃物のなかから特に鎌が選ばれたのは、風切鎌の習俗が古くからあったからだろう(長野県の風切鎌を屋根に立てる習俗は、諏訪大社の神宝の薙鎌を擬したものといわれているが、この習俗では、薙鎌神事の「金剋木」

の思想は無視されているから、古い習俗を薙鎌神事に仮託したものであろう）。

金気は方位では西北である。飛鳥の西北にある法隆寺五重塔の相輪には、二本の鎌が差し込んである。塔も一種の柱だから、この場合、御柱の神木に薙鎌が打ち込むのと同じく、柱木を風神（風は木気）にみたてている。竜田の風神を天御柱命・国御柱命というのも、そのことを証している。

この御柱命については、伊弉諾尊が地上の天照大神を「天柱《あめのみはしら》を以て天上にあぐ」（『日本書紀』）とある、天と地をつなぐ柱とみるのが通説だが、それが風神の名になっていることについては、天と地をつなぐ柱と天地の間を通う風神とが同じだからとする説（新井白石『古史通』）、天と地につなぐ風がおこす竜巻を御柱命と名づけたとみる説（次田潤『祝詞講義』）がある。

しかし、竜田風神祭の祝詞には、

天《あめ》の下の公民《おほみたから》の作り作る物を、悪しき風荒き水に相《あ》はせつつ、成したまはず傷《そこな》へるは、我が御名《みな》は天の御柱の命・国の御柱の命

とある。

ここでは、御柱命は、風害、水害をおこして公民の作物を傷ふ悪神（悪しき風）、荒神（荒き水）、つまり台風を意味している。台風は木気だから、柱に具象化されて神名となったのであろう。もちろん、柱が神の依代であることは、神の数を一柱・二柱ということから明らかだが、竜田風神の御柱命に限っては、風が木気であるためと考えられる。

法隆寺の五重塔に鎌がさしこまれているように、竜田風神の御柱にも、古くは鎌が打ち込まれていたかもしれない。神木の「御柱《おんばしら》」に薙鎌を打ち込む神事を伴う諏訪の御柱祭についても、竜田風神の「天御柱命・国御柱命」の視点から考えてみる必要がある。もちろん、御柱祭にはいろいろな性格が入っているが（たとえば一本でなく四隅に四本立てる）、風伯信仰という視点は無視できない。

持統五年に竜田の風神と信濃の神を祀った月日は「酉《とり》月辛酉《かのととり》日」だが、「酉」は金気の正位、「辛」も十干の金気の

正位だから、金気の最も旺んな（正位は生・旺・墓の三合の旺気）月と日が選ばれたことになる。そして、このような風鎮めの「金剋木」の思想によって勅使が派遣されている以上、諏訪の神の官祭は風神祭祀であったろう。

宮地直一は、諏訪大社の風神祭祀について、「笠無神事の名の許に、国司祭と結んで、長く形式を保留していたところを見ると、文献上の徴証こそ甚だ薄弱であるとはいへ、曾ては威力を振って、実生活に深い交渉を繋ぎつつあった経過を想定しなければなるまい」と書いている(13)。しかし、「実生活に深い交渉を繋ぎつつあった」のではなく、事実はその逆であった。この神事は、『旧記』などによれば、国司が派遣した「行烈師《ぎょうれんし》」によって行なわれていた。中世に入ると、地元の人々は、本来「風無」であったのを「笠無」と呼ぶようになるが、「風」が「笠」になったのは、この祭が彼らの「実生活に深い交渉を繋」いでいなかったからであろう。風神祭祀はあくまでも国司の祭祀であり、諏訪人の祭祀ではなかったといえる。

このような官祭のときだけ風神祭祀が行なわれたのは、鎌倉幕府主催の官祭御射山祭の大祝の穂屋が、「風祝御庵」と呼ばれたことからも証される。しかし、天正（一五七三—一五九二年）の御射山祭の古図には「昔風祝御庵」とあり、官祭でなくなると「風祝」もなくなっている。薙鎌だけが、官祭の風伯祭祀の名残りとして今も残っているのは、風切鎌の習俗と同化したからであろう。

風神を竜田立野に祀ったのも、薙鎌を木に打ちこむのも、陰陽五行の「金剋木」の風鎮めの呪術だが、一方、この相剋の理には「火剋金」がある。竜田立野が「金」なら、方位として飛鳥は「火」である。

天武・持統両天皇と信濃

天武王朝が「火徳」であることは別に書いたが(18)、天武天皇が自らを漢の高祖に擬していたことは通説である。高祖は「赤帝子」と呼ばれ、漢王朝は「火徳」である。大友皇子の軍は「金」を相言葉にしたと壬申紀は書くが、相剋の理では火は金に剋《か》つ。火徳の色は赤、方位は午（南）だから、壬申の乱で、大海人皇子の軍は軍衣に赤色の印をつけ、赤旗をなびかせた（『古事記』『日本書紀』『万葉集』）。また、大海人皇子が出家して吉野へ入った日も、壬申の乱の挙兵の日も、

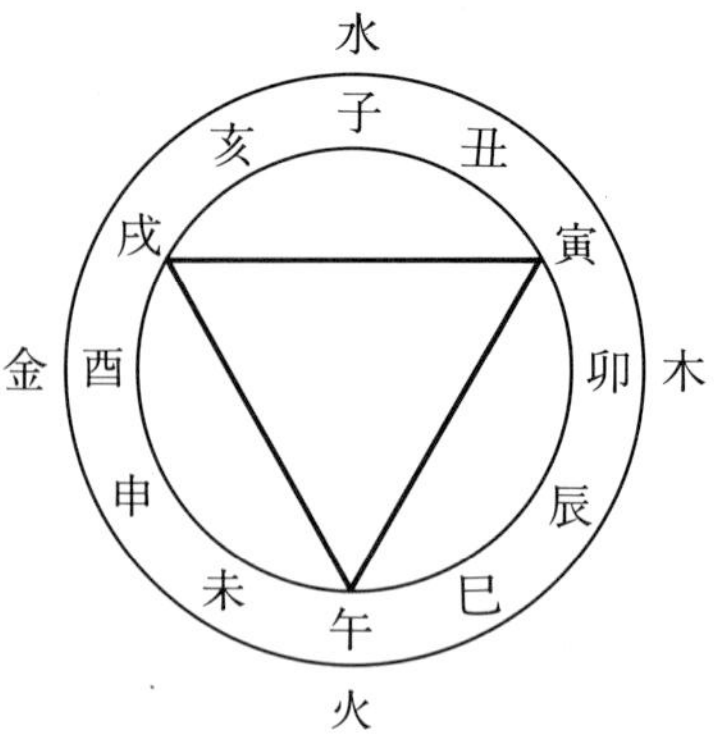

午の三合（火気の三合）
寅…生，午…旺，戌…墓．寅・午・戌の三支はすべて火となる．

午の日（壬午《みずのえうま》）である。壬申の乱におけるこのような火・赤・午へのこだわりからみても、天武天皇が火徳王を自認していたことがわかる。天武天皇の崩御の年を「朱鳥」の年号にしたのも火徳の色の赤（朱）とのかかわりからであり、改元の日も午の日（戊午《つちのえうま》）が選ばれている。戊は「土《つち》の兄《え》」だが、相生の理では「火生土」となる。また、天武・持統合葬陵も藤原宮太極殿の午（南）方位に造営され、天武天皇の縁者の陵もこの方位に造られている。

このような火徳王へのかかわりの強さからみても、信濃への天武天皇の執着（造都や行宮の計画）は、陰陽五行の視点から考える必要がある。

三合の理では、午（火気・火徳・火星）の三合は、図のように寅が生気、午が旺気、戌が墓気となり、寅・午・戌はすべて火気・火徳となる。信濃の方位も同じ火気の寅であり、火徳王の生気である（午の旺気は飛鳥、戌の墓気は竜田である）。

すべての生物および事象、つまり森羅万象は、生まれ、旺《さか》んに生き、死ぬ。始めがなければ旺んはなく、旺んには終わりがある。こうした生・旺・墓は輪廻《りんね》であり、終わりは始めだと観念されている。

天武天皇の最終的な都城計画は、持統天皇によって新益（藤原）京として完成した。この宮の大極殿の寅方位に三輪山があるが、その延長線は伊賀・伊勢・尾張・美濃の一部（なぜか壬申の乱にゆかりの土地ばかりである）を通って信濃に至る。易の八卦では、この方位は「山《さん》」だから、「山」にふさわしい土地として信濃が重視されたのであろう。

景行紀には、

日本武尊、信濃に進入《いでま》しぬ。是《こ》の国は、山高く谷幽《ふか》し。翠《あを》き嶺《たけ》万《とほく》重《かさな》れり。人杖をつかひて升《のぼ》り難《がた》し。巌嶮《さが》しく磴《かけはし》めぐりて、長《たか》き峯数千、馬なづみて進《ゆ》かず、然《しか》るに日本武尊、烟を披《わ》け、霧を凌《しの》ぎて、遙《はるか》に大山《みたけ》を径《わた》りたまふ。

とある。

『日本書紀』の天武天皇即位前紀に、天皇は「天文・遁甲《どんかふ》に能し」と書かれているが、壬申の乱のときには、伊賀の横河（名張川）でみずから式《ちく》をとって占術を行なっており、天武四年には占星台を建てている。信濃への関心については、天皇のこの知識が無視できない（天武天皇と道教については、拙著『天武天皇論（二）』参照）。畿内と信濃への都城造営調査のため、天武十三年二月に派遣された役人のなかには、陰陽師が含まれている（信濃派遣記事は、前文の畿内派遣記事をうけているため、判官以下を略している。だが信濃の地形を見て地図を提出しているのだから、陰陽師は当然参加していたはずである。当時の地形調査や地図は、陰陽五行による適地の調査でもあった）。

火徳王朝のために天武天皇がみずから計画・造営した新しい都城（藤原京）の位置から見て、信濃国にあたる生気の地は大和国では三輪山だが、この地も易の「山《さん》」である。この事実からも、三輪と信濃は重なる。大和における午（火気）の三合は、三輪山（生）、藤原宮（旺）、竜田立野（墓）である。しかし、三合の理だけで、新しい都城の地がきめられたわけではない。

相生の理では「木生火」で、木気は火気・火徳にとって生気になるが、この方位は寅・卯・辰である。寅は三輪山、卯は伊勢神宮、辰は香具山である。香具山が「天」をつけて「天香具山」と呼ばれ、高天原と観念されたのは、藤原京太極殿から見て冬至の朝日の昇る方位にあたるからだが（天皇の即位儀礼も中国の皇帝の祭天儀礼も冬至に行なわれる）、新たに天香具山が登場し、かつ伊勢神宮が重視されたため、本来三輪山にあった「天地諸神及天皇霊」（『日本書紀』敏達天皇十年二月条）のうち、「天」の諸神は天香具山、「天皇霊」は伊勢神宮（内宮）に分離し（『日本書紀』は三輪山々麓の磯城宮、『倭姫命世記』は三輪山々頂に祀っていた皇祖神を倭姫が伊勢へ遷したと書く）、三輪山は「地」の諸神の山となった。

信濃の神は、この三輪山の神の神格と、天武朝に新しく祀られた竜田・広瀬の神の神格を付与された神として、持統五年に勅使派遣を受けたのであろう。三合の理では、戌方位の竜田の神とともに、寅方位にある三輪の神を祀ればよかった。にもかかわらず、わざわざ信濃の神を祀ったのは、信濃が伊勢と一対のものとして意識されていたからであろう。

それは、信濃の神を祭祀した翌年、天皇が伊勢に行幸していることからもいえる。

信濃は伊勢の対だから、新しい神統譜では、信濃の神は三輪の神（大物主神は新しくつくられた大国主神の別名とされた）の子になっている。このような信濃の位置づけは、火徳王朝のための都城の位置と無関係ではない（天武朝の新しい都城の地形調査を行なったのは、竜田立野の風神を最初に祀り、信濃の都城調査をした小紫美濃（三野）王である）。しかし、平城京へ遷都したあとは、信濃は特別の意味をもたなくなった。『日本書紀』の編者にとっての信濃は「山高く谷幽《ふか》い」異境でしかなかったから、束間の温泉があるという、彼らなりの理由づけを付記したのであろう。

上社大祝神氏と太（多）氏

信濃国造が伊勢船木氏と同祖であることは『古事記』に記されているが、建御名方神話は『古事記』にのみ書かれ、『日本書紀』には登場しない。この点に関しては、『古事記』の編者で信濃国造や伊勢船木氏と同祖の、太（多）氏の存在が無視できない。太氏は三輪山祭祀にかかわるが、『和名抄』の信濃国諏訪郡には「美和郷」が見え、水内郡には式内社「美和神社」（『三代実録』は「三和神」と書く）がある。

下社の大祝は、信濃国造と同じ金刺《かなさし》氏であり、上社の大祝は神《じん》氏という。神氏を「神《みわ》氏」と訓んで「美和郷」を上社大祝の郷とする説があるが、この説は、「美和郷」を大和の三輪氏と関係ないとしたうえで、神氏の居館周辺を美和郷に比定している。しかし、上社周辺に「ミワ」の地名は現存せず、また水内郡の美和神社の存在も、この説では説明できない。しかも、全国各地のミワ神社やミワ郷には三輪氏がかかわっているのに、この説は、「ミワ」の地名が大和の三輪（大神）氏と関係ないとする前提に立っており、説得力がない。

美和郷と美和神社が諏訪と水内にあるのは、竜田の風神と共に諏訪と水内の神を祀ったという持統五年の記事と重なる。これを偶然の一致として看過ごすわけにはいかない。

「美和郷」は、古くから箕輪《みのわ》（上伊那郡箕輪町）に比定されている（吉田東伍は『大日本地名辞書』で上伊那郡美和村に比定するが、明治初年の町村合併でつけられた村名だから問題にならない）。この地名はすでに室町時代の文献に現れる。黒岩英治は、箕輪に隣接する辰野（上伊那郡辰野町）に三輪神社があるから、辰野も含めた地域を「美和郷」と推定し、「下諏訪社の古文書には古く立野の字を充ててあるものも数ある。けれども吾妻鑑には龍市と書いてある」から、この地名は竜蛇伝承の三輪伝説と結びつくと推論する。[19]

しかし、辰(立)野・竜市については、三輪だけでなく、竜田立野との関係が考えられる。天武朝に信濃の都城・行宮造営計画があったことからみても、信濃の神の祭祀のために、大神神社や竜田大社の祭祀氏族および隷属する人々が来たとする推定は、不可能ではない。辰野・箕輪の人々が下社の分社の氏子である点を重視するなら、下社大祝の太氏(金刺氏はのちに太朝臣になっている)との関連も考えられる。

上社大祝は、本来は、神長(神長官)や神使(童男)を出す守屋氏や上社周辺の人々のなかから選ばれた(ラマ教のダライラマのように)童男《おぐな》であった。大祝が世襲になったのは、下社大祝の金刺氏の世襲にならったからである。『上社社例記』は、「平城天皇御宇以来御表衣祝有員社務、是大祝肇祖」と書き、『大祝職次第書』は、この「大祝肇祖」の有員《ありかず》について、「桓武天皇第五皇子八才ヨリ烏帽子、狩衣ヲ脱着御表衣祝」と書く。桓武天皇の皇子という記事はまったく信用できないが、このように書かれているのは、桓武天皇の子平城天皇の御代(八〇六―八〇九)から上社大祝が世襲となり、その初代が有員だったからであろう。

上社大祝の『神氏系譜』によると、信濃国造建隅照命(「建御名方富神十八世の孫建国津見命の子」とある)の九世孫五百足は、兄弟の妻のなかに神の子を宿している者がいるという神告を夢のなかで聞き、その神の子有員を神氏の始祖にしたという。これは、信濃国造によって上社大祝の神氏の始祖がきめられたという伝承であり、上社大祝を世襲制にした平城天皇の時代が問題になる。

信濃国造と太(多)氏は同祖氏族であるが、史上に登場する太(多)氏で官位と活躍がはなばなしいのは、壬申の乱に活躍して持統天皇十年八月二十五日に亡くなった直広壱(正羅下)の多品治と、養老七年七月七日に亡くなった民部卿従四位下の太安万侶と、平城天皇のとき活躍した多入鹿である。

入鹿は、平城天皇が即位した大同元年(八〇六)に従五位下近衛少将兼武蔵権介、次いで中衛少将。二年に右近衛少将として尾張守・上野守・木工頭を兼任。三年正月に正五位下に叙し右小弁、二月に民部少輔。四年六月に従四下に叙し、九月、山陽道観察使兼右京大夫になっている。

翌年（八一〇）四月、平城天皇の弟が即位し嵯峨天皇となって、年号は弘仁に変わり、弘仁元年六月には、観察使が廃止され参議に戻ると、入鹿も参議になり、九月、讃岐守から安芸守になり、十月、薬子《くすし》の変にかかわり讃岐権守に左遷された（『日本後紀』『公卿補任』）。

このように、入鹿が平城天皇のとき重職についていることからみて、入鹿の力によって上社大祝は世襲制になったと考えられる。

しかし、上社大祝を下社大祝と同じ血筋にするのには抵抗があることと、前述した同じ寅方位にあるミワ神とスワ神の神格の共通性から、大神《おおみわ》氏の血筋に神《じん》氏を名乗らせ、上社大祝有員が誕生したのではないだろうか（建御名方神は大神神社でも祀られている）。

上社大祝が世襲制になって三十年余たった承和九年（八四二）五月、南方刀美神が無位から従五位下の神階を受け、同年十月、八坂刀美神が無位から従五位下になっている。この神階授与は、上社・下社体制が定着したからであろう。そして嘉祥三年（八五〇）、両神は従五位上になっているが、これからの昇進はめざましい。

仁寿元年（八五一）、両神は一挙に従五位上から従三位に昇り、貞観元年（八五九）正月には、建御名方富命が従二位、八坂刀売命が正三位。同年二月には正二位と従二位。貞観九年（八六七）には従一位と正二位に昇っている。十数年の間に従五位上から従一位と正二位まで昇っているが、正一位と従一位になったのは七十三年後の天慶三年（九四〇）であり、八坂刀売が正一位になったのは百三十四年後の永保元年（一〇七四）である。このことからみても、貞観年間の昇進は異常である。このような昇進は、次のような理由による。

『三代実録』の貞観五年九月五日条に、

右京人散位外従五位下多朝臣自然麻呂賜㆓姓宿禰㆒。信濃国諏方郡人右近衛将監正六位上金刺舎人貞長賜㆓姓太朝臣㆒。

並是神八井耳命之苗裔也。

この諏訪郡人の金刺舎人(太朝臣)貞長(金刺舎人が下社大祝だから、諏訪郡人の貞長は下社関係者)こそ、上社・下社の神階を急激に上げさせた推進者であったとみられる。だが、彼一人で成功するはずはなく、在京の太朝臣(入鹿の子や関係者たち)の協力を得ていたにちがいない。

入鹿は、延暦二十一年(八〇二)近衛将監、大同元年(八〇六)近衛少将、さらに同年、中衛少将になっている。翌年(大同二年)、近衛府は左近衛府、中衛府は右近衛府になったが、入鹿はこの創設にかかわり、右近衛府少将になっている。また、貞観元年十一月十九日条には、正六位上の右近衛将監多臣自然麻呂が外従五位下に任じられている。自然麻呂は雅楽寮の多氏(楽家多氏)の祖だが、『体源抄』の「多氏系図」では、自然麻呂は入鹿に系譜を結びつけている(楽家多氏の家長は、「多氏系図」によれば、代々右近衛将監に任命されている)。諏訪の金刺舎人貞長も右近衛将監になっており、太朝臣と姓を変えていることからみても、平城天皇の時代の上社大祝有員擁立は、太朝臣入鹿のバックアップによるものであろう(太朝臣になった貞長は、貞観八年正月、右近衛将監のまま外従五位下になり、貞観九年正月、参河介になっている)。

私は、『日本古代試論』で、天武天皇の側近で壬申の乱のとき真先に美濃で挙兵した多品治が信濃国造と同族であることや、壬申の乱での信濃の騎兵の活躍などから、天皇は信濃に関心をもち、都を信濃につくろうと計画したと推定したが、坂本太郎も、多品治や同族の信濃国造や金刺氏と天武天皇の関係を推測している[20]。天武・持統朝の多品治は、竜田風神と諏訪・水内の神の官祭にも無関係ではないだろう。

大国主命の神統譜を無視して、建御名方神を『古事記』に強引に割り込ませたのは、多(太)氏が諏訪の神にかかわっていたからであろう。そのような多氏と諏訪の関係が、平城天皇の時代に上社大祝の世襲制の創設となり、貞観時代とその前後の、建御名方命と八坂力売命の急激な神階上昇にも及んでいるのであろう。

建御名方命と八坂刀売命という神名が、諏訪にかかわる名ではないことからみても、古代ヤマト王族と諏訪大社の関係は、多氏と信濃国造金刺舎人を無視しては考えられないのである。

注

（1）宮地直一『諏訪史』第二巻前編、八一頁、昭和六年。
（2）藤森栄一『諏訪大社』二四頁、昭和四十年。
（3）津田左右吉『津田左右吉全集』第一巻、五〇七頁、昭和三十八年。
（4）西郷信綱『古事記注釈』第二巻、二〇八―二一〇頁、昭和四十一年。
（5）太田亮『諏訪神社誌』八―一四頁、大正十五年。
（6）宮地直一『諏訪史』第二巻後編、二〇頁、昭和十二年。
（7）吉田東伍『大日本地名辞書』第三巻、六二五頁、明治三十三年。
（8）宮地直一、注1前掲書、一八四頁。
（9）吉野裕子『陰陽五行と日本の民俗』一五五頁、昭和五十八年。
（10）三谷栄一「竜田・広瀬の神の性格」「神道宗教」七五―七九合併号。
（11）金井典美『諏訪信仰史』五頁、昭和五十七年。
（12）金井典美『御射山』一九五頁、昭和四十三年。
（13）宮地直一、注1前掲書、四二―四三頁。
（14）三輪磐根『諏訪大社』一〇九頁、昭和五十三年。
（15）宮坂清通「諏訪上社御射山祭について」『古諏訪の祭祀と氏族』所収、昭和五十二年。
（16）金井典美「風を和ぐ鎌」「アルプ」一八四号。
（17）井本英一「風神考――ユーラシアの神話から」『境界祭祀空間』所収、昭和六十年。
（18）大和岩雄「天武天皇の『和魂洋才』」「東アジアの古代文化」四六号。
（19）栗岩英治「三輪伝説を再検討する」「信濃（第一次）」四巻一〇号。
（20）坂本太郎「古代史と信濃」『日本古代史叢考』所収、昭和五十八年。

出雲《いずも》大社――大国主神と出雲的世界

出雲大社については多くの論考があるので（特に白水社刊『日本の神々・7』に載る石塚尊俊の「出雲大社」がすぐれている）、本稿では、当社の祭神大国主神に焦点をしぼって、出雲大社について考えてみたい。

大国主神と天之御中主神

大国主神は出雲の神とされているが、この神名は、天之《あめの》御《み》中主《なかぬし》神や天照大神という神名が創作されたとき、古来のオ(ア)ナムチ（オオ＝美称、ナ＝国・大地、ムチ＝尊称）という神名をもとに、机上で作られたものである。『出雲国風土記』には「大国主」という神名はまったくみられないし、『万葉集』にも載っていない。「大国主」を物語のなかにまで登場させているのは、『古事記』だけである。

正史である『日本書紀』も、本文では「大国主」の名を用いていない。一書の一に、素《す》戔嗚《さのを》尊の五世の孫として「大国主神」とあり、一書の六に、大国主神は大物主神・国作大己貴命（『日本書紀』には大己貴を「於《お》褒《ほ》婀《あ》娜《な》武《む》智《ち》」と訓めとある）・葦原醜男《あしはらのしこお》・八千戈神・大国玉神・顕《うつし》国玉神の「亦《また》の名《な》」とあるだけである。このような事例からみると、中央でも、「大国主」は一部の識者にだけ知られていた公式的、観念的神名で、一般化しなかったのであろう。

『延喜式』神名帳でも、「大国魂」を含む社名は多いが「大国主」を含む社名はないから、十世紀になっても「大国主」の神名は一般化していなかったといえる。『古事記』は「大国主」という神名を重視して使っているが、理由は、

天地初めて発《おこ》りし時に、高天の原に成りませる神の名は、天之御中主神

と、本文の冒頭に「天之御中主神」という観念的な神を登場させているからである。「天」と「地（国）」という二つの

観念を設定し、「天」の神の代表を天の真中にいる「天之御中主神」とし、「地」の神の代表として「大国主神」という神名をつくったのであろう。

大国主神については、「大国を領するものの意」とする説や、「多くの国主を統《す》べあわせた神の意」とする説があるが、国つ神の代表であることを示すために「大」をつけたのであろう。西宮一民は「偉大な国土の主人の意」とみる。[(1)]天之御中主神は、天の中心をいう「太一《たいいつ》」「大極」の意味をもつ観念的神名で、国の代表神（国主）に対応する天の代表神だから、大国主神が登場しない『万葉集』や『風土記』には、天之御中主神も登場しない。『日本書紀』本文も大国主神を記していないから、天之御中主神の名も本文には見当たらない（一書の四にのみ記載）。「大国主神」は、高天原に対する葦原中国の代表神として、つまり「天之御中主神」の対《ペア》として、観念的に作られた神名であろう。そのことは、「高天原」「葦原中国」という名称が観念的なものであることからも裏づけられる。

大国主神と葦原中国と出雲

『古事記』が、具体的な神々の名を観念的な名に統一したのは、八百万《やおよろず》の神々を、天つ神と国つ神に分類する必要があったからである。もちろん『日本書紀』にもその意図はあるが、神々の統一化への意図は『古事記』のほうが強い。そのことは、『日本書紀』の神代紀が一書からの引用をあれこれ載せているのに対して、『古事記』が一本化した神統譜を呈示していることからも、明らかである。『古事記』に神統譜の一本化の意図が濃厚なのは、出雲を高天原に対する葦原中国、さらには根の国の入口にしようとする空間意識があったためである。そして、高天原の代表神天之御中主に対し、葦原中国の代表神大国主を設定した結果、

大国主神――葦原中国――出雲

という考えが生じたのである。

このように、大国主神を出雲の神にしようとする『古事記』編者の意図の強さは、『日本書紀』一書の六に大国主神の亦の名として登場する大物主神と大国玉神を、『古事記』が除いていることからも推測できる。大物主神は大神《おおみわ》神社

の祭神であり、大国玉（魂）神は大和《おおやまと》神社の祭神である（国魂神は大和《やまと》だけに限定すべきではないが、『日本書紀』の大国魂神は大和の国造が祭祀する神である）。

『日本書紀』の本文は、素戔嗚尊《すさのを》が出雲で大蛇《おろち》退治をし、奇稲田姫《くしいなだひめ》と結婚して大己貴神を生んだことは記すが、大己貴神の出雲での活躍には触れていない。出雲の主役は、『日本書紀』では素戔嗚尊である。

ところが、『古事記』では、素戔嗚と並んで大国主が出雲神話の主役を演じている。その活躍の舞台は、稲羽《いなば》の素兎《しろうさぎ》の話では「気多の前《さき》」（因幡国気多郡（鳥取県気高郡）気多村。鳥取市白兎海岸に「気多岬」という伝説地があり、その丘に白兎《はくと》神社がある）、八十神の迫害の話では「伯伎《ははき》国の手間《てま》」（伯耆国会見郡天万《てま》（鳥取県西伯郡会見町天万）。米子市の南方で、出雲との境にある）であり、后の須勢理毘売の話には「出雲より倭国に上りまさむ」とある。また、少名毘古那《すくなびこな》との国作りの段では「出雲の御大《みほ》の御前《みさき》」（出雲国島根郡美保郷（島根県八束郡美保関町））に少名毘古那が依り来たったとし、黄泉国訪問の段では「黄泉比良坂《よもつひらさか》」を「出雲国の伊賦夜《いふや》坂」（「イフヤ」や「黄泉」については出雲の意宇郡と出雲郡に地名伝承がある）とする。

このように、『古事記』は大国主神の舞台を、出雲・伯耆・因幡に限定している。また、大国主神の神名が載る『日本書紀』一書の六では、大己貴神と少彦名神の国作りが語られ、『古事記』と同じ話を載せているが、『古事記』が国作りの舞台を出雲に限定しているのに対し、『日本書紀』は、大己貴神が、国作りの途中で少彦名に常世国へ去られたあと、一人で国作りをしながら出雲国に至ったと記している。

『日本書紀』『万葉集』『播磨国風土記』『続日本紀』『文徳実録』の例からみても、「オホナムチ・スクナヒコナ」は、出雲に限定されない国作りの神であるのに、なぜ『古事記』のみが、大国主神という神名を重視し、この神を出雲に限定しようとするのか。それは、「大国主神―葦原中国―出雲」という図式に固執するからであり、この『古事記』の思想を具体化したのが出雲大社と伊勢皇大神宮である。

「日隅《ひすみ》」の出雲と「傍国《かたくに》」の伊勢

　『日本書紀』の神代紀（下）には、国譲りした大己貴神に高皇産霊《たかみむすび》尊が、「汝の住むべき天日隅宮を、今供造《つく》りまつらむ」といったとある（一書の二）。この

「天日隅宮」について、日本古典文学大系『日本書紀』の頭注は、「ヒは霊、スミは住みの意。つまり大己貴神の霊が住む宮の意。アマは単なる美称として添えられたもの」とみる。

「ヒ」には「日」「霊」の意味があるが、『日本書紀』の編者は、「日」と「霊」を混用してはいない。たとえば、日の意味の場合は「日神《ひのかみ》」「大日孁《ひるめ》」と書き、「霊」の意味の場合は「産霊《むすび》」と書く。だから「日隅」の「ヒ」も、「霊」ではなく「日」である。「スミ」も片隅の「スミ」で、「日隅宮」は字のごとく「日の隅の宮」の意である（『出雲国風土記』は「天日栖宮」と書き、「霊が住む宮」の意を含めているが、『日本書紀』の一書が「日隅宮」と表記した意図は、やはり「日の隅」の強調である。西郷信綱も、「日の没する西の隅の宮」と解している[2]）。

　ところが、『日本書紀』の垂仁天皇二十五年三月十日条には、天照大神を奉じて倭姫が各地を巡幸し、伊勢に至ったとき、天照大神が倭姫に対して、伊勢の国は

　常世の浪《なみ》の重波帰《しきなみよ》する国なり。傍国《かたくに》の可怜《うま》し国なり。是の国に居らむと欲《おも》ふ。

といったとある。

「隅」も「傍」も同義である。『万葉集』に「天離《あまざか》の夷《ひな》（鄙）」という用例（二五五・八八〇・四〇八二）があるが、これは都（天）から遠く離れた辺地（夷）の意である。この場合の「天」は天皇の都ヤマトであり、「夷」は傍国であり、日隅の地である。

　天照大神――伊勢神宮――傍国
　大国主神――出雲大社――日隅

という関係でイセとイヅモは対応するが、「傍」のイセも「隅」のイヅモも、天皇の居地ヤマトにとっての「傍」であり「隅」なのである。

ヤマトは「中州《なかつくに》」（『日本書紀』神武紀）と書かれるように、国の真中である。『日本書紀』は、「日本」という表記を「耶麻騰《やまと》」と訓めと注している。『万葉集』も「日本」を「ヤマト」と訓む。この「ヤマト」には、総国名を意味する場合と、畿内のヤマトを意味する場合があるが、イヅモを「日の隅」とみるのは、ヤマトを「日の本」とみているからである。

『日本書紀』（一書の六）によれば、大己貴神が出雲へ来て「今此の国を理《をさ》むるは、唯《ただ》し吾一身《われひとり》のみなり。其《そ》れ吾と共に天下《あめのした》を理《をさ》むべき者、蓋《けだ》し有《あ》りや」というと、「神《あや》しき光、海を照して」依り来る神が、「吾《われ》は汝（大己貴神）の幸魂奇《さきたまくし》魂《たま》なり」といい、さらに「吾は日本国《やまとのくに》の三諸山《みもろやま》に住まむと欲《おも》ふ」という。この大己貴神の幸魂奇魂を『日本書紀』が「此《これ》、大三輪の神なり」と書く以上、「日本国の三諸山」はこの大和国の三輪山である。「日本《やまと》」（大和）からみて、常世は伊勢（傍国）の海の彼方であった。この常世の波の寄せる傍国に対して、西の出雲は根の国の入口である。記紀神話で、素戔嗚尊は出雲を通って高天原と根の国（根の堅州国）を往復している。

本居宣長は『古事記伝』で、根の堅州国について、

堅洲国《カタスクニ》は、片隅国《カタスミグニ》の意なり、そは横《ヨコ》（東西南北など）の隅《スミ》にはあらで、竪《タテ》（上下）の片隅《カタスミ》にて、下つ底の方を云なり、書紀に極遠之根国ともあるも、下へ遠きを云《フ》。……さて隅《スミ》を須《ス》と云る例は、書紀に所謂《イハユル》天日隅《アメノヒスミノ》宮を、出雲風土記に天《ノ》日《ヒ》栖《スノ》宮とあり、〔栖ノ字は、古書に必須《ズス》と訓る例なり〕、又記中に天之《アメノ》御《ミ》巣《ス》と云るも、日《ヒ》隅《スミ》と通へり、〔姓氏録に宗形《ノ》朝臣祖の吾田《アタ》片隅《カタスミノ》命と云を、旧事紀には阿田賀田須《アタカタスノ》命とあり、此《レ》拠《ヨリドコロ》ありて如此《カク》はかけるならむ〕、さて此《ノ》根国と云は、即《チ》黄泉国《ヨモツクニ》のことなり

と書いている。

この本居説について、西郷信綱は、「根の国は『底つ国』とも呼ばれ、下の方をさすのは明らかだけれど、『天地の、底ひのうちに、吾が如く、君に恋ふらむ、人は実あらじ』（万、一五・三七五〇）のソコヒという語の用法に見られるように、ソコは上下縦横、ゆききわまるところ、つまり、はて、際涯を意味するのであるから（ソコは『退《ソ》く』の名詞形で

あろう）、根の堅州国も縦だけでなく横をもふくむことを何らさまたげない」と書いている[3]（「極遠の根国」の「極遠」は「下へ遠き」よりも「横に遠き」の意味が強いから、私は西郷説に賛成する）。

「傍国」の「傍《かた》」も「堅州」や「片隅」の「堅・片」と同じだから、傍国は堅州（片隅）国とみてよかろう。伊勢は常世の堅（傍）州国で、出雲は根の堅州国だが、同じ片隅の国、日隅の国であっても、日の昇る隅と日の落ちる隅のちがいがある。だから、朝日の昇る隅（東）の伊勢に天照大神、夕日の落ちる隅の出雲に大国主神が、配されたのであろう。

イセとヤマトとイヅモ

出雲は日隅の地であり、根の国への入口である。根の国は、妣《はは》の国といわれるように（「妣」という字は亡くなった母に使用する）、死者の国である。だから、落日（太陽の死）の地出雲が、妣の国の入口になったのである。本居宣長は、前述したように、根の国を黄泉国のこととするが、黄泉国も死者の国である。『古事記』も、「黄泉比良坂《よもつひらさか》は、今、出雲国の伊賦夜《いふや》坂といふ」（『出雲国風土記』意宇《おう》郡に伊布夜《いふや》社、『延喜式』神名帳の出雲国意宇郡に揖夜《いふや》神社がある）と書き、出雲を黄泉国の入口にしている。

『出雲国風土記』出雲郡宇賀郷の条には、「北の海辺に磯あり。脳《なづき》の磯と名づく。高さ一丈ばかりなり。上に松生ひ、芸《しげ》りて磯に至る。（中略）磯より西の方に窟戸《いはと》あり。高さと広さと各六尺ばかりなり。窟の内あり。人、入ることを得ず。深浅を知らざるなり。夢に此の磯の窟の辺に至れば必ず死ぬ。故、俗人《よのひと》、古より今に至るまで、黄泉《よみ》の坂、黄泉《よみ》の穴と号《なづ》く」とある。伊賦夜坂と宇賀郷は離れているが、いずれも海岸にある。

黄泉の坂・黄泉の穴は、猪目洞窟に比定されている。昭和二十三年の漁港修築の際、この洞窟の入口の土を取ったところ、縄文・弥生・古墳時代に及ぶ土器とともに、人骨十数体、副葬品多数が発見された。まさに黄泉の穴である。また、『日本書紀』の斉明天皇五年条には、「出雲国造に命じて、神の宮を修厳《つくりよそ》はしむ。（中略）狗《いぬ》、死人の手臂《ただむき》を言屋《いふや》社に噛《か》み置けり。言屋、此をば伊浮耶《いふや》といふ。天子の崩《かむあが》りまさむ兆《きざし》なり」と書かれているが、この記事は、黄泉比良坂を伊賦夜坂に比定する『古事記』の見解と、深くかかわっている。

このように、出雲が根の国・妣の国・黄泉国の入口とみられていたのは、ヤマトから見て、日の昇るイセに対しイヅモが日の沈む土地だからである。朝日・夕日が日照《ほで》る地ヤマト、そのヤマトの地に坐す天皇（日の御子）は、天つ神の代表伊勢神宮と、国つ神の代表出雲大社の神に守られていると観念されていた。その関係を図示すると、上図のようになる。

この場合のヤマトは、朝日・夕日の日照《ほで》る地だから日本《ひのもと》ではない。日本《ひのもと》は朝日の昇るイセだが、イヅモにとって、ヤマトとイセは共に日本《ひのもと》である。日本《ひのもと》のイセは天照大神の鎮座する地であり、日本《ひのもと》のヤマトは日本天皇の坐す地であった。

朝日	常世　伊勢神宮（天照大神）	東
↓		
朝日・夕日の日照る地	ヤマト	中
↑		
夕日	出雲大社（大国主神）　根の国・妣の国・黄泉の国	西

神話世界では、天照大神に国譲りするのが大国主神だが、現実世界で大国主神にあたるのは、出雲国造である。出雲国造は、天皇に服属したすべての首長の代表として、服属の誓詞を述べる。それが「出雲国造神賀詞」である。国造の新任のとき、天皇に神賀詞を述べる服属儀礼は、葦原中国の主である大国主神が高天原の日神天照大神に国譲りする神話と重なっている。そして、天照大神に国譲りする大国主神は、出雲大社で出雲国造に祀られ、国譲りを受けた天照大神は、皇祖神として天皇によって祀られる（祭祀は天皇の皇女が斎王として行なう）。

天照大神（伊勢神宮）——日本天皇
大国主神（出雲大社）——出雲国造

という関係であり、それは同時に、

天照大神——大国主神
日本天皇——出雲国造

という服属関係になる。そして、統治する側は、

〈神の世界〉　高天原——天照大神——伊勢
〈人の世界〉　葦原中国——日本天皇——大和

というように、神（伊勢）と人（大和）の世界に分かれるが、統治される側の世界は、神（大国主神）も人（出雲国造）も出雲である。

出雲は、伊勢・大和のどちらから見ても夕日（日隅）の地だが、伊勢・大和は出雲から見れば、いずれも朝日（日本）の地である。国号を「日本」とする発想（「日本」国号の成立は天武・持統朝と考えられる。詳しくは拙著『「日本」国はいつできたか』参照）は、「日隅」の地を必要とした。だから、「日本」の代表神として天照大神がつくられると同時に、「日隅」の代表神として大国主神がつくられ、伊勢皇太神宮に対して出雲大社が造営され、出雲国造にその祭祀が命じられたのである。

このように、大国主神と出雲大社の誕生は、中央政府の意図と切り離して考えることができない。

出雲大社の神座の意味

出雲からみれば、伊勢も大和も朝日の昇る方向、日本《ひのもと》だが、神の日本（伊勢）に対して人の日本（大和）は日向《ひむか》になる。だから、「日本国《やまと》の三諸山」の山頂にある神社は「日向神社」と呼ばれている。

皇祖神の天照大神を祀る神社のある伊勢に対しては「日本国《やまと》」も日向だが、出雲も「日本国《やまと》」に対しては日向である。しかるに、なぜ出雲は「日隅」といって、「日向」といわないのだろうか。

天孫が降臨するための国譲りの交渉の場所は出雲だから、降臨の場所も出雲にすればいいのに、天孫は日向（九州）に降臨し、そこから日本《やまと》へ東征する。日向（九州）も、日本《やまと》に主体をおけば日隅であり、日隅（出雲）も、出雲に主体を置けば日向だが、出雲を国譲りの大国主神が鎮座する日隅宮の地としたため、出雲を日向にするわけにはいかなかったのであろう。

「東《ひがし》」は「日向《ひむかし》」の「ム」が脱落したものだが、日の出る日向を神聖方位とするのが、わが国の神観念である。出雲大社の社殿は、次頁の図のように南面しているが、神座は西面する。この西面について、本州の西南守護を意味するとか、本殿の背後にあって大国主神の父素戔嗚尊を祀る素鵞《そが》社に後ろを向けるわけにはいかないからだとか、大国主神は

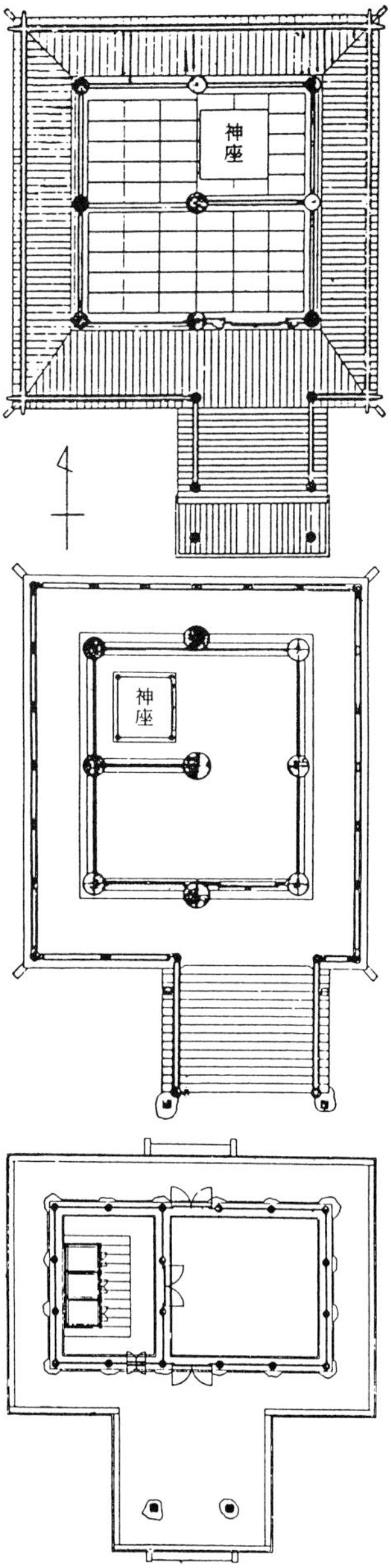

神殿と神座の配置（上から出雲大社・神魂神社・日前神宮）

天孫に国を譲ったから遠慮して天皇のように南面しないのだとか、大社の西のほうが開けていて景色がよいからだといった、さまざまな説がある。

第八十二代国造千家尊統は『出雲大社』で、このような思いつき説ではなく、関野貞の原始住宅の主人の居間の位置を神座にしたとする説をとりあげている。そして、関野説は囲炉裏《いろり》の位置が南の入口から入って右手にあれば成り立つが、左手にあれば神座は東面することになり、住宅の囲炉裏がいつも右手にあったとは限らない以上、神座の西向きを関野説で解くことはできないと批判し、西向きの理由を、祭神と海との関係から、西方の海の彼方にある「霊魂の故郷としての常世の国に相対せられているのだといってよいのではあるまいか」と推測する。[4]

一般に神社の神殿が南面するのは、子午線を聖なるラインとみなす中国思想の影響による。中国の子午線重視は、北（子《ね》）を神聖方位とし、「太一」「大極」「北極」と呼ぶ。だから古代の宮域は、大極殿を基点として南に開けている。南面とは、神聖な北を南から拝することを意味する。寺院も北に座す仏像（本尊）を南から拝する。神殿が南面するのは、北を神聖方位とする中国の建築様式をとり入れたためだが、東を神聖方位とするわが国の観念によって神座を配置すれば、神殿は西面となる。

ところが、出雲国造の本拠地である意宇郡大庭《おおば》の神魂《かもす》神社は、出雲大社と同じく大社造だが、図のように、神座は逆に東面している。この神社は、明治以前は国造新任の火継式や毎年の新嘗祭に、出雲国造が杵築《きつき》の地から出向いて潔斎を重ね、神事を行なう所であった。和歌山県の日前《ひのくま》神宮も神殿は南面するが、神座は東面している。茨城県の鹿島神宮の本殿は北面するが、神座は東面する。また、神祇官の配置図をみても、建物は南北の子午線を主軸とするが、八神殿は東面している。

北を神聖方位とする中国の建築様式を受け入れて建物が南面している以上、東を神聖方位とする神座は当然西面すべきであろう。なぜなら、東にある神座を拝するためには、礼拝者が東面する必要があるからである。ところが、神座の多くが東面しているのは、仏像のように常時礼拝の対象となっていたわけではなかったからであろう。

神殿ができたのは寺院の影響であり、それまでは、神籬《ひもろぎ》や石や木や鏡や剣や玉、さらには人などに依り憑く霊魂《たま》が、「ハレ」の日に訪れては去っていった。その霊魂を神殿に鎮座させることで、寺院の仏像と同じように神体が常時礼拝の対象になり、その結果、神像までが作られるようになったのである。しかし、本来、神体は、「ハレ」の日に神が依り来る依代《よりしろ》であった。だから、神の依り来る神聖方位、すなわち東に向いているのである。松前健は、「大嘗宮の御座が東面、または東南面していることなども、朝日の方向、ないし伊勢の方角と関係があると考えられる。……御座は、東方の日の出の方角に向かっており、古い神社の制が、多く東面していたと同じく、朝日のたださす方角に向かった形であった」と述べている。

新しく即位する天皇は、大嘗祭の一か月前に賀茂の川原で禊をするが、「東御禊幄《ひがしおんみそぎあく》」は図のように、東に向かって開いている。このなかに百子《ひゃくし》帳がめぐらされるが、正安三年（一三一〇）の『大嘗会御禊幄記』の記事によれば、百子帳は御禊幄の東屋の中央に東向きに立てられ、四周に帷《とばり》をかけるが、東に面する帷は巻き上げられている。西の帷は縫目がなく、天皇はこの西の帷から百子帳のなかに入る。そのなかには大床子《だいしょうじ》が二脚すえられ（一つは天皇の御座、一つは剣を置くためのもの）、それを囲んで六曲の屏風が置かれるが、この屏風も東が開けられている。このように、禊幄・百子

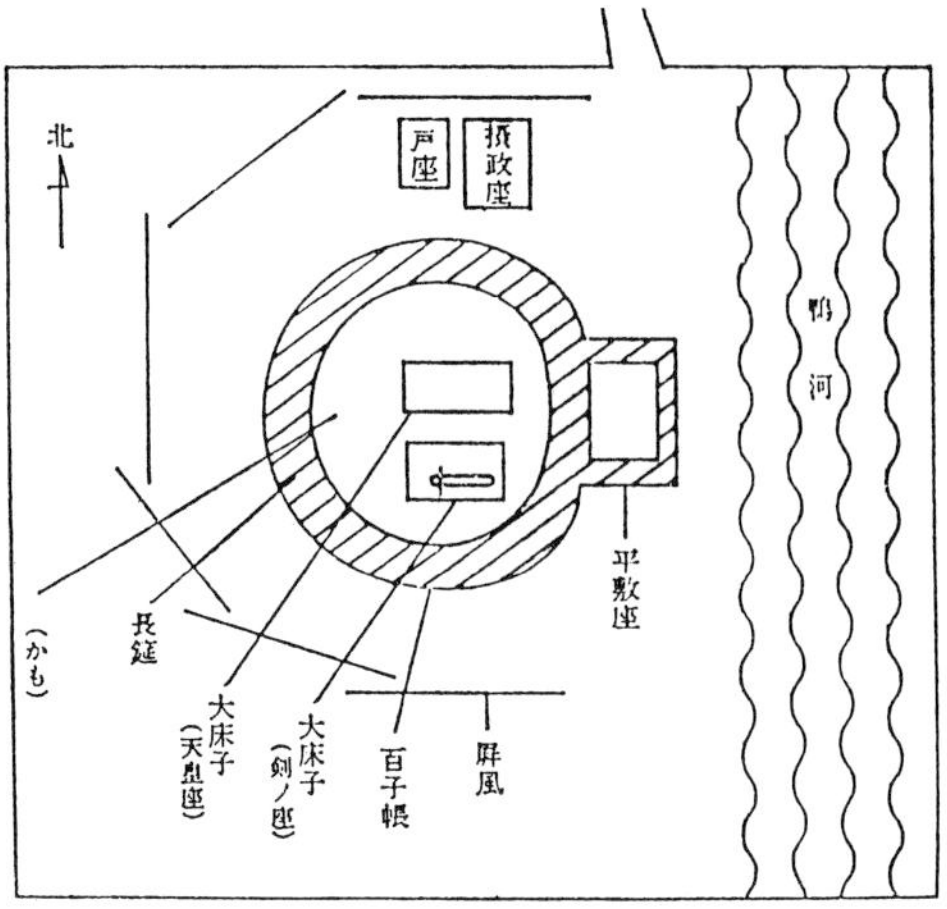

東御禊幄の図

帳・大床子・屏風など、すべて東側が開けられ、川に面していることについて、吉野裕子は東が神聖方位だからとみるが、(6)天皇の座す大床子の御座は、神魂神社や鹿島神宮、日前神宮の神座にあたる。

この御座の百子帳に、天皇は西方から入り、手水のあと、百子帳の前（東）にある平敷座に移り、御巫《みかんこ》のすすめる御麻《おんぬさ》に一撫《いちぶ》一吻《いっぷん》する。御巫は童女だが、御巫のみ東にいるのは、この童女が神の顕現だからであろう。

一方、次頁の図のように、大嘗祭の神座は二つあるが、一つは寝座という天皇が神と共寝する神座で、もう一つは御座の前の神座（短畳・短座・半帖神座）である。この神座と御座の関係を『延喜式』（掃部寮）は、「神座西面、御座東面」と書く。『江次第抄』には、この西面の神座に対して天皇は「東に向いて御座に着御」するとある。この御座の東面は、御禊の儀の大床子の御座の東面と同じである。

御禊の儀では、御座（大床子）に対して神座は平敷座である（大嘗祭の悠紀《ゆき》・主基《すき》殿の神座も短畳・神食薦という）。平敷座は神聖方位としての東の極にある。その位置は川との境であり、川を海にみたてれば、常世の波の寄せる伊勢の神宮の位置にあたっている。また、この平敷座に御巫がいるのは、御巫が神の顕現だからであろう。沖縄の巫女は山中のこもりを終えて神霊が憑くと人里に移り、東を背に、西向きの位置で、村人の捧げる供饌を受けるが、この巫女は平敷座にいる御巫と同じである。要するに、神が東に位置するから、神座は東にあり、神殿は西面するのである。しかし、神殿のない神籬《ひもろぎ》としての依代は、神の依り来る東に向く。その名残りが神魂神社などの神座である。

出雲国造の「マツリゴト」は、天皇の場合と同じく祭事が主である。天皇を「現人神《あらひと》」というが、出雲国造も同じで

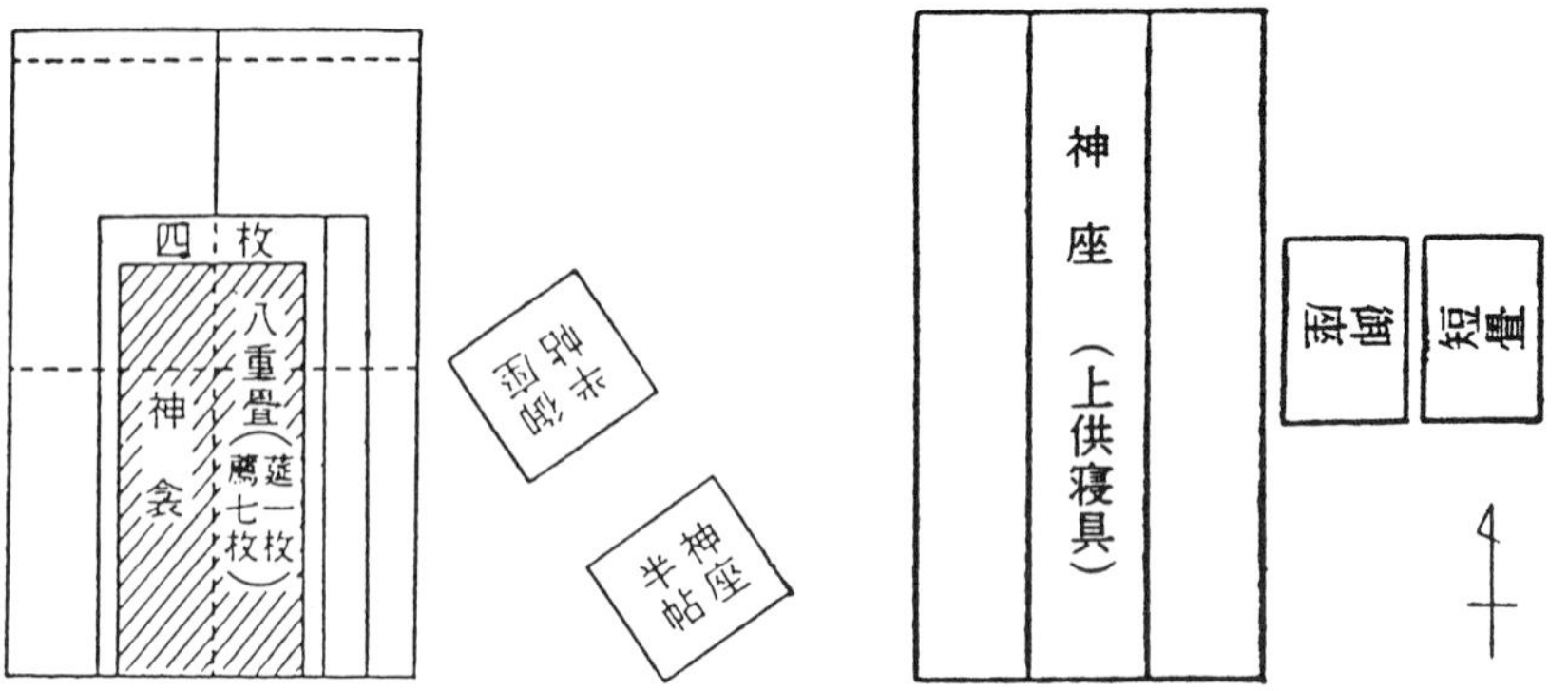

大嘗祭における神座と御座（左図は『兵範記』，右図は『新儀式』による．左図の御座は伊勢神宮のほうを向き，右図の御座は東面するが，本質的な意味は変わらない）

ある。出雲国造について、『類聚三代格』所収の延暦十七年（七九八）十月十一日の太政官符に、

禁下出雲国造託二神事一多娶二百姓女子為上レ妾事

国造兼二帯神主一。新任之日即棄二嫡妻一。仍多娶二百姓女子一号《ケテ》為二神宮采女一。便娶為レ妾。莫レ知二限極一。此是妄託二神事一。遂扇二淫風一。神道益レ世豈其然乎。自レ今以後不レ浔二更然一。若娶レ妾供二神事一不レ浔レ已者。宜レ令三国司注レ名密封卜二定一女一。不レ浔二多点一。如違二此制一。随レ事科処。筑前国宗像神主准レ此。

とある。

出雲国造が神事に託して百姓の娘の多くを妾にすることを禁じる官符だが、その大意は、「出雲大社の神主を兼帯する国造が、国造新任の日、嫡妻を棄てて、神宮采女《うねめ》として多くの百姓の娘を娶《めと》って妾にする。これは神事に託して妄《みだ》りに淫風を拡げるもので、神道が世に益することと相反するから、今後、妾を娶って神事に供することを認めない。娘の名を国司が書きこんだ紙を密封し、卜占によって一人だけ選んで神宮采女とする。この制に違反すれば科料に処す。筑前国の宗像神社の神主もこれに準ずる」というものである。

国造新任の日に神宮采女を決めるとあるが、この日は新嘗の日であり、新任の出雲国造は火鑽《ひきり》神事を行なう。新嘗の日、神に処女を奉献する神事について、中山太郎は「農家を訪れた田の神は、新嘗の夜に心に適した婦女があるとそれに近づけた。これが今に各地に残ってゐる祭の折の一夜《ひとよ》官女《かんじょ》又は一《ひと》時女臈《ときじょろう》の原義なのである。大阪市外歌島村字野里の氏神祭には少女六人が、下髪に白絹の被を着て一夜官女としての参籠をする」(7)と書いているが、寛政八年（一七九七）から十年の間に書かれた秋里籬島の『摂津名所図会』の巻三の「一夜官女」の条にも、「野里村の本居神《うぶすな》住吉の例祭の時、此里の民家より、十二三計《ばか》りの女子に衣裳を改め神供を備ふ。これを野里の一夜官女といふ」とある。

この一夜官女が神宮采女であり、出雲国造は「神供」の「神」となって、「神供」の神妻（一夜官女）を「神宮采女」と称して妾にしていたのである。一方、『日本書紀』の允恭天皇七年十二月一日条に、新嘗の「新室《にひむろ》の宴《うたげ》」のとき、一夜妻として天皇に「娘女《をみな》」を奉ったとあり、天皇も出雲国造と同じく「神」、正確には神の依代になっている。

大嘗祭の神座と御座の関係は、出雲大社の西面する神座と御座の関係にあてはまる。御座の東面は、宮廷で祀る八神殿の東面と同じ意味をもち、神魂神社の東面にも同じ意味がある。八神殿も神魂神社も、その神座は神籬《ひもろぎ》（依代）と意識されているから、神の依り来る東の方向に向いている。ところが出雲大社は、記・紀や風土記に明記されているように、最初から神の住居として造営された。したがって、その神座は、神が住む場所として東に位置し、この神と「ハレ」の日に対面する依代（出雲国造）が東面することになったのであろう。大嘗祭における神座と御座の図の右側の、神座（短畳）と御座の関係である。

出雲大社の神殿は、大嘗祭の悠紀《ゆき》・主基《すき》の常設殿のようなものだが、このような、出雲大社の神座と悠紀・主基殿の神座の共通性は、天照大神の依代が天皇なのに対し、大国主神の依代が出雲国造だったからであろう。大嘗祭で出雲国造のみが服属儀礼の神賀《かむよ》詞《ごと》を奏上するのは、大国主命が天照大神に国譲りした神話世界の現実的表現なのである。

神無月と神有月の意味

天照大神を朝日の象徴とみれば、大国主神は夕日の象徴である。しかし、夕日は朝日となって再び東から登場する。根の国は常世の国と重なり、死は再生への休息であり「夜栖《やすみ》」である。

「日隅宮」と『日本書紀』が書く出雲大社を、『出雲国風土記』は「日栖宮」と書く。日が沈む西を「日ノヨコシ」というのは、日が栖《すみか》に入り、横になって寝ることである。この場所が根の堅州国である。その「夜栖」の過程で再生した「いのち（霊・日・火）」は、常世の国から依り来るとみられていた（霊・日の「ヒ」は上代特殊仮名遣では甲類、火は乙類だが、観念としては同じである。ただ天の「ヒ」は日、地の「ヒ」は火であるから、「ヒツギ」も、天皇の場合は「日継」、出雲国造の場合は「火継」と書く）。

『万葉集』（巻一、藤原宮御井の歌）や『高橋氏文』によれば、東は「日ノタツシ（タテシ・タタシ）」、西は「日ノヨコシ」といわれていた。日が立ち上がる所が日の「タツシ」であり、日が横になって寝《やす》む所が日の「ヨコシ」である。この表現は、沖縄で東を「アガリ」、西を「イリ」といい、アイヌの人々が東を「チェプ・ポク（上がる太陽）」、西を「チェプ・カ（下がる太陽）」というのと同じである。また、南を「ソトモ」、北を「カゲトモ」というが、日の照る面が「ソト面《モ》」であり、その影になる面が「カゲト面《モ》」なのである。

一日とは、太陽が日ノタツシから日ノヨコシに至るまでをいうが、古代の人はこの時間を「ヒト」の活動する時、夜から暁までを「カミ」の活動する時とみた。この時間意識と空間意識を重ねたのが、上の図である。

このような時間と空間の構成は、国号を「日本」とした古代天皇制の確立過程のなかで行なわれた。国譲りの代表神大国主神を創作し、この神を「日の隅（栖）」の宮に鎮座させた発想は、「日出処天子」「日本天皇」の発想と重なり、大国主神は、「日本」天皇の祖神天照大神の対極の神として、記紀神話における出雲の神となり、出雲大社の祭神になったのである。

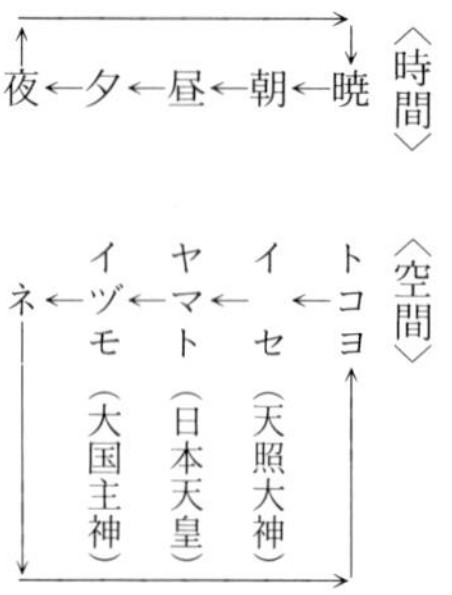

以上述べたように、出雲大社の祭神大国主命は、大和王権にとっては伊勢神宮の天照大神と共に重要な意味をもっていたが、出雲の人々にとっては無関係であった。だから、『出雲国風土記』には大国主神という神名がまったく登場してこないのである。

陰暦十月には、出雲大社に日本中の神が集まるといわれている。この月は他の地方では「神無月《かんな》」、出雲では「神有月《かみあり》」と呼ばれ、陰暦十月十一日から十七日までの七日間、出雲大社で神有祭が行なわれるが、これも、日本中の神を大国主神と一体化させるために作られた伝承であろう。

『出雲国造神賀詞』には、出雲の神社百八十六社の代表として、国造が神賀詞を奏上するとある。この神賀詞に大国主神が出てこないのは、葦原中国を国譲りする側の神の代表にもっとも適わしい神名として作られ、神賀詞がはじめて奏上された霊亀二年（七一六）二月には（宇佐八幡宮でも、霊亀二年は中央政権とのかかわりにおいて画期的な年である）まだ定着していなかったためだが、八百万の神々の依代となっての神賀詞の奏上は（『続日本紀』に載る七例がすべて二月で、『続日本後紀』に載る天長十年のみ十月）、出雲国造が天照大神に服属を誓う儀礼であった。

前掲の図のような、伊勢と出雲についての記・紀の時間・空間意識も、そのような意図を達成するために考案されたものであろう。

注

（1）西宮一民「神名の釈義」『新潮日本古典集成・古事記』所収、昭和五十四年。
（2）西郷信綱『古代人の夢』一六五頁、昭和四十七年。
（3）西郷信綱「黄泉の国と根の国」、注2前掲書所収。
（4）千家尊統『出雲大社』一一八頁、一五八―一六〇頁、昭和四十三年。
（5）松前健『古代伝承と宮廷祭祀』一八一頁、昭和四十九年。
（6）吉野裕子『陰陽五行思想からみた日本の祭』二三三頁、昭和五十三年。
（7）中山太郎『愛欲三千年史』四八頁、昭和十年。

宗像《むなかた》大社――水沼君・宗形君と「海北道中」

『延喜式』神名帳の筑前国宗像郡四座のなかに「宗像神社三座並名神大」とある。

宗像大社は三社から成るが、現在の本社の地（福岡県宗像郡玄海町田島）は辺津宮《へつみや》で、海上一二キロ北の大島に中津宮、中津宮より四八キロ北の沖ノ島に沖津宮がある。この三社は、ほぼ一直線上に並んでいる。

水沼君が祭祀していた宗像神

三社の祭神については、『日本書紀』本文・一書、『古事記』『旧事本紀』『文徳実録』『三代実録』『日本紀略』などで記載が異なり、古くから論議されてきたが、現在の宗像大社では、『日本書紀』本文の説を採って、

沖津宮　田心《たごころ》姫神
中津宮　湍津《たぎつ》姫神
辺津宮　市杵《いつき》島《しま》姫神

としている。田心姫の亦《また》の名を『旧事本紀』は瀛《おき》（奥）津島姫とし、『古事記』は、沖津宮を「奥津宮」と書いて祭神を多紀理毘売、亦の名を奥津島比売とする。

この宗像三女神は天照大神と素戔嗚《すさのを》尊の誓約《うけい》によって生まれたと、『古事記』と『日本書紀』本文・一書に書かれているが、その記事は大別して次の三つに分類できる。

①アマテラスがスサノヲの十握剣を折って噛みくだき、吹き出した狭霧《さぎり》から生まれた。（『古事記』『日本書紀』本文）
②アマテラスがスサノヲの曲玉を噛みくだき、吹き出した気噴《いぶき》の中から生まれた。（『日本書紀』一書の二）

③日神が自分の十握剣・九握剣・八握剣を食して生まれた。（『日本書紀』一書の一と三）

以上の三種のうち、①は、胸肩（形）君が祀る神であることを明記している。②は、明記していないが、三処に分祀していると書く（三処分祀は『古事記』も記している）。①と②は、剣が玉に代わっているだけで、生誕伝承として共通している。それにくらべて③は異質である。

③は、日神とあって、天照大神が欠落しており、誓約説話として①と②のような整った型になっていないから、③の記事を元に、①と②の記事がつくられたとみられる。

③は次のような記事である。

日神の生《な》せる三《みなしら》の女神を以て、筑紫洲《つくしのくに》に降りまさしむ。因りて教へて曰《のたま》はく、「汝、三の神、道の中に降り居《ま》して、天孫を助け奉りて、天孫の為に祭られよ」とのたまふ。（一書の一）

日神の生《あ》れませる三《みはしら》の女神を以ては、葦原中国の宇佐島に降り居さしむ。今、海の北の道の中に在《ま》す。号《なづ》けて道主《みちぬしの》貴《むち》と曰《もう》す。此《これ》筑紫の水沼君《みぬまのきみ》等が祭る神、是《これ》なり。（一書の三）

『宗像神社史』（上巻・下巻で二千頁余に付巻のついた大著。神道学の大家・専門家によってまとめられ、昭和三十六年に刊行、昭和六十二年に復刊された）には、宗像大社のことが詳述されているが、なぜか当社と水沼君のかかわりについては「不明といふほかはない」と書くだけで（下巻二九七頁）、他の神道学者たちもこれにならっている。この書は、その後の宗像大社論の拠り所になっているが、このような書き方は納得がいかない。

水沼君の本貫地は筑後の三潴《みつま》郡だが、天慶七年（九四四）四月注進の『筑後国神名帳』は、三潴郡とその周辺の山本・御井・上妻の各郡に、宗像神の名を多く載せている。特に三潴郡の項には「宗形本神」という神名さえあり、水沼君と宗像神の関係は、「不明といふほかはない」で片づけるわけにはいかないのである。

『日本書紀』の雄略天皇十年十月条に、

身《む》狭村主《さのすぐり》青《あを》等、呉の献れる二の鵝《が》を以て筑紫に到る。是の鵝、水間君の犬の為に囓《く》はれて死ぬ。是に由りて、水間《みぬまの》君《きみ》、恐《おそ》怖れ憂愁《うれ》へて、自ら黙《もだ》あること能《あた》はずして、鴻《かり》十隻《とを》と養鳥人《とりかひ》とを献《たてまつ》りて、罪を贖《あがな》ふことを請《まう》す。天皇、許したまふ。

とあり、水間(沼)君と身狭村主青が登場するが、身狭村主青は、雄略紀十四年正月条に、呉から織女を連れてきたとある。また応神紀には、阿知使主《あちのおみ》が呉の織女を宗像神に奉仕させたとあるが、身狭村主の祖は阿知使主だから、雄略紀の身狭村主青の伝承が、応神紀に始祖伝承として載ったとみてよいであろう。

雄略紀十年の記事は、天皇に献上しようとして海外から連れてきた鳥を犬が殺したので、そのつぐないをしたという記事だが、つづいて、

水間君が献れる養鳥人《とりかひひと》等を以て、軽《かる》村、磐余《いはれ》村、二所に安置《はべ》らしむ。

と『日本書紀』は書く。水沼君の本貫地、筑後国三《み》潴《つま》(水間《みつま》)郡には鳥養郷(久留米市大石町付近)があり、今も白鳥川が流れているから、水沼君の白鳥献上の話は事実であろう(『出雲国造神賀詞』も、服属の証《あかし》として出雲国造が白鵠を献じると述べている)。

神代紀と雄略紀の水沼君の記事は、ヤマト王権に服属した水沼君が、ヤマト王権の使者たち(その代表が身狭村主青)が往復する道中の海導者になって、宇佐島(宇佐島がどこかは後述)の「道主貴」の神を「海の北の道の中」の沖ノ島に遷し祭ったことを、反映したものと考えられる。

沖ノ島の遺跡は四世紀後半から九世紀までつづき、祭祀の形態は、巨岩上、岩陰、半岩陰・半露天、露天の四段階を経ている(『日本の神々・1』の「宗像大社」参照)。第一段階の岩上祭祀は、四世紀後半から五世紀中頃までつづくが、この時期の一七号遺跡の出土物が、同時期の北部九州の古墳副葬品を質量ともに凌駕していることからみて、ヤマト王権と朝鮮半島の航路にとって沖ノ島は「海北道中」であったことがわかる。

この祭祀が五世紀後半(倭の五王の時代)から第二段階に入ることは、水沼君の服属伝承が雄略紀に書かれていることと重なる。この時期から、馬具類や土器・金属製雛形品が祭祀品として新たに登場しているが、八号遺跡からは、西

域伝来のガラス製切子碗の破片が発見されている。全遺跡二十三ヵ所のうち、十二ヵ所が第二段階の岩陰遺跡だが、この時期には、黄金指輪・歩揺付雲珠・ガラス碗・鉄鋌・鋳造鉄斧など、半島・大陸系遺物の比重が増している。

このように、海北道中の沖ノ島祭祀をヤマト王権がより積極的に行なうようになった時期と、雄略紀の水沼君の服属伝承が重なることは、無視するわけにいかない。

道主貴と水沼君と丹波

水沼君が海北道中に祀った「道主貴」の神と、記・紀に載る丹波道主貴との関連を、折口信夫は「水の女」で書いている(1)。すなわち、丹波道主貴の娘たちは垂仁天皇の妃になっているが、この娘たちの話が、『丹波国風土記』逸文に載る「比沼」(「比治」は「比沼」の誤写)の天女伝説になったとみて、道主貴にかかわる「水沼《みぬま》」と「比沼《ひぬま》」は同じ意味だというのである。このような見解は、すでに『神宮雑例集』が引く大同二年(八〇七)の『太神宮二宮禰宜等本紀』が述べており、宗像三女神は丹波の比治(沼)の真奈井に坐すと書いている。

折口信夫は、真奈井の天女伝説からみて、「宗像・水沼の神は実は神ではなかった。神に近い女、神として生きてゐる神女なる巫女であった」と書き、丹波道主貴の娘たちを含めて、このような神女・巫女を「水の女」というと書く。

『播磨国風土記』託賀《たか》郡荒田の条には、

此処に在す神、名は道主日女命《ひめ》、父なくして、み児を生みましき。

とあり、つづいて、

袁布《をふ》山といへるは、昔、宗形の大神奥津島比売命、伊和の大神の子を妊《はら》みて、この山に到来《きた》りて「我が産むべき時は訖《を》ふ」と云ひき。故、袁布山といふ。支閇《きへ》の丘と云へるは、宗形の大神「我が産むべき月《つき》は尽ぬ」といへき。故、支閇の丘といふ。

とある。道主日女と奥津島比売は、「神」と書かれているが神妻・巫女であり、水間君が祀ったという「道主貴」も、道主日女・奥津島比売である。「大日孁貴《ひるめ》」が天照大神になったように、祀る巫女が祀られる女神になった点では、伊勢神宮と宗像大社は同じである。それは、伊勢神宮が丹波とかかわり（伊勢神宮の項参照）、宗像大社が「裏伊勢」といわれる一つの理由でもある。

袁布山は丹波と播磨の境の山だが、道主日女命や奥津島比売命が登場する託賀郡の甕坂《みかさか》の条に、「昔、丹波と播磨と、国を堺ひし時、大甕を此の上に掘り埋めて、国の境と為しき。故、甕坂といふ」とある。だが、甕坂は託賀郡と加毛郡の境にあるのだから（西脇市明楽寺から西南方の加西郡泉町に至る坂で、今は二ヶ坂《にかさか》と呼ばれている）、この文章は、昔、託賀郡が丹波国であったことを示している。

道主貴の丹波の地に宗像の女神の伝承があることは、偶然の一致では片づけられない。丹波と宗像になんらかのつながりがあったためであろう。伊勢神宮の文献が、宗像女神を丹波の真奈井の女神（トヨウカノメ）と重ねているのも、伊勢―丹波―宗像という回路があったためと考えられる。

「宗形の大神奥津島姫命」の登場する袁布山・支閇丘は、大網野を含めて「黒田の里」（兵庫県多可郡黒田庄町周辺）というと、『播磨国風土記』は書き、大羅野《おほあみの》について、

昔、老夫《おきな》と老女《おみな》と、網を袁布の山中に張りて、禽鳥《とり》を捕るに、衆鳥多《とりどもさは》に来て、羅《あみ》を負いて飛び去《ゆ》き、件《くだり》の野に落ちき。故、大羅野といふ。

と書く。水沼君が鳥にかかわりがあることは、雄略紀の記事で明らかだが、鳥を捕る山（袁布山）に奥津島姫が来て懐妊したということからも、この「宗形の大神」は、水沼君の祀る神であって、宗像君の神ではない（宗像君には鳥に関する伝承はない）。

水沼君は「鳥養《とりかひ》人」の管掌者でもある。垂仁紀の鳥取部伝承からみても、鳥を捕ることと、養うことの両方を兼ねている。「祝《はふり》」に「羽振り」の意味があるように（石上神宮の項参照）、鳥は神祀りと密接にかかわっている。福岡県の珍敷塚古墳や鳥船塚古墳の壁画には、船の舳に鳥が描かれており、天鳥船という名称も、鳥が船の水先案

珍敷塚古墳の壁画

内であることを表わしている。道主貴は、海北道中（朝鮮半島と往来する海路の道中）の水先案内の神であり、水沼君の神である。

『古事記』は、

大国主神、胸形の奥津宮に坐す神、多紀理毘売命《たきりびめ》を娶《めと》して、住みませる子、阿遅鉏高日子根神《あぢすきたかひこね》、次に、妹高比売命、亦の名下光比売命《したてるひめ》。

と書く。『播磨国風土記』託賀郡の記事と重ねれば、大国主神が伊和大神、多紀理毘売命が奥津島姫命である。

水沼君とアヂスキタカヒコネ伝承とヒメコソ伝承

阿遅鉏高日子根神について、『出雲国風土記』は仁多郡三沢郷の条で、次のように書いている。

大神大穴持命の御子阿遅須伎高日子命、御須髪《みひげ》八握《やつか》に生ふるまで、夜昼哭《な》き坐《ま》して、辞通《みことかよ》はざりき。その時、祖《みおや》命、御子を船に乗せて、八十島を率《ゐ》巡《めぐ》りて、宇良加志《うらかし》給へども、猶《なほ》哭き止《や》みたまはざりき。大神、夢に願《ね》ぎ給ひしく、「御子の哭《な》く由《よし》を告《の》りたまへ」と、夢に願《ね》き坐しき。その夜、御子辞《みこと》通ふと夢見坐ししかば、寤《さ》めて問ひ給ふに、その時「御津《みつ》」と、申したまひき。その時「何処《いづく》をか然《しか》云ふ」と問ひ給へば、即《やが》て、御祖の前を立ち去り出で坐して、石川を度《わた》り、坂の上に至り留《とど》まりて、「是処《ここ》ぞ」と申したまひき。その津の水沼にして、御身沐《みみそ》ぎ坐しき。故、国造、神吉事奏《よごとまを》しに朝廷《みかど》に参向《まゐむ》かふ時、其の水沼出だし用ゐ初《そ》むるなり。此に依りて、今も産婦《はらめるをみな》、その村の稲を食はず、若《も》し食へば、生るる子已にもの云はず。故、三津《みつ》と云ふ（神亀三年に字を三沢と改む）即ち正倉《みくら》あり。

この『風土記』の伝承にも、水沼（間）君が影を落としている。問題点を整理すれば、次のようになる。

①引用の記事は、加藤義成の『出雲国風土記参究』(2)の訓みに従ったが、諸本に「水治」とあるから、秋本吉郎は日本古典文学大系『風土記』で「水活《なが》れ」と訓む(3)。だが、『出雲国造神賀詞』に「生ひ立つ若水沼間《わかみぬま》」とあるのだから、加藤義成のように、「国造、神吉事奏《よごとまを》しに朝廷に参向《まゐむ》かふ時、其の水沼出だし用ゐ初むなり」と訓まなくては、意味が通じない。「水沼出だし」とは、水が湧き出る様をいう。水の生まれる場所が「生ひ立つ若水沼間」である。仁多町原田の小字三津田（光田とも書く）に、どんな旱天にも渇れない豊かな泉があり、これが伝承の水沼だといわれている。

だから「三津」なのである（「三」は「御」の意）。秋本吉郎は「水活《なが》れ」と訓むから「三津」を「三沢」としているが、「三沢」なら、「神亀三年に字を三沢に改む」とする注が意味をなさなくなる。だから、秋本吉郎はこの注を削っているが、この注は、「三津」だからこそついているのであり、自説に都合の悪い原文を削ってしまう校注者の態度は問題である。「津」は、「興味津々」などといわれるように、水の溢れ出る意で、「津」は「水沼」にひかれた用語である。

② アヂスキタカヒコネ伝承とホムツワケ伝承には共通性がある。

『日本書紀』垂仁天皇二十三年九月二日条に、皇子ホムツワケについて、天皇が、

是生年《これうまれどし》既に三十《みそとせ》、八《や》掬髯鬚《つかひげ》むすまで、猶泣《いさ》つること児の如し。常に言《まこと》とはざること、何由《なにゆえ》ぞ。

といったとあるが、この記事は、アヂスキタカヒコネ伝承と同じである。

『古事記』には、「八拳鬚心前《やつかひげこころさき》に至るまで、真《ま》事《こと》とはぬ」ホムツワケを二俣《ふたまた》小舟に載せて倭の市師《いちし》池・軽池で遊んだとあるが、履中紀三年十一月六日条には、「天皇、両枝船《ふたまた》を磐余《いはれ》市磯《いちし》池に泛《うか》べたまふ。皇妃と各分《おのおのわか》ち乗りて遊宴《あそ》びたまふ」とある。この市師池は磐余池である。水沼君が献じた鳥養人は、この二つの池のある磐余村・軽村に居住したと書かれているから（雄略天皇十年十月七日条）、鳥養人と共に水沼君が献上した白鳥十羽は、市師（磐余）池と軽池に放たれたのであろう。

③ アヂスキタカヒコネについて、記・紀は次のような歌を載せている。

天なるや　弟棚機《おとたなばた》の　項《うな》がせる　玉の御統《みすまる》の　御統《みすまる》に　穴玉はや　み谷　二渡《ふたわた》らす　味耜高彦根《あぢすきたかひこね》

この歌は、アヂスキタカヒコネの妹の下照姫《したてる》（『古事記』は高比売または下光比売）がうたったと記されているが、『古事記』の系譜では、下光比売は宗像女神の子となっている。

④ 下照姫については、『延喜式』臨時祭の名神の条に、「比売許曽神社亦号二下照比売一」とあり、『延喜式』の四時祭下の条には、「下照比売神社或号二比売許曽社一」とある。この神社は、難波の比売許曽《ひめこそ》神社である。

一方、『肥前国風土記』基肄《きい》郡姫社《ひめこそ》郷の条に、姫社郷というのは、筑前国宗像郡の人、珂是古《かぜこ》が、荒ぶる神を鎮める

ために女神を祀ったとある。同書は、姫社郷について次のように書く。

昔者《むかし》、此の川（御井の大川・筑後川）の西に荒ぶる神ありて、路行く人、多《さは》に殺害《ころ》され、半《なか》ば殺《し》にき。時に、祟《たた》る由を卜《うら》へ求《ま》ぐに、兆《うら》へけらく。「筑前の国宗像郡の人、珂是古《かぜこ》をして、吾が社を祭らしめよ。若し願に合《かな》はば、荒ぶる心を起さじ」といへば、珂是古を覓《ま》ぎて、神の社《やしろ》を祭らしめき。

珂是古、即ち、幡を捧げて祈禱《の》みて云《い》ひしく。「誠《まこと》に吾が祀《まつり》を欲《ほ》りするならば、此《こ》の幡、風の順《まにま》に飛び往きて、吾を願《ほ》りすば神の辺《へ》に堕《お》ちよ」といひて、便即《やが》て幡を挙《あ》げて、風の順に放ち遣《や》りき。時に、其の幡、飛び往きて、御原の郡《こほり》の姫社《ひめこそ》の杜《もり》に堕《お》ち、実に還り飛び来て、此の山道川《やまぢ》（姫社郷を流れる川）の辺《ほとり》に落ちき。此に因《よ》りて、珂是古、自ら神の在す処《ところ》を知りき。其の夜、夢に、臥機《くつびき》と絡垜《たたり》と、儛《ま》ひ遊び出で来て、珂是古を圧《お》し驚かすと見き。ここに、亦、女神なることを識りき。既《やが》て社《やしろ》を立てて祭りき。それより已来《このかた》、路行く人殺害《ころ》されず。因《よ》りて姫社《ひめこそ》といひ、今郷の名と為《な》せり。

「臥機《くつびき》」は朝鮮渡来の織機、「絡垜《たたり》」は四角形の枠の糸繰り道具だが、沖ノ島からは、こうした織具のミニチュアが出土している。

宗像の人珂是古《かぜこ》について、日本古典文学大系『風土記』の頭注（秋本吉郎の注）は、「筑紫の水間君の祖に物部阿遅古連というのがある（旧事紀）。或は同名者か。水間君は宗像神を奉祭した氏族である」と述べている。谷川健一も、阿是古は水沼（間）君の祖阿遅古と同一人物とみて、「珂と阿は誤写しやすい。『肥前国風土記』の異本には珂是古を阿是古と記しているものもあり、その方が古いと思われる」と書いて、水沼君の祖と宗像の阿是古を同一人物とみている。(4) このように、『肥前国風土記』の伝承でも、水沼君は宗像神にかかわっている。

『肥前国風土記』の姫社《ひめこそ》郷の伝承が宗像の水沼君の祖とかかわり、摂津の比売許曽社が下照比売社と称したことからみても、「水沼君—宗像女神—下照姫—姫社」の回路が推定できる。

以上のような事例から考えるなら、宗像女神が最初に降臨した「宇佐島」も、はっきり見えてくる。宇佐島とは、比売語曽神社のある宇佐の姫島（大分県東国東郡姫島村）ではないだろうか。

宇佐島は姫島

『宗像神社史（上巻）』は、宇佐島について、宇佐島は海北道中にある島で両者は同一だとみる説以外に、はじめ宇佐島に天降り、のちに海北道中に遷ったという説があるとして、宇佐島の比定地について、①豊前国宇佐郡とする説、②筑後国三潴《みつま》郡とする説、③竹島とする説をあげ、①は宇佐の地が宇佐島と呼ばれた典拠がなく、②は水沼君の関係から一応考慮されるが、積極的典拠を欠いており、③は立証資料がないとして、いずれも否定している。また、宇佐は九州全島の称とする田中卓説[5]についても、「確定的な論拠は見出しがたい」とし、「宇佐島の名義については未だ詳らかではないが」「宇佐島の地も、現今の三宮鎮座の地に比定する以外には、考へがたいといはねばならない」と述べている。[6]

だが、「現今の三宮鎮座の地」、つまり辺津宮が、「宇佐島」と呼ばれた典拠はなく、立証資料もない。他の説を、典拠や論拠や立証資料がないと批判する一方、自説については典拠や論拠や立証資料を示さず、名義不詳としながら、辺津宮に「比定する以外には、考へがたいといはねばならない」と書くのは、納得できない。

田中卓の、宇佐を九州全島とする拡大説も無理であり、宇佐島はやはり宇佐の周辺に求めるべきである。私は、「宇佐島」は国前半島沖の姫島と考える。

一、姫社《ひめこそ》神の亦の名の下照姫と宗像女神の子下照姫。

二、姫社神の織女的性格と宗像女神の織女的性格（後述）。

三、宗像の人珂是古と姫社の神。

以上三例の結びつきは、典拠も論拠もあるから、宇佐の周辺に宇佐島を求めるとすれば、比売語曽神社のある姫島以外には考えられない。

『日本書紀』は、宗像三女神を「道主貴」というと書くが、「貴」は尊称で、「道主」は「海北道中」の場合、「海導者」の意である。

沖ノ島は、上図のように海北道中の重要な位置にあるが、姫島も同じである。姫島の位置は、潮流がはげしく変わる祝灘の潮流の交点にある。

下図は、村上磐太郎の『周防灘圏の上代交通と邪馬台国』に載る「上代航路図」だが、豊予海峡から瀬戸内に入る上げ潮は、東南に進んで伊予灘に入るもの㈇、北東に進んで安芸灘に至るもの㈺、の二つに分かれる。㈺は、さらに北に直行して周防佐波に達するもの㈂、国東・豊前沿岸を洗うもの㈁、祝島・大島を縫って安芸灘に至るもの㈭、に分かれ

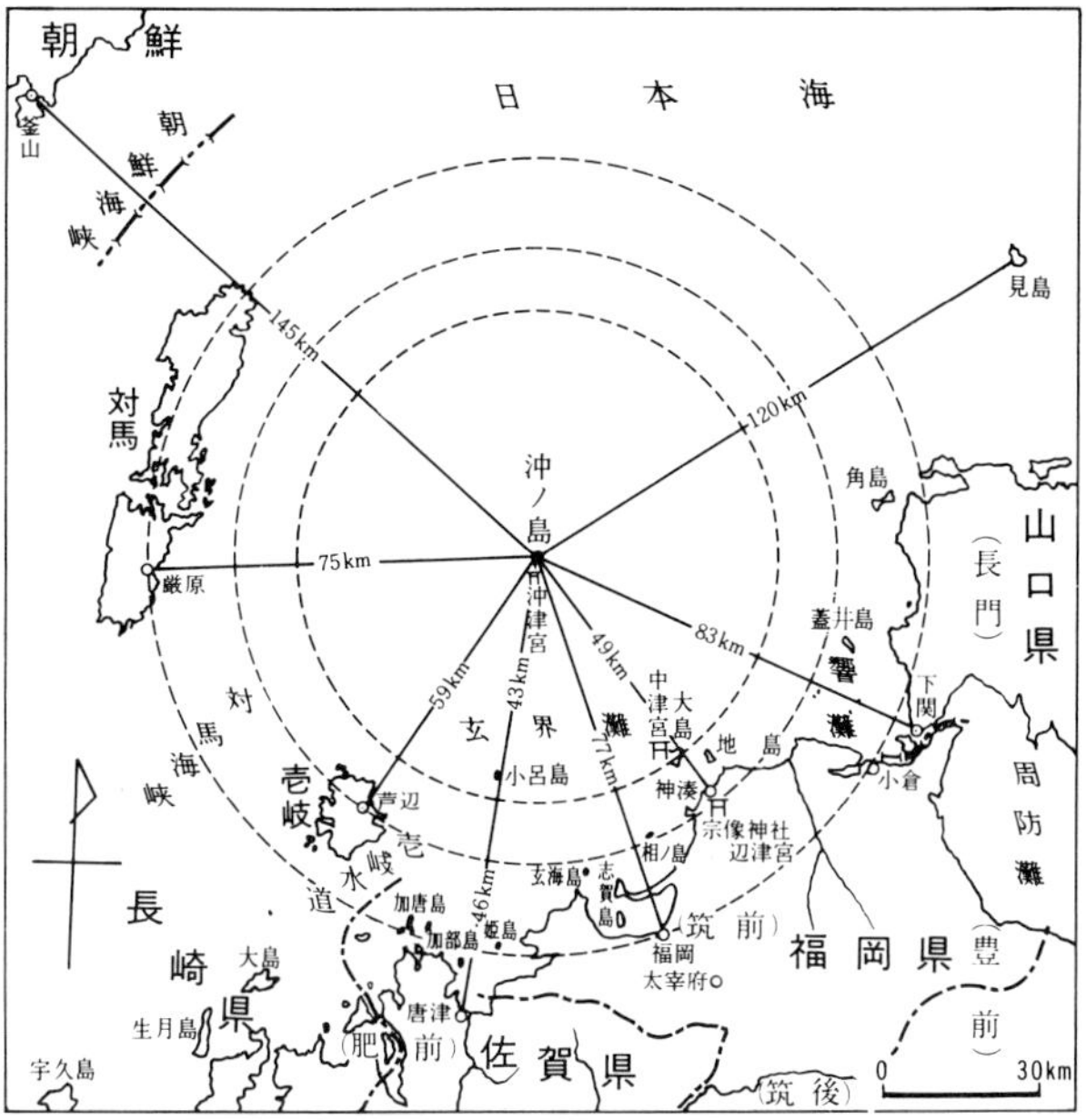

(集英社『図説・日本の歴史 2』より)

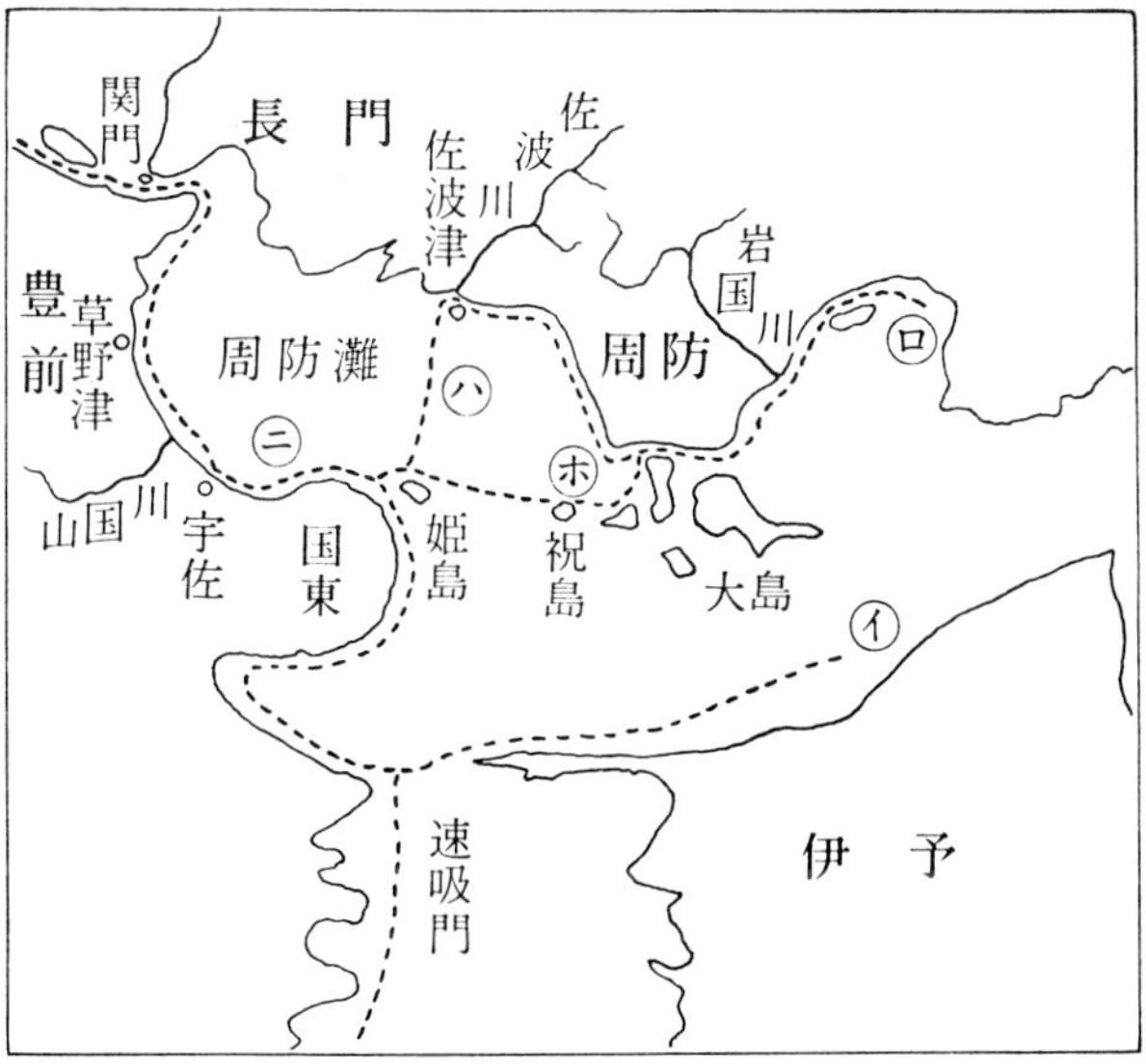

(村上磐太郎『周防灘の上代交通と邪馬台国』より)

る。引き潮は、これと反対の潮流になる。古代瀬戸内航路は、この上げ潮・引き潮に乗らなければ、船を目的地へ進めることができなかった。この潮流の交点に、姫島は位置している。

神武紀は、神武天皇の水先案内として登場する椎根津彦を「海導者」と書くが、この海導者があらわれた場所も豊予海峡である。

三木彊は、姫島について、「長さ六キロメートル、幅五キロメートルの小島で、主峰の矢筈山（二六六メートル）は、れっきとしたトロイデである。周辺は断崖で囲まれるが、北浦が大きく湾入して、潮待ち、風待ちに好適であった。観音崎に連なる一帯は、高さ四〇メートルばかりの岩屏風が海に落ち込んでいる。材質は灰白色の黒曜石で、西日本にあまねく石鏃を提供したことで知られる。北浦から山路を四キロメートル東行して、両瀬《もろせ》に達するが、その断崖には女陰をかたどる裂け目があり、その奥に比売許曽の石祠がある。速吸の門から押し上げられた潮が、その岸を洗い、巨船の往復を眼下にすることができる。宗像の沖ノ島のタギリヒメが、海北道中の道主貴であったように、瀬戸内航路の姫島のヒメコソもまた航海安全の守護神であったのであろう」と書く(7)。

このヒメコソ神を、『古事記』は「渡之神《わたりのかみ》」と書き、新羅から追いかけてきたアメノヒボコを「塞《さ》へて入れず」と書く。また、ヤマトタケルが走水の海を渡ったときも、「渡之神」が浪をおこして塞えぎったと、『古事記』は書く。海の難所にいる塞神として、姫島に道主貴（ヒメコソ）がいるのである。塞神の猿田彦が天孫降臨の道案内をしたように、「渡之神」は海導者であり、道主貴である。

ヒメコソは、『日本書紀』に、まず豊後の姫島に坐し、次に難波の姫島へ移ったと書かれているが、朝鮮から渡来する場合、瀬戸内海の入口の姫島と、瀬戸内海より内陸への入口にあたる難波の姫島が、航路上重要だったからであろう。その逆に、朝鮮へ渡来する場合、姫島と沖ノ島が重要な島となる。だから、道主貴は姫島（宇佐島）から沖ノ島（海北道中の島）に移ったのであろう。

ミヌマ氏からムナカタ氏へ

『旧事本紀』の天孫本紀によれば、水間君の祖の阿遅古（珂是古）は、安閑天皇のときの大連、物部麁鹿火《あらかひ》の弟である。しかし天皇本紀は、景行天皇の皇子武国凝別命を筑紫水間君の祖（『旧事本紀』は阿遅古も含め「水間」と書く）、国背別命を水間君の祖、豊門別命を三島水間命の祖と書く。水間君には物部氏系と景行天皇の皇子系の二流があったことになる（なぜ二流があるかは、高良大社の項参照）。『日本書紀』は、物部麁鹿火について、武烈・継体・安閑・宣化の四代にわたり「大連」であったとするが、継体天皇二十二年十一月十一日条には、「大将軍物部大連麁鹿比、親《みずか》ら賊の帥磐井と、筑紫の御井郡で交戦す」とある。阿遅古（珂是古）は、この麁鹿火(比)の弟とされている。

前述の雄略紀に登場する水沼君の伝承は服属伝承だから、沖ノ島祭祀に中央政権がかかわったのは雄略朝であろう。五世紀後半は、沖ノ島の第一期の岩上祭祀から第二期の岩陰祭祀に移行する時期と、ほぼ重なっている。宗像女神を祭祀するこの水沼君は、筑紫君磐井の乱後、物部氏の支援によって、筑紫君と組んだ三瀦《みつま》郡の水沼君の地に進出した。それが、『肥前国風土記』の基肄郡（筑後川をはさんで三瀦郡の対岸）に宗像郡人珂是古が登場する理由であろう。

ところが、宗像郡の水沼君は、物部本宗家が用明天皇二年（五八七）に滅びたため、中央の後盾を失い、代わりに宗像君の登場となったのだろう。宗像氏は、天武紀に初めて史上に現れることからみても、著名な氏族としては新しい。物部本宗家が滅びた時期は、沖ノ島の第二期の岩陰祭祀から半岩陰・半露天の第三期の祭祀に移行する時期と、ほぼ重なっている。

では、宗像君の本貫地はどこだろうか。

『宗像大菩薩御縁起』（文安元年〔一四四二〕成立）に載る『西海道風土記』に、

自㆘天㆓降居崎門山㆒之時㆖……

とあり、埼門山に降った大神の神体、青玉・紫玉・八咫鏡を、奥宮・中宮・辺津宮に祀ったとある。ただし、一伝として、埼門山降臨がなく、神体（形代）を奥宮・海中・深田村高尾山辺に祀ったとある。

『宗像神社史』の筆者たちは、水沼君をまったく無視することによって宇佐島を辺津宮に比定し、さらに埼門山をも辺津宮に比定する。すなわち、一伝の深田村高尾山辺をもち出し、深田村高尾山辺は辺津宮のことだから「埼門山は風土記の深田村高尾山辺、即ち今辺津宮のます宗像山に当る(8)」と書くのである。いずれにしても、宇佐島と埼門山を同じ場所にしてしまうのだから、困惑せざるをえない。

彼らは、本文と一伝の記事の、埼門山と高尾山を対応させているが、高尾山は本文の辺津宮にあたり、埼門山ではない。『宗像神社史』の説が成り立つためには、本文に奥宮・中宮・埼門山とあり、埼門山降臨の記事がなかった場合に限る。埼門山降臨後、大神の三つの形代を三ヵ所に祀ったというのだから、埼門山は、辺津宮や深田村高尾山辺以外の地でなければならない。

結論をいえば、埼門山は、鞍手郡鞍手町室木の六ヶ嶽の主峰である。埼門山の西北山麓にある六ヶ嶽神社は下宮で、上宮は埼門山々頂にあり、埼戸神社、前戸神社と称していた。享保年間（一五二八—一五三二）に神体を下宮に移したと伝えられている。この鞍手郡の室貴(木)六嶽の埼門山に宗像大神が降臨したという伝承は、『宗像大菩薩御縁起』の「三所大菩薩最初御影向地事条」にも載っている。

室貴《ムルチ》六嶽《ムツタケ》仁有二御著一。則《チ》神興《コノ》村仁著玉。於《テ》二此村仁一、初天被《ル》レ耀二神威《ヲ》一。故仁神興《カミコウスル》村号《ト》也。其後三所之霊地仁有二御遷座一

云々

「室貴六嶽」を「最初御影向地」とするこの記述と、『西海道風土記』の室貴の埼門山降臨の記述が重なることを、『筑前国続風土記拾遺』は述べているが、『宗像神社史』は、「筑前国続風土記拾遺の如く、これをもって風土記逸文の埼門山に充てることについては、その根拠を見出すことができない」として、根拠がない理由を、「けだし中世これら二所（埼門山の山上と山麓の二所の宮のこと——引用者注）が、当社にとって、地勢上からも、祭祀上からも相当重い意味を有する箇所であったことにより、さらに神輿といふ地名を説明するものとして、新らしい解釈が社家側によって試みられたものであらう」と書く。(9)

つまり、室貴六嶽と埼門山を重ねる『筑前国続風土記拾遺』の解釈は、室貴六嶽伝承が中世の「新らしい解釈」だから根拠がないというわけだが、その一方で、埼門山伝承には根拠があるとして、これを辺津宮にあてている。前者は「室貴六嶽」とあり、辺津宮の宗像山に比定できないからである。都合の悪い文献は根拠がないとする書き方は、恣意的といわざるをえない。

埼門山に降臨したあと三所に移ったとする『西海道風土記』の記述と、室貴六嶽に降臨したあと三所に移ったとする「三所大菩薩最初御影向地事条」の記述は重なっており、『筑前国続風土記拾遺』の編者が埼門山を室貴六嶽とするのは当然である。現に六ヶ嶽には埼門山があり、この埼門山を無視する『宗像神社史』の比定こそ、「根拠を見出すことができない」のである。

『宗像神社史』は、埼門山の三所について、地勢・祭祀の面で「相当重い意味」をもっていたと書きながら、具体的にはまったく説明していない。この地が「相当重い意味」を有していたのは、水沼君に代わって台頭した新しい祭祀氏族の本貫地だったためであり、だからこそ、「新らしい解釈が社家側によって試みられた」のであろう。

『宗像大菩薩縁起』は、三女神の「示現垂迹事」で、「自二出雲州簸河上一、筑紫宗像ニ御遷行」という異説を載せている。この記事は、アマテラスとスサノヲの誓約《うけひ》のとき、三女神がスサノヲの剣または玉から生まれたという記・紀の記述を下敷きにしたものである。このように、伝承はなんらかの根拠を前提に創作される。埼門山（室貴六嶽）の降臨伝承が生まれた理由については、私見のような解釈しかないように思うが、どうだろうか。

『西海道風土記』によれば、埼門山降臨の大神は三所に「神《み》体形《みのかた》」の玉と鏡を置いて身を隠し、その子孫が宗像朝臣であるという。

現在、宗像神の降臨地の六ヶ嶽は鞍手郡になっているが、三郡山の峠を境に北が宗像郡、南が鞍手郡になったのは天正年間（一五七三―一五九二）で、それ以前、六ヶ嶽の地は宗像郡であった。明応六年（一四九七）の六ヶ嶽神社（大宮）の改築棟札には、「宗像郡室貴村第二宮……宗像大宮司興氏……」とあり、永禄二年（一五五九）の棟札には、「宗像郡室木村第二宮……大宮司宗像朝臣氏貞建立之……」とある。宗像氏は、三郡山地にへだてられた六ヶ嶽山麓の室貴(木)の地から海岸部へ進出して宗像郡の祭政を掌握し、奥津・中津・辺津の三宮の神が埼門山から移ったという伝承を作ったのであろう。

物部本宗家が五八七年に滅びたあと、宗像郡の水沼君の力は衰退し、七世紀初頭には、海岸部へ進出した宗像君がヤマト王権公認のもとで、宗像郡の祭政（特に「政」）を握ったと考えられる。

三木彊は、沖ノ島の出土遺物から、宗像氏による宗像神の祭祀権確立を第Ⅲ段階の七世紀中葉まで下げ、それ以前は、「水沼君等の斎き祭ったとする日本書紀一書の異説が介在する余地があるようである」と書いている[10]。考古遺物からは、七世紀の前半に沖ノ島の祭祀に一つの画期が認められるという（『宗像大社沖津宮祭祀遺跡昭和45年調査概報』）。

三木彊以外に、宗像氏以前の祭祀氏族を水沼氏とみる論者として尾畑喜一郎がいるが[11]、両氏とも、充分な論証をしていない。

和田萃は、第Ⅰ・Ⅱ段階の祭祀について、宗像氏だけでなく、「水間君など、筑後川流域の氏族が沖ノ島祭祀に関与していた」とみるべきだとし、それらの氏族がヤマト王権の対外交渉のため活動していたことをあげ、「第Ⅲ段階になると、沖ノ島祭祀が次第に胸肩氏により独占されるようになったらしい」とみる[12]。

私は、宗像氏・水沼氏らの共同の祭祀から宗像氏独占に移行したというよりも、大和朝廷と結びついた水沼（間）君から宗像君へ交替したと考えている。だが、宗像君の登場で水沼君がまったく祭祀から排除されたとはみない。

『宗像氏忌子家系』には、

延喜十四年、胸肩大宮司忌子千時之代、正三位中納言清氏卿奉二醍醐帝之命一下二向筑紫宗像一掌二当社事一、於レ茲千時授二譲於大宮司職清氏卿一、自レ夫代々属二大宮司一奉二禰宜職一

とある。延喜十四年（九一四）に、醍醐天皇の弟、清氏が、宗像姓を賜わって大宮司になったことは、『宗像系図』の清氏の条にも、

延喜十四年申戌年三月賜二宗像姓一補二任大宮司職一筑前国司ト成テ下向

と載る。この宮司・禰宜の関係は、単に上下の関係でなく、マツリゴトの政と祭を示している。宇佐八幡宮の場合は、禰宜の方が奈良時代は上である。『魏志』倭人伝でいえば、禰宜は卑弥呼、宮司は男弟にあたり、祭事《まつりごと》と政事《まつりごと》の分担を示す役職名でもある。禰宜になった宗像氏を「忌子」というのも、そのことを示している。

奈良時代の宗像氏は、郡大領にもなっており（『続日本紀』）、マツリゴトの政事にかかわっている。その宗像氏に代わったのが中納言清氏である。『宗像神社史』は、実質上の大宰帥の、醍醐天皇の従兄弟の源清平が当社の実権を掌握したので、清平が清氏として『宗像系図』に登場したとみる。[13]「筑前国司」とあるのも、清平に関連しての伝承であろう。『宗像氏忌子家系』では、この「ムナカタ」は「宗像」、それまでの「ムナカタ」は「胸肩」と、表記が区別されているが、天武天皇の妃を出した後者が排除されたわけではない。水沼君もこれと同じで、ヤマト王権から祭政をまかされていた水沼君に代わって、政の方を胸肩君が行なうようになり、水沼君は祭だけの執行者となって、いつしか宗像氏に吸収されたのであろう。

御長手神事と祭神

当社の正平二十三年（一三六八）の『年中行事』に、

一、第一太神宮仏神事

六月廿日　御長手神事

九月廿日　御長手御鍛冶屋御入神事

一、息御島神事　第一宮本社

春御長手神事、夏同神事、秋同神事、冬同神事

一、政所社神事

三月十五日　御長手神事

十二月十六日　御長手神事

とある。沖ノ島（息御島）では、春夏秋冬に行なわれる最も重要な神事が「ミナカテ（御長手）」の神事である。

『宗像大菩薩御縁起』は、「ミナカテ」を「御手長」と書き（振仮名は「ミナカテ」とあるから「御長手」のことである）、「宗大臣（宗像神）」が「ミナカテ」を捧げ来て、「武内大臣（武内宿禰）」の「織り持て」る「赤白二流の旗」を「ミナカテ」に付けて、軍の前陣で振り上げ、振り下げたと書く。そして、「ミナカテ」は「息御島（沖ノ島）に立て置きたまへり」と書き、「ミナカテ」を「異国征伐御旗杆也」と書く。

『宗像神社史』は、「長手とは長い旗竿」（上巻一四二頁）とも、「『長手《ながて》』は『長妙《ながたえ》』の約言であり、長い旗」（上巻一四四頁）とも書く（傍点引用者）。

石井忠は、後者の説をとって、「長手《ながて》とは長たえ（妙）の意で、長い布を竹の旗竿《はたざお》につけたものをいう。十月一日、その年に七浦で新造された新鋭船が御座船《ござぶね》として選ばれ、沖津・中津両宮の御長手の神霊が大島でその御座船に移され、それに浪切大幣と、『国家鎮護宗像大社』と大書した大幟《のぼり》を立てて、標識とする。二〇艘の供奉船、それに宗像七浦（大島、鐘崎、地島、神湊、勝浦、津屋崎、福間）の洩船、五百数十隻が神送り船として、赤白の旒《ながし》を立てて従い、大島から神湊までの海上を航行する」と書いている[14]。

現在は「みあれ祭」と呼ばれているが、主役は浪切大幣であり、大幟であり、赤白の旒である。「御阿礼《みあれ》」とは神の降誕をいうが、幡は神の依代である（宇佐八幡宮の項参照）。真弓常忠も、幡杆に「宗像神顕現のしるし、つまり、御阿礼のしるしの阿礼幡として二流の幡を立て」たとみる[15]。

『宗像大菩薩御縁起』は、

宗大臣今宗像大菩薩御手長於振下玉、藤大臣今高良大菩薩乾珠於海仁入玉志加波潮忽皆干天、海上成二陸地一、（中略）宗大臣亦御手長於振上玉、藤大臣亦満珠於海仁垂入玉恵利、潮亦忽満上天、異州之軍兵悉皆溺死訖

と書く。高良大社も水沼君が祭祀していた神社だから、このような伝承が生まれたのだろうが、「ミナカテ」は、振り上げ、振下ろすことによって霊力を発揮する。そして、満珠乾珠と連動して、その振りが海潮を左右する。このような

伝承は、新羅の王子天之日矛が伝えた八種の神宝のなかの、玉二貫《ふたつら》と波振る比礼・浪切る比礼・風振る比礼・風切る比礼を連想させる。

『肥前国風土記』松浦郡の褶振峯《ひれふりみね》の条には、「大伴狭手彦連、発船《ふなだち》して任那に渡りし時、弟日姫子《をとひひめこ》、此に登りて、褶《ひれ》を用《も》ちて振《ふ》り招《を》きき」とある。「ヒレ」を振って航海の加護を祈ったのであり、比礼（褶）も一種の「御長手」とみることができよう。

『宗像大菩薩御縁起』は、宗像大社の摂社、織幡《おりはた》神社（宗像郡の式内名神大社で、鐘崎《かねがさき》の突端の佐屋形《さやかた》山の頂上にある）について、

金崎織幡大明神者、本地如意輪観音、垂迹者武内大臣乃霊神也、神功皇后三韓征罰之時、織二赤白ニ流之旗一、被レ付二当神宗大臣之御手長仁故一仁、神明垂迹之時毛得二玉恵留織幡之名字一也、為二異族襲来之海路於守護一、海辺仁居玉恵利。

と書く。この場合の「ミナカテ（御手長）」も幡のことであり、幡が航海守護神の依代であることを示している。

前述した姫社《ひめこそ》伝承について、山上伊豆母は、幡と風の伝承とみて、「ハタ（旗・幡）が風神あるいは海洋女神の憑依する依代であることを明白に示している」と書く[16]。この姫社伝承に登場する人物は水沼君の祖である。

水沼君の本拠地、福岡県三潴郡大川町に風浪神社がある。社伝によれば、神功皇后が三韓より帰還の途中、台風で船が覆ろうとしたので、皇后が海神に祈ると、白鷺が現れ、風は和ぎ海が鎮まった。そこで、武内宿禰に命じて、白鷺の止まった地に少童神《わだつみ》を祀ったのが、風浪神社の創祀だという。

景行紀十二年九月条には、周芳《すは》の娑麼《さば》に天皇が来たとき、神夏磯姫《かむなつそひめ》が、「素幡《しろはた》を船の舳《へ》に樹てて参向《まうでき》て……」とある。『宗像大菩薩御縁起』の「ミナカテ」の「ハタ」の霊力からみて、船の舳に立てる理由は明らかである。

水沼君が鳥にかかわる氏族であることは前述したが、鳥は船の水先案内である。海北道中の神といわれる道主貴は、素幡であり白鷺であり、「ミナカテ」である。「御長手」「素幡」のはためきは、鳥の飛ぶ姿である。

山上伊豆母は、「シラハタ」について、「神夏磯媛の『素幡《しらはた》』のほか、常陸行方郡で寸津比売《きつひめ》が『白幡を表挙《かか》げて』倭

武天皇を迎えた（『常陸風土記』）とあるような、シラハタ（素幡・白幡）はいったい何を意味するのであろうか。ふつう一般に白旗は降服の印というのが常識となり、『書紀』もすでに神功皇后譚に新羅王が『素旆《しろきはた》あげて自《みずか》ら服《まつろ》ひぬ』など降服の義に用いているが、旛旗の発祥である古代中国ではどうであろうか。『墨子』旗幟には〝石為二白旗一、水為二黒旗一〟、『淮南子』時則訓に〝孟秋之月、天子服二白玉一建二白旗一〟、『曹植』に〝何用誄レ徳、表二之素旗一〟などとみえ、多彩な染織加工のない素（白）絹の幡旗は、もともと天子の標識とか潔斎などの呪旗的意義をもち、降服の印はその原義ではなかったのである。（中略）したがって、潤色の多い神功皇后遠征譚の〝素旆而自服〟の『書紀』記事をはじめ、シラハタを降服の義のみに解してきたのは偏見といわねばならない。（中略）以上のような観点から、シラハタをふくめたハタ（旗・幡）の原義は、降神のヨリシロや標識から首長権の神聖なシンボルであった」と書いている。(17) 私も山上説に賛成である。

　山上伊豆母は、この旗を風と結びつけて、「旗幡はたんに旗竿に付着させた布片をいうのではなく、強弱の風により翩翻とひるがえることによって、ハタと称されるのである。はためく、ひらめく、たなびくなど旗の形容語があるように、旗は風によって真姿を発揮し、風は旗により存在を知られる」と書く。(14) それは鳥も同じであり、水沼君の本拠地にある風浪神社の伝承に白鷺が登場することからみても、シラハタやシラトリが航海にかかわることがわかる。

一方、「素幡《しらはた》を船の舳《へ》に樹てて参向《まうでき》」たのが神夏磯媛《かむなつそひめ》で、「白幡を表挙《かか》げて、道に迎へ」たのが寸津比売《きつひめ》であるように、幡は巫女とかかわる。「千繒高繒《ちはたたかはた》」をたてて降神呪儀を行なったのは気長足姫《おきながたらし》である。

　折口信夫は、宗像三女神は「実は神でなかった。神に近い女、神として生きてゐる神女なる巫女であった」と書いているが、(1) 神夏磯媛や寸津比売・気長足姫と同じく幡（ミナカテ）をかかげた巫女、道主貴を祀る神女が、宗像神に成り上がったのであろう。

　巫女・神女とは斎姫《いつき》のことである。『日本書紀』本文が書く、辺津宮の市杵島姫の「イツキ」は「斎《いつき》」である。『古事記』は市寸嶋比売と書いて中津宮の神とし、『日本書紀』の一書の二は、市杵島姫を沖津宮の神とする。一書の三も、沖津宮の祭神の瀛《おき》津島姫の亦名《またのな》を市杵島姫と書く。このように、辺津宮・中津宮・沖津宮の祭神がいずれもイツキシマ姫と書かれていることからも、宗像三女神は、海北道中の沖ノ島（斎島）で神祀りをする巫女（斎姫）が神格化され、三つの宮に割り当てられたものと考えられる（安芸の厳島《いつくしま》神社は宗像三女神を一所で祀っており、『延喜式』神名帳も「市都伎島神社」と書いている）。イツキ（イツク）島の本来の神は道主貴であり、その神を祀るイツキ姫が神になったのである。前述したように、この点で宗像大社は伊勢神宮と同じであり、「裏伊勢」とも呼ばれている。

天照大神は、記・紀によれば、大嘗・新嘗の日、織殿《はたどの》で神衣《かんみそ》を織る織女でもあるが、沖ノ島の四号岩窟遺跡（御金蔵）からは金銅製雛型機織具が出土している。また、二二号の岩陰遺跡の一メートル四方の正方形の石囲いの埋納施設からは、紡織にかかわる桛《かせい》、椯《たたり》、紡錘《つむ》、榺《ちぎり》、貫《ぬき》、反転《くるへき》、刀杼《とうじょ》品などや、人形《ひとがた》、細頸壺、高坏《たかつき》、台付盃、円板などが出土した。機織具・紡織具は、宗像女神が機織るために奉献したものであり、この点でも伊勢と宗像の神は重なっている。『日本書紀』によれば、応神天皇三十七年二月に縫工女《きぬぬいめ》を求めて呉《くれ》に渡った阿知使主らは、縫工女の兄媛《えひめ》・弟媛《おとひめ》・呉《くれ》織《はとり》・穴織《あなはとり》を連れて、四十一年二月にようやく筑紫に帰還した。そのとき、胸形大神が工女《ぬいめ》が欲しいといったので、兄媛を胸形大神に奉ったとある。また、『肥前国風土記』基《き》肄郡姫社《ひめこそ》郷の条には、筑前国宗像郡の珂是古《かぜこ》が荒ぶる神を鎮めるため、この地で女神を祀ったとあるが、女神であることがわかったのは、珂是古の夢に「臥機《くつびき》と絡垜《たたり》」が「儛ひ遊び出で来て」、阿是古を驚かしたからだという。このように、宗像にかかわる伝承には織女伝承があり、織幡神社の存在もそのことを示している（前述したように、宗像郡の式内社は宗像大社の三座と織幡神社の一座だけである）。

『日本書紀』（一書の六）は、天孫ニニギの妃になった木花開耶《このはなさくや》姫を「織経《はたお》る少女《をとめ》」と書くが、ニニギの母を、『日本書紀』本文は栲幡千《たくはたち》千《ぢ》姫（火之戸《ほのと》幡《はた》姫）と書き、一書は万幡《よろづはた》姫、天万栲幡千幡姫、万幡豊秋津媛と書き、『古事記』は万幡豊秋津師比売と書く。「栲」は楮《こうぞ》の白い繊維をいう。「栲幡」は「素(白)幡」であり、「万幡」「千幡」の「万・千」は「八幡」の「八《や》」と同じく、多いの意である。雄略天皇の皇女に栲幡姫（『古事記』）がいるが、この姫は伊勢神宮の斎王である。イツクシマ姫は栲幡姫と同じ性格をもっており、いわば「御長手姫」なのである。（ちなみに、雄略天皇の皇后に草香幡梭姫、履中天皇の皇女に幡梭姫（『日本書紀』）、応神天皇の皇女に幡日之若郎女（『古事記』）がいる。）

宗像大社の織女伝承は渡来人とかかわっているが、そのことと宇佐島（姫島）降臨伝承は、無関係ではないだろう。また、『肥前国風土記』の姫社伝承には幡と織女と水沼君の祖がかかわっているが、この点でも、ヒメコソ神とムナカタ神は重なっている（ヒメコソ神はヤハタ（八幡）神とも関係があるが、この点については宇佐八幡宮の項を参照されたい）。なお、『宗像社造営代々流記』は、沖ノ島の神を「玉取散髪姫」と書く。「玉取」は、三輪や賀茂の神の神婚伝承の玉依姫の「玉依」と同義である。「玉」は「魂」で、神霊が依り憑く姫、斎姫の意である。だから玉取姫といってもよいのに「散髪」がつくのは、沖ノ島の神の性格が『魏志』倭人伝の海導者「持衰《じさい》」の「散髪」とかかわるからであろう。船に乗る人で、鳥の羽根を頭につけた人を描いた図が、弥生時代の土器や、中国の雲南省やベトナム出土の銅鼓・銅斧などに描かれている（三二九頁の図参照）。この羽根のイメージが散髪である。航海にとって、風は重要である。羽毛を頭に挿す人や散髪の人は、風の方向を見わける霊能者である。「玉取散髪姫」という名は、神霊が依り憑いた水先案内の巫女を意味する。この羽根や散髪は幡と同じ意味をもつ。散髪姫とは栲幡姫・御長手姫の意でもある。

この散髪姫に「玉取（依）」がつくのは、海路守護の霊能者である巫女が神妻だからである。記・紀や風土記の「玉依」のつく姫は、すべて神妻である。

雄略紀の宗像神祭祀記事と聖婚秘儀

斎島（沖ノ島）とは、聖婚秘儀の島だといえよう。

雄略紀九年二月条に、次の記事が載る。

凡河内《おほしかふち》直香《か》賜《たぶ》と釆女《うねめ》とを遣して、胸方神を祠《まつ》らしめたまふ。香賜、既《すで》に壇所《かむには》に至りて、将《まさ》に事行《ことおこな》はむとするに及《いた》りて、其の釆女を姧《をか》す。天皇、聞しめして曰《のたま》はく、「神を祠《まつ》りて福を祈ることは、慎まざるべけむや」とのたまふ。乃《すなは》ち難波《なには》日《ひ》鷹吉士《たかのきし》を遣して誅《ころ》さしめたまふ。

『日本書紀』は、釆女や斎王を姧した記事を他にも載せているが、神域で「事行はむとする」ときに姧したという記事は、他にはない。

履中紀五年条には、「筑紫に居します三《みはしら》の神」を祀らなかったため、その祟りで皇后が死んだ話が載っているが、三《みはしら》の神は宗像神とみられている。ところが、凡河内直香賜が神の前で行なったふるまいについて、神は祟っていない。それは、この行為が聖婚祭儀であったためと考えられる。現在でも、神前で性交行為を神事として行なう例がある（奈良県明日香村の飛鳥坐神社の神事が有名。「奸した」と書くのは、古い祭祀習俗を否定する意図をこめてのことではなかろうか）。

『播磨国風土記』の託賀《たか》郡黒田里の条には、伊和大神の子を妊《はら》んだ女神として「宗形の大神奥津島姫命」が登場するが、黒田里に比定される兵庫県多可郡黒田庄町小苗には、式内社古奈為《こなゐ》神社があり、現在は木花開耶《このはなさくや》姫《ひめ》命を祀って安産の神として崇敬されている。承応四年（一六五五）の本殿建立の棟札には「伊次《いつき》三社大明神」と書かれているが、「斎明神」「斎姫宮」とも呼ばれているから、「イツキ三社」は『風土記』の宗像三神のことであろう。社名の「コナヰ」について、井上通泰は、『国内神社記』に「子動《こなゐ》明神」とあり、地震のことを「ナヰ」ということから、胎児が動く「胎動」を「コナヰ」と解すが[18]、これは宗像神が妊娠した女神として登場することとも合致する。そして、このような伝承や神社名は、かつて聖婚秘儀が行なわれていたことを想像させる。

同じ『播磨国風土記』の宍禾《しさは》郡雲箇《うるか》里の条には「伊和大神の妻、許乃波奈佐久夜比売」が載るが、当社の祭神がコノハナサクヤ姫になっているのは、コノハナサクヤ姫が天孫ニニギの妃となって一夜で妊娠したという伝承が、記・紀に書かれているからであろう。このように、コノハナサクヤ姫は神妻としての一夜妻の性格をもっているが（一夜妻については拙著『天照大神と前方後円墳の謎』で詳述した）、雄略紀の壇所の采女は聖婚秘義における一夜妻である。

コノハナサクヤ姫は「織経《はたお》る少女《をとめ》」として宗像神（イツキ島姫）と同じ神妻であり、雄略紀の采女は、聖婚秘儀で宗像神の役をつとめたわけだが、その際、河内直香賜が神の役をつとめたのは、なぜだろうか。

難波日鷹吉士を遣わして殺そうとしたが、「香賜《かたぶ》、退《まか》り逃げ亡《う》せて在らず。天皇、復《また》弓削連豊穂を遣して、普《あまね》く国郡県に求めて、遂に三島郡藍原にして、執《とら》へて斬りつ」と『日本書紀』は書く。三島郡は摂津の三島郡である。

凡河内直は、摂津・河内・和泉を含めた凡河内国の国造である。摂津国菟原郡に、凡河内国造の祀る式内社河内国魂神社があり、『新撰姓氏録』摂津国神別の「国造」の条には、凡河内国造は天津彦根命の後とある。天津彦根命は凡河内直の祖でもある。『続日本紀』慶雲三年（七〇六）九月条には、「摂津国造凡河内忌寸石麻呂」とある（凡河内直は天武十四年に忌寸になっている）。このように、凡河内直の本拠は摂津だが、安閑紀元年の条に、天皇が摂津の三島に行幸したとき、三島県主は良田を奉献したが、凡河内直味張は良田を惜しんだため国造の地位を奪われそうになり、あわてて三島の良田を奉献したとある。この三島に香賜が逃げこんだのは、この地が凡河内直の本拠地だったからであろう。

そこで注目されるのは、『旧事本紀』天皇本紀が、景行天皇の皇子豊門別命を三島水間君の祖と書くことである。この皇子の兄の武国凝別命は筑紫水間君の祖である。香賜が宗像神の祭祀に派遣されたのは、たぶん凡河内直と水間（沼）君とのつながりによるものであろう。

『播磨国風土記』託賀郡荒田の条には、道主日女命が天目一《あまのまひとつ》命の子を妊んだとあるが、前述のように宗像女神の別名を道主貴といい、天目一命は天津彦根命の子である（『新撰姓氏録』山城国神別、山背忌寸の条）。このことからも、天津彦根命を祖とする凡河内直と宗像神の回路が推測できる。

いずれにしても、水間（沼）君を中心に置かなくては、宗像大社の起源や祭神の問題を解くことはできない。

注

（1）折口信夫「水の女」『折口信夫全集』第二巻所収。
（2）加藤義成『出雲国風土記参究』四〇七頁、昭和三十二年。
（3）秋本吉郎『風土記』二二七頁、昭和三十三年。
（4）谷川健一『白鳥伝説』八八頁、昭和六十一年。
（5）田中卓「ムナカタの神の創祀」「社会問題研究」第七巻二号。
（6）宗像神社復興期成会『宗像神社史（上巻）』一〇三—一〇四頁、一一六頁、昭和三十六年。
（7）三木彊『宇佐神宮の原像』一一三頁、昭和五十五年。
（8）注6前掲書、一一〇頁。

(9) 注6前掲書、一二六頁。
(10) 三木彊『古代筑紫王国の原像』二五一頁、昭和四十九年。
(11) 尾畑喜一郎「スサノヲの命の原郷」『古事記の成立と構想』所収、昭和六十年。
(12) 和田萃「沖ノ島と大和王権」『沖ノ島と古代祭祀』所収、昭和六十三年。
(13) 宗像神社復興期成会『宗像神社史(下巻)』、四二三—四二五頁、昭和三十六年。
(14) 石井忠「宗像大社」『日本の神々・1』所収、昭和五十九年。
(15) 真弓常忠「宗像沖ノ島の祭祀」『古代祭祀と鉄』所収、昭和五十六年。
(16) 山上伊豆母「風神考」『日本芸能の起源』所収、昭和五十二年。
(17) 山上伊豆母「辺境の武神と楽舞」、注16前掲書所収。
(18) 井上通泰『播磨国風土記新考』四二二頁、昭和六年。

宇佐《うさ》八幡宮――「ヤハタ」信仰の原像と新羅・加羅系氏族

当社は、宇佐市南宇佐の御許山《おもと》(標高六四七メートル)の北北西、通称「小倉山」という丘陵上にあり、現在は「宇佐神宮」と称している。

「ヤハタ」の語義について

『日本書紀』は神武天皇即位前紀に、天皇が東上の途中、菟狭《うさ》に寄り、菟狭国造の祖菟狭津彦・菟狭津媛が迎えたと書き、『古事記』は地名を「宇沙《うさ》」と書いて同じ話を載せている。

このように、宇佐は古くから文献に登場するが、当社が「宇佐宮」「宇佐八幡宮」と呼ばれるようになったのは、貞観元年(八五九)、山城国の石清水に八幡神が勧請されたあとである。奈良時代の八幡宮に関する文献は三十二件あるが、すべて「八幡《やはた》の神」「八幡大神宮」「広幡八幡大神宮」とあり、「宇佐」と書かれた文献はまったくない。聖武天皇の宣命にも、広幡八幡大神の託宣によって大仏を造営したとある(『続日本紀』)。

宮地直一も、日本の神社の多くは「伊勢神」「出雲神」「諏訪神」など地名をつけて社名としているのに、当社の場合、石清水八幡宮と区別するために「宇佐神」という以前はまったく宇佐が無視されていること、「八幡神」の「ヤハタ」が地名なら、この地名がなければならないが、宇佐郡に見当たらないことを、不思議がっている(1)。

だが、「八幡」を地名とみる見解は根強い。

栗田寛は、小山田与清の「八幡宮はもと豊前国宇佐郡に八幡といへる里ありけん、そこにしづまりまししかば、やがて宮の御名にはたたへしなり」という説を引用して、地名説をとる(2)。しかし「ヤハタ」の地名は見当たらないので、中野幡能は宇佐郡以外の地に求め、豊前国筑城郡綾幡郷(福岡県築上郡椎田町付近)の矢幡八幡宮のある「矢幡」と推定する。(3) そして、筑城郡はヤマ（耶馬）の地（下毛・上毛地方）とトヨ（止与・豊）の地（企救・京都・田川地方）の中間にある「ヤマトヨ」の地だから、国魂の「ヤマトヨ神」を祀り、それが「ヤバトヨ→ヤバタ→ヤハタ」に転じたとみて、『綾幡郷』という地名そのものも、『ヤバトヨ』から起ったものではないかと結論したい」と書いている。(5) だが、ヤマ地方とトヨ地方の中間にある筑城郡を「ヤマトヨ」とした文献例は皆無であり、「ヤマトヨ」の「マ」が「バ」に転じ、「トヨ」が「タ」に転じるというのは、言語学上無理がある。

「八幡」が地名でないとみる説に、「八」を「八《や》百万《ほよろづ》」「八《や》尋《ひろ》殿」などの、「多い」「大きい」を示す「八」と解し、「多くのハタ」の意とみる説がある。鎌倉時代の正和（一三一二―一三一七）年間に書かれた『八幡宇佐宮御託宣集』（略して『託宣集』）に、八幡大神は、

辛国《からくに》乃城《き》尓始天天降八流之幡天吾者日本神止成礼利　（辛国《からくに》の城《き》に始めて八流の幡を天降して、吾は日本の神となれり）

と宣して示現したとあるが、肥後和男はこの記事を、八幡神の「祭りには多くの幡をたてならべて祭ったことの神話的説明」と解し、祭に「多数のそして恐らくは美しいハタが立てられた」のが「この神の祭りの特徴となり遂にハタガミを以て称せられるに至って」、「八幡神《やはたのかみ》」と呼ばれるようになったと推論する。(6)

この肥後説について、西郷信綱は、「ヤハタをたんに多くのハタと解するだけでは辞書的な説明にすぎず、何ら八幡神の本質にふれるところがないと思う。この説が成り立つためには、多くの幡を立ててまつるのが八幡神に固有な様式であることが指摘されねばならない。ところが、それはどうも不可能のようである」と批判する。(7)

「ヤハタ」を「多くのハタ」とみる説に関連して、「幡」を仏教に結びつける見解がある。松本栄一は、「八幡は仏教の安鎮法に由来する。即ち、安鎮法を修する場合に用らる八流の幡に因んだものと見られるのである。安鎮法とは不動明王を本尊として息災を祈願する修法で、これには八色の幡に八方天を描いたその八流、及び別に不動の尊像を描いた白色幡八流を使用するのが特色である」と述べている。

この松本説について、西郷信綱は、「もしヤハタの名が安鎮法なるものに基づくのであるなら、何かそれを暗示する

ものがありそうなはずなのに、それがまるでない」し、『託宣集』の『八流之幡ヲ天降シ云々』のいいかたなども、およそ安鎮法とは縁がなさそうに見受けられる」と批判し、「幡《はた》」を「灌頂幡《かんじょうばん》」の「幡《ばん》」とみて、灌頂幡は釣天蓋から四方に垂下するが、一方に八流、合計三十二流の幡を垂下することと、八幡神が「八流之幡ヲ天降シテ」示現したことは、イメージとして重なると書く。[7]

以上のほかに、「ハタ」を秦氏の「ハタ」に結びつける説がある。しかし、秦氏系氏族が当社とかかわりのあることは確かであっても、「八幡」イコール「八秦」とみるのは無理である。

私は、肥後説の「ハタ」、西郷説の「バン」に惹かれるが、西郷信綱のように、「八幡神のハタはそもそも仏法の幡であっただろう」と、「仏法の幡《ばん》」に限定することはないと思っている。八幡神が仏法と深い関係にあるのは事実だが、仏法に固執すると、この神の本質が見えてこないのではないかと思う。

西郷信綱は、灌頂幡の垂れ下がった状態を表現したのが「天降」とみて、[7]「天降」に傍点を打つ。だが、この個所については、神が依代の幡《はた》に天降って「日本の神」になったと解したほうが、妥当であろう。『日本書紀』が仏を「他神《あだしかみ》」と書くところから、他神である仏は幡《ばん》を依代としたとも解せるが、依代という発想は仏教のものではない。仏教には仏像があり、灌頂幡は仏像を飾る供具である。ところが、後述するように、幡《はた》は神の依代であり、幡そのものが神とみられてもいる。だから、八幡の「幡」は仏教の灌頂幡でなく、幡《はた》であろう。

肥後説について、西郷信綱は、「辞書的な説明にすぎず、何ら八幡神の本質にふれるところがない」と批判する。[7] この批判には私も賛成である。だが、「この説が成り立つためには、多くの幡を立ててまつるのが八幡神に固有な様式であることが指摘されねばならない。ところが、それはどうも不可能である」という見解には、[7]賛成できない。肥後和男は「指摘」していないが、[6]「指摘」は「不可能」ではない。本稿では、八幡神の本質について推論を述べるなかで、「ヤハタ」の語義について私見を述べていきたい。

「八幡」の神は韓国《からくに》の神

宇佐八幡宮の「宇佐」は「石清水」と区別するためにつけられたもので、本来の「ヤハタ」の神は、宇佐の土地神ではない。「辛国ノ城ニ始メテ」天降り「日本ノ神」になったというのだから、韓国《からくに》の神である。

半田康夫は、豊前に秦系氏族が濃密に分布するところから、当社の祭祀氏族の辛島勝を秦系とみて、「秦系集団は辛《から》島勝《しまのすぐり》を通じて八幡の『氏子』となり、此の地方に深く根をおろすと共に、更により大きな活躍の基礎を固め得たのである」と書いている(9)。

半田康夫は、古くから宇佐氏の祀る八幡信仰があって、その信仰集団に秦系の辛島勝が参入したとみているが、宇佐氏が当社の司祭氏族として登場するのは奈良朝末期で、社殿が御許山の小椋(倉)の地に造営されたのも、神亀二年(七二五)である(『諸社根元記』『廿二社註式』)。宇佐氏登場前の祭祀氏族は辛島氏と大神《おおが》氏であり、この両氏のうちでは辛島氏の方が古い(そのことは、中野幡能の大著『八幡信仰史の研究(上・下巻)』や「宇佐神宮の起源と発展」(『八幡信仰』所収)に詳述されている)。

承和十一年(八四四)六月十七日に豊前国国司が勘上した『宇佐八幡宮弥勒寺建立縁起』(略して『承和縁起』、『大日本古文書・石清水文書(二)』所収)には、辛島・大神氏関係の記述はあるが、宇佐氏関係の記述はまったくない。この縁起に混れこんだ大神氏関係伝承を除いた辛島氏関係伝承によれば、欽明朝に「宇佐郡辛国宇《からくにう》豆《づ》高島《たかしま》」に天降った神が、各地を遍歴して、「比志方荒城潮辺《ひしかたあらきうしおのあたり》」で「辛島勝乙目《からしますぐりをとめ》(日)」に初めて託宣したという(「辛島」は「辛国宇豆高島」の略であろう)。

田村圓澄も、「宇佐八幡は、元来は韓国の神であったが(中略)、辛国人の村(「城」は「村落」をいう)の清浄な場所に現われ、こうして日本の神になったという。『辛国の城』は辛島氏の居住地=集落を指していると思う。辛島氏の居住地はのちの辛島郷であるが、つまり宇佐八幡は辛島氏によって奉祀されていた」と書く(10)。

前述したように、八幡に「宇佐」がつくのは平安朝になってからで、宇佐にありながら「宇佐」がつかないのは、

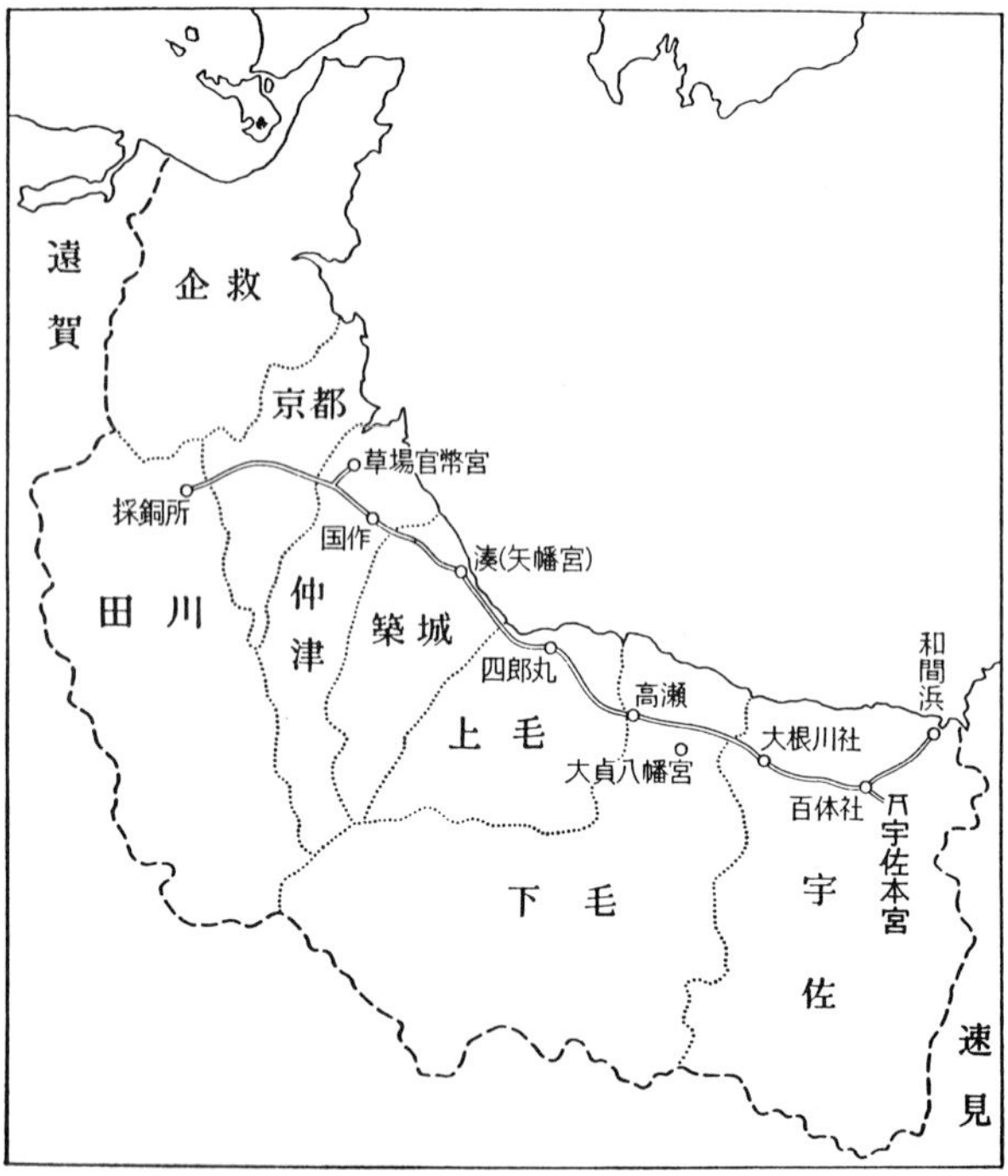

放生会巡路（中野幡能『八幡信仰史の研究』上巻より）

「ヤハタ」が渡来人の辛島氏が祭祀する神だったからであろう。それを示唆する記事が『魏志』東夷伝馬韓条にある。

常に五月を以て下種し、訖《おわ》りて鬼神を祭る。群聚歌舞飲酒して、昼夜休む無し。其舞は数十人倶に起きて相随い、地を踏むに低昂手足相応ず、節奏鐸舞有り。十月農功畢《おわ》り、亦復び之如し。鬼神を信じ、国邑各々一人立てて天神を祭らしむ。之を名づけて天君という。又諸国それぞれ別邑あり、これを名づけて蘇《そ》塗《と》という。大木を立てて鈴鼓を懸け、鬼神に事《つか》う

「大木を立てて……鬼神に事ふ」祭事は、立竿儀礼として今も朝鮮で行なわれているが、この立竿儀礼で「看過できないものに農楽の農旗がある」と依田千百子は書く(11)。

金両基も、農楽は農旗を中心にして歌い踊る円舞だから、『魏志』の神木のまわりを群衆が歌い舞って天神を祭るのと同じで、天神を旗に招いて五穀豊穣を祈願する神事芸能であるとし、農旗はもともとは幟《のぼり》ではなく、木や竿などの神木と考えられると書き、農旗イコール神木とみる(12)。

この依田・金両氏の説を私は支持するが、農旗は、布地に「農者天下之大本」と墨書し、旗のまわりを赤・黄・青な

どの絹布でかざり、旗竿の頂きに雉の羽根をたばねて巻きつけてある。秋葉隆の『朝鮮民俗誌』によると、慶尚北道盈徳面華南洞の十年に一度の大祭には、紅旗を二間余の竹竿につけ、竿の頂に雉の羽根、旗のまわりに白紙、麻布、紅布を結びつけたものを立てたという。(13) これは農旗と同じである。

「ヤハタ」の原像は、この旗であろう。韓国の「ハタ」は、依田千百子が指摘するように、「巡遊(幸)性」が特徴である。(14) 八幡宮の最大の祭事は放生会《ほうじょうえ》だが、その祭事でもっとも重要なのは、香春岳の銅で作られた神鏡を、香春の採銅所にある古宮(元宮)八幡宮から宇佐の和《わ》間浜《まのはま》まで運ぶ神幸行事である。詳細はここでは略すが、前頁の図でもわかるように、豊前国のほとんどを十五日間かけて巡っている(今は行なわれていない)。

神鏡は八幡宮の「御正躰(御神体)」といわれているが、私は、幡を先頭に神鏡が巡幸したのではないかと推測している。『魏志』東夷伝には、蘇塗の神木に鈴鼓をかけたとあるが、鈴鼓はいわゆる朝鮮式小銅鐸で、それが八幡宮の神幸では鏡になったともみられる。景行紀に、豊前の神夏磯《かむなつそ》姫が、賢木《さかき》に鏡・剣・玉をつけ、船の舳《へ》に「素幡《しろはた》」を立てて参向したとあるが、八幡宮の神幸は、このような海上巡幸を陸上で行なったものであろう。農旗には農楽がつきものであるように、八幡宮の神幸では細男《くわしお》楽・細男舞が十五日間にわたって毎夜行なわれている。さらに、和間浜では、二日間にわたって、古表《こひょう》神社(福岡県筑上郡吉富町犬丸)と古要《こよう》神社(中津市伊藤田)の人々が舟に神輿と傀儡子《くぐつ》を乗せ、海上で細男伎楽を奏す。

また、放生会と並ぶ二大祭事として、四年ごとに行なわれる行幸会もあった。このように、巡幸儀礼に重点がおかれていることからも、八幡宮の祭事と韓国のハタの巡幸儀礼との結びつきが推測できる。

神功皇后の「ハタ」による降神儀礼

『日本書紀』の神代巻に、イザナミの「魂を祭るには……又鼓吹幡旗を用て、歌ひ舞ひて祭る」とある。だから、必ずしも韓国の祭事だけにこだわることはないが、鼓吹幡旗の歌舞による祭事が九州土着の人々にとって珍しかったことは、この歌舞を隼人の地で行なったところ、隠れていた隼人たちが見に出てきたので、そこを討ちとったという伝承からもいえる。これは歌舞に八幡神の霊威があったことを示す伝承でもあるが、同じことが『常陸国風土記』行方郡の条に載る。
すなわち、「蓋《きぬかさ》を飛雲《くもとひるがへし》、旗《はた》を張虹《にじとはり》、天の鳥琴・天の鳥笛」を鳴らし吹き、「七日七夜遊び楽み歌ひ舞」ったところ、隠れていた「賊の党《ともがら》、盛なる音楽《うたまひ》を聞きて、房挙《いへこぞ》りて、男も女も悉尽《ことごと》に出で来」たので、そこを討ったという。この場合、賊とは土着民のことだから、本来、列島の先住民には、あまり歌舞的要素はなかったのであろう。現在も韓国の人はすぐ踊りはじめるが、日本人はそれほどではない。これらの伝承でも「ハタ」は歌舞につきもので、農旗・農楽との関係を示唆している。

河内の誉田《こんだ》八幡宮に伝わる『誉田宗廟縁起絵巻』には、八幡神の示現する姿が、海辺の空高く紅白八条の幡《はた》が乱舞する絵として描かれている。幡は神の依代である。

神功皇后紀によれば、九州遠征のとき、神功皇后は自ら神主となり、武内宿禰に琴をひかせて、琴の前と後に「千繒《ちはた》高繒《たかはた》」を置いて降神儀礼を行なったという。日本古典文学大系『日本書紀（上）』は、幣帛を高く積み上げたのが「千ハタ高ハタ」だと書くが、山上伊豆母は、「数多くのハタ（千ハタ）を、高々と掲げた（高ハタ）と考える」と書き、[15]「コト（琴）は、出雲神話の『天詔琴《あまののりこと》』の名にあるように降神楽器であり、降神の標識（よりしろ）となる『千ハタ』（数多の幡旗）『高ハタ』（高だかと掲げ）と弾琴の巫儀によって、『請《ねぎ》もうし』（カミの招魂）が行なわれたものと、わたしは考える。とすれば、ハタとは降神の巫儀に必要な呪具である」と書く。[16]

「ヤハタ」地名説の宮地直一も、「別に一案を立つれば」として、『続日本紀』天平勝宝元年（七四九）の宣命にみえる「広幡乃八幡大神」の「幡」は、「刺立てる幡そのもの」で、シャーマンとしての神功皇后が神がかり状態に入るために置かれた「千繒高繒」の「ハタ」と同じだと書いて、「千ハタ高ハタ」の「ハタ」を神の依代とみている。[1]

宮地直一や山上伊豆母は触れていないが、神功皇后紀の降神儀礼の記事には、神の示現の託宣を「幡荻穂《はたすすきほ》に出《いで》し吾は」と書かれている。ススキは幡のようになびくから「幡荻」なのであり、「穂に出る」の「穂」は「秀《ほ》」の意で、形があらわれることをいう。この記述からも、神が「千ハタ高ハタ」の幡を依代として現れたとみられる。『続日本紀』

に載る聖武天皇の宣命や『豊前国風土記』逸文は、「広幡八幡大神」と書くが、「広幡八幡」は「千繒高繒」と同じ表現であろう。また、「千ハタ高ハタ」に琴が登場するのは、蘇塗の神木と歌舞、農旗と農楽、旗と琴の関係と重なっている。

このように「ハタ」が神の依代であることを証す神功皇后の記事は、八幡神の本質を示唆している。八幡神は、辛島氏や大神氏に憑いて託宣する神として、いろいろな文献や伝承に登場するが、神功皇后紀の神も、「千ハタ高ハタ」に示現して託宣する。「幡荻穂に出し吾は」の「吾」や、「幡を天降して吾は日本の神となれり」の「吾」は、神が託宣者と一体になった「吾」であろう。

前述のように、蘇塗《そと》の神木と「ハタ」は神の依代として同じであるが、神功皇后紀の託宣では、まず「賢木《さかき》」を依代とする女神が現れ、次に「幡」を依代とする女神が現れている。この依代に憑《つ》いた神は女神であり、この女神の託宣をするのは巫女である。この関係は、八幡宮の祭神と、本来の祭祀氏族である辛島氏との関係を示している。

八幡宮の三座について、『延喜式』神名帳は「八幡大菩薩宇佐宮名神大」「比売神社名神大」「大帯姫廟神社名神大」と書く。二座は比売神である。また、辛島氏の家伝の『書上帖』には、辛島の家は「女官ノ家ニテ、先代皆女称ヲ以呼来候」とある。女官の家だから、女官でない男の場合も「女称」で呼んだというのである。

宇佐八幡宮の祭神大帯姫、辛島氏や八幡宮と深くかかわる香春神社の「辛国息長大姫大目命」（『延喜式』神名帳の表記）は、神功皇后（オキナガタラシヒメ。『記』は息長帯日売、『紀』は気長足姫と書く）にかかわる神名とされている。三品彰英は、辛国息長大姫大目命は「息長帯姫と辛国勝乙目とを一つに併せた名である」と述べている。[17]「辛国勝」は「辛島勝」の間違いだが、「辛国宇豆高島」の略が辛島だとすれば、「辛国」は「辛島」と同義とみてもよかろう。そして、「大目」と「乙目」が同根だとすれば、「辛国息長大姫大目命」（『三代実録』の貞観七年（八六五）二月条には、「辛国息長比咩神」とある）は、「辛国の城」の「八流の幡」に降臨した神を祀る巫女の名（辛島乙目）と、「千繒高繒《ちはたたかはた》」に降臨した神を祀る巫女の名（気長足姫）を、組み合わせたものであろう。

熊襲征伐におもむいた仲哀天皇が筑紫の橿日宮《かしひのみや》に没したあと、遠征に同行していた気長足姫（神功皇后）が降神・託宣のために造らせた斎宮の造営地を、『日本書紀』は「小山田邑」と書く。この「小山田邑」の地は不詳とされているが、神功皇后は伝承上の人物だから、ある事実を神功皇后伝承に仮託して「小山田邑」という地名が記されたとみるべきであろう。それは、「辛国息長大姫大目命」にゆかりの辛島氏にかかわる地名とみてよい。

八幡宮に関する縁起でもっとも古いのは、承和十一年（八四四）成立の『宇佐八幡宮弥勒寺建立縁起』（略して『承和縁起』）だが、この縁起によれば（まぎれこんだ大神氏伝承は除く）、欽明朝に「宇佐郡辛国宇豆高島」に降臨したヤハタの神は、「比志《ひし》方荒城潮辺《かたあらきうしおのあたり》」（この名称の「比志方」は「菱形」、「荒城」は「荒木」で、宇佐市に荒木の地名がある）で初めて辛島乙目に託宣したという（「乙目」は「乙女」だが、宇佐市荒木の隣が乙目で、乙咩八幡社があり、「比志方荒城潮辺」は荒木・乙目の地域をいう）。そして、この地から酒井泉・瀬・鷹居と移り、さらに天智朝に小山田（宇佐市北宇佐字小山田で、小山田社がある）の地に移り、辛島波止米《はとめ》が社殿を造営して祀ったが、神亀二年（七二五）、禰宜波止米に託宣があって現在地の小椋（倉）山へ移ったという。

したがって、八幡宮は『日本書紀』の完成時には小山田の地にあったことになる。神功皇后の斎宮の所在地は、この地に仮託されたものであろう。

大神《おおが》氏の登場

小山田での八幡宮の祭祀について、『承和縁起』は、天智朝に辛島氏が社殿を建てたと書く。ところが「小山田系図」には、

大神比義——春麻呂——諸男——田麻呂
（霊亀二年丙辰、尊神可有遷座于小山田林之由、蒙神託畢比時鷹居瀬社御鎮座）

とある。『託宣集』にも、小山田社へ「霊亀二年丙辰依二神託一奉レ移之」とあり、大神氏の伝承と同じになっている。なぜ、辛島氏の伝承では天智朝、大神氏の伝承では霊亀二年（七一六）になっているのだろうか。

『承和縁起』よりも三十年ほど古い弘仁六年（八一五）の「大神清麻呂解状」（略して「弘仁官符」）には、次のように書

かれている。

件大菩薩是太上天皇御霊也、即磯城島金刺宮御宇天国排開広庭天皇御世、於豊前国宇佐郡馬城嶺始現坐也、爾時大神朝臣比義、以㆓歳次戊子㆒始建㆓鷹居瀬社㆒、而即奉㆑祝経㆓多年㆒、更移㆓建菱形小椋山㆒、即供㆓其祝㆒

『承和縁起』も、「太上天皇」を「品太《ほんだ》天皇」（応神天皇）、「鷹居瀬社」を「鷹居社」としている以外は、ほとんど同じ記事を載せている。

この説は、『扶桑略記』『東大寺要録』『宮寺縁事抄』『水鏡』『帝王編年記』『諸社根元記』『二十二社註式』や『延喜式』神名帳注などにも書かれ、通説になっている。

だが「小山田系図」には、霊亀二年（七一六）に大神春麻呂が鷹居瀬社から小山田の聖林に移したとある。この春麻呂の父が比義なのだから、大神比義が霊亀二年から一五〇年も前の欽明朝に祭祀したという説は成り立たない。たぶんそれは、欽明朝に「宇佐郡辛国宇豆高島」に天降った神を辛島乙目が祀ったとする『承和縁起』や『辛島家主解状』の伝承を、大神氏伝承にもちこんだものであり、大神氏伝承の「菱形小椋山」の「菱形」も、辛島乙目が最初に八幡神の託宣をうけた「比志形荒城潮辺」の「比志形」をとったものであろう。

宝亀四年（七七三）正月十八日の日付の石清水文書（『大日本古文書』）に、「大神田麻呂解状」が引用されているが、そこには、

自㆓先祖大神比義㆒至㆓于田麻呂㆒祝奉㆑仕、同拝㆓壱百玖拾箇歳㆒

とある。「小山田系図」では、比義の曽孫が田麻呂である。一九〇年は長いが、この記述を信用しても、宝亀四年（七七三）から一九〇年さかのぼらせると敏達天皇十二年（五八三）になり、比義が欽明朝に祝《はふり》であったということにはならない。通説は創作である。

前述の「弘仁官符」には、大神比義は欽明天皇二十九年（戊子）に鷹居瀬社を始めて建てて、祝として奉仕したとあるが、「弘仁官符」より一年早い、弘仁五年二月二十三日の太政官符には、

大御神於二其処一、化二成鷹一御心荒畏坐五人行三人殺二人生、十人行五人殺五人生給、爰辛島勝乙目倉橋宮崇峻天皇也欽明天皇第十二皇子也御宇、天皇御代、自二庚戌一治世二年也迄二壬子一同五年也、并三歳之間祈禱、和二大御心命一、立二宮柱一、奉二斎敬一、因以名二鷹居社一辛島勝乙目即為レ祝焉、同時以二辛島勝意布売一為二禰宜一

とあり、鷹居社の祭祀や造営を行なったのは辛島氏であることを記している。大神氏中心の『託宣集』は、それを大神比義と辛島乙目が行なったとしているが、たぶん太政官符の伝承が正しい。問題は、八幡神が荒れたという伝承である。これは八幡神が、大和から入って来たシャーマン大神比義に対して荒れたのだろう。

崇峻天皇三年（五九〇）から三年間、辛島乙目は八幡神の心を和らげるため祈禱をしたとあるが、『日本書紀』によれば、その三年前の用明天皇二年（五八七）に、蘇我馬子が天皇の病気治療のために「豊国法師」を参内させている。この豊国法師の参内について、中野幡能は、「蘇我馬子が、旧文化を守ろうとする物部氏等を打倒するために、神祇に関わりをもち、しかも外来宗教と習合している、かかる豊国の法師を招いた背後には、渡来文化（道教・仏教等）を政治的に利用しようという意図があったのであろう。大神比義が大和から遣わされたとすれば、かかる文化をもつ人々との強靱な連帯をもつためではなかったろうか。つまり、大神比義を遣わしたのは、他ならぬ蘇我馬子であったろうという事になる」と書いている[18]。私も、大神比義の登場は中央政府とのかかわりによるものと思う。

八幡神が鷹居から小山田に移ったのは天智朝だが、前述したように、大神氏伝承では小山田への遷座が約五十年ほど後の霊亀二年になっているのは、出雲国造の神賀詞奏上の最初が霊亀二年二月であることからみて、中央政権の神祇政策の強化とかかわりがあろう。たぶんこの時期は、中央とのパイプ役であった大神氏にとっても画期的な時期であり、『日本書紀』に「小山田邑」が載るのも、大神氏の力によるものと考えられる。

しかし、大神氏は八幡神の託宣は行なっていない。小山田から小椋山への遷座の託宣は、辛島氏が行なっている。『承和縁起』に、

大御神託波豆米宣、吾今坐二小山田社一、其地狭溢、我移二菱形小椋山一云々、因レ茲天霊国押開豊桜彦尊御世、神亀二

年正月廿七日切二揆菱形小椋山一、奉レ造二大御神宮一、即奉レ移レ之、以二辛島波豆米一為二禰宜一

とある。託宣は辛島氏中心であって、大神氏ではない。大神比義のシャーマン的性格は、辛島氏のもつシャーマン性を投影して作り上げられたものであろう。

御許山と大神氏・辛島氏

大神比義は鷹居社で八幡神を祀ったとあるが、辛島氏の伝承では、八幡神は鷹居に移る前に、すでに荒城→酒井泉→瀬で祭祀されている。八幡神は、駅館《やっかん》川（宇佐川）の西側の辛島氏の本拠地を海岸から南へ移動し、駅館川を渡って鷹居に到ったことになる。鷹居は馬城峯（御許山）がよく見える所に位置している。大神《おおが》氏は、大和の大神《おおみわ》氏（三輪君）の関連氏族であり、三諸《みもろ》山祭祀の伝統をもつ。その大神氏の伝承にのみ「馬城峯」が登場するのだから、この峯がよく見える鷹居の地に移ったのは、大神氏の意向もあってのことと思われる。大神比義が八幡神を鷹居社で祀ったという伝承も、そこから生まれたのであろう。

この山は、本来は、宇佐国造の宇佐氏が祀る聖山であった。大神氏は、その神体山信仰を御許山に重ねて、大神比義の伝承を創作したのであろう。御許山（馬城峯）伝承に大神氏・宇佐氏のみが登場し、辛島氏が登場しないのは、そのためであったと推測される。

『託宣集』の第十四巻には「馬城峯亦号御許山部」という題が付いており、この聖地について次のように書かれている。

豊前の国司が、ある朝、東方を見ると、金色の光が見え、奇瑞があらわれていたので、東の方へ向かった。下毛郡野仲郷に宇佐池守という二百歳の翁が居たので問うたところ、さらに東に五百歳の大神比義という翁がいるので彼に問うてみよと答えた。そこでまた東に向かい、大神比義に会って尋ねると、日足浦にいる大神波知は八百歳になるから問うてみよといったので、この翁に問うたところ、「この南に山があり、御許と名づけている。その山に昔八幡という人が往き来し、この人が来世を利するため今神となってあらわれた、その瑞光ではないか」と答えた。国司の使者が御許山へ登ってみると、三つの大石があり、そこに大鷲がいて、金色の光を放っていたという。

八幡信仰に御許山（馬城峯）が本格的にかかわったのは、小椋山に八幡宮が移ったあとであることを、この伝承は示

唆している。

辛島氏のヤハタ神の本源は、同じ豊前の香春岳《かわら》である。中野幡能も、「原始八幡信仰は、辛島勝氏を代表とする帰化人の宗教、それは豊前田河郡の新羅明神が代表するシャマニズム」とみているが[19]、「豊前田河郡の新羅明神」とは香春岳の神で、この香春岳に対抗して、大神氏は御許山（馬城峯）をもちだしたのである。

八幡神は「辛国の城」に「八流の幡」として天降ったというが、「城」は邑・村の意で、「京城」（都）は「ソホル」「ソホリ」という。三品彰英は「辛国の城」を「ソホリ」とみて、「ソホリという降臨地の名は新羅の王都ソフルと同名で、新羅の始祖伝説によれば、神童赫居世（閼智）が天降った聖林（supur）に由来する神話的古語である。このソホリという言葉、およびそれが『辛国の城』と呼ばれていることを併せ考えるならば、この伝説が新羅のそれと緊密な連絡を持っていることは明らかである。なおまた八幡宮の祭神の中に、新羅王子の裔孫として系譜されているオホタラシヒメが奉祭されていることとも、何らかの歴史的関係があったように考えられる」と書いている[20]。

「新羅王子の裔孫として系譜されているオホタラシヒメ」と書くのは、『古事記』が息長帯比売（神功皇后、八幡宮の祭神大帯姫）の祖を、新羅の王子天之日矛としているからである。神功皇后伝説が八幡神と結びついたのは、神功皇后が新羅にかかわり、辛島氏の出自が新羅系であったからであろう。そのことは、香春（鹿春）の神は新羅からの渡り神であると、『豊前国風土記』（逸文）が書くことからもいえる。

前述したように、八幡宮のもっとも重要な行事は、香春の古宮（元宮）八幡宮から「御正躰」が神幸する行事であった。「古宮」とは、宇佐の八幡宮より古い宮という意味であり、「元宮」とは、八幡宮発祥の地という意味である。つまり、新羅の神を祀る香春こそ、ヤハタ神の「辛国の城」なのである。

「辛国宇豆高島」は香春岳とみられるが、辛島氏は、この山に降臨する神を祀る加耶（加羅）・新羅系氏族（赤染氏）と同族であり、同じ神を宇佐の地（現在の八幡宮の地ではない）で祀っていた。しかし大神氏の登場によって、香春岳の神は御許山（馬城峯）の神に変えられたのである。だが、「宇佐の八幡宮の社殿は、馬城峯とは向かいあっていて、山を拝むという要素は皆無といってよい(21)」と中野幡能が書くように、八幡宮の実体は御許山祭祀ではない。中世の文献だけが大神氏を強調している点に、留意すべきである。

菱形池の鍛冶翁伝承と大神氏・辛島氏

八幡宮の社殿は、菱形池を背にしている。したがって、八幡宮を拝むことは菱形池を拝むことになる。ヤハタの神が辛島氏の祖の辛島乙目に最初に託宣した地は「比志《ひし》方《かた》荒城《あらき》 潮辺《うしおのあたり》」であるが、菱形池は、この「比志方」にちなんだ名であろう。菱形池の原点にも辛島氏がいる。八幡宮の社殿が、菱形池を祭祀するような向きになっているのも、ヤハタの神が辛島氏のシャーマンに憑くものだったからであろう。

ところで、『託宣集』には、「筑紫豊前国宇佐郡菱形池辺、小倉山之麓、有㆓鍛冶之翁㆒、帯㆓奇異之瑞㆒……」とある。柳田国男は、この「鍛冶之翁」に注目し、「宇佐の大神の最も古い神話であった」とみる(22)。この柳田説を受けて土田杏村は八幡神の鉱業神的性格を強調しており(23)、肥後和男は土田説を文献的に補強し、八幡神に鉱業神的性格をみている(6)。半田康夫も、これらの説を受けて、さらに具体的に、このような八幡神の性格と、香春山の採銅にあたった秦系集団に属する辛島勝を結びつけている(9)。また三品彰英は、「シャーマンと鍛冶とは性能的に同一視されている」ことに注目している(24)。

石上神宮の項で述べるように、鍛冶とシャーマンは結びついている。菱形池の鍛冶翁伝承は、シャーマンとしての辛島氏をぬきには考えられない。中野幡能は辛島氏を「鍛冶シャーマン」とみて、菱形池を「お鍛冶場」と称していることから、小椋山鎮座の前の八幡宮の所在地にある、今も辛島氏の氏神である泉社（宇佐市辛島）の池を、「宇佐国最初の鍛冶場であった」と推論している(25)。

『託宣集』には、鍛冶翁は大神比義の前に示現し、金色の鷹となって、五人行けば三人、十人行けば五人を死亡させたとある。これは、鷹となった八幡神が、五人行けば三人、十人行けば五人殺したという前述の弘仁五年の太政官符の伝承と、まったく同じである。太政官符には、この八幡神の心を和らげるため、辛島乙目が三年間祈禱したとあるが、

『託宣集』では、大神比義が辛島乙目と共に三年間、五穀を断って祈ったことになっている。

『託宣集』は、多くの文献を参考にしながら、大神氏に有利に編集したものである。たとえば、承和十一年の『承和縁起』に載る辛島氏伝承は、『託宣集』では削られている（平野博之は、『承和縁起』は大神氏に対して批判的な意図をもった辛島氏が作製したものとみる）。[26]『承和縁起』の辛島乙目の話を、『託宣集』は大神比義の話に変えたのであろう。桜井好郎も、『託宣集』の鍛冶翁伝承は『承和縁起』の辛島乙目の伝承にもとづいて作られたとみて、「鍛冶翁は馬城峯と関係のない香春の神の伝承であったろう」と書く。[27]このように、鍛冶翁伝承も本来は辛島氏の伝承と考えられる。だが、鍛冶翁伝承に比義が登場するのも、まったく素地がないわけではない。

中野幡能は、大神比義について、「辛島氏家伝によれば、大和伊福郷から入ったことになっている。『三輪高宮家系図』によれば、大三輪神の氏人であり、三輪山のシャマンである」と書いている。[28]伊福郷（『和名抄』は宇陀郡に記載）は伊福部氏の居住地だが、伊福部氏は鍛冶とシャーマンにかかわる氏族である（「粒坐天照神社」の項参照）。

伊福部氏は倭鍛冶系であるが、倭鍛冶は天之日矛伝承にかかわり、秦氏とつながりがある。辛島氏も、銅を産出する香春岳を祀った香春神社の秦氏系氏族（赤染氏）と同族である。また、八幡宮の祭神でもある息長帯姫（大帯姫、神功皇后）の系譜は、『古事記』によれば、天之日矛に発している。このように、「大和伊福郷」を比義の出身地とする伝承は、辛島氏と大神比義を結びつけている。『承和縁起』は、神は大和国胆吹嶺、紀伊名草海島、吉備宮神島に移り、菱形に移座したという説を載せているが、大和に胆吹嶺はない。たぶん、大和伊福郷の伊福が胆吹嶺になったのであろう。この伝承は、大神比義の大和からの順路を伝えているとも考えられる。

大和の大神《おおみわ》氏（三輪君）の祖について、『日本書紀』は、河内の陶邑《すえむら》の大田田根子と書く。ところが、辛島氏の本拠地の一つにスエの地があり（宇佐市末）、この地には今も辛島姓がある。中野幡能は、辛島の「韓」を「加羅」とみて、「辛国宇豆高島」の降臨伝承を加羅国の始祖王のクシフル（クジ峰）への降臨神話と重ね、「宇佐郡にも『クジ峰』にそっくりの山があり、これを稲積山といっている。（中略）ここには『スエ村』があり古くから辛島氏が住んでいた」と

書き、「稲積山に降臨した神（原始ヤハタ神か）に辛島氏は奉仕していた」と推測している。(29)

この辛島氏の「スエ村」と大神氏の「陶邑《すえむら》」は、無関係とは思えない。陶邑は、和泉国大鳥郡陶器荘とその周辺をいう。『延喜式』神名帳には陶荒田神社（堺市上之）が載る。和泉国には巫部連《かんなぎべ》がいるが、『新撰姓氏録』は巫部連について、神饒速日命の六世孫で伊香我色雄命《いかがしこを》の後とし、「雄略天皇の御躰不予《や》みたまふ。因《よ》りて茲《ここ》に、筑紫の豊国の奇巫《くしかむなぎ》を召上げたまひて、真椋《まくら》をして巫を率て仕へ奉らしめたまひき。仍りて姓を巫部連と賜ふ」と書く。『続日本後紀』承和十二年七月己未条には、和泉国大鳥郡人、正六位上巫部連継麻呂、従七位下巫部連継足、白丁巫部連吉継らが当世宿禰《まさよのすくね》になったとある。「巫部」を「当世」にしたのは、雄略天皇のとき、「始祖真椋大連、筑紫の奇巫を迎へ奉り、御病の膏肓を救ひ奉る。天皇、之を寵し、姓を巫部と賜ふ。後世疑くは巫覡の種と謂はん。故に今申して之を改めん」という理由による。

なお、中野幡能は、『日本書紀』皇極三年（六四四）七月条における巫覡大生部多の常世神信仰と秦河勝の関係と、新羅国神を祀る香春神社の祭祀氏族の赤染氏が常世連に改姓していることと、平野邦雄が「赤染氏は秦氏と同族で、新羅系帰化人で常世神信仰の母体をなした氏族であろうと想定」(30)していることから、「豊国奇巫とは、豊国の巫に新羅系常世神信仰が融合されて、出来上ったシャマニズムではあるまいか」と推論する。(31)辛島氏も、秦氏系である以上、豊国奇覡と結びついていたと考えられる。

さらに付言すれば、辛島氏が「辛国宇豆高島（辛国の城）」でヤハタ神の祭祀を行なったのは欽明朝からといわれるが、小田富士雄によれば、須恵器の窯跡である宇佐市蜷木の新池窯跡、中津市三保区の伊藤田窯跡群、野依の野依窯跡群の年代は、上限が六世紀後半であるという。(32)これらの須恵器の源流は加耶（羅）・新羅の陶質土器だから、宇佐地方における須恵器生産には辛島氏がかかわっていたのであろう。文献の欽明朝と須恵器古窯の時期が重なることも、その裏づけになる。垂仁紀に、「近江国の鏡村の谷の陶人は、天日槍の従人なり」とあるが、この「陶人」も、天日槍（天之日矛）を祖とする息長帯姫（神功皇后）を宇佐八幡宮と香春神社が祭神にしていることと無関係ではなかろう（初期の須恵器が主に祭具であったことは、大神神社の項参照)。

大仏造立・道鏡事件の頃の大神氏・辛島氏

大仏造立成った天平勝宝元年（七五〇）の東大寺供養には、禰宜大神杜女と主神司大神田麻呂が参加している。柴田実は、「杜女は、天皇の乗輿と同じ紫色の輿に乗ったと記されてゐるが、それは恐らく彼女自らが神を捧じ、神の憑代として神そのものの如くに待遇せられたものであろう。かやうに常に神の言葉を聴くことのできる一人の巫女を中心とし、傍に男の主神司が副うてゐてその神意を実地に施行する形はいふまでもなく典型的なシャーマニズムであり、中世宇佐大宮司家を中心とする尨大な神聖集団の組織も、そのはじめは必ずこのやうな一組の巫祝と主神から漸次発展したものと考へられる」と述べている。[31]『託宣集』にも「吾神与二禰宜大神杜女一同乗二神輿一」とある。「同乗」は杜女イコール神であることを示している。

しかし、大神氏の女で禰宜になったのは、この杜女《もりめ》と、道鏡事件で解任された辛島与曾女《よそめ》の後任、小吉備売《をきびめ》だけである。神亀二年（七二五）に小椋(倉)山へ遷座したときの禰宜も辛島波止米《はとめ》であり、杜女の配流のあとも辛島氏の女が禰宜になっている。大神氏の小吉備売は宝亀四年（七七三）正月二日に禰宜になったが（「豊前国司解」『石清水文書』所収）、同年二月十日には、和気清麻呂によって解任された辛島勝与曾女が再び禰宜になっており、小吉備女の在任はわずか一月ほどであった。そして、与曾女再任の一月後の三月七日の「八幡大神宮司解」（『石清水文書』）では、前述したように、禰宜祝職は辛島氏世襲ときめられている。これは、宇佐池守の子孫が小宮司ときめられたのとちがって、小椋山遷座以前から八幡神を祀る禰宜・祝だった辛島氏を追任したものである。大神杜女の禰宜が、いかに異例であったかがわかる。『承和縁起』によると、大神杜女に対して八幡神は、「汝等穢あやまちあり」といい、穢《けが》れた杜女と一緒に居るわけにはいかないから伊予国宇和嶺に移ると、辛島与曾女をとおして託宣したとある。この記述は、八幡神の禰宜は辛島氏であり、大神氏であってはならないことを示している。

八幡神の性格からして、八幡宮の中心は、降神秘儀と託宣をする巫女だから、八幡宮では禰宜が宮司より上である。

『続日本紀』によれば、天平勝宝元年十一月一日、禰宜大神杜女が従五位下、主神司大神田麻呂が従八位下になっており、天平勝宝六年十一月二十七日条には、従四位下大神杜女、従五位下大神田(多)麻呂とある。前述の辛島与曽売と宇佐池守の場合も、禰宜の与曽売が正六位下、小宮司の池守は正八位下である。弘仁十二年の太政官符には、「正六位上辛島勝与曽女為禰宜、従七位下宇佐公池守為神宮司」とある。

禰宜と宮司の関係は、祭事《まつりごと》を行なう卑弥呼と、政事《まつりごと》を行なう男弟との関係である。辛島氏（前述したように男の場合も女称であった）に対し、大神氏は俗事で協力する役割であったにちがいない。その大神氏が、大神比義をシャーマン的性格に仕立てたのは、杜女が禰宜になったことと無関係ではなかろう。

宇佐氏の登場

八幡神の祭祀にかかわった氏族は、まず辛島氏、次に大神氏、そして宇佐氏である。

『続日本紀』大宝三年（七〇三）九月二十五日条に、「僧の法蓮に豊前国の野四十町を施す。医術を褒《ほ》めたるなり」とあり、養老五年（七二一）六月三日条には、「詔して曰はく、『沙門法蓮は、心は禅枝に住し、行法梁に居り。尤《もと》も医術に精しく、民の苦しみを済《すく》ひ治む。善き哉。若《かくのごと》き人、何ぞ褒賞せざらむ。その僧の三等以上の親に、宇佐君の姓を賜ふ』」とある。

法蓮について、『託宣集』は、神亀二年（七一五）に八幡宮が小椋山に移されたとき、神宮寺として作られた弥勒寺の初代別当に任ぜられたと書く。この寺は、『承和縁起』や『石清水文書』には「弥勒禅寺」、『託宣集』には「弥勒之禅定院」とある。

弥勒寺の初代別当になる前の法蓮は、豊前国宇佐郡辛島郷虚空蔵寺（宇佐市山本に塔跡がある）の座主であったと、『託宣集』は書く。この虚空蔵寺と宇佐君法蓮との関係から、宇佐国造（君）の建てた寺、つまり「国造寺」が、「虚空蔵寺」になったと推論する説があるが、中野幡能もこの説を受けて、虚空蔵寺の前身を「国造寺」と推測し、その傍証として、地元の人が「コクウゾウ」でなく「コクゾウ」と呼んでいることや、この寺がかつて「国分寺」と称されていたという『豊前志』虚空蔵寺条の記事などをあげている。[32]

考古学者の小田富士雄・賀川光夫は、虚空蔵寺の造営を七世紀末頃と推測している(33)。新羅系唐草文軒丸平瓦、複弁丸瓦が出土することからみて、新羅系要素をもつ寺である（そのことは、小田・賀川両氏も述べている(33)）。ただし、平瓦は法隆寺系、丸瓦は川原寺系で、畿内系統の古瓦であり、塔の壁面を飾った椅座独尊塼物は、大宝三年（七〇三）建立といわれる大和の南法華寺のものと同笵である。このような畿内との結びつきと、法蓮の『続日本紀』への登場は、無関係ではないだろう。

虚空蔵寺と同時期に創建されたとみられる法鏡寺（虚空蔵寺跡の北東一・五キロ）からも、法隆寺系の唐草文軒平瓦や川原寺系の複弁八葉（同七葉）軒丸瓦が出土している。その点では、両寺院とも畿内との結びつきの強い寺といえる。しかし法鏡寺からは、虚空蔵寺からは出土しない百済系単弁八葉軒丸瓦が発見されている。賀川光夫は、虚空蔵寺が新羅系軒丸瓦なのに対し、法鏡寺が百済系軒丸瓦を使用していることに注目している(34)。

虚空蔵寺が法蓮を座主とする宇佐氏系寺院なのに対し、『法鏡寺書上帖』に載る「宇佐宮法鏡寺事」の冒頭には、「当時者豕任二八幡大菩薩勅宣一、華厳和尚御開基、大神比義御建立之伽藍也」とあるから、法鏡寺は大神氏系の寺院である（比義は建立時には生存していない）。そのことが、虚空蔵寺と法鏡寺の軒丸瓦のちがいになっているのであろう。

三木彊は、虚空蔵寺の「周縁に連珠文をめぐらす鬼神面鬼瓦は、大宰府系であるが、その源流は新羅に求められる」と述べている(35)。虚空蔵寺は辛島郷にあり、辛島氏は新羅系である。だから、同寺は宇佐君法蓮と辛島勝の寺と考えられる。このように、宇佐氏と辛島氏の結びつきは強い。

八幡神が中央政府とかかわりをもつようになったとき、その窓口となったのは大神氏である。その結果、大神氏は祭事にまで割り込んできた。それが禰宜大神杜女の登場である。この祭政独占の大神氏の態度に抵抗して、辛島氏は宇佐氏を、大神氏の代わりに登場させたのであろう。それが宇佐公池守である。

『続日本紀』の天平勝宝六年（七五四）十一月二十四日条に、八幡宮の「主神《かむつかさ》」の大神田（多）麻呂が薬師寺僧行進と共に「厭魅」を行なったとあり、二十七日に、禰宜の大神杜女が日向国、田麻呂が多褹《たね》島へ流されている。この配流によって、辛島氏の女が禰宜に復帰し、初めて宇佐氏が大神氏に代わって宮司に就任した。

しかし、辛島・宇佐のコンビも、天平勝宝六年から二十年たった宝亀四年（七七四）には、道鏡事件に連座したとして、和気清麻呂によって解任されている。宝亀四年正月二日の「豊前国司解」（『石清水文書』）には、禰宜正六位下辛島勝与曽女、宮司外正八位下宇佐公池守の解任記事が載る。次いで、多褹島から戻った大神田麻呂が宮司に復帰し、大神氏の女が禰宜になっているが、一ヵ月後には、辛島・大神・宇佐の三氏の妥協がはかられ、辛島与曽女の託宣によって、禰宜に辛島与曽女、大宮司に大神田麻呂、小宮司に宇佐池守が就任した（宝亀四年二月十日の「豊前国司解申八幡大神託宣事」）。

つづいて同年三月七日の「八幡大神宮司解」によれば、

大神比義子孫——大宮司門
宇佐公池守子孫——小宮司副門地
辛島勝乙日(目)子孫——禰宜祝門

ときめられている。この「司解」で明らかなように、宇佐氏が直接当社の祭祀にかかわるようになったのは、天平勝宝六年（七五四）以降、宇佐公池守からである。

「ヒレ」と「ハタ」

韓国の　城の上に立たし　大葉子は　領布振らす見ゆ　難波へ向きて

の「韓国の城」をヒントにしたとみられているが、なぜ、この歌をヒントにしたかが問題である。私は、「幡」と「領布」がダブルイメージだったからと考える。

『託宣集』の「辛国の城」は、欽明紀二十三年七月条の、

韓国の　城の上《きへ》に立ちて　大葉子は　領巾《ひれ》振らすも　日本《やまと》へ向きて

この歌は、新羅軍に捕えられた大葉子の惜別の歌といわれている。しかし「ヒレフリ」は、現代人が別れに手を振ったり、ハンカチを振ったりするのとはちがう。『古事記』は、葦原色許男が蛇・呉公《むかで》・蜂の室に入ったとき、妻のスセ

リヒメの「ヒレ」の霊力によって助かったと書く。『肥前国風土記』松浦郡の褶振峯《ひれふり》の話では、旅立った夫の船に向かい、峯に登った弟日姫子《をとひひめこ》が「褶を用いて振り招きき」と書く。「振招」とあるように、「ヒレ」は招魂の呪具である。山上憶良は褶振峯の話を、「海原の沖行く船を帰れとか、領布振らしけむ松浦佐用比売」と詠んでいる（『万葉集』巻五、八七四）。

このように、「ヒレ」を振るという行為が、離れて行くものを呼び戻す招魂の意味をもつことは、柿本人麻呂が、妻を悼む挽歌で（巻二、二〇七）、「妹が名呼びて袖ぞ振りつる」と詠んでいることからもいえる（「妹」は亡くなった「妻」、「神」は「ヒレ」の意）。

石上神宮の神宝十種のうち、三種は「ヒレ」である（「蛇比礼・蜂比礼・品物《くさぐさのもの》比礼」）。この「ヒレ」を振ることを魂招《たまお》ぎという。魂招ぎによって死人も生き返る（『旧事本紀』天孫本紀）。

神楽歌の「韓神」にも、

三島木綿《ゆふ》　肩にとりかけ　肩にとりかけ　わが韓神を　韓招《からお》ぎせむや　韓招ぎせむや

とある。肩にとりかける木綿とは「ヒレ」のことである。この「ヒレ」と「招ぎ」を繰り返していることからも、「ヒレ」が招魂のための呪具であったことがわかる。

ところが、「ヒレ」には天女の羽衣の意味がある。人麻呂は、妻を悼む挽歌に（二一〇）、「白妙《しろたへ》の天領布《あまのひれ》隠《かく》り　鳥じもの朝立ちまして」と詠んでいる。真白な天女の「ヒレ」に包まれて、鳥でもないのに、朝、家を出てしまった、という意である。大葉子の「日本（難波）へ向きて」の「ヒレフリ」は、「ヒレ」を羽衣にして日本（難波）へ飛んで行きたいという思いをこめた歌でもある。大葉子の「葉」は「羽」を連想させる。

祝《はふり》が「羽振り」の意であることは、石上神宮の項で詳述するが、神功皇后が巫女として斎宮に七日七夜こもったとき、「幡荻穂《はたすすきほ》に出《いで》し吾」と、神は託宣している。

西郷信綱は、「八幡」は仏教の灌頂幡のことであって、「ささげたる　はたの靡《なび》きは　冬ごもり　春さり来れば　野ご

とに　つきてある火の　風のむた　なびかふごとく」（『万葉集』巻二、一九九）と、柿本人麻呂が高市皇子の挽歌でうたう、なびく幡ではないと書く。(7) しかし、「ハタススキホ」に神は示現し、この示現のために「千ハタ高ハタ」を立てているのだから、「ススキホ」のようになびく「千ハタ高ハタ」が「八幡《やはた》」である。

八幡神の託宣を巫女が行ない、辛島氏が巫女でなくても女の名を称するのは、「ハタ」が「ヒレ」と同じ意味をもっているからである。天武紀十三年に、采女は「肩布《ひれ》」を着けなくてもいいという記事が載っているが、これは、天武朝の行政改革で、采女の巫女性をなくして、後宮の使用人とみなした結果である。「肩布《ひれ》」に、それだけの呪力・霊力があると信じられていたからであろう。

『三国遺事』（紀異第一）の「延烏郎・細烏女」の項に、次のような伝承が載る。延烏郎・細烏女が日本に去ってしまったので、新羅の国は日も月も出なくなってしまった。そこで、使者を派遣して帰国するように頼んだところ、帰国できないが、細烏女が織った絹の布を持ち帰れば、日も月も元のように輝くであろうといわれ、そのとおりにしたところ、新羅に再び日と月が輝いたとある。この絹の布は「ハタ」であり「ヒレ」である。こうした伝承に登場するのが必ず女性であることと、「八幡《やはた》」の神を祀るのが女性であることは、「幡」が前述の灌頂幡ではないことを示している。

『承和縁起』と『託宣集』には、八幡神が「鷹」になったとあるが、八幡神が鳥として示現するのは、「ハタ」のなびく様子や、「ヒレ」が羽衣とみられていることと符合する。鳥は天と地、神と人との間を仲介する。弘仁十二年の太政官符は、「中間正六位上辛島与曽女為二禰宜一」と書く。「中間」とは、神と人の「中間」に与曽女がいるからである。「仲天皇《なかつすめらみこと》」「仲臣《なかつおみ》」の「中」も、神と人との「中」であり、「仲天皇」といわれた間人《はしひと》皇女（孝徳天皇の皇后）の「間人」も、神と人をつなぐ人の意であろう。「橋」は川の両岸をつなぐためにあり、「箸」は食物（古代人は神の恵み物とみていた）と人の口を仲介する。箸墓の被葬者は倭迹迹《やまととと》日《び》百襲《ももそ》姫と伝えられるが、彼女は、蛇に化身した大物主神の一夜《ひとよ》妻としての巫女である。『託宣集』に、禰宜の杜女が八幡神と神輿に同乗したというのも、彼女が神妻だからである。

日本古典文学大系『日本書紀（上）』頭注は、倭迹迹日百襲姫の「トトビは鳥飛び」の意で、「トトビは魂の飛ぶことの比喩」と解すが、『豊前国風土記』の袖振峯の弟日姫子《をとひひめこ》も、蛇と化した神の一夜妻《ひとよづま》になっている。「ヒレフリ」の「ヒレ」は、振る人が巫女性をもった人物であることによって霊力をもちうる。『三国遺事』の絹布も、細烏女が織ったからこそ、日と月を呼び戻したのである。

「ヒレ」も「ハタ」と同じ呪具であり、「ハタ」のなびきは、「ヒレフリ」と同じ、鳥の飛ぶイメージである。「韓国の城の上《へ》に立ちて大葉子が領布振らすも」は、「辛国の城に始めて八流の幡を天降して」という表現とダブルイメージである。「領布」は「八流の幡」であり、大葉子は辛島乙目で、大帯姫、辛国息長大姫である。

なお、『和名抄』の豊前国筑城郡に綾幡郷があり、この地に推定される福岡県築上郡椎田町湊に矢幡八幡宮がある。金富神社とも呼ばれるのは、この地を「絹富名」というからである。「絹」は「綾幡」という地名とかかわっている。勅使が宇佐八幡宮に派遣されるたびに、宇佐大宮司は矢幡八幡宮に報告の参拝をしており、三十三年に一度の宇佐八幡宮の造営用の材木を伐る杣《そま》始めの儀式のときも、宇佐大宮司は矢幡八幡宮に参拝している（「矢幡八幡宮縁起」）。

このように宇佐八幡宮と特別の関係ある神社が、特に「ヤハタハチマン」と称することから、中野幡能は、八幡の「ヤハタ」を当地に由来する名とみる。[3] 私はこの中野説は採らないが、応神紀や雄略記に漢織《あやはた》・呉織《くれはた》の衣縫《きぬぬい》を胸形大神や大三輪神に奉仕させたとあることなどからみても、「アヤハタ」郷の「ヤハタ」八幡宮は無視できない存在であろう。矢幡八幡宮が特別に重視された理由は、今のところ不明とするしかないが、この地が、香春と宇佐郡のほぼ中間地点にあることに注目しておきたい。少なくとも、この地は香春神＝ヤハタ神と辛島氏と宇佐を結ぶ重要地点だったはずである。

祭神について

宇佐神宮の現在の祭神は応神天皇・比売大神・神功皇后であるが、前述のように、『延喜式』神名帳には「八幡大菩薩宇佐宮」「比売神社」「大帯姫廟神社」とある。中野幡能は、辛島氏のヤハタ神に応神天皇の神格を賦与したのが大神比義とみて、その時期を鷹居社造立の時期と推測する。[36] 私は、鷹居社の次の小山田社から現在地（小椋山）へ移る時期とみるが、神功皇后と応神天皇を祭神に比定したのは大神氏であろう。

「歴史上の人物」を氏神の名にすることはよくあることだとしても、「ヤハタ」の神に、記紀神話の神功皇后・応神天皇と共通した要素があったことは確かである。すなわち、神功・応神と大帯姫・八幡大菩薩は母子神であり、比売神は巫女としての神妻である。

神功・応神伝承はウツボ船漂着譚のヴァリエーションであり、母子神信仰と不可分の関係にある。ウツボ船伝承は朝鮮半島・対馬・九州だけでなく、沖縄・台湾にも分布する。八幡信仰は、朝鮮半島南部を含む黒潮圏の海人系母子神信仰に、朝鮮からの渡来人が伝えた東北アジア系シャーマニズムが重層したものであろう。『託宣集』によれば、八幡神は童子と鍛冶翁の姿で示現している。九州地方の沿岸部に八幡社が多いのも、八幡信仰のこうした原初的性格と無関係ではなかろう。

注

(1) 宮地直一『八幡宮の研究』昭和三十一年。
(2) 栗田寛「八幡の神考」『栗里先生雑著』明治三十四年。
(3) 中野幡能『八幡信仰史の研究（上）』、昭和五十年。
(4) 中野幡能、注3前掲書、一〇一頁。
(5) 中野幡能、注3前掲書、一〇二頁。
(6) 肥後和男「八幡神について」『日本神話の研究』所収、昭和十三年。
(7) 西郷信綱「八幡神の発生」『神話と国家』昭和五十二年。
(8) 松本栄一「宇佐八幡と豊州の石仏」「国華」四四九号。
(9) 半田康夫「秦氏とその神」「歴史地理」八二巻三号。
(10) 田村圓澄「宇佐神宮」『日本の神々・1』所収、昭和五十九年。
(11) 依田千百子『朝鮮民俗文化の研究』四五八頁、昭和六十年。
(12) 金両基『朝鮮の芸能』二四三頁、昭和四十一年。
(13) 秋葉隆『朝鮮民俗誌』一五八頁、昭和二十九年。

(14) 依田千百子、注11前掲書、四五九頁。
(15) 山上伊豆母「辺境の武神と楽舞」『日本芸能の起源』所収、昭和五十二年。
(16) 山上伊豆母「芸能氏族」、注15前掲書所収。
(17) 三品彰英『増補日鮮神話伝承の研究』九二頁、昭和四十七年。
(18) 中野幡能『八幡信仰』九三―九四頁、昭和六十年。
(19) 中野幡能、注18前掲書、一九四頁。
(20) 三品彰英、注17前掲書、八九頁。
(21) 中野幡能、注18前掲書、四〇頁。
(22) 柳田国男「炭焼小五郎が事」『柳田国男全集』第一巻所収。
(23) 土田杏村「東大寺大仏と宇佐八幡」『土田杏村全集』第十巻所収。
(24) 三品彰英「応神と八幡神」、注17前掲書所収。
(25) 中野幡能、注3前掲書、一〇四頁。
(26) 平野博之「承和一一年の宇佐八幡宮弥勒寺建立縁起について」『九州史研究』所収。
(27) 桜井好郎「八幡縁起の展開」『中世日本文化の形成』所収、昭和五十六年。
(28) 中野幡能、注18前掲書、八九頁。
(29) 中野幡能、注18前掲書、六七頁。
(30) 平野邦雄「秦氏の研究（一）」「史学雑誌」七〇巻三号。
(31) 中野幡能「豊前における巫覡の変容」注3前掲書所収。
(32) 小田富士雄「九州の須恵器と半島系陶質土器」『九州古代文化の形成（下巻）』所収、昭和六十年。
(31) 柴田実「八幡神の一性格」「神道史研究」第四巻第六号。
(32) 中野幡能『八幡信仰史の研究（下巻）』五一二頁、昭和五十年
(33) 小田富士雄「九州の古代寺院」、注30前掲書。賀川光夫『宇佐』六六―六七頁、昭和五十一年。
(34) 賀川光夫「虚空蔵寺と法鏡寺」、注33前掲書。
(35) 三木彊『宇佐神宮の原像』二二六頁、昭和五十五年。
(36) 中野幡能、注3前掲書、一四一頁。
(37) 柳田国男「玉依姫考」『柳田国男集』第九巻所収、昭和四十四年。

第四章　藤原氏・物部氏の神々と王権祭祀

鹿島《かしま》神宮——藤原氏の氏神となったタケミカヅチ

タケミカヅチを鹿島神宮の祭神として正史が記す初見は、『続日本後紀』承和三年（八三六）五月九日条の、「常陸国鹿島郡従二位勲一等建御賀豆智命正二位」である。『続日本紀』宝亀八年（七七七）七月十六日条には、「内大臣従二位藤原朝臣良継病あり、其《その》氏神鹿島神を正三位、香取神を正四位に叙す」とあるが、「鹿島神」とあって「タケミカヅチ」ではない。正史の前には、大同二年（八〇七）に書かれた斎部広成の『古語拾遺』が「武甕槌神（是甕速日神之子、今常陸国、鹿島神是也）」と記すのみである。

建甕槌神の「甕」

タケミカヅチは、文献でみるかぎり九世紀以降の祭神名で、それまでは祭神を何と称していたか定かではない。『常陸国風土記』は「香島の天の大神」と記すだけである。

『古事記』は「建御雷」と「建甕槌」の二神を記載しているが、建御雷神の系譜を、

迦具土《かぐつち》神——甕速日《みかはやひ》神——樋速日《ひはやひ》神——建御雷神（建御雷男神）

とし、建甕槌神については、次のような系譜を記している。

大物主神——櫛御方命——飯肩巣見命——建甕槌命——意富多多泥古《おほたたねこ》

ここでは、建甕槌神は三輪君の祖オホタタネコの父になっているが、『土佐国風土記』逸文所引の『多氏古事記』の三輪山伝説や、『常陸国風土記』那賀郡の晡時臥《くれふし》山伝説などからみて、多氏系の甕神と考えてよかろう（詳細は『日本の神々・11』の大井神社の項を参照）。一方、建御雷神は、国譲りの使者として出雲に天降りする剣神である。建御雷神は、『古事記』では「亦《また》の名は建布都神・豊布都神」と書かれ、剣神経津主神と重なっている。

このように『古事記』がタケミカヅチを天つ神と国つ神の二神にしていることを、学界は無視している。こうした無視は『日本書紀』が「建甕槌」を切り捨てていることによるが、そのかわり『日本書紀』は、『古事記』の「建御雷」を「武甕槌」と書いている（神武天皇即位前紀の神剣降下の条にのみ「武甕雷」とある）。この『日本書紀』の表記からみても、建御雷神は、大物主神系の建甕槌神を剣神の天つ神にしたものと推測できる。

結論からいえば、本来は建甕槌神であった当社の祭神を、藤原・中臣氏が当社の祭祀氏族になるや建御雷神に変えたのである。「甕」の神が本来の祭神であることは、次の伝承からもいえる。

康元元年（一二五六）に鹿島をおとずれた藤原光俊は、

神さぶる　かしまを見れば　玉たれの　小かめはかりそ　又のこりける

此歌は鹿島といふ島は、社頭より十丁ばかりのきて、今は陸地よりつづきたる島になんはへり、その処につぼといふ物のまことにおほきなるか、半すぎてうつもれてみえしを、先達の僧にたずねしかば、これは神代よりとどまれるつぼにて、今にのこれるよし申侍しこそ、身のけよたちておぼえはべりしか、小かめ有り、今事たかひてよめり……（傍点引用者）

と『扶木抄』に書いている。「鹿島」という「島」に大きなつぼが半ば埋もれてあったというのだが、この「鹿島という島」について、『新編常陸国誌』は、

鹿島ハ、鹿島郡宮中下生村瑞甕山根本寺ト㆓云寺ノ前ナル田中ニアリテ、イサ、カナル塚ニ椎木一株アリ、メグリハ田地ナレバ、年々田ニ切開カレナドシテ、自然ニカクノ如クナレリト見エタリ、俗ニ瑞甕森ト㆓云、夫木抄ニ鹿島ト云ヘルハコレナリ、鹿島神宮伝記ニ、本社ノ去㆑西十丁、海之辺田ノ中、有㆓一之小島㆒、此島ニ神代ヨリノ有㆑壺、此島謂㆓鹿島㆒、依㆑之為㆓邦之名㆒、又傍有㆓小島㆒、是謂㆓甕山㆒、是ニモ有㆑壺トアリ、コノ説夫木ニ合セリ、コ、ニ甕山ト㆓云ハ、根本寺ノ後ノ山ヲ㆓云ト見エタリ。

と書く。

また東実は、(1)甕山について、

潮来《いたこ》からくると神宮橋をわたり大船津から鹿島の台地への坂をのぼろうとするとき、右の方に椎の木がみえる。これは新しい国道のために社殿を鹿島神宮の楼門の前にうつした「津の東西社」のあったかたわらに、田のなかに甕山という小塚があった。この甕山は大小二つあって、昭和四十二年に大きい方が埋立てられることになり、その前に鹿島文化研究会によって緊急発掘したところ、高杯、杯、皿、甕、角土柱等が出土した。小さい方が津の東西社のあととして椎の木が立っている。

と書き、さらに

常陸国鹿島の海底に、一つの大甕あり、その上を船にて通れば、下に鮮やかに見ゆるといへり。古老伝えいふ、此の大甕太古は豊前にありしを神武天皇大和に移したまひき。

景行天皇当国に祭りたまふ時、此の甕をも移したまへるにこそあれといへり。

此の大甕は鹿島明神の御祖先を祭り奉る壺にて、鹿島第一の神宝として、世々これを甕速日と申すといへり。世移り変りて、御遺体は御座ましまさぬと申すといへども、彼の大甕なほ石の如くに残れり、今の甕の在る所は、昔は陸にして、此の神宝預りの社役人もありしが、いまは海となれり。(後略)

という、「古き神人の伝」を記している。

吉田東伍は、鹿島神宮の摂社の息栖《いきす》神社につたわる伝承と、前述『扶木集』や根本寺の伝承との関連にふれて、次のような記事を載せている。(2)

『諸国里人談』云、息栖明神の磯ぢかき海中に、女瓶男瓶とて、二つの奇石あり、男瓶は経一丈あまりにして、銚子のかたちなり、その口とおぼしき所に溝あり、中は穴のごとくに窪みて、鍋の形なり。女瓶はわたり五六尺ばかり、土器に似たり。土俗曰く、これは神代の銚子土器なりと。此石満潮には二三尺沈めり。干潟には水上にあらはれけり。その銚子の中は素水にして、潮の味ひなし、これを忍塩井の水といへり。

この伝承は、斎瓮としての甕に関するものではないが、大甕が海底にあった話と似ている。石が甕の形をしているわけだが、経一丈というのだから、甕なら大甕である。

同じような伝承が、淡路と向かい合う阿波の鳴門の岬の先端にある甕浦《みかうら》神社（鳴門市甕浦）にもある。土地の人はこの神社を「お甕《みか》さま」というが、神体は大甕で、海の底にあった大甕が一夜海鳴りをさせて上がってきたという。この神社のある場所は、名にし負う渦潮の難所である。鹿島神宮に大甕の伝承があるのは、船の航海の加護に大甕が霊験を示すからであろう。九州の五島列島の漁民の妻たちは、いまも家族の航海安全を祈るため、台所の大甕に水を一杯にしておくという。

『琉球神道記』のなかの「鹿島明神のこと」に、

鹿島の明神は、もとはタケミカヅチの神なり、人面蛇身なり。常州鹿島の浦の海底に居す。一睡十日する故に、顔面に牡蠣《かき》を生ずること、磯のごとし、故に磯良と名づく。

とある。これによれば、鹿島神宮や息栖神社の海底の大甕こそ鹿島明神ということになる。また、鹿島明神は海神安曇《あずみの》磯良《いそら》と同じにみたてられているが、このような伝承は、いままで述べたことから無視できない。

『対馬神社誌』によれば、上県郡上対馬町舟志《しゅうし》（旧舟志村）の氏神、地主神社の神体も大甕である。上県町の志多留・伊奈・女連《うなつら》・大ヶ浦などの神社も甕を神体にするが、この地域には、志多留の浜に大甕がカラの国から漂着し、その甕は、潮が満ちてくる時刻になると水がいっぱいにあふれ、干潮時になると空になったので、この不思議な霊験に驚いた村人らが、大甕をカナクラ山の山頂に祀ったという伝承がある。

以上のような伝承からみても、当社の祭神タケミカヅチの「ミカ」は「甕」で、「雷」でないことは明らかである。そのことは、「カシマ」という名からもいえる。

「カシマ」と甕

『常陸国風土記』は「カシマ」について、注に、

風俗《くにぶり》の説《ことば》に、霰零《あられふる》香島の国といふ。

と書く。ところが、『肥前国風土記』逸文の「杵《き》島《しま》山」の条にも、

あられふる　杵島が岳を　峻《さか》しみと　草採りかねて　妹が手を執る

とあり、注に「これは杵《き》島曲《しまぶり》なり」とある

「あられふる」が鹿島にかかる枕詞であることは、『万葉集』の

あられふり　鹿島の神を祈りつつ　すめらみくさに　われは来にしを（巻二十、四三七〇番）

という常陸国那珂郡の防人《さきもり》大舎人部千文の歌からもわかるが、『肥前国風土記』の杵島郡（現在の佐賀県鹿島市周辺）の条には、景行天皇が巡幸の時の話として、

船の牂牁《かし》の穴より冷《さむ》き水、自《おのづか》ら出でき。一云《またい》へらく。船泊《は》てし処、自ら一つの島と成りき。天皇、御覧《みそなは》して、群臣等に詔りたまひしく、「此の郡は、牂牁《かし》島《しま》の郡と謂ふべし」とのりたまひき。今、杵島郡と謂《よこなま》ふは、訛れるなり。

と記されている。「牂牁《かし》」とは、船をつなぎとめるために水中に立てる杭のことであり、『和名抄』にも、「我抲 加之《かし》 所以繋舟也」とある。この「カシ」が転義したのが「河岸《かし》」である（『古語大辞典』『岩波古語辞典』）。すなわち、「カシマ」「キシマ」は「カシシマ」のことであり、「船泊てし処、自ら一つの島」になったところである。

『出雲国風土記』は、国引きの条（意宇郡）に、引いてきた国をつなぎとめるために立てた「カシ」について、

かくて、堅め立てし加志《かし》は、石見の国と出雲の国の境なる、名は佐比売山、これなり。

と書くが、甕を境界に据えるように、「カシ」も境に立てる。「カシ」のある「シマ」は港を意味する。そのことは、「鹿島立ち」（長旅に出立する際、無事を祈って鹿島神の加護を求める習俗）という言葉からも推測できる。

『古語大辞典』（中田祝夫・和田利政・北原保雄編）は、「鹿島立ち」について、「語源には、鹿島と香取の二祭神が天孫降臨に先立ち、葦原の中つ国を平定した（『古事記』）ことにより、鹿島の神が軍事をつかさどる神として軍旅に際して参拝されたことに基づく（『万葉集』）とも、春日祭りに先立って祭使が鹿島神社に向けて派遣されたためとも、また、旅の門出に鹿島の阿波須神に安全を祈ったことに基づく（『本朝世事談綺』）ともいわれる」と書く。しかし「鹿島立ち」

は、鹿島の神が「甕の神」である点に、その本源をもつ。『万葉集』に、

草枕　旅ゆく君を　幸《さき》くあれと　いはひへ据ゑつ　あが床《とこ》の上《へ》に（巻十七、三九二七番）

とあるが、これは大伴家持が天平十八年、越中の国守に任命されたとき、叔母の大伴坂上郎女《いらつめ》が贈った歌で、「旅行く君がご無事なようにと斎瓮を据えました。わたしの床のそばに」という意味である。このような、旅立ちに斎瓮《いはひへ》を据えた歌は、ほかにもある。

……母父に　妻に子どもに　語らひて　立ちにし日より　たらちねの　母の命は　斎瓮を　前にすゑ置き……（巻三、四四三番）

の歌も、「自分は任地に行くと父母や妻子にいい聞かせて出発したときから、母は斎瓮を前に据えて無事を祈った」という長歌である。また、遣唐使の船が難波を発《た》つときに母親が子に贈った歌一首と題詞にある長歌には、

……草枕　旅にし行けば　竹玉を　しじに貫《ぬ》き垂れ　斎瓮に　木綿《ゆふ》取り垂《し》でて　斎ひつつ　我が思ふ　我が子　ま幸《さき》くありこそ（巻九、一七九〇番）

とある。また、防人がうたった歌に、

……大君の　命《みこと》のまにま　ますらをの　心を持ちて　あり巡《めぐ》り　事し終《を》はらば　障《つつ》まはず　帰り来ませと　斎瓮を　床辺にすゑて　白たへの　袖折り返し　ぬばたまの　黒髪敷きて　長き日を　待ちかも恋ひむ　愛《は》しき妻らは（巻二十、四三三一番）

とあり、さらに

大君の　命にされば　父母を　斎瓮と置きて　参ゐ出来にしを（巻二十、四三九三番）

とある。このように斎瓮を据えて神の加護を祈ることが「鹿島立ち」である。

五島列島の漁民の妻たちが、夫や息子が出航すると、航海安全を祈って台所の大甕に水をいっぱいに入れておくのも、斎瓮をすえて神の加護を祈った古代人の遺習の名残りである。

港は陸と海の境界であり、「カシマ」の地に甕の神が祀られたのも、そのためであろう。
『播磨国風土記』託賀郡法太里甕坂の条に、

昔、丹波と播磨と、国を境ひし時、大甕を此の上に掘り埋めて、国の境と為しき。故、甕坂《みかさか》といふ。

とある。

斎瓮や甕を境界に据えるのは、異境へ旅立つ人を加護するためだが、荒ぶる異境からくる邪霊を防ぐためでもある。

荒ぶる神と甕の神

野本寛一は、「秋田県平鹿郡山内村田代沢口と、岩手県和賀郡湯田町野々宿の境の山には『カシガ様』（カシマ様）という高さ四メートル余の巨大な藁人形が立てられており、その人形には勃起する巨大な木の男根がとりつけられている」と述べている(3)。柳田国男は、この「カシマ様」の「目的は疫病の防衛に在ったらしい」と書いている(4)。

こういう人形を「鹿島人形」といい、霞ヶ浦東岸の村では、七月九日に真菰《まこも》で二体つくり、その一つに小麦団子を詰めた藁苞《わらつと》を背負わせ、「鹿島・香取・息栖」と書いた旗を持たせ、子供たちが部落の境のボサの蔭まで持って行って焼きすてるが、千葉県香取郡新島村にも同じ風習があり、やはり村の境で焼く(4)。また、霞ヶ浦湖岸一帯と香取・印旛二郡では、「鹿島かんどり戦《いくさ》に来い。戦に負けたら喧嘩に来い」といって、人形を竿の先につけて少年たちが村中を練り歩き、最後に境に出て隣の部落の少年たちと「威勢くらべ」をするという(5)。

茨城県北部では、旧七月十日に粟がらで人形をこしらえ、その腹に団子をつめこみ、門の口に立てる。この行事を「カシマノリ」といい、「鹿島禱《の》り」とみる説があると柳田国男は書くが(5)、境や門の口に立てることは、邪霊を防ぐ呪物であることを示している。

東北地方には、魔よけの番人として、大きな男女の鹿島人形を造って村はずれや家の門口に立たせておき、一日の式が終わると村の境に送り出して置いてくる風習もある。これは、東北地方に祀られた鹿島の神の性格を示している。

『三代実録』貞観八年（八六六）正月二十日条に、

常陸国鹿島神宮司言、大神之苗裔神三十八社在二陸奥国一。菊多郡一、磐城郡十一、標葉郡二、行方郡一、宇多郡七、
伊具郡一、亘理郡二、宮城郡三、黒河郡一、色麻郡三、志太郡一、小田郡四、牡鹿郡一。

とあるように、蝦夷との太平洋側の境界が北に進むにしたがって、鹿島神宮の苗裔神も北上したと考えられる。

『日本書紀』大化元年（六四四）八月五日の東国国司への詔に、「辺国《ほとりのくに》の近く蝦夷と境接《まじは》る処には、尽《ことごと》に其の兵を数へ集めて」とある。「辺国」には常陸も入る。この詔の四年後、大化五年に香島郡が神郡としてつくられており、したがって、常陸の神郡新設がどのような意味をもっていたかは明らかである。この神郡で祀られる甕の神だから、鹿島の神は「建甕槌神」である。

昭和五十九年六月二日の新聞が公表した桜井市脇本遺跡（雄略天皇朝倉宮跡と推定されている）から、五世紀後半の土師器と思われる甕が三つ出土した。それらは石を狭んで逆さまに置かれてあり、傍には、何かを焼いた跡があった。地霊を封じるため、甕の口を下に向けて祭儀を行なった痕跡と思われる。

神武天皇即位前紀には、天皇が天香具山の土で「厳瓮《いつひらか》」をつくり、魚がもし酔って浮き流れるようになれば国を治めることができるといって、丹生川に「口を下に向け」て沈めると、魚がみな浮いて、口をパクパク開いて流れていったとある。

この場合は、天香具山の土（「倭国の物実《ものざね》」）の霊力が、甕の口を下に向けることによって外に出て効力を発揮し、倭国を治めることができる証《あかし》になるとみられたのであり、「悉《ふつく》に酔ひて流れむ」と書くように、甕の霊力の発現が「酔う」である。折口信夫は、「神酒」を「ミワ」と訓むところから、「神甕」「酒甕」を「ミワ」と訓ませている[6]。酒の入った甕は荒ぶる奇《くす》し（薬）魂を入れた聖器であり、その聖器の口を下に向ければ、霊力が発現する（酔わせる）のである。

スサノヲは八岐大蛇《やまたのおろち》を退治するために酒を醸《かも》させるが、その表現に「酒八《や》甕《はら》を醸《か》み」とある。甕を「ハラ」と訓むのは、甕が母胎（長野県には「甕《もたい》」「母《も》袋《たい》」という姓がある）と同じ、容れて育てる（発酵）ものだからであり、八岐大蛇に酒を呑ませるのは、荒ぶる神を鎮めるには荒ぶる力の発現を要するという観念による。このような甕の性格が、鹿島神を、

単なる道祖神的な神から剣神・武神にした理由であろう。

『常陸国風土記』は養老五年（七二一）頃、常陸国司であった藤原宇合《うまかい》によって編集されたとする説が有力だが、香島郡の条に、鹿島神宮についての詳しい記述があり、その始めのほうに、

天の大神の社、坂戸の社、沼尾の社、三処《みところ》を合せて、すべて香島の天の大神といふ。

とある。

坂戸社について

現在、坂戸社はアメノコヤネ、沼尾社はフツヌシを祭っている。

三社をもって「香島の天の大神といふ」とあるから、後世、それぞれに祭神をわりふったのだろうが、坂戸社の近くに坂が多いので、それにちなんでつけられた名とみる説がある。だが、「坂」も「戸」も、それだけではすまされない意味をもつ。

「坂東《ばんどう》」が「箱根の坂（関）の東」（関東）を意味するように、坂には上り下りの坂だけでなく、境・界の意味がある。「境・界」の「さか」が「坂」と同根・同源であることは、『古語大辞典』『岩波古語辞典』にも書かれているが、『角川古語大辞典・第二巻』（中村幸彦・岡見正雄・阪倉篤義編）には、「古くは坂はある地域と他の地域の境界であり、これを越えると異郷と考えられた。そこには境を守る神がいて交通の妨げをなすとされ、通過のときには手向《たむけ》を捧げて安全を祈願する習俗があった。海界《うなさか》・磐境《いはさか》など平面的な境界、すなわち境《さかい》の意に転じたものが複合語中に見えるのは、このような考え方に基づく」とある。

「戸《と》」は鳴戸、瀬戸、水戸、山門《やまと》、川門、水門《みと》などと同じ「ト」であり、「ミナト」の「ト」も「入口」の意である。

大和国には、鴨山口神社、吉野山口神社、長谷山口神社、飛鳥山口神社、畝火山口神社など山口神社が十三社あり、すべて式内大社になっているが、この山口は山門である。これらの神社の「山口」の山にあたるのが、坂戸の場合は異境エゾ地である。坂戸の神とは、異境の入口にある神の意であろう。吉田東伍の『大日本地名辞書』によると、「坂戸」と書く地名は陸前・常陸・上総・武蔵・相模・越後にあるが、このことからも、「坂戸」の意味が推察できる。

大化年代の鹿島の神は、大和政権にとって、異境の荒ぶる神を防ぐ塞《さえ》の神であった。そのことを示すのが坂戸社という社名であり、鹿島神宮の原点は坂戸社にあったと考えられる。

「香島郡」について『常陸国風土記』は、大化五年（六四九）に

下総国の海上《うなかみ》国造の部内《くぬち》、軽野より南一里と、那賀国造の部内、寒田より北五里を割《さ》き別きて、神郡《かみのこほり》を置きき。

と書く。坂戸社と沼尾社は、池の南（坂戸社）と北（沼尾社）にあるが、集落の状況から推して、坂戸社のある現在「山之上」というところが、最初の郡家跡ではないかと考えられる。『常陸郡郷考』も、山上村に最初の郡家があったとして、「館跡」という地名をあげている。

神郡の郡家は、神社のそばになくては役目を果たせない。郡家が沼尾池の坂戸社のそばにあったのは、坂戸社・沼尾社が、ヒコ神・ヒメ神という対《ペア》の関係で、神郡の祀る神社だったためであろう。

ところが、『常陸国風土記』は、「天の大神の社」の南に郡家があると記す。また、天智朝（六六二—六七一）にはじめて使人を遣わして「神の宮を造らしめき」とも書く。この「神の宮」こそ「天の大神の社」であろう。郡家は神宮の造営とともに、沼尾池のほとりから神宮のそば（現在の跡宮から鹿島神宮の場所）へ移ったのではなかろうか。そのため、最初に郡家のあった場所の「天の大神（坂戸社・沼尾社）」と、郡家が移動した場所の「天の大神」を合わせて、「香島の天の大神」と称したのであろう。日本歴史地名大系『茨城県の地名』も、「郡家の移動は、香島の天の大神と総

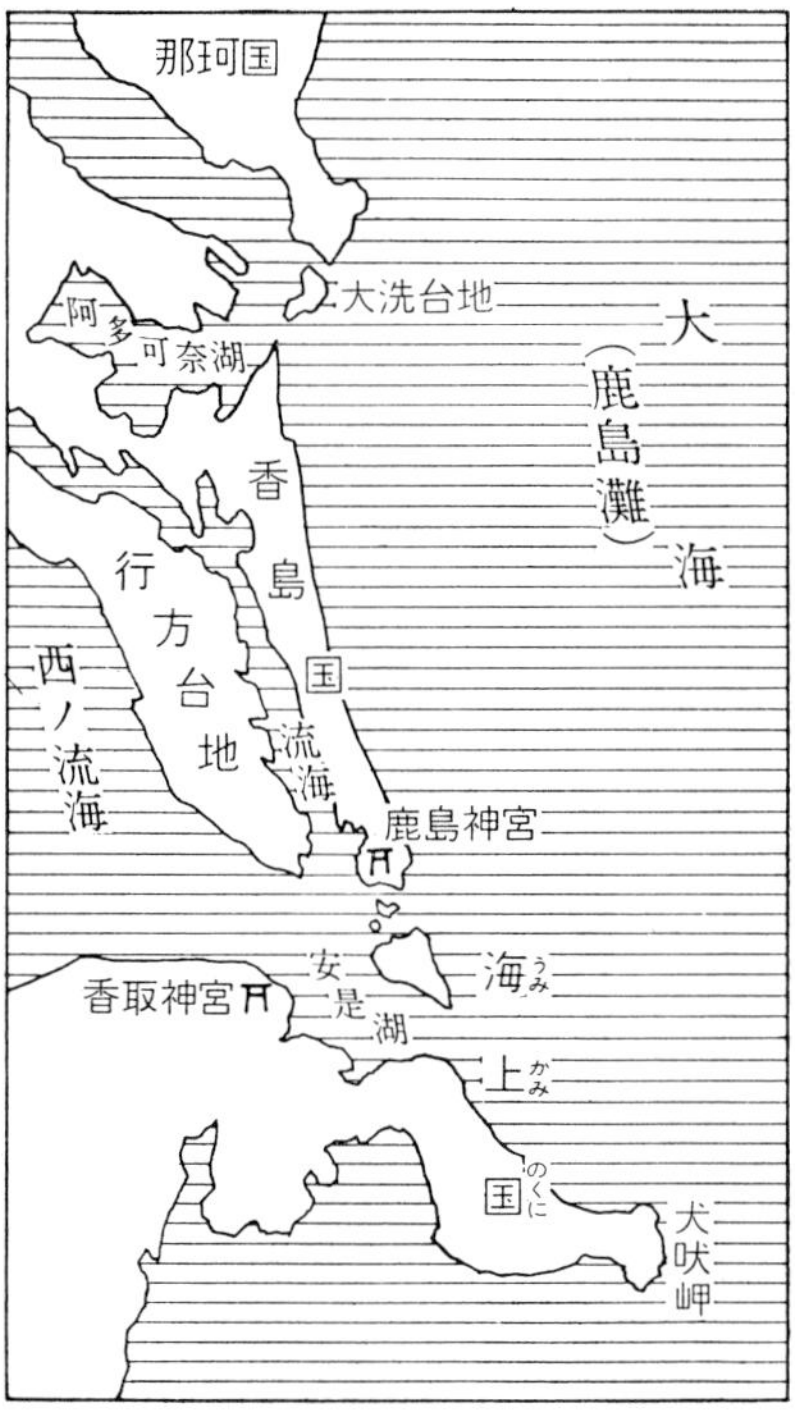

古代の鹿島想定図（『鹿島神宮』学生社より）

称される三社の地位の変化、つまり香島の天の大神の中心が本来の沼尾社から鹿島神宮に移ったとも考えられる」と書いているが、私は、中心だったのは坂戸社とみる。坂戸社・沼尾社という順に書かれているのも、そのためであろう。

坂戸社の東、明石の海岸に鳥居がある。本社から遠くはなれた明石に鹿島の鳥居があることから、鹿島の神は「明石からあがって後、神向寺より鹿島神宮の奥御手洗のところへ進まれたといわれている」(7)。また東実も、「明石の浜に上陸され、沼尾を経て鹿島にいたったのであろう」と書いている(8)。しかし、最初に神郡々家が置かれたのは沼尾池の坂戸社の近くだから、この鳥居は坂戸社の鳥居であろう。いまも坂戸社が東面し、「明石→神向寺→猿田→坂戸」という地名が東西に並ぶのは、そのことを物語っている。

なお、最初の鹿島の神の祭祀氏族は多氏・物部氏系と推測されるが、多氏と同祖氏族に坂合部連（『古事記』）がおり、物部氏には坂戸造・坂戸物部（『旧事本紀』『新撰姓氏録』）がいることも、坂戸社との関係で無視できない。

『日本書紀』の「蝦夷国《えみしのくに》」の初見は、斉明天皇五年（六五九）五月三日の記事、「船師百八十艘を率《ゐ》て、蝦夷国を討つ」である。「蝦夷」の語は景行紀の日本武尊伝承から現れるが、「東の夷」の意であって、「坂の東」を指しており、坂東（関東）を含んでいる。しかし、斉明紀の「蝦夷国」は現在の東北地方である。斉明元年条には、蝦夷地について、北は越《こし》、東は陸奥《みちのく》とあるが、陸奥とは常陸の奥で、常陸は「坂戸」である。吉田東伍の『大日本地名辞書』では、「坂戸」は東北・越後・関東にあるが、常陸には三ヵ所もある（他は一ヵ所）。

斉明天皇五年以降に「蝦夷国」という表現と、はじめて出兵記事が現れることから、このころ大和政権の本格的蝦夷地進出が始まったとみるのが通説である。その蝦夷地への進出は、「船師八十艘を率て」とあり、船で蝦夷地へ向かっている。その本格的進出の港が鹿島である。この地は外洋に出る港として適していた。だから、この地に祀られる「香島の天《あま》の大神」は、「海《あま》の大神」であり、海坂《うなさか》の地にある境の神である。

「カシマ」という地名は、前述したように「港」の意である。だから「カシマ」の神の東北地方における分布は、主に大平洋沿岸である。これは船での北上を示している。「カシマ」の神は、海坂（港）の神、つまり坂戸神、甕の神であったが、神郡設立以降、剣神になり、建甕槌が建御雷になったのであろう（ただし、甕と蛇、蛇と雷の伝承回路と、「カシマ」の神の蛇神的性格からみて、建甕槌神から建御雷神への変身は、まったく異質の変身ではない）。

「あられふる」の枕詞と祭頭祭

「鹿島」「杵島」の枕詞は、「あられふる」である。この「あられふる」について、日本古典文学大系『風土記』の頭注は、「霰の降る音のカシマシというかかりとも解されるが、霰の降る音のきしむ意で地名キシマに冠した称辞の転用であろう」とする。しかし、「あられふる杵島ヶ岳」の「キシマ」と「カシマ」を別にみて、「きしむ」「カシマシ」と語呂合せをするのは、苦しい解釈といわざるをえない。

同じ枕詞は『万葉集』にも五例あり、三例は「カシマ」「キシマ」にかかる。しかし他の二例は、「あられふり遠つ大浦」「あられふり遠江の」と「遠《とほ》」にかかるので、「キシム」や「カシマシ」などの音の解釈を援用して、日本古典文学大系『万葉集・巻二』は、霰の「音がトホトホとする意からトホツにかかる」と書き、日本古典文学全集『万葉集・巻二』は、「板屋などに降るあられの音をトポトポと聞いたのであろう」と書く。

これらの解釈は、「霰零《あられふる》」の「霰」にこだわったもので、「トホトホ」も「トポトポ」も無理な語呂合せである。ところが、この苦しい語呂合せを、『角川古語大辞典・第一巻』『古語大辞典』『岩波古語辞典』などの古語辞典も、『日本国語大辞典・第一巻』などの国語辞典も行なっている。しかし、『万葉集』には「霰打つ」という枕詞も使われており、「霰打つあられ松原」（巻一、六五番）と、「あられ」にかかっている。

「あられふる」は本来、「荒ぶる」の意であろう。『万葉集』では、霰は夏降る雹《ひょう》の意味にも用いられている。「遠」にかかるのは、遠い異境が荒ぶる地だからであろう。また、「牂《か》牁《し》島《しま》」の意味の「カシマ」「キシマ」にかかるのは、そこが荒ぶる海に向かう海坂の港だからであろう。

坂戸の神は、異境のあらぶる神と戦うあらぶる神であり、それが擬人化されたのが、『常陸国風土記』行方《なめかた》郡の「荒ぶる賊」を討つタケカシマ（建借間）である。タケカシマは、兵たちと共に、杵島の唱曲《うたぶり》を七日七夜遊び楽み歌ひ舞ひき。時に、賊《あた》の党《ともがら》、盛なる音楽《うたまひ》を聞きて、房挙《いへこぞ》りて、男も女も悉尽《ことごと》に出で来、浜傾《はまかぶ》して歓咲《えら》ぎけり、建借間命、騎士《うまいくさ》をして堡《をき》を閉《と》ぢしめ、後《しりへ》より襲《おそ》ひ撃ちて、尽《ことごと》に種属《やから》を囚《とら》へ、一時《もろとき》に焚《や》き滅しき。

とある。タケカシマたちの歌舞は荒ぶる所作で、まさに「荒《あら》れふるカシマ」が荒ぶる賊を討ったのである。その唱曲《うたぶり》を「カシマブリ」（杵島《きしま》の唱曲《うたぶり》）という。

この「カシマブリ」について、『常陸国風土記』の香島郡の条は、神宮の神事の一つとして、

年別《としごと》の四月十日に、祭を設けて酒灌《のみ》す。卜氏《うらべうじ》の種属《やから》、男も女も集会《つど》ひて、日を積み夜を累《かさ》ねて、飲《さけの》み楽《たのし》み歌ひ舞ふ。

と書く。現在、鹿島神宮の祭で最も盛大な祭頭祭《さいとうさい》は、正木篤三・堀一郎・和歌森太郎の「鹿島神宮式年御船祭拝観記」にあるように、『風土記』のこの祭から来たものであろう。

祭頭祭がいかに重要な祭であったかは、『鹿島長暦』に、

正平十五年（一三六〇）三月、烟田遠江守時幹、畠山道誓に従ひて官軍を河内に攻む。金剛山の乾なる津々山の営中にあり。四月祭の頭役に当るを以て、道誓に請ふて帰国す。

とあることからも、明らかである。

今は三月九日に行なわれるが、鹿島神宮社務所編『鹿島神宮』は、この祭について、「神宮の祭で最も盛大で、午前十時の出立祭から、一ヵ年間に亘って準備と諸行事をすませた左方、右方の大頭の両部隊は、鎧冑、祭衣姿で棒を持ち、ホラ貝を鳴らし、太鼓を打ち、町中を囃して練り歩き、午後四時頃に境内に繰り込むが、勇壮絢爛として、祭歌と大歓声は神苑も、どよめき渡る神事である。この祭は遠く三韓調伏と五穀豊穣を祈る祭であり、その勇壮な隊列は奈良時代に鹿島の神に武運と道中の安全を祈って鹿島より出発した、常陸国の防人《さきもり》と言われる兵士たちの出立になぞらえたものと言われる」と書いている。

祭そのものは、『風土記』にあるような歌い舞う祭事だが、「三韓調伏」を祈る祭とするのは、この祭の源が、タケカ

シマの伝承にあるように、荒ぶる所作だからである。荒ぶる地に向かう「鹿島立ち」の言葉が祭頭祭から出たとする説(9)も、そこから生じたのであろう。

　近世に流行した鹿島踊も、源流はこの祭に求めることができる。『教訓抄』（天福元年〔一二三三〕狛近真の書いた楽書）に、陵王舞の名人といわれた大友成道が関東に下向し、鹿島神宮で陵王舞を舞ったところ、一人の翁が彼の踊よりはるかに優れた舞をした。そこで、この翁こそ鹿島神の変化《へんげ》かと思ったという話が載っている。鹿島神には荒ぶる神の要素があるが（踊りの「荒事のふり」が「あらぶる」である）、その原像は、杵島の唱曲《うたぶり》を将兵にうたわせたタケカシマなのである。

　この「タケカシマ」は、『常陸国風土記』には大（多）臣の祖とある。多氏については多神社の項で述べるが、この「タケカシマ」に代表される多氏が、「建甕槌神」を奉じていたのであろう。多氏は三輪山（大物主神）祭祀にかかわるから、大物主神系の建甕槌神を奉斎するのは自然である。『古事記』のみが、この国つ神系のタケミカヅチを載せるのは、『古事記』の編者が多氏だからである。

『多氏古事記』（『土佐国風土記』逸文記載）は、毎夜しのんでくる壮士《をとこ》（大物主神）の着物のすそに倭迹迹《やまととと》媛《ひめ》が針をつけておいたところ、

　旦《あした》になりて之《これ》を看《み》れば、唯三輪の器者《うつはもの》のみ有り。故に時の人、称して三輪村となす。社の名もまた然り。

と書く。「器」とは「甕」のことだが、『古事記』や『日本書紀』に載る神人婚姻譚の三輪説話を、『多氏古事記』のみ「器（甕）」を主とする話として載せていることからも、「三輪―甕―多氏」の関係が推察できる。

　藤原・中臣氏は、この「甕」の神を「雷」の神に変え、国譲り・天孫降臨神話で活躍させ、藤原・中臣氏の氏神として春日大社に遷し、主祭神として祀ったのである。だから、正史の『日本書紀』からは、『古事記』が伝える大物主神系の建甕槌神は消えている。

「カシマ」の神の祭祀と藤原・中臣氏

　大場磐雄は、東北の大平洋岸へ進出した氏族として多氏と物部氏を想定し、鹿島神宮の創始について、

本宮について『常陸風土記』に「天大神社、坂戸社、沼尾社、合二三処一総称二香島之大神一」と見えるが、坂戸・沼尾の二社は、古くから該地方の霊神として奉祀されていたと考えられるから、天大神社が今の本宮に相当することとなるが、これは天のオフの社と訓むべきで、オフ一族の奉祀社たることを物語っている。

と述べている。(10)

また太田亮は、鹿島神と多氏の関係について、次のように書く。(11)

多氏の常陸に於ける根拠は何処かと云ふと、那珂国であって、古事記から云ふも、風土記から云っても、国造本紀から云っても、此処の国造は多氏なのである。而して鹿島郡といふのは如何《どう》云ふ郡かと云ふと、これは大化五年に下総海上国造部内軽野以南一里と此の郡珂国造部内寒田以北五里とを割いて置いた神郡なのである。其事はそれより余り年数の経過しない風土記の所伝だから誤りなかろう。即ち鹿島郡の大部分は此の多氏配下の地であった。貞観紀に二十年毎に此神社を修造する場合の材木を那珂郡から採ると云ふのもさう云ふ古い因縁からなのであらう。即ち多氏は鹿島神宮鎮座地の領主なのである。従って多氏が奥州に発展する際には此神を奉ずべきでないか、奥州で一番鹿島の分社の多い即ち十一もある磐城郡の国造が此氏であった事は古事記に明記されて居るでないか。

多氏と鹿島神との関係はそれのみでない、風土記にも、国造本紀にも此国造の祖を建借間命として居るが借間はカシマで鹿島と相関係するに違ひない。(中略)

もう一つ云はう、これは一寸無理かも知れないが、風土記に此神を天之大神社とあるが此の大と云ふのは古くは多の意味で大氏の神社と云ふのではなかったかと思ふ。風土記には総べて此氏を多と書かず大と書いて居る。茨城郡条に大臣族黒坂命とある如く又続紀でも東国の多氏の部曲を大部と書いて居る。大と書くのが東国の書き習はしだったかと思ふ。且又式帳亘理部の鹿島緒名太神社の太も太氏の意でないか。

「式帳」(『延喜式』神名帳)の大神社(下野国都賀郡・尾張国中島郡)、太神社(因幡国巨濃郡・伊勢国朝明郡・尾張国中島郡)の「大」「太」は多氏の「オホ」だから、鹿島緒名太神社の「太」は多氏の意味にとってもいいが、「天之大神社」の

「大」を、太田・大場の両氏のように多氏に結びつけなくても、多氏が行方郡で祀る（建借間命が『常陸国風土記』で活躍するのも行方郡）大生神社を「元鹿島宮」というのだから、大生神社の神を遷したのが「天之大神社」であることは明らかである（大生神社については『日本の神々・11』参照）。

『常陸国風土記』は養老年間（七一七—七二四）常陸国守であった藤原宇合《うまかい》が監修し、高橋虫麻呂らが直接撰修にあったとする説が有力だが、藤原宇合（不比等の三男、参議正三位式部卿で薨《こう》ず。式家の祖）でさえ、『常陸国風土記』では藤原・中臣氏の宣伝はできず、那賀国造の祖建借間命（行方郡）や大臣《おほのおみ》の族黒坂命（信太郡）など、常陸多氏の顕彰をせざるを得なかったのも、この地における多氏系の勢力が、事実の重さとしてあったからであろう。

大化二年（六四六）に国司が置かれるようになって、一国国司に対して一国祭祀官としての国造が任命されたとき、常陸国では、那賀国造が常陸国造になっている。常陸国の祭事《まつりごと》の実権は那賀国造がもっていたから、鹿島神宮も当然彼らが祭祀していたのであろう。

太田亮は、那賀国造が鹿島神宮の修造の用材すべてを那賀郡からもってきたことを、当社の祭祀を多氏が行なっていた例証に加えているが、(11)三谷栄一も、この用材の例をあげて、同じ意見を表明している。(12)

この用材の話は、『三代実録』の貞観八年（八六六）正月二十日条に載るが、同じ条で、鹿島神宮の宮司は次のような請願を、中央政府に行なっている。

「古老に聞くところによれば、延暦（七八二—八〇五）から弘仁（八一〇—八二三）まで鹿島神宮の封物を割いて苗裔神に奉幣していたが、それ以後、奉幣が絶えたため陸奥国の鹿島神が祟り、それが甚だしいので、嘉祥元年（八四八）に彼の地に奉幣に向かった。ところが、陸奥国は旧例にないと称して関に入るのを許さないので、宮司らは関の外の河辺で幣物の祓を行なって帰ったが、その後も神の祟りはやまず、神宮の境内でも疫病が拡がっている。だから陸奥国に下知して、関の出入りを許し、諸社に奉幣し、神の怒りを解くようにしてほしい」。

この記事について、角川源義は、「この事件の背景には何かかくべつな事情がなければなるまい。あるいは本社の司祭者が変更し、その変更に分社の祠官たちが承知できず、本社の奉幣を拒絶していたのであろうか。それにしても、陸奥国の関守までが分社がわに加担しているのは、両社の対立が激しく、分社がわの言い分が陸奥国司や関守までにも支持されていたことを物語っているといってよい」と書いている[13]。

「本社の司祭者の変更」による事件とみる説には私も賛成するが、角川源義の、ワニ氏から中臣氏へ、とする説は採らない。ワニ氏と鹿島神宮との関係は実証がない。あるのは多氏である。

貞観八年の請願は、

一、神宮境内にまで苗裔神（御子神）の祟りで疫病が蔓延しているのだから、本社である常陸の鹿島神宮の神の力が、まったく苗裔神に対して威力をもっていない。

二、鹿島神宮司が、陸奥の鹿島苗裔神を祀る神官たちに対し、本社の長としての権威も権力もまったくない。

という事実を物語っている。

『新抄格勅符抄』の延暦二十年（八〇二）九月二十二日の官符に、鹿島神と香取神の封物を割いて「春日祭料」にしたとあるが、前掲の貞観八年の記事と併せて考えるなら、延暦から弘仁のころの鹿島神宮は春日大社と陸奥の鹿島神に封物を割いて奉納していたが、その後は春日大社だけに祭料を送るようになったため、陸奥の鹿島苗裔神が怒って祟ったのであろう。この神の怒りを世俗的に解すれば、角川源義が書くように、封物をめぐっての、常陸の鹿島本社と陸奥の鹿島分社の祠官たちの争いということにもなる。

たぶん、春日大社創建の計画と準備が始まった天平神護元年以降、鹿島神宮の封物を割いて春日祭料としたことについて、陸奥の鹿島社が、なぜ春日だけに送るのかといって抗議したので、延暦の時代から陸奥の三十八の鹿島社にも封物を割いて祭料としたのであろう。その祭料が絶えたので常陸と陸奥の鹿島社の神官たちが対立したのはわかるが、陸奥国の役人たちまで巻き込んだのは、なぜだろうか。

関の出入りの許可は郡領や関守にある。角川源義も書くように[13]、陸奥の役人たちも分社側の言い分を支持しているのは、彼らにも本社の神を「まやかし」とみる意識があったからだろう。極論すれば、「ニセモノ」「乗っ取られた神」とする意識である。彼らは、「春日風鹿島神」の奉幣使は本当の鹿島の神の奉幣使でないから、関を通る資格がないとみたのであろう。

関の出入りの問題は、本来、常陸と陸奥の鹿島社の神官たちの問題ではなく、常陸と陸奥の国庁の役人たちの問題である。にもかかわらず、陸奥の役人たちは、陸奥の神官たちの側に立って関を閉じている。陸奥の神官たちにいかなる理由があろうとも、役人が関を閉じるのは暴挙であり、当然、常陸国庁が陸奥国庁にかけ合って関守に関を開けさせるべきである。ところが、そのような動きはまったくみられず、仕方なく鹿島神宮側は、中央政府に上言して、関を開けるよう陸奥国庁へ下知してほしいと請願している。

陸奥の鹿島神の祟りとは、多氏が祀っていた建甕槌神の祟りである。陸奥の鹿島社三十八社のうち、約三分の一弱の十一社が磐城郡にある。理由は、磐(石)城国造が、『古事記』にみるように、多氏と同祖だからである。この多氏らが祀る神の祟りの前には、建御雷神、つまり「春日風鹿島神」の神威はなく、この神の境内まで疫病が蔓延したのである。

宮司の請願は、陸奥の御子神社の問題だけでなく、地元の問題をも述べている。那賀郡は神宮から二百余里も離れて不便だから、神宮境内に栗の木を植えて用材にしたいが、その許可を得たいとある。しかし、今まで運んでいたのが急に不便になるのはおかしい。不便なら、神宮の近くから運べばいい。それもせず、成長の早い栗の木を境内に植えるのは、常陸国内のすべての地から用材提供の拒否にあったことを示している。そのことをはっきり書けないから、「不便」を理由にしているのであろう。

このような歴史的事実からみて、国譲り神話で大活躍し、藤原・中臣氏が氏神として春日大社で祀る建御雷神は、机上で作られた神で、常陸や陸奥の人々に対しては神威がなかったといえる。

『続日本紀』の宝亀八年(七七七)七月十六日条には、「内大臣従二位藤原朝臣良継病あり、其《その》氏神鹿島神を正三位、香取神を正四位に叙す」とあり、はっきり「氏神」と書かれている。たぶん、春日大社の創祀時、または『日本書紀』

の編纂時に、鹿島神は藤原・中臣氏の「氏神」になっていたのであろう。だが、「氏神」にしたのは藤原・中臣氏の勝手であった。事件のあった嘉祥六年に先立つ嘉祥三年（八五〇）に鹿島神は正一位になっているが、この昇叙は、地元の人々には関係がなかった。

鹿島宮司の請願のあった貞観八年は、『日本書紀』成立から約百五十年、春日大社の創祀から百年たった時点であり、建御雷神は、当時最大の権勢をほこる藤原・中臣氏の「氏神」として神階の最高位にあった。にもかかわらず、藤原・中臣氏の「氏神」の神官たちの奉幣を拒否した大物主神系の建甕槌神は、正一位の「氏神」の境内にまで疫病を蔓延させている。建御雷神の神威は、彼ら一門と、彼らの血縁の天皇家だけに通用するものであって、東国の人々にとっては無縁だったのである。

注

（1）東実『鹿島神宮』一三三―一三四頁、昭和四十三年。
（2）吉田東伍『大日本地名辞書』第六巻、一一四六頁、明治三十六年。
（3）野本寛一「聖地と風景――男根」『日本の神々・12』月報所収、昭和五十九年。
（4）柳田国男「神送りと人形」『柳田国男集』第一三巻所収。
（5）柳田国男「人形祭」『柳田国男集』第二一巻所収。
（6）折口信夫「万葉集辞典」『折口信夫全集』第六巻所収。
（7）正木篤三・堀一郎・和歌森太郎「鹿島神宮式年御船祭拝観記」『日本祭祀研究集成』第三巻所収、昭和五十一年。
（8）東実、注1前掲書、六五頁。
（9）東実、注1前掲書、一六三―一六四頁。
（10）大場磐雄「大生神社の考察」『常陸大生古墳群』所収、昭和四十五年。
（11）太田亮「多物部二氏の奥州経営と鹿島香取社」『日本古代史新研究』所収、昭和三年。
（12）三谷栄一「常陸風土記の成立と壬生氏」「実践女子大学紀要」八号。
（13）角川源義「あづまの国」『古代の日本・関東』昭和四十五年。

香取《かとり》神宮――物部氏とタケミカヅチとフツヌシ

祭神について

『日本書紀』は天孫降臨の条（一書の二）に、当社の祭神について次のように記している。

天神《あまつかみ》、経津主《ふつぬし》神・武甕槌《たけみかづち》神を遣して、葦原中国《あしはらなかつくに》に平定《しづ》めしむ。時に二《ふたはしら》の神曰《まう》さく、「天《あめ》に悪《あ》しき神有り。名を天津《あまつ》甕星《みかほし》と曰ふ。亦《また》の名は天香香背男《あまのかかせを》。請ふ、先づ此《こ》の神を誅《つみな》ひて、然《しかう》して後に下《くだ》りて葦原中国を撥《はら》はむ」とまうす。是《こ》の時に、斎主《いはひぬし》の神を斎《いはひ》の大人《うし》と号《まう》す。此の神、今東《あづま》の国の檝取《かとり》の地に在《ま》す。

津田左右吉は、「是の時」以降の文章を「後の攙入《ざんにゆう》」とみなし、理由として、イハヒヌシというような神名は、タケミカヅチを意識してのものだが、タケミカヅチが鹿島の祭神となったのは、「和銅養老のころよりも後になってから、いひ出されたものに違ひない」から、養老六年完成の『日本書紀』の段階で書かれるはずはない、と述べている。そして、タケミカヅチが「和銅養老のころより後になってから」鹿島の祭神として「いひ出された」根拠については、和銅・養老年間に完成した『常陸国風土記』が、高天原から降臨した大神の名を「香島天之大神」と書き、タケミカヅチとは書いていないことをあげている[1]。

私も、「是の時」以降の文章は前文とつづかないから、檝取（香取）に坐す斎主の神が経津主神・武甕槌神とかかわる神であることを示すための追記と考える。

津田左右吉は、「斎主の神」は鹿島神に対するイハヒヌシの意だから、タケミカヅチとイハヒヌシの関係には「軽重本末」があるといい、例証として、『続日本紀』宝亀八年（七七七）七月条の「藤原朝臣良継病、敍其氏神鹿島社正三位、香取神正四位上」をあげている[1]。このように当社の祭神が一階低いのは、香取神は鹿島神を祀る斎主で、祀る神と祀られる神の関係にあったためであろう。

香取神宮の丑寅《うしとら》（艮）の方位に、鹿島神宮（津の宮・跡宮も含め）が位置している。北東（丑寅）の方位を鬼門というが、鹿島神宮は『当社例伝記』によれば「鬼門降伏」のために鎮座しているという。この「鬼門」は、畿内からみての位置だが、四五度の正確な方位関係で鹿島と香取が位置するのは、偶然の一致ではなく、意図的なものと推測できる。平田篤胤の『古史伝』には、「浪逆海を前にして、鳥居は西南に向立てたるが、稍《やや》深く入りて神宮あり」と書かれている。浪逆海は内海をいうが、西南に向いた鳥居は、香取からみれば、鬼門（東北）の方位にある。この位置設定からみても、鹿島と香取は、祀られる神と祀る斎主（斎の大人《うし》）の関係である。

『続日本後紀』の承和三年（八三六）になってはじめて、香取の従三位伊波比主《いはひぬし》命と、鹿島の従二位勲一等建御賀豆智《たけみかつち》命が、ともに「正二位」に昇っているが、それまでは対等の関係でなかったことは、前述の位階からも推察できる。本居宣長も『古事記伝』で、「斎主たる御霊を祭る故に、位もやや降れるなるべし」と書いている。

八三六年に同格の正二位になり、承和六年（八三九）に両者とも従一位になっているが、鹿島神は従一位勲一等である。勲等は武勲のあった人または神につく。したがって、神階が同位になっても、「斎主」たる性格の香取の神には勲等は贈られなかったのであり、このことからも、両者の性格の違いが推測できる。

フツヌシとタケミカヅチ

鹿島・香取の両神宮を対の関係とみる発想は、藤原・中臣氏が両神宮の祭祀権を握り、春日大社に祭神を遷幸させたあとであろう。ただし、春日大社創祀という具体的行動の前に、机上ではタケミカヅチの氏神化が進んでいた。それは、記・紀のタケミカヅチに関する記事から推測できる。だが、『古事記』と『日本書紀』では、タケミカヅチに関する書き方がちがう。『日本書紀』は天つ神のタケミカヅチのみ記すが、『古事記』は国つ神のタケツカヅチをも記し、天つ神は「建御雷」、国つ神は「建甕槌」と、区別して書いている（鹿島神宮の項で述べたように、本来のタケミカヅチは甕の神としての国つ神の「建甕槌」である）。

天つ神の「建御雷」について、『古事記』は、伊邪那岐《いざなき》命が十拳剣を抜いて火神迦具土《かぐつち》神を斬ったとき、刀の本についた血によって「成れる神」だと書く。そして、十拳剣を「天之尾羽張」または「伊都之尾羽張」と書くが、天孫降臨の条では、天尾羽張神を「建御雷」の父としている。天尾羽張は剣神だから、建御雷神は剣神の子である。

一方、建甕槌神について、『古事記』は次の系譜を記している。

大物主神
　　‖——櫛御方命——飯肩巣見命——建甕槌命
陶津耳——活玉依毘売

この系譜に対して、『古事記』の建御雷神の系譜は、

天尾羽張神——建御雷命

である。

『古事記』は「建御雷命」の亦《また》の名として「建布都神」「豊布都神」を記すが、物部氏の家記『旧事本紀』の陰陽本紀も、タケミカヅチを天尾羽張神の子とし、亦の名を、『古事記』と同じく「建」「豊」の美称のつく「フツ」の神としている。

一方、『日本書紀』の本文には、高皇《たかみ》産霊《むすび》尊が諸神を集めて葦原中国へ遣わす者を選んだとき、選ばれたのは経津主神であったが、「経津主神のみ大夫《ますらを》にして、吾《やつかれ》は大夫にあらずや」といって武甕槌《たけみかづち》神が売りこんできたので、「経津主神に配《そ》へて」葦原中国の平定に派遣したとある。一書の一には、天照大神が武甕槌神と経津主神を遣わしたとあり、一書の二には、天神が経津主神と武甕槌神を遣わしたとある。

高天原の司令神について、『古事記』や『日本書紀』本文・一書は、A 高皇産霊尊、B 高皇産霊尊と天照大神の二神、C 天照大神の三つのタイプに分かれるが、A—B—Cの順序で改作されたとみるのが通説である。そのことは、経津主神・武甕槌神についてもいえる。一書の一の、天照大神が登場する記事では、武甕槌神の名が先に書かれているが、この書き方はもっとも新しく、本文の書き方がもっとも古い。本文では、武甕槌神は経津主神に配《そ》えられたにすぎ

ず、最初の型は経津主神一神であった。フツヌシからタケミカヅチに変えたのは、この神話を、物部氏でなく藤原・中臣氏のものにするためである。具体的には、石上神宮でなく鹿島・香取両神宮の伝承にしたかったためであろう。『日本書紀』は、フツヌシの伝承にタケミカヅチを割り込ませても、『古事記』や『旧事本紀』とちがって、両神を別々の神としている。そうしなければ、藤原・中臣氏用のタケミカヅチの存在理由がなくなってしまうからである。だが、天つ神の剣神タケミカヅチはフツヌシの性格をそのまま採ったものだから、タケミカヅチやフツの神を祀っていた多氏や物部氏は両神を別々の神とせず、剣神タケミカヅチはタケフツ、トヨフツの神のことだとして、『日本書紀』と一線を画している。

物部氏の家記の『旧事本紀』（陰陽本紀）は、

建甕槌之男神亦の名建布都神。亦の名豊布都神。今常陸国の鹿島に坐す大神。即ち石上布都大神、是也。（傍点引用者）

と書く。『旧事本紀』が編纂された時期（九世紀後半から十世紀）には、タケミカヅチは天下公然の藤原氏の氏神になっていたのに、タケミカヅチは物部氏が氏神とするフツの大神と同じですよと、『旧事本紀』は主張している。この記述からみても、藤原・中臣氏の氏神のタケミカヅチは、作られた神である。

タケミカヅチという神名は、大物主神系のタケミカヅチから採ったものであり、そのことを『日本書紀』は無視したが、『古事記』は無視せずに載せている。このような編纂意図は『旧事本紀』にもみえる。『古事記』の書く藤原・中臣氏系でないタケミカヅチについて、『旧事本紀』（地祇本紀）は、次のような系譜を載せている。

大己貴神――事代主神
　　　　　　　‖――天日方奇日方命――建飯勝命――建甕尻命（亦名建甕槌命）
三島溝杭――活玉依姫

細部にちがいがあっても、基本的には三輪山信仰にかかわる点において、『古事記』と『旧事本紀』の系譜は共通している。『日本書紀』は、この系統のタケミカヅチを記載していないが、剣神タケミカヅチに「甕槌」の表記を借用している。つまり、本来のタケミカヅチを完全に無視することはできなかったのであろう。
このように、『古事記』と『日本書紀』は、藤原・中臣氏用のタケミカヅチ以外のタケミカヅチを登場させている点で共通するが、藤原・中臣氏の氏神のタケミカヅチを「フツ」の神とする点でも一致している。このような共通性は、いかなる権力者といえども、古い神統譜をまったく無視して新しい神統譜を作り出すことができなかったことを示している。

大同二年（八〇七）に斎部広成が藤原・中臣氏弾劾の書として編纂した『古語拾遺』は、

経津主神〔是、磐筒女神の子、今下総国香取神、是也〕、武甕槌神〔是、甕速日神の子、今常陸国鹿島神是也〕

と注記している。当社の祭神をイハヒヌシとは書かずフツヌシとしている点にも、藤原・中臣氏の氏神にされた香取神を認めまいとする姿勢がうかがえる。

『旧事本紀』（陰陽本紀）も、当社の祭神については、

天尾羽張神――建甕槌之男神（亦名建布都神・豊布都神）――経津主神

という系譜を載せ、経津主神について、「今下総国香取に坐す大神、是也」と書く。この発想は『古語拾遺』と同じである。ただし、鹿島の神について、『古語拾遺』が甕速日命を父とする（『日本書紀』もそのように書く）のに対し、陰陽本紀は、剣神の性格をはっきり示す天尾羽張神とし（『古事記』も同じ）、さらに、石上布都大神は鹿島神だと明記している。これは、『旧事本紀』が物部氏の家記だからであろう。

『旧事本紀』は、このように主張したため、石上布都大神と経津主神を別神にしているが、これは自己主張をしすぎたための矛盾であり、「フツ」の神としては両者とも同じである。

物部氏と香取神宮

香取神宮の本来の祭祀氏族は物部氏であった。物部氏と香取神宮については、物部小《を》事《ごと》をあげる必要がある。『続日本後紀』の承和二年（八三五）三月の条に、

下総国の人、陸奥鎮守将軍外従五位下勲六等物部匝瑳《そうさ》連熊猪、連を改めて宿禰を賜う。又本居を改めて左京二条に

貫付す。昔、物部小事大連、節を天朝に錫し、出でて坂東を征す。凱歌帰報。この功勲に籍《よ》りて下総国に始めて匝瑳郡を建て、仍《より》て以《も》て氏となすことを得しむ。是れ則ち熊猪等の祖なり。

とある。匝瑳郡は香取郡の東南に隣接していた。

『旧事本紀』の「天孫本紀」には、宇麻志麻治《うましまじ》命の十二世の孫の物部木蓮子《きたみ》連の弟、物部小事連について、「志陀連、柴垣連、田井連らの祖」とあるが、この「志陀《しだ》連」を「信太《しだ》連」と太田亮はみる。(2)『和名抄』に載る陸奥国志太郡を、『続日本紀』は信太郡（慶雲四年五月発亥）、志太郡（延暦八年八月己亥）と書き、この郡にあるシダ郷を『和名抄』の刊本は信太、高山本は志太と書くから、私も太田説を採りたい。

香取郡の北西に、かつての榎浦流海をへだてて常陸国信太郡がある。信太郡は、『常陸国風土記』によれば、白雉四年（六五三）物部河内と物部会津が請願して、筑波国造と茨城国造の土地をさいて建郡したものだが、『続日本紀』延暦九年十二月条に「常陸国信太郡大領、外従五位下物部志太連大成に、外従五位上を授く」とあるように、物部系の信太連（志陀連、志太連）が大領になっている。つまり、香取郡は、物部小事を祖とする物部匝瑳連の匝瑳郡と、同じ物部小事を祖とする物部信太連の信太郡にはさまれていたことになる。

旧匝瑳郡の生尾（現在の八日市場市）には、式内社の老尾《おいお》神社があり、古くから匝瑳明神と呼ばれ、物部小事を祭神とする（一説には経津主命の御子朝比古《あさひこ》命という）。ところが、香取神宮の摂社に匝瑳神社があり、この摂社の造り替えは、古くは匝瑳郡の役であったと伝えられている（鎌倉時代の『文永造営記』には、佐渡殿（匝瑳殿）は匝瑳北条庄の本役とあり、寛永二年（一二四四）の建造注文や、それより古い造営目録にも、同じ趣旨のことが載っている）。このことは、香取と物部小事の関係を証している。

『続日本紀』の神亀元年（七二四）二月条に、陸奥国鎮所に私穀を献じた功により香取連五百島が外従五位下を授けられたとある。香取連は大禰宜を世襲する氏族であるが、大禰宜家は大宮司の大中臣氏と結びついていたため（平安時代末期には「大中臣」と称する）、物部氏と一線を画して、物部氏の祖の饒速日《にぎはやひ》命（物部小事は饒速日命の十三世）ではなく、物部氏の氏神、経津主神を始祖としたのである。

しかし、物部小事を祭神とする老尾神社（匝瑳明神）の祠官は香取氏であり（『成田参詣記』）、香取連五百島は「神裔香取系図」に、匝瑳郡に居住したとあり、『香取私記』は、『香取雑事記』を引用して、五百島は経津主神の神裔で、五百島は年老いて大禰宜を辞してから匝瑳に引退したと書く。このような記事からみても、香取連は、物部小事を祖とする物部匝瑳・物部信太連と同様に、物部香取連といってよいであろう。香取連が祖を経津主神にしたのは、香取神宮の祭神を経津主神と意識していたためとみられる。

「斎主《いはひぬし》」について

しかし、『日本書紀』『続日本後紀』『文徳実録』など正史に書かれる香取神宮・春日大社の祭神は、すべて「イハヒヌシ」である。また『延喜式』の春日祭祝詞にも、「香取坐伊波比主命」とある。このように、藤原氏のかかわる正史や春日祭祝詞が「イハヒヌシ」とするのは、石上神宮に祀られる物部氏の氏神「フツヌシ」と、同一国内の春日で藤原(中臣)氏が祀る氏神を、同じにしたくなかったためであろう。

藤原・中臣氏は、その権力で他氏の祭祀権を奪っていった。たとえば、斎部《いんべ》(忌部)氏とともに行なっていた宮廷祭祀を、一方的に独占としようとした。このような専横に怒った斎部広成は、大同二年（八〇七）に『古語拾遺』を書いたが、そのなかで経津主神を、「今下総国香取神、是也」と記している。『日本書紀』（養老七年（七二〇）成立）から『延喜式』（延長五年（九二七）成立）まで、正史はすべて香取の神を「イハヒヌシ」とするのに、藤原・中臣氏弾劾の書『古語拾遺』のみが「フツヌシ」とするのは、香取の神は物部氏が祭祀していたことを示すためであろう。

物部氏の家記『旧事本紀』は、『古事記』『日本書紀』『古語拾遺』を引用しているが、香取の神については『日本書紀』のイハヒヌシとする説を採らず、『古語拾遺』の説を採って、前述のように「経津主神、今下総国香取に坐す大神、是也」と書く。『古語拾遺』とちがって「大神」と書くところも、氏神に対する物部氏の敬意があらわれている。このように、正史が香取神を「イハヒヌシ」と書いても、中央の斎部氏・物部氏らはそれを認めていない。だが、大禰宜《ねぎ》香取氏は、大宮司の大中臣氏と婚姻によって親戚関係となり大中臣を称したため、物部氏の祖ニギハヤヒではなくフツヌシを祖にしたのであろう。

『日本書紀』の神武天皇即位前紀には、天皇の夢に天神があらわれ、天香山《あまのかぐやま》の土で「厳瓮《いっへ》」をつくって天神地祇を祭れと告げたので、椎根津彦《しいねつひこ》と弟猾《をとうかし》を遣わして香具山の土をとらせ、厳瓮をつくって丹生の川上で祭祀を行なったとあり、そのとき道臣命に勅して、

今、高皇産霊尊《たかみむすひ》を以《も》て、朕親《われみづか》ら顕《うつしいはひ》斎を作《な》さむ。汝《いまし》を以《も》て斎主《いはひぬし》として、授くるに厳媛《いつひめ》の号を以《な》てせむ。其の置ける埴瓮《はにへ》を名《なづ》けて、厳瓮《いっへ》とす。

とある。「斎主」に「厳媛」の名を与えているのは、「斎主」が本来は「ヒメ」だったからである。「厳瓮《いっへ》」とは「斎《いはひ》(忌)瓮《へ》」のことであり「甕《みか》」である。鹿島の神が甕神、つまり「厳瓮」「斎瓮」の性格をもつことは鹿島神宮の項で述べたが、この神をまつる斎主は、神武天皇即位紀の「厳瓮」と斎主の関係と重なる。

この「斎主」を女性とみて、菱沼勇は「物部小事の母」を香取の神とするが[3]、このような具体的比定を私は採らない。宮井義雄は、香取大禰宜家文書のうち応保年間（一一六一—六三）以降の大禰宜家の海夫管領の文書などから、香取神宮を海人の信仰をあつめていた神とし、斎主を厳媛とする神武紀の例などから、「斎主は原始には女性の任であった。イハヒヌシの命の名前は本来からすれば女神でなければならない」と書いて、海部（海夫）の祭る女神とする[4]。斎主女性説を採るとすれば、私は宮井説をとる。

『延喜式』の内蔵寮式の鹿島香取祭の条に、

鹿島社宮司、禰宜、祝、各一人。物忌一人。
香取社宮司、禰宜、各一人。物忌二人。

とあり、また大蔵省式の諸祭装物の条に、

凡奉㆓鹿島香取社幣帛㆒之日。給㆓物忌三人㆒鹿島一人。香取二人。

とある。物忌とは、斎主（厳媛）のことである。未婚の女性がなる物忌が香取神宮には二名いることからみても、この

神社の性格がわかる。

鹿島・香取の両神宮と伊勢の内宮・外宮

日神をまつる巫女日女《ひるめ》を天照大神と称して、伊勢の海人の祀る日神の社《やしろ》の主神とし、天皇家の氏神としたのに対し、ここでは、鹿島の神をまつる斎主を神にして、藤原・中臣氏の氏神とした。それが、天皇家の伊勢神宮と、藤原氏の鹿島・香取両神宮なのである。したがって、鹿島・香取を対《ペア》にしたように、伊勢でも天照大神と豊受の大神の宮を内宮・外宮と呼んで対《ペア》にした。香取は外宮にあたる。

伊勢外宮の豊受大神の「ウケ」は食物の意で、「豊宇気毗売・豊宇気比売」(『古事記』)、「豊宇可乃売」(『摂津国風土記』逸文)、「屋船豊宇姫」(『祝詞』大殿祭)と書かれるように、この神は女神であり、御饌供奉の神女の意味もある。『旧事本紀』の「天孫本紀」は、饒速日尊《にぎはやひ》は天では天道女を妃にし、天降りして御炊屋姫《みかしきや》を妃とし、宇摩志摩治命《うましまじ》を生んだと書くが、推古天皇を豊御《とよみ》食《け》炊屋《かしきや》姫というように、「御炊屋」は神女を意味する名であり、豊受姫(豊受大神)は、この御炊屋姫と同性格である。また「天孫本紀」は、香取神宮にかかわる物部小事を宇摩志摩治命の十二世とするが、菱沼勇のように香取神宮の斎主を物部小事の母とみるなら、むしろ斎主は宇摩志摩治命の母御炊屋姫とすべきであろう。

香取神宮には「⿰女盛《あさめ》」という女祭司がいた。『文永造営記』(「文永」は鎌倉時代の一二六四—七五年の年号)に「⿰女盛殿一宇、三間葦葺」とあり、本社遷宮の際には神輿を安置する仮殿とした。「⿰女盛」の字は盛る女の意だが、『江家次第』の践祚大嘗祭の条に、

> 天皇廻立殿に還るの後、采女南戸の下に進みて申して云はく、阿佐女《あさめ》・主水《もひとり》、夕暁の御膳平に供奉《ともたてまつ》ると申す。

とある。この御膳《みけ》供奉の女官が阿佐女であり、香取神宮の⿰女盛殿《あさめでん》はアサメを祀ったところである。遷宮のとき⿰女盛殿は本殿の仮殿になるから、物忌二人のうち一人は鹿島神宮の物忌と同じ斎土(厳媛)だが、もう一人の物忌は、⿰女盛殿に祀られているアサメではないだろうか。香取神宮の御炊屋姫的性格が、物忌二人の意味と考えられる。つまり、外宮的性格である。そのことを示すもう一つの例が、香取神宮の特殊神事である。

かとりまち神事

「かしまだち」に対して「かとりまち」という言葉がある。風水害もなく無事に田植を終え、秋の収穫を待つことをいう。その「かとりまち」の祭が、現在四月四日に行なわれる大祭「御田植祭」である（かつては五月五日）。

香取神宮社務所発行の『香取神宮』は主な祭典の項で、この祭について、「耕田式田植式と八人の稚児が早乙女を奉仕し、田舞など奏せられ華やかな特殊神事として三日間に亘って行なわれるが、苗木農具市など開かれ、年中最大の殷《いん》賑《しん》を極める」と述べ、十一月三十日夜の大饗祭については、「古式床しい当宮独特の新穀感謝の神事で数々の神饌は珍らしい熟饌を以ってし、大和舞の奉奏が行なわれ旧社家の人々も奉仕して篝火《かがりび》に映える祭儀は典雅荘重を極める」と書く。

この二つが、神幸祭とともに古くから行なわれている神事だが、大饗祭は「かとりまち」の収穫祭であろう（いま十一月二十三日に「秋のかとりまち」といって新嘗祭を行なう）。このような神事にも、御炊屋姫的性格がうかがえる。また、十月十七日に、新飯神事といって、新穀を赤飯に炊いて奉納する神事があるが、これは嬶とかかわる神事であろう。

このような神事を香取神宮が大祭として重視することからみても、鹿島神宮を内宮とすれば、その外宮的性格は明らかである。わが国の神祇政策を掌握した中臣氏（大中臣朝臣）は、そのシンボルとして、皇室の氏神である伊勢内宮・外宮に対応するものとして、藤原・中臣氏の氏神鹿島・香取を、神祇政策に合わせて整備していったと考えられる。

香取と鹿島の関係と物部氏

以上述べたように、香取神宮は物部氏が祭祀していた神社である。それが鹿島の神の藤原・中臣氏の氏神化によって、鹿島の神の斎主の神社になっていったのだが、問題は、鹿島の神を「石上布都大神」とする『旧事本紀』の主張である。

鹿島神宮には「韴霊《ふつのみたま》」という刀が神宝として現存する。もとは神殿の奥ふかく安置されていたもので、奈良時代を下らない製作と判定されている。このような神宝があるのは、タケミカヅチとフツの神が一体化されているためだが、それだけではなかろう。鹿島神宮にも物部氏が関与していたためと考えられる。

『常陸国風土記』によれば、鹿島の神とは「天の大神の社、坂戸の社、沼尾の社」をいう。「天の大神の社」は、元鹿島といわれる行方郡の大(大生)神社を、神郡設置のとき香島郡に移して大(多)氏の仲(郡賀)国造が祭祀した神社だが(鹿島神宮の項参照)、坂戸と沼尾の神社は物部氏が祀っていた神社と考えられる。

『新撰姓氏録』(未定雑姓、右京)に、「坂戸物部、神饒速日命、天降りまし時の従者、坂戸天物部の後なり」とある。『旧事本紀』(天神本紀)は、饒速日命の降臨のとき天物部を率いた五部の造《みやつこ》のなかに、「坂戸造」をあげている。このように、坂戸は物部氏にかかわっている。沼尾神社の祭神は、現在も香取神宮と同じである。坂の神と沼の神は、ヒコ神・ヒメ神の対《ペア》として、物部氏によって祀られていたのであろう。

剣神は、外から入ってくる荒ぶる邪神を坂(境)にいて防ぐ塞の神でもある。『古事記』は、剣神天尾羽張神は「天安河の水を塞《せ》きあげて道を塞《さ》へ居る」と書く。つまり、この神は坂戸の神なのである。このように坂戸(門)の神は剣神だが、甕の神も坂(境)で祀られる神である。鹿島の場合、甕の神としてのタケミカヅチは、水戸(門)、つまり港の神として祀られていたが、剣神の性格をもつことによって坂戸の神ともなった。その結果、天の大神、坂戸の神、沼尾の神のうち、坂戸の神とそのヒメ神(沼尾神)は天の大神に吸収され、現在みるような摂社になってしまったのであろう。

このように、鹿島の神に物部氏がかかわっていたことこそ、鹿島・香取が対《ペア》の神として祀られるようになった要因であり、物部氏の家記の『旧事本紀』が、鹿島の神を「布都大神」、香取の神を「経津主神」として、物部氏にかかわる祭神にしている理由であろう。

香取神宮と海人と蝦夷地

香取は「檝取」とも書かれるように、船の「揖取《かじとり》」のことである。『万葉集』に、「大船の香取の海にいかり下ろし、いかなる人か物思はざらむ」(巻十一、二四三六番)とある「大船の」は、香取にかかる枕詞だから、香取が揖取であることは明らかである。

この歌を、香取神宮に関する諸書は引用して、下総国の香取をうたったものとするが、二四三五・二四三九・二四四〇・二四四五番と、前後に「近江の海」をうたった歌があり、一一七二番には「何処にか舟乗《ふなのり》しけむ高島の香取の浦ゆ漕《こ》ぎ出て来る船」とある。「高島の香取の浦」は『和名抄』の近江国高島郡の高島だから、二四三六番の「香取の海」も近江国高島の香取と考えられる（日本古典文学大系の『万葉集・三』の頭注も近江としている）。ただし、私が二三四六番の歌を引用したのは、「香取」が「楫取」であることを証するためである。

香取神宮は、中世、常陸・下総両国の浦々の海夫から「海夫注文」と称して供祭料を徴収していた。この「海夫注文」に関して宮井義雄は、「上代は海夫の方から恩頼に感謝して献進していたのを強制的に徴収するようにあらためたものであったろう」(4)と書いているが、文献によれば、海夫の供祭料は地頭が徴収し、しかも大宮司の大中臣氏に収めるのでなく、香取連系の大禰宜家に収めている。このことをみても、古くからの慣習であったと考えられる。

また、海夫管領の地域の津は、下総国海上・香取二郡、常陸国鹿島・信太・行方三郡の村名に比定できるから、香取神宮の信仰圏と鹿島神宮と香取神宮の性格の差も理解できる。香取神宮は本来、内海沿岸と海人（揖取）たちが祀っていた神社であろう。それに対して「カシマ」は、名のとおり港であった（鹿島神宮の項参照）。港といっても、内海で魚をとるための港でなく、外海へ出て蝦夷地へ向かうための港であったから、内海の住民たちの日常の生活と直接関係はない。だから、鹿島神宮周辺の海人たちを支配するのは、中世になっても香取神宮なのである。田植祭などの生活にかかわる祭を盛大に行なうのが香取神宮であることも、そのことを証している。

あらぶる神々のいる異境に向かう場合には、境界に甕を据えて祈る。蝦夷地に向かう船の航海の安全と、人々の武運長久とを祈るための港が「カシマ」であった。だから、内海の住民たち（カジトリたち）は、内海の人々が太平洋に船出するときには、外界（外海）に霊威をもつ神に祈ることになる。それが香取と鹿島の関係なのである。

行方郡・信太郡の内海の住民が蝦夷地に植民したことは、陸奥国の磐城に行方郡（現在の福島県原町市・鹿島町・飯館村）、陸前に信太郡（現在の古川市・三本木町・鹿島台町・松山町）があることからも証される。

『三代実録』貞観八年（八六六）正月二十日条に、鹿島神宮司の上言として、鹿島神の裔神が陸奥国に三十八社あると記しているが、そのなかに行方郡一、志太郡一とある。『延喜式』（延長五年〔九二七〕成立）にも八社が載るが、行方郡には鹿島御子神社がみえ、現在の鹿島町の名は、この社名による。信太（志太・志田）の鹿島台・松山は小田（遠田）郡に入っていたときもあるが、小田郡に鹿島神を祀る神社が四社あることを『三代実録』が記すことから、吉田東伍は、鹿島台の地名も、これらの神社名によるとみる（『大日本地名辞書・奥羽』）。『続日本紀』延暦八年（七八九）の詔に、牡鹿・小田・志太・加美などの郡が「賊と居を接して」いると記されているから、八世紀末の蝦夷との境界に鹿島神はあったことになる。

陸奥国の香取の神は、『延喜式』では、牡鹿郡に香取伊豆乃御子《いつのみこ》神社、栗原郡に香取御子神社が記載されている。鹿島の神が、北上川の河口にある牡鹿郡を最北端としてストップしているのに対し、香取の神は牡鹿郡よりさらに北の栗原郡に進出している。栗原郡は、神護景雲元年（七六七）に伊治城管下の地を改めたものだが、延暦八年の詔からみて、九世紀に入ってから郡として統治できるようになったと思われる。

香取神宮と深くかかわる物部小事を祖とする物部匝瑳《そうさ》氏は、弘仁三年（八一二）二月陸奥国鎮守府将軍に物部匝瑳連足継が任命されている（『日本後紀』）。承和元年（八三四）五月には、物部匝瑳連熊猪が任命され、前述のように二年三月には、連から宿禰になっている。承和四年四月には、熊猪の後をついで物部匝瑳宿禰末守が任命され、同七年正月まで将軍であった（『続日本後紀』）。

承和四年の末守の報告でも、栗原・桃生以化の蝦夷浮囚が皇化に従わず、栗原・加美両郡の百姓の逃亡するものが多いとあるから、栗原郡は九世紀に入ったころの最北端である。この地の香取御子神社は、鎮守府将軍物部匝瑳氏の勧請であろう。

承和三年、従三位の香取神は、従二位勲一等の鹿島神とともに正二位に昇っている。いままで差をつけられていた香取神が鹿島神と同格になったのは、物部匝瑳氏が鎮守府将軍として功績をあげたためであろう。承和二年に物部匝瑳連は宿禰に昇り、翌年、差のついていた鹿島・香取の神が同格になっているのだから、この関係は、物部匝瑳氏の鎮守府将軍就任と無関係とはいえない。しかも、この記事では、まずイハヒヌシ、次にタケミカヅチと書かれ、従来の書き方

（タケミカヅチ・イハヒヌシ）が逆転した異例な書き方となっている。

同格になったことで、蝦夷地の荒ぶる人や神を鎮める境の神として北上した鹿島神の性格を、香取神が継承したのであろう。それは、九世紀の異族との境界地栗原郡に、鹿島御子神でなく香取御子神が祀られたことからも証される。このように、栗原郡や牡鹿郡に祀られた香取の神は、イハヒヌシの性格ではなく、鹿島の神と同じ性格をもつが、北上した鹿島・香取の神が、ほとんど大平洋岸か、河に面したところに鎮座していることは、この神を奉斎する氏族が船にかかわることを示している。

大戸神社と多氏

香取神宮の真西に大戸神社（佐原市大戸）がある。大戸神社は香取神宮の第二摂社だが、老尾神《おいお》社（匝瑳明神）とともに、香取神宮の大禰宜家香取氏が祠官として祭る神社である（「旧大禰宜家文書」県史料香取）。いまは「大戸《おおと》」というが、もとは多氏にかかわる「大部《おおべ》」ではないかと思う。「尾張部《べ》」が「尾張戸《べ》」と書かれるのと同じである。

養老七年（七二三）十一月十六日太政官処分（『令集解』巻十六）に香取郡は神郡とあるが、『常陸国風土記』によれば大化五年（六四九）に下総の海上《うなかみ》郡、常陸の那珂《なか》郡を分けて神郡として香島郡を新設しているから、このとき香取郡も神郡として新設されたのであろう。菱沼勇は、「『日本地理志料』などは、印波・下海上の二国造の部内の地を分割して、香取郡を建てたように推測しているが、私見をもってすれば、これら両国造の領域の一部も含まれていたかもしれないが、主体は匝瑳《そうさ》国造の部内を割譲したものと考えている」と書く(3)。しかし、文献に匝瑳国造は存在しない。匝瑳郡は下海上国に入り、行方郡や信太郡が白雉四年（六五三）に香島神郡の関係で建郡されたように、香取神郡の新設に伴って同じころつくられたと考えられる。

太田亮は『日本地理志料』の二国に南の武社国を加えているが、『旧事本紀』の「国造本紀」では印波国造が常陸の那賀国造と同族（多氏系）になっているところから、「此《この》利根の大江を隔つ両国造は上古に於いて同族であるのみならず、中古の郡領時代にも親密であった事は、天応元年（七八一）に両方の郡領丈が同時に軍糧を進めたと云ふので外従五位下を授けられて居るのでわからう。国は常陸と下総に分れたが、昔の如く親戚関係の親しみより、此の両郡領は互に相談して、斯う云ふ仕事をやったに違ひない。而して東、江を隔てて対立する鹿島社は多氏の神社であり、香取社の鎮座する香取郡も同じく多氏支配なりし印播国の地を割いたらしい、此処に於いて誰か印播の多氏と香取社との関係のあった事を否む者であらう」と書いている。(5)

大戸神社は、その位置からいっても、神郡設置以前は印波国（国造は多氏）に属したであろう。すなわち、大戸は多氏、老尾は物部氏という関係になる。ただし、大戸と大生がいずれも式内社でないのは、香取・鹿島に、それぞれ包摂されていたからであろう。しかし、大生神社が鹿島神宮から特別扱いをうけていたように、大戸神社も香取神宮から特別扱いを受けていたことは、清宮秀堅が大戸神社について、「此祠ハ香取ノ摂社ナレド、祠員三十余名アリテ、他ノ祠ト異ナリ。已ニ本宮第一ノ末社タル側高ノ社ニテモ、祠員ハ一人ナリ。鹿島ノ摂社ノ第一タル息栖社ニテモ、祠員ハ一、二人ノミ。然ルヲ、香取ニ次ギ、三十余人ノ祠員アリテ、殊異ノ祭アリ」（『下総国旧事考』）と書き、吉田東伍が、「香取神宮の第一末社とす（中略）。されど外の末社とは事かはれりと見えて、往古より神領も香取、大戸とその目を分ち、近世も別に神主、大禰宜其外祠員ありて、祭事等は彼所にて執行ひ、唯香取の所務に属するのみなり」(6)と書いていることからも証される。

太田亮は、多氏系の印波国造の「印播の多氏と香取社」の関係をとりあげているが、匝瑳連や香取連と同じく物部小事を祖とする信太連の信太郡の多氏も無視できない。『常陸国風土記』の信太郡高来里の条に、天より普都《ふつ》大神が降り来て荒ぶる神を平定したとあるが、この「信太《しだ》」の地名は多氏の黒坂命にかかわる。

黒坂命が陸奥の蝦夷を征討して凱旋したとき、常陸国の多歌《たか》郡で病没したので、遺骸を日高見国（信太郡）に運んだ。そのとき、葬具の赤幡と青幡が、雲が飛ぶように、虹が張《は》るようにひるがえった。だから、時の人は「赤幡の垂《しだり》の国」といい、後世の言葉では「信太の国」といったと『常陸国風土記』逸文にはある。この伝承では、黒坂命は信太を故郷にしているようだが、『常陸国風土記』の茨城郡には、「大臣の族黒坂命」が賊を滅ぼそうとして茨をもって城《き》を作ったので、「茨城」というとある（信太郡は茨城と筑波の国を白雉四年（六五三）に分けて建郡された）。

大戸神社の地は川（かつては内海）をへだてて信太郡に隣接しているが、以上のように、両地はいずれも多氏にゆかりの地と考えられる。多氏は、鹿島神宮だけでなく、大戸神社を通じて香取神宮とも深いつながりをもっていたと推測される。

日高・日高見と鹿島・香取

信太郡はもと日高見国といったと『常陸国風土記』は書き、この日高見国へ、前述の大臣《おほのおみ》の族黒坂命の棺を載せた車が戻ったと『常陸国風土記』逸文は書くが、「日高見国」については諸説がある。ただし、「日高見」の「見」については、「日高」を「見る」の意とする点では異論がない。諸説に分かれるのは「日高」の解釈である。

神功皇后紀の紀伊の「日高」の話と、神武紀の河内の「日下」の話が、どちらも日（太陽）にかかわる伝承であることからみて、「日高」は「日立」の意味をもち、日高見国は、ヒタチの国に入る前に「東に面《む》きて香島の大神を拝む」（『常陸国風土記』信太郡榎浦津の条）地、日の出（日立）を拝む国の意ではなかろうか。

『万葉集』巻一の藤原宮御井の歌では、東を「日の経《たつし》」という。『高橋氏文』でも東を「日堅《ひのたて》」と書く。また『日本書紀』の成務紀は東西を「日縦《ひのたつし》」と書くが、伴信友が『高橋氏文考証』でいうように、「ヒノタツシ」は東を意味し、西は「日横《ひのよこし》」である。日を擬人化して、日が立つ方向を東、日が横になる方向を西と解したのである。

「東を面《む》く」とは、日立《ひたち》・日高《ひたか》に向くことである。そこに「香島の大神」があるのだから、鹿島の神が日高の神で、その神を拝する地が日高見になる。古くは、印波国の北東部（大戸神社の周辺）が日高見とされていた時代があったのではなかろうか。そこから船に乗って渡る日高の国は、日立としての東夷の国であり、この日高（日立）・日高見の関係を象徴するのが鹿島・香取の関係である。そして、このような両神宮の関係を設定したのは、おそらく多氏系の氏族であろう。「ヒタチ」としての東夷の国を「皇威」に服させたのが建借間命や黒坂命であるのも、そのことを示唆している。

「ヒタチ」が「皇威」に服すると、日高見国は「ヒタチ」の信太の地に移動したのであろう。次いで陸奥の信太郡付近が日高見国になり、ついには蝦夷地が「ヒタチ」、つまり日高、日の本の国となる。その移動に伴って鹿島・香取神も移動した。両神が日高（日立）と日高見の神である以上、このコンビは、新しい日高と日高見の地にとっても必要だったからであろう。

なお、香取神宮の第一摂社側高《そばだか》神社のある海上国の国造は、他田日《おさだ》奉直《ひまつりのあたい》（『万葉集』二十巻四三八四の題詞、『続日本紀』延暦四年正月、『三代実録』仁和元年閏三月記）、または他田日奉部直（『正倉院文書』天平二十年）である。日奉は日祀とも書くが、日祀部については、『日本書紀』の敏達天皇六年二月条に、「日祀部」を置くとある。日神祭祀に関係ある部とみるのが通説だが、陸奥国行方郡には『延喜式』神名帳の日祭神社がある（福島県原町市大甕）。

この日祭神社は日祀部に関係あると、岡田精司はみるが(7)、日祭神社の社伝によれば、日本武尊が東征の際、戦勝祈願のためこの地に祭場を設け、大甕に酒を入れ、高皇産霊神を祀ったので、社名を日祭神社といい、地名を大甕村と名づけたという。陸奥の行方郡は、常陸多氏（那賀国造）の祖建借間命が活躍する常陸国の行方郡の地名を移した郡であり、しかも日祭神社の鎮座地の名称が「大甕」であることは、陸奥における多氏の祭祀を考えるうえで無視できない。

香島神郡は、『常陸国風土記』によれば、海上国造の地と、那賀国造の地を分けて創設された（行方郡も那賀国造と茨城国造の地を分けて新設された）。同様に香取神郡も、多氏系の印波国造の地と他田日奉直の海上国造の地を分けてつくられたと考えられる。これら鹿島・香取の神にかかわる人々が、陸奥に移っても鹿島神（行方郡にも鹿島御子神社がある）を祀り、日祀りを行なっていることは、日高と日高見の関係からみても興味をひく。

注

（1）津田左右吉「日本上代史の研究」『津田左右吉全集』第三巻所収。
（2）太田亮『姓氏家系大辞典』第二巻、二七五六頁、昭和十一年。

（3）菱沼勇『房総の古社』二一〇—二一一頁、昭和五十年。
（4）宮井義雄「鹿島・香取両宮の原始信仰」『藤原氏の氏神・氏寺信仰と祖廟祭祀』所収、昭和五十一年。
（5）太田亮『日本古代史新研究』四一二—四一三頁、昭和三年。
（6）吉田東伍『大日本地名辞書』第六巻、六七二頁、昭和三十六年。
（7）岡田精司「日奉部と神祇官先行宮司」『古代王権の祭祀と神話』所収、昭和四十五年。

石上神宮《いそのかみ》——「フル」の神の実像とワニ氏・物部氏

石上神宮は、物部氏が祭祀する神社とみるのが通説だが、私は、物部氏だけとみる通説には疑問をもつ。石上の地における神祀りの氏族はワニ氏であり、物部氏は、石上にあった神宝の庫《くら》（武器庫）の管理を主としていた。

石上神宮と物部氏の関係

物部氏が五世紀・六世紀のヤマト政権で実権を握っていたため、石上神宮は物部氏の氏神のようにみられているが、『古事記』『日本書紀』『旧事本紀』『古語拾遺』その他の文献に、石上神宮を物部氏の氏神と書いている例はない。五・六世紀はもちろん、七世紀以降も、石上神社の神主は、ワニ氏の系譜を主張する氏族がつとめていた。

垂仁紀三十九年十月条に、「五十瓊敷《いにしき》命、茅渟《ちぬ》の菟砥《うと》川上宮に居《ま》しまして、剣一千口を作る。……石上神宮に蔵《おさ》む」とあるが、別伝では、茅渟から大和の忍坂に運び、しばらくそこに蔵めたあと、「春日臣の族」の市河という人物に「治《おさ》めしめよ」と神の託宣があって、忍坂から布留の地に移したとある。そして、春日臣の族の市河は「今の物部首の始祖なり」と書かれている。

『新撰姓氏録』（大和国皇別）は布留宿禰の条に、この市河を市川臣と書き、市川臣の四世孫武蔵臣が蘇我蝦夷によって姓《かばね》を「臣」から「首」に落とされて物部首・神主首となり、この物部首が天武朝に布留宿禰になったと書く。『日本書紀』は、天武天皇十二年九月に物部首が連の姓を賜わったと書き、天武天皇十三年十二月条に布留連が布留宿禰になったと書くから、『姓氏録』の記事は『日本書紀』と合う。

布留宿禰について、『姓氏録』は、「柿本朝臣と同じき祖、天足彦国押人命《あめのたらしひこくにおしひと》の七世孫、米餅搗大使主命《たがねつきおおおみ》の後なり」と書く。天足彦国押人命は孝昭天皇の皇子だが、『日本書紀』はこの皇子を「和珥《わに》臣等の始祖」と書き、『古事記』は春日臣・小野臣・柿本臣・粟田臣らの祖と書くから、『日本書紀』が「市河」を「春日臣の族」と書くこととも合う。

この「春日臣の族」の市河は垂仁紀に登場するが、『姓氏録』は、仁徳天皇のとき「布都奴斯《ふつぬし》神社を石上の御布留村の高庭の地に賀ひ《いは》祀った」のが市川臣で、初代神主となり、以後その子孫（布留宿禰）が連綿として神主であったと、大和の布留宿禰の条で書いている。

物部氏は天武朝に「石上」に改め、石上宿禰と称したが、九世紀になっても（『新撰姓氏録』は弘仁六年（八一五）の撰上）当社の祭祀はワニ氏系の布留宿禰が行なっていたことを、この記事は証している。

『続日本紀』によれば、延暦二十四年（八〇五）二月、石上神宮の神宝を山城国へ移したとき、神の託宣によって中止させたのは布留宿禰高庭である。この布留氏は、春日氏・粟田氏・小野氏と共に、近江国滋賀郡にある氏神社の春秋二回の祭のときは、官符を待たずに行ってもよいと、『続日本後紀』は書いている（承和四年〔八三五〕二月十一日条）。この氏神社とは、『延喜式』神名帳の名神大社、小野神社のことだから、平安時代になっても、石上神宮の神主は春日・小野氏らと共にワニ氏系の氏神祭祀に参加していたことになる。

このような文献史料からみて、石上神宮を物部氏が神主として祭祀した神社とする通説には、賛同できない。では、物部氏と石上神宮は、いかなる関係にあったのだろうか。

物部氏は主に神宝の管理にあたっていた

『日本書紀』垂仁天皇二十七年条に、

兵器《つはもの》を神の幣《まひ》とせむと卜《うらな》はしむるに、吉《よ》し。故、弓矢及び横刀《たち》を、諸《もろもろ》の神の社に納む。仍《よ》りて更に神地、神戸を定めて、時を以て祠《まつ》らしむ。蓋《けだ》し兵器をもて神祇を祭ること、始めて是の時に興れり。

とあるように、兵器は「神の幣」として祭祀の対象であった。

しかし、物部氏は兵器の管理者であって、兵器の祭祀者ではなかった。そのことは、垂仁天皇八十七年条と二十六年条の記述から明らかである。すなわち、八十七年条には、物部十千根が石上の神宝をまかされたので「物部連等、今に至るまで、石上の神宝を治むる」とあり、二十六年条には、物部十千根に出雲の神宝を掌《つかさど》らしむとあって、兵器（神宝）を祀らしめたとは記されていないからである。

崇神紀七年条には、「物部連の祖伊香色雄《いかがしこを》をして、神班物者《かみのものあかつひと》とせむと卜《うらな》ふに、吉《よ》し。便《たより》に他神《あだしかみ》を祭らむと卜ふに、吉《よ》からず」とあり、倭直の祖の長尾市が「他神《あだしかみ》を祭らむと卜《うらな》ふに、吉《よ》し。便《すなは》ち別に八十萬《やそよろづ》の群神を祭る」とある。「八十萬の群神」が「他神」だが、その神を物部連の祖が祭るのは「吉からず」なのだから、石上の神を祭るのも「吉からず」である。だから、垂仁紀は、物部連の祖伊香色雄に「物部の八十平瓮《やそひらか》を以《も》て、祭神之物《かみまつりのもの》と作《な》さしむ」と書く。物部氏は神祀りにかかわる氏族だが、「神班物者《かみのものあかつふひと》」「祭神之物《かみまつりのもの》」を作る氏族であって、「八十万の群神（他神）」を祭る氏族ではない。

『続日本紀』によれば、前述した、延暦年間に石上から山城国葛野郡へ武器を移す作業に、十五万七千余人を動員したとあるから、いかに多くの武器が収納されていたかが推察できる。

この移転は、布留宿禰らが神託によって反対し、中止させている。石上の神庫に収められた武器を、平安時代に王権の力で山城の地に移そうとしても、神主の神託によって中止せざるを得なかったのである。このことからみても、石上の武器は神宝であって、単なる武器でない。つまり、石上神宮における物部氏の役割は、次のようであったろう。

第一、神宝としての武器庫の警護と管理。

第二、各地の服属者の武器を収める役目（それゆえ、物部氏は軍団を率いる軍事氏族の性格をもつ）。

第三、神宝としての武器を作らせる役目（鍛冶・鋳物などの技術集団、いわゆる「倭鍛冶《やまとかぬち》」を物部氏は統轄している）。

このような「物」の警護・管理と充実（収納と製作）のために、物部氏は石上神宮にかかわったのであろう。だから『日本書紀』（垂仁天皇八十七年条）も、「物部連等、今（『日本書紀』の編纂時——引用者注）に至るまで、石上の神宝を治むる」と書き、石上の神を祀ったとは書いていないのである。

「布留」が古く、「布都」は新しい

神宝としての武器庫が付属する特殊な神社であったから、石上神宮には神を祭祀する氏族と神の物（神宝）を管理する氏族がいたのだが、管理する氏族のみがクローズアップされた結果、神宝管理氏族が神社祭祀氏族と誤解され、誤解が通説になってしまったのである。

その混乱を象徴するのが「布留」と「布都」である。『延喜式』神名帳も、「石上坐布留御魂神社」（吉田家本）、「石上坐布都御魂神社」（国史大系本）と、混乱している。

三品彰英は、「フツノミタマ」の別名を「韓鋤剣」ということから、朝鮮語の 불 pur（火）・붉 purk（赤・赫）・밝 park（明）と「フル」「フツ」は同系語とみる。そして、「古代朝鮮では、この purk という語が、天・太陽に対する宗教的観想を伴った言葉として広く使用されてきたこと」から、「フル」「フツ」の原義は、「光るもの、赤きもの――神霊」「神霊の降臨すること」などを意味すると推論している[1]。

松前健は、三品説に賛同したうえで、「フル」「フツ」は、神霊および神霊の降臨の意味だけでなく、招魂や祓などにも用いられた語とみる。中国語の「祓《ふつ》」は、朝鮮語では puli で、病気治療・攘鬼等を指すからである[2]。

霊剣をサジフツ、ミカフツ、フツノミタマということから、フツは刀の切れ味のよいことを表わした語だとか、朝鮮語の名剣の意とする説があるが、フツは「真経津鏡」（『日本書紀』神代紀、『倭姫命世記』）、「麻布都鏡」（『播磨国風土記』賀古郡条）ともいわれ、鏡にも用いられているから、「フツ」を剣だけを示す言葉とみるわけにはいかない。

フツとフルが同義だとしても、フツは剣や鏡など物に用いられ、フルは、「招魂」を「ミタマフリ」と訓ませるように（『日本書紀』天武天皇四年条）、マツリゴトに用いられている。このちがいを無視して、「フル」と「フツ」を同じ表現として片づけるわけにはいかない。

『古事記』は「石上神宮」、『日本書紀』は「石上神宮」「石上振神社」と書く。『日本書紀』は歌謡でも「石上振る神杉」と書き、『万葉集』にも「石上振の神杉」（一九二七、二四一八）とあり、「石上振の山」（四二二）、「石上振の尊」（一〇一九）、「石上振の里」（一七八七）、「石上振の早田《わさだ》」（一三五三、一七六八）、「石上振の高橋」（二九九七）とも詠まれている。「石上」は「フル（振）」の枕詞であって「フッ」の枕詞ではない。
また、『古語拾遺』は石上神宮と書くが、『旧事本紀』は「石上布都大神」、『新撰姓氏録』は「布都奴斯神社」と書く。
このような例から、「フル」が古く、「フッ」が新しいことがわかる。
『古事記』は、神武天皇のために建御雷神の依代として降下した剣について、次のように書く。

この刀の名は、佐士《さじ》布都神と云ふ。亦の名は甕布都神と云ふ。亦の名は布都御魂と云ふ。此の刀は、石上神宮に坐す。

「布都主剣」について、『旧事本紀』の「天孫本紀」は、

宇摩志麻治命、先に天瑞宝を献ず。亦《また》、神楯を竪《たて》て、斎《ものいみします》矣。五十櫛《いそくし》と謂ふ。亦云、今木を刺し、布都主剣を繞《めぐ》らし、大神を斎殿の内に奉ず。

と書く。「五十櫛」といわれる神楯や、今木（斎木《いみき》のこと）や経津主剣を繞らした中が「斎殿の内」である。「斎殿」は、必ずしも屋根のある建物だけをいうのではない。
この「天孫本紀」の「布都主剣」を「大神」に改めた文章が、「天皇本紀」に載る。

宇摩志麻治命、天瑞宝を献じ奉り、神楯を竪《たて》て以《も》て斎《いつ》く。亦、今木を立て、亦、五十櫛を布都主剣大神に刺繞《さしめぐ》らし、斎殿の内に崇む。

この記事は、経津主剣と大神を一つにしているが（「天孫本紀」も「天皇本紀」も、訓みは鎌田純一の『先代旧事本紀の研究』の校本の訓みに拠った）、記事としては「天孫本紀」の方が古い。
布都主剣は、「フル」の神の神域のまわりを囲む神楯や斎（今）木と同じ五十櫛であったが、のちに神に祭り上げられた。「天孫本紀」の「布都主剣」が、「天神本紀」で「布都主剣大神」になっているのは、そのためである。「布都主剣大神」になることによって、「フル」の神は「フッ」の神になったのである。

仲臣《なかつおみ》の布留氏は「布留人」としての祝《はふり》

石上神宮には本殿がなく、拝殿後方の瑞垣内の地が禁足地として崇められている。古来、この禁足地は、「高庭」「神籬」「御本地」「神の御座」「斎殿」などと呼ばれている。柿本人麻呂が、

娘子《をとめ》らが　袖振山の　瑞垣の　久しき時ゆ　思ひき我は（五〇一）

とうたっているように、瑞垣にかこまれた中が神の坐《いま》すところであった。

「石上」が「振」の枕詞であるように、ワニ氏が祀る「フル」の神が、袖振山（石上）の神である（『万葉集』三〇一三には「石上、袖振川」ともある）。「社の名に依りて、布留宿禰の姓に改む」（『新撰姓氏録』大和国皇別、布留宿禰条）とあるように、本来は「フル」が社名であった。この「フル」はワニ氏にかかわり、「フツ」は物部氏にかかわる。石上の神宝を代表するのが「剣」だから、神の物を作り管理する「物部」が、剣を神格化した「フツヌシ」を、布留宿禰の祀る「フル」の神の代わりに、祭神に仕立てたのであろう。

「フル」の神を祀るワニ氏を代表するのは春日氏だが、『新撰姓氏録』（左京皇別）は、大春日朝臣について次のように書く。

孝昭天皇の皇子　天帯彦国押人命より出づ。仲臣《なかつおみ》、家に千金を重ね、糟《かす》を委《つ》みて堵《かき》と為さしむ。時に大鷦鷯《さざき》天皇諡付、仁徳其の家に臨幸して、詔して、糟垣臣と号けたまひき。後に改めて春日臣と為る。桓武天皇の延暦廿年に、大春日朝臣の姓を賜ふ。

「仲臣」について『和邇系図』は、米餅搗大臣《たがねつきおおおみ》（使主）命の子人華臣《ひとはな》のことと書くが、山城国の小野臣について『新撰姓氏録』（山城国神別）は、「天足（帯）彦国押人命七世の孫、人花（華）命の後なり」と書く。布留宿禰については、前述したように、「天足彦国押人命七世の孫、米餅搗大使主命の後なり」とあるから、人華命と米餅搗大使主命は、七世の孫として重なっている。また、左京皇別の小野朝臣は、山城の小野臣が人華臣を祖とするのに対して、米餅搗大使主を祖としているから、人華臣と米餅搗大使主は同一人物である。また、中臣臣についても、『姓氏録』は、「天足彦国押人命

七世の孫、鍬着大使主《たがねつきおおおみ》の後なり」と書いている。したがって、大春日朝臣条の「仲臣《なかつおみ》」は「タガネツキオオオミ」のことであろう。

『姓氏録』によれば、大春日朝臣・小野朝臣・柿本朝臣、布留宿禰・櫟井臣、和安部臣・井代臣、津門首、和邇部など、ワニ氏系の主要な氏族が、米餅搗大使主を祖にしている。ところが、仲臣は「布留人《ふる》」だと、『中臣氏本系帳』は書く（「伊賀志桙不㆑傾㆓本末㆒、中良布留人、称㆓之中臣㆒」）。仲臣とは、神と人との中を執りもつ祝《はふり》だが、次にみるように、祝は「羽振り」であり、「布留人」である。

鳥と「羽振り」と「はぶき」

祝《はふり》について、大槻文彦の『大言海』は、放《はふり》と同じで、罪・けがれを放《はふ》る義とみる。

　この説を『日本国語大辞典』や『岩波古語辞典』は採るが、私は、祝の語源を、放説の「ハフ・リ」でなく、「ハ・フリ」と解したい。

　新井白石は『東雅』（享保二年〈一七一七〉刊）で、祝を「袖振《そでふり》」の義とし、谷川士清は『和訓栞《わくんかん》』（安永六年〈一七七七〉―明治十年〈一八七七〉刊）で、「羽振りの義。羽は衣袖をいふ。立ちまふ袖などよりよめる意なるべし、又鳥の羽根にかよはしめる歌あり」と書く。新井白石や谷川士清は歴史にくわしい学者であり、羽（袖）を振ることが神事であることを理解していたから、「羽（袖）振り」と解したのであろう。

　祝が「羽振り」なら、羽根を振って飛ぶ鳥は、天（神の世界）と地（人の世界）を執りもつ「仲臣《なかつおみ》」である。エリアーデは『シャーマニズム』の「呪的飛翔」の章で、次のように書く。

　シベリア、エスキモーおよび北アメリカのシャーマンは飛ぶ。（中略）しかし彼らはふつう好んで雌鶏や隼に変わる。というのはその飛翔能力が彼らを精霊の如くするからである。マリンド族の妖術師は「林のなかに揶子の葉で建てた一種の丸木小屋へ出かけ、その上肢と前膊を青鷺からとった長い羽毛で擬装する。最後に彼はそこを離れずに小屋に火をかける……その煙と焔が彼を天空に持ち上げ、彼は鳥のように思いのままに飛ぶのである。……」

　これらすべては、シベリアのシャーマンの衣裳による鳥類の象徴を想わせる。ダヤク族のシャーマンは、死者の魂を他界に護送するが、それにもまた鳥の形をとる。ヴェーダの供犠者は、梯子の頂きに達すると、鳥がその翼をひろげるように、その両腕をひろげて、「われら天に到れり」などと叫ぶ。同じ儀礼はマレクラでも見出される。すなわち供犠の最高潮において、供犠者は隼を真似てその両腕をひろげ、そして星を讃美する唱え言をうたう。

このように、天と地を仲介する鳥と、神の世界と人の世界を仲介するシャーマンが、ダブルイメージであることは、「祝《はふり》」が「羽振り」であることを示唆している。「羽振り」は鳥の所作である。

谷川健一は、『青銅の神の足跡』で、

羽ばたきをすること、羽をふることを、古語で「はぶく」という。「羽振鳴《はぶき》く」とか「羽振鶏」という語がすでに『万葉集』にも見えている。この「はぶき」は古代にはふいごの意味にも使用されている。つまり、ふいごの動作が鳥の羽ばたく姿を連想させたのであろうか。

と書いている。(3)

松本信広は、『日本の神話』で、

紀の一書天岩戸の条に於て真名鹿の皮を全剝《うつはぎ》にして以て天羽鞴を作り、此を用いて造り奉る神は、紀伊国にまします日前神《ひのくま》とある。この羽鞴と云うのをハブキ又はハタタラと訓じておるが釈日本紀には之は今鍛冶師の用いる吹皮であり、之を羽と云うのはその風を扇ぐのが鳥の羽翼に似ておるからだと云っておる。鋳造・鍛冶が鳥と関連することは我国の金屋子神が白鷺の上に乗って降った伝説から類推出来るが、後世の鍛冶職には鵺を射た頼政の伝説がその由緒となっておる。同じようにインドシナのモイ族の間に於ける鍛冶師は夜鷹と連想されておる。レンガオ族は此鳥を鍛冶鳥と呼んでおる。その声が金しきを叩く槌音に似ておるからであろうと云う。

と書いている。(4)

三品彰英は、「シャーマンと鍛冶は、全く不可分の関係にあり、司霊と鍛冶は同一の職業であった」ことを、「新羅古

代祭政考」で詳述している。(5) また、エリアーデは『鍛冶師と練金術師』で、

「鍛冶師とシャーマンは同じ巣からやってくる」とヤクート族の俚諺はいっている。「シャーマンの妻は尊敬すべきであり、鍛冶師の妻は尊崇すべきである」ともう一つの俚諺はいっている。そして第三の俚諺では、「最初の鍛冶師と最初のシャーマンと最初の陶工は血の兄弟だった。鍛冶師が最年長でシャーマンが間に生まれた。これがシャーマンがなぜ鍛冶師の死を惹き起せないかを明《あか》している」。ドルガン族によれば、シャーマンは鍛冶師の魂を、後者がそれを火で護っているゆえに「噉み込む」ことができない。しかしいっぽう鍛冶師がシャーマンの魂を獲得して火で燃やしてしまうことは可能なのだ。(中略)

ほかの伝承によればヤクート族の始祖エルリエイは最初の鍛冶師であった。(中略)九代目になると鍛冶師は意のままになる超自然力をもつ。彼は精霊を怖れず、それでシャーマンの装束を飾る鉄の品物をあえて鍛えるのである(というのも鉄の騒音は凶悪な精霊を斥けるのだから)。

シベリアのすべての民族にあって鍛冶師はまったく高い社会的立場を有している。彼の技能は商売とはみなされない。つまりそれは天職、父から子へ伝えられた何ものかであり、暗にイニシェイションの秘密の所有を意味する。鍛冶師は特別な精霊の守護のもとになる。シグナンとパミールの他の地方では鍛冶師の術は「預言者ダビデ」からの賜物とみなされていて、だから鍛冶師はムルラー Mullah よりも大きな尊敬を受ける。しかし生理的にも精神的にも彼は清浄でなければならない。鍛冶場は礼拝場として尊崇され、そこに祈禱や会衆のための特別な家はなく、人々は鍛冶場に集まる。

と書いている。

このような鍛冶とシャーマンの関係は、前述した鳥とシャーマンの関係に結びつく。シベリアのシャーマンは、鳥となって天に昇ることを示す、様々な鳥の骨や羽根を表わすペンダントをつけるが、これは鉄で作られており、鳥と鉄と祝(シャーマン)には一連のつながりがある。

田村克己は、西アフリカ、ニジェール河流域のバンバラ族の神話を紹介し、鳥が鍛冶屋によってあがめられていると書くが、この鳥は、火を制御する鳥である。同氏は、シベリアのヤクート族の、「もし鍛冶屋が十分に鍛冶屋の祖先をもたないなら、もし鎚の音や火の輝きが彼を守るに十分でないなら、曲ったくちばしと強い爪を持つ鳥がやって来て、彼の心臓を引き裂く」という伝承をあげて、「これらのことが示唆しているように、鳥と鍛冶屋の結びつきには、火が一つの橋渡しとなっている。それは、火の起源の神話で、鳥が人間に火をもたらすことの延長にある考えかもしれない。しかし、この問題には別の面もある。すなわち鳥が活躍する空の領域は、天と地の中間に位置し、その媒介項である。そして鳥自身も媒介者である。鍛冶屋もすでにみたように、自然と超自然の境界に位置し、ドゴンやブリヤートでは天から降りてきたものである」とも書いている(6)。

いずれにせよ、天（神の世界）と地（人の世界）を仲介する者（仲臣）として、鳥と鍛冶と祝は重なっている。

石上神宮と鳥取氏と鍛冶

祝と鳥と鍛冶の関係は当社においても顕著である。

垂仁紀には、剣千口を作って石上神宮に奉納したという伝承が載るが、剣を作った「茅《ち》渟《ぬ》の菟《う》砥《と》川上」は、『和名抄』の和泉国日根郡鳥取郷（大阪府泉南郡阿南町・岬町一帯）に比定されている。この比定は本居宣長が『古事記伝』で行ない、現在通説になっているが、剣の鍛冶が鳥取の地で行なわれたという伝承は無視できない。

『古事記』は、印色入日子《いにしきいりひこ》命が、

鳥取の河上宮に坐して、横刀《たち》千口作らしめ、是を石上神宮に納め奉る。

と書いており、横田健一は、「菟砥川上あたり、鳥取とよばれる地名のあたりで、製鉄・鍛鉄が行なわれた」とみる(7)。『和泉志』（享保二十一年〈一七三六〉刊）は、阿南町鳥取中の自然田を、河上宮のあった地に比定し、「深日鍛冶谷」で剣を作ったと書く（深日《ふけい》は岬町深日）。深日も鳥取とかかわることは、『賀茂注進雑誌』の大永六年（一五二六）四月五日の文書に、鳥取庄の地頭の名として「深日公文鳥取弾正忠」が載ることからもいえる。

剣千口を作った人々を『古事記』は「河上部」にしたと書き、『日本書紀』本文は「川上部」を剣の名とし、異伝に「河上」という名の鍛人《かぬち》に作らせたと書くが、この鍛人を、山本博（『竜田越』）、谷川健一（『青銅の神の足跡』『白鳥伝説』）、山本昭（『謎の古代氏族・鳥取氏』）は鳥取部とみる。

河上の鍛冶の鳥取部は、『新撰姓氏録』和泉国神別に、「鳥取、角凝命《つぬこり》の三世孫、天湯河桁《ゆかはたな》の後なり」と載る鳥取氏である。角凝命の「凝《こり》」は、鏡作連の祖の石凝姥《いしこりとめ》の「凝」と同じ、鋳造・鍛造にかかわる「凝」であろう（『日本の神々・4』の「鏡作伊多神社・鏡作麻気神社」の項参照）。

この角凝魂命を祖とする氏族に、美努《みの》連がいる（『新撰姓氏録』河内国神別）。美努連は、天武十三年に三野県主が「連」になったものだが、『古事記』は、大物主神を祀る意富多多泥古《おほたたねこ》は、河内の美努村に居たと書く。『日本書紀』は陶邑と書くが、陶器の制作は性格において金属精練と同じであり、意富多多泥古（大田田根子）も祝である。

谷川健一は、『白鳥伝説』で、石上神宮に奉納するために作られた剣千口を、鳥取郷の鳥取部が鍛造した剣とみて、「鳥取連の祖としてのアメノユカワタナにも鍛冶師の匂いが立ちのぼる」と書き、垂仁紀の、アメノユカワタナが鵠《くぐひ》（白鳥）を追いかけて各地をめぐった伝承も、単に白鳥を捕えるということだけでなく、鉱山や金属精練にかかわる地域を巡ったことを意味しているとみて、松本信広が『日本の神話』で鳥と鋳造・鍛冶集団との密接な関係について述べている文章を紹介している(8)。山本昭も『謎の古代氏族・鳥取氏』で、各地の古代鳥取氏を検証して、鳥取氏が「金属関係氏族」であることを証明している(9)。

「祝（羽振り）」の「羽」が、鳥と共に「フイゴ」の「羽振《はふき》」と重なることは前述したが、石上神宮と鳥取氏の関係は、ワニ氏と物部氏の接点として重要である。

『日本書紀』崇峻天皇即位前紀によれば、物部守屋の近侍に捕《と》鳥《とり》（鳥取）部万《よろづ》がいる。彼は、難波の守屋邸を、兵百人を率いて守っていたが、守屋が討たれたあと、茅渟県の有真《ありま》香《か》邑《むら》に逃げたとある。有真香は式内社の阿《あ》里《り》莫《まか》神社の所在地である（貝塚市久保）。『新撰姓氏録』和泉国神別によれば、安幕首《ありまかおびと》は、饒速日命の七世孫、十《と》千《ち》尼《ね》大連の後とあるが、十千尼大連は、垂仁紀に載る物部十千根大連のことである。十千根大連が大中姫《おおなかつひめ》に代わって石上の神宝を管理したと、垂仁紀八十七年条は書く。

このように、物部氏と鳥取氏は、石上神宮の神宝の剣を作った伝承にかかわっている。鳥取氏のうち、鍛冶にかかわる人々は、物部氏が管掌する倭鍛冶《やまとかぬち》の集団に組み込まれていたと思われる。『旧事本紀』は、物部造の祖を倭鍛冶の祖と書き、「天神本紀」は、物部氏系の阿刀造らの祖を「大麻良《まら》」と書くが、『古事記』が「鍛人《かぬち》天津麻羅《あまつまら》」と書くように、麻良（羅）は鍛人の名である。『日本書紀』が「倭鍛部天津真浦《まうら》」と書く「真浦」は「麻羅」の転である。天孫本紀には物部鍛冶師《かぬち》という名が載るが、この人物は鏡作小軽女連の祖になっている。

剣と布とワニ氏

ワニ氏を祭祀にかかわる氏族とみる説は、柴田実[10]、岸俊男[11]などが述べるところだが、岸俊男は、「女性を出して神事に関与することが、ワニ氏の一つの特性であった」とし、理由として、ワニ氏が皇妃を多く出していたことをあげている。また、これらの皇妃は「最初は多分采女という形式であったであろう」と書くのは[11]、采女が巫女として神事に参加していたからである。巫女は神事において神妻になる。

神妻について、『古事記』は、大物主神が丹塗矢となって勢夜陀多良比売《せやだたらひめ》の陰《ほと》を突き、富登《ほと》多多良伊須須岐比売を生んだと書き、『日本書紀』は媛蹈鞴《ひめたたら》五十《い》鈴媛《すずひめ》命を生んだと書く。巫女の娘もまた巫女であるが、この「蹈鞴」姫は「羽《は》鞴《ぶき》（羽振《はぶ》き）」姫であり、「羽振り」姫である。鳥になって羽振りする巫女が天女である。

『近江国風土記』逸文に載る「伊香小《いかごのを》江《うみ》」の伝承では、天女は白鳥になっている。

天女は羽衣がないと飛べない。その天女が白鳥にみたてられているのだから、羽衣をかくされて飛べなくなった天女は、捕えられて鑑賞用に池に放たれた白鳥の姿を象徴している。記・紀には、鳥取造の祖の天湯河板挙《あめのゆかわたな》が白鳥を捕える話が載るが、折口信夫は、河のほとりにつくられる聖なる棚を「斎河棚《ゆかわたな》」といい、この棚で神衣を織る巫女が棚織女《たなばため》で、水の女だという[12]。そして、神衣とは天の羽衣だとし、『丹後国風土記』の比沼の真奈井の天女や、『近江国風土記』の伊香の小江の天女を、棚織女・水の女と推論する。

石上神宮の祭祀と神宝管理は、垂仁天皇の皇女大中姫《おおなかつひめ》が行なっているが（垂仁紀八十七年条）、この名は、水の女としての仲臣、大祝の意である。

柿本人麻呂は、石上の神域を、娘子《をとめ》らの「袖振山」と表現するが、それは当社の祭祀が、女の仲臣、中姫の祝による祭祀だったからである。「袖」は、石上の神宝の「比礼」にあたる。

この「比礼」は女が振るものだが、水の女としての「比礼」の呪力がいかに強いかを、石上神宮の伝承は示している。

一般に、石上神宮でもっとも重視されるのは布都主剣と思われているが、剣よりも布の方に霊威がある。

『袖中抄』で、顕昭（生没年不詳、平安・鎌倉時代前期の歌人・歌学者）は、石上神宮にまつわる次のような話を記している。

> 昔、女の河のはたに、布をあらひたてりけるに、河上より剣のながれきけるが、よろづの物をみなきりやぶりてけるに、この布にまつはれてとどまりにけり。その剣をとりて、此社にいはふによりて、布留とは、布にとどまるとはかける也とぞうけたまわる。但ふるといふ所におはする神なれば、ふる社と申にや

また、『石上大明神縁起』は「詞林采葉抄ニ曰ク」として、次のように書く。

> 昔、此川ニテ女ノ布ヲ濯ヒケルニ、水上ヨリ剣ノ流レ下リケルガ、アタル土石草木タマラズ截《キ》レケルニ、此布ニ纏ハレテ留リタリケルヲ、俗人取テ神ヲ斎《イハ》ヒタリケレバ、一夜ニ榲生《スギオヒ》タリケルヲ、神榲と申ス云々。但シ今ニ至ルマデ神剣ヲ祓殿ノ岸下布留河の石上《イシノウヘ》ニ安置シ奉リ、祓除ヲ修スル故実アレバ、神剣此地ニ鎮座シ給フ時、石上ナドニ仮ニ斎ヒ奉リタル事ナドノアリテ、其由縁ヲ以テ、石以テ石上ト名付タルニモアランカ

布留川の上流から流れて来た神剣を女が拾って石ノ上に置いて祀るという伝承は、『山城国風土記』の賀茂神社の伝承と共通する。賀茂の伝承は、火雷神が丹塗矢に化して流れて来たのを、川遊びしていた玉依姫が拾い、家へ持ち帰って床の上に置き、懐妊して神の子を生んだという話だが、石上神宮の伝承も、神婚譚は落ちているものの、「女」が登場することからみて、やはり神婚譚であったろう。松前健は、前述の伝承は石上神宮の祭祀が布留氏による布留川の川

辺の祭祀であったことを示し、それが物部氏によって現在地の祭祀に代わったとみる。(13)

『袖中抄』の話にも、世阿弥の「布留之能」にも、川辺で布を洗っていた女が登場するが、彼女は神妻としての中姫(仲臣)で、その呪具が布(ヒレ)なのである。それは娘子《をとめ》らの袖振山の「袖」でもある。『万葉集』(三〇一三)には、「袖振る」川の表現がある。

我妹子《わぎもこ》や、我《あ》を忘らすな　石上　袖振川の　絶えむと思へや

剣は丹塗矢と同じく神の依代になるが、石上の伝承や歌は、剣より布(袖)を重視している。女が登場することからみても、魂振りの祝は仲姫(水の女)である。

「鎮魂」と書いて「タマフリ」と訓ませるのは、荒魂・和魂、生魂・足魂などの魂の両面性を、音の「タマフリ」と字の「鎮魂」で示したものである。「布留」の「留」も「鎮魂」の「鎮」と同じ意味をもっており、したがって「布留」もまた、「振る」と「留む」の両面性を表わしている。

石上神宮の伝承が、「フツ」としての剣の呪力を抑えた布の呪力を「布留」の語源説話にしていることからも、ワニ氏が石上神宮の祭祀氏族であることが証せられる。

折口信夫は、「水の女」の代表例として、丹波道主王の娘の五人の皇妃をあげる。(12) 丹波道主王は彦坐王の子だが、開化紀によれば、彦坐王は和珥臣の遠祖姥津《ははつ》命の妹姥津媛と開化天皇の間に生まれたとある。水の女を出す皇妃出自氏族の原点にはワニ臣がいる。この水の女は、斎河棚《ゆかわたな》で「ヒレ」を織る棚織女《たなばため》のイメージをもつ神妻だが、石上神宮の祭祀と神宝管理にかかわっていた大中姫《おおなかつひめ》は、丹波道主王の娘の日葉酢《ひばす》姫を母とする。このように、石上神宮を祭祀する大中姫も、母方はワニ氏に結びついている。

布留川のほとりで布を洗う女のイメージは、大祝、仲臣としての水の女、つまり大中姫のイメージなのである。

「比礼振り」と鎮魂祭

鳥取氏と同じく角凝命を祖とする氏族に倭文部があり、五十瓊敷命が剣千口を石上神宮に奉納したとき、皇子が賜わった「十箇の品部」に入っている。倭文は「しづ(つ)」「しづ

（つ）り」「しづ（つ）おり」「しづ（つ）はた」とも訓むが、梶・麻などの緯《よこいと》を青・赤などに染めて、乱れ縞模様に織り出した布をいう。渡来の「文《あや》」に対して日本固有の古い織物だから、「倭」を「文」に冠しているが、荒妙《あらたえ》ともいう。古くは上等の布とされ、神祀りの際に幣帛として用いられたが、のちには、古風で質素なものとされるようになった。『日本書紀』は「倭文《しとり》神建葉《たけは》槌《つち》命」と書くが、「ハ」は「羽の意」と日本古典文学大系の『日本書紀（上）』頭注が書くのは、『旧事本紀』が倭文造の祖を「天羽槌雄神」と書くからである。「槌」は「振る」ものだから、「ハッチ」は「羽振り」の意であろう。

『出雲国神賀詞』には、

天の下を知ろしめさむ事の志《しるし》のため、白鵠《しらとり》の生御調《いきみつき》の玩物《もてあそびもの》と、倭文《しとり》の大御心もたしに……

とあり、角凝命を祖とする鳥取氏の白鳥と倭文氏の倭文が対《ペア》で登場しているのは、どちらも「羽振り」にかかわるからであろう。天下統治のしるしは祝《はふり》（羽振り）の祭事《まつりごと》にあることを、この記事は示している。

『万葉集』に載る大伴家持の歌にも、

ちはやぶる　神の社に　照る鏡　倭文《しつ》に取り添へ　乞ひ祈《の》みて（四〇一一）

とある。石上神宮に倭文部がかかわっているのも、神事のためである。

鎮魂祭《たまふりのまつり》にかかわる石上の神宝十種は、物部氏の祖の饒速日命が天より持ってきたと、『旧事本紀』（天皇本紀）は書くが、石上の神宝十種のうち、剣は「八握剣」のみで、他は、四種が玉（生玉・足玉・死返玉・道反玉）、三種が比礼（蛇比礼・蜂比礼・品物比礼）、二種が鏡（瀛津鏡・辺津鏡）である。剣が一つだけであることからも、石上神宮を剣神祭祀の神社とみる従来の通説には問題がある。

神宝のうち、玉・鏡・剣はいわゆる三種の神器だが、「ヒレ」はちがう。「ヒレ」は、布留川の「布」であり、倭文氏の織った神衣であり、天女の羽衣である。「ヒレ」が羽衣であることは、妻を悼む柿本人麻呂の挽歌（二一〇）に、「白妙の天領巾《ひれ》隠《がく》り　鳥しもの　朝立ちいまして」（真っ白な、天女の「ヒレ」に包まれて、鳥でもないのに、朝家を出てしまった）と詠まれていることからもいえる。

石上の神宝十種について、『旧事本紀』（天孫本紀）は、「一二三《ひとふたみ》四《よ》五六七八九十《いつむつななやここのたりや》」といって「由《ゆ》良《ら》由《ゆ》良《ら》止《と》布《ふ》留《る》部《へ》」ば死人も生きかえる。これを「布留《ふる》之言本《のことのもと》」といい、これが鎮魂祭《たまふりのまつり》の始まりだと書くが、主に振るのは「ヒレ」である。神宝の、蛇比礼、蜂比礼、品物《くさぐさのもの》比礼の三種のうち、『古事記』は、蛇比礼、蜂比礼について、葦原色許男命（大国主命）が根の国で蛇の室や蜂の室に入れられて殺されようとしたとき、「比礼を三たびふり」、危難からのがれたと書く。死人を生き返らせるのは比礼であって、剣などのいわゆる「三種の神器」ではない。

『古事記』は、新羅の王子天之日矛の伝えた神宝八種を記しているが、その中の半分は、比礼（浪振る比礼・浪切る比礼・風振る比礼・風切る比礼）である。

このように、石上の神宝や天之日矛の神宝の三分の一または半分が「ヒレ」なのは、「羽振《はふ》り」が本来、女性の役だったからであろう。シャーマンといっても、わが国の場合、卑弥呼で代表されるように女性の祝だから、死人を生き返らせる呪術の「羽振り」の「羽」は「ヒレ」なのである。

『肥前国風土記』松浦郡の褶振《ひれふり》峯の話では、旅立った恋人が無事帰ってくるようにヒレを振っている。これは、去った者を呼び戻す呪術で、山上憶良は、この褶振峯の話を、「海原の　沖行く船を　帰れとか　領布《ひれ》振らしけむ　松浦佐用比売」と詠んでいる（『万葉集』巻五、八七四）。これは死人を生き返らすのと同じである。人麻呂の挽歌（二〇七）でも「妹が名呼びて　袖ぞ振りつる」と詠んでいる。妹は亡くなった妻で、「袖」は「ヒレ」である。『万葉集』では、石上の山と川は「袖振る」山・川と詠まれている。

神楽歌の「韓神」に、「三島木綿《ゆふ》、肩に取り掛け、我韓神は、韓招《お》ぎせむや」とあるが、これも、「ヒレフリ（羽振り）」である。

『旧事本紀』（天孫本紀）は、「鎮魂《たまふり》の祭の日は、媛女君《さるめのきみ》ら、百歌女《もものうため》を率いて、其《そ》の言本《ことのもと》を挙《あ》ぐ」と書く。『古語拾遺』も、「凡そ鎮魂《たまふり》の儀は、天鈿女命の遺跡《あと》なり」と書くが、猿女君の祖は天鈿女命である。猿女君は、小野臣・和邇部臣の管掌下にあった（『類聚三代格』弘仁四年十月二十日、太政官符）。布留宿禰は小野臣や和邇部臣と同族だから、鎮魂祭《たまふりのまつり》の「布留之言本」にもワニ氏がかかわっていたことになる。

「布留」が「比礼」「袖」「布」「神衣」を振ることなのは、平安時代の文献からも確かめられる。

『江家次第』に載る鎮魂祭の儀式には、

御巫衝二宇気一、次神祇一人、進結二糸於葛筥一自レ一至レ十此間女官蔵人開二御衣筥一振動。

とある。『北山抄』『政事要略』『西宮記』『宮主秘事口伝』も、似た記事を載せている。

「宇気」とは「宇気神槽」のことだが、この宇気槽を伏せて御巫が突くのは、天鈿女命が槽を伏せて矛で突く記・紀の記述からみて、本来は猿女君が行なう所作であったと考えられる。

『貞観儀式』の鎮魂祭の条によれば、矛で槽を一より十まで突くのに合わせて、神祇伯が箱の中の木綿の糸を十回結び、女官が御衣箱を十回振っている。『江家次第』の「御衣筥を開き、振り動かす」が、それにあたる。この「御衣筥振動」について、『江家次第』は、

結レ糸自レ一至レ十、宇麻志麻治命十種神宝、振レ之返レ死之縁也

と、石上の神宝に縁があることを述べている（宇麻志麻治命は物部氏の祖）。振るのは「御衣筥」であって、剣でも鏡でも玉でもないから、「ヒレフリ」が本義であることがわかる。だから「御衣筥振動」は、女官がつとめなければならなかったのである。

『万葉集』の石上の歌はすべて恋歌

『万葉集』でうたわれる「瑞垣」は、処女《をとめ》らの袖振る山にあり、袖（御衣）を振る人は娘子《をとめ》（女官）で、剣のイメージはない。それは、袖振る川の場合に「我妹子《わぎもこ》」が登場していることからもいえる。

同じ『万葉集』の、

石上　振の山なる　杉群《すぎむら》の　思い過ぐべき　君ならなくに（四二二）

は、恋の歌を挽歌として扱っており、

石上　振の早稲田を　秀《ひ》でずとも　縄だに延《は》へよ　守りつつ居らむ（一三五三）

は、娘の親が、言い寄る男に愛情を誓わせる歌であり、

……石上　振の早稲田を　穂には出《い》でず　心の中《うち》に　恋ふるこのころ（一七六八）

石上　振の里に　紐解かず　丸寝をすれば　我が着たる　衣はなれぬ　見るごとに　恋は増されど　色に出でば　人は知りぬべみ　冬の夜の　明かしを得ぬを　眠《い》も寝ずに　我《あれ》はそ恋ふる　妹《いも》がただかに（一七八七）

石上　振の神杉　神びにし　我やさらさら　恋にあひにける（一九二七）

石上　振の神杉　神さぶる　恋をも我は　更にするかも（二四一七）

石上　振の高橋　高高《たかたか》に　妹が待つらむ　夜そふけにける（二九九七）

も、すべての恋の歌である。

石上乙麻呂が土佐に流される歌（一〇一九）、

石上　振の尊は　たをやめの　惑ひに因りて……

は、密通の罪で流されることを歌っているが、同情をこめて詠んでおり、恋歌と共通している。

石上を冠した万葉歌が、ほとんど恋の歌であることも、記・紀に書かれる剣神布都主命のイメージが、『万葉集』の時代の石上神宮のイメージではないことを示している。

前述の「我妹子や　我を忘らすな　石上　袖振川の　絶えむと思へや」（三〇一三）も、恋歌である。

また、柿本人麻呂の袖振山の歌、

娘子《をとめ》らが　袖振山の　瑞垣の　久しき時ゆ　思ひき我は（五〇一）

に対し、

娘子《をとめ》らを　袖振山の　瑞垣の　久しき時ゆ　思ひけり我は（二四一五）

という異伝歌が載る。

五〇一の歌は、「おとめが袖を振るという山の神垣のように、久しい前から思っていたわたしは」の意、二四一五の歌は、「おとめに袖を振るという山の神垣のように、久しい間思ってきたわたしは」の意で、ややちがうが、いずれも恋の歌である。二四一五の歌につづいて、二四一七の歌が載るが、これも人麻呂の歌で、「石上の振の神杉のように、老いらくの恋を私は更にしようとしている」の意である。一九二七の歌はその異伝歌だが、「石上の振の神杉ではないけれど、年をとった私がいまさら恋をしてしまった」という意である。

人麻呂が石上に託して詠んだ恋の歌は、他の恋歌とは意味あいがちがう。『新撰姓氏録』（大和国皇別）の布留宿禰の条には、ワニ氏系の氏族のなかでも特に「柿本朝臣同祖」とあり、石上神宮の大祝の布留氏が柿本氏と同族であることを強調している。この柿本朝臣人麻呂が、石上に託して恋の歌を詠んでいることからみても、人麻呂の頃の石上神宮の神は、剣神布都主命ではない。

ワニ氏の「フル」の神から物部氏の「フツ」の神へ

『布留社縁起』には、「本社ノ後ニ禁足ト名付ル処アリ、廻ラスニ石籬ヲ以テス、社家説ニ神剣韴霊《フツノミタマ》、霊崇アルニ仍《ヨリ》テ石櫃ニ安鎮シ、比処ニ斎埋ス」とある。「禁足ト名付ケル処」とは、人麻呂の詠んだ「瑞垣」である。

明治七年に、大宮司菅政友が、許可を得て禁足地の中央を掘ると、その剣が出土した。政友は、出土した剣を「韴《ふつの》霊《みたま》」とし、現在、本殿に御神体として祀っている。この「フツノミタマ」が、記・紀のフツヌシである。

「布都主剣を繞《めぐ》らし」と『旧事本紀』が書くように、剣は瑞垣の垣（五十櫛）として立てられていたが、後世、神の依代として、瑞垣内の中央に埋められるようになったと推測される。「フル」の神が「フツ」の神になり、「比礼（布・袖）」の霊威が「剣」に代ったのは、そのときであろう。

石上神社に坐す「布都御魂」は、建御雷神の依代として高天原から降下したと『古事記』が書くように、布都主神は建御雷神と対《ペア》である。そのことは、国譲りの使者として高天原から派遣されるとき、両神が対《ペア》で天降ったとか、布都主神が建御雷神に役目を譲ったと書かれていることからもいえるが、建御雷神は中臣・藤原氏の氏神である。「仲臣《なかつおみ》」の鏨着大使主《たがねつきおおおみ》(臣)を祖とする中臣臣《なかつおみのおみ》(仲臣)とちがって、建御雷神を祖とする中臣連《なかとみ》は、「ナカツオミ」といわず「ナカトミ」といい、姓《かばね》も「連」である。仲臣《なかつおみ》の「オミ」は姓の「臣」ではなく、「大忌《おみ》」の意である。石上神宮の最初の祝《はふり》を「市川臣」というが、この「臣」も「大忌」の意である。大忌は、神武天皇の皇子神八井耳命が弟に、「汝命《いましみこと》上《かみ》と為《な》りて天下治《しらしめ》せ。僕《あ》は、汝命《いましみこと》を扶《たす》け、忌人と為《な》りて仕へ奉らむ」と云ったと『古事記』が書く「忌人」のことであり、忌人は祝人、大忌は大祝のことである。

『日本書紀』は、神八井耳命が弟に、「汝《いまし》を輔《たすけ》て、神祇を奉典せむ」といったと書き、「忌人」を、「神祇を奉典」する人と書いている。神八井耳命は「手足わななきて」と『古事記』は書くが（『日本書紀』は「手足ふるへおののき」と書く）、谷川健一によれば、この表現は神がかりの状態を暗示しているという。神八井耳命は多（太）臣の祖と、記・紀は書くが、オホ臣もワニ臣と同じ仲臣であることを、『新撰姓氏録』（右京皇別・島田臣条）や『多神宮注進状』（久安五年〔一一四九〕成立）は記している。

このように、忌人・祝人は「大忌《おみ》」だから、仲臣《なかつおみ》とは「仲大忌《なかつおみ》」である。この「神祇を奉典」する「大忌《おみ》」に対して、「神事の細部に与《あづか》る人々」を「小忌《をみ》」という。[14] 祭官の中臣連や忌部連、また神の物を作り管理する物部連は、「小忌」である。だから、姓《かばね》は「連《むらじ》」であって、仲臣のワニ臣・オホ臣のように「臣《おみ》」ではない。中臣連も、卜占をもって「大忌」の仲臣を助けた「小忌」であった（布留宿禰は「連」から「宿禰」になっているが、本来は「臣」であったのを「首」に落とされたから、「連」になったのである。）

横田健一は、『家伝上』（大織冠伝）に、中臣氏が欽明朝に卜部から中臣になった理由として、「人神の間を相和す」天地の祭を掌ってきたためと書かれていることをあげて、「神人の間の中にたって仲介をなす職能だけならば、『中』でよいではないか。中臣の臣はカバネの臣とまぎらわしい。よくも連姓の豪族に対する賜姓の際に、臣の字を氏につけて賜ったものと思う。（中略）他の氏族にはこうした例は皆無である。朝廷が中臣氏にこういう臣の字を氏名に許したのは、

そもそもどういう事情があったのだろうか」と書いている。(15)

横田健一は、多氏や春日氏などが「仲臣」であったことを無視しているので、中臣連のみを問題にしているが、折口信夫は、「仲臣」を無視していないから、「中天皇《なかつすめらみこと》」という宮廷の尊貴な女性が神と天皇の中を執りもつのに対して、神なる天皇と人との間にたつのが、所謂中つ臣即中臣《なかとみ》である」と書く。そして、「中臣も意味広く一氏族だけの職ではなかったのが、後に藤原氏を分出した中臣一族だけを考える様になったらしい」とも書く。(16) だが、「仲臣《なかつおみ》即中臣《なかとみ》」ではない。

横田健一は、延喜六年（九〇六）に大中臣氏人が朝廷に提出した『新撰氏族本系帳』に、欽明朝のとき中臣常磐大連が始めて「中臣連」になったとあり、「大中臣氏系図」（『尊卑分脈』）、「大中臣氏系図」（『続群書類従』）の「常磐大連」の注）に「本《もと》者《は》卜部也」とあるから、中臣氏は「欽明朝か、その少し前ころ」「常陸の卜氏から出て、中央宮廷祭祀にあずかるようになった」とみている。(15) 藤原鎌足が「常陸の卜部氏」かどうかは別にして、卜占は「神事の細部」である。だから、中臣連と仲臣を「即」で結ぶ折口説を、私は採らない。ただし、仲臣と中臣連の結びつきが深かったことは確かであろう。だからこそ中臣・藤原氏は、仲臣のオホ臣がかかわる鹿島神宮の神を、仲臣のワニ臣が祀る大和の春日の地に移し、鹿島と春日の神を自らの氏神にしてしまったのである。なお、布都主神を祖とする物部氏系に中臣習宣《すげ》朝臣、中臣熊凝《くまこり》朝臣がいる（『新撰姓氏録』右京神別）が、この「中臣」は、物部連が「仲臣」のワニ氏にかかわっていたことに由来するものであろう。

中臣（藤原）・物部（石上）両氏の氏神のタケミカヅチとフツヌシが一体になって天孫降臨神話に登場し、両氏が「中臣」と称するのは、仲臣のワニ氏・オホ氏の振神・甕神を、剣神・雷神として氏神に変質させたからであろう。私は、このような工作をしたのは、天武・持統・文武期の中臣（藤原）大島と物部（石上）麻呂と考える（石上麻呂は養老元年〔七一七〕三月に亡くなっている）。フツヌシよりタケミカヅチが優位に書かれているのは、元明・元正朝の藤原不比等の工作であろう。

補遺

石上神宮の「五十櫛《いそくし》」と鳥杵

奈良県天理市杣之内町の小墓古墳と橿原市四条町の四条古墳（両古墳とも、五世紀末から六世紀初頭のものと推測されている）の周濠から、おびただしい木製品が出土したことを、昭和六十三年二月五日の新聞（朝刊）は報じている。

出土木製品は、笠・翳形、大小の鳥形、刀・楯・弓などの武器形、容器や机状のものなどである。これらの木製品は、古墳のまわりにめぐらされていたとみられているが、そうだとすれば、『旧事本紀』（天孫本紀）のいう「五十櫛《いそくし》」に通じる。これらは、聖と俗の境に立てられたもので、石上神宮の場合は神と人の境界、古墳の場合は死者と生者の境界を画するものである。その内側の聖地は、『魏書』東夷伝馬韓条に載る鬼神を祀る蘇塗《そと》に通じる。金関恕は蘇塗を「鳥杵を立て並べた聖域」とみる。(17)図1は、秋葉隆の『朝鮮民俗誌』に載るチャンスン（長生標性）のソッテ（鳥杵）である。「ソッテ」は「ソト」の転といわれている。『旧事本紀』に書かれた石上神宮の聖域、柿本人麻呂がうたう「袖振山の瑞垣」も、一種の蘇塗であり、その聖域を囲む剣（布都主剣）や斎木《いつき》（今木）や楯などは、聖と俗の境界のチャンスンであろう。

『旧事本紀』には「五十櫛《いそくし》」とあるが、「櫛」と書かれているのだから、剣は剣先を上にして立てられたであろう。

布都（経津）主神（布都主剣の神格化）は、武甕槌（雷）神と共に出雲の五十田狭《いたさ》の浜に天降りして、十握剣を「倒《さかしま》に地《つち》に植《つきた》てて、其の鋒端《さき》に踞《うちあぐみゐ》て」大己貴神と国譲りの交渉をしたと、『日本書紀』本文は書く。聖と俗の境界に「五十櫛」を立てるように、天《あま》（海）と地の境界の五十田狭の浜に剣を「倒《さかしま》」に立てたのである。布都主神や武甕槌神は「倒《さかしま》に地《つち》に植《つきた》てた」剣そのものであり、五十田狭（『記』は伊那佐）の「サ」は境界の意である。剣の「鋒端《さき》に踞《うちあぐみゐ》て」とは、鳥杵のイメージによる表現であろう。『古事記』は、この神を布都主神でなく、天鳥船神にしている。

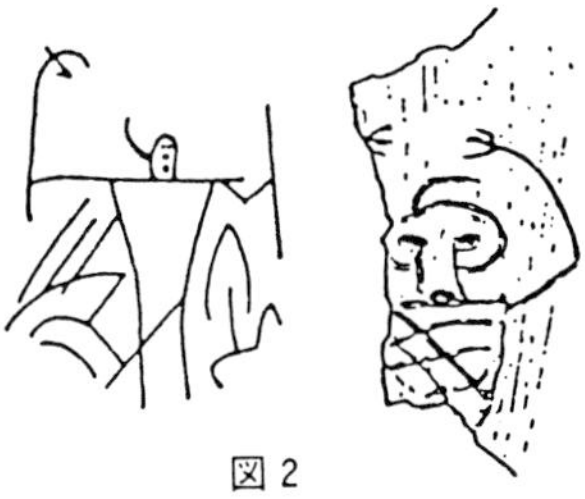

図 2

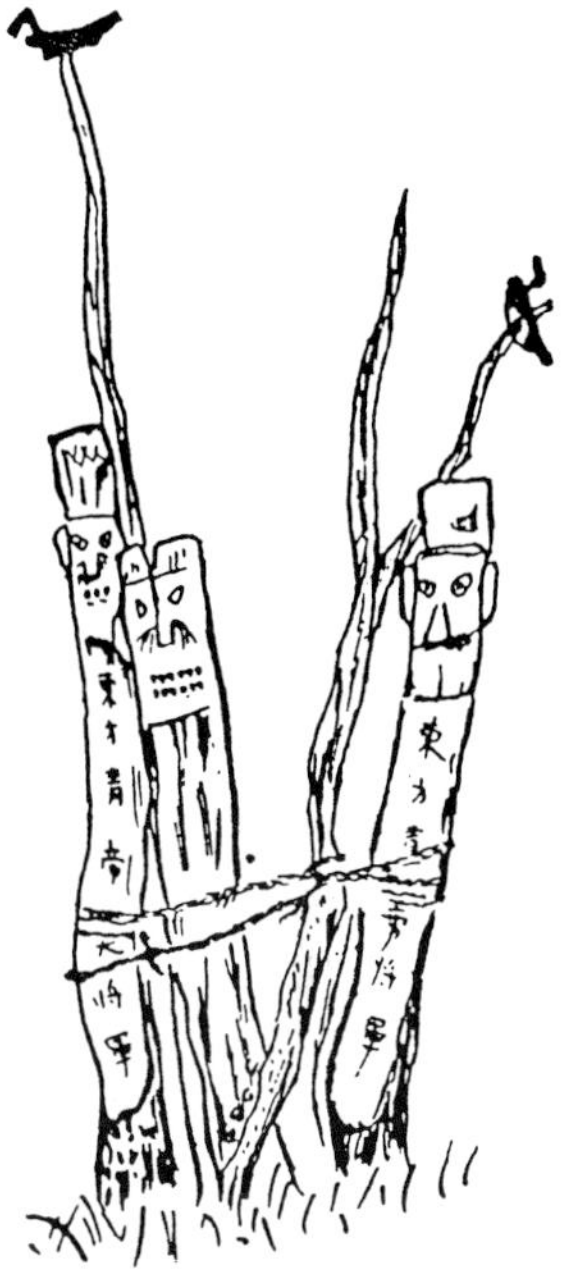

図 1

図 3

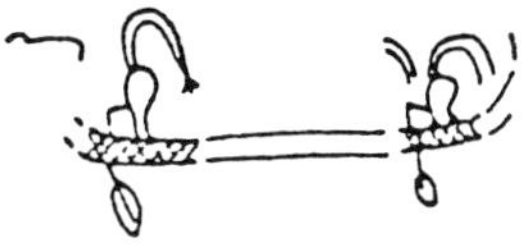

図 4

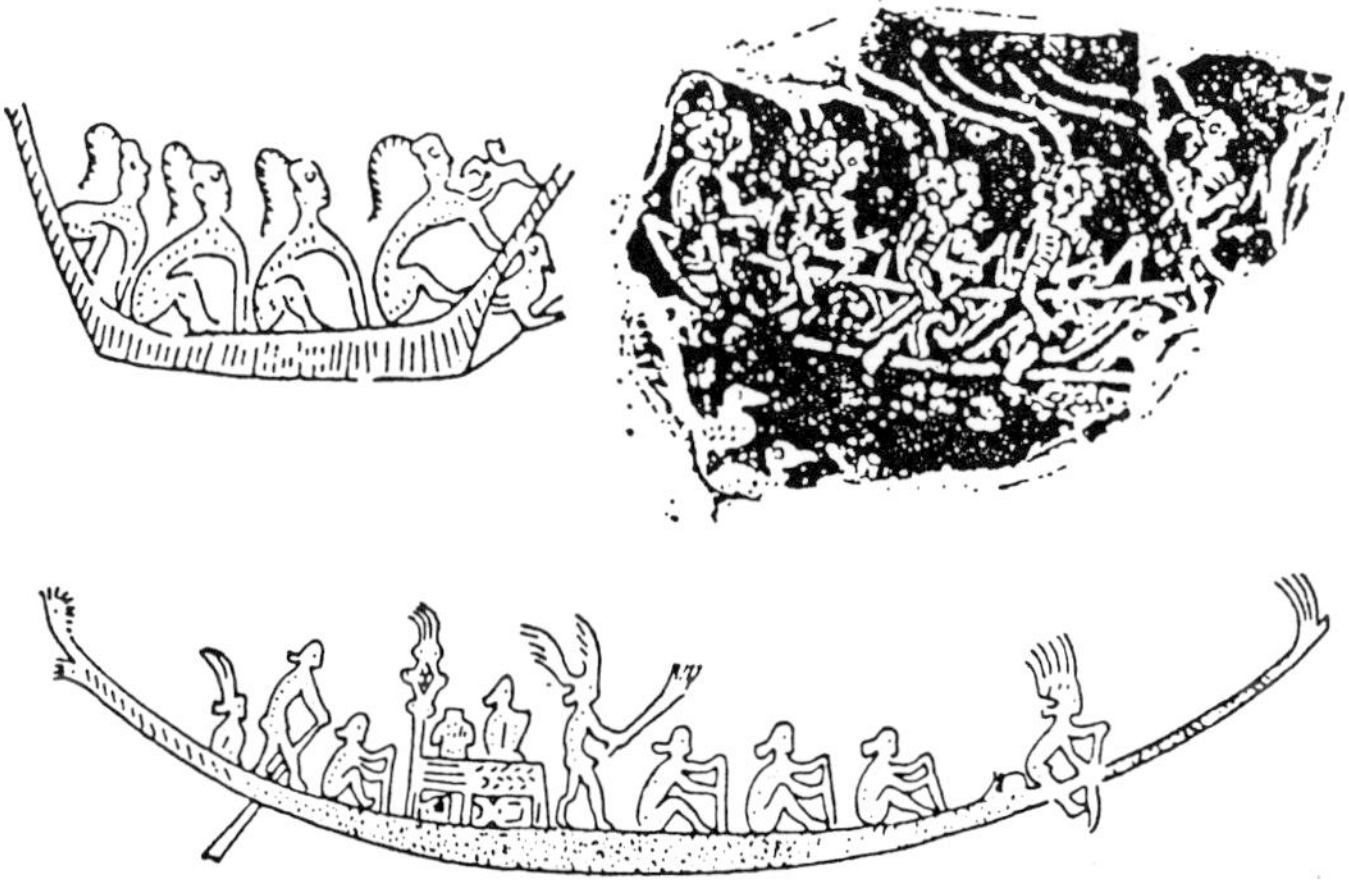

図 5

329　石上神宮

『日本書紀』は、土に「サカシマニ」に剣を立てたと書くのに、『古事記』は、土でなく「波の穂」に刺し立てたと書く。土の方が合理的なのに、波頭に剣を刺し立てたと書くのはなぜか。『万葉集』に、「夕羽振、浪こそ来よれ」（一三一）、「朝羽振、浪の音騒《さわ》き」（一〇六二）とあり、「羽振」は「浪」の枕詞になっている。天鳥船神を登場させた『古事記』は、「鳥船」を強調するため、「浪」に刺し立てたと書いたのであり、天鳥船神と建御雷神の関係は、鳥と杵の関係であろう。

剣も、「一振」というように、「振」にかかわる。「フル」の社が「フツ」の社になったのは、一つはそのためと思われるが、振神社にかかわる布都主神が天鳥船神に替えられたのは、「五十櫛」の布都主剣に鳥杵的性格があったためであろう。

笠・翳形木製品と「頭挿羽《かさしは》」

鳥杵的木製品以外に、翳《かさし》や笠形の木製品も出土しているが、これらも鳥杵と無関係ではない。

翳は、貴人のうしろからさしかける、鳥の羽や薄絹などで作った長柄のうちわのようなものだが、『万葉集』には、「渋谿《しぶたに》の二上山に　鷲その子産むといふ　指羽《さしは》にも　君がみために　鷲その子産む」（三八八二）とあり、鷲の羽根が翳になると詠んで、「指羽」と書いている。「サシハ」は「頭挿羽《かさしは》」の「か」が落ちた表現で、「翳《かさし》の羽」とも書かれている。本来は、頭に挿す羽根のことである。

図2は、右が佐賀県の川寄吉原遺跡、左は奈良県の唐古・鍵遺跡の弥生土器の絵だが、金関恕は、頭から髷《まげ》のように出ているのを、「鳥の羽の表現かもしれません」といっている（橿原考古学研究所付属博物館編『シンポジウム・弥生人の四季』）。図3は、梶山勝が、「越文化の有文斧とドンソン文化の靴形斧」（「えとのす」20号）に載せている資料で、浙江省鄞県出土の有文斧の拓影である。同じ絵は、ベトナムのドンソン遺跡出土の靴形斧にもみられる。

笠（蓋《きぬかさ》）には、花や羽根などを飾りつけた花笠があるが、笠《かさ》は「カササシ」の「シ」の略とする語源説もある。図3は笠の原型ともいえよう。

「頭挿《かさし》（挿頭）」とは、花や枝、造花などを髪や冠に挿すことをいうが、賀茂社や松尾社の葵祭では、神官が葵を「カサシ」にする。羽《は》が葉《は》から、さらに花や枝になったのだが、特に神官（祝人）が「カサシ」を着けることからみても、羽振り（祝・葬）のためのものであることがわかる。図2については、「頭挿羽《かさしは》」といってよかろう。

図4は、鳥取県稲吉遺跡の弥生土器に描かれている絵であり、図5は、馮漢驥著『雲南晋寧銅鼓研究』に載る、銅鼓に描かれた絵である。頭の羽根は「頭挿羽」だが、船に乗っている人であることが無視できない。天鳥船神とは、このような人物のイメージ化であろう。この点で、鳥形木製品と笠・翳形木製品は、同じ意味をもっている。藤ノ木古墳出土の冠の立ち飾は鳥形とハート形の歩揺で飾られ、木に鳥がとまっている形である。これもまた、冠の原形が笠、頭挿羽だったことの名残りではないだろうか。

羽振り人と葬人《はふり》・祝人《はふり》

「頭挿羽」の人物は、一般に「鳥人」といわれているが、鳥人とは、本文で書いた「羽振り」の祝人である。

「羽振り」としての「葬《はふり》」儀礼に鳥形や笠・翳形木製品が用いられたという推測は、記・紀が天稚彦（若日子）の殯《もがり》に、鳥を登場させていることからもいえる。『日本書紀』は、

川鷹《かわかり》を似て、持傾頭者《きさりもち》及び持帚者《ははきもち》とし、一《ある》に云はく、鶏《かり》を以て持傾頭者とし、川鷹を以て持帚者とするといふ。又雀を以て春女《つきめ》とす。一に云はく、乃ち川鷹を以て持傾頭者とし、亦持帚者とす。鴗《そび》を以て尸者《ものまさ》とす。雀を似て舂者《つきめ》とす。鷦鷯《さざき》を似て哭者《なきめ》とす。鵄《とび》を似て造綿者《はたつくり》とす。鳥を似て宍人者《ししびと》とす。凡て衆《もろもろ》の鳥を似て任事《ことよさ》す。而して八日八夜、啼《おら》び哭《な》き悲び歌ふ

と書く。すべてが鳥に限られていることからみても、「葬《はふり》」は「羽振り」である。

古墳以前の弥生時代の墓（周溝墓、墳丘墓など）からも鳥杵的木製品が出土し、鳥形埴輪が多いことからみても、葬は祝である。留目和美も、「鳥の羽根を振って神に仕えた人こそ、弥生の人々にとって祝（ハフリ）であったにちがいない。一方、ハフリとは葬りとも書き、葬送とか埋葬の意味にもなるが、元来は神に仕える鳥シャーマンの事であったというのが私の見解である」（「混血の古代史（四）」「古代文化を考える」十七号）と書き、図5の下の絵をあげて、うずくまる「鳥

人シャーマン」を、『魏志倭人伝』のなかの「喪人の如き持衰《じさい》」と推測している。

倭国造の祖椎根津彦命が神武天皇の東征の船団を案内したと記・紀は書くが、『古事記』は椎根津彦を槁《さお》根津日子と書き、「打羽《うちは》挙《ふ》り来る人」と書く。本居宣長は、この表現を「鳥の羽振る如く、左右袖を挙げて打ち振つつ来るなり」と、『古事記伝』で述べている。持衰の「衰《さい》」には喪服の意味があるから、持衰とは「袖を打羽振る水先案内人」の意味で、祝人《はふりびと》であり葬人《はふりびと》である。

『日本書紀』には、推根津彦が天香具山の土を採るために「幣《いや》しき衣服及び蓑笠《みのかさ》を著て、老人《おきな》の貌を為《つく》る」とあるが「持衰」の「衰」は、喪服以外に「蓑《みの》」のことをいう。白川静は、「蓑《さい》」について、「〔詩、小雅、無羊〕は牧場開きの祝頌詩であるが、『爾《なんぢ》の牧来る　蓑《みの》を何《にな》ひ笠を何ふ』という句があるのは、その蓑・笠をつけることに何らか呪的な意味があるようである。〔儀礼、既夕礼記〕に『槀車《かうしや》に蓑笠《さいりふ》を載《の》す』とあり、送葬の車に蓑笠を載せることをしるしとしている。わが国では、蓑笠は神の使者や死者の身に着けるものであった」（『字統』）と書いている。

椎根津彦は持衰といえよう。そして、送葬に蓑笠を載せるのは、蓑に鳥の翼、笠に頭挿羽の意味があり、蓑・笠が殯のときの鳥と同じ意味をもつからであろう。だから、椎根津彦は「打羽《うちは》挙《ふ》り来る人」なのである。『万葉集』に、「羽振り鳴く鴫《しぎ》」（四一四一）、「打ち羽振り鶏《かけ》は鳴く」（四二三二）と詠まれ、「打羽振」が鳥の枕詞になっているように、「打羽振り来る人」は鳥人である。福岡県の珍敷塚古墳や鳥船塚古墳の船の舳《へさき》の鳥も、葬人（持衰）を鳥で表現しているのであろう。

なお、図の右は清水風遺跡、左は坪井遺跡の弥生土器に描かれた絵だが、これらは、まさしく鳥人（羽振り人＝祝人）の姿をあらわしたものと考えられる。

注

（1）三品彰英「フツノミタマ考」『建国神話の諸問題』所収、昭和四十六年。
（2）松前健「鎮魂神話論」『日本神話の新研究』所収、昭和四十四年。
（3）谷川健一『青銅の神の足跡』一三六頁、昭和五十三年。
（4）杉本信広『日本の神話』一七四頁、昭和四十一年。
（5）三品彰英「新羅古代祭政考」『古代祭政と穀霊信仰』所収、昭和四十八年。
（6）田村克己「鍛冶屋と鉄の文化」『鉄』所収、昭和四十九年。
（7）横田健一「物部氏祖先伝承の一考察」『日本古代神話と氏族伝承』所収、昭和五十七年。
（8）谷川健一『白鳥伝説』二〇一―二〇二頁、昭和六十一年。
（9）山本昭『謎の古代氏族鳥取氏』昭和六十二年。
（10）柴田実「小野神社と唐臼山古墳」『滋賀県史蹟調査報告』八集。
（11）岸俊男「ワニ氏に関する基礎的考察」『日本古代政治史研究』所収、昭和四十一年。
（12）折口信夫「水の女」『折口信夫全集』第二巻所収。
（13）松前健「石上神社の祭神とその奉斎氏族」『大和国家と神話伝承』所収、昭和六十一年。
（14）折口信夫「日本文学の発生」『折口信夫全集』第七巻所収。
（15）横田健一「中臣氏と卜部」注7前掲書所収。
（16）折口信夫「日本文学史ノート」『折口信夫全集ノート編』第二巻所収。
（17）金関恕「前方後円墳」『展望アジアの考古学――樋口隆康教授退官記念論集』所収。

春日《かすが》大社——ワニ氏の聖地から藤原氏の聖地へ

石上神宮は物部氏、春日大社は藤原・中臣氏が本来の祭祀氏族と、一般にはみられているが、石上神宮の神主はワニ氏系の布留氏であり、春日大社が神体山とする御蓋（春日）山も、春日大社創祀以前は、布留氏と同族の春日氏らが祀る聖山であった。

春日大社と春日神社とワニ氏

『延喜式』神名帳の大和国添上郡の条に、「春日神社」と「春日祭神四座並名神大。月次新嘗」（春日大社）が載る。

春日神社について、西田長男は「結局、春日大社の地主神であると考えるほかはあるまい。しかしここの地主神として古来著名なのは、『古社記』の〝或人云〟にみえる〝榎本明神〟、すなわち春日大社の末社の榎本殿・榎本社であって、これをもって『式』にいう〝春日神社〟に擬する学者も少なくないのである」と書く(1)。

西田長男は、「地主神」の春日神社を祀っていた氏族にふれていないが、私はワニ氏系の春日臣や小野臣とみる。この神社の祭神は、中世末までは「巨勢《こせ》姫明神」と呼ばれていた。「巨勢」は、『日本書紀』の神武即位前紀に、「和珥《わに》の坂下《さかもと》に、居《こ》勢祝《せはふり》といふ者有り」とある「コセ」である。太田亮は、ワニ氏が改姓した春日臣を「春日族」と称し、そのなかに「興世」をあげているが(2)、この「興世」も居勢祝のコセである。

大東延和は、春日神社を今の「榎本《えのもと》社」とし、「今日でも当榎本社に対し、小野姓の篤信家の参拝が見受けられる」と書き、雄略紀の十三年八月条にみえる「春日小野臣大樹」の「小野」と関連づけている。また、太田亮のあげる「興世」については、祭神「巨勢姫明神」の「コセ」にかかわる名とみている(3)。

西田長男があげる『古社記』（文暦元年〔一二三四〕成立）は、榎本明神が鎮座していた御蓋山（春日山）と、鹿島から遷幸途中の春日明神の寓居安倍山との土地交換の話を載せているが、この伝承は、春日山の祭祀の主体が「春日神社」から「春日大社」に移ったことを反映している。

『古社記』は、神護景雲二年（七六八）正月九日、鹿島神宮の祭神タケミカヅチが白鹿に乗って出発し、伊賀国名張郡夏身（目）郷、大和国城上郡阿倍山を経て、十一月十日に三笠山へ遷座したと書いているが、『三代実録』の元慶八年（八八四）八月二十六日条には、

新造二神琴二面一、奉レ充二春日神社一、以二神護景雲二年十一月九日所レ充破損也一

とあり、『古社記』の記述を裏づけている。『一代要記』『大鏡裏書』『皇年代記』なども、鹿島の神の遷座を、『古社記』と同じく神護景雲二年とする。

神護景雲二年より四年前の天平宝字八年（七六四）、太政大臣藤原仲麻呂（恵美押勝）が謀反の罪で誅罰されているが、この前後から道鏡の専制が始まっている。そのときの藤原一門の代表者は、左大臣藤原永手であった。『春日社本地御託宣』に、「神護景雲二年十一月九日、左大臣藤原永手、奉移春日大明神於三笠山」とある。この時期の神祇伯は中臣清麻呂だから、たぶん春日大社の創祀は、永手の命により神祇伯の清麻呂が実行したのであろう。

天平宝字八年（七六五）　藤原仲麻呂の乱
天平神護元年（七六六）　道鏡、太政大臣禅師に就任
〃　二年（七六七）　道鏡、法王に就任
神護景雲二年（七六八）　春日大社成る
〃　三年（七六九）　道鏡事件おきる
〃　四年（七七〇）　道鏡失脚

という時代状況が、春日大社の創祀に関連していると考えられる。

『新抄格勅符抄』の大同元年（八〇六）の「牒」に、「春日神　廿戸 常陸国鹿島社奉寄天平神護元年」とある。

この記事について、東実は、天平神護元年（七六五）に春日社造営が開始され、神護景雲二年に完成した社殿に鹿島の神が遷座したと推論しているが[4]、藤原仲麻呂の乱の翌年であることからも、この年に春日大社の創祀が計画され、実行にうつされたとみられる。

天平神護元年、鹿島に「春日祭料」として神封二十戸が寄せられ、二年後の神護景雲元年（七六七）に鹿島の神が常陸を出発しているから、天平神護・神護景雲の「神護」は、鹿島神の春日遷幸を意識しての年号と推測される。

天平神護元年は春日大社造営開始の年、神護景雲元年は鹿島神遷幸の年、神護景雲二年は春日大社の創祀の年であろう。西田長男も、春日大社の創祀が神護景雲二年であることを詳細に考証している[1]。しかし、春日(三笠)山の祭祀、つまり春日神社（『古社記』は、この神社の祭神は御蓋山に鎮座と書く）の祭祀は、その前から行なわれていた。

『続日本紀』は、養老元年（七一七）二月一日条に、「遣唐使、神祇を蓋山《みかさ》の南に祀る」と書く。この記事は、三笠(春日)山々麓（「南」は「西」の誤記とみられる）に祭場を設けて、神祇（天神地祇）を祀ったことを意味している。養老元年は、神護景雲二年より五十一年も前である。

『万葉集』巻十九に、「春日祭神の日、藤原太后の作ります歌一首、即ち入唐大使藤原清河に賜ふ」と題詞にある、次の歌が載っている。

大船に　ま梶しじ貫き　この我子を　唐国へ遣《や》る　斎《いは》へ神たち（四二四〇）

そして、藤原清河の次の歌が載る。

春日野に　斎《いつ》く三諸《みもろ》の　梅の花　栄えており待て　帰り来るまで（四二四一）

藤原清河は天平勝宝二年（七五〇）九月に遣唐大使に任命されているから、翌年の出発前に詠まれた歌と考えられるが、神護景雲二年よりも十八年ほど前である。

三諸山は御蓋山のことだが、その山を斎く春日野とは、養老元年の御蓋山々麓の斎場があったところで、三十三年前の遣唐使派遣のときの斎場と、藤原清河が詠む春日野の斎場は同じであろう。この歌が詠まれた天平勝宝二年より二十七年たった宝亀八年（七七七）二月六日条に、「遣唐使、天神地祇を春日山の下《ふもと》に拝す。去年風波調《ととの》はずして、渡海することを得ず。使人亦復頻《しき》りに以て相替《あいかは》る。是《ここ》に至りて副使小野朝臣石根、重ねて祭礼を修むるなり」とある。「去年風波調はずして、渡海することを得ず」とあるのは、宝亀七年閏八月、佐伯今毛人らが渡海できなかったことをいい、「使人……相替る」とは、佐伯今毛人から小野石根にかわったことをいう。「重ねて」とあるのは「佐伯今毛人のときにも祭祀があったからだろう。

このような祭祀は、神護景雲二年より前のことである。『万葉集』巻三に、春日野の「神の社《やしろ》」（四〇四、四〇五）が詠まれているが、この春日野の神社についても、春日大社と断定することはできず、「春日野に、斎《いつ》く三諸《みもろ》の」神の社、つまり「春日神社」とみることができる。

春日氏らの御蓋（春日）山祭祀

上田正昭は、『万葉集』の「神の社《やしろ》」について、「おそらく地主的な神の『社』と推察される」と書き、「春日野の『社』や『春日神社』をまつる主体は、いったいどういう氏族であったのか。そのありようはさだかでないが、和珥臣か春日臣らが在地神を祭祀した前史が、春日大社創建以前にあったことは、十分に想定できる」と書いている。(5)私は、上田正昭よりも積極的に、三笠（春日）山の祭祀氏族はワニ氏系で、「春日」の社名にかかわる春日臣が中心であったと推測している。

『新撰姓氏録』（左京神別・大春日朝臣条）には、「糟《かす》を委《つ》みて堵《かき》と為《な》した」ので、仁徳天皇が「糟垣臣」と名づけ、のちに改めて「春日臣」としたとあるが、折口信夫は、春日臣と同族の柿本臣の「カキ」も「垣」であると述べている。(6)垣は境界を示すものだが、持統天皇の殯宮の垣（大殿垣）の造司に刑部親王が任命されていることからみても、垣を造ることの重要性がわかる。この場合は、生者と死者をわける境界としての垣である。

垣は人工による境だが、坂は自然の境界である。春日神社の祭神巨勢姫の「コセ」にかかわる居勢祝は、神武紀によれば「和珥《わに》の坂下《さかもと》」にいたという。ワニ坂に祝がいたのは、この坂（境）が特に重要だったからである。ワニ坂からは、北は山城・近江へ、東は都介野《つげの》を経て伊賀・伊勢へ至る。特に、それは日本海へ至る北の出口であり、同時に、北陸からの人や物が大和国に入る入口でもあった。

崇神紀（十年九月条）には、大彦命と和珥臣の遠祖彦国葺《ひこくにぶく》が埴安彦《はにやすひこ》を討つため山城国へ行くとき、和珥の武鐰《たけすき》坂の上に忌瓮《いはひべ》をすえたとあるが、『古事記』は彦国葺を日子国夫玖《ひこくにぶく》命と書き、丸邇《わに》坂に忌瓮をすえて山城へ向かったと書く。また『古事記』は、境に忌瓮をすえる例として、大吉備津日子命らが播磨と吉備の境界に忌瓮をすえて「吉備国を言向《ことむ》け和《やは》したまひき」と書いている。

『万葉集』にも、旅立ちのとき忌瓮をすえて旅の加護を祈った歌がいくつも載るが、その一つに、遣唐使の船が難波を発《た》つとき、母が子に贈った歌一首として（一七九〇）、

……草枕　旅にし行けば　竹玉を　しじに貫《ぬ》き垂れ　斎瓮に　木綿《ゆふ》取り垂《し》でて　斎《いは》ひつつ　我が思ふ　我が子　ま
幸《さき》くありこそ

とある。忌（斎）瓮をワニ坂にすえたのは、ワニ坂が境界としての聖地、「垣」の場所だったからであろう。『延喜式』神名帳に載る和爾坐赤坂比古《わにますあかさかひこ》神社の「赤坂」はワニ坂のことだが、ワニの地でワニ氏が祀る神は坂（境・垣）の神であり、この神が御蓋（春日）山の神の原形であったと考えられる。ワニ氏系氏族が御諸《みもろ》山とするこの山の麓（春日野）こそ、遣唐使の旅の安全を加護する祭祀にふさわしい地だったのであろう（「ミモロ山」とは、神霊の降臨する山の意である）。

文禄二年（一五九三）の『春日御社記録』には、「榎本、巨勢姫明神、天上天下間八達神《ヤチマタノカミ》ニテ御座、鼻長衢《ク》神、塩土翁、猿田彦ト云説アリ」とある。この「ヤチマタ」は天上と天下の境をいい、猿田彦はそこにいて天孫を先導したが、塩土翁は海路の先導者であった。つまり、春日神（榎本神）は、境（坂）の神、塞の神として、先導神とみられていたのである。

猿田彦と関係の深い天鈿女《あめのうずめ》命は猿女《さるめ》君の祖だが、猿女君はワニ氏系の小野臣らの管掌下にあり、和田萃は、ワニ氏と猿女氏を同族とみている。猿女君は平安朝になると稗田《ひえだ》を名乗るが、和田萃は、記・紀が書く「ワニ池」は稗田の地にあったと考証している。[7] このようなワニ氏と猿女君との関係からみて、巨勢姫明神は天鈿女命と重なる。

西田長男は、春日大社の創立を神護景雲二年とみたうえで、春日大社南門壇下に出現石をのこしている赤童子につい

て、「春日四所影向以前の地主神の一つではなかったか」と書いている。(1) 上田正昭は、『春日大明神垂迹小社記』に「赤童子御影岩座」とあるから、赤童子出現石は「地主神の磐座であったかもしれない」と書き、「赤童子」との習合を後世のこととみている。(5) しかし、たとえ「赤童子」という呼称が後世のものであったとしても、この出現石が地主神出現の磐座だとすれば、なぜ「童子」が「赤」なのかが問題になる。私は、ワニの赤坂比古神社の赤坂比古が、赤比古（日子）→赤童子と転じたのではないかと推測する。

ワニ坂が赤坂と呼ばれたのは、ワニ坂周辺の土が赤いからである。現在も、和爾下神社の近くは赤土山と呼ばれている。ワニ坂の地が境界であっただけでなく、土が赤いことも（赤を古代人は神聖視して呪力を認めている）、この地がワニ氏の聖地になった理由と考えられる。赤童子出現石は、赤坂比古の出現石であろう。

ワニの地には、赤坂比古神社と和爾下神社がある。和爾下神社に対して、赤坂比古神社は上社にあたる。上社が赤坂比古神だから、下社は赤坂比売神であろう。とすれば、春日神社の祭神巨勢姫明神も赤坂比売神といえるが、なぜ「コセ」なのであろうか。

『古社記』に、御蓋山に鎮座する榎本明神と、鹿島から遷幸中のタケミカヅチが、御蓋山と安倍山を交換したとあるが、「コセ」は、『新撰姓氏録』（左京皇別）に「許曾倍《こそべ》朝臣、阿倍朝臣、大彦命の後」とある「コソベ」にかかわるのではないかと、大東延和は推測している。(3) 私は、ワニ坂の居勢祝の「コセ」にかかわるとみるが、コセはコソベの「コソ」と無関係ではなかろう。

許曾倍は、社戸《こそべ》（『日本書紀』）、社部《こそべ》（『出雲国風土記』）とも書く。河内国讃良郡の式内社に「高宮大社御祖神社」があるが、この「大社」を吉田東伍は「オホコソ」と読み、「古は社戸《コソヘ》と云ものありて神事に奉仕す」と書く。(8) 太田亮も、吉田説を採っている。(9) 黒川春村は、伴信友の『神名帳考証』に付した「神名帳考証土代附考」で、河内国渋川郡の波牟《はむ》許曾《こそ》神社は「蛇社神社」だと書く。

『延喜式』の神名帳には、波牟許曾神社以外に、阿麻美許曾（河内国丹比郡）、比売許曾（摂津国東生郡）、小許曾（伊勢

国三重郡)、上許曾(近江国浅井郡)、許曾志(出雲国秋鹿郡)などが載っている。これらの「許曾」も「社」であり、現在も「大社《おおこそ》」「村社《むらこそ》」という姓がある。言語学者の金沢庄三郎は、比売許曾神社の「コソ」は新羅の始祖赫居世《かくこせ》の「コセ」と同じで、「コ」は「大」、「ソ」は「国」の古代朝鮮語と解している。(10) 比売許曾の神は加羅・新羅からの渡来神である。「コセ」「コソ」は、同じ意味だから、聖地の意味で「コソ」に「社」という字があてられたのであろう。

ワニ坂の祭祀者をコセ祝というのは、ワニ坂(赤坂)が聖地(コソ・コセ)だったからであろう。巨勢姫明神は赤坂姫と解される。比売許曾の神(天之日矛の妻)は別名「阿加流《あかる》比売神」とも呼ばれるが(『古事記』)、阿加流比売を『延喜式』神名帳では「赤留比売」と書く。赤坂・赤童子の「赤」と同じく、ここでも赤は社《こそ》にかかわっている。

なお、『古社記』の鹿島の神の春日への遷幸伝承によれば、鹿島の神は、伊賀国名張郡夏身(目)郷と大和国城上郡阿倍山にしばらく鎮座していたという。大和の阿倍はもちろん、伊賀の地も阿倍氏の居住地である。一方、『古社記』には、御蓋山と阿倍山(桜井市阿倍)の交換伝承が載っているが、それを裏づけるように、『東大寺要録』(巻四、天地院の章)に「御笠山安倍氏社」の記載がある。ただし、天地院は若草山の北にあったから、この「御笠山」は春日山でなくて若草山である。御蓋(春日)山をワニ氏から奪ったのは藤原・中臣氏だが、このような阿倍の地の関与や、阿倍氏の祖大彦命と和珥氏の祖彦国葺がワニ坂で忌瓮祭祀を行なったという崇神紀の記事からみて、ワニ氏とアベ氏の結びつきは強かったと考えなければならない。ワニ氏にコセ祝、アベ氏にコソ部がいたのも、前述の大東延和の見解は別として、単なる偶然ではなかろう。

仲臣《なかつおみ》と鹿島神宮・春日大社と中臣《なかとみ》

御蓋山山頂に大和日向神社があり、山頂の東側を画するように祭祀遺構がある。森郁夫は、この「壮大な規模の構築物」や、若草山々頂の鶯塚古墳を、ワニ氏系氏族が築いたものとみるが、(11) そうだとすれば、大和日向神社の祭祀もワニ氏系氏族が行なっていたとみてよいであろう。この場合、ワニ氏系氏族とは春日臣である。春日臣は、仲臣《なかつおみ》から糟垣臣になり、そして春日臣になったという(『新撰姓氏録』左京皇別大春日朝臣条)。多(太)臣も仲臣であったことは、石上神宮の項で述べた。

鹿島神宮の大禰宜羽入氏の『書留由緒』、禰宜東《とう》氏の『ものいみ書留』、『当禰宜家譜（鹿島大明神御斎宮神系代々）』には、鹿島神宮は大同二年に、多氏の祀る大生神社から鹿島の地に遷座したとある。関東・東北地方の社寺縁起は、坂上田村麻呂と結びつけて大同二年をさかんに使うので、大同二年は信用できないが、大生神社を元鹿島といい、大生神社の祭礼に、特に鹿島の斎宮（物忌）が出興するのは、大生宮→鹿島社という伝承によるものである。

大生神社について、『ものいみ書留』には、大明神は大和の春日社から大生村に遷幸したとあり、『当禰宜家譜』には、春日大明神（『ものいみ書留』の「春日社」）とは「南都大生邑」の「大生大明神是也」とある。南都大生邑の大生大明神とは、奈良県田原本町多の多神社のことである。『ものいみ書留』『当禰宜家譜』は、どちらも東氏所蔵の文献で、大場磐雄も書くように（『常陸大生古墳群』）、『ものいみ書留』を「更に整理した記事」が『当禰宜家譜』である。この家譜は、奥書に文明五年（一四七三）七月二十五日の日付があり、旧系図が「乱脱」なので中臣連家長が「旧記」や「口宜」を調べ、「校正」して書き改めたとある。にもかかわらず、春日大明神は大生大明神のことなりと書くのは、そう書かざるをえない根拠があったからであろう。

久安五年（一一四九）に大和国国司に提出した『多神宮注進状』には、「旧名春日宮、今云フ二多神社ト一」とあって、「春日宮」の下に「当神社与二河内国日下《クサカ》県神社一共ニ所レ祭神、為リ二同一神格一互ニ得二春日之名ヲ一」と注記があり、大生神社の文献も「大生大明神」を「春日大明神」のこととする。

順序だてて書けば、「大和の多（大生）神社→常陸の多（大生）神社→鹿島神宮→春日大社」ということになるが、大和の多神社も「春日宮」であることからすれば、「春日社→鹿島社→春日社」ということになる。

神武天皇の後をついで二代目天皇になるはずの神八井耳命が、庶兄のタギシミミを「手足わななきて」殺せなかったので、実弟の神沼河耳命が、神八井耳命の兵を率いてタギシミミを殺した。それを見た神八井耳命は、

吾は仇《あだ》を殺すこと能《あた》はず。汝命《みこと》既に仇を殺し得たまひき。故、吾は兄にあれども、上《かみ》と為《な》るべくにあらず。ここに以て、汝命上となりて、天の下治《し》らしめせ。僕《あ》は汝命を扶《たす》けて、忌人《いはひびと》となりて仕へ奉らむ。

といったと『古事記』は書き、神八耳命を意富（多・太）臣の祖と書く。『日本書紀』も同じ記事を載せ、弟に皇位を譲り、「神祇の奉典」のみを行なうと書いている。この伝承は、祭政を行なっていた神武天皇の後をついだ二人の皇子のうち、兄は祭のマツリゴト、弟は政のマツリゴトを行なったという、祭政分離を示す伝承である。

祭の代表が仲臣の多臣であり、多臣の祀る神社が春日宮なのは、忌人、祝人にかかわる意味が「春日」にあるからであろう。この春日宮としての多神社の神を鹿島神宮に遷し、さらに春日大社に遷したという伝承が、鹿島神宮の祭祀氏族の中臣連によって伝えられたことは重要である。鹿島神宮の本来の祭祀氏族は、仲臣の多氏と同じく神八井耳命を祖とする常陸の「仲（那賀）国造」であり、この仲国造から祭祀権が中臣連に移ったことについては、鹿島神宮の項でくわしく述べた。

問題は、春日宮（多神社）→鹿島社→春日大社という伝承も、鹿島社→春日大社という伝承も、仲臣（多臣）→仲臣（春日臣）という移動を意味しており、結果として、出発地の多臣の神が中臣（藤原）氏の氏神になり、到着地の仲臣の春日臣の神が片隅におしこめられたということである。春日大社の創始には、仲臣《なかつおみ》（春日臣・多臣）と中臣《なかとみ》の問題がある。

延喜六年（九〇六）に大中臣氏人が朝廷に提出した『新撰氏族本系帳』には、欽明朝のとき「中臣常磐大連公」が初めて「中臣連」の姓を賜わったとあり、『尊卑分脈』に載る「大中臣氏系図」や、『続群書類従』に載る「大中臣氏系図」の「常磐大連」の注には、「本者《もとは》卜部也」とある。このことから横田健一[12]は、中臣氏は「欽明朝か、その少し前ころ」「常陸の卜部氏から出て、中央宮廷祭祀にあずかるようになった」とみており、前川明久も同じ見解を述べ、鎌足は常陸から出て、畿内の中臣氏の家系を継いだとみる[13]。

中臣連が卜部であったという前提は無視しているが、丸山二郎[14]や田村圓澄[15]も、鎌足を常陸の中臣氏出身とみている。常陸の卜部が中央へ出てすぐ中臣連になれるかどうかは問題であり、また、鎌足が常陸出身か否かはきめかねるが、垂仁紀に載る五大夫の一人に「中臣連遠祖大鹿島」とあることからも（もちろん、この人物は実在の人物とは考えられない）、中臣連や鎌足が常陸とかかわることは否定できない。

ただし、常陸の中臣《なかとみ》は鹿島の神の主な祭祀氏族ではなく、仲臣《なかつおみ》を補佐する卜部であった。だから、『常陸国風土記』（香島郡）に載る「大中臣神聞勝命」も、仲臣《なかつとみ》の祖であって、卜部の中臣《なかとみ》の祖ではない。『常陸国風土記』の神聞勝命は、大和の大阪山の山頂に降臨した鹿島の神の託宣を、崇神天皇に伝えている。神の声を聞いて天皇に伝えた神聞勝命は、仲臣である。卜占も一種の神の託宣だが、神聞勝命伝承には、卜占の記事はまったくない。

神聞勝命は審神者《さには》である。『政事要略』は「審神者」について、「言、審二察神明託宣一之語也」と書くが、「審神者」こそ、神と人の中を執りもつ仲臣《なかつおみ》である。『日本書紀』の神功皇后摂政前紀に、

皇后、吉日を選びて、斎宮《いつきのみや》に入りて、親ら神主と為りたまふ。則ち武内宿禰に命《みことのり》して琴撫《ひ》かしむ。中臣烏賊津《いかつ》使主《おみ》を喚《め》して、審神者《さには》にす。

とある。この「中臣」を一般に「ナカトミ」と読むのは、中臣・藤原氏系図に載る「雷大臣」を「烏賊津使主《いかつおみ》」にあてるからである。雷大臣を系図は卜部の祖にしているが、この「中臣」は本来は「ナカツオミ」であって、卜部よりも「仲臣」にかかわる存在である。だから、仲臣の多臣が編纂した『古事記』は、中臣・藤原氏の祖で卜部の祖とされている「中臣烏賊津使主《なかとみいかつおみ》」を削り、仲哀記に、

天皇、御琴をひきたまひて、建内宿禰大臣、沙庭《さには》に居て、神の命《みこと》を請ひき

と書き、審神者《さには》を建内宿禰にしている。

『常陸国風土記』（香島郡）に登場する「中臣巨狭山命《おほさやま》」も、鹿島の神（「天の大神」）の託宣を受けた審神者（仲臣《なかつおみ》）であり、大神との仲を執りもって、大神のために船を作っている。おそらく「中臣巨狭山命」は、常陸の鹿島社の仲臣（『古事記』のいう「常道仲国造《ひたち》」）の祖であったと推測される。

『続日本紀』天平十八年三月丙子条に、「常陸国鹿島郡中臣部廿烟、占部五烟、賜中臣鹿島連之姓」とあり、この中臣鹿島連が巨狭山命を祖にしているが、「藤原氏系図」「鹿島大宮司系図」では、「中臣臣狭山命」が「中臣巨狭山命」と

なっている。しかし、「中臣臣」というのは他の文献には見当たらない（中臣氏の姓は「連」である）。本来はオホ氏の「巨」であったのを（太田亮も、『日本古代史新研究』で、巨狭山命の「巨」をオホ氏の「巨」とみている）、鹿島の中臣（卜部）が自家の系譜に入れるため、「中臣臣」にしたのであろう。

このように、「ナカツオミ」の烏賊津使主や巨狭山命を、中臣・藤原氏の系図入れているのは、卜部としての中臣《なかとみ》が、仲臣《なかつおみ》（オホ臣・ワニ〈春日〉臣）の祭祀する鹿島や春日の神を、自家の氏神にしたのと共通している。

中臣氏が、中臣連《なかとみのむらじ》といって「中臣臣《なかとみのおみ》」といわないのは、「臣」というのを遠慮したためであろう。仲臣の「臣」は姓《かばね》の「臣」でなく、「大忌《おみ》」の意である。多臣や春日臣の「仲臣《なかつおみ》」は「仲大忌《なかつおみ》」で、烏賊津使主の「使主《おみ》」は、神に使える主の意である。折口信夫は、大忌は「神としての天子を補佐すると共に、若い日の御子の育ての親となる資格を得て」いる者で、この『おみ』たちの家に伝わる古伝の文学」が「寿詞《ヨゴト》」であったと述べている[16]。その代表が「天神寿詞」であろう。

折口信夫は、「天神寿詞は大嘗祭のとき、もっぱら中臣氏が述べることになっているのは、中臣氏が壟断してしまったのだ。もとは壬生部にえらばれた氏の氏の上がこれを述べた」と書いているが[17]、中臣氏は壬生《みぶ》とは関係がない。「天神寿詞」は一般に「中臣天神寿詞」と呼ばれているが、この「中臣」は「中臣《なかつおみ》」である。折口信夫は「中つ臣即中臣《なかとみ》」とみているから、「ナカツオミ」の一氏族である「中臣氏が壟断《ろうだん》」したと書くが、正しくは、仲臣の天神寿詞を卜部の中臣連が壟断したのである。

「中臣天神寿詞」の主題は、「天の八井の水」で稲をつくり、その水による飯や酒を大嘗祭のあがりものとして奉るというものだが、多氏の始祖は神八井耳命という。折口信夫は、天神寿詞の「八井」には「蘇りの水（産湯）」の意があるとみて、壬生部とのかかわりを指摘している[18]。鹿島神宮を祭祀していたオホ氏系の仲国造は、壬生直になっており、春日神社の祭祀氏族のワニ氏系は、壬生として奉仕した皇妃出自氏族である。このように、仲臣の多臣や春日臣は壬生にかかわっているが、中臣連は壬生にかかわりがない。

春日臣や多臣は「大忌《おみ》」である。多臣の始祖、神八井耳命は、皇位を弟に譲ったとき、「汝命《なんじみこと》（弟の綏靖天皇のこと）を扶《たす》けて、忌人《いはひびと》となりて仕へ奉らむ」といっている。忌人とは「大忌」のことである。この大忌に対して、「神事の細部に与《あずか》る人々」を小忌《をみ》という。中臣連や忌部連は小忌である。小忌の中臣連が大忌に成り上がり、大忌の祀っていた鹿島の神や春日の神を、自家の氏神として取りこんだのである。

二つのタケミカヅチノ神

春日大社は、『延喜式』神名帳に、「春日祭神四座並名神大。月次新嘗」とあるが、四座のうち、鹿島（タケミカヅチ）の遷幸についてのみ、くわしい伝承がある。社伝では、タケミカヅチが鹿島より遷幸したときに供奉してきた中臣時風と秀行が、そのまま神宮預・造宮預となり、子孫が累代当社に奉祀してきたとある。タケミカヅチを祀る第一殿が、他の三殿より屋根が高く、大きいことや、南門に治承三年（一一七八）造営時の「鹿島大明神」の扁額があったことからみても、タケミカヅチがもっとも重視されていたことは明らかである。

このタケミカヅチについて、『古事記』は二つの系譜を載せている。

① 天尾羽張神――建御雷神

② 火神加具土神を斬った十拳剣の本に着いた血
　├甕速日神
　├樋速日神
　└建御雷之男神（亦の名、建布都神・豊布都神）

また『日本書紀』も、一書の六に、二つの系譜を載せている。

① 火神軻過突智を斬った十握剣の鐔からしたたる血
　├甕速日神――武甕槌神
　└熯速日神

② 火神軻過突智を斬った十握剣の鐔からしたたる血
　├甕速日神
　├熯速日神
　└武甕槌神

『古事記』の②と『日本書紀』の②は同じである。①は兄の甕速日神が父になっており、『古事記』の①は、甕速日神が天尾羽張神になっているが、父子関係の系譜としては共通している。

この天神タケミカヅチの系譜以外に、『古事記』のみが、国つ神のタケミカヅチの系譜を記載している。

大物主神
　‖―櫛御方命―飯肩巣命―建甕槌命―意富多多泥古
陶津耳命―活玉依毘売

この系譜の大物主神は三輪山の神であり、意富多多泥古《おほたたねこ》（大田田根子）は、記・紀よれば三輪山の神の祭祀者だが、大忌としての神八井耳命も三輪山の祭祀者である。神八井耳命を祖とするオホ氏編纂の『古事記』が、中臣・藤原氏の氏神のタケミカヅチとちがう、三輪山にかかわるタケミカヅチを載せるのは、この神がオホ氏にかかわるからである。

この大物主神系のタケミカヅチが、本来の鹿島の神である。鹿島の神が甕神であることは、拙著でくりかえし述べたが、この甕神は、前述した鹿島神宮の伝承からみても、三輪山祭祀にかかわる仲臣のオホ氏系の神である。春日社（多神社）→鹿島社→春日大社という遷座伝承は、鹿島社を仲介してタケミカヅチが甕神から剣神に変わったことと、仲臣から中臣連への祭祀権の移動を示している。

『古事記』によれば、オホ臣らの始祖神八井耳命の母は、大物主神の子、比売多多良伊須気余理比売《ひめたたらいすけよりひめ》（姫蹈鞴五十鈴媛）であり、甕神建甕槌命と神八井耳命は、大物主神の曽孫と孫の関係になる。このことからも、オホ臣と同祖の常陸の仲国造が祀る鹿島の神は、大物主神系のタケミカヅチであったことがわかる。

鹿島神は、蝦夷地との境に忌(斎)瓮として祀られた境界神で、この甕神を剣神に作り変えたのが建御雷神であった。しかし、机上の神では権威がないので、鹿島から春日への遷幸という一大デモンストレーションを行なったのであろう。なお、『日本書紀』は大物主神系のタケミカヅチを無視しているが、「武甕槌神」と書き、「甕速日神」の子または弟とする系譜を載せている。

甕神は、オホ臣だけでなく、ワニ臣にかかわる神でもある。記・紀は、大和の北の境（坂）のワニ坂に甕を据えたと書く。このワニ坂に対して、大和の西の境をオホ坂という。『常陸国風土記』によれば、大和の大坂山に鹿島神が降臨し、その託宣を中臣神聞耳命が聞いたというが、この神も甕神であろう。また、託宣を聞いた中臣神聞耳命の「中臣」は、前述のように「仲臣」で、オホ氏系の祭祀者であったと推測される。

一方、崇神紀には、大坂と墨坂の神を祀ったとあるが、この大坂は、鹿島の神の託宣があった大坂山と同じであろう。また、雄略記には、墨坂の神（三輪山の神）をオホ臣と同祖の少子部連が捉えてきたとある。このように、大坂・墨坂にオホ臣系の氏族がかかわっていることは、仲臣と境界祭祀の関係を推測させる。『常陸国風土記』茨城郡にオホ臣の祖として黒坂命が記されていることも示唆的である。

ワニ臣もオホ臣も、「ナカツオミ」として境界祭祀にかかわる審神者《さには》であり、境（坂）で甕を祀っていた。それが鹿島社であり、ワニ社であった。中臣連は、この甕神ゆかりの聖地を自らの氏神の地とし、王権祭祀を掌握したのである。

イハヒヌシ・アメノコヤネ・ヒメ神について

タケミカヅチに、天つ神と国つ神の二神がいることは、『古事記』だけでなく、『旧事本紀』にも書かれている。天つ神のタケミカヅチについては、「陰陽本紀」が、『古事記』の二つの系譜を一緒にして、次のように書く。

天尾羽張神（亦の名、稜威雄走神・甕速日神・熯速日神）――建甕槌之男神（亦の名、建布都神・豊布都神）

また、国つ神のタケミカヅチについては、「地祇本紀」が、

大己貴命（亦の名、大物主命）――事代主神
三島溝杭――活玉依姫
（事代主神＝活玉依姫）――天日方奇日方命――健飯勝命――建甕尻命（亦の名、建甕槌命）――豊御気主命（亦の名、建甕依命）――大御気主命――阿田賀田須命――大田田禰古命

と書いている。『古事記』とちがって、建甕槌命は建甕尻命の亦の名になっているが、系譜は、『古事記』と大筋で似ている。

『旧事本紀』の「陰陽本紀」は、天つ神の建甕槌之男神について、「今、常陸国の鹿島に坐す大神」と明記しているが、『旧事本紀』は物部連の家記だから、この鹿島の神を「即ち石上布都大神是也」と書く。亦の名の「建布都神・豊布都神」は、「石上布都大神」の「布都」と重なる。また「陰陽本紀」は、香取の神について次のような系譜を記している。

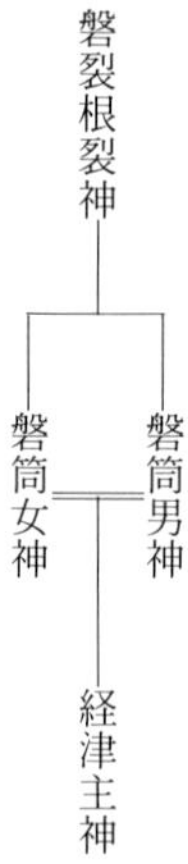

そして、「経津主神」について、「今、下総国香取に坐す大神是也」と書く。このように、鹿島の神は「フツ大神」、香取の神は「フツヌシ神」と書き分けているのは、春日祭神の鹿島・香取の神は物部氏系のフツ大神であることを強調するためである。

『延喜式』の祝詞には、春日祭神四座について、

鹿島坐建御《たけみ》賀豆智《かつち》命、香取坐伊波比主《いはひぬし》命、枚岡坐天之《あめの》子《こ》八根《やね》命、比売神

とある。香取の神の「イハヒヌシ」は「斎主」の意である。「イハヒヌシ」というのは、香取の神に、鹿島の神を祀る斎主の性格があったからである（香取神宮の項参照）。

『日本書紀』は、神武天皇即位前紀で、神武天皇が道臣命に「汝を用《も》て斎主として、授くるに厳媛《いつひめ》の号《な》を以《も》てせむ」といったと書く。斎主は、男であっても「厳媛」と名乗るのだから、タケミカヅチとイハヒヌシは、アメノコヤネとヒメ神に対応する。枚岡神社の祭神アメノコヤネは、藤原・中臣氏の祖神である。春日祭神四座とは、氏神タケミカヅチと祖神アメノコヤネに、それぞれ斎主（ヒメ神）を配したもので、これによってフツ大神の要素を消しているのである。春日大社のヒメ神については、文暦元年（一二三四）成立の『古社記』以降、天照大神とする説が多い。明治二年の

『社務日記』は、天照大神説のほか、アメノコヤネの妃とする説、タメミカヅチ、フツヌシ、アメノコヤネのそれぞれの神の妃とする説、アメノコヤネの母とする説を載せている。天照大神説は、御蓋山々頂の日向神社の信仰と無関係ではなかろう。

御蓋山と三輪山

忌(斎)瓮としての甕の祭祀は、境界祭祀である。『播磨国風土記』託賀郡法太里甕坂の条には、

昔、丹波と播磨と、国を境ひし時、大甕を此の上に掘り埋めて、国の境と為しき。故、甕坂といふ。

とある。

鹿島神宮の項でも述べたように、淡路と向かい合う鳴門の岬の先に、甕《かめ》を神体とする甕浦《みかうら》神社(鳴門布甕浦)が鎮座する。その場所は、渦潮のうずまく船の難所である。甕神は航海加護の神でもある。九州の五島列島の漁民の妻たちは、いまも家族の航海安全を祈るため、台所の大甕に水を一杯にしておくという。

遣唐使の御蓋《みかさ》山祭祀は航海加護の祭祀だから、鹿島の甕神祭祀と共通する。ワニ坂のコセ祝と春日のコセ姫の関係については前述したが、航海守護神としての春日の神の原形となったのは、忌瓮を据えて祀られたワニ坂の神である。中臣・藤原氏用のタケミカヅチ(建御雷)が鹿島から春日の地に遷幸したのは、本来のタケミカヅチ(武甕槌)信仰の上に乗ってのことといえる。

大物主神の後裔としてのタケミカヅチが、『日本書紀』では消えても『古事記』や『旧事本紀』では消えていないように、本来の御蓋山信仰は、藤原氏用の春日大社が創祀されても消えなかった。

御蓋の真西に率川《いざかわ》神社があり、社地の傍らを、御蓋山に発した率川が流れている。この神社は、『延喜式』神名帳には「率川坐大神神《おおみわかみ》御子神三座」と記されている。三座については諸説あるが、大神《おおみわ》神(ヒコ・ヒメ神)と御子神であろう。『古事記』によれば、大物主神は丹塗矢に化して川を下り、セヤタタラヒメの女陰を突いて、ヒメタタライスケヨリヒメが生まれたという。神社が川のほとりにあり、三輪氏に祭祀されていたことからみて、大神神と御子神の三座は、

右の丹塗矢神話の神であろう。この神統譜と建甕槌命の神統譜の結びつきからみても、御蓋山と建甕槌神の関連が推測できる。率川神社は、奈良時代には三輪氏が祭祀していたが、平安時代になると、春日大社の神官が祀るようになる。そのことは『令集解』や『延喜式』でわかるが、三輪氏と共に越《こし》氏も祭祀にかかわっていた。越氏は、率川社の祭祀を春日大社の神官が行なうようになったあと、同族の柿本氏のいる葛城の「柿本の金田」にひっこみ、昌泰三年（九〇〇）に三輪社司として登場する（越系図）。

この越氏は、越系図では、出自を武内宿禰系の巨勢氏に結びつけているが、巨勢氏と三輪祭祀はまったく関係がない。越氏がいた柿本の地には柿本人麻呂を祀る柿本神社があり、春日神社の居勢氏が柿本氏と同じワニ氏系であることからみても、越氏はワニ氏系と考えられる。越氏の三輪社司としての登場が、率川神社の祭祀権が藤原・中臣系に奪われる十世紀前後と重なっているところから、私は越氏を柿本系コセ氏と推測する。

神坐日向神社・大和日向神社の項で、春日と三輪の日向神社の共通する配置を示したが（七〇頁）、その図によれば、三輪山の真西に春日神社がある。春日にある春日神社が巨勢姫明神と呼ばれていることからみて、三輪山の真西の春日社は、率川神社のコセ（越）氏が祀った神社と考えられる。この春日神社のさらに真西に、春日宮と呼ばれる多神社が鎮座する。春日神社と春日宮は、三輪山の神坐日向神社を拝する位置にあるが、この関係は、大和日向神社―春日神社―率川神社にも当てはまる。

御蓋山と三輪山の山頂は、山頂の真西にある神社からみれば「日の本」にあたる。日向神社は日本《ひのもと》神社でもあり、二つの春日神社と春日宮（多神社）・率川神社は日向神社でもある。

「日向」は時間境界を示す言葉でもあり、「日」は朝日を意味している。

空間（国）統治が「政」のマツリゴトなら、天皇を「日知り」といい、神武天皇の出発地を「日向」とするのは、時間統治の「祭」もまた天皇のマツリゴトだからであろう。この「祭」「政」のマツリゴトを、巨大な前方後円墳を造営する権力の成立以前から大和盆地で行なっていたのが、仲臣《なかつおみ》のワニ氏とオホ氏なのである。春日大社の源流は、この両氏族の祭祀にある。だから記・紀は、神祇祭祀の代表として、オホ氏の祖の神八井耳命の伝承を載せたのであろう。

注

(1) 西田長男「春日大社の創立」『日本神道史研究』第九巻所収、昭和五十三年。
(2) 太田亮『姓氏家系大辞典』第一巻、一四八三頁(「春日」の条)、昭和十一年。
(3) 大東延和「春日神社」『式内社調査報告』第二巻所収、昭和五十七年。
(4) 東実『鹿島神宮』一五一頁、昭和四十三年。
(5) 上田正昭「春日の原像」『春日明神』所収、昭和六十二年。
(6) 折口信夫「柿本人麻呂」『折口信夫全集』第九巻所収。
(7) 和田萃『大系日本の歴史』九二頁、昭和六十三年。
(8) 吉田東伍『大日本地名辞書』第二巻、四三六頁、明治三十三年。
(9) 太田亮『姓氏家系大辞典』第二巻、二三一六頁(「社戸・社部」の条)。
(10) 金沢庄三郎『日鮮同祖論』一三五―一三六頁、昭和四年。
(11) 森郁夫「春日の祭祀遺跡」注5前掲書所収。
(12) 横田健一「中臣氏と卜部」『日本古代神話と氏族伝承』所収、昭和五十七年。
(13) 前川明久「中臣氏の歴史地理的研究」『日本古代氏族と王権の研究』所収、昭和六十一年。
(14) 丸山二郎「中臣氏と鹿島香取の神」『日本古代史研究』所収。
(15) 田村圓澄『藤原鎌足』二六頁、昭和四十一年。
(16) 折口信夫「日本文学の発生」『折口信夫全集』第七巻所収。
(17) 折口信夫「皇子誕生の物語」『折口信夫全集』第二十巻。
(18) 折口信夫「水の女」『折口信夫全集』第二巻。

枚岡《ひらおか》神社――アメノコヤネと卜部と日下

『延喜式』神名帳には「枚岡神社四座並名神大。月次相嘗新嘗」とあり、現在も春日造の四殿に四柱の神が祀られている。享保元年（一七一六）刊の『河内名所図会』に載る当社の絵図でも、神殿が四つ並んでいる。四座は「春日祭神四座」（春日大社）と同じである。

藤原氏は、鹿島神宮へはしばしば鹿島使をたて、鹿島使は鹿島神宮に奉幣のあと香取神宮におもむいて参拝するのを例としたが、藤原氏の氏人が枚岡神社に特別の参詣を行なった記録はのこっていない。『元要記』に引く「平岡社記」では、当者の社家を中臣意美麻呂《おみまろ》の子清麻呂の直系としている。『本朝世紀』の正暦五年（九九四）四月条は、伊勢神宮以下の諸社へ臨時奉幣したことをしるし、枚岡神社への奉幣使を中臣氏と記している。

祭祀氏族について

当社の祭祀氏族は中臣氏だが、『新撰姓氏録』の河内国神別の中臣系氏族には、菅生《すがふ》朝臣（津速魂命二世の孫天児屋命の後）、中臣連（津速魂命十四世の孫雷大臣命の後）、中臣酒屋連（津速魂命十九世の孫真人連公の後）、村山連（中臣連と同祖）、中臣高良《たから》比《ひ》連（津速魂命十三世の孫臣狭山命の後）、平岡連（津速魂命十四世の孫鯛身臣の後）、川跨《かわまた》連（津速魂命九世の孫梨富命の後）、中臣連（天児屋命の後）、中臣（中臣高良比連と同祖）の九氏が載る。

菅生朝臣は丹比《たじひ》郡菅生郷の地名による。中臣酒屋連は丹比郡酒屋神社の祭祀氏族である。また、村山連は、丹比郡狭山郷に村山連浜足の名がみえる（天平二十年四月二十五日付「写書所解」）ので、丹比郡が本貫。中臣高良比連は、村山連豊家の兄が高良比連千上とある（天平二年八月二十四日付「二所太神宮例文」）から、村山連と同じく丹比郡狭山郷にかかわる。このように、菅生朝臣から中臣高良比連までは、丹比郡居住の中臣氏である。丹比郡の式内社、菅生神社（大。

月次・新嘗)、狭山神社(大。月次・新嘗)、酒屋神社(鍬・靫)の三社は、丹比郡の中臣氏が奉斎した神社である。

平岡連は讃良郡枚岡郷や枚岡神社にかかわり、川跨連は若江郡川俣郷の地名による。中臣連・中臣も、記載順からして、平岡連・川跨連などの北河内居住グループに入れてよいだろう。

当社を平岡連が祀っていたことは、「平岡社」と書く例があることからもいえる。『続日本紀』承和十年(八四四)六月八日条には「平岡大神社」、『文徳実録』斉衡三年(八五六)十月十九日条には「平岡神」とあり、『三代実録』貞観元年(八五九)正月二十七日条には「枚岡天児屋根命・枚岡比咩神」、同年九月八日条には「枚岡神」とある。また貞観七年(八六五)十月二十一日条には「平岡神主」、同年十二月十七日条には「平岡神四前」とあって、「枚岡」の前は「平岡」と書かれていた。「枚岡」「平岡」の併用は近世まで続いていたようで、社頭の石標や境内の燈籠などにも「平岡」と書かれたものがある。

中世以降は、平岡連の後裔と称する水走《みずはや》氏が宮司、鳥居氏が禰宜《ねぎ》として奉仕していた。水走氏は、中世以降は河内の土豪として多くの私領をもち、庄園等の公職でも重要な地位を占め、枚岡神社宮司、同若宮神主、諸寺俗別当職などを兼ね、その勢力は近世にまで及んでいた。

天児屋命と中臣の「臣《とみ》」と卜部

現社地は『和名抄』の河内国河内郡豊浦郷にあたる。『和名抄』には隣郡の讃良《さらら》郡に枚岡《ひらおか》郷があり、この枚岡郷から移されたという説もあるが、社伝では、奥宮のある神津嶽頂上が、天児屋《あめのこやね》神と姫神の鎮祭の場所(旧社地)といわれている。四座といっても、本来の祭神は天児屋根神と姫神であろう。

西宮一民は「『児屋《こやね》』とは『小さな屋根の建物』で、その建物自体の神格化」が天児屋命とみて、その例として「沖縄にアシャギと称する小屋が村に建てられており、その前が広場になっている。アシャギは柱四本の上に屋根を葺いた二坪ほどの小屋である。……古くは、そのアシャギはノロが一人や二人正坐して入れるほどの極めて小さい建物であったという。『天の児屋の命』というのは、たとえば右のアシャギのような『小屋』の神格化ではなかったか」と書く。(1)

また折口信夫は、「ナカトミ」の「トミ」は「トマ」「トモ」と同じ語で、「屋根の葺草を意味しているようだ」といい、天児屋命の「屋」との関連性を指摘している。[2]

天児屋命について、『古事記』は、天石屋戸の条に、「天の香《かぐ》山の真《ま》男《を》鹿《しか》の肩を内《うつ》抜きに抜きて、天香山の天の波々《はは》迦《か》を取りて占ひ」と書き、『日本書紀』は、「太占の卜事を以て、仕へ奉る」(一書の二)と書いているから、「葺草でふいた屋根をもつ小さな家」という始祖名は、「太占の卜事」にかかわるものと考えられる。

奥宮のある神津嶽は生駒山の峰の一つなので、生駒山も当社の神山と意識されていたが、『亀相記』によれば、往馬《いこま》(胆駒)社の祭神は火燧木《ひきりき》神で、その社地から採った火燧木を大嘗祭と卜占に用いたとある。井上辰雄は、生駒山の木が卜占にかかわっていることと、当社が生駒山々麓にあることは、無関係ではないとみている。[3]

平岡連は、『新撰姓氏録』によれば、「鯛身臣」の後裔である。井上辰雄は、『尊卑分脈』に載る「藤原氏系図」では津速魂命の十四世孫が跨身命となっており、『新撰姓氏録』には鯛身命が津速魂命の十四世孫とあるので、「鯛身《タイミ》(Taimi)は跨身《アトミ》(Atomi)と同一神と見做してもあやまりではあるまい」と推論している。そして、跨身命について系図の傍註に「雷大臣命正説也」「始而賜二卜部姓一」とあることと、「雷大臣命。足中彦(仲哀)天皇之朝廷、習二大兆之道一、達二亀卜之術一。賜二姓卜部一」とあることから、「卜占をもって宮廷に供奉する卜部の一族が平岡連であり、彼等が天児屋根命を斎き祀っていたことになる」とも書いている。[3]

前述の河内の中臣氏系氏族のうち、中臣連や村山連も、平岡連と同じ、津速魂命十四世孫(雷大臣命・鯛身臣)を祖にしているのだから、彼らも、当社の祭祀にかかわっていたであろう。

日下と春日

『元要記』は、当社の「社記」を引き、摂津国島下部寿久山に当社の神が降臨し、のちに河内国平岡に遷ったと書く。この寿久山の地は、現在の茨木市須久庄にあたり、式内社須久久《すくく》神社が須久山にある。この神社は、三二一頁の図のように、新屋坐天照御魂神社の福井社と上河原社(宿久庄)を結ぶ線の中にある。新屋坐天照御魂神社と須久久神社の関係は、枚岡神社とその北方(生駒山の真西の山麓)の石切剣箭《いしきりつるぎや》命神社との関係に似ている。枚岡神社と須久久神社は中臣氏が祀り、新屋坐天照御魂神社と石切剣箭命神社は、物部氏系の新屋連と穂積連が祀っていた。
物部氏の祖饒速日命が天の磐船に乗って降臨した「哮峯《いかるがみね》」は生駒山といわれているが、生駒山々麓の石切剣箭命神社と山腹の上之宮（上社）を結んだ線をのばせば、生駒山頂に至る。枚岡神社も生駒山を神山としているのだから、両社の祭祀には共通性がある。どちらも日下の地にあるが、河内の日下部は『新撰姓氏録』（河内神別）に「神饒速日命の孫、比古由支命の後なり」とあり、物部氏系である。たぶん、この日下部は石切剣箭《つるぎや》命神社にかかわっていたと考えられる。
日下と春日が関係あることは天照大神高座神社の項で書いたが、石切剣箭命神社は日下、枚岡神社は春日とかかわり、この点でも重なっている。日下と春日の関係は、『多神宮注進状』が春日戸神社（天照大神高座神社）を日下県神社と書いていることからもいえる。日下・春日が日神祭祀にかかわるように、摂津の須久久神社は天照御魂神社とかかわっている。この神社の近くに穂積（茨木市穂積・上穂積・中穂積・下穂積）があるが、（『和名抄』の島下郡にも「新野（屋）郷」「宿（須・寿）久郷」「穂積郷」が載る）、穂積氏は石切剣箭命神社の祭祀氏族である。
このような関係は、枚岡神社の「社記」が寿久山から遷幸したと書くことと、無関係ではないだろう。当社の祭祀氏族は、「社記」によれば、中臣意美麻呂の子の清麻呂の直系であるが、『神宮雑例集』には、
聖武天皇天平十二年庚辰四月五日　春日御社奉レ遷ニ寿久山御社一是右大臣大中臣清麻呂卿　致仕籠ニ居摂津島下部寿久郷之間一、住家近所奉レ崇也
とある。
清麻呂が祀った春日の神を、清麻呂の子弟または関係者（中臣連、平岡連ら）が当社でも祀ったのが、「社記」の遷幸伝承であろう。この春日の神が、春日大社の鹿島・香取の神ではなく、春日神社で祀る御蓋（春日）山の神であることは、その遷幸が、鹿島・香取の神の遷幸年（天平神護二年）より二十八年も前であることからもいえる。鹿島と香取の神の

遷幸を実際に指揮したのは神祇伯の清麻呂であろうと、春日大社の項で書いたが、その前に春日の神を摂津の寿(須)久と河内の枚岡に遷祀したことが、鹿島神の遷幸のヒントになったかと思われる。
当社の「社記」からみても、日下と春日の回路は、春日大社の創祀とかかわっていることが推測できる。

注

（1） 西宮一民「神名の釈義」『新潮日本古典集成・古事記』所収、昭和五十四年。
（2） 折口信夫「中臣の語義」『折口信夫全集ノート編』第二巻所収。
（3） 井上辰雄「大化前代の中臣氏」『古代王権と宗教的部民』所収、昭和五十四年。

磐船《いわふね》神社——ニギハヤヒの降臨伝承と「天磐船」

当社は、生駒山脈の北部、天の川の上流に鎮座する。巨巌が天の川の川中と両側に並び、「磐船」の名にふさわしい風景である。『河内名所図会』は交野郡石船巌の条に、

私市《きさいち》村より、東、廿町斗《ばか》りにあり。此地左右、峨々《がが》たる青山にして、峡中に大巌あり。高さ弐丈余、長さ五丈許《ばかり》り。渓水、石下を通じて、水音つねにかまびすしく、この辺《ほとり》、和州の通路にして、岩船越といふ。

と書き、次頁の絵を載せている。

ニギハヤヒ降臨の哮峯

貝原益軒は元禄二年（一六八九）京都から南遊するが、『南遊紀行』で、

岩船とは大岩方十間も有べし。船の形に似たり、谷に横たはり、其外《そのほか》家の如く、橋の如く、或は横たはり、或は側《そば》立《た》てる石多し。（中略）六月晦日《みそか》には爰《ここ》に参詣の人多しといふ。岩船の下を天の川流れ通る。奇境なり。凡《およそ》大石は、何れの地にも多けれど、かくの如く大石の多く一所に集まれる所をいまだ見ず。

と書いている。

社名の「磐船」は、祭神饒速日《にぎはやひ》尊にかかわる磐船伝承に由来する。『旧事本紀』の「天神本紀」「天孫本紀」に、

饒速日尊、天神御祖の詔をうけて、天磐船《あまのいはふね》に乗り、河内国河上哮峯《いかるがみね》に天降り坐《ま》す。さらに、大倭国鳥見白庭山《やまとのくにとみのしらにはやま》に遷り坐す。いはゆる天磐船に乗り、大虚空《おほぞら》を翔行《かけりゆ》きて、この郷《さと》を巡りみて、天降り坐《ま》す。すなはち、「虚空《そら》見日本《みつやまとの》国《くに》」といふは是なり。

とあり、『日本書紀』の神武天皇三十一年四月条にも、

饒速日命、天磐船に乗りて、大虚を翔行きて、この郷をみて降《あまくだ》りたまふに至る。故《これ》に因りて、なづけて「虚空見日本国」といふ。

とある。この伝承は『古事記』には載っていない。

河内河上哮峯については二説ある。一説は、この磐船神社の「磐船」の下を流れる天の川（今は天野川と書く）の上流。一説は南河内郡河南町平石にある磐船神社の近くの山である。『河内名所図会』は平石説をとるが、吉田東伍の『大日本地名辞書・上方』は、平石説をとらず、天の川上流説である。

吉田東伍はふれていないが、天磐船伝承は、物部氏の祖神ニギハヤヒの伝承だから、どちらが物部氏にかかわる土地かが決め手になる。その点では、河南町平石説は不利である。平石の地は、かつて石川郡に属していたが、石川は、物部本宗家をほろぼした蘇我氏の河内国における本拠地である。蘇我氏の出自については渡来人説もあるが、国内における本貫地は、この河内石川説が有力である。だから、そのような場所に物部氏の祖神が天降りしたというのはおかしい。

『河内名所図会』が、平石の岩船明神の条に、磐船、社頭の所〳〵に見へたり。船の形に似て艫艙《ともへさき》ありて凹《なかくぼ》なり。土人《とちのひと》曰《いわく》。此山中に四十八箇所ありとならん。

と記しているように、平石付近の巨石に磐船伝承を付会したのであろう。

一方、交野《かたの》市の磐船神社は、かつての交野郡に属すが、交野の地は交野物部氏の本貫地であり、摂津・河内から大和へ入る要地である。『旧事本紀』の「天神本紀」に、天物部等二十五部の人々が天孫の天降りのときに供奉したとあるが、そのなかに「肩野物部」がみえる。肩野は交野である。「天孫本紀」は、饒速日尊の六世孫伊香色雄《いかがしこお》命の子に多弁《たべの》宿禰《すくね》命をあげ、多弁宿禰は交野連らの祖と記す。また、十三世孫物部目連公《めのむらじのきみ》の物部臣竹連公を、肩野連らの祖とも記す。『新撰姓氏録』の左京神別上にも、物部肩野連は伊香我色乎命の後とあり、「右京神別上」にも、肩野連は饒速日命六世伊香我色雄命の後とある。

このように物部氏にかかわる土地なのだから、二つの磐船説のうちでは、交(肩)野の磐船のほうに信憑性がある。

哮峯については「河上」と記されているが、天の川の源は生駒山である。大阪湾から淀川をさかのぼって天の川に入れば、その河上に生駒山(系)がある。まさに「河内国河上哮峯」である。

また、生駒山の西の山麓平野部(東大阪市・八尾市)は、物部本宗家の本拠地である。物部守屋は主導権を蘇我氏と争って破れ、最後に、この本拠地に逃げこみ、蘇我氏の大軍にかこまれて戦死している。このような場所にある生駒山を、物部氏の祖神饒速日尊の天降りした哮峯とするのが、もっとも妥当性がある。

生駒山の最高峰(六四二メートル)を吉田東伍が「哮峯」としているのは(『大日本地名辞書・上方』)、江戸時代からそう言われていたからだが、哮峯については、生駒山の最高峰以外に、江戸時代に書かれた『河内志』が、讃良郡西田原(四条畷市上田原)の磐船山をあてている。延暦八年(七八九)八月二十七日の奥付のある『住吉大社神代記』は「胆駒《いこま》神南《かむな》備《び》山《やま》本記」に、「胆(生)駒」の四至の北限を「饒速日山」と書く。このニギハヤヒ山について、吉田東伍(『大日本地名辞書・上方』生駒山)、田中卓(『住吉大社神代記』補注)は、『河内志』が哮峯にあてている田原の磐船山とみる。その地は、磐船神社と生駒山最高峰のほぼ中間にある。

磐船神社が山岳仏教の影響を受けて衰退したとき（磐船の巨巌には、大日如来・観音菩薩・地蔵菩薩・勢至菩薩の四体が彫られ、今も尊崇されている。そのことは『河内名所図会』にも書かれている）、宝物を他の神社に移したが、田原の住吉神社には、「磐船宮」と銘が入った蓮の台の神輿がある。田原について、貝原益軒は『南遊紀行』で次のように書く。

岩船より入て、おくの谷七八町東に行ば、谷の内頗《すこぶる》広し。其中に天川ながる。其里を田原と云。川の東を東田原と云、大和国也。川の西を西田原と云。河内国也。一澗《たに》の中にて両国にわかれ、川を境とし名を同くす。此谷水南より北にながれ、又西に転じて、岩舟に出、ひきゝ（低き）所に流れ、天川となる。

磐船神社の神輿を移した住吉神社のある田原は、大阪府四条畷市に入るが、奈良県生駒市に属す田原にも磐船神社がある。『河内志』は交野市の磐船について、

峡中、長さ五丈ばかりの石あり。渓水はその石の下を通る。和州南田原村石船明神の神輿ここに遷幸す。因りて石船岩といふ。今その礼は廃すと雖《いへど》も、毎年六月晦日、土人相集ひて、ここにて禊事を修す。神座石は交野郡に属す。

と記している。

このように、河内・大和の両田原と磐船神社は縁が深い。それは「河内河上哮峯」の「河上」が、天の川の河上の意だからであろう。天の川について『南遊紀行』は、

天川の源は、生駒山の下の北より流出で、田原と云《いふ》谷を過、岩船におち、私市《きさいち》村の南を経、枚方《ひらかた》町の北へ出て、淀川に入る。

と書くが、この「生駒山の下の北」こそ、生駒山系の北限の「饒速日山」である。だから、淀川から天の川をさかのぼった「河上」の「哮峯」は、『河内志』の書く西田原の磐船山（饒速日山）とみてよかろう。

しかし、神話伝承なのだから、『住吉大社神代記』の書く、生駒神奈備山の四至に入る範囲内を、物部氏の祖神降臨伝承地としてもよいだろうし、生駒山系でいちばん高い六四二メートルの山頂（生駒山）を、哮峯とみてもよいだろう。

ニギハヤヒと神武天皇東征伝承

瀬戸内海を船で来て難波へ近づけば、まず目につくのは生駒山系である。『万葉集』巻三（二五五）に、「天離《あまざか》る夷《ひな》の長道《ながち》ゆ恋ひ来れば明石の門《と》より倭島《やまとしま》見ゆ」とうたわれている「倭島」は、生駒山系が瀬戸内海からあたかも島のように見えるからである。また、『万葉集』巻二十（四三八〇）に、「難波門を漕ぎ出て見れば神さぶる生駒高嶺に雲ぞたなびく」とあるように、難波の海からまず目に入るのは「生駒高嶺」だから、物部氏が東遷して、まず河内に入ったとすれば、生駒山に天降《あまくだ》りしたという神話伝承が当然うまれてくる。

ニギハヤヒが天降りに船長《ふなおさ》・梶取《かじとり》らを従えているのも、「アマクダリ」が「海《あま》から来る」ことだったからであろう。『旧事本紀』は、船長を跡部《あとべ》首の祖、梶取を阿刀造の祖と記すが、『和名抄』では、河内国渋川郡に跡部郷があり、『延喜式』神名帳は同郡に跡部神社を載せている。跡部神社は八尾市植松町にあり、そのあたりが跡部郷で、旧大和川に沿った土地である。

物部氏は、難波から淀川・天の川と大和川を利用して生駒山系から大和へ入ったようである。磐船神社は、淀川から天の川をさかのぼるルートにあるが、ニギハヤヒも、天の川の河上の哮峯から大和の鳥見白庭山《とみのしらにわやま》に移っている。これは交野台地から天の川をさかのぼり、磐船神社のある峡谷を通り、南田原で天の川と別れ、鳥見谷にぬける、いわゆる磐船越のコースである。

『旧事本紀』の「天神本紀」は、前述のニギハヤヒの天磐船の天降りと、鳥見白庭山へ移ったことを書いたあとにつづけて、ニギハヤヒが鳥見でナガスネヒコの妹のミカシキヤヒメを妃とし、この地で亡くなったと記している。

『日本書紀』は、神武天皇即位前紀に、次のように書く。

塩土老翁《しほつちのをじ》に聞きき。曰《い》ひしく、「東に美《よ》き地有り。青山四周《よもにめぐ》れり。其の中に亦《また》、天磐船に乗りて飛び降る者有り」といひき。余《われ》おもふに、彼の地は、必ず以《も》て大業を恢弘《ひらきの》べて、天下に光宅《みちを》るに足りぬべし。蓋《けだ》し六合《くに》の中心《もなか》か。その飛び降るといふ者は、これ饒速日といふか。何ぞ就《ゆ》きて都つくらざらむ、とのたまふ。

神武天皇はニギハヤヒのいる「東の美き地」に向かって日向《ひむか》から東征した。そして河内の日下（草香）に着き、生駒山を越えて大和に入ろうとした。そのとき神武東征軍と日下坂（東大阪市日下町）で戦ったナガスネヒコは、神武軍を撃退している。

敗退した神武軍は、熊野・吉野・宇陀を通って大和に入り、東から攻撃し、ナガスネヒコは鳥見《とみ》（生駒市）で防戦する。そのときナガスネヒコは人を遣わして、神武天皇にこう伝えている。

むかし、天神の子有《ま》しまして、天磐船に乗りて、天より降りいでませり。なづけて櫛玉《くしたま》饒速日命と曰す。是《これ》吾《わ》が妹《いろも》三炊屋媛《みかしきやひめ》を娶《と》る。（中略）故に饒速日命を以て、君として奉《つか》へまつる。夫《そ》れ天神の子、あに両種《ふたはしら》まさむや。いかにぞ更に天神の子と称《なの》りて、人の地《くに》を奪はむ。（後略）

このナガスネヒコの言葉からみても、磐船の主が主権者であり、神武天皇は侵略者である。ナガスネヒコは、この侵略者と徹底抗戦の決意をもっていたので、もてあましたニギハヤヒがナガスネヒコを殺し、神武侵略軍に「帰順」したと、『日本書紀』は書く。物部氏の氏《うじ》の記録である『旧事本紀』は、そのことさえ略して、神武東征記事の前に、ニギハヤヒを鳥見の地で病死させている。

このように「磐船」は、物部氏の始祖神話だけでなく、わが国の「建国神話」とも深くかかわっている。

最初にナガスネヒコが戦った日下には、いま石切神社（石切剣箭《つるぎや》命神社）があるが、この神社でも、磐船神社の貴重な神宝が祭祀されている。石切神社上社は生駒山の最高峰の中腹にあるが、この神社の宮司木穂氏は、物部系の穂積氏の後裔で、神社の祭神はニギハヤヒとその子ウマシマジである。

「日下」に太陽信仰がかかわっていることは他の項で述べたが、『住吉大社神代記』の「胆駒神南備山本記」には、

「天磐船」について

大八州《おほやしま》国の天の下に日神を出し奉るは、船木の遠祖、大田田神《おほたたのかみ》なり。此の神の造《つく》作れる船二艘、一艘は木作、一艘は石作を以て、後代の験《しるし》の為に、胆駒山の長屋墓に石船を、白木坂の三枝墓に木船を納め置く。

とある。

問題なのは、「日神を出し奉る」船木の遠祖大田田神が、石と木の船を作っていることである。木の船なら実際の船で、問題はない。沈むことがわかっている「石（磐）船」は、

一、ニギハヤヒのみにかかわる伝承である。

二、海《あま》でなく天《あま》をとぶ船である。

三、この船に乗っている神だけが、「日本国」（必ず「日本」と表記する）といって天降りしている。

四、日神に奉仕する船木氏の遠祖がこの船を作っている。

五、墓に納めている。

ことからみて、独自の意義があったと考えられる。

独自の意義の第一は物部氏、第二は太陽信仰、第三は死と再生にかかわるようである。

物部氏が太陽信仰にかかわることは、拙著『「日本国」はいつできたか』に書いたので略すが（谷川健一も『白鳥伝説』で詳述している(1)）、太陽信仰にかかわる死と再生の儀礼も、鎮魂祭のタマフリ、タマシズメ儀礼などからみて、物部氏と関係あることが推測できる。このことは、折口信夫・上田正昭・松前健その他、国文学者・日本古代史学者・神話学者らも、すでに述べている。だから私は、磐船神社の「磐船」に関連して、先学に述べなかった点だけにしぼって書くことにする。

ニギハヤヒと天磐船の関連伝承は、『旧事本紀』『住吉大社神代記』では、生駒山にかかわる伝承であり、『日本書紀』では「東の美《よ》き地」「そらみつ日本国《やまとのくに》」に天降りした伝承である。『日本書紀』では神武天皇の東征伝承との関係でのみ登場することからみて、これは先住主権者としてのニギハヤヒの伝承（とくにナガスネヒコ）を無視できずに記載したものと考えられるが、『旧事本紀』では、物部氏の祖先伝承として記されているため、生駒山（哮峯）への物部氏の祖神降臨神話となっている。この降臨神話の影響が、『住吉大社神代記』の「胆駒神南備山本記」に載る「饒速日山」なの

である。

吉田東伍は、生駒山が住吉大社の神奈(南)備山になっていることについて、「此山は本来饒速日命に因由ある所と想はるるに、又住吉神の御山と為すは不審」と書いている（『大日本地名辞書・上方』）。しかし、日神祭祀という点からみれば「不審」ではない。ニギハヤヒについては『旧事本紀』に、

天照国照彦天火明櫛玉饒速日尊《あまてるくにてるひこあまのほあかりくしたまにぎはやひ》。亦名《またのな》天火明命。亦名天照国照彦天火明尊。亦云饒速日命……


とあり、「天火明命」と合体した神名になっているが、火明命は尾張氏の祖神である。

住吉大社の祭祀氏族津守《つもり》氏は、火明命を祖とする尾張氏系の氏族である。尾張氏系と物部氏系の祖神が合体したニギハヤヒが、天磐船に乗って河内河上哮峯に天降りしているのだから、生駒山を住吉大社の神奈備山とするのは、べつに「不審」ではない。

磐船神社が住吉の四神をニギハヤヒと共に祀っているのも、四条畷市の田原の神社が住吉社なのも、『旧事本紀』の神名と無縁ではないだろう。貝原益軒の『南遊紀行』にも、「岩船石の南の面をけづり、住吉大明神の字を彫りつけて、簾布の戸帳をかけたり」とあり、秋里籬里の『河内名所図会』は、「石の玉垣あり。土人、此巌を住吉明神と称して、毎歳、六月晦日、村民ここに聚《あつま》りて、禊事を此神座石《かみくら》にて修す」と書いているが、住吉大社で日神に奉仕するのが船木氏である。この船木氏が石(磐)船を作っているのだから、日神―磐船―ニギハヤヒというつながりが推測できる。

延暦三年（七八四）に成立したといわれる伊福部臣系図の、櫛玉神饒速日命の条に、

この命、天磐船に乗り、天より下り降りる。虚空《そら》に浮びて遙かに日の下を見るに、国有り。因りて日本《ひのもと》と名づく。見る所の国、正に日の出に当れり。故に、葦原中国を更に、日本《ひのもと》の国と名づく

とある。『万葉集』が「倭島《やまと》」と歌う生駒山系と、その両側に広がる平地が、「虚空見日本国《そらみつやまとのくに》」なのである。生駒山から昇る太陽は、生駒山の東、大和の国中《くんなか》で生まれて、朝になると現れるようにみえるから、その地（大和国）を日本《やまと》とみたとも考えられる。

難波宮趾太極殿跡の真西に、生駒山系の最高峰がある。河内の大古墳を築いた王権の初期には、難波の上町台地に宮があったと考えられるが（ただし、難波宮跡の上限は孝徳朝の長柄豊崎宮までである）、すくなくとも五世紀代の難波の王は、生駒山の哮峯およびその付近から昇る春分・秋分の日の出を拝していたはずである。

そして、偶然の一致といってしまえばそれまでだが、磐船神社と岩戸神社（天照大神高座神社）は、難波宮趾を基点とすれば、それぞれ夏至と冬至の日の出方向にある。また、磐船神社と岩戸神社のほぼ中間に生駒山頂があり、その西側中腹に石切神社の上社がある。つまり、この三つの神社の所在地は、難波宮跡から見て、ほぼ夏至（磐船神社）・春分・秋分（石切神社上社）・冬至（岩戸神社）の日の出の方位にある。日下《くさか》は生駒山頂の西麓にある。また、物部氏が祀るフツヌシを祭神とする大和の石上神宮から見て、夏至の夕日は生駒山頂付近に落ちる。ということは、生駒山系の最高峰から見れば、日本国《やまと》の冬至の朝日は、石上神宮のある背後の山から昇る。また住吉大社から見るならば、春分・秋分の朝日は、岩戸神社の背後から昇り、夏至の朝日は、田原の磐船山（饒速日山・哮峯）付近から昇る。

益田勝美が、「夜明け」「黎明」は「伝承の世界では、それはずっと後世までも、単なる時間の推移ではなかった」と書いているように[(2)]、日の出の意味は、単なる一日の始まりではない。死んだ太陽の再生なのである。磐船を朝日の昇る生駒山系につくった墓に納めるのも（その儀礼を日神に奉仕する船木氏が行なうことが重要である）、再生祈願がこめられていたと考えられる。

墓に納めた磐船から船形石棺が想像できるが、伊勢神宮の神体（鏡）を納める容器も、船形（御船代）である。日神または日神の子をのせる船は、貴種をのせて漂着する空船《うつぼふね》伝承（貴種流離譚の一種）と重なるが、ホムタワケ（応神天皇）をのせて難波に着いた船を、『古事記』は「空船《むなふね》」と書く。この「空船」を「ウツボ船」のこととする説があるが[(3)]、『古事記』は「空船」を「喪船」とも書く。磐船を墓に納めたと同じ、死と再生の観念が、これらの伝承にもこめられているのである。

注

（1）谷川健一『白鳥伝説』昭和六十一年。
（2）益田勝美「黎明――原始的想像力の日本的構造」『火山列島の思想』所収、昭和四十三年。
（3）岡田精司『古代王権の祭祀と神話』二三八―二三九頁、昭和四十五年。

高良《こうら》大社——物部氏と水沼君と古代信仰

当社の祭祀氏族については、『高良山高隆寺縁起』に、「当社五姓氏人」として、次のように記されている。

祭祀氏族について

丹波　俗体大宮司職、法体座主職
物部　大祝
阿曇部　小祝
草部　下宮二勾当
百済　百済別当

ただし、同縁起は、「或説曰」として、

丹波　座主、大宮司
物部　福実藤大臣乳子、大祝ハ嫡男、小祝ハ次男
安曇　俗体大宮司　法体座主職
前田　下宮大宮司
草部　御貢所司饘贄人職也云々

とも書く。また縁起異本には、

丹波氏　俗体大宮司、法体座主兼宮司職

物部氏　祝司　大祝小祝職　一命婦字有子、物部福実妻也
安曇氏　一宮香椎女帝皇朝大多良志姫令﹂謝﹁申磯良同宮大宮司﹂定之
前田氏　下宮大宮司
草部氏　御供所職鱣贄人也　三毛郡人
とある。『高良玉垂宮神秘書』は、大祝の物部氏を特別扱いにして、「五姓氏人」を、
丹波氏　大宮司職
安曇氏　小祝職
前田氏　下宮御倉出納職
草部氏　御貢所鱣贄人職
草賀部氏　八人神官職ノ氏ナリ
と書く。
「五姓氏人」の大祝物部氏を特別扱いしたので、八人神官職の氏人のなかから草賀部氏を入れている。だから、『神秘書』の場合も、丹波・物部・安曇・前田・草部である。百済の代わりに前田になっているが、「高牟礼草創以来仕工人」は、「物部・安曇・草部・百済」を草創以来当社に仕えた工人とし、百済氏については、
百済ハ百済国ノ王子也。神功、武内三韓御征伐ノ時、召トラレタル降人也。中古滅シ畢。同時ニ新羅高麗ノ王子、コレヲ降人ニ召トラレタリト雖モ、御帰陣ノ砌、船中ニ於テ死ス。其高良ニ仕ヘ人、数多コレ有トイエトモ、上古ヨリ中古ニ至滅シ畢。
と記しているから、百済氏が絶えたあと、「五姓氏人」のなかに前田氏が登場したのであろう。

大宮司について

大宮司と座主は丹波氏とあるが、座主は古く、大宮司は十世期後半の安和二年（九六九）以降に作られた役職である。

『類聚符宣抄』所蔵の天元二年（九七九）二月十四日の大宰官符に、

坐二筑後国一高良大神宮司、代々国司以二郎等一人一補二任検校職一、令二執印行事一。毎レ至二遷替之日一、不レ弁二勤惰一棄以京上。仍去安和二年八月五日初蒙二官符一、補二任大神宮司一以降、神威弥厳、修治無レ怠

とある。「当社の宮司は、代々の国司が郎等の一人をもって検校職に補任し、執印行事せしめたが、国司の遷替になると、勤惰を弁ぜず（事務引き継ぎをせず）、職務を棄てて帰京してしまう。よって去る安和二年（九六九）八月五日、始めて官符によって宮司を補任した。その後、神威はいよいよ厳で、なすべき事は怠ることはない」というのである。

この大宮司と座主は丹波氏であり、同じ氏族が二つの要職をしめていたわけだが、座主が紀氏だから、太田亮と山中耕作は、紀氏が丹波氏になったとみる。[1] 当社の神宮寺高隆寺の開山の隆慶について、『高良山座主系図』や『高良山隆慶上人伝』は、隆慶の父を紀護良と記している。『座主系図』は隆慶について、武内宿禰の後裔で養老五年（七二一）に没したと書く。武内宿禰の後裔とするのは、『古事記』や『姓氏録』が、紀氏の始祖を武内宿禰とするからである。だが、畿内の紀氏本宗家の一族が座主になり、さらに大宮司になったわけではない。

太田亮は、石清水に八幡宮を勧請した行教（奈良大安寺の僧行教が貞観元年〔八五九〕に奉請し、翌年勧請）も紀氏の出だが、『石清水祠宮系図』の行教までの系図に「大宰大弐」が多いことから、「行教は中央紀氏の子弟にあらず、そして其の系図に太宰官人たりし形迹を多く残す上より云うも、宇佐八幡神を勧請したる上より云うも、太宰府請代の名族紀氏の人と見る方が穏当ではないか。府官紀氏が太宰の大監以下の職にあった事は文書史籍に少くない。然らば石清水祠官系図の大弐と云ふは其の実大監であろう」と書き、「行教は太宰府の府官たりし紀氏の族で、当地方（高良山とその周辺――引用者）の紀氏と族を同じうするものと考へられる」と推論する。そして、「石清水紀氏は八幡社内高良社を勧請し、又其の崇敬する本社祭神高良玉垂命と、自家の祖神武内宿禰を混淆し、高良玉垂命は武内宿禰なりとの説を生んだのではなかろうか」と書き、[2]「殊に本社の神宮寺なる高隆寺の開山僧隆慶も、亦紀氏なるは、益々這般の消息を語るものと見ねばならぬ」と書く。

『宮寺縁事抄』に、「行教夢記」として高良大社のことが記載されているのも、当社と石清水紀氏の関係を示している。行教と当社の関係の深さは、太田亮が述べる大宰府官僚の紀氏が、座主としてかかわっていたためであろう。この座主紀氏が、安和二年（九六九）の宮司創設の際、大宰府の紀氏の支援を受けて宮司になり、丹波氏を称したのであろう。だから、宮司と大祝の関係は険悪で、正中二年（一三二五）の古文書にも、大宮司有基と大祝安延が「正月三日於ニ社頭ニ闘乱」とある。そのため両人とも免職になったが、大祝は「神同姓之職」で「六十余代」つとめてきた家柄だから、復職したとある。

現在とはちがって、当時の大社は多くの社領をもっていた。そうした社領などの管理にあたる、いわゆる俗事は、経済・行政の二面で旨味のある部分であった。だから、宗像大社で大宰大弐の源清平がその子を新設の大宮司にしているように（宗像大社の項参照）、当社も大宰府官僚の同族が大宮司を世襲したのである。

大祝は「物部」とあるが、この「物部」も中央の物部ではなかろう。中央の物部は「石上」を称し、「物部」を名乗っていない。

大祝物部と水沼君

『旧事本紀』（天孫本紀）は、物部麁鹿火《あらかひ》の弟の阿遅古を水間君の祖と書く。私は、この阿遅古の子孫を当社の大祝の物部氏と推測する。

宗像大社の項で谷川健一と秋本吉郎の説を紹介したように、阿遅古は、『肥前国風土記』基肄《きい》郡姫社郷の伝承に登場する「筑前国宗像郡人珂是古」と同一人物と目される。姫社郷は肥前といっても当社に近い。なぜ阿是古（阿遅古）は筑後の水沼君ではないのだろうか。

『旧事本紀』（天皇本紀）は、物部氏系の水間（沼）君以外に、景行天皇の皇子、武国凝別命を筑紫水間君、国背別命を水間君、豊門別命を三島水間君の祖とする。『日本書紀』は、景行天皇四年条に、景行天皇の皇子国乳別皇子を水沼君の祖と書く。

太田亮は、「武国凝別命は書紀に阿倍氏木事之女高田媛の生む処とし、『是伊予国御村別之始祖也』と載せ、而して円珍の和気系図に、此の皇子を『伊予国御村別君祖、讃岐国因支首等始祖』とあるに一致する故、旧事紀が此の皇子を水間君祖とするは誤なる事が明白である。蓋し旧事紀は『ミムラ別』と云ふを、ミヅマと誤ったものであろう。よって同書は、更に武国皇別命と云ふ皇子をつくって伊与御城別の祖とするも、御城別は御村別の誤なる事が著しい。次に国背別と豊門別とは、共に書紀に国乳別と同母弟とあれば、旧事紀の伝も或は事実であろう」と書いている(3)。

たぶん、武国凝別命を筑紫水間君の祖とする誤りをおかしたため、本来の筑紫水間君の祖である国背別のところが、水間君の祖となったのであろう。

このように、水間(沼)君には、景行天皇の皇子系と、物部氏系の二流がある。景行天皇の皇子とするのは、景行天皇の九州征討伝承に仮託したためで、この系統の水間(沼)君は、筑後川下流域の三潴・三井郡を本拠とする土着氏族であった。

景行紀に「水沼県主猿大海」の名がみえるが、森貞次郎は、「水沼県が筑後川下流左岸のデルタ地帯で、クリークの多い三潴郡全域として一つのまとまった地域をさすことはほぼまちがいない。このデルタ地帯は、東の山麓との間に八丁牟田《はっちょうむた》などの地名によってそれと知られる深い低湿地帯が南北に走っていて、そのためにも地域的な独立性が強いが、すでに弥生時代から豊かな農耕地帯となっていて、細形銅剣や中広銅矛が発見されている。古墳時代になると、御塚《おんづか》・権現塚《ごんげんづか》という巨大な古墳があり、いまもその濠は水をたたえている。南側の御塚は、三重の濠をめぐらした長径一三〇メートルの帆立貝式の前方後円墳で、前方部の濠の跡は東側の電車線路の向うにみられるという。北側の権現塚は、二重の濠をめぐらす直径一五〇メートルの円墳で、いずれも畿内低地の大古墳の趣をもっている。なお、近くに三重の濠をめぐらした銚子塚《ちょうしづか》とよぶ同様な規模の前方後円墳が明治初年まであったことを伝えている。これらの大古墳が、水沼君の数世代にわたる墳墓である公算はまことに大きいが、その築造年代は、北側の権現塚の方が古く、南の御塚は濠の底から発見された須恵器によって、それがほぼ五世紀末で六世紀初頭より下らぬことが確かめられている」と書き、「水沼県主は、この筑後川下流の肥沃なデルタ地帯の農耕生産の支配を基盤にした有力な豪族であり、五世紀後半、つまり雄略天皇のころに最盛期をむかえたとみられる。身《む》狭村主《さのすぐり》青にからまる伝承からみると、筑後川下流の水利水運の権を掌握しているだけでなく、有明海及び、これにつづく外海の海上権をもち、大和朝廷の南朝との通交に何らかの関係をもっていたことが考えられる」と述べている。(4)

身狭村主青の伝承は雄略紀に載るが、同じ伝承が応神紀に阿知使主《あちのおみ》の名で載っている。阿知使主は身狭村主らの祖であるから、原伝承では身狭村青だったのが、倭漢氏の祖の阿知使主の伝承にもなったのであろう。応神紀の伝承では、身狭村主青が呉国から連れてきた織女を宗像神に奉仕させたとある。ところが、宗像神は水沼君が祀ったと『日本書紀』は書く。このように、水沼君と身狭村主青の伝承は、宗像大社ともかかわっている（このことについては宗像大社の項でふれた）。ということは、朝鮮との海上交通（海北道中）にも水沼君がかかわっていたことを示している。たぶん、五世紀の倭王権（倭の五王）の海外との交流に水沼氏がかかわっていたことが、身狭村主青や宗像女神祭祀の伝承になったのであろう。

水沼君を、水沼県主とも『日本書紀』は書くが、倭王権に直接間接に従属した豪族のうち、特に重視された豪族の支配地域を「県《あがた》」といい、その首長を「県主《あがたぬし》」という。県と県主の設置は四・五世紀とみる説が有力だが、畿内と地方では設置の時期がずれるはずで、九州の県主の設置時期は五世紀頃と考えられる。原島礼二は九州の県の成立を、六世紀前半の磐井の反乱の直前と直後に推定しているが(5)、私は雄略朝の水沼君伝承や、水沼君の本拠地の古墳築造の時期からみて、水沼県の設置を五世紀中葉と推測する。

三潴郡の水沼君は、筑紫君の権力の強大化につれて衰退している。森貞次郎も、「五世紀に隆盛をみた水沼君は、五世紀末には急速に衰退し、筑紫君がこれに代ったとみてよいであろう(5)」と書いている。権現塚や御塚のある久留米市大善寺町の古墳群に、六世紀代の築造がみられないのは、五二七年の筑紫君磐井の乱と無関係ではなかろう。磐井の主戦場が三井郡であることからみて、三潴郡も筑紫君の勢力下にあったと考えられる。

磐井が生前に作らせたと『筑後国風土記』逸文が書く岩戸山古墳のある上妻部（八女地方）は、筑紫君の本拠地である。その岩戸山古墳の西、三キロ余にある全長一二二メートルの前方後円墳、石人山古墳について、小田富士雄は、「筑紫君の宗本家として頭角を現わした初代の人物に相当する人の墓ではあるまいか」とし、(6)森貞次郎も、五世紀後半の築造で、「筑紫君磐井よりも一〜二世代前の人物のものといってよく、水沼君の御塚との間に年代の開きはあまりないとみられる」と書く。(7)

この石人山古墳の西北六キロの地に、御塚古墳と権現塚古墳がある。幕末の久留米藩の国学者矢野一貞は、御塚古墳の上に石人の残欠があったと『筑後将士軍談』に書いており、このことから、森貞次郎は、筑紫君は水沼君を統合するような立場にあったとみられる。(7)土着氏族としては筑紫君も水沼君も同じだが、水沼県主と書かれていることや、雄略紀や宗像神祭祀の記事からみて、水沼君の方が倭王権とのつながりは強かったと思われる。だが、筑紫君が倭王権から離れて独自性を主張しようとする過程で、水沼君は、はるか遠くの倭王権の命令をきくより、同じ土着氏族の筑紫君に同調する方をとったのであろう。このことは、御塚・権現塚と石人山の距離が六キロぐらいであることからもいえる。

もし水沼君が物部側だったとすれば、筑紫君の本拠地上妻郡が磐井の最期の決戦場になったはずである。決戦が三井郡で行なわれたのは、この地に勢力をもっていた水沼君が磐井に協力したからであろう。だが、敗色濃くなって、たぶん水沼君は、いち早く降服した。しかし、磐井側についていたため、麁鹿火に最初から従っていた宗像郡の水沼氏が、いままで当地の水沼君が保持していた祭政権を握った。それが、水沼(間)君の祖の阿遅古を麁鹿火の弟とする物部系水沼氏であり、当社の大祝物部は、その阿遅古(阿是古)の後裔であろう。

景行天皇の皇子を祖とする水沼君は磐井の乱以前の大祝で、以後の大祝は物部系の水沼君と推測される。宗像大社の水沼君は、沖ノ島祭祀がヤマト王権の朝鮮との交流のうえで重要な役割を果たしていたため、六世紀における物部本宗家の滅亡によって大打撃を受けたが、高良大社の水沼君は、当時の王権祭祀と縁が薄かったため、そのまま大祝として残ったのであろう。

鎌倉末期に書かれた『宗像大菩薩御縁起』に載る「御長手神事」については、宗像大社の項で原文を載せたが(二三五頁)、その後文には次のように記されている(縁起は「御長手」を「御手長」と書き、「御手長」は「旗杵」のことと書く)。

蒙二皇后勅命一宗大臣今宗像大菩薩御手長於振下玉、藤大臣今高良大菩薩乾珠於海仁入玉志加波潮忽皆干天、海上成二陸地一(中略)宗大臣亦御手長於振上玉、藤大臣亦満珠於海仁垂入玉恵利、潮亦忽満上天、異州之軍兵悉皆溺死訖。

「皇后」とは神功皇后のことだが、前文に「武内大臣赤白二流之旗於織持天、強石将軍今宗像大菩薩御手長仁付玉恵利、捧二之軍前陣仁一進玉」とある。旗をつけた御手長を宗大臣が振り下げ振り上げたという記述は、強石将軍＝宗大臣、武内大臣＝藤大臣とみて当社の祭神を武内宿禰とする説の、一因になっている(武内宿禰としたのは、紀〔丹波〕氏の大宮司・座主が、大祝の勢力に対抗するためもち出した説である)。

だが、赤白二流の旗を織った武内大臣は、宗像大社の摂社織幡神社の祭神武内宿禰のことで、宗像大社の神として書かれているのではない。そのことは、後文に、織幡神社の祭神は「武内大臣」で、「神功皇后三韓征罰之時」赤白の旗を織って「宗大臣」の御手長につけたので、織幡神社といったと書かれていることから明らかである(原文は二三六頁に掲載)。

高良の神は、高良社の大宮司が祖とする武内宿禰でなく、乾珠満珠を用いた神として登場していることからみても、高良・宗像の両社を結びつけるのは水沼氏である。そのことは、天慶七年(九四四)の『筑後国神名帳』に、「宗形」を名乗る神社が多く載ることからもいえる。

三井郡　宗形神(二社)、宗形若草神、宗形金巳呂神
三潴郡　宗形神　宗形本神
上妻郡　宗形神
山本郡　宗形御井天社

三井郡は当社の鎮座地だが、三潴《みつま》郡に「宗形本神」があるのに注目したい。三潴《みつま》は水沼(間)君の本拠地であり、記・紀は「水沼《みぬま》」「水間《みつま》」と書く。

『日本書紀』は、水沼君が宗像女神を祀っていたと書くが（宗像大社の項参照）、古賀寿は、この水沼君の祖神を高良玉垂命とみる。(8) 高良大社の祭神について山中耕作は、『旧事本紀』が水間（沼）君らの祖を景行天皇としているところから、「大足彦忍《おおたらしひこお》代別《しろわけ》」という景行天皇の「大足彦」と「玉垂《たまたれ》命」を重ねて、水沼君の祖大足彦を祀ったとみる。(9)

水沼氏の本拠地の三瀦郡に「宗像本神」が祀られていることからみても、宗像の神と高良玉垂命は同じ性格であろう（そのことは後述）。磐井の乱後、宗像の水沼氏が物部を名乗って大祝になったとしても、水沼氏の原郷に戻っただけのことである。

このように、『宗像大菩薩縁起』によっても、大祝物部は水沼氏系物部であることが証される。特に、藤大臣（高良神）を武内宿禰に重ねていないことは、高良大社の大宮司が武内大臣を藤大臣と主張している鎌倉時代末期に、この縁起を書いた宗像大社の人々が、水沼氏伝承を守っていたことを示している。このことも、大祝物部が水沼氏系物部であることの一証になる。

小祝阿曇氏と風浪神社

阿曇氏は「小祝」とある（一伝の記事は誤写であろう。『神秘書』も「安曇氏、小祝職」と書く）が、大祝の水沼系物部氏と共に阿（安）曇氏が当社の祭祀にかかわったことは、「乾珠満珠」の伝承からもいえる。『八幡愚童訓』や『宇佐宮縁起』に載る「安曇磯良」は、竜王から「乾珠満珠」を借りて神功皇后の「三韓征伐」に協力している。『太平記』にも同じ話が載る。

花園天皇（一三〇九―一三一八年）の頃に書かれたといわれる『八幡愚童訓』には、「三韓征伐」のとき、住吉大神の載る船の梶取として安曇磯良が選ばれたが、海底にいるので、武内宿禰は月神を遣わして磯良を連れてこようと計画した。それを聞いた住吉大神が、月神は天神だから、人の姿にして「行二除目一成レ官可レ遣」（除目《ジモク》ヲ行イ、官ヲ成シテ遣ス可シ）といったので、「藤《トウ》大臣連保《ツラヤス》」と名づけて安曇磯良のところへ派遣したとある。「藤大臣」は、『宗像大菩薩縁起』に載るように高良神のことだから、『高良玉垂宮神秘書』は、「月神」の高良大菩薩の「垂迹」を「藤大臣物部連保」としている。この藤大臣と安曇磯良はコンビで乾珠満珠にかかわっており、それが当社の大祝・小祝のコンビに反映しているのである。当社の縁起異本にも、安曇氏と磯良の関係を示す注記があって、磯良と当社の小祝安曇氏の関係を証している。

『八幡愚童訓』によると、住吉大神は、竜宮の「干珠満珠」の玉を借りてくる使者として、神功皇后の妹豊姫を遣わすことにしたが、その御供に「美男藤大臣連保」と「醜男磯良」をきめたという。

「高牟礼草創以来仕工人」にも（高良社は「高牟礼社」ともいう）、

安曇ノ磯良ハ筑前ノ香椎之磯鹿ノ浜ノ辺ニ居住シ、海上ノ順風ヲ計リ得シ人也。故ニ神功皇后・武内命・三韓御征伐ノ時ノ梶取也。磯良嫡流安曇氏ト号ス。高良ヘ仕ヘ、後ニ三潴郡酒見風浪社ノ神主ト成、世々相続ス。

とある。

大川市に酒見風浪神社があり、安曇氏の祖少童《わたつみ》命を主祭神とし、他に高良玉垂命・息長足姫命・住吉大神を祀っている。末社に安曇磯良を祀る磯良神社があり、神主の酒見氏は磯良の子孫と称し、境内に磯良塚がある。五月二十日の沖参りには、有明海に船を漕ぎだし、干潟に祭壇を築いて祭祀を行ない、御潮井を取る。この祭祀からみても、安曇氏が潮と乾（干）珠満珠の伝承にかかわっていることがわかる。

高良玉垂命も、干潟の激しい有明海を仕事場とする海人の信仰を集めている。だから、宗像女神の「御長手《みなかて》」に対し、「乾珠満珠」が形代になっていて、海人安曇氏が小祝として奉仕しているのであろう。

草部氏について

『神秘書』に「草賀部」とあるが、これは「日下部《くさかべ》」のことである。太田亮は、「日下部（草壁）とは、仁徳天皇の皇子大日下王、若日下王の御名代で、有勢なる品部なりしかば諸国に其の数多く、和名抄当国山門郡に草壁郷を収むれば、当国にも多かりしや明白、そして縁起異本に三毛郡司とある故、当国三毛郡にも居り、其の地の郡司だったかと考へられる。三潴郡大善寺玉垂宮の伝説に三毛郡司の娘が玉垂宮の霊験を受けと。蓋し此の日下部氏と同族だろう。又高隆寺の記録に弓削郷戸主草部公とあり、これによって本社祠官草部氏は本郡弓削郷に住せしを知り、そして弓削郷は物部氏同族弓削氏の多く住みし地にして、又日下部氏には数流あれど姓氏録河内神別に『日下部　神饒速日命孫比古由支命之後也』とあれば、当地の日下部氏も比の日下部と同流にして、遠祖は又物部氏と同族かと考えられる」と書いている。(10)

私は大祝物部氏（のちに鏡山氏と称す）を物部系水沼氏と推論したが、物部氏系氏族は筑後に繁衍している。『筑後国神名帳』にも、

御井郡　物部名神
三潴郡　物部社（二社）　物部山国神
山門郡　磯上物部神　物部阿志賀野神　物部田中神（二社）

などが載る。

谷川健一は、高良大社と物部氏の関係について、『旧事本紀』（天孫本紀）に「物部阿遅古連の姉妹として、物部連公布都姫夫人、宇名御井夫人、または石上夫人と註記されている人物の名が記されている。布都とか石上とかの名が物部氏に関連することは明らかである。字名を御井夫人というからには、筑後の御井とゆかりのある名前であろう。そこからとうぜん高良山との関係が推定される」と書いている。(11)草部の当社への関与も、物部氏と当社の関係を示す一例であろう。

『高良玉垂宮神秘書』と水沼君

戦国時代の末頃に成った『高良玉垂宮神秘書』は、

高良大菩薩　タイタウ《(大唐)》　アレナレ河と云所ヨリ、御フ子《(舟)》ニメシ、チクセンウ《(筑前宇)》ミノカウチ《美河内》ヱ　ツキ玉フ、ソレヨリ　クハウクウ《(皇后)》トトモニ、ミヤコヱ　ノホリ玉フ、クハウクウ御ホウキヨ《(崩去)》ノノチ、仁徳天皇十七代《(年)》ニ、大善寺ノマヱノ川ニツキ玉フ、ハシメテノ御ツキノトコロナレハ、タイタウ《(大唐)》御フ子《(舟)》ヲ、イタシ玉、河ノ名ヲ　カタトリテ、カノトコロヲハ　アレナレ河トハ名付タリ、御舟ヲ　ステヲキ、カノ河ノハタニアルクロキヲキリ、御舟ヲ　ツクリ玉イ、サケミ《(酒見)》御アカリ　ホウロウコンケン《(風浪権現)》ヲ　ハシメ玉イ、九十九社ノサイシヨヲサタメ、大菩薩、高良ヱ御センカウ《(遷幸)》アリ……

と書き、最初に着いたのは、大善寺の前の川とする（カッコの中の表記は引用者注）また、異伝では、

九月三日ニ　タイセンシヱ《大善寺》　アカリタマイ、五日コトウリウ《御逗留》アリテ　ミフ子《舟》ヲアラタメ　ミフ子ノカウラヲ　ステタマイシニヨリ、ミフ子サン《御舟山》トハモウスナリ、七日ノ午ノコク《刻》ヨリ　ミフ子イタシ、サケミヱ《酒見》アカリタマイ、ナミ《波》カセ《風》ノ神ヲオサメ、天ノ廿八シユク　地ノ三十六　廿五有合テ　九十九ソンヲ　オサメタモウ、ノチニハ　ホウ《風》ロウ《浪》コンケン《権現》トイハイタテマツル……

と書き、酒見に四日逗留し、十日に黒崎へ向かい、三日逗留して、九月十三日に高良へ御遷幸したと書く。

黒崎について、前文の伝承では、別に舟を仕立てて「カウラ山ノコトク御センカウアル也」と書く。最初に舟が着いた大善寺は、水沼君が被葬者と推定される御塚（鬼塚）・権現塚古墳のある地であり、この地に玉垂神社がある（久留米市大善寺宮本。『角川地名大辞典・福岡県』は、白鳳年間に僧安秦が高良玉垂宮の神宮寺として開基した高法寺が、延暦年間、三池郡司によって大善寺と改められ、それが地名になったと書く）。舟で来たとすれば、順序として海辺の筑後川下流の酒見風浪社から上流の大善寺、そして高良山とすべきなのに、高良山に近いところから遠いところへ行き、高良山へ上っている。このような不合理な記述は、大祝物部、小祝安曇部という序列を意識したものであろう。大祝物部の地は、水沼君の本貫地だから、大祝が水沼系物部氏であることは確かである。

異伝では、高良大菩薩は酒見風浪社から黒崎（大牟田市黒崎）へ赴いているが、黒崎は酒見よりもっと遠く、不自然である。前文では、酒見から高良山以外に、黒崎にも遷幸したとある（黒崎にも玉垂神社がある）。たぶん、大祝・小祝の地を巡って高良山へ遷幸した伝承と、黒崎へ遷幸した伝承が一緒になったのが、この異伝であろう。

大善寺の古墳は磐井の乱以前の古墳だが、大善寺塚崎の高三瀦廟院には、高良玉垂命の御廟といわれる古墳がある。『筑後国史』によれば、石棺があり、銅鉾二口や一尺三寸七分の銅剣が出たというから、三世紀代の遺跡のようである。高良山の山麓にも、方墳の祇園山古墳がある。この古墳は、やはり三世紀末から四世紀後半頃の遺跡といわれているが（九州における十数基の方墳のうち最古のもの）、大祝家の墓所と伝えられ、旧大祝屋敷に隣接している。古賀寿と山中耕作

は、この古墳の被葬者を水沼君と推定しているが(12)、大善寺の高良玉垂命の御廟といわれる古墳の被葬者も、水沼君であろう。御廟といわれる古墳の方が古いと思われるが、このように、三・四世紀の古墳のある場所が大祝とゆかりの地にあることからも、当社の祭祀の始源が推測できる。

水沼君の祭祀は河辺（海辺）の祭祀、折口信夫のいう「水の女」(10)の祭祀であろう。舟の伝承と干珠満珠の伝承も、そのことを示している。大善寺―酒見という河辺・海辺を経て高良山への遷幸は、「水辺から山へ」の遷幸である。

大善寺の前の川を「アレナレ川」と名づけたというが、筑後川に流れこむ広川と、その支流の上津荒木川の合流点に玉垂神社がある。

神功皇后摂政前紀に、新羅王が神功皇后に、「阿利那礼《ありなれ》河」が逆に流れても、太陽が西から出ても、河の石が星になっても、貢は絶やさないと誓ったとある。この「阿利那礼河」について、日本古典文学大系『日本書紀（上）』の頭注は、新羅国の河の名とする説や、新羅の慶州を流れる閼川（閼はar、川はne←nari）に比定する説などがあると書き、「後世の鴨緑江の鴨緑もまた阿利と同語とされるから、必ずしも固有名詞とはいえない」と書くが、この「アリナレ」も「アレナレ」も同じであろう。

閼川は『三国史記』『三国遺事』によれば、新羅の始祖王赫居世の降臨のための迎神（生誕）儀礼の川であり、赫居世の妃閼英が生誕のとき水浴した聖なる川である。「アレ」は「阿礼」で生誕をいうが、「アレナレ河」が新羅の王都を流れる聖なる川であることは無視できない。

『出雲国風土記』仁多郡の水沼伝承で、アヂスキタカヒコネを「船に乗せて、八十島をめぐった」とあるのは、舟に乗って大善寺についた話と共通する。アヂスキタカヒコネは石川の水沼で水浴をしたとあるが、この石川も「アレナレ川」である。アヂスキタカヒコネは宗像女神の子であるが、これと同じ伝承が記・紀のホムツワケ伝承である。アジスキタカヒコネもホムツワケ（垂仁天皇の皇子）も、髭が長くのびる頃まで口がきけない啞だったという点で共通している。『古事記』のホムツワケ伝承では、舟を浮かべた水沼を「倭の市師池・軽池」と書くが、市師《いちし》池は履中記の「磐余《いわれ》市磯《いちし》池」のことである。ところが、水沼君が献上した鳥養人《とりかひ》は軽村と磐余村に住んだとあるから（雄略紀）、鳥養人と共に献上した白鳥十羽は、軽池と磐余市師（磯）池に放たれたのであろう。この伝承も、玉垂命の漂着伝承と重なっている。

「アレナレ川」の「アレナレ」には、誕生と水浴（みそぎ）の意があるが、『出雲国風土記』のアヂスキタカヒコネの伝承と記・紀のホムツワケ伝承も、「アレナレ」伝承であろう。『古事記』は、アヂスキタカヒコネを宗像女神のタキリヒメの子とするが、宗像女神を祀っていたのは水沼君である。

ホムツワケ伝承は、記・紀ともに、白鳥を捕える鳥取伝承になっているが、水沼君にも鳥取・鳥養の伝承があり、共通している。『和名抄』には三瀦郡鳥養郷（久留米市大石町付近）があり、そこを白鳥川が流れている。

このように、『神秘書』の記述からも、高良大社の祭祀氏族は水沼君であったと思われる。

当社の祭神「高良《こうら》玉垂《たまたれ》命」という神名も、水沼君とかかわる。「高良」には「河原」の意味がある。

「高良玉垂命」という神名

高良山西麓に「高良内」の地名があり、その西に「前河原」、さらに西に「下河原」という地名がある。高良山を河原山とみて、河原の「内」「前」「下」と名づけたのであろう。『宮寺縁事抄』も、「高良大明神」を「川原大明神」と書いている。太田亮も、高良山の下の「筑後川の河原などより起って山名にも之を及ぼしたものか」と書いている。(13)

『豊前国風土記』逸文の鹿春《かはる》郷の条に、

此の郷《さと》の中に河あり。（中略）此の河の瀬清《せきよ》浮し。因りて清河原の村と号《なづ》けき。今、鹿春《かはる》の郷と謂ふは訛れるなり。
昔者《むかし》、新羅の国の神、自ら度《わた》り到来《きた》りて、此の河原に住みき。便即《すなは》ち、名づけて鹿春の神と曰《い》ふ。

とあり、「カハル」も河原の意だとある（地元では「カハル」でなく「カハラ」という）。鹿春社（今の香春神社）と高良社は、後述するように、同じ祭神を祀っている。

この場合の「河原」は聖地の意である。記・紀の天岩戸神話では、神々は「天安河原」（『古事記』）、「天安河辺」（『日本書紀・本文』に集《つど》ったとある。

山中耕作は、「高」を「カハ」「カワ」と読む古代文献がないから、『高良玉垂宮神秘書』の「コウラ」「カウラ」は「むしろ古風なものと認めざるをえないのではあるまいか」と書くが、(9)「古風」というよりも、地元で「河原」を「コウラ」といっていたのであろう。『日本国語大辞典・4』によれば、当社のある久留米地方の方言では、「河原」は「コウラ」である。だから当社は「高良」と書かれたのであろう（『日本書紀』景行紀は「高羅山」と書く）。

「コウラ」が河原（辺）の意であることは、「玉垂《たまたれ》」という神名にもかかわっている。「タマ」は「魂」であり、乾珠満珠の「珠《たま》」は神の霊力・魂によって潮の干満を自由に操る呪具である。山中耕作は、「垂」を「タラシ」とみて、高良玉垂命を大足彦忍代別（景行天皇）と解しているが、(12)大足彦は宇佐八幡宮の祭神大帯姫と同様に普通名詞であり、「高良玉垂命」は高良のタラシヒコである。この場合、大も玉も尊称だから、問題はタラシ（足・垂・帯）である。

孝安天皇は「日本足彦国押人」、成務天皇は「稚《わか》足彦」で、景行天皇と同じ「足彦」である。『隋書』倭国伝によれば、倭王の姓は「阿毎」、字は「多利思比孤」という。本居宣長は『馭戒慨言《ぎょじゅうがいげん》』で、「阿毎多利思比孤」を「天足彦」と解し、「足彦と申すは、御世の天皇の大御名」と書く。

三品彰英は、「足《たらし》」を「タル」「タリ」ともいうことから（「シ」は活用語尾）、「タラシ」を「日霊《ひたま》（魂）」の充足の意味に解している。(14)『古事記』はホムチワケ伝承で、ホムチワケの養育を「日足《ひたし》」と書く。「日足」は「霊足《ひたし》」で、養育とは日霊の充足だというのが三品説である。「足」という表記には充足の意味が強いが、「垂」「帯」という表記がなぜあるかについては、三品彰英はふれていない。『宇佐八幡宮託宣集』に、

大帯姫賞《デ》二此公子《ヲ》一（ウザヤフキアヘズのこと――引用者注）……令《メ》レ垂二乾満珠玉《ヲ》一、奉《ル》レ扶《ケ》二尊神《ノ》本願《ヲ》一、筑後高良玉垂大菩薩是也

とある。すなわち、「乾満珠玉を垂令《たらし》め」られた公子だから「玉垂」だという。玉垂したのは大帯姫であり、高良玉垂との関係は母子である。降神を垂下というように、「垂」は霊力がつくことであろう。「帯」という字には「おび」（名

詞)、「おびる」(動詞)の意味があるが、「おびる」は「ひもで身につける、転じて物を身につける」意であり[15]、霊力を身につける意に通じる。

『古事記』は、「日足《ひた》し奉《たてまつ》る」ことは「みずのをひも」を解くことだと書き、「みずのをひも」を解くのは丹波の美知《みち》宇斯《うし》王(道主貴)の娘たちだと書く。折口信夫は、「みず」を「水」と解し、道主貴の娘たちを「水の女」とし、水沼氏も「水の女」にかかわるとみる[16]。『日本書紀』は、水沼君は道主貴の宗像女神を祀ると書くが、水沼君が「日足し奉る」のが玉垂命(大足彦・天足彦といってもいい)であることは、『古事記』(垂仁紀)の「日足」の記述からも推測できる。宗像の女神は「日足」(養育)の水の女であり、『託宣集』の「大帯姫」も同じであろう。

本来の水沼君の祭事は、「アレナレ河」の河原(辺)での水の女の祭事で、それが高良山の祭事になったことは、『神秘書』の記述からも推測できる。「アレナレ」も、水辺で生まれた神子を日足す意である。

このように、「玉垂命」の「タラシ」の意味からも、「コウラ」は「河原」と解される。

『託宣集』の高良玉垂命にかかわる大帯姫は、普通名詞のタラシヒメであり、神功皇后もタラシヒメである。

母子神信仰と水の女

記・紀の神功皇后伝説の後半部について、岡田精司は、「(1)巫女である母、(2)海辺における御子の神秘な誕生、(3)難波津に海の彼方から訪れる尊い幼児、(4)その幼児の死と復活」の四つの要素があるから、「神功伝説の後半の部分は、明らかに海の彼方から訪れる母子神の信仰をその核として、成立している」[17]と述べている。

『古事記』には、オキナガタラシヒメとホムタワケの母子は難波津へ「空船《むなふね》」で着いたとあり、この「空船」を「ウツボ船」とみる説があるが、「タイタウ《(大唐)》 アレナレ河」(「大唐」は唐でなく外国の意)から出発して筑後川畔の大善寺に着いた船も、ウツボ船であろう。海の彼方からのウツボ船漂着譚が、この伝承にも反映しているのである。

『延喜式』神名帳には、筑後国三井郡の名神大社として、高良玉垂命神社(高良大社)と豊比咩《とよひめ》神社が載っている。『文徳実録』の天安元年(八五七)十月三日条に、

在二筑後国一従三位高良玉垂命、従五位下豊比咩神等、充二封戸并位田一

とある。次いで、同二年二月十七日条に、

在二筑後国一高良玉垂神社

とあり、同年五月十四日条には、

先レ是高良玉垂神、及比咩神正殿、遇二失火一、位記皆二焼損一、乃今日勘二旧文案一、更令レ書レ之、玉垂神本位従三位、今授二正三位一、比咩神本従五位下、今授二従四位下一、又同神殊授二封廿七戸一

とある。式内社「豊比咩神社」の所在については諸説あるが、この記事は、高良玉垂神と豊比咩神が、同殿か、境内に並んで祀られていて、火災にあったことを示している。

また、『三代実録』の貞観六年（八六三）七月二十七日条には、

進二筑後国従二位高良玉垂命神階一、加二正二位一、従四位下豊比咩神、従四位上

とあり、同十一年三月二十二日条には、

進二筑後国正二位高良玉垂命神階一、加二従一位一、授二従四位上豊比咩神、正四位下一

とある。

天慶七年（九四四）に大宰府に上進された『筑後国神名帳』は、寛平九年（八九八）十二月三日に高良玉垂命へ正一位、豊比咩命へ正四位上の授位があったと書く。

このように、両神は同時に昇進しているから、高良玉垂命のヒメ神が豊比咩命とみられていたことは確かである。

この豊比咩命は香春神社の祭神でもあり、『延喜式』神名帳の豊前国田川郡の項には、「辛国息長大姫大目命神社」「忍骨命神社」とならんで「豊比咩神社」とある。香春岳には三つの峯があるが、三の峯の神が豊比咩命（「豊」は「豊国」の豊か）である。豊比咩は、三の峯の採銅所の近くにある古宮（元宮）八幡宮の祭神で、祭のときに香春神社へ神幸し、祭が終われば古宮八幡宮へもどっていた。だから、香春神社の第三殿は、いつも空殿である。このように、豊比咩

神は香春神社では特別扱いになっている。

　宇佐八幡宮の項で述べたように、古宮八幡宮のある採銅所で宇佐八幡宮の神体の鏡が作られ、古宮八幡宮から宇佐へ神幸した。だから、古宮八幡宮の「古宮」には八幡宮の元宮の意味がある。豊比咩が香春神社で特別視されているのは、そのためであろう。

　宇佐八幡宮の祭神は八幡神（応神天皇）と比売神（妻神）と大帯姫（神功皇后＝母神）であり、これは香春神社の忍骨命（二の峯）と豊比咩（三の峯）と辛国息長大姫大日命（一の峯）に対応し、高良大社の玉垂命と豊比咩と伊勢天照御祖神に対応する。

　八幡の神と香春の神は渡来神であるが（宇佐八幡宮の項参照）、高良の神にも渡来神の性格がある。『神秘書』によれば、高良大菩薩は「タイタウ　アレナレ河」から遷歴後、大善寺の前の川（アレナレ河）に漂着し、その後、異国神の彦権現（英彦山《ひこさん》神宮の祭神は香春神社と同じく忍骨命）と同じ日（仁徳天皇十七年九月十三日）に高良山へ入山したとある。（なぜ仁徳天皇十七年九月なのだろうか。『日本書紀』の仁徳天皇十七年には、なぜか九月の条しか載っていない。その条には、新羅が朝貢しないので、秋九月に使者を派遣したところ、新羅人が八十艘の船に絹千四百六十匹と種々の雑物を積んで来たとある。この記事とのなんらかの関係づけが、仁徳天皇十九年九月という記述になったのではなかろうか。新羅国神を祀る香春神社の豊比咩命を高良大社が合祀しているのも、このような伝承と無関係ではないだろう。）

　さらに『神秘書』は、香春の一・二・三の峯と高良の関係について、

　豊前国ヱ、一峯、二峯トテアリ、異国ヨリ異類セメ来ラハ、彼三ノ峯ヱ、高良三所大菩薩御ヤウカウ《（迎幸）》アッテ、異類タイチ《（退治）》有ヘキヨシ御チカイ有リ。又、彼三ノ峯ヱ異国征伐ノ時、高良御登アッテ、異国異類ノテイヲ、御覧スルニヨリ、高良峯トハ名付タリ。彦権現（異国の——引用者注）ハカリコトニテ、高良峯ヲ、アラ《（洗）》イクツス《（崩）》ヘキトテ、ナラヒノ山ヨリ樋ヲカケ、アラハセ玉フトコロニ、高良大菩薩トウリ《（通）》キテシロシメシ、彼水ヲ、ケノケ《（除）》玉フ間、彦領三百余丁、白河原ニ彼水ヲ、モッテアライクツス、今ニウセス。此イハレニヨリ、彦権現、樋ヲカケ玉フ山ヲ　樋

峯トハ名付タリ

仲哀天皇崩御　薫香垂迹ト、マルニヨリ、香春岳トモ申スナリ

とある（カッコは引用者注）。高良峯が香原岳になったと書き、香春と高良神のかかわりを示している。

この伝承では、高良神は特に高良峯（香春岳）の三の峯とかかわっているが、前述のように、三の峯の麓には豊比咩が祀られ、その近くに採銅所がある。高良山の高良内の谷間の奥にも、銅や金の出る高良鉱山があり、江戸時代まで稼動していた。このような関係からみても、香春岳と高良山の関係は無視できない。香春には製銅にかかわる秦氏系工人がいたが、高良大社の縁起異本の祠官の条には「秦遠範」とある。高良山をかこむ神籠石なども、もし朝鮮式の山城だとすれば、それを築いた渡来系工人をも考慮する必要がある。

『神社覈録《かくろく》』（鈴鹿連胤、明治二十五年刊）は、当社と香春のヒメ神が豊比咩命であるところから、高良大社と香春神社のヒコ神は同じとみて、香春の祭神忍骨命と高良の祭神玉垂命を「蕃神（渡来神）」ではないかと推測しているが、『特選神名牒』（教部省撰、明治九年完成、大正十四年刊）も同神説である。

鎌倉時代末期に書かれた『釈日本紀』は、香春社の辛国息長大姫をヒメコソ神と推論するが、ヒメコソ伝承には水沼君の祖珂是古（阿遅古）がかかわっている。

ヒメコソ神（アカルヒメ）は、新羅のアグ沼のほとりで昼寝をしていた女の陰部に、日光が射して生まれた女神であるが、この「アグ沼」について三品彰英は、「『御子沼』と直訳することができ、また『乳母沼』と訳すこともできるので、民俗学的にわが『みぬま』『みぬめ』の観念と比較し得る」と書いている。[18]「アグ沼」は水沼であり、「アレナレ川」でもある。高良大社の大祝（水沼君）は玉垂命の乳母の末裔だというが、乳母とは水の女（記・紀のタマヨリヒメ）であり、高良玉垂命は、「天照御祖」が生み育てる幼童神である。

高良大菩薩（高良玉垂命）は、異国の「アレナレ河」で生まれ、舟で巡幸し、筑後の「アレナレ河」に漂着したという。筑後の「アレナレ河」は水沼の地であり、水沼は「アグ沼」である。アグ沼のほとりとは沼辺、河辺、河原のこと

で、神の誕生の聖地である。高良大菩薩はこの聖地（河原）で新しい舟を作り、酒井・黒崎へと遷幸している。この伝承の根底には、日光感精神話とウツロ舟伝説（この両者は一体になっていることが多い）があり、宇佐八幡宮と香春神社を祀った秦氏系氏族の影がある。

アグ沼のほとりの女は日女《ひるめ》であり、伊勢天照御祖神社の祭神も日女である。この神社の原社地の状況からみて、高良大社の玉垂命には日の御子的要素がある（「伊勢天照御祖神社」の項参照）。

なお、高良大社は、中世には「高良八幡大菩薩」と呼ばれるようになり、八幡信仰の神社となった（現在は豊比咩神でなく八幡神を住吉神と共に合祀している）。しかし、これは八幡信仰が中世になって侵透し、その結果、当社が八幡神の伴神になった[12]ということだけを意味しない。これまで述べたように、高良神そのものに八幡神と同じ性格があったためであり、高良神と八幡神を結ぶのが、香春の豊比咩命なのである。

高良と河童

最後に、高良大社と河童について述べておく。当社と安曇磯良神との関係は、小祝に安曇氏がおり、磯良の子孫が祭祀氏族だという風浪神社とのかかわりからみても密接だが、西田長男は、宇美八幡宮の神楽に登場する磯良大神について、「特に髪形を禿《カブロ》に、言い換えれば、オカッパ頭にしていることである。その髪形の中央に見えるのは、いうところの河童の皿に相違ない。してみると、磯良神は、殊に北九州地方に稠密に分布している河童神の信仰と同類のものであるのを想像せしめる」と書き、「磯良神のことをしばしば『磯童』と記してあるもののあるのは、それが河童と同様に童形であったのを語るであろう」と書いている[19]。

また「禿」について、『カブロ』『カムロ』が『カハラ』『カワロ』『カッパ』と同語であることは更めていうまでもない。つまり、童児の髪形が河童のそれと同じいところから、このように称せられるに至ったのである。また、河童が童児であることは、その外形において禿髪であるのはもちろん、既に斯く『童』の字が用いられ、或いは『カハラ小僧』『カハラ坊主』『カワ太郎』などと呼んでいるところからしても容易に察せられよう」と書き、「北九州地方における河童神の信仰の中心は、福岡県（筑後国）久留米市御井町の高良山に鎮座の旧国幣大社高良（カハラ・カワラと訓む）

大社及び同県（豊前国）田川郡香春町に鎮座の旧県社香春神社（延喜式神名帳の辛国息長大姫大国命・忍骨命神社・豊比咩命神社に充てられる。また、カハラ・カワラと読む）であることは、これまた、いうまでもあるまい。もう少し正確にいえば、この河童神が宗教的に昇華せられて、高良大社の祭神高良玉垂命などの信仰を起こすに至ったと考えられるのである」とも書いている[19]。

河童（磯良）が高良玉垂命になったとする説は、両神が乾満宝珠にかかわり、水沼氏と安曇氏が大祝・小祝であることからもうなずけよう。

当社と同じ久留米市にある水天宮《すいてんぐう》では、五月五日から七日に、「川渡り」という河童祭がある（丸山学は「水天宮は九州河童の総本山」と書くが、宍戸儀一は「水天宮」は水天狗（河童のこと）の意味とする）[20]。高良大社の川渡祭（へこかき祭）は六月一日に行なわれるが、かつては、七歳の男女が赤ふんどし、赤ゆもじをしめて参加し、高良山に参拝して無病息災と寿命長久を祈願した。「へこかき」とは、ふんどし（兵児《へこ》）をつけることであり、この祭を「川渡」というのは、かつて筑後川で禊ぎを行なったからだろうという。

鈴木棠三は、「鹿児島県肝属郡で六月一日。この日は河童が亀の子を配る日で、もし足りぬ時は人間の子を取って代わりにするというので、川に入らない。この日に川祭を行う風は南九州に多いが、その他の土地にも、水神の祭をこの日に行う例がある。（中略）広島県賀茂郡でも、この日はお伊勢様がエンコ（河童）を一カ所に集めておいて下さるから安全というので、海岸に篝火をたき、お伊勢様を拝み、水浴を行う。新潟県北蒲原郡では、河童がこの日天竺から降りて、八月末には天に昇るという伝承がある」と書いている[21]。

水天宮の川渡祭を河童祭ということから推して、「川渡」は柳田国男のいう「川童の渡り」[22]の意かもしれない。

宍戸儀一は、「河童を一にカハラ、カワロ、ガハラ、カワラボーズ、甲羅法師などと称することは、よく知られてゐる。伊勢の白子あたりでもこれをカハラ小僧と云ふと『物類称呼』は記してゐる。伊勢の白子を中心として河芸、鈴鹿の両郡は、早くから帰化人の入り込んだ地方であるが、今の白子町に隣接する稲生村塩屋に高良《コウラ》明神があり、ここが式内社たる加和良神社であらうといふ。さうしてみると、この社がどうやら河童を祀ってゐることがわかってくる」と書き、西田長男より二十年ほど前に、高良玉垂命は河童神だといっている(23)。

水天宮は大善寺の玉垂社や酒見の風浪社などのある筑後川下流域の福岡県と佐賀県の県境では、河童の呼称に、他地方にない「コウラワラワ」がある。河原童子の意だが、この呼称からも、高良は河原の意であることがわかる。

『高良玉垂宮神秘書』は、高良神が乗り捨てた「カノ御舟のカウラヲトリテ、御神躰トス」と書く。「カウラ」について『日本国語大辞典』(三巻二八六頁)は、「カワラ」の条で、「和船の船底材をいう語。上代から中世までは刳船《くりぶね》構造のため船底から側面まで一材で構成され、『瓦』の字が慣用された(後略)」と書く。このように「カウラ」には、河原の意だけでなく「瓦」の意がある。当社のある福岡県の築上郡大平村南西部にある瓦岳は高良岳とも書き、「瓦」と「高良」の表記が用いられている(24)。

崇神紀十年九月条に、反乱をおこした武埴安彦の軍が敗れ、「其の甲を脱きし処をなづけて、伽和羅《かわら》と曰《い》ふ」とある。この地は山城国綴喜郡河原村(現在の田辺市河原)だが、「カワラ」は「甲冑」の意につかわれている。仁徳天皇即位前紀には「考羅済《かわらのわたり》」とあり、応神記は、反乱をおこした大山守命が、この地で船に乗っていて射たれ、河に沈んだと書く。そして、「鉤以《かきも》ちて其の沈める所を探れば、其の衣の中の甲《よろひ》にかかりて、訶和羅《かわら》と鳴りき。故、其地《そこ》を号《なづ》けて訶和羅前《かわらのさき》といふ」と説明している。ここでは、「カワラ」は舟と甲《よろひ》にかかわっている。

『太平記』は、「神功皇后、新羅を攻め給う事」のなかで、「胎内ニ宿リ給フ八幡大菩薩已に五月ニ成セ給ヒシカバ、母后ノ御腹大ニ成テ、御鎧ヲ召ルヽニ御膚アキタリ、此為ニ高良明神ノ計トシテ、鎧ノ脇立ヲバ出シケル也」とあり、高良明神は鎧にかかわる伝承に登場している。理由は、「カウラ」が「甲冑」の意だからであろう。

甲(鎧)は人間の甲羅だが、河童にも甲羅が着いている(甲羅のない河童の絵もあるが、普通は甲羅が着く)。海人にとって船は甲羅であり、磯童《いそら》・海童《わだつみ》・河童と、「童」がつくのは、ウツボ船の小子《ちいさこ》のイメージである。このように、「カウラ」は甲羅のイメージからも、河童と結びついている。

本居宣長は、「瓦」の語源は「亀甲」だと『古事記伝』で書くが、『宗像大菩薩縁起』には、童形の磯良が亀甲に乗って現れ、海童神・河童神を集めたとある。亀甲も甲羅である。前述の、瓦岳・高良岳と表記される英彦山々地のカワラ岳も、山容が亀の甲羅に似ていることからおこった名だという。このカワラには船底材の意味があるから、磯良は亀甲に乗ったと表現されているのであろう。

河童は水神だが（正確には、水神の荒魂といっていいだろう）春の初めに山から降りて、秋の終りに山へ入り、山童《やまわろ》になるといわれている。高良神は、大善寺のアレナレ河のほとり（河原）でカウラ（舟）を捨て、旧暦九月十三日に高良山へ入ったという。これは、山童になったということではあるまいか。この伝承と川渡祭は、「カウラ」の神の二面性を示していると推測できる。

注

（1）太田亮『高良山史』三四三—三四七頁、昭和三十七年。山中耕作「高良神社の研究（一）」「西南学院大学文理論集」第一〇巻二号
（2）太田亮、注1前掲書、二七一—二七三頁。
（3）太田亮、注1前掲書、一六九頁。
（4）森貞次郎『北部九州の古代文化』二四五—二四七頁、昭和五十一年。
（5）森貞次郎、注4前掲書、二五〇頁。
（6）小田富士雄『古代最大の内戦・磐井の乱』四四頁、昭和六十年。
（7）森貞次郎、注4前掲書、二四八頁。
（8）古賀寿「高良大社」『国史大辞典・5』所収、昭和五十九年。
（9）山中耕作、注1前掲論文。
（10）太田亮、注1前掲書、三五三頁。
（11）谷川健一『白鳥伝説』八六—八七頁、昭和六十一年。
（12）山中耕作「高良大社」『日本の神々・1』所収、昭和五十九年。

(13) 太田亮、注1前掲書、一八一―一八二頁。
(14) 三品彰英「タラシヒメノ名義」『増補日鮮神話伝説の研究』所収、昭和四十七年。
(15) 藤堂明保『漢和大辞典』四〇七頁、昭和五十三年。
(16) 折口信夫「水の女」『折口信夫全集』第二巻所収。
(17) 岡田精司『古代王権の祭祀と神話』二三八―二三九頁、昭和四十五年。
(18) 三品彰英『増補日鮮神話伝説の研究』三一頁、昭和四十七年。
(19) 西田長男「神楽歌の源流――安曇磯良を中心として」『古代文学の周辺』所収、昭和三十九年。
(20) 宍戸儀一『古代日韓鉄文化』一八四頁、昭和十九年。
(21) 鈴木棠三『日本年中行事辞典』四四一頁、昭和五十二年。
(22) 柳田国男「川童の渡り」『柳田国男集』第四巻所収、昭和四十三年。
(23) 宍戸儀一「河童考」注21前掲書所収。
(24) 『角川日本地名大辞典・福岡県』四三五頁、昭和六十三年。

王権祭祀の原像

志貴御県坐《しきのみあがたにます》神社——古代ヤマト王権の聖地と磯城県主

当社は、『延喜式』神名帳では大和国磯城郡の大社（月次新嘗）であり、三輪山の西南麓に鎮座して、古くから「シキノ宮」と呼ばれていた。『大和志料』は文明六年（一四七四）の「宿院会米帳」を引用してそのことを記し、『大和名所図会』も「金屋村にあり、志貴宮と称す」と書く。「シキノ宮」と呼ばれたのは、当地が崇神天皇の磯城瑞籬宮《しきのみずがきのみや》の伝承地だからであり、境内地に接して、大正十四年十一月奈良県教育会が建立した「崇神天皇磯城瑞籬宮趾」の石碑が立つ。その根拠は、元文元年（一七三六）刊行の『大和志』が、瑞籬宮について「在二三輪村東南志紀御県神社西一」と記すからである。

祭祀について

祭神について、『大日本地名辞書・上方』『磯城郡誌』『神道大辞典』は饒速日命とする。理由は『新撰姓氏録』が、大和国神別の志貴連（『日本書紀』天武天皇十二月十日の賜姓で磯城県主から連になっている）を「饒速日《にぎはやひ》神の孫日子湯支《ひこゆき》命の後」と記しているからである。和泉国神別の志貴県主も「饒速日命七世孫大売布之後」とあり、『旧事本紀』（天孫本紀）も、饒速日命七世孫の建新川命、またはその兄の十市根命の子物部印岐美公を、倭志紀県主の祖と書く。『日本書紀』の神武紀は、「弟磯城《おとしき》、名は黒連を、磯城県主とす」と書き、『旧事本紀』の国造本紀は、「志貴県主の兄磯城を誅《つなみ》ふ。弟磯城を以て志貴県主と為す」と書く。

神武紀によれば、兄《え》磯城《しき》は長髄彦《ながすねひこ》とともに大和へ侵攻してきた神武天皇の軍と戦って戦死するが、弟磯城は帰順し、饒速日命も長髄彦を斬って帰順している。また、饒速日命は長髄彦の妹三炊屋《みかしきや》媛を妃にするが、この間に生まれたのが可美《うまし》真手《まで》命で、その子が日子湯支（彦湯支）命である。大和の志貴県主（連）はこの日子湯支命を祖とすると『姓氏録』

にあり、『日本書紀』では弟磯城が祖となっている。饒速日命と弟磯城は、神武東征以前から大和にいて侵攻勢力に帰順した点では一致しているが、直接のつながりはない。『日本書紀』に準拠すれば、当社の祭神は弟磯城ということに

代数	天皇諡号	古事記	日本書紀		
		皇妃の氏姓	皇妃の氏姓（本文）	皇妃の氏姓（一書）	妃の氏姓
1	神武	（阿多之小椅）（大物主神）	（事代主神）		（吾田）
2	綏靖	師木県主	（事代主神）	磯城県主 春日県主	
3	安寧	師木県主	（事代主神）	磯城県主 大間宿禰	
4	懿徳	師木県主	（息石耳命）	磯城県主 磯城県主	
5	孝昭	尾張連	尾張連	磯城県主（倭国豊秋狭太雄）	
6	孝安	（姪）	（姪）	磯城県主 十市県主	
7	孝霊	十市県主 春日（意富夜麻登）（意富夜麻登）	磯城県主	春日 十市県主	（倭）（倭）
8	孝元	穂積臣 穂積臣（河内）	穂積臣		物部（河内）
9	開化	丹波大県主、穂積臣、丸邇臣、葛城	物部		（丹波）和珥臣

なる。磯城県主が物部系の系譜をもったのは、ともに大和先住氏族としての伝承を保持していたためであろう。

記・紀が記す、初期天皇の皇妃の出自を整理すると、前頁のようになる（カッコ内は、氏姓であることの明確でないもの、あるいは神を示す）。

初期天皇の皇妃出自氏族磯城県主

磯城（師木）県主は七代までの天皇に皇妃を出している。その理由について直木孝次郎は、開化以前の天皇の名の成立年代を七世紀後半とする視点に立って、この皇妃出自記事は「天武朝以降に皇室ないし朝廷に接近し、また接近する機を摑んだ」氏族の反映とみる。(1) しかし、この見解（系譜の内容をそのまま史実とみるよりは天武朝前後の宮廷情勢の反映とみる）は、天武朝前後にまったく登場しない十市県主や春日県主については触れていない。

そこで同氏は別の論文で自説を補強したが、(2) そこでも、「畿内や大和の多くの県主家のうちで、なぜ磯城・十市・春日の各県主だけがあらわれるのか、という疑問については、適確な理由を示すことはできないが、八代の系譜が作られる時期に、この三つの県主家が采女《うねめ》や乳母の関係を通じて、とくに天皇家と密接な関係にあった、という偶然の事情によるのではなかろうか」（傍点引用者）と、「偶然」を理由とし、「適確な理由」を明示していない。

十市県主と春日県主について、『和州五郡神社神名帳大略注解』引用の「十市県主系図」には、孝昭天皇のとき春日県が改称して十市県になったため、春日県主を十市県主というようになったとある。その「十市県主系図」には、次頁のように記されている。

阿部猛は、この系図について、「注目されるのは系図と『古事記』の不一致である。それに対して『日本書紀』とは一致するものが多い。そこで系図は『日本書紀』をもとにして作られたのではないかとも疑われよう。しかし、もし十市県主の後裔が、自らの家柄を誇示するために系図を偽作するならば、『古事記』・『日本書紀』を最大限に利用してよさそうなものである。ところが、孝霊天皇の皇妃について、『古事記』が細比売命を挙げ、『十市県主大目女』としているのを用いていない点は注意されるから、系図は少なくとも『日本書紀』編纂時において『一書云』といわれる如き伝承を直接表現しているかもしれない」と書き、(3)『日本書紀』編纂時に「一書《あるふみ》」として存在していたと推測している。

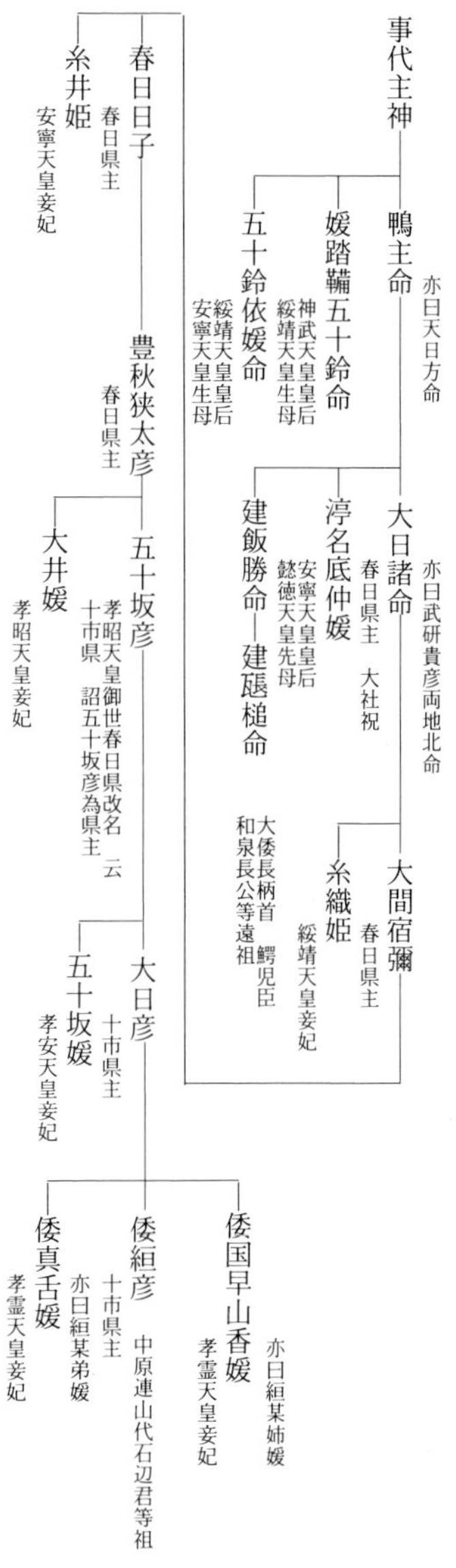

日本古典文学大系『日本書紀・上』と補注は、「十市県主系図などの記載をそのまま信ずるわけにはいかないが、なんらかの古い伝承が系図に残されていると思われる」として、「十市県主系図や多神宮注進状に記されているように春日県が十市県に改められたか、あるいは春日県主氏が磯城県主氏または十市県主氏に併呑されたかいずれかによって、春日県がかなり早く消滅したことは事実であったろう」と述べている[4]。

天武朝前後にまったく登場しない春日県主や十市県主が記されているのは、磯城県主を含めた古い伝承の裏づけによるもので、八代系譜が七世紀後半に書かれたとしても、直木孝次郎のいうような「偶然の事情」(県主家が采女や乳母を出しているという天武朝前後の宮廷事情)だけで、磯城県主らの皇妃出自系譜を解釈するわけにはいかない。

前述の『日本書紀・上』補注も、「五世紀以前の大和朝廷が、磯城県主などの祖である周辺地域の小国家の首長を制圧し、彼らと密接な関係を樹立させたことが婚姻関係の伝承として示されているのであろうか。あるいはまた大和朝廷がこれらの小国家を充分制圧しきれなかったことが、これら小国の首長である後の磯城県主などとの独自の婚姻関係としてあらわれているのであろうか。いずれにしても、これらの豪族はかっては大和朝廷とならぶ勢力を大和で保っていた小国家の首長たちであったということができる」と述べている。(4) この見解は、外来の征服王権が大和の土着の神や豪族の娘を皇妃にする形が、この皇妃出自系譜にあらわれていると考え、八代系譜の磯城県主らの祖を、天皇家の祖が大和に入ってくる以前からの土着勢力であったとみるものである。私もこの見解に賛成する。磯城県主の祖を『日本書紀』が弟磯城とするのも、そのことを証している。

春日県主が十市県主になったとする「十市県主系図」の記事は、記・紀の記載からも裏づけられるが、孝霊天皇の皇后ホソヒメについて『紀』の本文は、磯城県主大目の娘、一書は十市県主の娘とし、『記』は十市県主大目の娘とするところから、十市県主は磯城県主より分かれたとみるのが通説である。

日本古典文学大系『日本書紀・上』の頭注も、「十市県主と磯城県主は同氏であるとする説があるが、中原系図に、中原氏はもと十市首で、磯城津彦命の後としてあることも参考とされる。この磯城津彦命を中原系図では安寧天皇第三子としているが、これは仮冒で、単に磯城彦と見た方がよい」と述べ、十市県主の祖を兄磯城・弟磯城の磯城彦とみているが、太田亮も同意見である。(5) この十市首（十市部首）は、『旧事本紀』天神本紀に載る饒速日尊降臨の項に「五部人」の部として記されているから、物部氏の配下ということになる。磯城県主も物部氏系だから、この点でも磯城・十市の両県主は重なる。

五代孝昭天皇の尾張連を除いて七代孝霊天皇までの皇妃は、すべて磯城県主系である。八代孝元天皇から物部系の穂積臣と物部氏が登場するが、尾張連も『旧事本紀』では物部氏と始祖が合体しており（天照国照彦天火明櫛玉饒速日尊）、磯城県主系も饒速日尊を祖とする系譜をもつ。つまり、先住氏族の代表とする饒速日尊系だけで八代の皇妃出自系譜を占めているのだから、この皇妃出自伝承を、天武朝前後の宮廷の「偶然の事情による」とみるわけにはいかない。

しかも、皇妃出自の順序が磯城県主系、物部氏系となっていることも、弟磯城を祖とする磯城県主（春日県主・十市県主）が、磯城地方で最も古い氏族であったことを推測させる。

物部連の始祖の饒速日尊（命）も、天磐船による降臨神話をもつように、河内・大和に外から入った外来勢力である。

長髄彦が饒速日尊に従っていたという伝承は、河内・大和の在地勢力が、神武東征伝承をもつ外来の王権以前には、物部連の祖を王とする外来の権力に服従していたことを示している。記・紀の伝承からみると、磯城・十市・春日県主らも兄磯城・弟磯城に結びつき、長髄彦と同じ在地豪族と考えられる。

春日県主については、久安五年（一一四九）の『多神宮注進状』にも、綏靖天皇のとき神八井耳命が春日県に神籬磐境をたてて皇祖天神を祀り、春日県主の遠祖大日諸命が祝《はふり》になったとある。そして、崇神天皇のとき太《おほ》郷に社地を設けたので、旧名春日宮を多神社と称したとある。十市県主系図にも、大日諸命は「大社祝」とあるが、この「大社」は多神社である。『多神宮注進状』が、春日県は「後為十市県、十市県主系図参考スヘシ」と注しているから、平安末期には十市県主系図は存在していたはずだが、この系図を重視していたのが多神社を祀る多氏であることは無視できない。『新撰姓氏録』によると、河内の志貴県主の始祖は神八井耳命で、多臣の始祖と同じである。多の地は、弥生時代からの三輪山祭祀にとって重要な聖地であった。この地を本拠地とする多氏および多神社と、志貴（磯城）・十市・春日県主との結びつきからみて、多氏も、物部氏と共に、古くから大和・河内の在地豪族と密接な氏族であったことがわかる。

聖地としての「シキ」の位置

上田正昭も、初期皇妃出自系譜について、「三輪王朝の本拠であった磯城県主家を祖先とする者の多いことに注目される。これは、磯城地方の首長らを服属させて、三輪祭祀権を掌握し、その地に磯城御県を設け、御県神社をまつって王領化していった事情をめぐる歴史意識がこのような系譜をささえる精神であったと思われる」と述べ、「師木《しき》水垣《みづがき》宮」（『古事記』）、「磯城《しき》瑞籬《みづがき》宮」（『日本書紀』）という崇神天皇の宮の名について、「神聖な囲みをめぐらす宮の意味である。磯城ということば自体が、聖なる石をめぐらす場所と関係がある。『日本書紀』に『磯城《しき》神籬《ひもろぎ》』ということばが見えるが、それは石をめぐらした所に神の降臨をあおぐ憑代《よりしろ》を現わしている」と書く。[6]

磯城瑞籬宮が志貴御県坐神社の近くにあったと、はっきりはいえないが、シキの地が三輪山麓の東南の地をいうことは確かである。なぜこの地を、「シキ」という聖なる神籬《ひもろぎ》の地にしたのだろうか。

小川光三は、宮跡伝承地に立つと二上山の二つの峰間に落ちる春分と秋分の夕日を拝することができるとして、「大和平野をへだてて望むこの峰間の落陽の光景は、夕陽に美しい二上山の景観の中でも最も感動的な光景である」と書き、さらに、「だがもう少し注意してその附近の地形を見て行けば、冬至には三輪山の南側で初瀬川の対岸にある富士山形の小山、外鎌山《とがま》から太陽が出る。また夏至には、ほぼ三輪山の頂上と見えるあたりから日の出が昇り、居ながらにして、春分・夏至・秋分・冬至と季節の四至を知ることが出来る。三国志の魏志編纂の参考にされたと推定されている魏略によると、『倭人は正歳四時（年号や季節）を知らず、春の耕耘と秋の取り入れの時を記して年を数えている』とあるが、魏略に書かれた三世紀初頭より、約半世紀を経たであろう崇神王朝の日本では、四至の祭祀やそれによる農事の指導が、大王の重要な仕事となっていたであろうことを、この宮趾の地形から想像出来よう」と書いている(7)。

辰巳雅之は、この伝承地付近で「冬至日没を何回も見た」が、この地と畝傍山頂部と水越峠を結ぶ線上に「朱に輝く太陽が、逆光で黒々とした両地点上に見事に没する光景は、劇的でさえある」と書いている(8)。上田正昭は、「アマテラスを『磯城神籬』にまつったとする伝え」の「磯城神籬の位置は磯城瑞籬の宮の近くであったと考えられ、この地域には志貴御県神社がある。アマテラスをまつった磯城神籬は、神体山である三輪山の磐境《いわさか》周辺にこそ求められると思われる。三輪山の祭祀権を掌握した大王家は、その地に大王家のいつきまつる日の神をまつるのである」と書いているが(9)、「アマテラスを『磯城神籬』にまつった」伝承は、「シキ」の地の位置によるものであろう。多神社と他田・鏡作の天照御魂神社も当社と同じような位置にあることは、それぞれの項で述べた。

当社の冬至日没線は、水越峠の葛城側から見れば夏至日の出線になるが、磯城県主系の皇妃がかかわる二代から六代の天皇の伝承上の宮は、ほとんどが葛城地方にある。つまり、磯城の地と、宮のある葛城の地は、夏至と冬至の朝日と夕日を拝する地である。

初代天皇の宮だけが畝傍山麓の橿原宮であることは、この山が三輪（磯城）と葛城の冬至・夏至線の真中にあるためであろう。神武紀は橿原宮について、国の真中に都をつくったと記しているが、記・紀は、この宮の主だけをハックニシラス天皇とはせず、シキの宮の天皇（崇神天皇）をもハックニシラス天皇と書く。この二人のハックニシラス天皇を結ぶ中間の天皇たちの大半が、シキ（十市）県主系の娘を皇妃としていることに、古代王権の真相が秘められている。

注

（1）直木孝次郎「大化前代の研究法について」『日本古代国家の構造』所収、昭和三十三年。
（2）直木孝次郎「県主と古代天皇―綏靖以下八代の系譜の成立をめぐって」「日本古代の氏族と天皇」所収、昭和三十九年。
（3）阿部猛「日本古代氏族の系譜の一考察」「古代学」第一五巻三号。
（4）日本古典文学大系『日本書紀・上』昭和四十二年。
（5）太田亮『姓氏家系大辞典』第二巻、三八九四頁、昭和十一年。
（6）上田正昭『大和朝廷』九〇頁、九七頁、昭和四十三年。
（7）小川光三『大和の原像』四八―四九頁、昭和四十八年。
（8）辰巳雅之「山と巨石と太陽祭祀」「東アジアの古代文化」二八号。
（9）上田正昭、注6前掲書、九三頁。

多《おお》神社——古代王権の「マツリゴト」の原点と多氏

当社は奈良盆地の中央部、飛鳥川の左岸に接して鎮座する。『延喜式』神名帳では大和国十市《とおち》郡の筆頭に「多坐弥志理都比古神社二座並名神大。月次相嘗新嘗」とあるが、「多坐神社」「太社」「大社」「意富社」とも書かれる。

八世紀から十世紀の多神社

天平二年（七三〇）の『大倭国正税帳』には「太神戸、稲一〇五五二束五把、租一三八束四把、合一〇六九〇束九把、用五八束祭神八束、神嘗酒料五〇束、残一〇六三二束九把」とあり、当社は、大神神社の二・五倍の稲の累積貯蔵をもち、他社と較べてずばぬけた豊かな経済力をもっていた。そのことを、主な神社の天平二年度までの蓄積稲と、天平二年度の租稲の一覧表によって示そう。

	（神社）	（蓄積稲）	（租）
平群郡	竜田	四四〇束八把	一〇束
城上郡	大神	四〇一九束三把	五五五束一把
	穴師	一三六二束	一三〇束二把
	志城御県	一三四七束八把	一五六束三把
	他田	八六束二把	二〇束二把
十市郡	**太**	一〇六三二束九把	一三八束四把
	目原	二六七束	六束

城下郡　鏡　作　　二四六束三把　　二一束三把
山辺郡　振《ふる》（石上）　三八〇束九把　　一二四束五把
　　　　大　倭　　九三七束　　九二束
添上郡　丸《わに》　　一〇五四束一把半　　一一三束

井上辰雄によれば[1]、当時の一戸平均の田租は一〇束くらいというから、多神社の所有束は一〇六三戸分である。『大倭国正税帳』は葛上郡を欠損しているので、相嘗祭に官幣帛を受ける葛木鴨社（鴨都波神社）のことがわからないが、神社の蓄積稲の量と、受けた租の量は、次のようになる

蓄積稲の順位

1 **太神社**　一〇六三二束九把
2 大神神社　四〇一九束三把
3 穴師神社　一三六二束
4 志貴御県神社　一三四七束八把
5 丸神社　一〇五四束一把半
6 大倭神社　九三七束
7 竜田神社　四四〇束八把
8 振神社　三八〇束九把
（以下略）

租の順位

1 大神神社　五五五束一把
2 志貴御県神社　一五六束三把

3 **太神社**　一三八束四把
4 穴師神社　一三〇束三把
5 振神社　一三四束五把
6 丸神社　一一三束
7 大倭神社　九二束
8 鏡作神社　二一束三把
（以下略）

また、『新抄格勅符抄』の大同元年（八〇六）の牒の神戸（三〇戸以上）をみると、次のようになる。

1 大倭神社　三二七戸
2 大神神社　一六〇戸
3 葛木鴨神社　八四戸
4 振神社　八〇戸
5 **太神社**　六〇戸
6 高鴨神社　五三戸
7 穴師神社　五二戸
8 片岡神社　三〇戸

以上の例から、大倭（倭）氏、大神（大三輪）氏、葛城賀茂氏、物部氏らの祀る神社とともに、多神社は、九世紀に入っても大きな力をもっていたことがわかる。

『延喜式』（延喜五年（九〇五）に着手され延長五年（九二七）に完成）の神名帳に「名神大。月次相嘗新嘗」とある大和国の神社を表にすると、次のようになる（数字は相嘗の官幣）。

神社名	酒稲	絹	糸	調布	唐布	木綿	鰒	堅魚	塩	海藻	大同元年の位階
高鴨社	二百束 正税	八疋	十二絢	十二端	六段八尺	六斤十両			四斗	八斤八両	従一位
飛鳥社	百八束 神税 九十二束 正税	八疋	十二絢	十二端	六段八尺	六斤八両	二斤八両	八斤十両	四斗	八斤八両	
大和社	二百束 神税	六疋	八絢四銖	十二端一丈六尺	三段二尺	八斤四両	二斤	九斤四両	二斗	十三斤四両	従一位
大神社	二百束 神税	三疋	三絢四銖	六端八尺	一段一丈四尺	四斤二両	一斤五両	五斤	一斗	六斤十両	従一位
葛木鴨社	百束 神税	二疋	三絢四銖	六端八尺	三段	一斤十両	十両	二斤十両	四升	二斤十両	従一位
火雷社	百束 神税	四疋	二絢	六端二丈	二段二丈八尺	二斤四両	二斤四両	五斤四両	一升	四斤	従二位
多社	五十束 神税	二疋	三絢四銖	三端四尺	一段一丈三尺	一斤十両	一斤十両	二斤十両	一升	二斤	従三位
石上社	五十束 神税	二疋	一絢一分	三端四尺	一段一丈三尺	一斤一両	十斤十両		一升	二斤	従一位
高天彦社	五十束 神税	二疋	一絢一分二銖	三端四尺	一段一丈四尺	十三両	十両	二斤十両	一升	二斤十両	従二位
一言主社	五十束 神税	二疋	一絢	三端四尺	一段一丈四尺	十三両	一斤十両	二斤	一升	二斤	従二位
金峯社	五十束 神税	二疋	一絢一分	三端四尺	一段一丈四尺	十三両	十両	二斤十両	一升	二斤十両	従三位
穴師社	五十束 神税	二疋	一絢一分	三端四尺	一段一丈四尺	一斤	十両	二斤十両	一升	二斤十両	正五位上

403　多神社

このように、大和国の神社だけをみても、八世紀から十世紀の間にいろいろな推移があり、多神社も他の神社の台頭で重要性が薄らいではいるが、十世紀の段階でも、大和の国中《くんなか》にある神社ではもっとも社格の高い神社であった。

『令集解』に、当社は太(多)朝臣が祭るとあるが、多氏について『古事記』は、神武記に次のように書く。

多氏の始祖伝承

乃《すなは》ち当芸志美美《たぎしみみ》（神武天皇の皇子。日向にいたとき阿多之小椅《をばし》君の妹を母として生まれた庶子）を殺さむと為《し》たまひし時に、神沼河耳命《かむぬなかはみみ》（神武天皇の皇子。母は大物主神の娘で皇后になった伊須気余理比売《いすけよりひめ》）、其の兄神八井耳命《かむやゐみみ》（神沼河耳の実兄）に曰《まを》さく。「那泥汝命《なねいましみこと》、兵を持ち入りて、当芸志美美を殺したまへ」。故《かれ》、兵を持ち入りて殺さむとせし時、手足和那那岐手《わななきて》殺し得ず。故、しかして、其の弟神沼河耳命、其の兄《え》の持てる兵を乞《こ》ひ取りて、入りて当芸志美美を殺したまひき。故亦其の御名を称《たた》へて、建沼河耳命と謂ふ。

しかして、神八井耳命、弟建沼河耳命に譲りて曰《まを》さく、「吾《あ》は仇《あた》を殺すこと能《あた》はず、汝命《いましみこと》既に仇を殺し得たまひき、故、吾は兄にあれども上《かみ》と為《な》るべくにあらず、ここに以て、汝命上《かみ》となりて、天の下治《し》らしめせ。僕《あ》は汝命を扶《たす》けて、忌人《いはひびと》となりて仕へ奉らむ」。故、其の日子八井命は茨田《まむた》連・手島《てしま》連の祖、神八井耳命は意富《おほ》臣・小子部《ちひさこべ》連・坂合部《さかひべ》連・火君《ひのきみ》・大分《おほきた》君・阿蘇《あそ》君・筑紫《つくし》三家《みやけ》連・雀部造《さざきべのみやつこ》・小長谷《をはつせ》造・都祁《つけ》直・伊余《いよ》国造・科野《しなの》国造・道奥石城《みくのくのいはき》国造・常道仲《ひたちのなか》国造・長狭《ながさ》国造・伊勢船木《いせのふなき》直・尾張丹波《をはりには》臣・島田臣等の祖なり。神沼河耳命は、天の下治らしめしき。

『日本書紀』も同じような記事をのせ、神八井耳命が二代目天皇を弟に譲ったところを次のように書く。

神渟名川耳尊に譲りて曰《もう》さく、「吾は是乃《これいまし》の兄なれども、懦《つたな》く弱くして不能致果《いしきな》からむ。今汝特挺《すぐ》れて神武《あやしくたけ》くして、自ら元悪《あた》を誅《つみな》ふ。宜《うべ》なるかな。汝の天位《たかみくら》に光臨《てりのぞ》みて、皇祖《みおや》の業を承《う》けむこと、吾は当《まさ》に汝の輔《たすけ》と為《な》り、神祇を奉典《つかさどりまつ》らむ」とまうす。是即ち多臣が始祖なり。

ここで重要な点は、次の二点である。

一、二代目天皇を指名したのは、神武天皇ではなく神八井耳命である。十代目の崇神天皇は、二人の皇子を三輪山に登らせて試した結果、活目尊《いくめ》（垂仁天皇）に譲位している。このように、十代目のハックニシラス天皇は自分自身で皇位継承者を決めているのに、初代のハックニシラス天皇の後継者は多臣の始祖がきめていること。

二、古代のマツリゴトは祭政一致であり、古くは邪馬台国のように「祭」が「政」をリードしていたが、この伝承では「政」を「祭」がたすけることになっており、天皇を「政」の代表者、多氏の始祖を「祭」の代表者にしていること（始祖に「神」の冠称をもつ氏族は、神代以外は多氏のみである）。

このような「政」の代表の天皇家と同列の伝承をもつ多氏の始祖について、綏靖紀四年四月の条には、「神八井耳命薨じ、畝傍山の北に葬る」とある。皇子の陵は、日本武尊のような重要な皇子しか記されていないのに、多氏の始祖にかぎって陵墓の記事があることも、この始祖の重要性を示している。

記・紀の伝承によれば、古代ヤマト王権の「マツリゴト（祭政）」の分担は次のようになる。

神武天皇（祭政）┬神八井耳命（祭）――多氏の祖
　　　　　　　　└神渟名川耳命（政）――天皇家の祖

祭神と鎮座地

『延喜式』神名帳には「多坐弥志理津比古《みしりつひこ》神社二座」とあり、この二座について『特選神名牒』は「神八井耳命即弥志理都比古神と姫神」の二座とし、『式内社調査報告・第三巻』もこの説を採用しているが、なぜ神八井耳命が弥志理都比古なのかの説明は、まったくない。社伝は神名について、神八井耳命が皇位を弟に譲って身を退いたので「ミシリツヒコ」と呼ばれたと書くが、これは語呂合せにすぎない。久安五年（一一四九）に国司に提出した『多神宮注進状』は「水知《みしり》」と解すが、「弥」を「水」とするのは、ヒコ・ヒメの二座を水知《みしり》彦・火知《ひしり》姫と解すからである。だが、「弥」は敬称、「津」は助詞だから、「ミシリ」「ヒシリ」という解釈は無理である。

「弥志理津比古二座」は、ミシリツヒコとミシリツヒメでなく、ミシリツヒコとミシリツヒメであろう。「知《シ》ル」は「領《シ》ル」と同源で、「治める」「統治する」「つかさどる」の意がある。「治天下天皇」「御宇天皇」の「治天

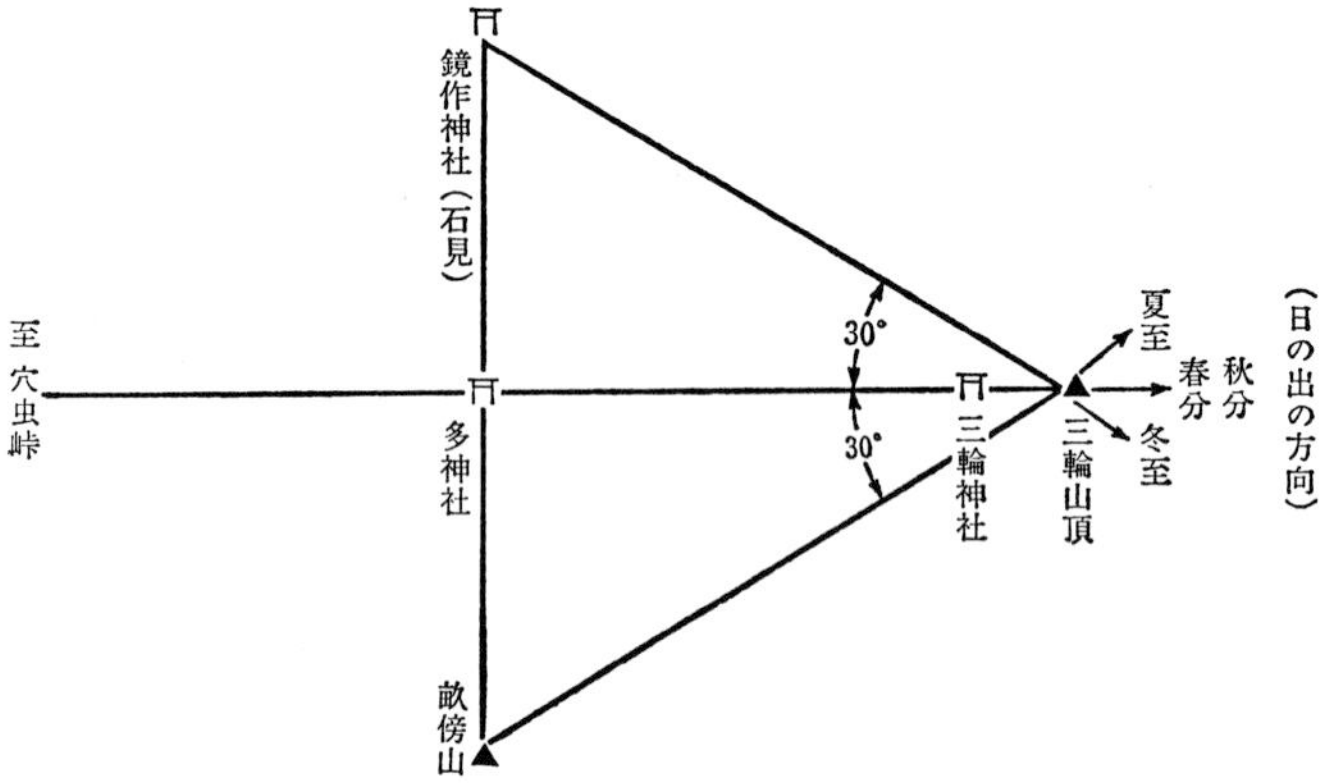

下」「御宇」は「アメノシタシラス」と読む。「治ラス」は「治ル」（ラ・リ・ル・ル・レ・レと活用する）に尊敬の助動詞「ス」がついたもので、「お治めになる」の意である。また、「天の日嗣《ひつ》ぎと知らし来る」（『万葉集』巻一八、四〇九四）、「大君は高日知らしぬ」（『万葉集』巻二、二〇二）、「橿原の日知りの御代ゆ」（『万葉集』巻一、二九）などでわかるように、「シラス」のは天皇であり、とくに「日知り」は「日を領知する」の意で、「聖《ひじり》」に通じる。弥志理津比古は「御知（領・治）津比古」であろう。

『延喜式』神名帳では、このような社名は他にない。多氏の始祖伝承との関連で考えると、天皇の政治の「治ル」に対し、この「シル」は「祭《まつ》りごと」の「治ル」であろう。その点では、記・紀の多氏の始祖伝承と多神社の祭神名は一致する。

そのことは、当社の位置からもいえる。図は、当社と三輪山々頂を軸とした巨大な正三角形の構図である。この図からも、多の地が「日読み」の地であることが推測できる。

春分・秋分の朝日は水平線上の真東から昇るが、多神社から見て山頂のやや右側に昇るのは、高さの差による。春分・秋分の三輪山々頂から昇る朝日を拝する位置は、多郷の味間《あじま》にある須賀神社の位置である。味間の部落も多神社の氏子だが、須賀神社の前にある木村家は、多神社の東西の氏子のうち、東の永代氏子総代である。須賀神社の拝殿が西面しているのは、三輪山々頂から昇る朝日を拝するためであろう。つまり、多郷の位置は、三輪山から昇る朝日の拝所なのである。

当社の鳥居は、かつては東西南北それぞれにあり、北に「大鳥居」、南と西には「鳥居」という小字が今ものこっている。それぞれ、社殿から七五〇メートルから八〇〇メートルの場所である。現在残っているのは東の鳥居だが、その鳥居の中に三輪山がすっぽり入る。

三輪山—多—二上山は、ほぼ東西に並ぶが、『古事記』や大嘗祭・新嘗祭に用いられる古歌謡には、朝日夕日の讃歌が多い。三輪山の朝日、二上山の夕日を拝するのにもっともよい場所が多の地である。また、飛鳥川畔にあるから、禊をするのにも最適である。この地から、弥生・古墳時代の祭器が出土するのも偶然ではない。

昭和四十七年、多神社の裏の飛鳥川の築堤工事中に、境内から縄文時代のヤジリ・石斧などの石器や、弥生時代の土器、さらに古墳時代の土師器・須恵器などが大量に出土した。四十八年の同志社大学の調査の際にも、弥生・古墳時代の祭器が出土している。五十三年から五十六年にかけて橿原考古学研究所が発掘調査を行なったが、弥生時代（前期〜後期）から古墳時代（中期末）の出土遺物は、祭祀的な性格の強いものであった（『奈良県遺跡調査概報・一九七八年度』）。

また、橿原考古学研究所編の昭和五十六年度の『奈良県遺跡調査概報』は、五十三年から継続した調査の結果について、「最近の調査成果を総合すると弥生時代前期〜古墳時代後期に至る大遺跡となることはほぼ確実となった。（中略）これより東北約三キロメートルに位置する田原本町遺跡に優るとも劣らない遺跡であることが判明した成果は多大であった」と書いている。

さらに、昭和六十一年に橿原考古学研究所が発掘調査した遺跡の速報『大和を掘る』によると、「弥生時代前期の環濠としては、全国で最大規模」の「南北約三五〇m、東西約三〇〇m」の環濠集落が発見されている。また、「古墳時代では四C中頃〜五C後半をピークに七Cまでの遺構が検出されているが、とくに六〇を越える布留三〜四式期の土坑や井戸は小形精製土器の一括品や異形木製品などを含み、きわめて祭祀的色彩が濃厚である。また、これに続く初期須恵器や韓式系土器、方形区画墓の検出等々とその内容は膨大かつ多彩である」と述べている。

布留三〜四式期は、四世紀末であり、韓式形土器や初期須恵器は四世紀末から五世紀中頃とみられるから、五世紀後半まで、オホの地は祭祀的性格を強くもっていたことになる。

このような遺跡・遺物と、真東に三輪山、真西に二上山、真南に畝傍山、真北に鏡作神社（石見）を望む当社の位置からみても、「弥志理津比古」が、古代ヤマト王権の「マツリゴト」の「御知(領・治)津比古」であることは明らかである。その祭祀氏族は、このような土地を本貫とするからこそ、「オホ」という特殊な名称をもち、王朝の「祭政」のうちの「祭」を掌る始祖伝承をもつことになったのであろう。

天照大神とオナリ神

当社の二座は、ミシリツヒコ・ミシリツヒメだが、『多神宮注進状』は、次のように記している。

大宮二座

珍子《ウツノミコ》賢津日《サカツヒ》霊《コノ》神尊　皇《ミ》像《カタ》瓊玉坐

天祖《アマツヲヤ》賢津日《サカツヒ》孁《メノ》神尊　神物《タマシロ》円鏡坐

『多神宮注進状』の裏書には、それを書くとき参考にした社伝「社司多神命秘伝」を載せているが、その記事には、珍子賢津日霊者天忍穂耳命。河内国高安郡春日部座宇豆御子神社同体異名也。天祖聖津日孁神者天疎向津姫命。春日部座高座天照大神之社同体異名也

とある。

神名帳の二座について、『多神宮注進状』は「珍子《うつのみこ》」「天祖《あまつおや》」と書くから、二座は、夫婦神ではなく母子神である。天忍穂耳尊《あめのおしほみみ》は天照大神の子で、天疎向津媛《あまさかるむかつひめ》は、『日本書紀』によれば、神功皇后に神懸りした天照大神の荒魂である。神功皇后・応神天皇の関係が天疎向津媛・天忍穂耳尊であり、日の御子とその母が多神社の祭神なのである。

この裏書の記事で問題なのは、当社のヒメ神が河内の天照大神高座神社と「同体異名」になっていることである。『多神宮注進状』の「春日部座宇豆御子神社」は『延喜式』神名帳の「春日戸坐御子神社」で、「春日部座高座天照大

神」は神名帳の「天照大神高座神社二座」のことである。だが、裏書の筆者、多常麻呂は、天照大神と高座神の二座とせず、「高座天照大神」というヒメ神一座とみている。常麻呂は、『延喜式』神名帳を参考にしていないようだが、天照大神高座神社の神体や弁財天信仰からみて、その主神はヒメ神であろう。

多神社のヒメ神を天照大神の荒魂とするのは、「天照大神」を宮廷から遷した笠縫邑の推定地が当社付近であることと関連する（笠縫邑の推定地は他に二ヵ所あるが、戦前までは当地が最も有力視されていた。当社の近くには近鉄の笠縫駅もある）。天照大神を大和の笠縫邑に遷したという崇神紀の祭祀記事は、大物主神・倭大国魂神の祭祀記事との関連で登場するが、大和国のとくに重要な神社が大神・大倭・太の三社であることは、前掲の史料からも明らかである。『続日本紀』には、慶雲四年（七〇七）に大神安麻呂が氏長、和銅七年（七一四）に大倭五百足が氏上、霊亀元年（七一五）に大神安麻呂が亡くなったので大神忍人が氏上、霊亀二年（七一六）に太安麻呂が氏長になったとある。これは、大神神社・大倭神社・太神社の祭主を示す記事だが、氏長・氏上の記事は、この時期にあらわれるだけで（右の三氏以外には、文武天皇二年〔六九八〕に伊勢の麻績連と服部連に関するものがある）、以後はまったく見られない。そして、これら三氏は、崇神紀の祭祀記事と次のように対応する。

大物主神――大神氏―大神神社
倭大国魂神―大倭氏―大倭神社
天照大神――太氏――太神社

なお、これらの三氏と三社は、名称に「オホ」を共有するが、太(多)氏の「オホ」が他の二氏のように美称でないことにも、この氏族の特殊性がうかがえる。

この場合の「天照大神」は、現在の皇祖神天照大神でなく、日の御子としてのミシリツヒコの母、日妻としての「天照日女命」であろう。

では、当社の母子神の父神は、どこにいるのか。それは、当社の位置からみて、三輪山の神であろう。山頂に日向神社があるように、三輪山は、海を照らして依り来る神が坐す山である。そのことは、『古事記』も『日本書紀』も明記している。この「海照《あまてる》」の神は、天照御魂神であり、オナリ神である。「オナリ神」に対する「オナリ」が当社の「天《あま》祖《つおや》」であり、オナリとしての「ヒルメ」が生んだ子が、「珍子《うつしこ》」のミシリツヒコなのである。

オナリは「於成《おなり》」「母成《おなり》」「母成《ぼなり》」と書かれている。柳田国男は、「宮城・岩手県の二県に幾つかあるボナリ石を文書には巫女石とも書いている」ことから、オナリ、ボナリといわれる「祭祀に参与する女性」の呼称が「琉球とは最も遠い草地の田舎」にあることに注目している。[2] オナリ、ボナリは、於成《おなり》神（中国地方）・母成《ぼなり》大明神（東北地方）などと呼ばれて神に祀られているが、本来は、田植のとき昼飯をつくり、それを運んで田《た》人《びと》におくる役の女性のことである。西田長男は、「田植は詮ずるところ、田の神の誕生の祭儀にほかならないであろう。その昼食は田《た》人《びと》におくるためではなく、実は『おなりどが……さんばい様の飯をたく』『おひるまは……田神の神やれ』などとあるように、さんばい様か田の神に供するためにつくられたのである。『殖女《うえめ》』すなわち早《さ》乙女《おとめ》にたいして、オナリを『養女』と書いたものがあり、『養』の字を古訓ではオナリ、ヲナリ、ウナリ、オナモトなどともいう。要するに、オナリは、あらたに誕生された御子神としての田の神のやしない女でもあった。いいかえれば、神の嫁であるとともに、神の姥（乳母）でもあったのである」と書いている。[3]

神妻であり神母であることは、日女《ひるめ》のもつ性格である。現在、多神社の第四社の祭神は玉衣姫だが、玉依姫について『古事記』『日本書紀』は、ウガヤフキアエズを養育した乳母であり、「姨《をば》」であると記す（ウガヤフキアエズの実母豊玉姫の妹）。この姨（乳母）は、ウガヤフキアエズの妻となって神武天皇（神日本《かむやまと》磐余《いはれ》彦《ひこ》）を生む。神武天皇を「日の御子」と『日本書紀』は書くから、母のタマヨリヒメが日女（日妻）であることは、はっきりしている。「玉（魂）の依る姫」は、日女・神妻をいう普通名詞である。

沖縄のオナリ神は兄弟に対する姉妹の関係だが、その延長にオバ神がある。オナリ神は八重山の竹富島では「をば神」と呼ばれている。西田長男がいうように、オナリの役目は田の神サンバイに御饌を奉仕することだが、鳥取県日野郡大宮村の田植歌に、「オナリ小母が茜《あかね》の襷《たすき》でままをとる、サンバイさまに膳をすえ」とあり、「小母」が登場している。玉依姫と倭姫が「姨」なのは、日女・神妻としてのオナリだからであろう。オナリのオに「母」の字をあてるところにも、オナリの性格があらわれている。（「成《なり》」そのものに「生成」「養育」の意味があることについては、比売許曾神社の項で述べる。）

島根県の『簸川郡名勝誌』には、オナリが早苗を植えながら出産の所作をする例があるが、『和州祭礼記』によれば、奈良県磯城郡川西村の六県《むつがた》神社の御田植祭では、妊婦が弁当を運んできて田の端で分娩の所作をする。高知県安芸郡吉良川村の吉良川八幡宮の田植祭、大分県東国東郡西武蔵村の歩射祭でも、同じ祭事がある。このような出産儀礼については、人間と稲の誕生・生育を合わせた儀礼と解するのが一般的だが、オナリのことをヒルマモチということからしても、従来の解釈だけではすまされないものがある。

「オナリ」について『日本国語大辞典・二』は、前述の「養」（「やしなう」と「まかないをする」の意がある）のほかに、もう一つ「御成」をあげ、これは貴人が外出することや訪ねてくることをいう尊敬語で、神輿の渡御についてもいい、おでまし、来臨の意であるとする。日女《ひるめ》としてのオナリは、来訪神（日の神・田の神としての貴人《まれひと》）を待つオナリマチである。

石塚尊俊は、岡山県阿哲郡神代村の、次のような田植歌を紹介している(4)。

まず今日のオナリさまはどこからたのむ。これより奥の峠を越えて、出雲の国の大東の町のまん中の在家の娘オリ姫さまをオナリにたのむ。年十六でさてよい器量、十二単衣にわが身を飾り、白い笠で白い顔、東の書院に腰かけて、朝日のさすのを待つばかり。

この歌では「オリ姫」という名のオナリが朝日を待つが、天照大神にも織女の性格がある。

天照大神の天石屋戸隠《こも》りの条にも、『古事記』では天服織女《あめのはとりめ》、『日本書紀』（一書の一）では稚日女《わかひるめ》が、稜《ひ》で「ホト」を突いたとある（この場合は女陰をついて死んだ日女が天照大神として復活する形になっている）。

三品彰英は、「ナリ」は古代朝鮮語で「生まれる、太陽」の意味があると述べており、(5) 中国地方の田植歌には、稲霊(稲種)は天道様(日神)を父、竜女(水の女神)を母として生まれたとある。牛尾三千夫は、太陽と水の霊の完全な受胎作用によらなければ稲霊の誕生は不可能と信じられていたと指摘している。(6) 多神社は飛鳥川のほとりにあり、真東の三輪山々頂には日向神社がある。馬淵東一は、八重山のオナリ神の「飯初《いはつ》」神事では、紅白の握飯を田の神に供えるとき、苗代田を通してオモト嶽に向かって行なう形になると書いているが、(7) これは多神社の東の鳥居に、すっぽり三輪山が入ることと重なる。

伊藤幹治は『稲作儀礼の研究』のなかで、田の神が春秋二つの季節に「田と天を去来する型」「田と山を去来する型」「田と家を去来する型」の三つのタイプを田の神来訪伝承の「基本型とみなすことは誰も異存がないだろう」と述べている。(8) 田の神は日神(天道様)とみられる以上、天・山から来訪(御成)すると考えられるのは当然である。日神としての三輪山の神は、多の地にオナリしていたのであり、これが三輪山と多の地の関係である。三輪山の父神と多の地の母神と御子神は、一つのセットになっている。このような関係は、弥生時代からの信仰であった。大神神社の大祭が四月上卯日になっているのは、山の神が田の神にオナリする日だからである。多の地は、田植祭にみられるような聖婚と出産儀礼の地であったにちがいない。この祭祀は、王権祭祀にくりこまれるにつれて三輪君による祭祀となり、大神神社と大(多)神社は切り離されたのである。

多と伊勢の関係

三輪山々頂の日神(アマテル神)が伊勢に移ったことは、大神神社や神坐日向神社の項で述べた。伊勢への遷幸伝承は、『日本書紀』の笠縫邑からの遷幸と、『倭姫命世記』の倭弥和御室嶺上宮からの遷幸の二つがある。笠縫邑の伝承地の一つに当社付近の笠縫があげられているのは、多の地のもつ意味からいって当然である。他に檜原《ひばら》神社が比定地になっているが、それは、この地も三輪山の日祀りの地だったからであろう。伊勢神宮には御笠縫内人がおかれ、日祈《ひのみ》の神事に使う笠を作っていたが、笠縫と日祀りは密接である。笠が日神信仰とかかわることを示す伝承は、日本だけでなく東アジア各地に分布する。

ところで、伊勢国飯野郡の式内社意非多《おひた》神社（松阪市西黒部町）は、大和の多の地から移住した太田祝が祀る神社だと『黒部史』は書いている。意非多神社の若宮は太田祝を祭っており、黒部の「太田」を名乗る人々は、自らを多氏の一族とする伝承を今に伝えている。

文武天皇二年（六六八）に、伊勢の麻績《おみ》連豊足と服部連佐射が、それぞれ氏長・氏上になっている。麻績連・服部連はそれぞれ神麻績機殿・神服織機殿で神衣を織ったとされているが、両織殿は、最初は黒部（松阪市東黒部町大垣戸）にあり、承暦三年（一〇八〇）、麻績機殿が南十八町ほどの井手郷井口（松阪市機殿）に移ったと、『延暦儀式帳』『神宮雑例集』『神都誌』などは記している。

吉田東伍は、黒部を呉部が転化したものとするが（『大日本地名辞書・上方』）、雄略紀十四年正月十三日の条に、衣縫の兄媛《えひめ》・弟媛《おとひめ》が呉国から漢織《あやはとり》・呉織《くれはとり》と共に来たとあり、兄媛は大三輪神に奉仕し、漢織・呉織の衣縫は飛鳥衣縫部・伊勢衣縫《きぬぬい》部の祖になったとある。両織殿が黒部にあることと、黒部の太田姓の人々が大和の多の地から来たという伝承は、この雄略紀十四年の伝承と重なる。黒（呉）部の人々は、三輪山の日神（神坐日向神社、つまり御室嶺上宮の神）に奉仕した呉織の子孫で、大和の多の地またはその付近から伊勢へ移ったということになる。

なお、『延暦儀式帳』には、昔倭姫が織殿を長田郷に立てたとあるから、黒部の地は『和名抄』の長田郷にあたるといえよう。長田郷に朝田という地名があるが、吉田東伍は、アサダはオサダの転とみる（『大日本地名辞書・上方』）。問題は、この「オサダ」である。

敏達天皇の宮を他《おさ》（長）田《だ》宮というが、敏達紀六年条には、日祀部を設置したとある。たぶん、太田の他田坐天照御魂神社の地は、弥生時代から、三輪山に昇る朝日を「日読み」の基準として「春耕秋収」を行なっていた人々の聖地であり、他田坐天照御魂神社の創建は、日祀部の設置に伴うものであったと考えられる。それとともに、伊勢の官祭が強化され、三輪山の神に奉仕していた呉織《くれはとり》の織女たちも、伊勢へ派遣されたのであろう。黒部の太田姓の人々は、それに同伴した多氏の後裔と推測される。『延喜式』神名帳によれば、伊勢国朝明郡に太神社、飯高郡に大神社があるが、これらも、同じような事情で伊勢に移住した多氏系の人々が祀った神社であろう(ちなみに、大和の「多」の西の「飯高」は「飫富《オホ》」の誤記から生じた地名とみられている)。

伊勢の朝明郡には、太神社のほかに、多氏と同祖氏族の船木氏(伊勢船木直)が祀った耳常《みみつね》神社がある。太神社も耳常神社も、現在の祭神は、多氏の始祖神八井耳命である。伊勢船木氏は、『住吉大社神代記』によれば、伊勢津彦命を祖とする。伊勢津彦命が雄略紀の伊勢朝日郎と重なることは、伊勢神宮の項で述べた。この船木氏が多氏と同祖になっているのは、朝明郡の太神社を祀る多氏と擬制的血縁を結んだ結果であろう。船木氏(伊勢朝日郎)が祀っていた神と、多氏が祀っていた神は、海と山のちがいはあっても、朝日の昇る地から依り来る神(あるいは朝日として依り来る神)という点では、共通している。それはアマテル(天照、海照)神である。

アマテル系の神社と尾張連系氏族は深い関係にあるが、尾張氏と多氏・多神社も密接な関係にある。多氏系と尾張氏系の系譜が混同されているのも、両氏の親密さによるものであろう。『新撰姓氏録』によれば、尾張部が多氏系に入っており(右京神別)、多氏系の子部が尾張氏系に入っている(右京神別)。坂合部連は、『古事記』では神八井耳命を祖とし、『新撰姓氏録』(左京・右京・和泉神別)では火明命を祖とする。

また、『古事記』の記す多氏同祖氏族のうち、島田臣・丹羽臣は尾張国の氏族であり、『延喜式』神名帳の尾張国の神社のなかで、太神社(中島郡・名神大社)、太神社(中島郡・名神大社)、邇波《にわ》神社(丹羽郡)、前利神社(丹羽郡)は多氏の始祖神八井耳命を祀り、野見神社(中島郡)、尾張戸神社(山田郡)は彦八井命を祭っている。また、『多神宮注進状』によれば、多神社の神官に火明命を祖とする竹田川辺連がおり、竹田川辺連の祭る式内社竹田神社は多神社の若宮になっている。

『新撰姓氏録』(右京皇別、島田臣の条)と『多神宮注進状』は、多氏は「仲臣《なかつおみ》」といったと書くが、仲臣とは、神と人の仲を執りもつ「マツリゴト」の氏族をいう。多氏が仲臣であるのは、始祖伝承からいってもふさわしい(仲臣については石上神宮・春日大社の項で詳述した)。

多の地は、橿原考古学研究所の発掘調査によれば、唐古・鍵遺跡を上まわる弥生時代の大集落地で、古墳時代までつづいている。唐古・鍵遺跡と石見の鏡作坐天照御魂神社の例からみても、この地は弥生時代からの「日読み」の地といえる。特に、唐古・鍵遺跡にくらべて、はっきり祭祀遺物とみられる出土物が多く発見されていることは、多の地の重要性を示している。鏡作坐天照御魂神社の祭祀氏族が尾張氏系であることは、鏡作坐天照御照神社の項で述べたが、多氏と尾張氏が密接なのは、両氏が大和における弥生期以来の「日読み」の氏族だったからであろう。

多神社と多氏

当社の例祭日は、昭和四十七年から四月第三日曜日になったが、それまでは四月二十日であった。大和で旧暦では三月二十日から二十五日頃にあたるが、古く例祭は春分のときに行なわれていた。

大和では祭のことを「れんぞ」と呼び、「連座」と書く。多神社の祭は特に「大連座」といい、昭和三十年までは、あばれ神輿が出て有名だった。神輿の巡幸もオナリというが、三輪山上から日の神・山の神が大和国中の田にオナリするための魂招《たまふ》りが、あばれ神輿なのだから、「大連座《おおれんぞ》」には、大和国中《くんなか》の大祭という意味があるのだろう。それは当社が、大和国中の唯一の名神大社であること、三輪山・二上山を東西に拝するに最適の川辺にあること、皇子神命《みこがみ》神社、姫皇子《ひめみこ》命神社という「皇子」のつく式内社を擁していることからも推測できる。

神八井耳命が皇位を弟に譲り、祭祀者として天皇を助けることにしたという記・紀の記述は、弥生時代から当地にいた多氏の祖が、大和に入った征服者に統治権を譲り、三輪山祭祀のみを行なうようになったことを示しているのではないだろうか。多(太)氏の始祖は神武天皇を父とするが、母は大物主命の娘である。このような系譜伝承にも、多神社と多氏の性格が示されている。

注

（1）　井上辰雄「大倭国正税帳をめぐる諸問題」『正税帳の研究』所収、昭和四十二年。
（2）　柳田国男「妹の力」『定本柳田国男集』第九巻所収。

（3）西田長男「伊勢の神宮」『日本と世界の歴史』所収、昭和四十四年。
（4）石塚尊俊「をなりのこと」『鑪と鍛治』所収、昭和四十六年。
（5）三品彰英『増補日鮮神話伝説の研究』三二頁、昭和四十七年。
（6）牛尾三千夫「さんばい祭に就て」『民間伝承』一三巻一一号。
（7）馬淵東一「沖縄先島のオナリ神」「日本民俗学」二巻四号、三巻一号。
（8）伊藤幹治『稲作儀礼の研究』一八三頁、昭和五十三年。

目原坐高御魂《めはらにますたかみむすび》神社――日神祭祀と祭祀氏族

当社の推定地

『日本書紀』の顕宗天皇三年四月五日条に、

日神、人に著《かか》りて、阿閉臣事代《あへのおみことしろ》に謂《かた》りて曰《のりたま》はく。「磐余《いはれ》の田を以て、我が祖高皇産霊《たかみむすひ》に献《たてまつ》れ」とのたまふ。事代、便《すなは》ち奏《まう》す。神の乞《こはし》の依《まま》に田十四町を献る。対馬下県直、祠《まつり》に侍《つか》ふ。

とある。この磐余田の高皇産霊神の社を、飯田武郷（『日本書紀通釈』）と吉田東伍（『大日本地名辞書・上方』）は、『延喜式』神名帳・大和国十市郡の「目原坐高御魂神社二座並大。月次新嘗」に比定し、上田正昭も同意見である（『日本神話』）。私もこの説に同調したい。

この神社について『多神宮注進状』は、

外　宮

目原神社　天神高御産巣日尊　神像円鏡ニ坐ス

皇妃栲幡千々媛命　□坐ス

と書く。

所在地は江戸時代から不明だが、推定地は、『大和志』の太田市村天満神社と、『和州五郡神社神名帳大略注解』の耳成村木原である。斉藤美澄の『大和志料』も、木《もく》と目《もく》の音が通じることを理由に木原とし、耳成山口神社に合祀されたとみる。しかし、木原説は無理であろう。なぜなら、この説はいずれも、地名の転訛を安易に推定した上に成り立っていて、他に確たる論拠をもたないからである。

天満神社とする説は、明治二十四年に奈良県庁で発行した『古社寺沿革概略』、栗田寛の『神祇志料』、吉田東伍の『大日本地名辞書・上方』が採用しているが、大正四年発行の『奈良県磯城郡誌』も目原坐高御魂神社を天満神社にあて、「当社より子安神社にかけて南東北の三方に流るる川は、皆目原川と称し其根本地とも称すへき地方人の尊重せる小丘は、真目原と称し、西方に沿へる七段歩の地はこれを宮の坪と称する等、目原は此地に誤りなく、其社頭及社領等の広大なりしをも、併せ証するに足るへきものなり」と書き、「真目原」については、「子安神社の東にある小丘にして、高二尺、根廻り六間あり。古来地方人は其上に登ることを忌み、若し誤って登る時はソコマメを病むと云へり。是蓋し目原神社の根本地にして、後世天満天神社を合祀するに至りて、今の地に遷せしものならん」と書く。志賀剛も『式内社の研究・第二巻』で、この『磯城郡誌』をあげて天満神社に比定する。

天満神社の氏子たちは、祭神を天神と子安の二座にしているが、明治十二年の『堺県明細帳』には、「大田市村字川畑指定村社天満神社、祭神高御魂神、神産日命、菅原道真」とある。氏子たちが「天神」と呼んでいたため、菅原道真の天満宮に重ねたのだが、「天神」は、『多神宮注進状』が目原神社の祭神を「天神高御産霊尊」と書くように、タカミムスビのことである。そして子安神社の「子安」は、『多神宮注進状』のいうタクハタチヂヒメのことであろう。

志賀剛は、村人の言葉として、「子安観音はどこにでもあるが、子安明神は日本に三つよりなく、ここはその一つで、お産の時は各地からここへ産砂を貰いに来る。大泉の東村のもここの分社で共に一〇月一五日にお祭する。大泉の出屋敷はここの分村である」と記しているが、[1] タクハチヂヒメは天孫ニニギの母である。

祭祀氏族について

『多神宮注進状』は目原神社を「外宮」とするから、多神社は「内宮」である。同書によれば、綏靖天皇二年、神八井耳命が春日県（のちの十市県）に神籬磐境をたてて皇祖天神を祀り、さらに崇神天皇七年、武恵賀前命（神八井耳命の五世の孫彦恵賀別命の子）が改めて神祠をつくり、珍御子《うつのみこ》命・皇御孫《すめみま》命や、鏡・剣・玉の三種の神宝や、矛など祀ったのが多神社で、成務天皇五年、武恵賀前命の孫仲津臣が「外戚天神皇妃両神」を目原の地に祀ったのが、目原神社であるという。

この仲津臣は、『新撰姓氏録』右京皇別の島田臣の条に、「多朝臣と同じき祖、神八井耳命の後なり。五世の孫、武恵賀前命の孫、仲臣子上《なかつおみのねかみ》、稚足彦天皇諡は成務の御代に、尾張国の島田上下の二県に悪神あり。子上を遣して平服《ことむ》けて、復命《かへりごと》まをす日《とき》、号《な》を島田臣と賜ひき」とある、仲臣子上のことである。

内宮（多神社二座）と外宮（目原神社二座）の祭神を記紀の神統譜と重ねれば、次のようになる。

内宮　アマテラス――アメノオシホミミ
　　　　　　　　　　　　　　　　　║――ニニギ（姫皇子命神社祭神）
外宮　タカミムスビ――タクハタチヂヒメ

このように、神統譜の祭神がすべて多神社の関連神社であることは、無視できない。

『日本書紀』には、対馬下県直が当社（高皇産霊）を祀ったとあるが、『新撰姓氏録』『多神宮注進状』によれば、仲臣子上が祀ったことになっている。仲臣子上は島田臣になったと『新撰姓氏録』は書き、島田臣を多朝臣と同祖とするが、『古事記』も、島田臣は神八井耳命を祖とすると書く。だから、島田臣の祀る当社が、多神社の外宮になっているのである。

では、なぜ『日本書紀』は、対馬下県直が祀ったと書いているのであろうか。『新撰姓氏録』は、尾張国島田上県・下県の悪神を討ったので島田臣と称したと書くが、島田上・下県は、『和名抄』の尾張国海部郡島田郷とその周辺をいう。このように、当社の祭祀氏族は尾張とかかわる。

『多神宮注進状』によれば、多神社と関連神社の祭祀は多朝臣、肥直、竹田川辺連があたっている。竹田川辺連は、尾張氏系の菌田《たけだ》連の分かれだが、対馬下県直の祀る対馬の阿麻氏留神社は、菌田連が祭祀していた（阿麻氏留神社の項参照）。このように、対馬下県直と島田臣（仲臣子上）は、尾張と尾張氏系氏族をとおして結びつく。対馬にも高御魂神社があり、対馬下県直が祀っている。

顕宗紀の「日神」は、対馬の阿麻氏留神のことであろう。この「アマテル」の神は、尾張氏や多氏が祀る「アマテル」の神と性格が重なることから、尾張にかかわる多氏系氏族によって祀られるところとなり、それが『多神宮注進状』の伝承を生んだのであろう。

また、多神社と当社が内・外宮の関係でセットになっているのは、古代ヤマト王権の神祇信仰と政策によるものと考えられる。

注

(1) 志賀剛『式内社の研究』第二巻、三四六―三四七頁、昭和五十二年。

和《わ》爾《に》坐《にます》赤《あか》坂《さか》比《ひ》古《こ》神社・和《わ》爾《に》下《しも》神社──ワニ氏の性格と古代祭祀

和爾坐赤坂比古神社とワニ氏

『延喜式』神名帳の大和国添上郡に、「和爾坐赤坂比古神社大。月次新嘗」と「和爾下神社二座」が記載されている。現在、赤坂(阪)比古神社は天理市和爾町北垣戸、和爾下神社は天理市櫟本町宮山と大和郡山市横田にある。二つの和爾下神社は、東西線上に走る竜田道(治道《はるみち》)沿いに二・五キロほど隔てて鎮座する。櫟本町の神社を上《かみ》治道天王、横田町の神社を下《しも》治道天王という。

櫟本町の和爾下神社の境内に柿本寺跡があり、顕昭が寿永二年(一一八二)に書いた「柿本朝臣勘文」に、兄藤原清輔の言葉として、

石上寺傍有レ社、称二春道社一、其中有レ寺称二柿本寺一、是人丸之堂也、其前田中有二小塚一、称二人丸墓一

と記されている。「春道社」は「治道社」で、柿本寺は、延久二年(一〇七〇)の「興神寺雑役免帳」に「柿本寺田」として記され、その跡からは奈良時代の古瓦が出土し、円型礎石四基が現在も散在している。柿本寺は、櫟本町の和爾下神社の神宮寺的な寺とみられる。

横田町の神社の祀官は、幕末まで市井氏であった。市井は櫟井である。『日本書紀』は、櫟井臣(『古事記』は壱比韋臣)について、春日臣・柿本臣と同祖と書く。堀池春峰は、櫟本町の和爾下神社は柿本氏、横田の和爾下神社は櫟井氏が祀っていたとみるが[1]、和爾下神社の「下」は、上社があっての「下」である。

櫟本町の和爾下神社の北東一キロほどの所に、和爾坐赤坂(阪)比古神社がある。この神社の旧地は、現在地よりさらに北東に登った和爾池の南、天神山にあったという。これが上社にあたる。『延喜式』神名帳では上社の祭神は一座、

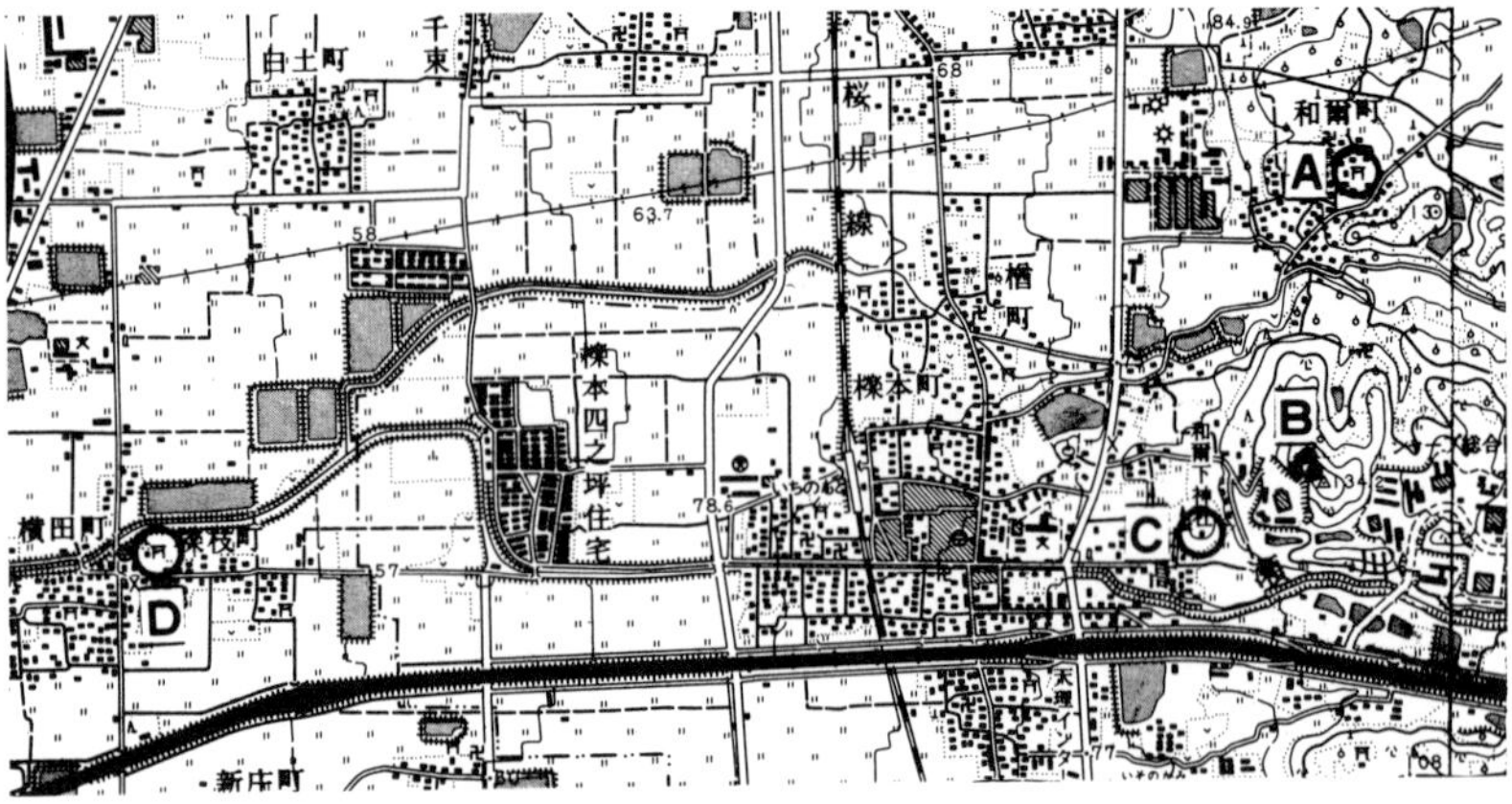

A＝和爾坐赤坂比古神社，B＝東大寺山古墳，C・D＝和爾下神社
（国土地理院 1:25000 地形図「大和郡山」 ×0.8）

下社は二座である。上社の一座は赤坂比古だから、下社の二座は赤坂比売と御子神の母子神であろう。

『日本書紀』は、神武即位前紀に「和珥《わに》の坂下《さかもと》」、崇神紀十年九月条に「和珥の坂上《さかのへ》」「和珥武鐰《たけすき》坂上」と書き、『古事記』は、崇神記と応神記に、「丸邇坂《わにさか》」「和邇佐《わにさ》」と書く。赤坂の「坂」はワニ坂の「坂」だが、『古事記』は、「伊知比《いちひ》の和邇佐《わにさ》の土《に》を、初土《はつに》は、膚赤らけみ」と書く。櫟井のワニ坂の表層の土（初土）が赤いのが、赤坂と呼ばれる理由であろう。

ワニ氏は、和爾坐赤坂比古神社や和爾下神社の地から、南は石上神宮（天理市布留町布留山）、北は春日大社（奈良市春日野町）の地域に勢力をもっていた。石上神宮の項で、ワニ氏が石上神宮の祭祀氏族だと書いたが、『延喜式』神名帳の備前国赤坂郡に「石上布都之魂神社」が載る。

山本昭は、「赤坂郡の郡名は、すでに諸書の説くとおりで『ベンガラ、朱』ないしは鉄に因む地名として理解されている」と書いている[2]。石上布都之魂神社の近くの伊田山からは銅が、西山村城山付近からは褐鉄鉱の砂鉄が、美濃の赤坂にある金生山からは銅・鉄が産出する。そのことと、和爾坐赤坂比古神社の赤坂が、まったく関係がないとはいえないだろう。

備前国赤坂郡の石上布都之魂神社は、『日本書紀』（一書の三）の、八岐大蛇を斬った「蛇の韓鋤《からさひ》剣」を納めた「吉備の神部」の神社に比定されている。『石上神宮旧記』も、「吉備の神部」について、「今、備前之国石上地是也」と書く。『石上振神宮略抄』所載の「神主布留宿禰系譜」にも、

十七代仁徳天皇御宇、市川臣ニ勅シテ、吉備神宮に祭ル天羽斬剣ヲ石上振神宮ニ遷シ蔵メ加ヘ祭云々。干時市川臣ヲ振神宮ノ神主ニ補ス。神主職ノ起也。

とある。このように、備前の石上神社は、大和の石上神宮と強いつながりをもっている。

この神社が鎮座する岡山県赤磐郡吉井町石上の地は、『和名抄』の宅美《たくみ》郷、または鳥取郷に属すといわれている。『赤磐郡誌』(赤坂郡と磐梨郡が合併して赤磐郡になった)は、「我が国で剣工と云へば備前、備前と云へば我が郷土即ち赤磐郡及其の周辺を込めた地である。其の内最初の古剣工は、私共の研究で云ふと、宅美剣工を以て、第一のものとする」と書くが、吉田東伍も、「宅美は工匠の義なれば、上古比地に技能の民人の住したりと想はる」と書いている。[3]石上神宮の神宝の剣は、この備前赤坂の工匠たちが作ったもので、そのことが『石上振神宮略抄』の伝承を生んだと考えられる。

和爾坐赤坂比古神社の赤坂と備前赤坂郡の赤坂の関連、石上神宮と石上布都之魂神社の関連からみて、ワニ氏は採鉱、金属精練と無関係とは思えない。山尾幸久は、「ワニという日本語はもともと、朝鮮語サヒに対応する意味(刀や鉏)を持っていた」と推論して、次のように書く。[4]

ワニという日本語は、爬虫類の鰐を意味する南島詰系統の古いことばらしいが、記紀や風土記の神話伝承に見えるワニは、海の支配者と恐れられていた。鋭利な牙歯を持つ神怪であるか(中略)、または魚類の鮫そのものである。「紐小刀」を持つ海の「佐比持神」が「和邇魚」であり(神代記)、「剣」を抜いて入水した稲飯命が「鋤持神」と化したというのも(神武紀)、「鰐」(神代紀)のことである。これらは魚類の鮫を指すと見られるが、畏怖の念による神格化が認められる。稲羽の素兎のワニや出雲国風土記のワニは鮫そのものである。八世紀代に鮫を Samë と呼んでいたのは確かであるが(平城宮木簡の「佐米」や出雲風土記の「沙魚」は、延喜式の斎宮寮式・内匠寮式・弾正台式

などによると鮫である)、この日本語はワニよりも新しく、借用語から派生したものと見られる。

そして、ワニがサメになるうえでの「借用語」は「佐比」だと説く。すなわち、『佐比』Sapi は『佐米』Samë と通用すると考えられて」おり『佐糜』Sabi 邑（神功紀）は『佐味』Sami 荘であり、Fëmi（蛇）を Fami とも Fame ともいうので、『佐米』はおそらく『佐比』から出たことばなのであろう」と書き、「推古紀歌謡に『多智』（大刀）を『差比』とするごとく、古代の日本で Sapi は刀剣や鉏鋤を指したが、鮫を Samë と呼ぶのはこの魚の歯がそのような鋭利な鍛冶物を連想させたからであろう」と推測する。さらに、「サヒ」はワニと「対応」「結合」するとして、次のように書く。

「和邇魚」を「佐比持神」といい、「沙比新羅」と対馬との間を「鉏海」といい、その対馬の「水門」を「和珥津」というごとく（神功紀）、ワニとサヒ Sapi とは対応することが明らかで、また「和珥坂」を「和珥武鐰坂」ともいうように（崇神紀）、ワニはスキとも結合することばである。（中略）

一六世紀ごろの朝鮮ではスキのことを 싸보 Sta-bo（耒・耜）とか 삷 Sarp（鍫・鍤）とかいったが（訓蒙学令）、これらは日本語 Sapi の起源のことばなのであろう。（中略）古くはおそらく刀をも指したのであろう（訓蒙学会では刀・耕は 갈 Kal)。

以上のようにワニという日本語はもともと、朝鮮語サヒに対応する意味（刀や鉏）を持っていたのであり、それゆえサヒから生じたことばサメにも対応したのであろう。（中略）

してみると族称のワニは、鰐や鮫のトーテムとして理解しなくても、鍛冶師という社会的職能で解釈しうることになる。

と書き、「族称ワニが鍛冶の職能にちなむ」名であることから、「二世紀後半ごろ、北部九州とは別のルートすなわち裏日本から畿内中枢地域に進出してきた、太陽信仰をもつ朝鮮系鍛冶集団が、のちの和邇氏などではなかったと推測している」と書く。(4)

雄略記に、

天皇、丸邇之佐都紀の臣が女《むすめ》、袁杼《をど》比売を婚《よば》ひに春日に幸行《いでまし》しし時に、媛女《をとめ》の道に逢へる。幸行《いでま》しを見て、岡辺に逃げ隠りき、故に、御歌作りたまふ。その歌に

　媛女《をとめ》の　い隠《かく》る岡を　金鉏《かなすき》も　五百箇《いほち》もがも　鉏《す》き撥《は》ぬるもの

故《かれ》、其の岡を号《なづ》けて金鉏の岡とぞ謂ひける。

とある「金鉏岡」は、雄略天皇による命名であるかのように書かれているが、土橋寛もいうように(5)、金鉏という岡があって、この地名をヒントに作られた歌である。この金鉏の岡が春日にあり、登場人物がワニ氏の娘であることからみても、金鉏とワニ氏の結びつきが裏づけられる。角川源義は、「もともと春日山の一部分は雄略の歌謡に関係なく、金鉏が岡とよばれていた。和邇氏はその勢力下に製鉄工場をもち、農具・工具・兵器・祭器を製作していたと思われる。中世の『義経記』は、春日山に『大和の千手院鍛冶《かじ》』のいたことを記録している」と述べている(6)。

谷川健一は、『白鳥伝説』で、

　東大寺や興福寺が治承四年（一一八〇）に兵火にかかって焼け、そのとき大仏の首も焼け落ちた。そこであくる年、鋳物師大工の陳和卿以下の工人たちが銅を鋳造するための火入式をおこなった。このとき、記録には「自㆓春日山㆒白鳥飛来、翔㆓多々羅上㆒、或飛㆓廻火炉之辺㆒、或上㆓下炎煙之中㆒」と記されている。つまりそこに白鳥がとんできてタタラや炉のまわりをまわったというのである。これは偶然のエピソードではない。江戸時代の『鉄山必要記事』の中の「金屋子祭文」には播磨国の岩鍋というところから金屋子神が白鷺に乗って出雲国の能義郡の黒田の奥の非田について桂の樹の梢に羽をやすめ、そこでタタラ製鉄を教えたとある。銅や鉄を精練する人たちは、白鳥を神とあおいだのである。

と書いている(7)。この記述は十二世紀と時代は下がっているが、金鉏の岡のあった春日山や和珥武鐰坂がいずれもワニ氏にかかわることと、山尾幸久のいうワニ→スキ→サヒの関連からみて、赤坂比古神の性格が推測できる。

『続日本紀』『東大寺要録』『扶桑略記』には、東大寺の大仏鋳造の大鋳師として柿本小(男)玉の名がみえる。小玉は、

勝宝二年十二月に大仏鋳造の功で外従五位上に叙せられているが（『続日本紀』）、このことは、和爾下神社の神宮寺的な寺を柿本寺ということと共に、無視できない。

ワニの地および付近の古墳の出土遺物

櫟本町の和爾下神社の東方、白川池畔に至る東大寺山と呼ばれる標高一三四・二メートルの丘陵を、東大寺山という（櫟本が古代から近世を通じて東大寺領であったからこの名がある）。ここから北に降りる尾根上に、東大寺山古墳がある。全長一四〇メートルの前方後円墳だが、四世紀後半の築造である。この古墳からは、後漢末の中平（一八四―一八八年）年号の銘文を金象嵌し、鳥首飾のある銅製環頭を着装した、一一〇センチの直刀が出土している。この刀のほかにも、銅製環頭を着けた鉄刀五振と、素環頭六振など鉄刀二〇振、鉄剣九振が出土しており、ワニ氏の首長とみられる被葬者が刀剣を豊富にもつ氏族であることを証している。

また、銅・鉄鏃多数、鉄槍一〇、竪矧式革製漆塗短甲二および草摺など、武器・武具類と、硬玉・碧石製の玉類、巴形銅器・鍬形石・車輪石などの石製品多数が出土しているが、盗掘を受けているから、埋葬時の副葬品はさぞや豪華であったと思われる。

この東大寺山古墳のある丘陵の東南に、全長約九〇メートルの前方後円墳、赤土山古墳があるが、櫟本町の和爾下神社の社殿も全長一一〇メートルの前方後円墳の後円部にあり、どちらも東大寺山古墳と同じ四世紀後半の古墳とみられている（赤土山古墳は五世紀前後の可能性もある）。

また、和爾坐赤坂比古神社の近くの台地には、直経二三メートルの円墳、上殿古墳があるが、短甲二領、革製革摺一領、鑓九口、剣一七口、鉄鏃四五本、銅鏃二七本、手斧二丁をはじめ、多数の工具類が出土している。多数の工具類の出土と小円墳であることからみて、被葬者は、東大寺山古墳や和爾下神社古墳など大型古墳の被葬者の配下にいた技術集団の長と考えられる。この古墳や東大寺山古墳、上殿古墳など、調査された前期古墳から、鉄製品が多く出土していることに注目したい。

春日氏や石上神宮の神主（大祝）の布留氏の祖を『新撰姓氏録』は「米餅搗《たがねつき》」と書き、「鏩着《たがねつき》」とも書く。「タガネ」に「米餅」という字をあてているが、名古屋ではもち米に粳《うるち》をつき混ぜた餅をタガネといい（『日本国語大辞典・6』）、茨城県では、掃きよせ穀物で作った餅をタガネ餅といい、遠江の方言では、米粉を水で捏ったものをタガネという（『日本古語大辞典・語誌』）。『大言海』は、水を混ぜてひとまとめにするところから、束《たがね》の義とし、また束煉《たがねねり》の約転かとみる。神武紀に、「吾今当《まさ》に八十《やそ》平瓮《ひらか》を以て水無しにして飴《たがね》を造らむ」とある。「飴」は「米餅」をあてたのと同じ発想だが、「米餅搗」には「鏩着」という表記もある。鏩（鏨）は金属や石を切断するものだが、米餅を鏩と書くのは、なぜだろうか。「水で割る」とは水を混ぜることで、混ぜることが割ることだから、その共通性によるのだろう。

鉄鋌《てってい》（鉄材、鉄を板状にしたもの）の先にまさかりのような刃をつけ、海戦のとき敵の船の船尾に打ちつけたものも、鏩という。「着《つき》」を付していることからみて、「鏩着」とは、「鉄鋌を着けた」ことをいうのではないだろうか。

岸俊男は、奈良盆地北方の佐紀《さき》盾列《たてなみ》古墳群にふれて、「古墳群と豪族との関係については、まだ多く仮説の域を出ないが、ワニ氏が奈良盆地東北部に占居していた大和の在地有力氏族であったとすれば、その勢力圏内にあるこれらの古墳群については、当然ワニ氏との関係をなんらかの形で想定しても差支えないのではなかろうか」と書いている(8)。だが和田萃は、佐紀盾列古墳群をワニ氏の古墳でなく王陵とみている(9)。王陵説をとったとしても、ワニ氏の本拠地にもっとも近いウワナベ古墳の被葬者については、岸俊男のいうように「ワニ氏の関係をなんらかの形で想定」し、ワニ氏出自の王妃とみることは可能であろう。神田秀夫・角川源義は、ワニ氏出自の皇妃の陵墓と推論している(10)。

ウワナベ古墳（奈良市法華寺）の陪冢《ばいちょう》である大和六号古墳からは、大量の鉄鋌が出土している。しかも、大型（長さ三〇―四一・八センチ、幅八・一―一四・五センチ、重さ二一〇―七一二グラム）のものが二八二点、小型（長さ一三センチ前後、幅三・六センチ、重さ二三グラム前後）のものが五九〇点、総重量一二八キロという、大量なものである。

鉄鋌の古墳埋納は、朝鮮では新羅と加耶《かや》に集中している。なかでも、新羅王陵の皇南大塚南墳の一三三二枚が最高だが、古墳での副葬状態では、釜山の福泉洞一一号墳のように、棺底に敷き詰めている例がある。だから、鉄鋌については、「単なる副葬ということではなく、むしろ呪術的な意味を考える必要があるだろう。また沖ノ島のような祭祀遺跡からも出土していて、本来の意味である鉄素材ということだけでは解釈できない付加価値を考えるのが妥当」という見解もある（奈良県立橿原考古学研究所付属博物館編『倭の五王時代の海外交流』の鉄鋌の項）。

大和六号古墳は、遺体が埋葬されていない点では、行燈《あんどん》山古墳（崇神陵）の陪冢の天神山古墳と同じである。このように墳墓でないものを考古学者は「古墳」と称しているが、天神山「古墳」には、大和六号「古墳」に鉄鋌一二八キロが埋納されていたように、水銀朱（丹生）が四一キロ埋納されていた。鏡や剣や勾玉などの埋納品だけでなく、素材の鉄も水銀も、古代人にとっては聖なる「神の物」であった。

物だけを埋納した陪冢がワニ氏の本拠地または周辺部にあること、しかも埋納品が鉄鋌と朱であることは、和爾坐赤坂比古神社の「赤坂」という名称とともに無視できない。

東大寺山・上殿古墳の副葬品の一部は、完成品として渡来したものでなく、工具を出土した上殿古墳の被葬者らが率いる工人らによって、鉄鋌を鉄素材として作られたものであろう。春日氏や布留氏の祖を「タガネツキ」というのも、このような古墳の出土遺物と赤坂比古・金鉏の岡などの神名・地名と無関係ではないだろう。

祝人と仲臣

鍛冶師がシャーマンであることは、石上神宮の項で述べた。神武紀には次のような記述がある。

層《そ》富県《ほのあがた》の波《は》哆丘岬《たのをかさき》に、新城《にひき》戸《と》畔《べ》といふ者有り。又、和珥の坂下《さかもと》に、居《こ》勢祝《せのはふり》といふ者有り。臍見《ほそみ》の長柄《ながら》丘岬に、猪祝《ゐのはふり》といふ者有り。此の三処の土蜘蛛、並《とも》に其《そ》の勇力《たけきこと》を恃《たの》みて、来庭《まう》き肯《か》へさす。天皇乃ち偏師《かたいくさ》を分《わ》け遣《つかは》して、皆誅《ころ》さしめたまふ。又高尾張邑に、土蜘蛛有り。其の為人《ひととなり》、身短《むくろみじか》くして手足長し、侏儒《ひきひと》と相類《あひに》たり。皇軍《みいくさ》、葛《かづら》の網を結《す》きて、掩襲《おそ》ひ殺しつ。因りて改めて其の邑を号《なつ》けて葛城と曰《い》ふ

「土蜘蛛」は、層富（添）の波多・和珥と臍見の長柄、葛城の高尾張邑にいたとあり、和珥に居勢祝、長柄に猪祝がいたとあるが、波多の新城戸畔も「祝《はふり》」であろう。「祝」はシャーマン、祝人のことで、その原義は「羽振り」であるが、同時に、フイゴ、タタラにかかわる「羽鞴《ふ》り」でもある。神武紀は、葛城の高尾張邑に「赤銅《あかがね》の八十梟《やそたける》」がいると

も書いている。
谷川健一は、「赤銅の八十梟師とは、彼らが鋳銅に関連した工人だったことを暗示する名称である。鉱山で働くのが小人であるという伝承はひろく世界各地に分布している」と書き、他の土蜘蛛について、「波哆丘岬は唐招提寺の西にあって、赤土が露出している赤膚《あかはだ》山のことであると『大和志』はいう。そこは古くからの窯業地であるが、今でも赤膚焼の陶器が作られている。そこにいた女酋が新城戸畔であった」と書く。そして、「和珥」をワニ神社のある地に比定し、「臍見の長柄」については、「御所市名柄とする説があるが、むしろ天理市長柄をあてるほうが妥当である。臍見は穂積の転訛したものであり、穂積氏は物部氏の同族である。大和神社の鎮座する天理市の新泉《にいずみ》から長柄にいたる一帯は穂積氏の本拠であった」と述べている[11]。

波多丘岬を赤膚山とする説は、『日本書紀通証』『日本書紀通釈』が述べるところでもある。『通証』『通釈』は、「長柄」は御所市の名柄とみるが、「臍見」については不詳とする。私は、御所市名柄周辺には「臍見」に比定できる地名がないので、谷川説を採る。『日本書紀』が三地域をひとまとめにして述べていることからも、「臍見の長柄」は、添上・添下郡（層富県）に近い天理市長柄とみるべきであろう。

高尾張は尾張氏、長柄は物部系の穂積氏だが、これまでも繰り返し述べたように、尾張氏と物部氏は、『旧事本紀』では始祖が一体化している。また、ワニ氏と物部氏は共に石上神宮にかかわっており、記・紀の系譜では、ワニ氏の始祖天足彦国押人命（天神帯日子命）は尾張連の祖の妹を母としている。このように、土蜘蛛の居住地とされる地域は、尾張連・物部連・和珥臣にかかわる地である。

土蜘蛛の地に巨勢祝・猪祝がいると書かれているが、景行紀五十六年条には、御諸別王が蝦夷の首師《ひとごのかみ》の足振辺《ふりべ》・大羽《は》振辺《ふりべ》を討ったとある。「羽振」は「祝」であるが、「首帥」が祝なのは、古代の「マツリゴト」では祭政が分離していなかったからである。

土蜘蛛がいたのは、波多丘岬・和珥坂下・長柄丘岬だが、岬《さき》も坂も境界である。崇神紀に、「忌瓮《いはいへ》を以て、和珥の武鏁坂の上に鎮坐《す》う」とある。忌瓮を境界祭儀に用いることは、鹿島神宮などの項で述べた。ワニ臣が改姓した春日臣は、『新撰姓氏録』によれば、糟《かす》を積んで垣としたので糟垣臣といい、のちに春日臣になったという。垣は境界を示すものである。折口信夫は、柿本氏は「垣本」氏で、「布留氏同様、地境において、霊物の擾乱を防ぐ」氏族とみる。(12) 赤坂比古は、春日氏・柿本氏らの性格にかかわる名といえる。

櫟本の和爾下神社の地は、奈良坂を経て北の山背・近江へ、都介野《つげの》を経て東の伊賀・伊勢へ行く道の基点であり、上ツ道と竜田道が交わる「衢《ちまた》」であった。櫟井は市井で、櫟本は市本である。物と人とが交流する地股《ちまた》（境）を市という。ワニ坂・赤坂・市井・市本があるのは、この地が古代の大和の北の境界として、重要な位置にあったからであろう。

ワニ臣とオホ臣が共に仲臣《なかつおみ》であるのも、大和でもっとも重要な場所に居住していたことと無関係ではない。物部氏と尾張氏が「連」なのに、ワニ氏とオホ氏が「臣」なのは、職掌重視の連に対し、臣が場所重視の姓だからであろう。また、ワニ（春日）臣の御諸《みもろ》山（聖山）は御蓋（春日）山であり、オホ臣の御諸山は三輪山であるが、いずれの山頂にも日向神社があるのは、両氏族が「仲臣」だからであろう。山尾幸久は、ワニ氏を「太陽信仰をもつ朝鮮系鍛冶集団」とみるが、「ことの重大性に比して著しく材料不足なので、後考に俟つことにする」と書き、理由を詳述していない。(13)

後漢の「中平」年号をもつ刀を四世紀末頃まで伝世していたワニ氏を、単純に在地土着氏族とみることはできない（中平年号の大刀は、本来の環頭が破損したので、青銅製鳥首形を新しく作ってつけているが、このような環頭をつける工人を四世紀代にワニ氏はもっていた。上殿古墳出土の工具類も、そのことと関連があろう）。だが、ワニ氏の性格は、単に「朝鮮系鍛冶集団」と限定するには複雑すぎる。私は、東大寺山古墳や和爾下神社古墳など一〇〇メートル以上の大古墳の被葬者を、朝鮮系鍛冶集団を配下にもっていた在地の祭祀首長とみたい。しかし、ワニ氏系の氏族のなかには、当然、朝鮮系鍛冶集団も含まれていたであろう。同じことは、オホ氏についてもいえると思う。

ただし、この二つの仲臣は同族の分布を異にする。『古事記』や『新撰姓氏録』に載るオホ氏同祖氏族をみると、九州の国造とのつながりが強く、東は太平洋側の国造とつながっている（信濃国造も東海から北上した）。それに対して、ワニ氏系氏族は、山城・近江を経由して北陸と結びつく。

この両氏の始祖は、オホ氏は初代天皇神武の皇子であり、ワニ氏は五代天皇孝昭の皇子である。このように、いずれも早い時期の皇室系譜に結びついているが、神武紀や景行紀が、まつろわぬ首長を祝・羽振と書くことからみて、本来は、天皇家の始祖の侵入以前から大和にいた祭祀氏族とみられる。

まつろわぬ者とは、征服者側の「マツリ」に参加しない者のことであり、服属とは、新しい権力者の「マツリ」に参加することである。初代と五代の天皇を始祖とする系譜が生まれたのは、この服属の結果と考えられる。オホ氏の祖が初代天皇の御子となっているのは、征服者が九州から来たことと、オホ氏が九州と強いつながりをもっていたことに関係があろう。また、大和国中と大和北部の位置のちがいも、多氏優位の伝承が定着した一因かもしれない。

注

(1) 堀池春峰「和爾下神社」『武内社調査報告』第二巻所収、昭和五十七年。
(2) 山本昭『謎の古代氏族鳥取氏』一三六頁、昭和六十二年。
(3) 吉田東伍『大日本地名辞書』第三巻、一八八頁、明治三十三年。
(4) 山尾幸久『日本古代王権形成史論』一三三—一三四頁、昭和五十八年。
(5) 土橋寛『古代歌謡全注釈・古事記』三四九頁、昭和四十七年。
(6) 角川源義「まぼろしの豪族和邇氏」『日本文学の歴史』第一巻所収、昭和四十二年。
(7) 谷川健一『白鳥伝説』二〇一頁、昭和六十一年。
(8) 岸俊男「ワニ氏に関する基礎的考察」『日本古代政治史研究』所収、昭和四十一年。
(9) 和田萃『大系日本の歴史・古墳の時代』九五頁、昭和六十三年。
(10) 神田秀夫『古事記の構造』三三九頁、昭和三十四年。角川源義、注6前掲論文。
(11) 谷川健一、注7前掲書、一七一—一七二頁。
(12) 折口信夫「柿本人麻呂」『折口信夫全集』第九巻所収。
(13) 山屋幸久、注4前掲書、七五頁。

等乃伎《とのき》神社――古代王権の「日読み」と新羅の迎日祭祀

「日読み」には、山などを目標点として太陽の移動を観測する方法と、日の影による方法がある。

巨木伝説と「日読み」

六世紀頃の中国で書かれた『荊楚《けいそ》歳時記』には、魏晋（二二〇―四一六）の頃の宮中では、冬至の日の影を赤線でしるし、冬至のあとも、日の影が短くなるにしたがって毎日線をしるしていたとある。冬至に日の影をはかることは、『周礼』『後漢書』にも書かれており、紀元前にさかのぼって行なわれていたと考えられる。『五雑俎』巻二の冬至の条に、「漢の時の女工、冬至の後に、一日に一線を多とし、計《かぞ》えて夏至に至る」とある。

『周礼』には、夏至の日の影が一尺五寸のところを地の中心とし、ここに王国を建てる、つまり首都を置くとある。一尺五寸の影は、夏至の南中時に、八尺の表（メイポール）によってつくる。その場所が洛陽の近くの陽城である。現在も、唐の時代に建てられた周公測景台の八尺の石柱がある。この石柱で影をはかっていたが、元の時代、郭守敬が一二七七年から七九年にかけて、精度を高めるため、八尺の五倍の四〇尺に高くして、横梁（バー）を用いて冬至・夏至の影をはかった。その測影台は修復されて今も残っている。

影によって日を読む、このように厳密な方法が、古代のわが国で行なわれたか否かは不明であるが、冬至・夏至を朝日・夕日の影で測定したことは、『古事記』仁徳天皇条に、

此の御世に、免寸《とき》河の西に一つの高樹有りき。其の樹の影、旦日《あさひ》に当れば、淡道《あはぢ》島に逮《およ》び、夕日に当れば、高安山を越えき。

とあることからいえる。

「免寸河の西」は大阪府高石市富木の等乃木神社の地であり、この説話は巨木伝説だが、朝日・夕日の影が淡路島に及び、高安山を越えたと書くのだから、単なる巨木伝説ではない。朝日・夕日の昇る位置は毎日移動する。高安山・等乃木神社・淡路島の位置関係からみて、「高樹の影が淡路島に及ぶ」のは夏至の日の朝であり、「高安山を越える」のは冬至の夕方である。つまり、「高樹」とは、影による「日読み」の神話的象徴であろう。

「纒向の日代《ひしろ》の宮は、朝日の日照る宮　夕日の日影る宮」（『古事記』天語歌）、「此の地は……朝日の直射す国、夕日の日照る国なり、故、此の地はいと吉き地なり」（『古事記』）、「吾が宮は朝日の日向う処、夕日の日陰《ひかげ》る処」（『延喜式』祝詞）、伊勢の国は、「朝日の来向ふ国、夕日の来向ふ国」（『皇太神宮儀式帳』『倭姫命世紀』）などとあり、民間伝承では、「朝日さす夕日かがやく」という讃の言葉があったことがわかる。

『日本書紀』景行天皇十八年条には、筑後の御木《みき》にあった歴木《くぬぎ》の巨木が、「朝日の暉《ひかり》に当《あた》りて、則ち杵島山を隠しき。夕日の暉《ひかり》に当りては、亦、阿蘇山を覆《かく》しき」とあり、『筑後国風土記』逸文の三宅（御木）郡の記事にも、楝木《あふき》の巨木の「朝日の影は、肥前国藤津郡多良峯を蔽ひ、暮日《ゆふひ》の影は、肥後国山鹿郡荒爪山を蔽ひき」とある。また、『肥前国風土記』佐嘉郡の条には、樟樹《くすのき》の巨木の「朝日の影は、杵島郡蒲川山を蔽ひ、暮日《ゆふひ》の影は、養父郡草横山を蔽ひき」とあり、『播磨国風土記』逸文には、「楠、井の上に生ひたりき。朝日には淡路島を蔭《かく》し、夕日には大倭島根《やまとしまね》を蔭《かく》しき」とある。

これらの影の方向も、仁徳記の「高樹」の影と同じく、朝日・夕日の冬至・夏至線上にある。(1)

新羅の迎日祭祀と「トキ」と猪名部

等乃伎神社の「トノキ」は、本来は「トキ」だが、「トキ」は土岐《とき》・都幾《とき》と書き、都祁《とき》・都下《とか》・闘鶏《とけ》（正しくは「トゥケィ」）・菟餓《とが》（刀我）とも書く。これは漢音訓みだが、都祁・都下・闘鶏は、呉音では「ツケ・ツゲ」と訓む。「免寸《とき》河」も「都祁河」だが、この地名は太陽祭祀にかかわることを、読売新聞の学芸欄に「古代祭祀とナニハ」と題して書いた（昭和五十二年十一月四日・五日、大阪本社版夕刊）ところ、言語学者の金思燁氏から手紙をいただいた。その手紙には、

都祁は「トキ」（도）「トチ」（돋이）の表記。これは「日の出」の意である。正しくは「ヘトチ・ヘトキ」（힝도디・힝도기）というのであるが、省略して「トチ・トキ」ともいう。

と書かれており、さらに、『三国遺事』に「迎日・都祈野」（巻一）、『三国史記』に「臨汀県、本斤烏支県、今迎日」（巻三四・地理一）とあることから、

都祈野は「日の出の野」の義。「迎日」という漢地名は、「日の出」を客観視する表現語。三国史記の「斤烏支」は、「斤」は「斧」のことで、「斧」の朝鮮語は「トチェ・トクィ」（도치・돗귀）。したがって「斤烏支」は「トオチ・トオキ」の音の表記で、「都祈」と同じである（都祈は音借表記、斤烏支は訓・音借表記）。都下（菟餓）も「日の出」の場所と考えられた地の名称。韓国の浦項（迎日県）は、海をひかえた港で、古地名に「臨汀県」といったことからもわかるとおり、「日の出」る聖処（海中）。「日神」を祭る場所は、その聖処の付近の陸地（都祈野）であったはずである。

と書かれていた。

『三国遺事』の「迎日・都祈野」の地名については、次のような説話が『三国遺事』に載っている。

新羅第八代阿達羅《あたら》王の四年に、東海の浜に延烏郎《えんうろう》・細烏女《さいうじょ》という夫婦がいた。ある日、延烏郎は巌にのって日本へ渡った。日本の国人は彼を見て、常人ではないとして王とした。細烏は夫の帰らぬのを怪しみ、巌にのって日本に渡り、夫婦再会して細烏は妃となった。そのため、新羅は日月の光を失うことになった。そこで新羅王は使者をつかわして二人に帰るようにすすめたが、烏郎は「私が日本へきたのは天の然らしむところである。どうして帰れよう。だから、自分の妃の織った細絹をもっていて天を祭ればよいだろう」といった。新羅王は使者の報告に従って、使者のもちかえった細絹を祭ったところ、日月はもとのように光り輝いたので、絹を国宝としてその庫を貴妃庫と称し、祭天所を迎日県または都祈野といった。

この迎日県について、三品彰英は「迎日の地名は今日なお存し、新羅王都の北、慶州盆地の水を集めた兄山江が日本

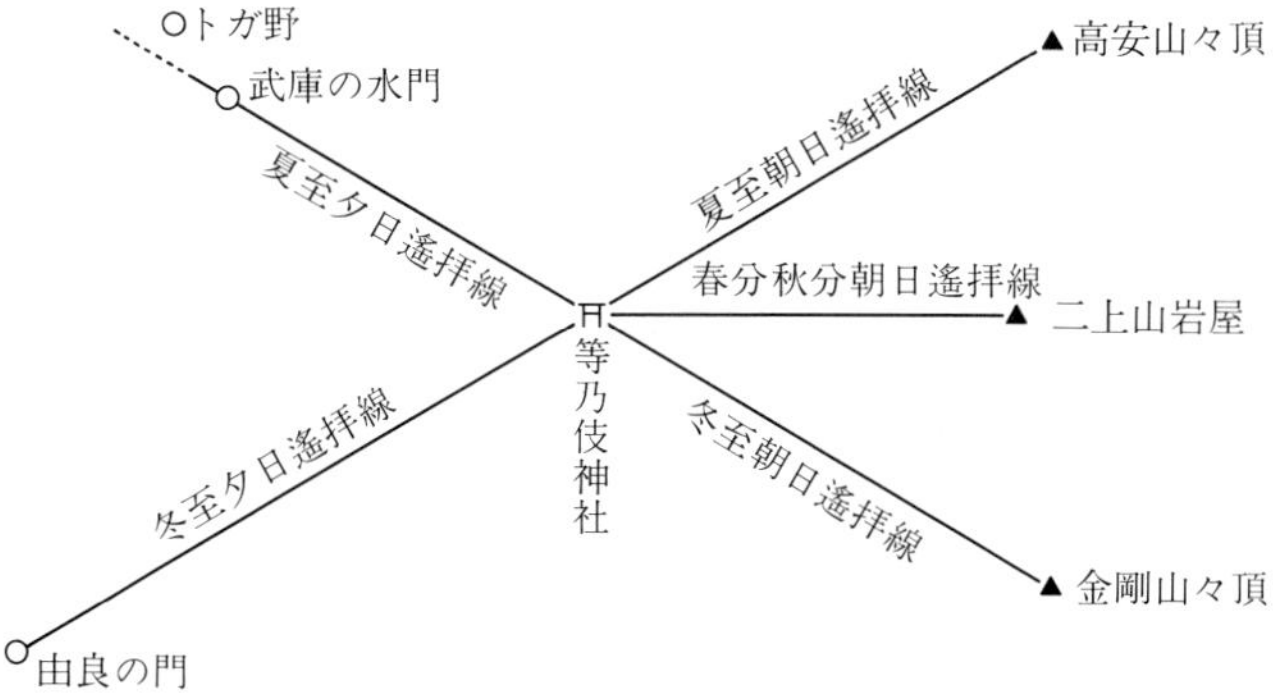

海に注ぐあたりで、日本海に東面し迎日の名の如く〝朝日のたださす〟勝地である」と書き[2]、迎日祭祀については、「日精の妻、細烏女の織ったと伝える細絹が貴妃庫に蔵され、しかも迎日県において祭天の宗儀が実修されていたところから推せば、この機織伝承も、東海を望む海浜の地で、現実に実践されていた天神招迎儀礼に密着して伝承されたものであろう（中略）。あるいは、冬至祭の類に属する祭であったろうか」と書いている。[3]

等乃伎神社から見た冬至・夏至・春分・秋分の日の出の位置は、図のように、金剛山々頂・高安山々頂・二上山岩屋であり、当社が日の出によって「日を読む」にふさわしい地にあることがわかる。そのことは、新羅の迎日祭祀の聖地と同じ名称の地に当社が鎮座することと、無関係ではない。

前掲の仁徳記は、次のようにつづけている。

故《かれ》、この樹を切りて船を作りしに、甚捷《いとはや》く行く船なりき。時にその船を号《なづ》けて枯野《からの》と謂ひき。故、この船をもちて旦夕《あさゆふ》淡道島の寒泉《しみづ》を酌《く》みて、大御水《おほみもひ》献りき。この船、破《や》れ壊《こぼ》れて塩を焼き、その焼け遺りし木を取りて琴を作りしに、その音七里《ななさと》に響《とよ》みき。ここに歌ひけらく、

故野《からの》を　塩に焼き　其《し》が余り　琴に作り　かき弾くや　由良《ゆら》の門《と》の　門中《となか》
の海石《いくり》に　触れ立つ　浸漬《なづ》の木の　さやさや

『日本書紀』の応神天皇三十一年条にも枯野の伝承が載っているが、そこには「影」と「寒水」と「琴」のモチーフが欠けていて、枯野という船が伊豆からの貢船であったこと、朽ちた枯野を薪にして塩をつくり下賜して新船を造ったこと、そ

の船が新羅船の失火により武庫水門《むこのみなと》で炎上したので、新羅王が船大工の猪名部《ゐなべ》を貢上したことが書かれている。

等乃伎神社を基点とした夏至の夕日遙拝線上には、枯野伝承と猪名部伝承にかかわる「武庫の水門」があり、冬至の夕日遙拝線上には、淡路の「由良の門」がある。このような一致も、偶然として片づけるわけにはいかないだろう。

土橋寛は、『古事記』の伝承から淡路関係の部分を削り猪名部の祖先伝承を入れたのが『日本書紀』の枯野伝承で、『古事記』の伝承を「本来的なもの」とみる。そして、塩を焼いて焼け残りの船材で琴を作る話は『後漢書』蔡邕伝の焦尾琴説話の影響とみられるから、「枯野の原話と『書紀』の所伝には新羅系帰化人が関与していることも考えられるように思う」と述べている[4]。「新羅系帰化人」とは、具体的には猪名部であろう。

前述のように、呉音では「トキ」を「ツケ（ゲ）」という。雄略紀十二年条に、木工闘鶏御田《つげのみた》が伊勢の采女を姦《おか》したと疑った天皇が、御田を殺そうとしたとき、名匠をなぜ殺すのかと秦酒公がいったので、天皇は御田を殺すのをやめたという話が載る。この闘鶏御田については、「一本《あるふみ》に猪名部御田と云ふは、蓋《けだ》し誤なり」という注が付されているが、両者が混同されたのは、仁徳記・応神紀の伝承からみて、「トキ・ツゲ」の地名と猪名部の間につながりがあったからであろう。

『古事記』の巨木と造船の伝承は、たぶん船木氏の伝承であったろう。伊勢神宮の項で書いたように、船木氏は日神祭祀の氏族である。船が日神祭祀にかかわることは、伊勢神宮の神体の鏡（日神の依代）が舟形の容器（御舟代）に入っていることからもいえる。仁徳記に載る倭人の造船氏族の伝承に新羅の造船氏族の伝承が重なったのが、応神紀の伝承であろう。

『日本書紀』は、伊豆からの貢船と書くが、伊豆には猪名部がいた。その氏神が、『延喜式』神名帳の賀茂郡伊那上神社、伊那下神社である。この二社がある松崎町は、木造船の造船が盛んな土地であり、この伊豆の猪名部と摂津の猪名部を結ぶのが伊勢の猪名部である。伊勢の員弁《ゐなべ》郡は、伊勢の船木氏の朝明郡に隣接している。

雄略紀には、伊勢朝日郎を討った物部目連が猪名部を配下にしたとあるが、この伝承は、物部氏の支援によって、伊勢の船木氏の地盤に摂津の猪名部が入ったことを示している。猪名部はさらに伊豆へ進出し、伊豆の猪名部になったのであろう。この猪名部の本貫地は新羅の都祈の地、迎日湾の海岸だったと推測される。仁徳記と応神紀の伝承の間には何らかの回路があるはずで、それは「トキ」の地と考えられるからである。

等乃伎神社と坐摩神社

トキはトカ(ガ)ともいう。仁徳紀三十八年条の、天皇が菟餓野で鹿の声を聞いた話に猪名県の佐伯部が登場するが、猪名県とは猪名部の本拠地である。また、鹿が夢をみた話も菟餓野のこととして載せているが、これと似た話が、『摂津国風土記』逸文に雄伴郡夢野の話として載り、夢野は昔、刀《と》我野《がの》といったとある（現在の神戸市兵庫区夢野町付近）。

また、『日本書紀』の神功皇后摂政元年二月条には菟餓野《とがの》の祈狩《うけひかり》の記事が載るが（『古事記』は仲哀記に「斗賀野」と書いて同じ記事を載せている）、この「トガ野」も「トキ野」であり、その地には坐摩《いかすり》神社がある。同じ「トキ」の地にある等乃伎・坐摩の両社について、水谷慶一は図入りで次のように書いている。(5)

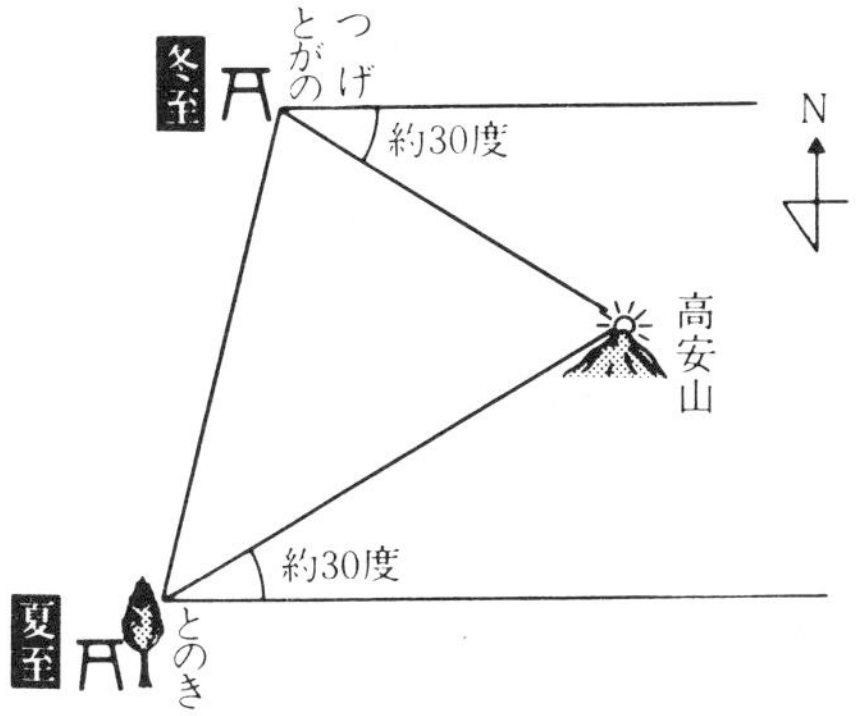

（『続知られざる古代』日本放送出版協会より）

「坐摩神社の本来の位置である天神橋南づめの旧社地と、大阪府と奈良県の境にそびえる高安山の山頂を結ぶと東南東約三〇度となり、ちょうど冬至の日に、太陽が高安山の頂きから昇るのを見る位置に、かつての坐摩神社があったことになる。また、高石市の等乃伎神社は、これとちょうど対照的に、東北東三〇度の方向に高安山を望むことになり、これは夏至の日に高安山頂に日の出を拝する場所となる。あるいは、高安山の位置に立てば、ちょうど等乃伎神社の方角に冬至の太陽が沈み、坐摩神社の方角に夏至の太陽が沈むことになる。つまり、『都祈《とき》』につながる地名をもつ、これら二つの神社の位置は、いずれも太陽祭祀の重要な場所であったことを推定させる。

この事実は、新羅の迎日祭祀にかかわる地名が「トキ」であること、その要の位置にあるのが等乃伎神社であることを示している。

注

（1）大和岩雄「巨木伝承と冬至線——古代王権と太陽祭祀」「東アジアの古代文化」二七号。
（2）三品彰英『増補日鮮神話伝説の研究』二五三頁、昭和四十七年。
（3）三品彰英『三国遺事考証・上』五〇八頁、昭和五十年。
（4）土橋寛『古代歌謡全注釈・古事記編』二七八—二八二頁、昭和四十七年。
（5）水谷慶一『続知られざる古代』二七三頁、昭和五十六年。

日部《くさべ》神社——日下部の「日下」と王権祭祀

当社について、現存の『延喜式』神名帳の写本はいずれも「ヒヘ」と訓み、現在は「クサベ」と訓まれているが、本来は「クサカベ」である。『和泉国内神名帳』は「日下部神社」と記している。

日下部《くさかべ》と和泉

『新撰姓氏録』和泉国皇別の条に「日下部首。日下部宿禰と同祖、彦坐命の後なり」とある。『和名抄』は、和泉国日部郷を「久佐倍《くさべ》」と訓み、『和泉国式内社目六稿』にも「日部《くさべ》神社、日下部氏の祖神日子今簀《ひこいます》命を祭る、日部村に在り」とある。のちに日部村は草部と表記され、現在は堺市草部となっている。

現在地には、明治四十四年十月十三日に移転した。この地は寺山といい、当社に合祀された八阪神社（牛頭天王社）の鎮座地であった。旧社地には、日下部首の祖または道臣命の墳墓といわれる御山古墳（瑠璃塚・大塚山）があり、墓と一緒に神社があるのはまずいので移転したのだという。旧社地は現在地の南三〇〇メートルにあり、和泉国大鳥草部輪ノ内と称していた。

祭神について、明治十二年の『神社明細帳』や『大阪府全志』は日臣《ひのおみ》命をあげている。『日本書紀』の神武天皇即位前紀に、日臣命は大伴氏の遠祖で道臣という名を賜わったとあるように、日臣命と道臣命は同一人物である。この人物が祭神になっているのは、日部に日臣を結びつけた語呂合せにすぎず、本来の祭神は、『和泉国式内社目六稿』『神名帳考証』『神社覈録』『特選神名牒』『大日本史神祇志』『和州志』『大阪府誌』『大阪府史蹟名勝天然記念物』などが主神とする彦坐《ひこいます》命（日下部氏の祖）であろう。現在、当社は神武天皇・日臣命・彦坐命を祀り（『延喜式』神名帳では一座）、彦坐命を最下位においている。

神武天皇を祭神にしているのは、記・紀に、日下《くさか》（草香）で神武天皇が登美毗古《とみびこ》（長髄彦《ながすねひこ》）と戦ったとあるからである。この神武天皇の将軍として活躍したのが日臣（道臣）命だから、「日下」という地名や「日」という字との関連で、日臣命が当社の祭神とされたのであろう。

しかし日部（日下部）は、神武天皇よりも仁徳天皇と雄略天皇にかかわりが深い。『古事記』に、仁徳天皇の皇子大日下王の御名代《みなしろ》を大日下部、若日下部王の御名代を若日下部としたとあり、『日本書紀』雄略天皇十四年条には、およそ次のように記されている。「大草香皇子（大日下王）がもっていた玉縵《たまかづら》がほしいばかりに、根使主《ねのおみ》が安康天皇に讒言《ざんげん》し、天皇は大草香皇子を殺したが、根使主がその玉縵をかぶっているのを、大草香皇子の妹で雄略天皇の皇后の草香幡梭姫《くさかのはたびひめの》皇女《ひめみこ》（若日下部王）が見て、兄の玉縵であることを天皇に知らせたので、天皇は怒って根使主を殺した。そのとき根使主の子孫を分けて、半分を草香幡梭姫皇女に与えて大草香（大日下）部の民とし、半分を茅渟《ちぬ》県主に与えた。また、大草香皇子に殉じて死んだ難波吉士《なにわのきし》日香蚊《ひかか》の子孫を大草香部吉士とした。」

根使主は日根に逃げて戦ったとあるが、日根は根使主の本拠地和泉国日根郡であり、根使主を祖とする坂本臣の本拠は和泉国和泉郡坂本郷である。また、茅渟県主も和泉国の県主だから、当社とかかわる日下部首は、雄略紀の大草香部であろう。青木和夫は、「天平二年書写の瑜伽師地論の跋語では、大鳥郡日下部郷とあり、郡大領として日下部首という氏が見える。この日下部首は大化前代には現地における日下部の管理者だったのであろう」と書き、(1)「大日下部」「若日下部」の「大」「若」は美称で、大化前代からあったのは、「大」も「若」もつかない「日下部」とみる。この日下部首（大鳥郡の郡大領）が祀っていたのが、等乃伎神社である。

「クサカ」の意味

「日下」について、江戸時代の京都の儒者村瀬栲亭は、『芸苑日渉』で、日下と日本は「下と本と語読相通ず、日下すなはち日本」と書く。

飯島忠夫は、「『下』も『本』も共にモトと訓ぜられることから考へても、日本と日下の間に、思想上の連絡は成立ってゐるものと思はれる」と述べ、「爾雅の日下に因《ちな》んで日本とした」と書く。(2) 飯島忠夫のいう『爾雅』は、紀元前二世紀頃、前漢の儒者たちが古典用語の解説をまとめた辞典であるが、その「釈地」の日下の条には、「日下者、謂ニ日所レ出処一、其下之国也」とある。

増村宏も、「『日出づる処』と表現したのが、『日本』という国号の文字に固定するまでの過程において、中国で東方に想定する『日下』が考慮に入ったであろうことは推測される」と書いている。(3)『爾雅』は「日下」を「東方の極」とも書く。

唐の玄宗の御製詩「送日本使」（『全唐詩逸』）には、

日下非殊俗（日下、殊俗に非《あら》ず）

天中嘉会朝（天中、会朝を嘉《よみ》す）

という句がある。日本の日下と書いているのが注目されるが、「ヒノモト」を意味する「日下」を、なぜ「クサカ」にあてるのだろうか。

「草香」とも書くように「クサ」は「草」だが、『日本国語大辞典・3』は、「クサ」の語源について、「(1)カサカサ、グサグサという音から（国語溯原＝大矢透）。(2)木《キ》と同源語で毛《ケ》から分化したものか（日本古語大辞典＝松岡静雄）。(3)茎多《ククフサ》の約略か（古事記伝・大言海）。(4)年毎に枯れて腐《クサル》ものであるから（日本声母伝・俚言集覧・名言通・和訓栞・言葉の根しらべ＝鈴江潔子）。(5)『神農百草をなめそめられし』とあることからクスリのサキという義か。または臭《クサシ》の義か（和句解）。(6)種々多《クサグサ》い義（日本釈名・言元梯）。(7)カルソマの反。ソマは、繁ることによせて杣の義（名語記）。(8)木群稚《キムレオサナ》の義（日本語原学＝林甕臣）」と書く。なお、皮膚にできる湿疹などを「瘡《くさ》」という。

『万葉集』巻六（一〇二〇・一〇二一）に「草管見、身疾不有」とあり、鹿持雅澄は『万葉集古義』で、「草」を「莫」の誤記とし、「莫ニ管見一《つつみなく》身疾不レ有《やまいあらせず》」と訓む。万葉学者は一般に、この誤記説にもとづいて「恙《つつみ》無く」と書き、「つつがなく」の意に解しているが、「ツツミ」に「ツツガ」の意味はなく、やはり「クサツツミ」と訓むべきであろう。

石上堅は、「沖縄で『ヤカクサツツミ』といい、ハブ（波布・毒蛇）を捕え、雑草のある所へ埋めると、ハブが悪性の草（ヤナクサ）に化し、それに触れると、『ヤナクサジン』『ヤナクサマキ』になるというが、これが『クサツツミ』にあたるのだ」と書き、「草管見」は、「毒性の植物の害をいう」とし、「当今、巷間に溢れる『クサル』（憂鬱になる・呆っとなる）が、かえって『草管見』の本姿を、暗示する」と書く。[4] 外部の邪気にふれて病魔に取り憑かれたと感じたとき、「フサフルウ」「クサアンバイ」ともいうから（植物を用いて随胎することも「クサフルウ」という）、私は石上説に同調する。

石上堅は、瘡・臭・草管見などの「クサ」について、「強力な異信仰の精霊・呪力を意味する」言葉とし、この「クサ」は「外部からいつとはなくより来たって、体につくもの」とみて、クサカ部は「この外来霊・異霊の処理を聖職」とした部と推測する。[4] だが、そのクサカ部が「日下部」と書かれる理由については触れていない。

「魂」に荒魂と和魂があるように、「クサ」にも二面性がある。というのは、「クサ」に「種」の字をあて、「物事を生ずるもと、たね」、または「種類」の意に用いるからである。生成と衰亡の二面性をもつ「クサ」に「日」を宛てるのは、「日」もまた「クサ」だからであろう。毎日、死と再生を繰り返す太陽は、秋に枯れ、春に芽を出し、夏に生長する草のイメージと重なる。朝は春、昼は夏、夕暮は秋、夜は冬である。

「クサ」の二面性とは、春・夏と秋・冬の「クサ」の状態をいう。「クサ」でなく、「クサカ」といい（「カ」は「在りカ」「往ミカ」など「処」を意味する接尾語の「カ」である）、「日下」と書き、「カ」に「下」の字をあてるのは、この「クサ」の地（クサカ）が、四季のイメージをもっているからである。「草香」は、春・秋のイメージを強調した表記であろう。

若日下部王と日下部

『古事記』は「日下」、『日本書紀』は「草香」と書く。『古事記』序文には、「姓におきて、日下《くさか》を玖沙訶《くさか》という……かくのごとき類は、本のままに改めず」とある。ということは、古くから「日下」と表記されていたのを、『古事記』はそのまま用い、『日本書紀』は「草香」に改めたことになる。「日下」は、姓だけでなく地名にも用いられている。神武天皇は、東征軍が上陸した河内の日下（記・紀の「クサカ」

地名はここだけ。現在の東大阪市日下町周辺）で、兄がナガスネヒコの矢に当たって負傷したとき、「吾は、日の神の御子として、日に向ひて戦ふこと良からず。（中略）いまより行き廻《めぐ》りて、背に日を負ひて撃たむ」と言ったと『古事記』は書くが、『日本書紀』も、同じ言葉を神武天皇が言ったとしている。

また『古事記』は、日下の地に雄略天皇が妻問いに出向いたとき、若日下部王（『日本書紀』は草香幡梭姫皇女と書く）が、「日を背にして幸行《いでま》し事、いと恐《かしこ》し、故、己れ直《ただ》に参上りて仕へまつらむ」と言ったと書く。この「日」は朝日のことだが、日下の地へ、神武天皇とその兄弟は西から朝日に向かって入り、雄略天皇は東から朝日を背にして入っている。相反する行為がいずれも常識に逆らうこととされているのは、日下の地が外来者にとって禁足の日祀りの地であったことを示している。

『古事記』は若日下部王の名を「波多毗能《はたびの》若郎女《わかいらつめ》」と書き、『日本書紀』は「幡梭《はたび》姫」と書く。「ハタビ」は機梭《はたび》である。

天照大神が大嘗の日に織屋で神衣を織っていたとき、スサノヲが屋根に穴をあけて馬の皮を投げ入れたので、天服織女が驚いて、梭で女陰を突いて死んだと『古事記』は書くが、これまでも述べたように、天照大神と天服織女は日女《ひるめ》としてダブルイメージである。皇祖神天照大神が梭で女陰を突いたとは書けないから、天服織女にしたのであり、梭は男根を意味している。

『日本書紀』（一書の六）は、木花之《このはなの》開耶《さくや》姫を「織経《はたお》る少女《をとめ》」と書くが、彼女は天孫ニニギとの聖婚で妊娠し、日の御子を生んでいる。織女が梭で女陰を突いた日を、『記』は「大嘗」、『紀』は「新嘗」のときと書くが、この伝承も、死と再生の聖婚儀礼を意味している。

天照大神が隠れた天岩屋は、沖縄の「太陽《てだ》の洞窟《がま》」に相当する。夕日はこの岩屋に入り、朝日として再生する。一年のうちで、太陽の死と再生を代表するのは冬至の日であり、冬至の日は新嘗《にいなめ》の日である。天岩屋神話は、この日の儀礼を説話化したものである。幡梭姫（若日下部王）は、この神話に登場する織女と梭にかかわる名であろう。彼女は、おそらく日神祭祀の巫女であり、日下の地は、死と再生の霊場であったにちがいない。

柳田国男は、人身御供（人柱）伝説のいけにえに機織女が多い理由について、「梭師」と書いて「クグツ」（祈禱禁呪を行なう漂泊巫女）と読ませることから、梭を売るクグツを人身御供にしたのではないかと推測している。(5)「人身御供」は「神妻」の下落した表現であり、「人柱」も本来は死と再生の儀礼である。後世の機織女は、聖なる神妻のイメージがなくなっているが、原型は天服織女であり、「織経る少女」の木花乃開耶姫であり、幡梭姫の若日下部王である。「若草香（日下）」と「木之花咲（開）」は、「草」と「花」のちがいはあっても、意味は同じである。「日下」は本来、朝日（生命力の象徴）の聖地を意味している。日下部は、「外来霊・異霊の処理を聖職」とした部というよりも（石上堅の「処理」には悪霊の排除の意味がある）、それらの霊力を新たな活力に変える部であったといえよう。

「クサカ」と「トキ」

当社の祭祀氏族は日下部首だが、摂津には、難波吉士日香蚊《なにわのきしひかか》の子孫の日下部吉士（大草香部吉士）がいる。『正倉院文書』に、摂津国東生郡の郡領は日下部忌寸とあるが、日下部吉士が吉士→連→忌寸となったのである。青木和夫は、前述の雄略天皇十四年条に載る伝承について、日下部吉士（忌寸）が日下部首を介して、和泉の日下部を管理するようになってから作られたと推測している。(1)

摂津の日下部吉士は（「吉士」は新羅の官位十七位の十四位）、新羅系の渡来氏族である。春日部に新羅系の春日戸村主が重なったように（天照大神高座神社の項参照）、日下部首に新羅系の日下部吉士が重なったのであろう。

藤原・中臣氏の祖神を祀る枚岡神社は日下にある。この日下で祀るアメノコヤネとヒメ神と、鹿島のタケミカッチ、香取のイハヒヌシを合祀したのが、春日大社である。また、日部神社の日下部首は日子（彦）坐王を祖とするが、『古事記』は、春日之伊耶河《いざかわ》宮にいた開化天皇と、丸邇《わに》臣（のちに春日臣）の祖日子国意祁都《くにおけつ》命の妹、意祁都比売との間に生まれたのが、日子坐王だと書く。このことからも、日下部と春日部の共通性が推測できる。

日部神社は『和名抄』の和泉国日部（日下部）郷にあるが、等乃伎神社の地も日下部郷であったと考えられる。等乃伎神社の地は「トキ」の地だが（等乃伎神社の項参照）、摂津の「トキ」（菟餓野）には新羅系の日下部吉士がいる。「クサカ」と「トキ」が重なるのは、日下部吉士が猪名部氏らと共に、新羅の迎日祭祀をもちこんだからであろう。

注

（1）青木和夫『日本思想大系・古事記』補注、四三九頁、昭和五十七年。
（2）飯島忠夫『日本上古史』六三頁、昭和二十二年。
（3）増村宏「日出処天子と日没処天子」「史林」五一巻三号。
（4）石上堅『日本民俗語大辞典』四九一頁、昭和五十八年。
（5）柳田国男「巫女考」『柳田国男集』第九巻所収。

坐摩《いかすり》神社――古代宮廷祭祀とその祭神

「座摩」とも書かれ、在は一般にザマ神社と呼ばれているが、当社の宮司のあげる祝詞では「イカスリノ神」という。『神社覈録』にも「為加須理と訓むべし」とあり、『住吉大社神代記』には「猪加志利乃神二前、一名為婆天利神」とあるから、古くは「ヰカスリ」「ヰカシリ」「ヰバテリ」などと訓まれたのであろう。『延喜式』神名帳には、摂津国西成郡の項に「坐摩神社大。月次新嘗」とある。

「ヰカシリ」の神の性格

坐摩神については、「是れ大宮地之霊、今、坐摩巫の斎き奉る所なり」と『古語拾遺』にあるが、『古語拾遺』の書く「坐摩」の神とは、宮中で「座摩巫《みかんなき》」が祀る神のことである（『続日本紀』の天平九年八月十三日条にも、座摩巫は記されている）。『延喜式』神名帳の宮中神のうち、「神祇官西院坐御巫等祭神廿座」のなかに、「座摩巫祭神五座並大。月次新嘗。生井《いくゐ》神、福井《ふくゐ》神、綱長井《つながゐ》神、波比祇《はひき》神、阿須波《あすは》神」とあり、『延喜式』の祝詞の祈年祭の条に、「座摩の御巫の辞意《ことを》へまつる、皇神等の前に白《まう》さく。生井・栄井・津長井・阿須波・波比支と御名は白して……」とある。

『日本の神々・3』の拙稿「座摩神社」の項で考証したように、生井神・福（栄）井神・綱（津）長井神は井泉神、波比祇（支）神・阿須波神は宅神である。『古語拾遺』は、この五神を総称して「大宮地之霊」と称したのであろう。

だが、当初の祭神は、『延喜式』神名帳では一座だから、宮中の座摩の巫が祀る五座を、そのままあてはめるわけにはいかない。

『住吉大社神代記』は「猪加志利乃神《ゐかしりのかみ》」について、「元、大神居坐《ましま》して、唐飯聞食《からいひきこしめ》しける地なり」と注し、さらに本文では、右大神は、難波の高津宮に御字《あめのしたしろしめ》しし天皇の御世、天皇の子、波多毗若郎女《はたびのわかいらつめ》の御夢に喩覚《さと》し奉らく、「吾《われ》は住吉大神の御魂ぞ」と「為婆天利《ゐばてり》神、亦《また》は猪加志利《ゐかしり》之神と号す」と託《かみかか》り給ひき。仍《より》て、神主津守宿禰に斎《いつ》き祇《まつ》らしめ、祝《はふり》に為加志利津守連等を奉仕《つかへまつ》らしむ。（中略）即ち西成郡に在り。

と書いている。

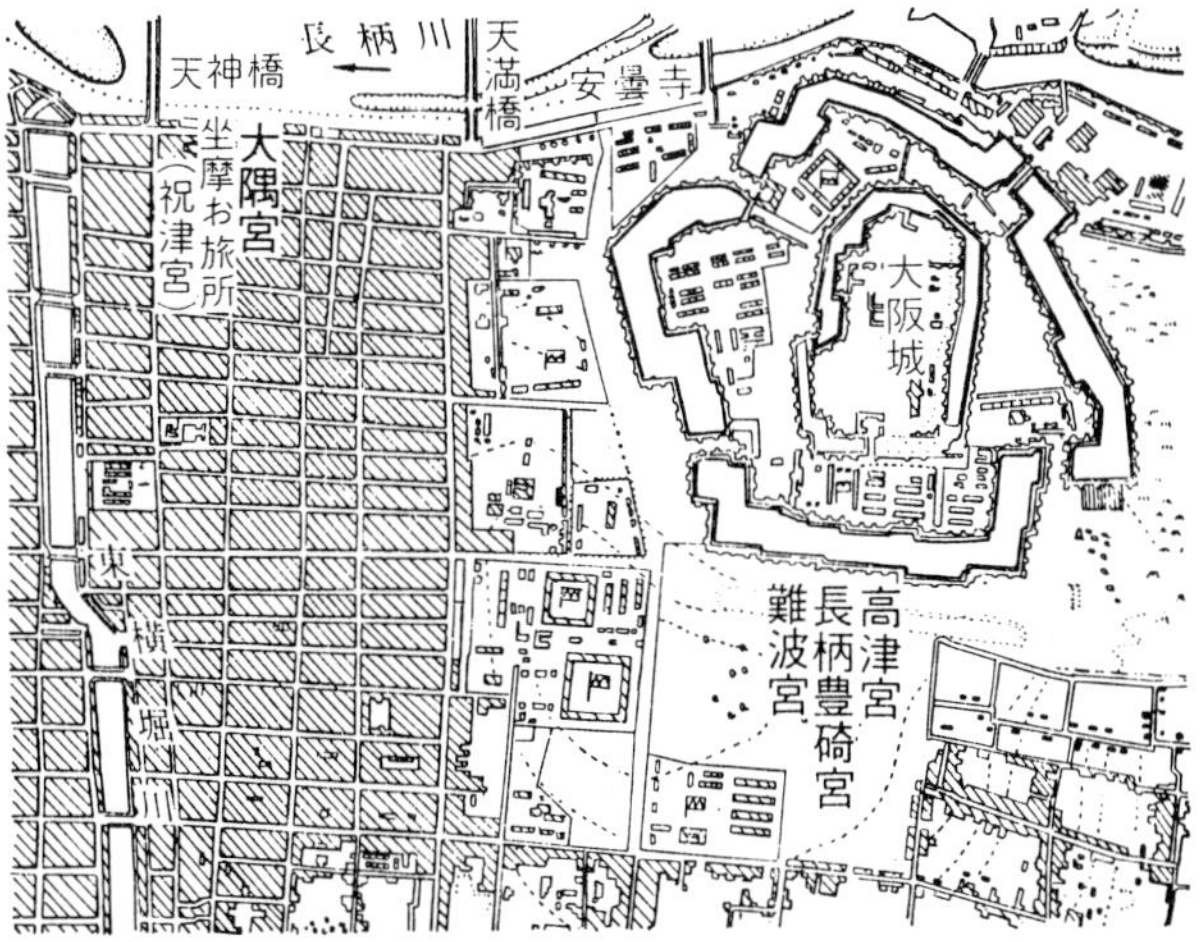

明治20年製作の市街図による難波宮と坐摩お旅所の推定図
（山根徳太郎『難波王朝』学生社より）

「波多毗若郎女」とは、幡《はた》（織）梭《び》姫、つまり若日下部王のことだが、この女性は巫女として日女《ひるめ》の性格をもつ。しかも、坐摩神社の地は「トキ」の地であり、「トキ」は迎日祭祀の地として「日下」と同義である。

柴田実が「居所知」（『式内社調査報告』第一巻）、西宮一民が「居処領」（新潮日本古典集成『古事記』）とみるように、「ヰカシリ」は、「居所（処）」を「知（領）る」の意であろう。多神社の祭神「ミシリツヒコ」も「知（領・治）る」神だが、多氏と同祖の都祁直は大和の都祁国造であり、坐摩神社の祭祀氏族は、後述する都下国造である。

また、多神社の真東に三輪山（ヒノモト）があるように、当社の旧所在地（現在の御旅所の場所）の真東には河内の日下（ヒノモト）がある。また、当社から見る冬至の朝日は高安山から昇るが、高安山の中腹には天照大神高座神社（春日戸神社）があり、この神社を『多神宮注進状』は多神社と「同体異名」と書く。坐摩神社も本来、日の御子誕生の聖地だったのではなかろうか。

山根徳太郎は、現在の坐摩お旅所（坐摩神社の旧社地）を応神天皇の大隅宮の所在地とみる。(1) 応神天皇の実在を疑問視する説もあり、大隅宮の史実性にも問題があるが、坐摩の神が「大宮地の霊」(『古語拾遺』)といわれていることからみても(山根徳太郎が大隅宮推定地とするのも同じ理由による)、この地が「難波王朝」もしくは「河内王朝」と通称される五世紀の王権にとって、重要な聖地であったことは確かであろう。生井・栄(福)井・津(綱)長井の神は、その聖地の神として、日の御子誕生にかかわる神であったと考えられる。

また、前掲の『住吉大社神代記』の記述から、山根徳太郎は坐摩神社の旧地を住吉大社の最初の鎮座地とみて、「住吉の大神と坐摩の神は同体」と書くが、(1) 坐摩の神が「住吉大社の御魂」とされ、津守氏が神主・祝として奉仕したという伝承が成立したのは、記・紀の影響によって神功皇后が住吉大社の祭神に加えられてからのことであろう。

坐摩神社の旧地のお旅所には、方五丈の「神功皇后の鎮座石」といわれる巨石がある。そこを「石町《こくまち》」というのはこの石による命名であることを、『摂津志』『摂陽群談』は書いている。七月二十二日の夏祭は、古くは夏越《なごし》神事といい、神前に芦葉包の白蒸の供御および醤を奉り、お旅所へ神輿が渡御するが、この神事の起源は、神功皇后が難波に到着して鎮座石で休息した際にさしあげた食物に由来するといわれている。神功皇后と石にまつわる日の御子(応神天皇)誕生の話は、『古事記』『日本書紀』『万葉集』『風土記』『住吉大社神代記』などにも載っているが、この「鎮懐石伝承」の原形は、『肥前国風土記』神崎郡船帆郷の「御船の沈石《いかり》四顆《よつ》、その津の辺《ほとり》に存《のこ》れり。この中の一顆《ひとつ》(高さ六尺、径五尺)と、一顆(高さ八尺、径五尺)は、子無き婦女《をみな》、この二つ石に就《つき》て、恭《ゐか》び祈《こひ》めば、必ず任産《こう》むことを得《う》」とある子産み石の伝承だといわれている。坐摩神社の鎮座石も、子産み石の一つであろう。いま、鎮座石は破壊されるのを避けるため、ステンレスの格子でおおわれている。

十月二十二日の秋祭には、神前に新稲・新酒を献じ、大神祭を行なうが、嘉永五年(一八五二)四月、皇子(のちの明治天皇)安産の祈願がなされ、その年の秋祭の日(旧暦九月二十二日)に明治天皇は誕生した。そのため、慶応四年(一八六八)、天皇は大阪へ行幸のとき、坐摩神社を親拝している。神功皇后伝承があり、宮中で安産の神として崇拝されていたことからも、坐摩の神の性格がわかる。

なお、当社と住吉大神の関係については、当社が新羅系迎日祭祀を意味する「トキ」の地にあること、住吉大社の旧神宮寺が「新羅寺」と称したこと（比売許曽神社の項参照）、神功皇后が新羅に深いかかわりをもつことが、参考になるであろう。

生井・栄（福）井・津（綱）長井の神

坐摩神社の例祭日は四月二十二日であり、献花祭という。社伝によれば、神功皇后が新羅より帰還し、応神天皇を筑紫で生んだとき、花を懸けて坐摩の神を祀った故事によるというが、現在も坐摩の神が安産の神とされ、明治天皇の安産祈願を受けたのも、献花祭のもつ性格にかかわっている。花を懸けるのは、『古事記』の応神記に載る春山之《はるやまの》霞壮夫《かすみをとこ》という春の神が藤の花となり、伊豆志袁《いづしを》登売《とめ》と婚して御子を産む話と重なる。この伊豆志袁登売（出石乙女）に相当するのが、坐摩神社の例祭では神功皇后である。出石乙女のことは天之日矛の関連説話として応神記に載るが、神功皇后の祖（母方）は天之日矛である。

「井」が出産にかかわることは、『古事記』に載る大国主神の子、御井神からもいえる。御井神の別名を木俣神《きまた》と『古事記』は記すが、それは、大国主神と八上比売《やかみひめ》の間に生まれたばかりの子を「木の俣に刺し挟《はさ》」んだからだという。木の俣から子が生まれるという伝説は各地にあるが、藤原頼長の『台記』の康治元年（一一四二）五月十六日条に、鳥羽法皇が誕生するとき、母后が賀茂明神のお告げで「間木《まき》」を探したところ、「間木」が銀竜となったという話が載っている。伴信友は『瀬見小河』で、この「間木」とは「岐《またき》ある木の枝の事にて、今俗にまた木、あひ木などといふものときこへたり」と書いている。つまり、二俣《ふたまた》の木が誕生にかかわるという説話である。その間木《まき》（俣木《またぎ》）が竜になっていることから、伴信友は、竜神・雷神との関係を説くが、井泉と竜神・雷神は縁が深い。Y字形の俣（股）木が出産にかかわる神木として信仰されている実例は、出口米吉の『原始母神論』にくわしいが、犬卒都婆《いぬそとば》といってY字形をした木の枝を立てるのも、「犬が多産を表すから」だと出口米吉は書いている。(2)

坐摩巫が宮中で祀る井の神に生・栄（福）・長などがつくのも、御井神の亦《また》の名を木俣神というのも、出産と生長にかかわるからであろう。

波比木・阿須波の神

次に、波比支(祇)・阿須波の二神であるが、波比支は波波木ともいう。吉野裕子はハハキを蛇《はは》(竜)木《き》と解すが、その吉野説からヒントを得て郭安三は、台湾の霊媒が神の意志を伝える童乩《たんきい》・扶鸞《ふらん》というY字形の木製占具が波々木に当たるのでないかとみる（第三十一回人類学・民族学両学会連合大会の研究発表）。扶鸞の「鸞」は鳳凰《ほうおう》のような鳥のことで、扶は伝えるの意であることから、直江広治は「扶鸞は神意を伝える鳥の意」と解する（昭和五十年六月十三日、風俗史学会総会講演）が、この鳥を吉野裕子は「朱鷺《とき》」とみる。

扶鸞の二俣の一端を霊媒（巫）の正鸞（または童乩《たんきい》ともいう）がもち、一端を助手の副鸞がもち、正鸞に神霊がつくと、Y字形の下の部分の先端に下向きにさしこんだ一〇センチぐらいの木の突起が、盤上の砂に神の託宣の文字を書くところから、吉野裕子は、「嘴が長く先端が曲って『突く』ことを得意とするこのトキは、沙上に神意を刻し、神占の役を果す霊鳥であったとしても少しも不思議ではない。トキが座摩巫・片巫によって奉斎される神占の神鳥であったならば、重視されるのはその働き、つまり神占の行われる沙場を『摩《ま》する』『こする』『突く』ことであって、そこから、その名称が『ツキ』となり『トキ』と転訛したと推測される」と述べている。[3]

トキを、座摩巫が奉斎する神占の神鳥とするのは、座摩巫が祀る波比支(波波木)神をY字形の蛇木《ははぎ》と解し、扶鸞と重ねてトキを連想したことによる。また、「片巫《かたかむなき》」は、『古語拾遺』に「志止止《しとと》鳥」と注されており、『和名抄』では鵐鳥(巫鳥)を「之止止《しとと》」といい、鵐は鴽、鴽は鴾で、和名を朱鷺《とき》というと『大漢和辞典』にあり、その鴾は和名を豆木《つき》といい桃花鳥と書くと『和名抄』にあるから、吉野裕子は、片巫も座摩巫とともにトキにかかわるとみるのである。出口米吉も、Y字形の俣(股)木の神木信仰の一つとして、桃・柳・桑の木の枝（Y字形）を卜占に用いる日本の例を紹介して、中国の桃の枝で作った扶鸞（童乩）との関連を述べている。[2]

座摩の神と、Y字形の木製占具、朱鷺《とき》との関係は、御井神を木俣神といい、「トガ・ツゲ」を「トキ・ツキ」ともいうことから、無視できない。私はこれらの関係について、金思燁の、都祁・都下（菟餓）はトキ・トチという日の出を意味する古代朝鮮語によるという説を紹介し、大和の都祁を「闘鶏」と書くことから、鶏が告げる「トキ」とは「時」

でなく「日の出」の意であろうと書いた。[4] この私説を発展させて水谷慶一は、『暁《あかつき》』という言葉のもとは『あかとき』であるが、これも新羅語の『都祈《とき》』と関係がありそうだし、また、薄桃色をさして『とき色』というのも、夜明けの空の色からきているとすれば、この『都祈』で説明がつきそうである。さらにいうなら、絶滅を心配されている学名ニッポニヤ・ニッポンの鴇《とき》(朱鷺)も、その羽の色から『とき色』の言葉が出たとすれば、これもまた再考の余地がありそうである」と書いている。鴇を桃花鳥というのも、鴇が桃の花のような色をしているからである。

坐摩神社の神紋が「鷺丸」なのも、白鷺が坐摩神社と縁が深いからとされているが、本来は朱鷺であったのが白鷺になったのではないだろうか。坐摩神社独自の神事に十二月二日の鳥懸《とりかけ》神事があり、現在では野鳥を神前に懸け供える祭祀となっているが、かつては、鳥にかかわるなんらかの伝承があったのであろう。

波比支(波波木)神について、西宮一民は瑞引《はひ》き神、[6] 吉野裕子は蛇木《ははき》神とみるが、[3] 私は神木のY字形の木俣神と推測する。この神木は中国の風習が入って卜占としても使われたであろうが、本来は出産と生育にかかわる聖木として信仰されていたと考えられる。日本の民俗信仰では、ハハキ神は安産の神として著名であるが、『古事記』の天若日子の葬儀には鷺が箒持《ははきもち》として登場する。この場合の「ハハキ」は箒《ほうき》のことだが、鷺の登場が暗示的である。

阿須波神について、西宮一民は、宅地の基礎を堅固にする「足磐《あしいは》」の約「あしは」が「あすは」に音転したとみるが、[6] 『万葉集』に「庭なかの阿須波の神」とあるように、庭で阿須波神と波比支神の祭祀は行なわれたようである。伊勢の内宮では宮比神と波波支神が対で祀られていること、当社での阿須波神と波比支(波波木)神も対で祀られていることから、宮比神は阿須波神に相当するのではないかとみる説もある。

『古事記』には、スサノヲがオオクニヌシに宇迦《うか》山の麓(出雲大社のある地)に「底津石根《そこついはね》に宮柱布刀斯理《ふとしり》、高天原に氷椽多迦斯理《ひぎたかしり》て居れ」といい、オオクニヌシが国譲りのときタケミカツチに、天孫が降臨して「底津石根に宮柱布斗斯理、高天原に氷木多迦斯理て治め賜はば……」といったとある。また、降臨した天孫ニニギが「『朝日の直刺《たださ》す国、夕日の日照《ほで》る国なり。故《かれ》、此地《ここ》は甚吉《いとよ》き地』と詔《みことのり》して、底津石根に宮柱布斗志理、高天原に氷椽多迦斯理て坐《いま》しき」とも書く。『日本書紀』は、神武天皇即位の年、「畝傍《うねび》の橿原《かしはら》に、宮柱底磐の根に太立《ふとしきた》て、高天原に摶風《ちぎ》峻峙《たかし》りて、始馭天下之天皇《はつくにしらすすめらみこと》を、号《なづ》けたてまつりて神日本《かむやまと》磐余《いはれ》彦《びこ》火《ほ》火《ほ》出《で》見《み》天皇と曰《まう》」したと書く。このように、朝日が直刺し夕日が火照る地に、地を深く掘って宮柱を太く立て、天高くヒギ（チギ）を上げて神（天皇）が「居り」「治め」「坐す」のが、「大宮地」なのである。

坐摩の巫が祀る神が「大宮地の霊」といわれるのは、阿須波神が地を深く掘って立てられた宮柱の神で、波比木神がヒギ（チギ）と同じ性格のY字形の木の神だったからではないだろうか。ヒギ（チギ）は切妻造の屋根の左右の端に用いる長い木材で、棟で斜に交叉して高く空中に突き出たものである。

宮柱とヒギは、祝詞《のりと》にも登場する。『延喜式』によれば、祈年祭では、神主・祝部・巫らが十一の祝詞をあげるが、座摩の巫のみが、前述の常套語を使った祝詞をあげている。

座摩の御巫の辞竟《ことを》へ奉る、皇神等の前に白《まうさ》く、生井・栄井・津長井・阿須波・婆比支と、御名は白して、辞竟《ことを》へ奉るは、皇神の敷き坐す、下つ磐根に宮柱太知り立て、高天原に千木高知りて、皇御孫《すめみま》の命の瑞《みづ》の御舎《みあらか》社へ奉りて、天の御蔭・日の御蔭と隠り坐して、四万《よも》国を安国と平く知ろしめすが故に、皇御孫の命の宇豆《うづ》の幣帛《みてぐら》を、称辞竟《たたへごとを》へ奉らく、宣《のべ》る。

六月・十二月の月次祭《つきなみ》にも、座摩巫が同じ祝詞をあげることになっている。

『古事記』のみ「ヒギ」と書き、他は「チギ」と書くが、これを倉野憲司は日木《ヒキ》・風木《チギ》と解している。(7) 松前健は「現在残る杣人《そまびと》などのフォークロアにも、山の中にあるヒバサミとかヒドオシとかは、枝が二またになって南北に分れ、あるいはY字形にのびて、その間を、特別な時期に朝日が通ると伝え、これを山の神の神聖な木としているなどの俗信があります」(8) と語っているが、日木《ひぎ》・日挟《ひばさみ》・日通《ひどおし》は、V・Y字形の木であり、この木と太陽とのかかわりも無視できない。

以上に述べたことから、坐摩の巫が祀った神は、日の御子が生れ育つ（生井・栄井・津長井神が坐す）大宮地の神（阿須波・波比木の神）といえよう。

「都下国」と新羅

坐摩神社は、摂津の「トキ」の地にある。

宮中の座摩神については、『延喜式』臨時祭に「座摩巫。都下《つげ》国造氏の童女七歳以上の者を取りて、これに充てる。若し嫁す時には、弁官に申して替へて充てる」とある。他の宮中の巫は、御門巫、生島巫を含め「事に堪へる庶女を取りて、これに充てる」とあり、座摩巫のみが、都下国造の七歳以上の童女に限られていたのである。この点からみても、座摩の神の特殊性がうかがえる。坐摩神社の宮司は渡辺の姓を名乗るが、三代前までは都下《つげ》を名乗り、祖を都下国造とし、現在の宮司は五十七代目という。

「都下」は「菟餓《とが》」である。太田亮は「都下国は允恭紀に載る闘鶏国大和山辺郡都介郷とは別にて、摂津国菟餓の地であろう」と書くが、(9) 菟餓野について谷川士清は、『日本書紀通証』で、「北自ニ天満北野ニ南京橋町（八軒屋）平野町（八軒屋の南四町）之総名、座摩社記作ニ都下ニ又名ニ渡辺ニ」と書いている。允恭紀の闘鶏国は、『古事記』では「都祁」と書く。都祁・都介・闘鶏は「ツゲ」、都下は「ツゲ」「トカ」、菟餓は「ツガ」「トガ」と訓むが、「ツゲ」は呉音、「トカ・トガ」は漢音で、それぞれ迎日・日の出を意味することは、朝鮮の『三国遺事』に載る延烏郎《えんうろう》・細烏女《さいうじょ》の記事で明らかである（くわしくは等乃伎神社の項参照）。

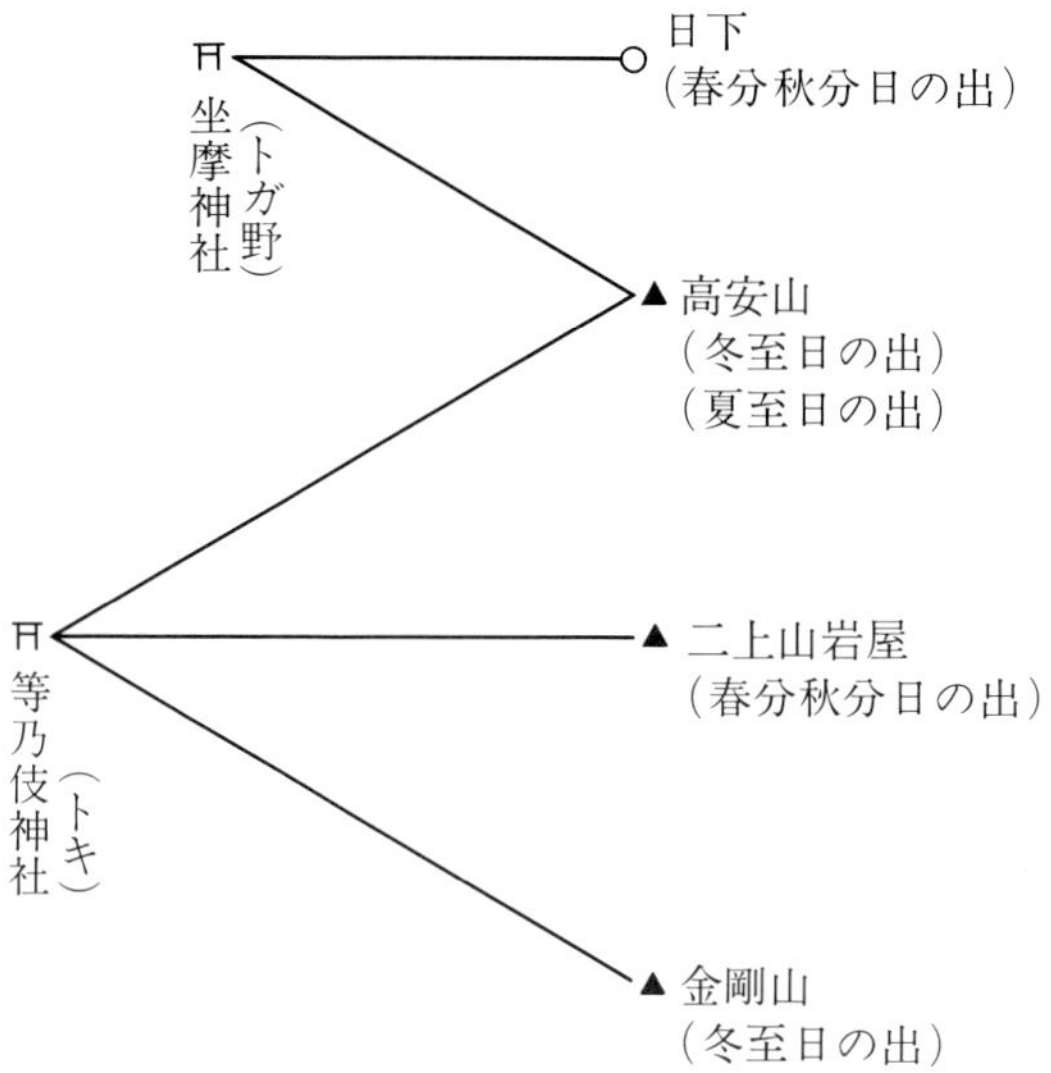

「都祈」は古代朝鮮語で「トキ」「トチ」といい、日の出の意味である。等乃木神社のある地もトキだが、両方のトキは上図のような関係になる（「坐摩神社」とあるのは旧社地のこと。なお、新羅の迎日祭祀については「東アジアの古代文化」二四号・二七号などで詳述した）。

新羅の都祈野と同じ地名が菟餓（都下）野であり、都下国造が祀る坐摩神社の所在地である。この地は、天平勝宝二年(七五〇)四月十二日の日付のある東大寺諸国庄文書の、「新羅江庄」があったところである。新羅江庄はかつての北渡辺と推定されるが、南北の渡辺の人々は、豊臣秀吉の大阪城築城のとき移転を強いられ、南渡辺の人たちは坐摩神社とともに船場の西、坐摩神社の現在地に移った。旧地は、前述のように、現在の御旅所(大阪市東区石町二丁目三四番地)のあたりである。また、北渡辺の人々は居住地がなかなかきまらず、元禄年間になって現在の浪速区西浜町にようやく落ち着いた。ここも明治の頃まで渡辺村と称していた。この渡辺村の唯一の神社が白木神社である。北渡辺の旧地名新羅江の白木である。白木神社は明治四十年、政府の神社合併政策でいったん坐摩神社に合祀されたが、現在は浪速区西浜町北通り四丁目にあり、坐摩神社夏祭の翌日の七月二十三、二十四日に祭が行なわれている。

天平宝字四年(七六〇)十一月十八日の日付のある摂津国安宿王家地倉売買券には、「西成郡擬大領従八位上吉志船人」「擬小領少初位三宅忌寸広種」の名がみえる。吉志《きし》氏はもと難波吉士と称していた。吉士を名乗る吉士氏族なかの代表的氏族だったので、単に吉志と称したのであろう。吉士は新羅の官位十七等のなかで十四位にあたるが、難波吉士は、日部神社の項で述べたように、日下部吉士にもなっている。

一方、三宅忌寸《いみき》は、『新撰姓氏録』の摂津国諸蕃、三宅連にかかわる氏族であろう。『日本書紀』によれば、天武十二年(六八三)に連となっているが、それまでは三宅吉士と称していた。『姓氏録』は三宅連を「新羅国王子天日桙《あめのひぼこ》の後なり」と書く。西成郡擬小領の三宅忌寸も、もとは三宅連と同じく三宅吉士であったと推測される。

このように、坐摩神社の地は新羅系渡来人が行政権を握っていた地であり、それだからこそ、この地は「都下《つげ》国」と呼ばれたのであろう。

注

(1) 山根徳太郎『難波王朝』一一〇頁、昭和四十四年。

(2) 出口米吉『原始母神論』八七—九三頁、昭和三年。
(3) 吉野裕子「伊勢神宮の秘神・波々木神」『聖地』所収、昭和五十五年。
(4) 大和岩雄「『トキ』を告げる鶏」「日本のなかの朝鮮文化」三七号。
(5) 水谷慶一『続知られざる古代』二六七—二六八頁、昭和五十六年。
(6) 西宮一民「神名の釈義」『新潮日本古典集成・古事記』昭和五十四年。
(7) 倉野憲司『古事記全註釈』第三巻、二三七—二三八頁、昭和五十一年。
(8) 松前健「対談・巨石信仰と太陽祭祀」「東アジアの古代文化」二八号。
(9) 太田亮『日本国資料叢書・摂津』八六頁、大正十四年。

比売許曽《ひめこそ》神社——漂着神としての新羅のヒメ神と古代信仰

当社は『延喜式』神名帳の摂津国東生郡に「名神大。月次相嘗新嘗」とあり、現在は大阪府東成区東小橋三丁目に鎮座する。

『延喜式』臨時祭名神の条には「比売許曽神社一座亦号二下照比売一」とあり、四時祭下の条には「下照比売神社或号二比売許曽社一」とある（「下照比売」については後述）。

「ヒメコソ」伝承について

『古事記』の応神天皇の段に、新羅の阿具《あぐ》沼のほとりで昼寝していた女に「日の輝《かがやき》虹《にじ》の如く、その陰上《ほと》を指し」、女は妊娠して赤玉を生んだとある。この赤玉は女となって新羅の王子天之日矛《あめのひぼこ》の妻となるが、ある日「吾《あ》が祖《おや》の国に行かむ」といって、小船に乗って難波に来た。この天之日矛の妻を、『古事記』は難波の比売碁曽《ひめごそ》の社に坐《ま》す阿加流比売《あかるひめ》神と謂《い》ふ」と注している。

『日本書紀』垂仁紀の注に載る、加羅の王子都怒我阿羅斯等《つぬがあらしと》の伝承には、白石が童女《をとめ》となり、阿羅斯等はこの童女と結婚しようとしたが、「求《ま》ぐ所の童女は、難波に詣《いた》りて、比売語曽《ひめごそ》の社の神となる。または豊国の国前郡に至りて、また比売語曽の社の神となりぬ。並《とも》に二処に祭《いは》ひまつられたまふといふ」とある。

このように天之日矛と阿羅斯等は、日女《ひるめ》を追って日本へ来るが、この伝承は、延烏郎を追って細烏女が日本へ来たという『三国遺事』の伝承と、根は共通している。

『摂津国風土記』逸文には、新羅国の女神《ひめがみ》が夫からのがれ、しばらく「筑紫の伊波比《いはひ》の比売島」にいたが、この島はまだ韓国《からくに》から遠く離れていないから、「もしこの島に居《ゐ》ば、男神尋《と》め来なむ」といって、ついに摂津の比売島に来たとある。この比売島で雁が卵を生んだという『古事記』の伝承は卵生説話のヴァリエーションであるが、「赤玉」「白石」も卵のイメージである。

　垂仁紀の「ヒメコソ」伝承にみられるのは卵生説話だけだが、応神記の伝承には、日光感精説話が入っている。

「ヒメコソ」の「コソ」について、言語学者の金沢庄三郎は、新羅の始祖赫居世《かくこせ》の「コセ」と同じで、「コ」は「大」という意味の古語、「ソ」は韓国をいう古語と解している。[1]「コソ」とは「聖なる地」、つまり「マツリゴトの場所」であり、マツリゴトを行なう人が「コセ」である。この言葉がとくに新羅・加羅とかかわることは、比売許曽の神を『古事記』が新羅の王子天之日矛の妻、『日本書紀』が意富《おほ》加羅の王子都怒我阿羅斯等《つぬがあらしと》の妻と書くことからもいえる。

「コソが「社」(＝聖地)であることは、『日本書紀』が社戸臣(天武紀元年七月)を渠曽倍《コソヘ》臣(大化元年九月)と書き(『新撰姓氏録』は許曽倍臣)、社部(『出雲国風土記』の島根郡大領社部臣)が巨曽部(『万葉集』『続日本紀』)、許曽部(『続日本紀』)、渠曽部(『新撰姓氏族』)と書かれていることからも明らかである。吉田東伍は、「社戸《こそべ》(部)」を「神事に奉仕する氏族」とみる。[2]『延喜式』神名帳の河内国渋川郡の波牟許曽神社、丹比郡の阿麻美許曽神社、伊勢国三重郡の小許曽神社、近江国浅井郡の上許曽神社、出雲国秋鹿郡の許曽志神社の「コソ」も「社《こそ》」である。

「ナニハ」という地名

　ヒメコソ神は、なぜ難波と豊前国国前郡の比売島に祀られたのだろうか。

「難波」を、『古事記』は那爾波、『日本書紀』は那珥破、『万葉集』は奈爾波・名庭と書く。『日本書紀』に「方《まさ》に難波の碕に到るとき、奔潮ありて太《はなは》だ急《はや》きに会ひぬ。因りて以て名づけて浪速《なみはや》国と為す。亦浪華といふ。今難波といふは訛れるなり」とある。この『日本書紀』の記事について、松岡静雄は、「一、潮と波は同義語ではない。二、華をハヤと訓むことは出来ず、潮の急速なることを浪華とはいへぬ。三、大阪湾奥は決して潮(波)の特に早かるべき地ではない。要するに此の伝説は浪速といふ文字について案出せられたもので信ずに足らぬ」と書き、「ナ(魚)ニハ(庭)の意、魚の多い海面なるが故に名を負うためであろう」とみる。[3]

　この魚庭説について福尾猛市郎は、ナニハが漁獲の多量(魚庭・魚場)からおこった古語であるとすれば、古代人にとってもわかりやすそうな、魚にちなんだ地名伝承が語られてもよいのではないかと批判し、満潮時に難波の入江に流れこむ潮流や、逆に干満時に入江から流出する水の流れは、ずいぶんはげしいものだったはずだとみて、ナミハヤ説をとる。(4)

これらの説の欠陥は、「ナニハ」の枕詞で、照り輝くを意味する「押し照る」が、魚場説や浪速説では説明がつかないことである。そこで、上町台地の半島が海中に押し出していたから「オシテル」は「オシデル」だとする説さえある。しかし、「照る」と「出る」とはまったく違う。「オシ」は「テル」を強めた言葉であり、「ナニハ」に太陽の意味があってこそ「オシテル」の枕詞がいきるのである。この点については誰も留意していない。瀧川政次郎だけは、魚場説は「着想としては面白いが、魚場では〝押し照る〟というナニハの枕詞の説明がつかない」と書き、「ナニハ」は「ナミニハ」の約言で、波静かな海面をいい、その海面に太陽がギラギラと照り輝いていることから、「オシテル」の枕詞がうまれたと解釈する。(5)

しかし、「ナニハ」が波静かな海面の意なら、枕詞は照り輝くを意味する「オシテル」ではなく、波静かな海を示すものであるべきだろう。「ナニハ」に太陽の意味があるからこそ、「テル」を意味する枕詞がついたと解釈するのが、もっとも自然である。

新羅上古の王室系譜は、始祖赫居世（「居世」は比売許曽の「許曾」）以来二十二代を記しているが、十七代奈勿王以降から、ほぼ歴史時代に入り、実在の王名とみられている。奈勿王以降の新羅王（金氏）は、ほとんど「奈勿王……世之孫」と記されている。奈勿（nar）は太陽の意である。

ナルは王名だけでなく土地名としてもある。『三国史記』の新羅の祭祀志に「第二十二代智証王、始祖誕降之地奈乙、に神宮を創立す」とあり、新羅本紀の二十一代炤知王九年（四八七）条にも、「春二月。神宮を奈乙に置く。奈乙は始祖初王の処なり」とある。奈乙には奈勿と同じく太陽の意味がある。末松保和は、太陽（nar）の地に奈勿（nar）王を祭ったのが神宮だとみる。(6)今西龍は、始祖赫居世を祭った所とみる。(7)赫居世干を日本語で読めば「カガヤキイマスキミ」

であり、木下礼仁は、この名を、日の神から成長発展したものと解している。(8) このような諸見解からみて、「ナニハ」もnar（→na）からきた地名ではないかと、私は推測する。

新羅から渡来した女神を祀る比売許曽神社のある東生《なり》郡と、坐摩神社や白木神社、新羅江のある西成《なり》郡の「生」「成」を、『和名抄』は「奈理」と訓じている。「奈（na）」が古代朝鮮語では「生」「成」の意味をもっていたことは、三品彰英が詳述している。(9) このnaはnarから来たものと考えられるが、nariもnarの転訛であろう。とすれば、「奈理」に「生」や「成」をあてることには必然性がある。また「奈乙」や「奈勿」とのかかわりから、「奈理」には「日」の意味もあると考えられる。「奈良」には朝鮮語で宮殿・王・国の意味があるが、「奈理」にも「奈良」と同じ意味がある。応神の大隅宮、仁徳の高津宮、孝徳の長柄豊碕宮、さらに聖武の難波宮の地は、学者によって見解の相違はあっても、すべて「奈理」の地に比定されている。

東生《なり》・西成《なり》の郡名は、天平年間の文献にはじめてあらわれるが、その前から「奈理」といわれていたのであろう。というより、太陽祭祀の聖地を意味する「ナルニハ」（→「ナニハ」）という地名があって、その地名に「東」と「西」をつけて呼称する過程で、「東ナリ」、「西ナリ」になったのではないだろうか。

奈爾波の意味を、西成郡・東生郡の「奈理」や新羅の「奈乙」と関係づけるなら、「オシテルナニハ」は「照り輝く太陽の庭」の意味と解しうる。だが、「日」の枕詞は「アマテル」で、「オシテル」ではない。だから、「オシテル」を枕詞とする「ナニハ」は、単に太陽の庭の意味でなく、厳密には、迎日の土地、太陽を仰ぐ場所、日神を祀る庭の意であろう。そう解釈することによって、新羅の迎日の土地を意味するトガ（トキ）の地名が難波にあり、東と西の「奈理」が新羅の「奈乙」にかかわる語であり、難波の真東に日下があり、難波吉士が日下部吉士になり、新羅の日女《ひるめ》を祀る比売許曽神社が難波にあることも、理解できるのである。

なお、朝鮮との関連は無視しているが、本田義憲も、難波の枕詞「オシテル」は、「難波津に日の御子を迎える太陽神儀礼」との関連から、「霊威満ちて照るという意味」でつけられたとみている。(10)

このようなナニハ地名考について、私も読売新聞に「古代祭祀とナニハ」と題して書いたことがあり、その拙論に関する金思燁氏からの私信については等乃伎神社の項でふれたが、その手紙で金氏は、「朝鮮語では『太陽』は『へ』(해)、『日』の『ナル』(날)と区別している。しかし『日』(ナル)は、①日の出から日没まで、すなわちday の義。②日・月の日、すなわち太陽。『ナ・ナル』は、太陽そのものより、『昼の明るい間』に重点をおいた使い方をする。しかし古代人は『太陽＝光明』として『ナ・ナル』の言葉を使い、『太陽』だけを指称する場合は『へ』という語を使っている。『ナ』は『日』。『ニハ』は古代朝鮮語では『口、門、窓、出口』。『ナニハ』は『都祁』と同語で『日の出』『日の庭』と解さないと、意味をなさない。『ナニハ』は『日の出る』聖なる場所であり、『都下(トガ・ツゲ)』は『その日の出を祭る神廟の地』と思われる」と述べている。

「ナニハ」という地名は、「吉士《きし》」という新羅の官位を姓とする「難波吉士」による命名ではないかと推測されるが、『新撰姓氏録』摂津国諸藩に「新羅国王子天日桙命の後なり」とある三宅連は、難波吉士が三宅吉士となり、天武朝に「連」を賜わったものである。難波と縁が深い神功皇后も、『古事記』によれば、母方は天之日矛(天日桙・天日槍)を祖とする。

「ナニハ」の地名だけでなく、難波にある「トガ野」も新羅の「迎日県都祁野」にかかわり、トガ野に白木(新羅)神社と新羅江のあることは、等乃伎神社と坐摩神社のところで書いたが、今井啓一は、住吉大社に明治維新の神仏分離まであった神宮寺について、「この神宮寺の旧号を新羅寺といった。その旧址はいまの住吉大社の鎮座地とその北方に鎮座する式内摂社大海神社との中間に位置し、いまは廃して空地となっている」[11]と書いている。このように、「ナニハ」に新羅寺・新羅神社・新羅江があり、新羅系渡来人が居住し、「ナニハ」「トガ野」などの地名が古代朝鮮語とかかわる以上、新羅の女神を祀る比売許曽神社が「ナニハ」にあるのは当然といえる。

なお、「ナル」「ナレ」は古代朝鮮語では「川」の意でもある。新羅の初代王赫居世が降臨したのは、閼川《アルナレ》という河のほとり(河原)であった。「閼川」については高良大社の項でも書いたが、慶州の閼川の河原は、冬至・夏至の日の出遥拝線の基点である。都邱洞や白日峰は、新羅の迎日郡（トキの地）にある。

このような、新羅の神を祀る神社が、下照比売神社と呼ばれるようになったのは、延喜年間（九〇一―九二三）以前であるが（『三代実録』の貞観元年（八五九）に難波の下照比女神が従四位下に叙せられている）、なぜ比売許曽神が、下照比売神と呼ばれたのだろうか。

ヒメコソと下照姫

瀧川政次郎は、「帰化人」が自分たちの祀っていた女神を日本の女神に変えた結果、赤留比売から下照比売に変わったとして、「平安時代には、難波の周辺に住む帰化人達は、既に比売許曽伝説を忘れ、比売許曽の社に祭られている神は女神であるということぐらいしか知らなかったのではないかと思います。そこへ誰かが女神ならそれは下照姫だろうというようなことを言った者があると、みんながそうかと思い込んでしまい、いつの間にか阿加流比売は下照姫に早替りをするといった結果になったものと考えられるのであります」と述べている[12]。

この瀧川説を、『式内社調査報告・第五巻』の比売許曽神社の項の筆者（二宮正彦）は受け入れて、「このやうな解釈に依ってこそ両者の祭神の矛盾は氷解する」と書くが、「女神ならそれは下照姫だろう」といわれるほど、下照姫はポピュラーではない。一般的な女神は豊玉姫や玉依姫などで、これらの神を祀る神社は多いが、下照姫を祀る神社は少ない。比売許曽神社の祭神が下照姫になったのは、それなりの理由があってのことだろう。

この下照姫について、松村武雄は、「『延喜式』によれば比売許曽であり、そしてこの女神も亦新羅の国から摂津に現れた一個の渡り神である[13]」と書き、松前健は、「松村武雄氏も論ぜられたように、この女神はもともと大陸系の渡り神であって、大国主の系譜に組入れられたのは、後世的な産物であるとも考えられよう」と述べている[14]。

両氏とも、シタテルヒメ＝ヒメコソ神として、『古事記』のアカルヒメの渡来譚をシタテルヒメのことにしている。この発想は本居宣長の説を受けたものだろうが、本居説を批判する瀧川説も安易なら、単純にアカルヒメの別名にしてしまうのも問題である。一例をあげれば、『住吉大社神代記』は「子神」の条で、「赤留比売許命神」と「下照比売命」を別々の神にしている。

下照姫は土着神であり、阿加流比売は渡来神で、両者は別々の神である。松村・松前説は、阿加流比売伝承に下照姫伝承をひきつけて渡来神説をとるが、逆に下照姫伝承にひきつけて解釈すれば、阿加流比売は土着神になってしまう。下照姫と阿加流比売は、はっきりちがう（土着と外来）神とみるべきである。(15) むしろ、「アカルもシタテルも、タカテルも皆太陽光輝の形容である」と松前健が書くように、日妻的要素の共通性によって比売許曽神社の祭神名が変わったとみるべきであろう。

松本信広は、下照姫は「その名から推すると、天照大御神の競走者であったらしい」と書き、(16) また、「下照比売は出雲を中心とする別種の神話系の中における日の女神のごとく観ぜられ、その配偶者となった天若日子も、若い日の男神という意味にも解釈せられる」と書いている。(17) 下照姫が阿加流比売に取ってかわったのは、日神天若日子の妻だったからであろう。

それだけでなく、天若日子伝承は摂津にかかわりが深い。『日本書紀伝』（第二十九巻）で鈴木重胤は、天若日子伝承の地を摂津とみるが、松前健も摂津説をとる。(15)『万葉集』巻三に、「ひさかたの天の探女《さぐめ》が石船の泊《は》てし高津は浅せにけるかも」（二九二）とあり、『続歌林良材集』に引く『摂津国風土記』にも、「難波高津は、天稚彦天下りし時、天稚彦に属《つ》きて下れる神、天の探女、磐舟に乗りてここに至る。天磐船の泊《はつ》る故をもちて、高津と号す」とある。

比売許曽神社のある東生郡には、『延喜式』神名帳に載る阿遅《あぢ》速雄《はやお》神社があるが、この神社の祭神は、下照姫の兄味《あぢ》耜《すき》（鉏・志貴）高彦根《たかひこね》神である。この神は天若日子の友人だが、若日子が喪《も》のなかに忌みこもって殺され、その喪屋に味耜高彦根が現れると、若日子とあまりにも似ているので、人々は死者がよみがえったと感ちがいした。この伝承から、若日子が殺されて復活した形こそ味耜高彦根であると、飯田武郷（『日本書紀通釈』巻十五）や松前健（「天若日子神話考」）は書いている。この味耜高彦根を祀る阿遅速雄神社が、比売許曽神社と同じ東生郡にあることからも、阿加流比売から下照姫への祭神名の変化は、摂津の天若日子伝承と無関係ではないだろう。

土着と外来のちがいはあっても、赤留比売（比売許曽）も下照姫も、日妻・日女としては、坐摩神社と日部神社の項で述べた幡梭姫（若日下部王）や木花之開耶姫、多神社の天祖《あまつおや》（ミシリツヒメ）、伊勢神宮と天照大神高座神社の天照大神（天照日女命）、宗像大社の市杵島姫、宇佐八幡宮の比売神、大帯姫と同性格である。ただ、難波の場合、天之日矛伝承とのかかわりから、日の御子の母神は新羅の母子神信仰の影響を強く受けており、その代表が比売許曾神なのである。

豊前国前郡の姫島・ヒメコソ神

豊前国国前郡のヒメコソ神社は姫島（大分県東国東郡姫島村）に鎮座する。この姫島（比売島）は祝灘のはげしく変わる潮流の交点にある。「ヒメコソ神」を『古事記』が「渡之神《わたりのかみ》」と書く理由である。この「渡之神」を松村武雄らは、「渡って来た神」（渡来神）の意に解すが、『古事記』は、「渡之神、塞《さ》へて入れず」と書き、塞神《さえのかみ》としている。ヤマトタケルが走水の海を渡ったときも、「渡之神」が浪をおこして塞《さ》えぎったと『古事記』は書く。「渡之神」は、海の難所にいて航路を教える神である。

『日本書紀』（一書の一、三）は、宗像三女神が筑紫の宇佐島に降臨したと書くが、『日本書紀』（一書の三）は、この宗像三女神は「道主貴」といい、筑紫水沼君が祀ったと書く。「道主貴」とは「渡之神」である。ところが、『肥前国風土記』基肄《き》郡姫社《ひめこそ》郷の条には、宗像の人珂是古が、ヒメコソ神を祀ったとある。珂是古が水沼君の祖阿遅古と同一人物であることは、宗像大社の項で述べたが、宗像―ヒメコソ―水沼君の、このようなつながりからみて、宗像三女神の（道主貴）の降臨した宇佐島は、「渡之神」のヒメコソ神社が鎮座する姫島であろう。

また、『古事記』には、

大国主神、胸形の奥津宮に坐す神、多紀理毘売命に娶して、生みませる子、阿《あ》遅《ぢ》鉏《すき》高日子根神、次に、妹高比売命、亦の名下光《したてる》比売命

とあり、この神統譜では大国主の亦《また》の名が大物主とされているが、大神神社の項で述べたように、大物主に日神の性格があることは、下照（光）姫と比売許曽神の関係をみるうえでも重要である。

なお、瀧川政次郎や今井啓一[18]は、同じ豊前の香春神社の祭神をもヒメコソ神とみる。この見解を、すでに『釈日本紀』で卜部兼方が述べているが、この説は、香春神社の祭神に辛国息長大姫大目命があり、『豊前国風土記』逸文が香

春の神を「新羅の国神」と書くことによる。香春社は、新羅と縁の深い秦氏系氏族の祀る神だが（宇佐八幡宮の項参照）、豊前国は『隋書』に「秦主国」と書かれたほど秦氏系氏族の多いところであり、このことは、ヒメコソ伝承に豊前の姫島が登場する最大の要因の一つであろう。

姫島とアカルヒメ

『摂津国風土記』逸文に、

新羅の国に女神《ひめがみ》あり、その夫《を》を遁去《のが》れて、暫《しばら》く筑紫の国の伊波比《いはひ》の比売《ひめ》島に住めりき。乃《すなは》ち曰《い》ひしく、『この島は、猶《なほ》これ遠からず。もしこの島に居《ゐ》ば、男《を》の神尋《と》め来なむ』といひて、乃ち更《また》、遷《うつ》り来て、遂にこの島に停《とど》まりき。故《かれ》、本住める地の名を取りて、島の号《な》と為《な》せり

とある。「伊波比」は「祝灘」の「祝」であり、「この島」とは摂津の姫島である。現在の比売許曽神社の地を姫島とするのは、喜田貞吉や瀧川政次郎らが偽書とする(19)『比売許曽神社縁起』にもとづく比定である（この問題については『日本の神々・3』の「比売許曽神社」で詳述した）。

また、現在の姫島神社の地（大阪市西淀川区姫島町二丁目）を姫島とする説もあるが、山川正宜は、文化・文政年間に書いた『姫島考』で、現在の姫島神社の地は、応神・仁徳朝の頃は海中だったと述べている。事実、『国土地理院土地条件調査報告書』によれば、その地はマイナス一メートル以下である。

瀧川政次郎は、姫島の所在地を茨田堤付近とし(4)、その理由について、以下の三点をあげている。

第一に、比売島に比売許曽神社があったことは『摂津国風土記』逸文の記事から推測でき、『古事記』仁徳天皇の段の、「天皇豊楽《とよのあかり》したまはむとして、日女島に幸《い》行でましし時、その島に雁卵《かりこ》生みき」という記事と、『日本書紀』仁徳天皇五十年三月五日条の、「河内の人、奏《まう》して言《まう》さく、『茨田《まむた》堤に雁産《かりこう》めり』」という記事から、日女島は茨田《まんだ》堤のあった所とみられる。

第二に、『日本書紀』安閑天皇二年九月に、牛を難波の大隅島と媛島松原に放したとあり、『続日本紀』の元正天皇霊亀二年二月条に、摂津国の大隅・媛島の二牧に行って、百姓が佃を食べたのを聞いたとあるが、大隅宮は江戸時代から

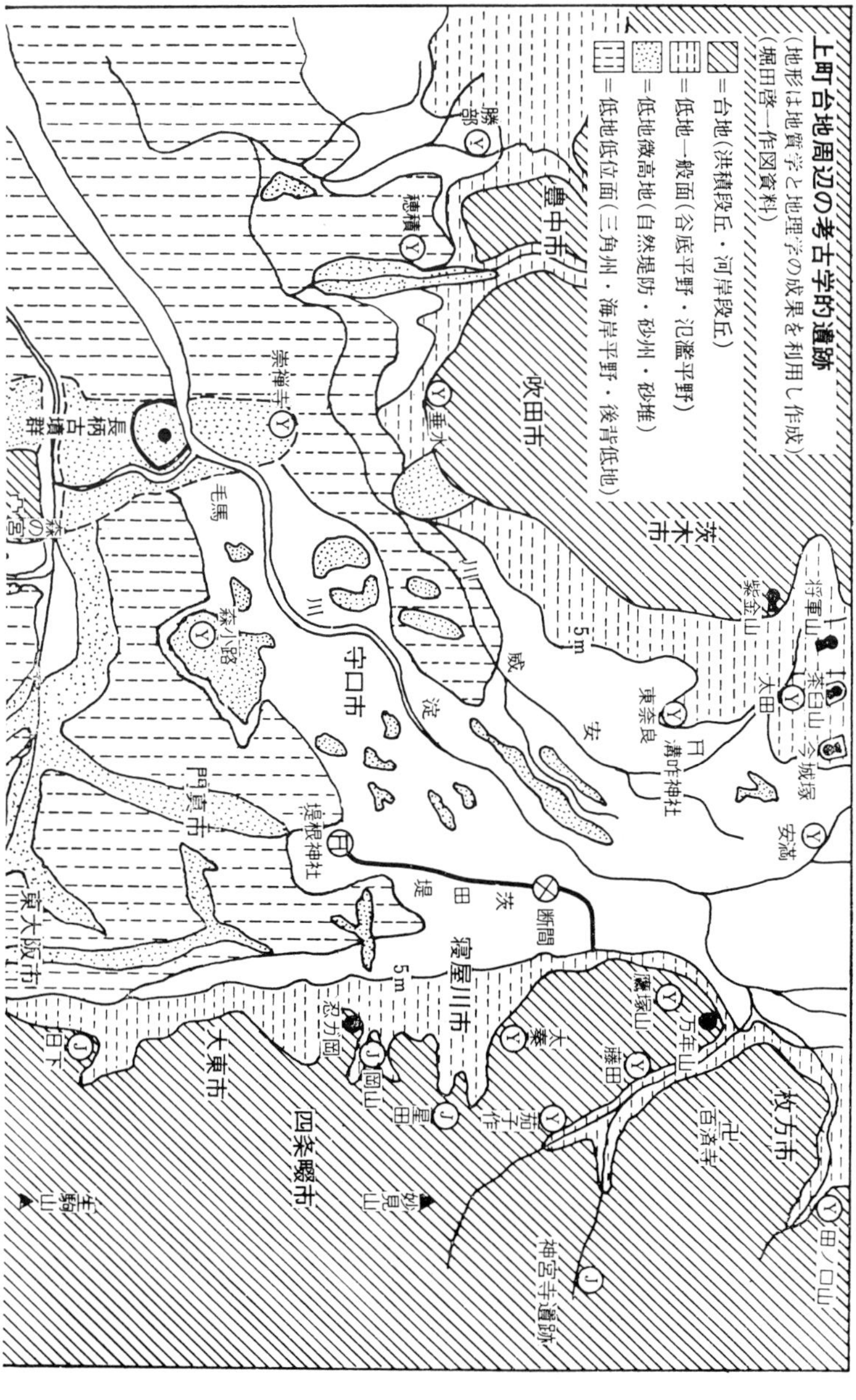

堀田啓一作図資料（井上薫編『大阪の歴史』創元社より）

北中島の西大道村に比定されているから、大隅島は比売島の北の北中島付近にあった島であり、この二つの島は、難波津を入ったところに並んでいたからこそ、安閑紀・元正紀で並記されたのであろう。

第三に、『万葉集』巻二の、「河辺宮人が媛島の松原に嬢子《をとめ》の屍を見て悲しみ歎きて作る歌二首」は、守口市高瀬町付近に比売島があったことを立証している。

茨田については、前頁の図でみればわかるように、低地低位面と低地微高地がある。低地低位面は、沼、氾濫原、湿地帯でもある。また『大阪府史1』に載る河内湖Ⅰの時代（約一八〇〇―一六〇〇年前）の古地図によれば湖であり、ヒメ島はたぶん、弥生時代からの遺跡がある旭区森小路付近の微高地と推定される。このあたりは守口市の高瀬の西隣で、瀧川政次郎の比売島説とも合う。

さらに、『日本書紀』『万葉集』『摂津国風土記』には「媛（姫）島松原」とあるから、ヒメ島は砂州・砂堆・自然堤防が島になった松原であろう。また、大隅島と媛島に牛を放牧していたのも、そこが砂州や自然堤防のような地質・地勢だったからであろう（大隅島は図の森小路遺跡のある島――比売島と推定――の北にある島と考えられる）。

以上述べた例から、難波の日女島（比売島・媛島・姫島）は、茨田堤の近くにあったと考えられる。

ヒメコソ神を祀った姫島について、仁徳記は次のように書いている。

一時《あるとき》、天皇豊楽《とよのあかり》したまはむとして、日女《ひめ》島に幸行《い》ましし時、その島に雁卵《かりこ》生みき。ここに建内宿禰《たけのうちのすくね》を召して、歌をもちて雁の卵生みし状《さま》を問《と》ひたまひき。その歌に曰《の》りたまひしく、

たまきはる　内《うち》の朝臣《あそ》　汝《な》こそは　世《よ》の長人《ながひと》　そらみつ　倭の国に　雁卵生《かりこむ》と聞くや

とのりたまひき。ここに建内宿禰、歌をもて語りて白《まう》ししく、

高光る　日の御子　諾《うべ》しこそ　問ひたまへ　まこそに　問ひたまへ　吾《あれ》こそは　世の長人　そらみつ　倭の国に　雁卵生と　未《いま》だ聞かず

とまをしき。かく白《まう》して、御琴を給はりて歌曰《うた》ひけらく、

汝《な》が御子や　終《つひ》に知らむと　雁は卵生《こむ》らし

とうたひき。こは本岐《ほき》歌の片歌なり。

また、仁徳紀は、単に「茨田《まむた》堤に、雁産《かりこう》めり」と書き、同じ「ホキ歌」を載せているが、要するに、日女島は茨田堤の近くにあった。

平野邦雄は、日女島で雁が卵を生んだ話は、新羅や加羅の始祖王誕生の卵生説話を「帰化人」が五世紀初期にもたらしたものとして、その「帰化人」を秦氏とみているが、茨田堤を築いた茨田氏と秦氏が関係深いことは、拙著『日本古代試論』や『古事記成立考』などで詳述した。

茨田堤について、『古事記』は仁徳記に「秦人《はたびと》を役《つか》ひて茨田堤及茨田三宅を作る」と書き、『日本書紀』も茨田堤築造の話のあとにつづけて、「この歳、新羅人朝貢す。則ちこの役《えだち》に労《つか》ふ」と書く。「この役」とは、茨田堤の築造である。『和名抄』の茨田郡には幡多《はた》郷があり、いまも秦・太秦《うずまさ》の地名がある。『姓氏録』の河内国の条に、秦宿禰、秦忌寸《いみき》、秦人などが記されているが、この茨田郡幡多郷が彼らの本拠である。このように、秦氏が茨田堤にかかわっていたことは確かである。平野邦雄は、姫島で雁が卵を生んだ説話は「秦氏と密接な関係」にあり、「新羅・加羅よりの渡来説話」とみるが、[20]前川明久も、「雁の卵生説話は、新羅の卵生説話の系統をひき、卵のもつ呪術的信仰や風習とともに新羅からの渡来氏族であった秦氏によってもたらされたと考えられる」と書いている。[21]

香春神社の祭祀氏族は秦氏系の赤染氏だが、河内の赤染氏は、茨田氏（茨田堤の築堤にたずさわった秦氏系氏族）と共に、東大寺の大仏造立のきっかけとなった知識寺の知識衆である。河内の赤染氏は、常世氏に改姓し、大県郡で常世岐姫《とこよきひめ》神社を祀っていたが、平野邦雄・[20]前川明久は、[21]姫島の卵生説話に、長寿を願う常世信仰があるとみている。

『日本の神々・5』の養蚕《こかい》神社の項で、「富」と「寿」の二つをもたらす、蚕《かいこ》に似た「常世虫」の信仰について述べたが、「カヒコ」の「カヒ」は貝殻と同じであり、「タマゴ」と「カヒコ」は同じ意味である。「カヒコ」の「カヒ」（絹糸）は「富」、「タマゴ」の「タマ」（生命力）は「寿」をもたらすが、蚕養神社も秦氏の祀る社であり、常世信仰に秦氏は深くかかわっている。

姫社のアカルヒメには、渡神・日女・織女の性格と共に、常世岐姫の性格がある。常世岐姫の「常世岐」は一般に「トコヨキ」と訓まれるが、「トコヨフナド」という訓もある。「岐」は境の意で、「フナド神」は道祖神である。渡の神のヒメコソは、海と陸の境における「岐」の神として「トコヨノフナド姫」でもある。

このヒメコソ神を『古事記』は「アカルヒメ」と書くが、アカルヒメについて、松前健は、「アカルヒメが、朝鮮系の帰化族である出石《いづし》人の太陽女神らしいということは、その日光感精伝説から見ても自然な推論である」と書く。しかし、「太陽女神」というよりは「日妻《ひるめ》」とみるべきであろう。三品彰英は、「神妻である童女・アカルヒメの原態は巫女すなわち『祀る者』であり、『祀られる神』であるアメノヒボコは巫女に招禱される存在であるがゆえに、彼女の到るところに従って、その後を追わねばならなかった。歴史的にいえば巫女の宗儀が伝来し、彼女らヒボコ族の移動に従ってアメノヒボコの遍歴物語が構成されることになったのである。なお巫女である『祀る者』が『祀られる者』に昇華する時、巫女はヒメコソの社の女神となる」と書いている(22)。私も、アカルヒメの性格については三品説に同調したい。この点で、アカルヒメはアマテラスと同性格であり、この日妻は日の御子の母として母神的性格をもつ。アカルヒメは、アマテラスやオキナガタラシヒメ（神功皇后）の原像といえよう。

オキナガタラシヒメは香春神社の祭神として「カラクニ」を冠されているが、『古事記』は、オキナガタラシヒメを新羅の王子天之日矛の後裔とする。つまり、オキナガタラシヒメは、ヒメコソ社のアカルヒメとダブルイメージであるが、アカルヒメの「アカル」には太陽光輝の意味があり、アメノヒボコも太陽祭祀にかかわる名とみられている。

なお、延暦二十三年（八〇四）に書かれた『皇太神宮儀式帳』『止由気宮儀式帳』や『延喜式』の伊勢太神宮の条によれば、伊勢神宮の遷宮祭儀では鶏や鶏卵が神饌になっている。現在でも、竹の籠に白い鶏を入れ、別に鶏卵十個の檜籠に入れて供える。この鶏や卵の神饌は、一般の神社にはみられない特殊な神饌である。この神饌について、谷川健一(22)と前川明久(21)は、新羅の卵生伝承と関係があるとみている。アカルヒメが赤玉で生まれたという伝承や、雁《かり》が卵《こ》を生んだ姫島の伝承からみても、この神饌は無視できない。

比売許曽神社にまつわる伝承には、古代新羅の王権祭祀伝承が集約されている観があり、アカルヒメは、漂着神伝承・卵生伝承・日光感精伝承を併せもっている。

注

(1) 金沢庄三郎「地名人名等に関する日本語と朝鮮語の比較」『日鮮同祖論』所収、昭和四年。

(2) 吉田東伍『大日本地名辞書・上方』明治三十三年。

(3) 松岡静雄『日本古語大辞典』九四五頁、昭和四年。

(4) 福尾猛市郎「『浪速』『難波』の名義に関する復古的提唱」「上方文化」二号。

(5) 瀧川政次郎「難波の比売許曽神社鎮座考」「神道史研究」六巻五号。

(6) 末松保和『新羅史研究』一〇八頁、昭和二十九年。

(7) 今西龍『新羅史研究』二三二頁、昭和八年。

(8) 木下礼仁「新羅始祖系譜の構成」『古代の朝鮮』所収、昭和四十九年。

(9) 三品彰英『建国神話の諸問題』六三頁、昭和四十六年。

(10) 本田義憲「原八十嶋神祭歌謡をめぐる覚書」「万葉」六九号。

(11) 今井啓一「高麗寺・新羅寺・鶏足寺」『帰化人と社寺』所収、昭和四十四年。

(12) 瀧川政次郎「比売許曽の神について」「日本文化研究所紀要」九号。

(13) 松村武雄『日本神話の研究』四三四頁、昭和三十年。

(14) 松前健「天照御魂神考」『日本神話と古代生活』所収、昭和四十五年。

(15) 松前健「天若日子神話考」、注14前掲書所収。

(16) 松本信広『日本神話の研究』二二九頁、昭和六年。

(17) 松本信広「天照大神」「解釈と鑑賞」一九巻八号。

(18) 瀧川政次郎、注12前掲論文。今井啓一「比売許曽ノ神・姫島をめぐって」、注11前掲書所収。

(19) 喜田貞吉『摂津郷土史論』四四五頁、大正六年。瀧川政次郎、注5前掲論文。

(20) 平野邦雄「秦氏の研究」「史学雑誌」七〇巻三号。
(21) 前川明久「伊勢神宮の神饌卵と祭祀氏族」『日本古代氏族の研究』所収、昭和六十一年。
(22) 谷川健一「応神帝と卵生神話」『古代史ノオト』所収、昭和五十三年。

生国魂《いくくにたま》神社——天皇の即位儀礼と八十島祭

『延喜式』神名帳の摂津国東生郡に「難波坐生国咲国魂神社《ナニハニマスイククニサキクニタマ》二座並名神大。月次相嘗新嘗」とある。現在の社名は「生国魂神社」で、「イクダマさん」の通称で呼ばれている。

祭神については、明治四十四年に書かれた『御由緒調査書』に、「延喜式神名式に難波坐生国咲国魂神社二座ト見エタルガ如ク、生国魂神・咲国魂神ノ二柱ニ坐シ、生国魂神ハ一ニ生島神又生国神ト申シ、咲国魂神ハ一ニ足島神又足国神ト申ス、是レ島ノ八十島墜ル事ナク皇御孫命ニ寄サシ奉ル大神ナリ、蓋シ神祇官生島巫ノ祭レル神ト同神ニ坐シ、所謂国魂ノ神ニシテ、我ガ大八洲ノ御霊ノ御功徳ヲ総称シテ、斯クハ命名シ給ヘルモノナリ」とある。

「神祇官生島巫ノ祭レル神」とは、『延喜式』に、神祇官西院で祀る御巫祭神八座・座摩巫祭神五座・御門巫祭神八座とともに載る「生島巫祭神二座」のことである。この二座は「生島神・足島神」である。『古語拾遺』は、「生島是大八洲之霊。今生島巫所レ奉レ斎也」と書く。現在の主祭神も生島《いくしま》・足島《たましま》神で、相殿神として大物主神が配祀されている。

八十島祭と生島巫

『延喜式』の祈年祭や月次祭の生島巫の祝詞には「生国・足国と御名は白《まう》して、辞竟《ことを》へまつらば、皇神《すめみま》の敷《し》きます島の八十島《やそしま》は……堕《おつ》る事なく、皇神等の依《よ》さしまつるが故に……」とある。「堕る」とは「残るところなく」の意であるが、生国・足国の神が八十島の神であることは確かである。

八十島の神を祀る祭に八十島祭がある。この祭は、天皇の即位儀礼である大嘗祭《だいじょうさい》の翌年または前年（記録に残る八十島祭の実例だけで二十二例が知られているが、二十一例は大嘗祭の翌年で、一例だけが大嘗祭の前年）、勅使が天皇の「御衣」を納めた箱を持って船で難波まで下り、難波の熊川尻の海浜で海に向かって「御衣筥」を開き、神琴師（御琴弾）が琴を弾く間、女官が「御衣筥」を振り動かす儀礼を行ない、そのあと禊を行なう祭儀である。祭儀が終わると祭物は海に流して、帰京の途につく。

この神事については、禊祓《みそぎはらい》の神事説と、国土の生成発展を祈願する祭儀説があるが、禊祓説は、住吉の神を祀ることから住吉大社との関係を説き（主に田中卓の「八十島祭の研究」「神道史研究」四巻五号）、国土の生成発展を祈願する祭儀説（主に梅田義彦の「大嘗祭と八十島祭」『神道思想の研究』所収）は、生島巫が参加していることを重視して、生島・足島神（大八洲の霊）を祀る祭儀とする説（岡田精司「即位儀礼としての八十島祭」『古代王権の祭祀と神話』所収）に発展している。

さらに、吉田晶はこの祭を生国魂神社との関係から考察し、その接点に生島巫を置き、「延喜式によると、八十島祭にあって生島巫の派遣が規定されており、一〇世紀初頭の延喜の段階では、同祭に対して住吉神社の神官たちが大きな役割をもつようになってきているにもかかわらず、国家から神官たちに支給される物品は住吉神社の神官たちにくらべて生島巫のほうが多い規定になっている。このことは、生島巫が古くからこの祭に深くかかわっていたことを間接的に物語るものであろう。つまり、宮中の生島巫の祭る生島神・足島神は、もと難波地域に祭られていた神々であり、八十島祭の即位儀礼への吸収とあいまって、その神を宮中にも祭るようになったと推測しうるのである」と書いている。(1) そして、生国魂神社の祭神としての生島神・足島神の祭を「原八十島祭」とし、平安朝以降の文献に載る祭儀を「宮廷八十島祭」としている。

吉田晶の原八十島祭について、生島巫を重視する岡田精司も、「〈生島・足島〉というのは、元々は海辺で生活する人々が島々の精霊を讃えた名であり、海人達が豊漁や海路の安全を祈っていたものらしい。『延喜式』神名帳には、和泉国大島郡に『生国神社』、摂津国東成郡に『難波坐生国咲国魂神社』があるが、これはその信仰を伝えたものであろう。もちろん〈大八洲〉などという観念とは何のゆかりもなかったものである。同じ海辺の人々の信仰の対象であっても、イザナギ・イザナミの神は淡路島を中心として紀伊から播磨・若狭にまでわたる相当広範囲に分布しているのに、生島神・足島神は、難波津を中心とした海岸地帯のごく狭い地域の人々にしか信奉されていなかったものであろう」と書いている。(2) 吉田晶も「もと難波地域に祭られていた神々」とみている。(1) しかし、この神は難波だけに祀られていたのではない。

岡田精司は、和泉国の「生国神社」をあげるなら能登国能登郡の式内社「生国玉比古神社」をなぜ無視するのだろうか。もっと決定的なのは、信濃国小県《ちいさあがた》郡の「生島足島《いくしまたるしま》神社二座名神大」を落としていることである。これらの神社を無視したうえで、難波を中心とした「ごく狭い地域」の神とするのは、恣《し》意的といわざるをえない（ちなみに、『延喜式』神名帳の尾張国海部郡に「国玉神社」、遠江国磐田郡に「淡海国玉神社」、伊豆国那賀郡に「国玉命神社」がある）。信濃国の生島足島神社も、本来は海にかかわる人々が祀っていたことは確かである。(3)

八十島祭も難波の海辺で行なう祭儀で、海にかかわることは、住吉神・大依羅《おおよさみ》神・海神《わたつみ》・垂水《たるみ》神・住道《すむじ》神などを祭り、難波の海人系の神社の神主・祝も奉仕している（『延喜式』）ことからも、明らかである。

八十島祭で重要なのは、「神祇官御琴を弾き、女官御衣筥を披いて、これを振る」（『江家次第』）ことだが、『江家次第』や『儀式』の鎮魂祭の記載にも、「琴師和琴を弾く」間に「女官蔵人御衣筥を開き、振動する」とある。このように、八十島祭と鎮魂祭には共通性がある。鎮魂祭では、宮中八神殿で祀る神魂《かみむすび》・高御魂《たかみむすび》・生魂《いくむすび》・足魂《たるむすび》・玉留魂《たまつめむすび》などの招《みた》魂《まふり》と鎮魂《みたましずめ》のために「御衣筥」を振るが、八十島祭では箱を開けて振る。これは生島(国)魂・足島(国)魂の招魂と鎮魂のためである。

招魂の初見は、『日本書紀』の天武十四年十一月二十四日条の「天皇の為に招魂《みたまふり》しき」であるが、折口信夫は『古代研究』で、招魂がのちに鎮魂になったとみる。「鎮魂」の古訓も「オホタマフリ・ミタマフリ」「オホタマシヅメ・ミタマシヅメ」の二通りがある。養老令（七一八年完成）の官撰注釈書『令義解』には、鎮魂とは「離遊の運魂を招ぎ、身体の中府に鎮む」とあり、鎮める前に、招く所作がある。八十島祭の祭儀も、箱を開いて魂を招く「タマフリ」の面が強い。この招魂の「タマフリ」については、「魂振《たまふ》り」「魂触《たまふ》り」「魂殖《たまふ》ゆ」と解する説がある。魂振り説では、生命力の根源である魂を振り動かすこと、魂触り説では、外なる魂との接触、魂殖ゆ説では、魂の殖える義であって、三説とも共通性はあるが、私は魂振り説をとりたい。

生魂《いくたま》（生まれたばかりの魂）は、「身体の中府に鎮む」とき、足魂《たりたま》となる。だから、招魂・生魂と鎮魂・足（咲）魂は、対であるが一体となっている。八十島祭は、天皇の即位儀礼の大嘗祭の、主として翌年行なわれる鎮魂祭である（大嘗祭は新天皇がはじめて行なう新嘗祭であるが、新嘗祭の前日に鎮魂祭が行なわれる）。だから、「御衣筥」を振って生魂と足魂などの「タマフリ」「タマシヅメ」の神事を行ない、次に生島（国）魂・足島（国）魂の「タマフリ」「タマシヅメ」の祭儀を行なったのであろう。即位儀礼そのものが一種の誕生儀礼であることからしても、女官が「御衣筥」を振る所作には、新しい生命の成長の意味がこめられている。「御衣筥」は、生まれたばかりの日の御子の入った「ゆりかご」だから、女官がゆり動かさねばならないのである。この「御衣筥」について、「真床覆《まとこおふ》（追）衾《ふすま》」からの変化とする説がある。「真床覆衾」は、天孫ニニギの降臨のとき天孫を覆ったものだが、大嘗祭での新天皇のための衾も、「マドコオブスマ」という。

岡田精司は、八十島祭は「即位にあたっての王権にかかわる重要な儀礼なのであるから、かつては天皇自身が難波津へ赴いて執行したものと思われる」と想像し、「古くは祭場にマドコオブスマに相当する。衾に類する設備がしつらえられ、天皇が直接それに籠って威霊を身につけたのではなかったか。後世になって、天皇自身の難波津下向が行われなくなったために、『マドコオブスマ』から『御衣筥』への変化が起ったと推定しても、強引ではあるまい」と書いている。[2] しかし「天皇自身が難波津へ赴いて執行した」例証はまったくない。吉田晶も、「この祭儀では天皇自身が難波津に赴くのではなく、女官が天皇霊の憑代である御衣とその筥を持参して行なうことになっている。この点で、大嘗祭では天皇自身が皇祖神の神霊のやどるとされるマドコオブスマに共寝して、みずからの行為によって天皇霊を身につけるのとは異なっている」と書いている。[1] このように「マドコオブスマ」と「御衣筥」とはちがうのだから、岡田精司の「マドコオブスマ」から「御衣筥」への変化説には無理がある。「マドコオブスマ」が大嘗祭の儀礼なのに対し、「御衣筥」は鎮魂祭の儀礼である。八十島祭が鎮魂祭と同じ御魂（生島魂・足島魂）祭儀である以上、「御衣筥」は八十島祭の本質的な呪的祭器であって、「変化」したものではあるまい。

八十島祭の祭儀が同じ即位儀礼でも大嘗祭とちがう点としては、以下の五点があげられる。

一、「難波津」という場所をはなれては八十島祭が成立しないこと。

二、天皇が赴くのではなく、女官が天皇霊の憑代である「御衣筥」を持参して祭儀を行なうこと。

三、鎮魂祭では神祇官がする「タマフリ」を女官が行なうこと。

四、祭儀にあたって準備される幣物は、天皇（神祇官）だけでなく、中宮も同量、東宮はやや量は少ないが準備しなければならないこと。吉日を選ぶ際に、中宮・東宮の吉日であること。

五、乳母である典侍が主役として参加していること。

中宮・東宮の幣物は東宮（日の御子）とその母の幣物である。『江家次第』の「一本《あるほん》」には「斎宮」の幣物とあるが、斎宮は日女《ひるめ》である。主役が乳母で、御衣筥を振るのが女官であるように、八十島祭は、日の御子を日足《ひた》す女たちの祭儀である。その祭場が難波津に限定されていることと「ナニハ」の地名は、無縁ではないだろう（「ナニハ」の地名については比売許曽神社の項を参照）。

熊川と八十島祭

『平記』（佐衛門権左平行親の日記）の長暦元年（一〇三七）九月二十五日条には、八十島祭の祭場について、「設二祭場熊河尻一」とある。瀧川政次郎は、「熊河尻は島之内の対岸にある上野台地の地名と解すべきである」とし、「南区高津一番町、瓦屋町四丁目、五丁目付近の地」に比定している。(4) 特に高津一番町の高津宮神社付近とみているが、この神社は「元比売許曽神社」と呼ばれており。その隣町が生国魂神社のある天王寺区生玉町である。

瀧川政次郎は八十島祭と陰陽道の関係を力説するあまり、岡田精司も批判するように、(2)「もっとも重視さるべき〈生島巫〉についてもまったくふれておらず、したがって生国魂神社などは無視している。「熊河尻」を生国魂神社付近に比定したのは、八十島祭と生国魂神社の関連を考慮した結果ではなく、熊川に関する文献記載の内容を検討した結果であろう。しかし、生国魂神社と八十島祭の関係を重視する私は、理由もない地に神社が移るはずはないのだから、生国魂神社の現在地こそ八十島祭の熊川の地であったと推測する。

「熊川」の地が、なぜ八十島祭の祭場なのだろうか。

タラシヒメとしての神功皇后の母方の祖は、新羅の王子天之日矛だが、日矛がもってきた神宝に、足高玉一箇と熊神《くまのひも》籬《ろぎ》一具がある。

足高玉について、三品彰英は、「足玉にタカという美称を加えたものにすぎない。足玉は足魂＝足日で、タルタマあるいはタラシタマ・タラシヒ（玉・魂すなわち霊《ひ》）と読むことができる。……要するに足玉はミタマフリ、特に出誕や成人式における再誕儀礼の際に湯坐の儀礼に呪能を発揮する神名であった」とし、熊神籬については「神籬《ひもろぎ》は神霊来臨の場およびその施設であり、ヒは霊、モロは三諸山のモロである。古代朝鮮語では宗（mar）などの字を当て、神を祀る聖所をマルと呼んでいるが、モロはそれと同系語であろう。キは古代韓語では支・城などの字を当てている語で、特定の area を意味している。（中略）熊神籬の熊を単なる当字とせずに、熊の字義そのままに解するとすれば、アメノヒボコ伝説の日光感精型神話の源流として、高句麗の朱蒙伝説との類似が考えられる。朱蒙伝説において、天帝（日神）の御子天王郎が天降るところが熊野山であり、その時天王郎と神婚する柳花は熊神淵に水浴している河伯の女であるという伝説によれば、天神の天降る聖所が熊神信仰と結びついた名をもって呼ばれているのである。（中略）わが国の例では、神武伝説中の一要素をあげることができる。すなわち熊野浦で、熊が水中からほのかに出現するという神話観念と、この熊神籬とは信仰形態的に決して無関係でなく、これまた大陸文化伝播の一要素であったと考えたい」と書いている[5]。

八十島祭の祭儀では「御衣筥」を振る「魂振り」が行なわれ、この「タマフリ」は「玉振り」であり、足高玉にかかわるが、この祭儀でもう一つ重要なのは禊《みそぎ》である。この熊川での「ミソギ」には、熊神淵で水浴（みそぎ）をする河神の娘柳花が天王郎と神婚し、日の御子である高句麗の始祖朱蒙《しゅもう》（東明王《とうめい》）を生んだとする説話の影響が考えられる。「熊河尻」は「熊神淵」と同じ意味の、聖なる祭場だったのではなかろうか。

高句麗と同族の百済には、熊川・熊川州・熊津・熊浦・熊浦津・熊崎・熊洞という地名があり、新羅・加羅には、熊川県・熊只県・熊神県・熊浦・熊島・熊口・熊峴・熊岩・熊浦城などがある。これらの地の多くは川・津・浦・島など水にかかわるから、その源流には、熊神淵の朱蒙誕生伝説があることが推察できる。この誕生譚は、夏の始祖王と伝承される禹《う》の守護霊の黄熊に原型があるようだが、[6] 八十島祭の祭場が難波の熊川であることは無視できない。

『延喜式』『江家次第』によれば、八十島祭の祭使を派遣する日、宮主が「御麻」を献じ、天皇はこれに対して「一撫一息」(一度、手で撫《な》ぜ、息を吹きつける)の儀式を行ない、その「御麻」を八十島祭の祭場で宮主が捧げて「禊を修す」とある。「御麻」は天皇の憑代《つきしろ》だが、天皇の即位儀礼として難波の「熊河尻」で行なわれるのは、この祭儀が、日の御子誕生の「みそぎ」だからであろう。

『古事記』と『日本書紀』(一書の六)によれば、住吉大社の筒男三神、安曇氏の綿津見三神、天照大神・月読命・須佐之男命の三神は、伊邪那岐《いざなき》大神の「禊」によって誕生している。この誕生が生魂(生島魂・生日)であるが、生魂は、それが入った「御衣筥」か、玉を紐でつないだ玉緒《たまのを》を振ると、足魂(足島魂・足日)となる。伊邪那岐大神は「御頸珠《みくびたま》之珠緒《のたまのを》」を「母由良邇取由良迦志《もゆらにとりゆらかし》」て、天照大神に高天原を、月読命に夜の国を、須佐之男命に海原を治めよと言っている。足魂となることによって、三神の治めるべき所が決まったのである。

この「みそぎ」によって誕生した神のなかに、八十島祭に難波から参加する住吉大社・大依羅神社・大海神社・垂水神社・住道神社の神主・祝が祀る筒男三社・綿津見三神が入っていることからみても、この祭は、本来は難波における海人系の神にかかわる祭儀であったろう。それが大八洲《おおやしま》の誕生と重なり、さらに、大八洲を治める日の御子の誕生呪儀として、即位儀礼のなかに組み入れられたのであろう。その過程で、難波の渡来人系の始祖(日の御子)誕生伝承としてある「熊神籬」の思想(河伯の娘の日の御子出生譚)が重層し、「難波」や「熊川」の地名が生まれたと推測できる。

生島（日）・足島（日）と足日

当社は通例「生国魂社」と書かれるが、足国魂を含んだ生国魂である。「十」を「タリ」というが、この「十《たり》」について伴信友は『鎮魂伝』で、「其タリは、生魂足魂、生日足日などのタリにて、よろず物の満足《タラヘル》をいふ言なり」と書いている。三品彰英は「十」を「タリ」というのは、中国思想の影響から十を満数にしたのであって、日本古来の観念では「八」が満数の「タリ」であったとし、「八十島祭の名も八・十を重ねて満ちタリた嘉数の観念を示したもので、淀川の河口で多くの島（洲）が沖積造成されて行くところに国境の弥栄えを観じ、水の生成力をたたえたのである。いずれにするも八という数は、わが民族における御魂の呪儀と不可分な観念を含んでいたのである」と書いている(7)。

八十島祭で、箱（筥）を開いて魂を入れることが生魂だが、生魂は、それを入れた箱を振ることによって足魂となる（荒魂・和魂の用法も、荒魂は阿礼（誕生の意）魂・生魂であり、和魂が足魂である）。魂のもつ生成の呪法を示すために、「生魂・足魂」「生島（国）魂・足島（国）魂」「荒魂・和魂」というように、「生・荒」と「足・和」が一体の対とされているのであろう。『延喜式』神名帳には「難波坐生国咲国魂神社」とあるが、「咲」は「足」と同義である。「ナニハ」の地名は「生・成」の「奈理《なり》」からきており、それが「東生・西成」の郡名になっていることは比売許曽神社の項で書いたが、坐摩神社も生成にかかわる神であり、宮中の巫に生島巫と座摩巫がいることからしても、難波の地のもつ重要性がわかる。座摩が大宮地の生成にかかわるのに対し、生島は国土の生成にかかわるのである。

なお、伴信友は生魂・足魂と共に、対の用語として生日・足日をあげているが、この「足日」を逆に書くと「日足」になる。これは『古事記』に、垂仁天皇の御子で火中で生まれたホムチワケを『何《いか》に為《し》て日足し奉らむ』とのりたまへば、答へて白《まう》しく、『御母《みおも》を取り、大湯坐《ゆゑ》、若湯坐を定めて、日足し奉るべし』とまをしき。故《かれ》、其の后《きさき》の白《まう》せし随《まま》に日足し奉りき」とある「日足し」であり、「ヒタシ」と訓み、養育・成長の意である。

舒明天皇は息長《おきなが》「足日《たらしひ》」広額《ひろぬか》天皇といい、その皇后であった皇極・斉明天皇は天豊財《あめとよたから》重《いかし》「日《ひ》足《たらし》」姫《ひめ》天皇という。この「日足」姫は、日の御子、中大兄皇子（天智天皇）、大海人皇子（天武天皇）の母であるが、これら息長系の天皇に特に

「足《たらし》」がついていること、また、いわゆる「難波王朝」の始祖応神天皇の母も気長《おきなが》「足《たらし》」姫（『古事記』は息長帯日売）であることからみても、「タラシ」が日の御子養育の意味をもつことが推察できる。

塚口義信は、「タラシヒコ」という尊称は「日神崇拝の思想と無関係だとはいえない」として、タラシヒコ（足日子）を「照り輝く日の御子」の意と考証しているが[8]、三品彰英は「タラシヒメ」を「日の御子を『日足す』すぐれた湯坐的聖女の名」とみている[7]。「湯坐」とは産児に湯あみをさせる女のことだが、「大湯坐・若湯坐」は皇子・皇女養育の職掌である。

この「日足」を「海神系母性の呪儀」とする三品彰英は、日足の行為伝承が、生島巫のかかわる八十島祭になるとみている[9]。平安朝の宮廷八十島祭の祭儀では、生島・足(咲)島魂を祀る「島」にかかわる祭儀よりも、「タラシ」祭儀に重点がある。勅使である典侍について、『江家次第』は「多く御乳母を用う」と書くが、乳母こそ、日の御子を「日足す」聖女であり、タラシヒメなのである。

注

(1) 吉田晶「八十島祭について」『古代の難波』所収、昭和五十七年。
(2) 岡田精司「即位儀礼としての八十島祭」『古代王権の祭祀と神話』所収。
(3) 大和岩雄「山の国の海人族たち」『日本古代王権試論』所収、昭和四十九年。
(4) 瀧川政次郎「八十島祭の祭場『熊川』について」「史迹と美術」三六二号。
(5) 三品彰英「アメノヒボコの伝説」『増補日鮮神話の研究』所収、昭和四十七年。
(6) 三品彰英「クマナリ考」『建国神話の諸問題』所収、昭和四十六年。
(7) 三品彰英「オキナガタラシヒメの系譜」、注5前掲書所収。
(8) 塚口義信『神功皇后伝説の研究』五六頁、昭和五十五年。
(9) 三品彰英「神武伝説の形成」『日本神話論』所収、昭和四十五年。

あとがき

神社についての関心は、若いときからあったから、神社に関する本は多く読んだが、戦前の本は、国家管理の神社統制の制約下にあり、特に、伊勢神宮や天照大神の信仰について突っ込むと、天皇制批判というタブーにひっかかるので、限界があった。戦後、制約がとりはらわれたとたんに現れたのは、神社を無用とする「科学的」批判である。これは、神社についてなんら研究もせず、外国のイデオロギーをふりまわす論法で、民衆の頭上でバットを振りまわしているにすぎず、空振りに終わった。

こうした「科学的」論法が横行している間、しばらく息をひそめていた神社関係者や神道史家たちは、神社批判が空振りにすぎないことがわかると、戦前の発想で再び登場して来た。だが、失地回復をはかろうとするだけだから、これらの人たちが書く本も魅力がなかった。歴史学、宗教学、民俗学、神話学、国文学などの分野からも、神社や神社の祭神についての研究が行なわれ、出版物も多く刊行されたが、いずれも専門領域にとどまっており、神社についての全体像や、個々の神社や祭神を知るには、もの足りなかった。

神社そのものを対象にして研究しようとしても、個々の神社に関する文献資料は、客観的なものが少なく、神社の由来と祭神を自己宣伝する主観的資料が多いので、神社紹介記事は書けても、それ以上は無理であった。神社は信仰の対象だから、それでもいいわけだが、日本人の信仰について、より深く知りたいと思う立場からすると、研究上不満足の文献資料であっても、他の資料をおぎなうことで探究を進めてみたくなる。私の場合、この欲求は、日本古代史に関心をもったことで、さらに高まった。その結果、神社と日本古代史への関心が一緒になり、神社に関して気に入る本がないなら、自分で書いてみようと思って筆を執ったのが、本書と続刊『神社と古代民間祭祀』である。

本書は、白水社刊『日本の神々——神社と聖地』全十三巻に書いた拙稿が下地になっているが、すべて加筆・削除し書き直したので、新稿も含めて書下しのつもりである。本書と続刊の二冊が、私の神社に関する論考の集大成だが、本書は、王権祭祀にかかわる神社で一冊にまとめた。続刊の民間祭祀と王権祭祀が、画然と分けられるはずはなく、民間祭祀を王権がとりあげて民衆支配の「マツリゴト」に利用する一方、民衆の側でも、王権の守護と権威づけに祀った神々を、自分たちの「役に立つ」神に変えて一般化した結果、一つの神社においても、王権祭祀と民間祭祀が錯綜していることが多い。しかし、まったくの錯綜ではなく、整理すれば大別できるので、二つに分けた。

神社研究の書としては、従来の通説や常識になっている見方について、思いきった私見を述べた。日本古代史の視点で書いたため、神社の創祀や祭祀氏族・祭神など、古代に限定しがちだが、考古学や民俗学、国文学の資料も使って書いてみた。その点で、視点がひろがりすぎ、まとまりを欠いたり、逆に、まとまりをつけるため、結論を先に立てて推論をすすめたりしたところもあるが、このような本は類書がなく、神社そのものの実体が、つかみどころのない面があるので、私の非力も含めて、御寛容いただきたい。

日本人の信仰や、天皇と天皇制を考えるとき、神社は避けて通れない。現代の天皇制を考えるうえでも、古代王権祭祀という視点から神社にアプローチする必要がある。本書では、古代史、宗教史、神社史だけでなく、日本王権論の上でも、問題提起を試みたつもりである。

本書は、担当編集者の関川幹郎氏の批判と助力なしには生まれなかった。読者から、関川氏以上の批判をいただければ幸いである。

大和岩雄

神社名索引（太数字はその項目のはじまりの頁を示す）

ア　行

カ　行

サ　行

タ　行

ナ　行

ハ　行

マ　行

ヤ　行

ワ　行

著者略歴

一九二八年長野県生まれ。

長野師範学校（現・信州大学教育学部）卒。

主要著書

『古事記成立考』（一九七五年、大和書房）

『日本古代王権試論』（一九八一年、名著出版）

『「日本国」はいつできたか』（一九八五年、六興出版）

『神社と古代民間祭祀』（一九八九年、白水社）

『人麻呂伝説』（一九九一年、白水社）

『鬼と天皇』（一九九二年、白水社）

『秦氏の研究』（一九九三年、大和書房）

『神々の考古学』（一九九八年、大和書房）

『箸墓は卑弥呼の墓か』（二〇〇四年、大和書房）

本書は、一九八九年に初版が小社より刊行された。

神社と古代王権祭祀《新装版》

二〇〇九年一月三〇日 印刷
二〇〇九年二月二〇日 発行

著　者 © 大《おお》和《わ》岩《いわ》雄《お》
発行者 川村雅之
印刷所 株式会社理想社
発行所 株式会社白水社

東京都千代田区神田小川町三の二四
電話 営業部〇三（三二九一）七八一一
　　 編集部〇三（三二九一）七八二一
振替 〇〇一九〇-五-三三二二八
郵便番号 一〇一-〇〇五二
http://www.hakusuisha.co.jp

乱丁・落丁本は、送料小社負担にてお取り替えいたします。

松岳社 株式会社 青木製本所

ISBN978-4-560-03195-7

Printed in Japan

Ⓡ〈日本複写権センター委託出版物〉
本書の全部または一部を無断で複写複製（コピー）することは、著作権法上での例外を除き、禁じられています。本書からの複写を希望される場合は、日本複写権センター（03-3401-2382）にご連絡ください。

● 大和岩雄［著］●

神社と古代民間祭祀【新装版】

従来は異端として顧みられなかった民衆の神々を通して、日本の歴史と文化の裏面を浮き彫りにする画期的試み。古代史的視点から御霊信仰や海神、金属神、秦氏系の神々の実像に迫る。

日本にあった朝鮮王国

◎謎の「秦王国」と古代信仰【新装版】

『隋書』倭国伝に載る「秦王国」の記事を手がかりに、古代豊前地方を舞台とした新羅・加羅系渡来人（秦氏）の実態に迫る。特に八幡信仰・修験道の成立と源流に関する論考は圧巻。

鬼と天皇

鬼と天皇は、めったに人前に姿を見せないという点で、また「恐ろしい」存在であるという点で共通している。「神」に近い存在としての両者を通じて、日本人の思想・歴史・文化を解明する。

遊女と天皇

遊女の古語は「あそびめ」で、豊穣儀礼における巫女として、神の一夜妻を意味していた。遊女と「あそびを＝現人神＝天皇」の歴史的関係を詳細に検討し、日本人の性観念の根源に迫る。

天狗と天皇

天狗の現像は何か。それはなぜ鳶として形象化され、さらには天皇の怨霊と同一視されるに至ったのか。歴史の闇を羽ばたいた「異人」としての天狗を通して、日本人の心性を活写する！

人麻呂伝説

柿本人麻呂の死の謎は、幾多の伝説を生んだ。一介の宮廷歌人が、庶民の神として敬愛された要因は何か？　人麻呂の終焉歌を手がかりに、古代王朝成立と日本文化史の裏面に肉迫する。